孝經部

論述

《漢書・藝文志・孝經類序》 《孝經》者，孔子爲曾子陳孝道也。夫孝，天之經，地之義，民之行也。舉大者言，故曰《孝經》。漢興，長孫氏、博士江翁、少府后倉、諫大夫翼奉、安昌侯張禹傳之，各自名家。經文皆同，唯孔氏壁中古文爲異。「父母生之，續莫大焉」，「故親生之膝下」，諸家說不安處，古文字讀皆異。

《隋書・經籍志・孝經類序》 夫孝者，天之經，地之義，人之行。自天子達於庶人，雖尊卑有差，及乎行孝，其義一也。先王因之以治國家，化天下，故能不嚴而順，不肅而成。斯實生靈之至德，王者之要道。孔子既敍六經，題目不同，指意差別，恐斯道離散，故作《孝經》，以總會之，明其枝流雖分，本萌於孝者也。遭秦焚書，爲河間人顏芝所藏。漢初，芝子貞出之，凡十八章，而長孫氏、博士江翁、少府后蒼、諫議大夫翼奉、安昌侯張禹，皆名其學。又有《古文孝經》，與《古文尚書》同出，而長孫有《閨門》一章，其餘經文，大較相似，篇簡缺解，又有衍出三章，并前合爲二十二章，孔安國爲之傳。至劉向典校經籍，以顏本比古文，除其繁惑，以十八章爲定。鄭衆、馬融，並爲之注。又有鄭氏注，相傳或云鄭玄，其立義與玄所注餘書不同，故疑之。梁代，安國及鄭氏二家，並立國學，而安國之本，亡於梁亂。陳及周、齊，唯傳鄭氏。至隋，祕書監王劭於京師訪得《孔傳》，送至河間劉炫。炫因序其得喪，述其議疏，講于人間，漸聞朝廷，後遂著令，與鄭氏並立。儒者諠諠，皆云炫自作之，非孔舊本，而祕府又先無其書。又云魏氏遷洛，未達華語，孝文帝命侯伏侯可悉陵，以夷言譯《孝經》之旨，敎于國人，謂之《國語孝經》。今取以附此篇之末。

晁公武《郡齋讀書志・孝經類》 序稱取王肅、劉劭、虞翻、韋昭、劉炫、陸澄六家說，約孔、鄭舊義爲之。何休稱：「子曰『吾志在《春秋》，行在《孝經》。』」信斯言也，則《孝經》乃孔子自著者也。今其首章云：「仲尼居，曾子侍。」則非孔子所著明矣。詳其文義，當是曾子弟子所爲書也。柳宗元謂：「《論語》載弟子必以字，獨曾參不然，蓋曾氏之徒樂正子春、子思與爲之耳。」余於《孝經》亦云。

馬端臨《文獻通考・經籍考・孝經》 引《宋三朝藝文志》曰：「《古文孝經》世不傳。歷晉至唐，所行唯鄭氏者，世以爲鄭玄。唐開元中，史官劉子元證其非鄭玄者十有二，諸儒非子元之說。天寶中，玄宗自註，元行冲造疏，授學官，凡今儒者傳習焉。五代以來，孔、鄭二註皆亡，周顯德末，新羅獻別序《孝經》，即鄭註者。皇朝咸平中，令祭酒邢昺取行中疏，刪定《正義》行焉。

焦竑《國史經籍志・孝經類序》 孔子爲曾子言孝道，門人録之，謂之《孝經》。遭秦燔，書爲河間顏芝所藏。漢除挾書律，芝子貞始出之，長孫氏、江翁、后蒼、翼奉、張禹所說，皆十八章。後復出古文二十二章，劉向比量二本，除其煩惑，仍以十八章爲定。五代兵燹，二本舊注多軼。周顯德中，新羅獻《別序孝經》。至邢昺乃合元行冲所疏爲《正義》以行，顧聖言簡嚴易直而天人之道備，非一家所能究也，故並著之，而以緯書綴於篇末。

《四庫提要・孝經類序》 蔡邕《明堂論》引魏文侯《孝經傳》，《呂覽・審微》篇亦引《孝經・諸侯章》，則其來古矣。然授受無緒，故陳騤、汪應辰皆疑其僞。今觀其文，去二戴所録爲近，要爲七十子徒之遺書。使河閒獻王採入一百三十一篇中，則亦《禮記》之一篇，與《儒行》、《緇衣》轉從其類。惟其各出別行，稱孔子所作，傳録者又分章標目，自名一經。後儒遂以不類《繫辭》、《論語》繩之，亦有由矣。中間孔、鄭兩本，互相勝負。始以開元御註用今文，遵制者從鄭；後以朱子《刊誤》用古文，講學者又轉而從孔。要其文句小異，義理不殊，當以黃震之言爲定論。語見《黃氏日鈔》。故今之所録，惟取其詞達理明，有裨來學，不復以今文、古文區分門戶，徒釀水火之爭。蓋註經者明道之事，非分朋角勝之事也。

又《孝經類》 案：《孝經》文義顯明，篇帙簡少，註釋者最易成書。然陳陳相因，亦由於此。今擇其稍有精義者，略録數家，以見梗概，故所存獨少。

又《孝經類存目》 案：虞淳熙《孝經集靈》，舊列經部。然侈陳神怪，更緯書之不若。今退列於小說家。黃榦《孝經本旨》、江直方《孝經外傳》、李長桂《孝經綱目》、朱鴻《經書孝語》，絕不箋釋經文，今別列於儒家。若李之素《孝經內外傳》猶列《孝經》正文後，則姑附存焉。

耿文光《萬卷精華樓藏書記・孝經類序》 《孝經魏文侯傳》爲最古，《漢志》劉昭注《通典》，《齊民要術》並引之。又見《淮南子》，文侯受業於子夏，其得聖門之說，必眞。虞淳熙《孝經邇言》謂《孝經》自魏文侯而下至唐，宋傳之者，百家九十九部二百二卷，由元迄今，抑又多矣。蓋以《文侯傳》爲《孝經》之首，視漢諸儒猶後起也。《漢志》《孝經》十一家，馬氏所輯僅三家。長孫氏名里無考。說有《閨門》一章，唐刪此章，而數猶十八，知非鄭氏之舊矣。此漢初傳經之首，后氏說引經字句與今本不同。安昌侯張禹說《正義》引之，餘說皆佚。魏王肅《解》，隋唐《志》一卷，子雍好攻鄭學，此解與孔、鄭同義，切理愜心之訓，固有不能駁難者矣。晉殷仲文注《周子通書》，所謂一爲要者，實源於此。粹然理語而人不稱述，豈以桓元戚黨，惡其人而幷棄其言耶？隋前之說多收於《注疏》，而去取有酌。唐後之說備見於朱《考》，而十不存一。近代注家雖衆，陳陳相因，任釣臺於山右佛龕得鈔本《孝經》，有文同《戴記》而今本無者，亦殘本也。又遵《朱子刊誤》本作章句，其序載於《清芬樓遺稿》，而書則未見。明皇《御注》近有《古逸叢書》本，差可依據。日本《孝經》，《羣書治要》所載也。今所録者凡八家，略具梗概，不及備載。今文古文宜並存也，孔注、鄭注不必辨也。《孝經》之旨原不在是，徒勞煩喙，是逐末而忘本矣。《堯典》克明峻德以至黎民於變孝之爲道，已具於親睦九族中矣。舜以克孝而徽五典，禹以致孝而叙彝倫，伊尹述成湯之德，一則曰立愛惟親，再則曰奉先思孝，人紀之修，孰大乎是？文王止孝，武周達孝，尚矣！漢之列宗廟號皆有孝字，范書《荀求傳》漢制使天下誦《孝經》，元朔間有司議不舉孝，以不敬論。蓋愛其親而愛他人，上下常相保之術也。齊永明諸王講《孝經》，梁武帝、昭明太子皆注《孝經》，隋蘇威言唯《孝經》一卷，足以立身治國，何用多爲？隋主納其言，以《孝經》賜鄭譯。唐制舉明經，以《孝經》爲九經之首。宋詔崇孝弟力田，而明經仍唐制。明太祖諭俗，首孝順父母。皇朝經學昌明，遠超前代。世祖章皇帝御注《孝經》，闡明微旨，頒賜海內，用端治本，以視開元《御注》度越遠矣。世宗憲皇帝御纂《孝經集注》，言近而旨遠，別擇羣言，勒爲大訓。蓋虞、周孝治，察地明天，故能心契，孔、曾以權衡衆說之是非也，朱子謂《孝經》爲曾氏門人所記，熊禾謂孔門之學惟曾氏得其宗，《孝經經傳章句》與《大學》相似，其出曾子門人無疑。夫學以《大學》爲本，行以《孝經》爲先，自天子至庶人一也。

黃逢元《補晉書藝文志・孝經類序》 《孝經》有今古文之分，今文稱鄭玄注，古文稱孔安國傳，孔所傳亡於梁亂，鄭注立義與所注他書不類，齊陸澄疑之，後之學者遂紛紛聚訟，在晉江左中興後，永和、太元兩朝羣臣集議獨奉爲宗主，而注家滋多異哉。殷氏之爲此學，一門昴弟諂事桓玄，卒以罪誅，無可末減。經曰：「始於事親，中於事君，終於立身。」言不顧行，實慚斯旨。

雜録

《漢書・藝文志・孝經》 凡《孝經》十一家，五十九篇。

陸德明《經典釋文序録・注解傳述人》 《孝經》者，孔子爲弟子曾參說孝道，因明天子庶人五等之孝、事親之法。亦遭焚燼，河間人顏芝爲秦禁，藏之。漢氏尊學，芝子貞出之，是爲今文。長孫氏、博士江翁、少府后蒼、諫大夫翼奉、安昌侯張禹傳之，各自名家。凡十八章。又有古文，出於孔氏壁中，別有《閨門》一章，自餘分析十八章，總爲二十二章，孔安國作《傳》。劉向校書，定爲十八。後漢馬融亦作《古文孝經傳》，而世不傳。世所行鄭注相承以爲鄭玄。案：鄭《志》及《中經簿》無，唯中朝穆帝集講《孝經》，云以鄭玄爲主。檢《孝經注》與康成注五經不同，未詳是非。江左中興，《孝經》、《論語》共立鄭氏博士一人。《古文孝經》世既不行，今隨俗用鄭注十八章本。　孔安國、馬融、鄭衆、鄭玄、王肅、蘇林、字孝友，陳留人，魏散騎常侍。何晏、字平叔，南陽人，魏吏部尚書、駙馬都尉、關內侯。劉邵、字孔才，廣平人，魏光祿勳。一云劉熙。韋昭、字弘嗣，吳郡人，吳侍中領左國史、高陵亭侯。爲晉諱，改爲曜。徐整、謝萬、孫氏、不詳何人。揚泓、天水人，東晉給事中。袁宏、字彥伯，陳郡人，東晉東陽太守。虞槃佑、字弘猷，高平人，東晉處士。庾氏、不詳何人。殷仲文、陳郡人，東晉東陽太守。車胤、字武子，南平人，東晉丹陽尹。荀昶、字茂祖，潁川人，宋中書郎。孔光、字文泰，東莞人。何承天、東海人，宋廷尉卿。釋慧琳、秦郡人，宋世沙門。王玄載、字彥運，下邳人，齊光祿大夫。明僧紹。　右並注《孝經》。　皇侃撰《義疏》。先儒無爲音者。

《隋書・經籍志・孝經》 右十八部，合六十三卷。通計亡書，合五十九部，一百一十四卷。

《舊唐書・經籍志・孝經》 右六十三部，《孝經》二十七家，《論語》三十六家，凡三百八十七卷。

錢東垣等輯《崇文總目・孝經類》 共五部，計九卷。

《新唐書・藝文志・孝經類》 右《孝經》類二十七家，三十六部，八十二卷。失姓名一家，尹知章以下不著録六家，一十三卷。

《宋史・藝文志・孝經類》 右《孝經》類二十六部，三十五卷。袁甫《孝經説》以下不著録二部，六卷。

《明史・藝文志・孝經類》 右《孝經》類三十五部，一百二十八卷。

《四庫提要・孝經類》 右《孝經》類十一部，十七卷，皆文淵閣著録。

《四庫提要・孝經類存目》 右《孝經》類十八部，五十三卷，皆附存目。

張之洞《書目答問・列朝經注經説經本考證》 以上《孝經》之屬。變改原書篇次者，不録。《知不足齋叢書》有《古文孝經孔傳》一卷、《今文孝經鄭氏注》一卷，皆僞書，不録。

古文孝經

《漢書・藝文志・孝經》 《孝經古孔氏》一篇。二十二章。

《隋書・經籍志・孝經》 《古文孝經》一卷。孔安國傳。梁末亡逸，今疑非古本。

《舊唐書・經籍志・孝經》 《古文孝經》一卷。孔子説，曾參受，孔安國傳。

錢東垣等輯《崇文總目・孝經類》 《古文孝經》一卷。［原釋］漢侍中孔安國註。班固《藝文志》有《孝經古文孔氏》一篇，二十二章。本出屋壁中，前世與鄭康成註並行。今孔註不存，而隸古文與章數存焉。

《新唐書・藝文志・孝經類》 《古文孝經》孔安國傳，一卷。

鄭樵《通志・藝文略・孝經》 《古文孝經》一卷。孔安國傳。梁末亡逸，今疑非古本。

尤袤《遂初堂書目・論語類孝經孟子附》 《古文孝經》。

陳振孫《直齋書録解題・孝經類》 《古文孝經》一卷。凡二十二章，比今文多《閨門》一章，餘三章分出。本亦出孔壁中。

《宋史・藝文志・孝經類》 《古文孝經》一卷。凡二十二章。

高儒《百川書志・孝經》 《古文孝經》一卷。

徐𤊹《徐氏家藏書目・孝經類》 《古孝經》一卷。《古文篆文孝經》一卷。

錢謙益《絳雲樓書目・孝經類》 宋劉氏《孝經古文》。

《四庫提要・孝經類》 《古文孝經孔氏傳》一卷。附《宋本古文孝經》一卷。光禄寺卿陸錫熊家藏本。舊本題漢孔安國傳，日本信陽太宰純音。據卷末乾隆丙申歙縣鮑廷博新刊跋稱，其友汪翼滄附市舶至日本，得於彼國之長崎澳。核其紀歲干支，乃康熙十一年所刊。前有太宰純序，稱「古書亡於中夏、存於日本者頗多。昔僧奝然適宋，獻鄭注《孝經》一本。今去其世七百餘年，古書之散逸者亦不少，而孔傳《古文孝經》全然尚存。惟是經國人相傳之久，不知歷幾人書寫，是以文字訛謬，魚魯不辨。純既以數本校讎，且旁採他書所引，苟有足徵者莫不參考，十更裘葛，乃成定本。其經文與宋人所謂古文者，亦不全同，今不敢從彼改此。傳中間有不成語，雖疑其有誤，然諸本皆同，無所取正，故姑傳疑，以俟君子。今文唐陸元朗嘗音之，古文則否。今因依陸氏音例並音經傳，庶乎令讀者不誤其音」云云。考世傳海外之本，别有所謂《七經孟子考文》者，亦日本人所刊，稱西條掌書記山井鼎輯，東都講官物觀補遺。中有《古文孝經》一卷，亦云古文孔《傳》，中華所不傳而其邦獨存。又云其眞僞不可辨，末學微淺，不敢輒議云云，則日本相傳原有是書，非鮑氏新刊贋造。此本核其文句，與山井鼎等所考大抵相應。惟山井鼎等稱每章題下有劉炫《直解》，其字極細寫之，與註文麤細弗類。又有引及邢昺《正義》者，爲後人附録。此本無之，爲少異耳。其傳文雖證以《論衡》、《經典釋文》、《唐會要》所引，亦頗相合，然淺陋冗漫，不類漢儒釋經之體，并不類唐宋元以前人語。殆市舶流通，頗得中國書籍，有桀黠知文義者，摭諸書所引孔《傳》，影附爲之，以自誇圖籍之富歟？考元王惲《中堂事紀》有曰：中統二年，高麗世子植來朝，宴於中書省。問曰：「傳聞汝邦有《古文尚書》及海外異書。」答曰：「與中國書不殊。」高麗、日本比鄰相接，海東經典大概可知。使果有之，何以奮然不與鄭注並獻，至今日而乃出？足徵彼國之本，出自宋元以後。觀山井鼎亦疑之，則其事固可知矣。特以海外秘文，人所樂覩，使不實見其書，終不知所謂《古文孝經孔傳》，不過如此，轉爲好古者之所惜。故特録存之，而具列其始末如右。

孫星衍《平津館鑒藏書籍記・外藩本》 《孝經》一卷。日本刻本。分經一章，傳十四章。前有從一位政家大相國冬良關白，尚通内大臣尚基、權大納言親長、正二位爲富、正二位敎秀、權大納宣宣允、三議基富、右中辨宣秀、前大僧正良法十一人草書題字，末有寶永三年大頭藤信篤《孝經跋》。寶永三年當康熙四十五年。每幅八行，行十二字。面葉簽題《天下至寶萬世不易人倫孝道經》。

潘祖蔭《滂喜齋藏書記・經部》 日本刻《古文孝經孔氏傳》一卷。一冊。此書國朝康熙末流入中國，長塘鮑氏刻入《知不足齋叢書》，盧文弨序引用唐代諸書，證爲隋氏舊本。實僞撰耳。不獨非孔氏之書，并不出自劉炫也。此本日本阿正精以弘安鈔本影刻，原本佚其序文，僅存二行，以元亨中清源良枝校本補繕之。弘安在宋德祐間，元亨則入元代矣。《佚存叢書》本亦從此出，但行款有改易耳。前有「味腴書室」、「讀杜草堂」二印，與楊星吾廣文攜歸之《廣韻》，同出一家。

綜　述

孝經傳

朱彝尊《經義考・孝經》 魏文侯《孝經傳》佚。《史記・魏世家》：「文侯受子夏經藝。」 王應麟曰：「蔡邕《明堂論》引魏文侯《孝經傳》曰：大學者，中學明堂之位也。」 虞淳熙曰：「《孝經》自魏文侯而下，至唐宋傳之者百家九十九部、二百二卷。由元迄今，抑又多矣。」 按：賈氏《齊民要術・耕田》篇引文侯之言云：「民春以力耕，夏以鋤耘，秋以收斂。」當是《孝經》「用天之道，分地之利」注也。

雜　傳

《漢書・藝文志・孝經》 《雜傳》四篇。

姚振宗《漢書藝文志條理・孝經家》 《雜傳》四篇。王氏考證，蔡邕《明堂論》引魏文侯《孝經傳》，蓋雜傳之一也。 《經義考》：「蔡邕引魏文侯《孝經傳》曰：《大學》者，《中庸》明堂之位也。」賈氏《齊民要術・耕田》篇引文侯之言云：「『民春以力耕，夏以鋤耘，秋以收斂。』當是《孝經》『用天之道，分地之利』注也。」 按：《春秋繁露・五行對》引河間獻王問《孝經》天經地義之説于溫城董君，董君似獻王官屬，此篇或亦在《雜傳》中。雜傳者，不主一家。劉中壘哀録諸家之説，題以此名，其人皆在安昌侯張禹之前，故次之于此。

長孫氏説

《漢書・藝文志・孝經》 《長孫氏説》二篇。

姚振宗《漢書藝文志條理・孝經家》 《長孫氏説》二篇。《隋書・經籍志》：「而長孫氏有《閨門》一章。」 《經義考》：「《孫》本曰：《閨門》章，漢初長孫氏傳。今文即有之。劉向以顔本考定，雖云除其繁惑，然謂經文大較相同，則《閨門》章未嘗削矣。」 馬國翰曰：「長孫氏名字、爵里俱無考。漢興，傳《孝經》。《漢志》：《長孫氏説》二篇。」隋、唐《志》不著録，佚已久。《隋志》謂長孫有《閨門》一章，據孔安國古文傳本録出，表漢初大師傳經之首功。惜其説不可得而覩矣。 按：長孫氏始末未詳。《儒林傳》，《韓詩》家有淄川長孫順爲博士，宣、元時人，爲韓太傅四傳弟子。或其後歟？

后氏說

《漢書・藝文志・孝經》 《后氏說》一篇。

姚振宗《漢書藝文志條理・孝經家》 《后氏說》一篇。后倉有《齊詩故》，見前《詩》家。馬國翰輯本序曰：「考《漢書・匡衡傳》引稱《孝經》。衡爲倉之弟子，漢人說經皆本師法，則所稱述信爲后氏遺說，采列一家。其引經字句與今本不同，足資參考，訓辭尤莊雅可誦云。」按：后氏爲翼氏之師。本志篇敍亦敍后倉于翼奉之前，而其書乃列翼氏之後，或后氏之弟子所録成書，在翼氏之後，或轉寫顛倒之誤，無以詳知。

翼氏說

《漢書・藝文志・孝經》 《翼氏說》一篇。

姚振宗《漢書藝文志條理・孝經家》 《翼氏說》一篇。本傳：「翼奉字少君，東海下邳人也。治《齊詩》。與蕭望之、匡衡同師。按：《儒林傳》同師于后倉。三人經術皆明，衡爲後進望之施之政事，而奉惇學不仕，好律曆陰陽之占。元帝初即位，諸儒薦之，徵待詔宦者署，數言事宴見，天子敬焉，以爲中郎博士、諫大夫，年老以壽終。子及孫皆以學在儒官。」按：奉爲后氏弟子，其《孝經》之學亦受之后氏可知。

江氏說

《漢書・藝文志・孝經》 《江氏說》一篇。

姚振宗《漢書藝文志條理・孝經家》 《江氏說》一篇。本書《儒林傳》：「魯申公卒，以《詩》、《春秋》授而瑕丘江公，盡能傳之。」又曰：「瑕丘江公授《穀梁春秋》及《詩》於魯申公，傳子至孫爲博士。」又曰：「博士江公世爲魯詩宗，至江公著《孝經說》。」又曰：「宣帝即位，求能爲《穀梁》者，莫及蔡千秋，會千秋病死，徵江公孫爲博士。江博士復死。」按：此江氏蓋即宣帝時博士瑕丘江公之孫。世傳《魯詩》、《穀梁》、《春秋》，又以《孝經》名其家。史失其名字。

安昌侯說

《漢書・藝文志・孝經》 《安昌侯說》一篇。

姚振宗《漢書藝文志條理・孝經家》 《安昌侯說》一篇。安昌侯張禹有《魯論語》說見前《論語》家。馬國翰輯本序曰：「邢昺《正義》引劉瓛述張禹之義僅一節，他或引稱舊說。考《孝經》以說名者，《漢志》四家，長孫氏、江氏、翼氏、后氏俱無傳述。張禹之義，既見劉瓛所引，則佚說六朝時尚存。《正義》取裁齊、梁諸疏，故得據而述之，合輯六節云。」按：自長孫氏至此六家，皆蒙上文「孝經」一字，舊文聯屬成篇，自然一氣貫串，今改爲分條，遂隔越不相統壹。而翼氏、后氏之敍次先後，亦未必不因分條而誤。

孔注孝經

《隋書・經籍志・孝經》 梁又有孔光注《孝經》一卷。亡。

《舊唐書・經籍志・孝經》 孝經一卷。孔光注。

《新唐書・藝文志・孝經類》 孔光《注》一卷。

鄭樵《通志・藝文略・孝經》 《孝經》一卷。孔光。

姚振宗《隋書經籍志考證・孝經類》 梁又有孔光注《孝經》一卷。亡。《釋文敍録》：「孔光字文泰，東莞人。注《孝經》。」【略】 按：此孔光據《釋文》及兩唐《志》敍次，蓋晉、宋間人。《冊府元龜》云：「孔光注《孝經》一卷，至太傅卒。」《闕里文獻考》云：「十四代孫漢太師博山侯光作《孝經注》一卷。」皆以爲漢之孔光，誤也。

文廷式《補晉書藝文志・孝經類》 孔光《孝經注》一卷。《釋文序録》

列荀昶後，或是宋人。今從《隋志》。

古文孝經

顧懷三《補後漢書藝文志・孝經類》 衛宏《古文孝經》一卷。《説文敍》：「《古文孝經》，給事中議郎衛宏所校。」

孝經注

《隋書・經籍志・孝經》 梁有鄭衆注《孝經》一卷。亡。

姚振宗《後漢藝文志・孝經類》 鄭衆《孝經注》一卷。衆始末見《易》類。《釋文敍録》：「孔安國、鄭衆並注《孝經》。」《隋書・經籍志》：「梁有鄭衆注《孝經》一卷。亡。」

孝經孔氏古文説

姚振宗《後漢藝文志・孝經類》 許愼《孝經孔氏古文説》一篇。范書《儒林傳》：「許愼字叔重，汝南召陵人也。性淳篤，少博學經籍，馬融常推敬之。爲郡功曹，舉孝廉，再遷除洨長。卒于家。」張懷瓘《書斷》曰安帝末年卒。安帝建光元年九月，召陵萬歲里公乘許沖《上説文解字書》曰：「臣父愼，幼學《孝經孔氏古文説》。《古文孝經》者，孝昭帝時魯國三老所獻，建武時給事中議郎衛宏所校，皆口傳，官無其説，謹撰具一篇並上。」嚴可均《全後漢文編》曰：「許愼有《孝經古文説》一卷。」金壇段玉裁《説文序注》曰：「許受古學于賈侍中，他經古學皆得諸侍中，《孝經》學獨得諸衛宏。」按：段氏《注》又云：「許學其説于宏、沖，傳其説于父，乃撰而上之。」以此書爲許沖撰，不詳所據。

孝經注

《隋書・經籍志・孝經》 梁有馬融、鄭衆注《孝經》二卷。亡。

姚振宗《後漢藝文志・孝經類》 馬融《古文孝經傳》一卷。融始末見《易》類。《釋文敍録》曰：「後漢馬融亦作《古文孝經傳》，而世不傳」。又曰：「馬融、鄭衆並注《孝經》。」《隋書・經籍志》：「梁有馬融、鄭衆注《孝經》二卷。亡。」

黄震《日鈔》曰：「《孝經》，鄭康成諸儒主今文，孔安國、馬融主古文。」

曾樸《補後漢書藝文志考・六藝志考内篇・孝經》 馬融《孝經注》二卷。馬融《孝經注》。《七録》二卷。

孝經鄭氏注

《隋書・經籍志・孝經》 《孝經》一卷。鄭氏注。

《舊唐書・經籍志・孝經》 《孝經》一卷。鄭玄注。

錢東垣等輯《崇文總目・孝經類》 《孝經》一卷。［原釋］鄭康成注。先儒多疑其書，唯晉孫炅《集解》以此注爲優，請與孔《注》並行，詔可。今太學所立陸德明《釋文》與此相應。五代兵興中原，久逸其書。咸平中日本僧以此書來獻，議藏秘府。見《文獻通考》。

《新唐書・藝文志・孝經類》 鄭玄《注》一卷。

鄭樵《通志・藝文略・孝經》 《孝經》一卷。鄭氏注。

尤袤《遂初堂書目・論語類孝經孟子附》 鄭玄註《孝經》。

陳振孫《直齋書録解題・孝經類》 《孝經注》一卷。漢鄭康成撰。世傳秦火之後，河間人顔芝得《孝經》，藏之，以獻河間王，今十八章是也。相承云康成作注，而《鄭志》目録不載，故先儒並疑之。古文有孔安國《傳》不行於世。劉炫爲作《稽疑》一篇，序所謂劉炫明安國之本，陸澄譏康成之注者也。及唐開元中，詔議孔、鄭二家，劉知幾以爲宜行孔廢鄭，諸儒非之，卒行鄭學。按《三朝志》，五代以來，孔、鄭《注》皆亡。周顯德中，新羅獻別序《孝經》即鄭注者，而《崇文總目》以爲咸平中日本國僧奝然所獻，未詳孰是。世少有其本。乾道中，熊克子復從袁樞機仲得之，刻于京口學宮，而孔《傳》不可復見。

馬端臨《文獻通考・經籍考・孝經》 鄭康成註《孝經》一卷。

《宋史・藝文志・孝經類》 鄭氏註《孝經》一卷。

張之洞《書目答問・列朝經注經説經本考證》 《孝經鄭氏注》一卷。嚴可均輯。自箸《四録堂類集》本。

姚振宗《後漢藝文志・孝經類》 鄭玄《孝經注》一卷。玄始末見《易》類。范書本傳：凡玄所注，《周易》、《尚書》、《毛詩》、《儀禮》、《禮記》、《論語》、《孝經》。章懷太子注云：「案謝承書載玄所注，與此略同。不言注《孝經》，唯此書獨有也。」《釋文敍録》曰：「馬融、鄭衆、鄭玄並注《孝經》。」又世所行鄭注相承以爲鄭玄。案鄭《志》及《中經簿》無，唯中朝穆帝集講《孝經》，云以鄭玄爲主。檢《孝經注》與康成注五經不同，未詳是非。」又曰：「江左中興，《孝經》、《論語》共立鄭氏博士一人。」《隋書・經籍志》：《孝經》一卷。鄭氏注。又曰：「鄭氏注，相傳或云鄭玄。其立義與玄所注餘書不同，故疑之。」《唐日本國人見在書目》：《孝經》一卷。鄭玄注。《唐・經籍志》：《孝經》一卷，鄭玄注。《藝文志》：《孝經》鄭玄注一卷。《宋志》：鄭氏注《孝經》一卷。《經義考》曰：「《太平御覽》引《後漢書》云，鄭玄漢末遭黃巾之難，客于徐州。今《孝經序》鄭氏所作。南城山西上可二里所，有石室焉，周迴五丈，俗云是康成注《孝經》處。按：范史無其文，則未知爲袁山松、華嶠之書，抑薛瑩之書歟？」嚴可均《全後漢文編》曰：「《孝經注》或言鄭小同作。今據《唐會要》七十七引鄭玄《六藝論》敍《孝經》云，玄又爲之注，明非小同作也。」侯《志》曰：「《宋書・陸澄傳》、《釋文序録》、《王制疏》、《唐會要》、《困學紀聞》諸書多疑鄭注，然劉知幾《十二驗》中據鄭《志》諸書皆不言注《孝經》，則范史本傳亦不言其注《周官》，唐史承節撰碑亦不言其注《論語》，秉筆偶疎，未爲典要，此數事不足疑也。又按：王肅好發揚鄭短，而無言攻擊《孝經注》。然《郊特牲》疏引王肅難鄭《孝經注》『社，后土也』之文，是肅未嘗無言，此一事亦不足疑也。至謂與鄭他經注不類，今不盡可考。然康成箋《詩》不同注《禮》，鄭《志》諸説，每異羣經，博雅通儒固宜有是，亦無可疑也。」又曰：「此書近有日本國輯本，又有臧鏞堂、陳鱣洪頤煊三家輯本，最可據。」又有王氏《漢魏遺書鈔》輯本一卷。按：《郊特牲正義》引王肅難鄭《孝經》注「后稷土也」云云，則康成氏《孝經注》王肅猶見之，遠在晉穆帝集講之前，不得以《中經簿》不載，鄭《志》不言，遂謂鄭不注《孝經》。又范書于諸家最後，網羅衆説，補缺拾遺，其言鄭所注有《孝經》，必確有見地，非苟焉而已焉。故今直歸之康成氏也。

孝經注

姚振宗《後漢藝文志・孝經類》 劉熙《孝經注》。熙始末見《禮》類。《釋文敍録》曰：「劉邵注《孝經》，一云劉熙。」按：唐玄宗《御注孝經》引劉邵，則邵有《孝經注》審矣。劉熙書不可考見，今姑過而存之。

孝經解

姚振宗《後漢藝文志・孝經類》 高誘《孝經解》。誘始末見《禮》類。誘注《呂氏春秋》自序云：「作《淮南》、《孝經解》，畢訖。」

孝經注

姚振宗《後漢藝文志・孝經類》 何休《孝經注》。休始末見《春秋》類。范書《儒林傳》：「又注訓《孝經》。」《公羊・昭十五年》疏云：「何氏解《孝經》，與鄭偁同，與康成異。」

孝經傳

姚振宗《三國藝文志・孝經類》 王朗《孝經傳》。朗始末見《易》類。

《魏志》本傳：「朗著《易》、《春秋》、《孝經》、《周官傳》，咸傳于世。」

孝經皇義

《隋書・經籍志・孝經》 梁有《孝經皇義》一卷，宋均撰。亡。

姚振宗《三國藝文志・孝經類》 宋均《孝經皇義》一卷。《隋書・經籍志》：「梁有《孝經皇義》一卷，宋均撰。」又《讖緯篇》曰：「宋均，魏博士。」《唐會要》：開元七年，左庶子劉知幾議曰：「宋均于《詩緯序》云『我先師北海鄭司農』，則均是玄之傳業弟子也。」《冊府元龜・學校部・注釋門》：「宋均撰《孝經皇義》一卷。後爲河內太守。」案：後漢顯宗時南陽宋均爲河內太守。范書有傳，非此宋均。《冊府》誤也。又南陽宋均之「宋」，實「宗」字之誤。　案：此《孝經皇義》舊在《孝經緯》中，《經義考》亦互見于讖緯類。

孝經注

姚振宗《三國藝文志・孝經類》 鄭偁《孝經注》。《魏志・文紀》：漢延康元年五月，封王子叡爲武德侯。《魏略》曰：「以侍中鄭偁爲武德侯傅。令曰：偁篤學大儒，勉以經學輔侯，宜旦夕入侍，曜明其志。」武德侯即明帝也。　《公羊・昭十五年》注引《孝經》：「資于事父以事君，而敬同。」徐彥疏云：「何氏之意，以資爲取，言取事父之道以事君，所以得然者，而敬同故也。」以此言之，則何氏解《孝經》與鄭偁同，與康成異矣。　儀徵阮元《校勘記》：丁杰云《孝經鄭注》，據此處疏文非康成，亦非小同，當是鄭偁。孫志祖云：徐彥疏云與鄭偁同，與康成異。則偁與康成爲二家明矣。案：此孫氏說是也。　案：鄭偁魏初爲侍中，武德侯傅，僅見《魏略》所云。又《續漢・輿服志》注有侍中鄭偁答魏武帝問金軺一事，其注《孝經》亦惟徐氏《公羊疏》一言爲據，別無他證。

孝經注

《隋書・經籍志・孝經》 梁有魏散騎常侍蘇林注《孝經》一卷。亡。

《舊唐書・經籍志・孝經》 《孝經》一卷。蘇林注。

《新唐書・藝文志・孝經類》 蘇林《注》一卷。

姚振宗《三國藝文志・孝經類》 蘇林《孝經注》一卷。《魏志・劉卲傳》注：《魏略・儒宗傳》曰：「林字孝友，陳留人。博學多通。建安中，爲五官將文學。《文帝紀》：「建安十六年爲五官中郎將，副丞相。二十二年立爲魏太子。」黄初中，爲博士給事中。文帝作《典論》，所稱蘇林者是也。以老歸第，國家每遣人就問之，數加賜遺。年八十餘卒。」　《魏志・高堂隆傳》：「始景初，中帝以蘇林、秦靜等並老，恐無能傳業者。乃詔科郎吏高才解經義者三十人，從光祿勳隆、散騎常侍林、博士靜分受四經三禮，主者具爲設科試之法。數年，隆等皆卒，學者遂廢。」　顏師古《漢書敍例》曰：「蘇林字孝友，一云彥友，陳留外黄人。魏給事中，領祕書監，散騎常侍。永安衛尉，太中大夫。黄初中，遷博士，封安成亭侯。」　《釋文敍録》：「蘇林，魏散騎常侍，注《孝經》。」　《隋書・經籍志》：「梁有魏散騎常侍蘇林注《孝經》一卷，亡。」　《唐・經籍志》：「《孝經》一卷，蘇林注。」　《藝文志》：「《孝經蘇林注》，一卷。」

孝經固

姚振宗《三國藝文志・孝經類》 衛覬《孝經固》。《魏志》本傳：「覬字伯儒，河東安邑人也。少夙成，以才學稱。太祖辟爲司空掾屬。除茂陵令，尚書郎，治書侍御史。魏國既建，拜侍中。文帝即王位，爲尚書，頃之，還漢朝爲侍郎，勸贊禪代。文帝踐阼，復爲尚書，封陽吉亭侯。明帝即位，進封閿鄉侯，三百戶。薨謚曰敬侯。」《古文苑》：聞人牟準《敬侯碑陰文》曰：「敬侯所著述注、解、故訓及文筆等甚多，皆已失墜。所注有《孝經固》。」宋章樵注曰：「漢儒注釋詩書有故，此注釋《孝經》之名恐字誤。」

孝經注

姚振宗《三國藝文志・孝經類》 虞翻《孝經注》。翻始末見《易》類。唐玄宗御注《孝經序》曰：「韋昭、王肅，先儒之領袖；虞翻、劉邵抑又次焉。」 《經義考》：「王應麟曰：唐玄宗《孝經序》六家異同。今考《經典序録》有孔、鄭、王、劉、韋五家而無虞翻注。隋、唐《志》皆不載。」案：《困學紀聞》無末句，蓋朱氏足之也。全氏《箋》云劉謂劉炫，非是。

孝經注

《隋書・經籍志・孝經》 梁有光祿大夫劉邵注《孝經》一卷。亡。

《舊唐書・經籍志・孝經》 《古文孝經》一卷。劉邵注。

《新唐書・藝文志・孝經類》 劉邵《注》一卷。

鄭樵《通志・藝文略・孝經》 《孝經》一卷。劉邵。

姚振宗《三國藝文志・孝經類》 劉邵《孝經注》一卷。邵始末見《樂》類。 《釋文敍録》：「劉邵字孔才，廣平人。魏光祿勳。注《孝經》。一云劉熙。」 《隋書・經籍志》：「梁有光録大夫劉邵注《孝經》一卷。亡。」 《唐・經籍志》：「《古文孝經》一卷，劉邵注。」 《藝文志》：「《古文孝經》，劉邵注一卷。」案：邵注《古文孝經》一卷，惟兩唐《志》別出之。 《冊府元龜・學校部・注釋門》：「劉邵爲光祿大夫，注《孝經》二卷。」

孝經注

《隋書・經籍志・孝經》 梁有魏吏部尚書何晏注《孝經》一卷。亡。

姚振宗《三國藝文志・孝經類》 何晏《孝經注》一卷。晏始末見《易類》。 《釋文敍録》：「何晏字平叔，南陽人。魏吏部尚書，駙馬都尉，關內侯。注《孝經》。」

孝經解

《隋書・經籍志・孝經》 《孝經》一卷。王肅解。

《舊唐書・經籍志・孝經》 《孝經》一卷。王肅注。

《新唐書・藝文志・孝經類》 《孝經王肅注》一卷。

鄭樵《通志・藝文略・孝經》 《孝經》一卷。王肅。

姚振宗《三國藝文志・孝經類》 王肅《孝經解》一卷。肅始末見《易》類。 《唐會要》：「開元七年，左庶子劉知幾議曰：王肅《孝經傳》首有司馬宣王之奏云，奉詔令諸儒注述《孝經》，以肅說爲長。」 《釋文敍録》：「孔安國、馬融、鄭衆、鄭玄、王肅並注《孝經》。」 《隋書・經籍志》：「《孝經》一卷，王肅解。」 《唐・經籍志》：「《孝經》一卷。王肅注。」 《藝文志》：「《孝經王肅注》一卷。」 馬國翰輯本序曰：「王肅注《孝經》一卷，今佚。從《注疏》、《釋文》、《史記集解》、《通鑑注》輯録二十二節。子雍好攻鄭氏學，此解不見有駁難之處，蓋唐明皇帝作注時悉汰去之。」

孝經注

侯康《補三國藝文志・孝經類》 鄭小同《孝經注》。《太平寰宇記》：「今《孝經序》鄭氏所作，其序云：『僕避難于南城山，棲遲巖石之下，念昔先人餘暇，述夫子之志，而注《孝經》。』蓋康成胤孫所作。」《困學紀聞》：「《鄭氏注》十八章，相承言康成作。鄭《志》目録不載，通儒皆驗其非。開元中，孝明纂諸説，自注以奪二家。謂孔、鄭。然尚不知鄭氏之爲小同。」康案：王氏此説，蓋即本之《寰宇記》「胤孫所作」一語。然細詳文義，似謂《孝經序》爲康成胤孫所作，非謂《孝經注》也。序中所云先人即指康成，則樂史此文正足以證《孝經注》之出康成矣。故其下文又云：「有石室周迴五丈，俗云鄭康成注《孝經》于此也。」然自陸澄以來，屢有異議，則屬之小同，亦可姑備一説。

孝經傳

姚振宗《三國藝文志・孝經類》 嚴畯《孝經傳》。《吳志》本傳：「畯字曼才，彭城人也。少耽學，善《詩》、《書》、《三禮》，又好《説文》。避亂江東，與諸葛瑾、步騭齊名。友善張昭，進之于孫權，權以爲騎都尉、從事中郎。權爲吳王，及稱尊號，畯嘗爲衛尉，使至蜀。蜀相諸葛亮深善之。後爲尚書，卒。畯著《孝經傳》傳于世。」《吳書》曰：「畯卒時年七十八。」侯《志》曰：「張昭傳云：『權嘗問衛尉、嚴畯，寧念小時所闇書否？畯因誦《孝經・仲尼居》。』則畯所習者今文也。又據邢《疏》，則三國時王肅、蘇林、何晏、劉邵、韋昭、徐整諸家所注，亦皆今文也。」

孝經解讚

《隋書・經籍志・孝經》 《孝經解讚》一卷。韋昭解。

《舊唐書・經籍志・孝經》 《孝經》一卷。韋昭注。

《新唐書・藝文志・孝經類》 韋昭《注》一卷。

鄭樵《通志・藝文略・孝經》 《孝經》一卷。韋昭。

姚振宗《三國藝文志・孝經類》 韋昭《孝經解讚》一卷。昭始末見《詩》類。《釋文敍録》：「韋昭字弘嗣，吳郡人。吳侍中領左國史高陵亭侯。爲晉諱改爲曜。注《孝經》。」《隋書・經籍志》：「《孝經解讚》一卷。韋昭解。」《唐・經籍志》：「《孝經》一卷，韋昭注。」《藝文志》：「《孝經韋昭注》一卷。」馬國翰輯本序曰：「韋氏《解讚》，隋、唐《志》著録。今佚。從《注疏》所引得十節，又《儀禮經傳通解》引一節，《正義》脱文也，並據輯録。其説服美不安、食旨不甘，訓義切實，與鄭康成箋《詩》相似。至郊祀后稷以配天，全用鄭義。然則書名《解讚》，或讚鄭解也歟。」

孝經默注

《隋書・經籍志・孝經》 《孝經默注》一卷。徐整注。

《舊唐書・經籍志・孝經》 《孝經默注》二卷。徐整撰。

《新唐書・藝文志・孝經類》 徐整《默注》二卷。

鄭樵《通志・藝文略・孝經》 《孝經嘿注》一卷。徐整。

姚振宗《三國藝文志・孝經類》 徐整《孝經默注》一卷。整始末見《詩》類。《釋文敍録》：「王肅、蘇林、何晏、劉邵、韋昭、徐整並注《孝經》。」

孝經注

《隋書・經籍志・孝經》 梁有孫氏注《孝經》一卷。亡。

《舊唐書・經籍志・孝經》 《孝經》一卷。孫熙注。

《新唐書・藝文志・孝經類》 孫熙《注》一卷。

鄭樵《通志・藝文略・孝經》 《孝經》一卷。孫熙。

姚振宗《三國藝文志・孝經類》 孫熙《孝經注》一卷。《釋文敍録》：孫氏不詳何人，注《孝經》。《經義考》曰：案《七録》有孫氏注《孝經》一卷。《隋志》《釋文敍録》云「不詳何人」，當即熙也。侯《志》：孫氏朝代不可考。《隋志》列于蘇林何晏劉邵之後，《唐志》列于韋昭之後，蘇林之前，則當爲三國時人。案：《吳志》孫堅季弟靜，靜子瑜好樂，墳典雖在戎旅，誦聲不絕。瑜子熙，史但言歷列位，不著其何官，似即此孫熙。蓋吳之宗室，大帝從子也。然亦無碻證，不能定。

姚振宗《隋書經籍志考證・孝經類》　梁有孫氏注《孝經》一卷。亡。《釋文敍録》：「孫氏不詳何人，注《孝經》。」【略】　《經義考》曰：「按《七録》有孫氏注《孝經》一卷。《釋文敍録》云『不詳何人』，當即熙也。」侯康《補三國藝文志》曰：「孫氏朝代不可考。《隋志》列於蘇林、何晏、劉卲之後，《唐志》列於韋昭之後、蘇林之前，當爲三國時人。」　按：《吳志・宗室孫靜傳》：靜，堅季弟也。次子瑜好樂墳典，雖在戎旅，誦聲不絕。瑜次子熙，附見《孫賁傳》後，云歷列位而不著爲何官，蓋孫堅之孫，孫權之從子，不知即此孫熙否也。

又　梁又有孫氏注《孝經》一卷。亡。　侯康《補三國藝文志》曰：「《隋志》又別有晉孫氏《孝經注》一卷，未知是重出，抑別爲一人。」邢《疏》序述注《孝經》諸人，以孫氏列於東晉時，蓋據《隋志》後一人而言。　按：《釋文敍録》列於謝萬、楊泓之間，亦似指後一人。

文廷式《補晉書藝文志・孝經類》　孫氏《孝經注》一卷。疑是孫熙。

集議孝經

《隋書・經籍志・孝經》　《集議孝經》一卷。晉東陽太守袁敬仲集。

鄭樵《通志・藝文略・孝經》　《集議孝經》一卷。晉東陽太守袁彥伯。

姚振宗《隋書經籍志考證・孝經類》　《集議孝經》一卷，晉東陽太守袁敬仲集。袁敬仲當爲袁彥伯，此殆因漢衛宏字敬仲而誤。　《晉書・文苑傳》：袁宏字彥伯，陳留陽夏人。謝尚爲豫州刺史，引宏參軍事，累遷大司馬、桓溫府記室，與伏滔同在溫府，府中呼爲袁伏，後自吏部郎出爲東陽郡。太元初卒於東陽，時年四十九。　《釋文敍録》：袁宏字彥伯，陳郡人。東晉東陽太守。注《孝經》。　按：《經義考》袁敬仲、袁宏兩出其目，蓋失之不考。

文廷式《補晉書藝文志・孝經類》　袁敬仲《集議孝經》一卷。東陽太守。　《釋文序録》作袁宏注《孝經》。「五刑之屬三千」，《正義》引袁宏說。

孝經傳

朱彝尊《經義考・孝經二》　晉元帝《孝經傳》。佚。元帝序曰：「天經地義，聖人不加，原始要終，莫踰孝道。能使甘泉自涌，鄰火不焚，地出黃金，天降神女，感通之至，良有可稱。」

孝經注

丁國鈞《補晉書藝文志・孝經類》　《孝經注》。謝安。謹按：見《孝經正義》，本書言孝武帝講《孝經》，安與袁宏諸人同預其事，意此注當成于彼時。

集解孝經

《隋書・經籍志・孝經》　《集解孝經》一卷。謝萬集。

《舊唐書・經籍志・孝經》　《孝經》一卷。謝萬注。

《新唐書・藝文志・孝經類》　謝萬《注》一卷。

鄭樵《通志・藝文略・孝經》　《孝經》一卷。謝萬。

姚振宗《隋書經籍志考證・孝經類》　《集解孝經》一卷。謝萬集。謝萬有《周易繫辭注》，見前。《易》類。　《唐日本國見在書目》：《孝經》一卷，謝萬集解。　馬國翰輯本序曰：萬爲安之弟，其書久佚。今從邢昺《正義》輯録四節。又得謝安說五刑之屬一節，亦併附録。

文廷式《補晉書藝文志・孝經類》　謝萬《集解孝經》一卷。《唐志》作謝萬《注》，邢昺《正義》引此書四條。

孝經注

焦竑《國史經籍志・孝經》 謝方《孝經注》一卷。

晉孝經

姚振宗《隋書經籍志考證・孝經類》 梁有晉穆帝時《晉孝經》一卷，武帝時送總明館《孝經講議》各一卷，亡。《晉書》本紀：穆帝永和十二年二月辛丑，帝講《孝經》。升平元年三月，帝講《孝經》。按：此下當有通字或畢字。親釋奠於中堂。又孝武帝寧康三年九月，帝講《孝經》。十二月癸巳，帝釋奠於中堂，祠孔子，以顔回配。又，《禮志》：穆帝升平元年三月，帝講《孝經通》。孝武寧康三年七月，帝講《孝經通》，並釋奠如故事。穆帝、孝武並權以中堂爲太學云。《釋文敍録》曰：「中朝穆帝集講《孝經》，以鄭玄爲主。」《世説・言語》篇：「孝武將講《孝經》，謝公兄弟與諸人私庭講習。車武子難苦問謝，謂袁羊曰：『不問則德音有遺，多問則重勞二謝。』袁曰：『必無此嫌。』車曰：『何以知爾？』袁曰：『何嘗見明鏡疲於屢照，清流憚於惠風？』」注：「《續晉陽秋》曰：『寧康三年九月九日，帝講《孝經》，僕射謝安侍坐，吏部尚書陸納、兼侍中卞眈讀。《晉書》作『卞眈執讀』。黄門侍郎謝石、吏部袁宏兼執經，中書郎車胤、丹陽尹王混摘句。』」按：此引《續晉陽秋》與《晉書・車胤傳》詳略互見。二謝謂謝安、謝石。袁羊，袁喬小字也。按：總明館始於宋明帝泰始六年，至齊武帝永明三年省就王儉宅開學士館，以總明四部書充之，見《宋書》本紀。《齊書・王儉傳》此條敓誤，殆不可曉，以下文之例推之，當是晉穆帝時講、晉孝武帝時講《孝經講議》各一卷，或宋明帝、齊武帝敕送總明館者歟？

文廷式《補晉書藝文志・孝經類》 晉《孝經》一卷。穆帝時。

孝經注

吴士鑒《補晉書經籍志・孝經類》 王獻之《孝經注》。見《孝經正義》。

孝經講議

文廷式《補晉書藝文志・孝經類》 《孝經講議》一卷。《隋志》云：「武帝時送總明觀《孝經講議》各各字衍。一卷。」按：《志》列穆帝《孝經》後當是孝武帝，誤脱孝字。《車胤傳》「孝武帝嘗講《孝經》」，可證。《世説・言語門》亦載其事。《世説・言語門》注《續晉陽秋》曰：「寧康三年九月九日，帝講《孝經》。僕射謝安侍坐，吏部尚書陸訥、兼侍中卞躭讀，黄門侍郎謝石、吏部袁宏兼執經，中書郎車胤、丹陽尹王混摘句。」

孝經注

《隋書・經籍志・孝經》 梁又有晉給事中楊泓注《孝經》一卷。亡。

姚振宗《隋書經籍志考證・孝經類》 梁又存晉給事中楊泓注《孝經》一卷。亡。「存」當爲「有」字之誤。別本皆作「有」。《釋文敍録》：「楊泓，天水人。東晉給事中。注《孝經》。」嚴可均《全晉文編》曰：「楊泓爵里未詳。《宋書・樂志一》有泓《拂舞序》。」

文廷式《補晉書藝文志・孝經類》 楊泓《孝經注》一卷。給事中，天水人。

孝經注

《隋書・經籍志・孝經》 梁又有處士虞槃佐注《孝經》一卷。亡。

《舊唐書・經籍志・孝經》 《孝經》一卷。虞盤佐注。

《新唐書・藝文志・孝經類》 虞盤佐《注》一卷。

鄭樵《通志・藝文略・孝經》 《孝經》一卷。虞盤佐。

姚振宗《隋書經籍志考證・孝經類》 梁又有處士虞槃佐注《孝經》一卷。亡。《釋文敍録》：虞槃佑字弘猷，高平人。東晉處士。注《孝經》。

按：陸氏《敍録》作槃佑，未詳孰是。

文廷式《補晉書藝文志・孝經類》 虞槃佐《孝經注》一卷。

孝經注

文廷式《補晉書藝文志・孝經類》 虞嘉略注《孝經》。本傳。

孝經注

《隋書・經籍志・孝經》 梁又有丹陽尹車胤注《孝經》一卷。亡。

《舊唐書・經籍志・孝經》 《講孝經義》四卷。車胤等注。

《新唐書・藝文志・孝經類》 車胤《講孝經義》四卷。

姚振宗《隋書經籍志考證・孝經類》 梁又有丹陽尹車胤注《孝經》一卷。亡。《晉書》本傳：胤字武子，南平人也。恭勤不倦，博學多通。桓溫在荆州，辟爲從事，累遷主簿別駕、征西長史，遂顯於朝廷。寧康初，爲中書侍郎關內侯。孝武帝嘗講《孝經》，僕射謝安侍坐，尚書陸納侍講，侍中卞眈執讀，黄門侍郎謝石、吏部郎袁宏執經，胤與丹陽尹王混摘句，時論榮之。累遷侍中國子博士太常，進爵臨湘侯，隆安中加輔國將軍丹陽尹，遷吏部尚書，卒。《釋文敍録》：車胤字武子，南平人，東晉丹陽尹。注《孝經》。

文廷式《補晉書藝文志・孝經類》 車胤《孝經注》一卷。

孝經注

《隋書・經籍志・孝經》 東陽太守殷仲文《孝經注》一卷。亡。

《舊唐書・經籍志・孝經》 孝經一卷。殷仲文注。

《新唐書・藝文志・孝經類》 殷仲文《注》一卷。

鄭樵《通志・藝文略・孝經》 《孝經》一卷。殷仲文。

姚振宗《隋書經籍志考證・孝經類》 梁又有東陽太守殷仲文注《孝經》一卷。亡。《晉書・叛逆傳》：殷仲文，南蠻校尉覬之弟也。少有才藻，從兄仲堪薦之於會稽王道子。桓玄之姊仲文之妻。及玄篡位，以佐命親貴。玄爲劉裕所敗，隨玄西走至巴陵。因奉二后投義軍爲鎮軍長史，轉尚書。帝初反正爲東陽太守。義熙三年，以謀反伏誅。《釋文敍録》：殷仲文，陳郡人，東晉東陽太守，注《孝經》。馬氏《玉函山房輯本》序曰：《孝經》殷仲文註，今惟邢昺《正義》引三節，《文選注》引檀道鸞《晉書》云：「仲文，字仲文，陳郡人。」

文廷式《補晉書藝文志・孝經類》 殷仲文《孝經注》一卷。邢昺《正義》引此書三節。馬國翰玉函山房集録。

孝經注

《隋書・經籍志・孝經》 梁又有晉陵太守殷叔道注《孝經》一卷。亡。

《舊唐書・經籍志・孝經》 孝經一卷。殷叔道注。

《新唐書・藝文志・孝經類》 殷叔道《注》一卷。

鄭樵《通志・藝文略・孝經類》 《孝經》一卷。殷叔道。

姚振宗《隋書經籍志考證・孝經類》 梁又有晉陵太守殷叔道注《孝經》

一卷亡。《晉書・安帝本紀》：義熙三年春二月己酉，車騎將軍劉裕來朝，誅東陽太守殷仲文、南蠻校尉殷叔文、晉陵太守殷道叔、永嘉太守駱球。按：此作殷道叔，未詳孰是。《宋書・武帝本紀》：義熙三年二月，高祖還京師。初桓玄之敗，以桓沖忠貞，署其孫胤。至是府將駱冰謀以胤爲主，與東陽太守殷仲文潛相連結，乃誅仲文及仲文二弟冰父，永嘉太守球，凡桓玄餘黨，至是皆誅夷。

文廷式《補晉書藝文志・孝經類》 殷叔道《孝經注》一卷。晉陵太守。

孝經注

吴士鑒《補晉書經籍志・孝經類》 庾氏《孝經注》。見《孝經序》正義，云東晉人。《釋文序録》注《孝經》者有庾氏，云不詳何人。

二九神經

吴士鑒《補晉書經籍志・孝經類》 祈嘉《二九神經》。本傳云：「依《孝經》作《二九神經》。」

孝經圖

吴士鑒《補晉書經籍志・孝經類》 謝稚《孝經圖》。《貞觀公私畫史》引張彦遠曰：謝稚，陳郡陽夏人。晉司徒主簿。

孝經注

《隋書・經籍志・孝經》 梁又有宋何承天注《孝經》一卷。亡。

姚振宗《隋書經籍志考證・孝經類》 梁又有宋何承天注《孝經》一卷。

亡。何承天有《禮論》，見前《禮》類。《宋書・本傳》：元嘉十九年立國子學，以本官領國子博士。皇太子講《孝經》，承天與中庶子顔延之同爲執經。《釋文敍録》：何承天，東海人。宋廷尉卿。注《孝經》 按《宋書・禮志》：「文帝元嘉二十二年四月，皇太子講《孝經》通釋奠，國子學如晉故事。」按：此皇太子即元凶劭也。《南史・周弘正傳》：梁大通中，稍遷國子博士，學中有宋元凶講《孝經》碑，歷代不改。弘正始到官，即表刊除。此一卷，蓋何氏自爲之注，故得傳至唐初猶存。若爲元凶講義，亦必早經刊除與碑文滅迹矣。

孝傳

馬國翰《玉函山房藏書簿録・孝經類》 《孝傳》一卷。《漢魏叢書》本，又汲古閣本。

晉徵士柴桑陶潛淵明撰。取《孝經》天子、諸侯、卿大夫、士庶人五者之孝，分傳五章，各以古人行事實之。

集議孝經

《隋書・經籍志・孝經》 《集議孝經》一卷。晉中書郎荀昶撰。亡。

《舊唐書・經籍志・孝經》 《講孝經集解》一卷。荀（勗）［昶］撰。

《新唐書・藝文志・孝經類》 荀（勗）［昶］《講孝經集解》一卷。

鄭樵《通志・藝文略・孝經》 《集議孝經》一卷。荀昶。

姚振宗《隋書經籍志考證・孝經類》 《集議孝經》一卷，晉中書郎荀勗撰。亡。晉當爲宋，勗當爲昶，亡字衍。《宋書・荀伯子傳》：「伯子，潁川潁陰人也。族弟昶，字茂祖，與伯子絶服五世。元嘉初以文義至中書郎。昶子萬秋，亦用才學顯。」《釋文敍録》：「荀昶字茂祖，潁川人。宋中書郎，注《孝經》。」《唐會要》：「左庶子劉知幾議曰：晉穆帝永和十一年及孝武帝太元元年，再聚羣臣，共論經義。有荀茂祖者，撰集《孝經》諸説，始以鄭氏爲宗。」又國子祭酒司馬貞議曰：「荀昶《集解孝經》具載鄭《注》

而其序以鄭爲主。」又曰：「荀昶《集解》之時尚有《孔傳》。」《唐日本國見在書目》：「《孝經集議》二卷。荀茂祖撰。」按：荀茂祖是書前一卷爲《集議》及《自序》，後一卷爲《集解》。集議者，集晉永和、太元兩朝之議，此所著録一卷是也。劉知幾、司馬貞所言即本諸此。《集解》則集《孔傳》以下諸家之解，以鄭氏爲宗，隋時亡矣。而《七録》及《日本國書目》皆有之。《本志》下文注云梁有荀勗注《孝經》二卷，即其全書。《日本書目》云：《集議》二卷，則據前一卷之名以統之也。

文廷式《補晉書藝文志・孝經類》 荀（勗）［昶］《集議孝經》一卷。中書郎。

孝經注

《隋書・經籍志・孝經》 梁又有荀昶注《孝經》一卷。亡。

吳士鑒《補晉書經籍志・孝經類》 荀昶《孝經注》。《釋文序録》云：「字茂祖，潁川人。宋中書令。」案《孝經序》正義云：「晉穆帝永和十一年及孝武太元元年，再聚羣臣，共論經義。有荀昶者撰集《孝經》諸說，始以鄭氏爲宗。晉末以來多有異論。」據此則昶是晉人。《崇文總目》誤引作孫昶《孝經集解》。」

文廷式《補晉書藝文志・孝經類》 荀（勗）［昶］注《孝經》二卷。

孝經義疏

《隋書・經籍志・孝經》 梁有宋大明中東宮《講孝經義疏》一卷。亡。

《舊唐書・經籍志・孝經》 大明中皇太子《講孝經義疏》一卷。何約之執經。

《新唐書・藝文志・孝經類》 何約之大明中皇太子《講義疏》一卷。

鄭樵《通志・藝文略・孝經》 宋大明中皇太子《講義疏》二卷。何約之。

姚振宗《隋書經籍志考證・孝經類》 梁有宋大明中東宮《講孝經義疏》一卷。亡。《宋書・前廢帝本紀》：「帝諱子業，孝武帝長子也。孝武帝踐阼，立爲皇太子。大明二年出東宮，四年講《孝經》於崇正殿。」《唐書・藝文志》：何約之《大明中皇太子講孝經義疏》一卷。何約之始末未詳，是書或即所編定者。

孝經注

《隋書・經籍志・孝經》 梁又有費沈注《孝經》一卷。亡。

孝經義疏

《隋書・經籍志・孝經》 梁有齊永明三年東宮講《孝經義疏》一卷。亡。

姚振宗《隋書經籍志考證・孝經類》 梁有齊永明三年東宮講《孝經義疏》一卷。亡。《南齊書》本紀：武帝永明三年八月戊午，以尚書令王儉領太子少傅。冬十月壬戌，詔曰：「皇太子長懋講畢當釋奠，王公以下可悉往觀禮。」《南史・豫章文獻王嶷傳》：永明元年，領太子太傅。三年，文惠太子講《孝經》畢，嶷求解太傅，不許。豫章王高帝第二子，武帝弟文惠太子叔父也。講《孝經》，時嶷爲太傅，王儉爲少傅云。又《禮志》：永明三年冬，皇太子講《孝經》，親臨釋奠，車駕幸聽。《齊書》、《南史》列傳：文惠皇太子長懋，字雲喬，武帝長子也。引接朝士，會稽虞炎、濟陽范岫、汝南周顒、陳郡袁廓並以學行才能應對左右。永明三年於崇正殿講《孝經》，少傅王儉以擿句令太子僕周顒撰爲《義疏》。《齊書・周顒傳》：顒卒官。時會王儉講《孝經》未畢，舉曇濟自代，學者榮之。按：《周顒傳》云舉曇濟自代者，代其所撰未畢之《義疏》也。然則是書始作於周顒，成於謝曇濟。謝有《毛詩檢漏義》，見前《詩》類。

孝經義疏

《隋書・經籍志・孝經》 梁有齊永明中諸王講《孝經義疏》一卷。亡。

姚振宗《隋書經籍志考證・孝經類》 梁有齊永明中諸王講《孝經義疏》一卷。亡。 馬國翰輯本序曰：「《隋志》載齊永明中諸王講《孝經義疏》一卷，《唐志》不著目，佚已久。考《南齊書・文惠太子傳》永明五年冬，太子臨國學，親臨策試諸生。下載太子問王儉、張緒及竟陵王子良、臨川王暎，問答凡十四節。傳言永明五年，與《隋志》所稱永明中諸王講正合，玆據輯補。太子以長年臨學，與諸王一堂諮論，皆前代所未有，録列一家《東宮講義》大旨亦於此見其略」云。 按：馬氏以《文惠太子傳》所載問答，謂即諸王講，不知是否也。又《齊書》本紀云：永明四年三月辛亥，國子講《孝經》，車駕幸學，賜國子祭酒博士助教絹各有差。此題諸王講，不云國學講，亦不知是否即此事。

孝經注

《隋書・經籍志・孝經》 梁又有國子博士明僧紹注《孝經》一卷。亡。

姚振宗《隋書經籍志考證・孝經類》 梁又有國子博士明僧紹注《孝經》一卷。亡。 《南齊書・高逸傳》：明僧紹字承烈，平原鬲人也。明經，有儒術。永明元年，世祖敕召，稱疾不肯見。詔徵國子博士，不就，卒。 《梁書・明山賓傳》：山賓父僧紹，隱居不仕。宋末徵國子博士，不就。 《南史》列傳云：僧紹子元琳、仲璋、山賓並傳家業，山賓最知名。 《釋文敍録》：明僧紹字承烈，平原人。國子博士，徵不起。注《繫辭》，注《孝經》。

孝經注

《隋書・經籍志・孝經》 梁又有齊光禄大夫王玄載注《孝經》一卷。亡。

姚振宗《隋書經籍志考證・孝經類》 梁又有齊光禄大夫王玄載注《孝經》一卷。亡。 《南齊書》本傳：玄載字彦休，下邳人也。仕宋至益州刺史，後軍將軍，封鄂縣子。入齊爲左民尚書、光禄大夫、兗州刺史。永明六年卒，時年七十六。謚烈子。 《釋文敍録》：王玄戴字彦運，大□人。齊光禄大夫，注《孝經》。 盧文弨《釋文考證》曰：王玄戴，下邳人。舊下字誤爲大，邳字空闕，今補正。《隋志》戴作載，《老子》有王玄載注，《釋文》亦作載，此戴字誤也。

孝經義疏

《隋書・經籍志・孝經》 梁又有齊臨沂令李玉之爲始興王講《孝經義疏》，二卷。亡。

姚振宗《隋書經籍志考證・孝經類》 梁有齊臨沂令李玉之爲始興王講《孝經義疏》二卷。亡。李玉之有《周易乾坤義》，見前《易》類。 《南史・齊高帝諸子傳》：「始興簡王鑑字宣徹，高帝第十子也。年十四，爲益州刺史。好學善屬文，不重華飾，器服清素，有高士風。王儉常歎云：『始興王雖尊貴，而行履都是素士。』」

孝經講義

朱彝尊《經義考・孝經》 賀氏瑒《孝經講義》。《七録》一卷。佚。

孝經義疏

《隋書・經籍志・孝經》 《孝經義疏》十八卷。梁武帝撰。

《舊唐書・經籍志・孝經類》 《孝經疏》十八卷。梁武帝撰。

《新唐書・藝文志・孝經類》 梁武帝《疏》十八卷。

鄭樵《通志・藝文略・孝經》 《孝經義疏》十八卷。梁武帝。

姚振宗《隋書經籍志考證・孝經類》 《孝經義疏》十八卷，梁武帝撰。梁武帝有《易》、《書》、《詩》、《禮》大義，並見前。《梁書・朱异傳》：「武帝召見，使說《孝經》、《周易》義，甚悦之。其年，帝自講《孝經》，使异執讀。」《南史》同。又《武帝本紀》：「中大通四年三月庚午，侍中領國子博士蕭子顯上表置制旨《孝經》助教一人，生十人，專通高祖所釋《孝經》義。」《陳書・文學・岑之敬傳》：「之敬年十六，策《春秋左氏》，制旨《孝經義》，擢爲高第。」 馬氏《玉函山房輯本序》曰：隋、唐《志》並載梁武帝《義疏》十八卷，今佚。邢昺《正義》引三節，又從《武帝集》得說明堂一節，合輯爲帙。其訓仲尼云丘爲聚，尼爲和。說太迂曲，宜爲邢氏所不取。其說天子、士二章之義辨化辨，情固自入理也。 按《魏書・儒林・李業興傳》：天平四年，與李諧、盧元明使蕭衍，衍散騎常侍朱异曰：「明堂圓方之說，經典無文。」業興曰：「圓方之言，出處甚明，卿自不見，見卿所録梁主《孝經義》，亦云上圓下方。」 則是書爲朱异所録。异有《集注周易》見《易》類。

孝經義

《隋書・經籍志・孝經》 梁有皇太子講《孝經義》三卷，天監八年皇太子講《孝經義》一卷。亡。

姚振宗《隋書經籍志考證・孝經類》 梁有皇太子講《孝經義》三卷，天監八年皇太子講《孝經義》一卷。亡。《梁書》、《南史》梁武帝諸子傳：昭明太子統，字德施，小字維摩。武帝長子也。天監元年十一月立爲皇太子。時年幼，依舊於內，拜東宮官屬，文武皆入直永福省。五年五月出居東宮。太子生而聰叡，三歲受《孝經》、《論語》，五歲徧讀五經，悉通諷誦。八年九月於壽安殿講《孝經》，盡通大義。講畢，親臨釋奠於國學。又《徐勉傳》：天監六年領太子中庶子侍東宮。昭明太子尚幼，敕知宮事。太子嘗於殿內講《孝經》，臨川靜惠王、尚書令沈約備二傳，勉與國子祭酒張充爲執經，王瑩、張稷、柳憕、王暕爲侍講，時選極親賢，妙盡時譽。 按：前三卷是三歲時保傅所進之講章，其後一卷則天監八年壽安殿所講之大義也。

孝經義疏

《隋書・經籍志・孝經》 梁有蕭子顯《孝經義疏》一卷。亡。

孝經敬愛義

《隋書・經籍志・孝經》 《孝經敬愛義》一卷。梁吏部尚書蕭子顯撰。

鄭樵《通志・藝文略・孝經》 《孝經敬愛義》一卷。蕭子顯。

姚振宗《隋書經籍志考證・孝經類》 《孝經敬愛義》一卷，梁吏部尚書蕭子顯撰。 《梁書・蕭子恪傳》：「子恪，蘭陵人，齊豫章文獻王嶷第二子也。子恪兄弟十六人。子顯字景陽，子恪第八弟。七歲封寧都縣侯，天監初降爵爲子。大通三年領國子博士。高祖所製《經義》，按本紀當云《孝經義》。未列學官，子顯在職，表置助教一人，生十人。其年遷國子祭酒，加侍中。於學遞述高祖《五經義》。五年，選吏部尚書。子顯性凝簡，頗負其才氣，及掌選，見九流賓客不與交言，但舉扇一撝而已，衣冠竊恨之。大同三年，出爲仁威將軍、吳興太守。至郡未幾卒，時年四十九。及葬，請謚，手詔：恃才傲物，宜謚曰驕。」 按：《七録》所有《義疏》一卷，當作於爲博士祭酒之時。「敬愛義」，邢昺云：愛之與敬解者衆多此乃專爲一書，以明其義。《金樓子・興王篇》云：「武帝於鍾山起大愛敬寺，以奉太祖。」又《立言篇》云：「竊尋《孝經》所説，必稱先王，蓋是先王之行不敢以不行也。伏見臺内別造至敬殿，甘旨百品，月祭日祀，又爲寢室，昏定晨省，如平生焉。」此敬愛義所由作歟。

孝經義疏

《隋書・經籍志・孝經》 《孝經義疏》三卷。皇侃撰。

《舊唐書・經籍志・孝經》 《孝經義疏》三卷。皇侃撰。

《新唐書・藝文志・孝經類》 皇侃《義疏》三卷。

鄭樵《通志・藝文略・孝經》 《孝經義疏》三卷。皇侃。

姚振宗《隋書經籍志考證・孝經類》 《孝經義疏》三卷皇侃撰。皇侃有《喪服文句義》，見前《禮類》。《南史・儒林傳》：侃尤明三禮、《孝經》。又曰：侃性至孝，常日限誦《孝經》二十徧，以擬《觀世音經》。《釋文敍録》曰：皇侃撰《孝經義疏》。按：《釋文》載注《孝經》者，自孔安國以下凡二十四家，爲《義疏》者唯皇氏一家。馬氏《玉函山房輯本序》曰：皇氏《義疏》，隋、唐《志》並三卷，今佚。從邢昺《正義》輯録一十八節。皇孫爽序譏其《義疏》辭多紕繆，理昧精研，然就邢氏所引，固皆摭拾菁華矣。

孝經注

《隋書・經籍志・孝經》 梁又有梁五經博士嚴植之注《孝經》一卷。亡。

姚振宗《隋書經籍志考證・孝經類》 梁又有梁五經博士嚴植之注《孝經》一卷。亡。 《梁書・儒林傳》：嚴植之字孝源。建平秭歸人也。少善莊、老，能玄言，精解《喪服》、《孝經》、《論語》。及長偏習鄭氏《禮》、《周易》、《毛詩》、《左氏春秋》。仕齊爲廣漢王國右常侍。梁天監四年，初置五經博士，各開館教授，以植之爲五經博士。植之館在潮溝，生徒常百數，講説有區段次第，析理分明。每當登講，五館生畢至，聽者千餘人。遷中撫記室參軍，猶兼博士，卒於館。馬氏《玉函山房輯本序》曰：嚴植之《孝經注》，《唐志》不著録，佚已久。邢昺《正義》引三節，又引先儒之説二條，則嚴亦在内。合輯録之。史稱植之習鄭氏《禮》，則注《孝經》亦必以康成爲宗。

孝經義疏

朱彝尊《經義考・孝經》 《孝經義疏》。《七録》一卷。佚。

孝經注

《隋書・經籍志・孝經》 梁又有尚書功論郎曹思文注《孝經》一卷。亡。

姚振宗《隋書經籍志考證・孝經類》 梁又有尚書功論郎曹思文注《孝經》一卷。亡。 嚴可均《全梁文編》曰：曹思文，齊永泰時領國子助教。梁受禪，爲尚書論功郎。有《孝經注》一卷。

集注孝經

《隋書・經籍志・孝經》 梁又有陶弘景《集注孝經》一卷。亡。

姚振宗《隋書經籍志考證・孝經類》 梁又有陶弘景《集注孝經》一卷。亡。陶弘景有《毛詩序注》，見前《詩》類。 《南史・隱逸傳》：弘景所著有《孝經》、《論語集注》。 陶翊撰《華陽隱居本起録》曰：「《孝經》、《論語》集注，并自立意，共一帙十二卷。」按：十二卷者當是《論語》十卷、《孝經》二卷也。

孝經序

《隋書·經籍志·孝經》 梁又有諸葛循《孝經序》一卷。亡。

孝經注

《隋書·經籍志·孝經》 梁又有羽林監江係之注《孝經》一卷。亡

孝經注

《隋書·經籍志·孝經》 梁又有江遜注《孝經》一卷。亡。

姚振宗《隋書經籍志考證·孝經類》 梁又有江遜注《孝經》一卷。亡。江遜始末未詳。按《梁書·文學·何遜傳》：「濟陽江避爲南平王大司馬府記室，避博學有思理，更注《論語》、《孝經》。」此江遜疑即江避之譌。

孝經注

張鵬一《隋書經籍志補·孝經》 《孝經注》。盧景裕。

孝經義

《隋書·經籍志·孝經》 《孝經義》一卷。梁揚州文學從事太史叔明撰。

鄭樵《通志·藝文略·孝經》 《孝經義》一卷。梁揚州文學從事太史叔明。

孝經發題

《舊唐書·經籍志·孝經》 《孝經發題》四卷。太史叔明撰。

《新唐書·藝文志·孝經類》 太史叔明《發題》四卷。

鄭樵《通志·藝文略·孝經》 《孝經發題》四卷。太史叔明。

朱彝尊《經義考·孝經》 太史氏叔明《孝經義》。《唐志》作《發題》。《隋志》一卷。佚。《冊府元龜》：「太史叔明爲揚州從事文學，撰《孝經義》，又《集解論語》。」

孝經解詁難例

張鵬一《隋書經籍志補·孝經》 《孝經解詁難例》。封偉伯。本傳：太尉清河王懌爲《孝經解詁》，命偉伯爲《難例》九條，皆發揮隱漏。偉伯又討論《禮》、《傳》、《詩》、《易》疑事數十條，儒者咸稱之。

孝經義疏

《隋書·經籍志·孝經》 《孝經義疏》一卷。趙景韶撰。

鄭樵《通志·藝文略·孝經》 《孝經義疏》一卷。趙景韶。

朱彝尊《經義考·孝經》 趙氏景韶《孝經義疏》。《隋志》一卷。佚。

孝經義

朱彝尊《經義考·孝經》 張氏譏《孝經義》八卷。佚。《南史》：「簡

文在東宮，出士林館，發《孝經》題，議論議往復，甚見嗟賞。譏所撰《孝經義》八卷。」

孝經私記

《隋書・經籍志・孝經》　《孝經私記》二卷。周弘正撰。

鄭樵《通志・藝文略・孝經》　《孝經私記》二卷。周弘正。

孝經義

張鵬一《隋書經籍志補・孝經》　《孝經義疏》一卷。熊安生。

孝經序論

張鵬一《隋書經籍志補・孝經》　《孝經序論》。樂遜。

孝經義疏

《隋書・經籍志・孝經》　梁有梁簡文《孝經義疏》五卷。亡。

姚振宗《隋書經籍志考證・孝經類》　梁有梁簡文《孝經義疏》五卷。亡。梁簡文帝有《毛詩十五國風義》，見前《詩類》。《陳書・儒林・張譏傳》：「譏遷士林館學士，簡文在東宮，出士林館，發《孝經》題，議論議往復，甚見嗟賞，自是每有講集，必遣使召譏。」張譏有《周易講疏》，見《易》類，疑此爲譏所譔録。《陳書》載譏有《孝經義》八卷，此五卷疑在其中。按：《梁書》、《南史》本紀皆不載帝有此書，或亦編入《長春義記》一百卷中。

孝經義記

朱彝尊《經義考・孝經》　釋氏靈裕《孝經義記》。佚。《續高僧傳》：「靈裕，鉅鹿曲陽人。相州演空寺僧。隋大業中卒。釋《孝經義記》。」

孝經義疏

張鵬一《隋書經籍志補・孝經》　《孝經義疏》一部。隋平原明克讓。《北史》本傳：著《孝經義疏》一部，《古今帝代記》一卷，《文類》四卷，《續名僧記》一卷，集二十卷。

古文孝經述義

《隋書・經籍志・孝經》　《古文孝經述義》五卷。劉炫撰。

《舊唐書・經籍志・孝經》　《孝經述義》五卷。劉炫撰。

《新唐書・藝文志・孝經類》　劉炫《述義》五卷。

鄭樵《通志・藝文略・孝經》　《古文孝經述義》五卷。劉炫。

姚振宗《隋書經籍志考證・孝經類》　《古文孝經述義》五卷。劉炫撰。劉炫有《尚書述義》，見前《書》類。《北史・儒林傳》：炫著《孝經述議》五卷。本志篇敍曰：至隋祕書監王劭於京師訪得孔《傳》，送至河間劉炫。炫因序其得喪，述其議疏，講於人間，漸聞朝廷。後遂著令與鄭氏並及《國語》、《孝經》別爲一類。

孝經釋文

鄭樵《通志・藝文略・孝經》 《孝經釋文》一卷。陸德明。

馬國翰《玉函山房藏書簿録・孝經類》 《孝經釋文》一卷。通志堂本唐陸德明撰。

孝經問疑

張鵬一《隋書經籍志補・孝經》 《孝經問疑》一卷。樊深。

孝經講疏

《隋書・經籍志・孝經》 《孝經講疏》六卷。徐孝克撰。

鄭樵《通志・藝文略・孝經》 《孝經講疏》六卷。徐孝克。

朱彝尊《經義考・孝經》 徐氏孝克《孝經講疏》。《隋志》：六卷。佚。《冊府元龜》：「徐孝克爲散騎常侍，入隋爲國子博士，撰《孝經講疏》六卷、《論語句義》五卷。」

孝經義

張鵬一《隋書經籍志補・孝經》 《孝經義》三卷。張沖。

孝經注

張鵬一《隋書經籍志補・孝經》 《孝經注》。後魏河北陳奇。本傳：「奇常非馬融、鄭玄解經失旨，志在著述五經。始注《孝經》、《論語》，頗傳於世，爲搢紳所稱。」

孝經義疏

張鵬一《隋書經籍志補・孝經》 《孝經義疏》。李鉉。

孝經注

張鵬一《隋書經籍志補・孝經》 《孝經注》。宇文敢。

孝經義記

張鵬一《隋書經籍志補・孝經》 《孝經義記》。宇文敢。

孝經注

《隋書・經籍志・孝經》 《孝經》一卷。釋慧琳注。

鄭樵《通志・藝文略・孝經》 《孝經》一卷。釋慧琳。

姚振宗《隋書經籍志考證・孝經類》 《孝經》一卷。釋慧琳注。《宋書・天竺迦毗黎國附傳》：沙門慧琳者，秦郡秦縣人。姓劉氏。少出家，住治城寺。有才章，兼外內之學，爲廬陵王義眞所知。嘗著《均善論》行於世。舊僧謂其貶黜釋氏，欲加擯斥。太祖見論賞之。元嘉中遂參權要，朝廷大事皆與議焉。賓客輻輳，門車常有數十兩，四方贈貽，相係勢傾一時。注《孝經》及《莊子・消遙》篇，文論傳於世。《南史・顔延之傳》：延之爲太常時，沙門釋慧琳以才學爲文帝所賞，朝廷政事多與之謀，遂士庶歸仰。上每引見，常升獨榻，延之甚疾焉。因醉白上曰：「昔同子驂乘，袁絲正色，此三台之座，豈可使刑餘居之。」上變色。《釋文敍録》：釋慧琳，秦郡人。宋世沙門。注《孝經》。

孝經注

《隋書・經籍志・孝經》 梁又有釋慧始注《孝經》一卷。亡。

姚振宗《隋書經籍志考證・孝經類》 梁又有釋慧始注《孝經》一卷。亡。梁釋慧皎。《高僧傳》：僞秦蒲坂釋法羽十五出家，爲慧始弟子，始立行精苦，修頭陀之業，羽深達其道云。

孝經玄

《隋書・經籍志・孝經》 梁有《孝經玄》一卷。亡。

朱彝尊《經義考・孝經》 《孝經玄》。《七録》：一卷。佚。

孝經圖

《隋書・經籍志・孝經》 梁有《孝經圖》一卷。亡。

朱彝尊《經義考・孝經》 《孝經圖》。《七録》：一卷。佚。

孝經孔子圖

《隋書・經籍志・孝經》 梁有《孝經孔子圖》一卷。亡。

朱彝尊《經義考・孝經》 《孝經孔子圖》。《七録》：二卷。佚。

孝經私記

《隋書・經籍志・孝經》 《孝經私記》四卷。無名先生撰。

鄭樵《通志・藝文略・孝經》 《孝經私記》四卷。

姚振宗《隋書經籍志考證・孝經類》 《孝經私記》四卷。無名先生撰。按：此無名先生似即撰《周易私記》者。詳見《易》類。

孝經義

《隋書・經籍志・孝經》 《孝經義》一卷。

鄭樵《通志・藝文略・孝經》 《孝經義》一卷。

孝經義疏

《新唐書・藝文志・孝經類》 孔穎達《孝經義疏》。卷亡。

鄭樵《通志・藝文略・孝經》 《孝經義疏》。孔穎達。卷亡。

朱彝尊《經義考・孝經》 孔氏穎達《孝經義疏》。佚。《唐書》本傳：太宗時，穎達爲太子右庶子，承乾令穎達撰《孝經章句》，因文箴諷。

孝經疏

《舊唐書・經籍志・孝經》 《孝經疏》五卷。賈公彦撰。

《新唐書・藝文志・孝經類》 賈公彦《孝經疏》五卷。

鄭樵《通志・藝文略・孝經》 《孝經疏》五卷。賈公彦。

越王孝經新義

《舊唐書・經籍志・孝經》 《越王孝經新義》十卷。任希古撰。

《新唐書・藝文志・孝經類》 任希古《越王孝經新義》十卷。

鄭樵《通志・藝文略・孝經》 《孝經新義》十卷。任希古。

朱彝尊《經義考・孝經》 任氏希古《越王孝經新義》。《唐志》：十卷。佚。龐元英曰：「新義者，以越王爲問目，釋疏文之義。」《高麗史》：光宗光德十年秋，遣使如周，進《越王孝經新義》八卷。

孝經指要

《新唐書・藝文志・孝經類》 李嗣眞《孝經指要》一卷。

鄭樵《通志・藝文略・孝經》 《孝經指要》一卷。李嗣眞。

朱彝尊《經義考・孝經》 李氏嗣眞《孝經指要》。《唐志》：一卷。佚。《舊唐書》：「李嗣眞，滑州匡城人。永昌中，拜右御史中丞，知大夫事，爲來俊臣所陷，配流嶺南。萬歲通天年徵還，至桂陽卒。神龍初，贈御史大夫。」

孝經疏

《舊唐書・經籍志・孝經》 《孝經疏》三卷。元行沖撰。

錢東垣等輯《崇文總目・孝經類》 《孝經疏》三卷。［原釋］元行沖撰。明皇既作注，故行沖奉詔作疏。見《文獻通考》。

《新唐書・藝文志・孝經類》 元行沖《御注孝經疏》二卷。

鄭樵《通志・藝文略・孝經》 《御注孝經》二卷。元行沖。

馬端臨《文獻通考・經籍考・孝經》 元行沖《孝經疏》。

《宋史・藝文志・孝經類》 元行沖《孝經疏》三卷。

佚名《新唐書藝文志注・孝經類》 元行沖《御注孝經疏》二卷。《崇文總目》：明皇作注，行沖奉詔作。今疏爲邢疏所掩，其序尚存。《宋志》：三卷。《孝經疏》三卷。元行沖撰。

孝經注

《新唐書・藝文志・孝經類》 王玄感注《孝經》一卷。

鄭樵《通志・藝文略・孝經》 《孝經》一卷。王玄感。

朱彝尊《經義考・孝經》 王氏玄感注《孝經》。《唐志》：一卷。佚。《舊唐書》：長安三年，玄感表進《書》、《禮》、《春秋》并所注《孝經》草稿，請官給紙寫上祕閣。「詔曰：王玄感質性溫敏，博聞強記，手不釋卷，老而彌篤，犄前達之失，究先聖之旨，是謂儒宗，不可多得，可太子司議郎兼集賢學士。」

孝經注

《舊唐書・經籍志・孝經》 孝經一卷。魏克己注。

《新唐書・藝文志・孝經類》 魏克己注《孝經》一卷。

朱彝尊《經義考・孝經》　魏氏克己《孝經注》。《唐志》：一卷。佚。

孝經義

朱彝尊《經義考・孝經》　王氏漸《孝經義》。五十卷。佚。《龍城録》：國初有孝子王漸，作《孝經義》，成五十卷。事亦該備。而漸性鄙朴，凡鄉里有鬬訟，漸即詣門高聲誦義一卷，反爲漸謝。後有病者，即請漸來誦書，尋亦得愈。

孝經注

《新唐書・藝文志・孝經類》　尹知章注《孝經》一卷。

鄭樵《通志・藝文略・孝經》　《孝經》一卷。尹知章。

朱彝尊《經義考・孝經》　尹氏知章《孝經注》。《唐志》：一卷。佚。《舊唐書》：尹知章，絳州翼城人。神龍初太常博士。睿宗即位，拜禮部員外郎，轉國子博士。

孝經注

《舊唐書・經籍志・孝經》　孝經一卷。玄宗注。

錢東垣等輯《崇文總目・孝經類》　《孝經》一卷。［原釋］唐明皇注。取王肅、劉劭、虞翻、韋昭、劉炫、陸澄六家之説，參仿孔、鄭舊義。今行於太學。見《文獻通考》。

《新唐書・藝文志・孝經類》　《今上孝經制旨》一卷。玄宗。

鄭樵《通志・藝文略・孝經》　《孝經》一卷。唐明皇。

晁公武《郡齋讀書志・孝經類》　唐明皇注《孝經》一卷。右漢初顔芝之子貞獻於朝，千八百七十二字。唐玄宗注。序稱：取王肅、劉劭、虞翻、韋昭、劉炫、陸澄六家説，約孔、鄭舊義爲之。何休稱：子曰「吾志在《春秋》，行在《孝經》。」信斯言也，則《孝經》乃孔子自著者也。今其首章云「仲尼居，曾子侍」，則非孔子所著明矣。詳其文義，當是曾子弟子所爲書也。柳宗元謂「《論語》載弟子必以字，獨曾參不然，蓋曾氏之徒樂正子春、子思與爲之耳」。余於《孝經》亦云。

尤袤《遂初堂書目・論語類孝經孟子附》　唐明皇注《孝經》。

陳振孫《直齋書録解題・孝經類》　《御注孝經》一卷。唐孝明皇帝撰幷序。今世所行本也。始刻石太學，御八分書，末有祭酒李齊古所上表及答詔，且具宰相等名銜，實天寶四載，號爲《石臺孝經》。乾道中，蔡洸知鎮江，以其本授教授沈必豫、熊克，使刻石學宫，云歐公《集古録》無之，豈偶未之見耶？家有此刻，爲四大軸，以爲書閣之鎮。按：《唐志》作《孝經制旨》。

馬端臨《文獻通考・經籍考・孝經》　唐明皇《孝經註》一卷。

《宋史・藝文志・孝經類》　唐明皇註《孝經》一卷。

徐𤊹《徐氏家藏書目・孝經類》　唐明皇《孝經註》一卷。

張萱等《内閣藏書目録・經部》　《孝經》。六冊，不全。唐玄宗八分書。元延祐二年刻。

彭元瑞等《天禄琳琅書目後編・宋版經部》　《孝經》。一函，一冊。唐明皇御注，附《音義》。書一卷。亦岳珂荆溪家塾刻。按：書中字與監本不同者，諫爭監本作諫諍。哀慼監本作哀戚。二條。

潘祖蔭《滂喜齋藏書記・經部》　日本刻《孝經唐玄宗注》一卷。一冊。《石臺孝經》，唐玄宗注，天寶四年刻石，今在西安府學中。此日本刻，前有元行沖序，作於開元十年，距刻石時廿有餘載，是第一祖本也。所據經文與《石臺》合，他本則多不逮。元行沖本有《義疏》，自邢昺《疏》行而舊疏遂亡。此本猶存其序，亦可寶矣。前有寬政十二年源宏賢序，後有桑門祥空苾芻堯空題記。附藏印「快哉」、「壽世盛業」、「味腴書室」、「讀杜草堂」。

張之洞《書目答問・正經正注》　武昌局刻《孝經》單注大字本。古注卷數仍舊。

科斗書孝經

朱彝尊《經義考・孝經》 李氏陽冰《科斗書孝經》。佚。《韓子記略》曰：「李監陽冰能篆書。貞元中，愈事董丞相幕府於汴州，識開封令服之者，陽冰子，授予以其家《科斗孝經》，予寶蓄之而不暇學。後來京師，爲四門博士，識歸公登，歸公好古書，能通之。愈曰：『古書得其據依，蓋可講。』因進其所有書屬歸氏。元和來思凡爲文辭，宜略識字，因從歸公乞觀，留月餘。張籍令進士賀拔恕寫以留愈，蓋得其十四五，而歸其書於歸氏。」

孝經議

《新唐書・藝文志・孝經類》 平貞眘《孝經議》。卷亡。

孝經應瑞圖

《舊唐書・經籍志・孝經》 《孝經應瑞圖》一卷。

《新唐書・藝文志・孝經類》 《應瑞圖》一卷。

鄭樵《通志・圖譜略・孝經》 《應瑞圖》。

演孝經

《舊唐書・經籍志・孝經》 《演孝經》十二卷。張士儒撰。

《新唐書・藝文志・孝經類》 張士儒《演孝經》十二卷。

鄭樵《通志・藝文略・孝經》 《演孝經》十二卷。張上儒。

廣孝經

《新唐書・藝文志・孝經類》 徐浩《廣孝經》十卷。浩稱四明山人。乾元二年上，授校書郎。

鄭樵《通志・藝文略・孝經》 《廣孝經》十卷。徐浩。

孝經注疏

錢東垣等輯《崇文總目・孝經類》 《孝經正義》三卷。［原釋］皇朝翰林侍講學士邢昺等撰。初世傳行沖《疏》外，餘家尚多，皆猥俗褊陋，不足行遠。咸平，詔昺及杜鎬等集諸儒之説而增損焉。見《文獻通考》。

鄭樵《通志・藝文略・孝經》 《孝經正義》三卷。宋朝邢昺。

晁公武《郡齋讀書志・孝經類》 《孝經正義》三卷。右皇朝邢昺等撰。世傳《孝經疏》外，餘家尚多。咸平中，昺集諸説爲此書。

陳振孫《直齋書録解題・孝經類》 《孝經正義》三卷。翰林侍講學士濟陽邢昺叔明撰。明皇既注《孝經》，元行沖爲之《疏》。咸平中，以諸説尚多，詔昺與直祕閣杜鎬等，據元氏本增損，定爲《正義》。四年上之。

馬端臨《文獻通考・經籍考・孝經》 《孝經正義》三卷。

胡師安等《元西湖書院重整書目》 《孝經注疏》。

《宋史・藝文志・孝經類》 邢昺《孝經正義》三卷。

楊士奇等《文淵閣書目・諸經總類》 宋儒邢昺等《孝經注疏》。一部，二冊。闕。 宋儒邢昺等《孝經注疏》。一部，一冊。闕。 《孝經注疏》。一部，二冊。闕。 《孝經注疏》。一部，三冊。完全。 《孝經注疏》。一部，一冊。闕。

高儒《百川書志・孝經》 《孝經註疏》九卷。宋國子祭酒邢昺等奉敕校定。唐明皇御製序文。

梅鷟《南廱志經籍考》 《孝經註疏》一卷。存者二十四面。《孝經》一十八章，孔子爲曾參陳孝道。漢初河間獻王所得顔芝本，長孫氏、江翁、后蒼、翼奉、張禹傳之，各自名家，經文皆同，唯孔氏壁中古文爲異。劉向以顔本比古文，除其煩惑，定爲十八章。而孔氏古文亡於梁。至隋開皇十四年，秘書學生王逸於京市陳人處得本，送於著作王邵，以示河間劉炫。炫遂以《庶人章》分爲二，《曾子敢問章》分爲三，又多《閨門》一章，凡二十二章。唐開元七年，國子博士司馬貞議曰：「古文出孔壁，未之行遂亡其本。近儒穿鑿，更改僞作《閨門》一章，文句凡鄙；又分《庶人章》從『故自天子』以下，別爲一章，以應二十二之數。」朱夫子《刊誤》亦據古文而合篇首六、七章爲本經，其後乃傳文，皆齊魯閒儒纂取《左氏》諸書之語。爲之傳者，又頗失其次第，凡《孝經》引《詩》非經本文者皆圈之。舊觀《孝經》爲書，文體蓋擬《大學》者也。《大學》經一章，其下傳十章，以釋經。《孝經》亦有經一章，其後傳十三章以釋經。《大學》經文之末曰「自天子以至於庶人」，而末繳之則曰「未之有也」。《孝經》經文之末亦用「自天子以至於庶人」，而繳之曰「孝無終始，而患不及者，未之有也。」疑必曾子門人弟子所述，非他人所能也。雜取《左氏》諸書之語，古人多有之。《乾卦文言》見於「襄公九年」古志有之，克己復禮，仁也曰李，曰出門如賓，承事如祭，敬也。蓋言之善者，誦之云耳，未可以爲略也。故今當依劉向所校，刪去《閨門》一章，依朱子所定，刊去膚引之詩，而更次第之庶爲正本云。

徐𤊹《徐氏家藏書目・孝經類》　《孝經注疏》九卷。宋邢昺注疏。

錢謙益等《絳雲樓書目・孝經類》　《孝經注疏》。

《四庫提要・孝經類》　《孝經正義》三卷。內府藏本。唐玄宗明皇帝御註，宋邢昺疏。案《唐會要》：開元十年六月，上註《孝經》，頒天下及國子學。天寶二年五月，上重註，亦頒天下。《舊唐書・經籍志》：「《孝經》一卷，玄宗註。」《唐書・藝文志》：「《今上孝經制旨》一卷。」註曰「玄宗」。其稱「制旨」者，猶梁武帝《中庸義》之稱「制旨」，實一書也。趙明誠《金石録》載明皇註《孝經》四卷。陳振孫《書録解題》亦稱家有此刻，爲四大軸。蓋天寶四載九月，以御註刻石於太學謂之「石臺孝經」，今尚在西安府學中，爲碑凡四，故拓本稱四卷耳。玄宗《御製序》末稱：一章之中凡有數句，一句之內義有兼明，具載則文繁，略之則義闕。今存於疏用廣發揮。《唐書・元行沖傳》稱：玄宗自註《孝經》，詔行沖爲疏，立於學官。《唐會要》又載天寶五載詔：《孝經書疏》，雖麤發明，未能該備，今更敷暢以廣闕文，令集賢院寫頒中外。是《註》凡再修，《疏》亦再修。其《疏》，《唐志》作二卷，《宋志》則作三卷，殆續增一卷歟？宋咸平中，邢昺所修之疏，即據行沖書爲藍本。然孰爲舊文，孰爲新說，今已不可辨別矣。《孝經》有今文、古文二本。今文稱鄭玄註，其說傳自荀昶，而鄭《志》不載其名。古文稱孔安國註，其書出自劉炫，而《隋書》已言其僞。至唐開元七年三月，詔令羣儒質定，右庶子劉知幾主古文，立十二驗以駁鄭。國子祭酒司馬貞主今文，摘《閨門章》文句凡鄙，《庶人章》割裂舊文，妄加「子曰」字，及註中「脱衣就功」諸語以駁孔。其文具載《唐會要》中。厥後今文行而古文廢，元熊禾作董鼎《孝經大義序》，遂謂貞去《閨門》一章，卒啟玄宗無禮無度之禍。明孫本作《孝經辨疑》，併謂唐宮闈不肅，貞削《閨門》一章，乃爲國諱。夫削《閨門》一章，遂啟幸蜀之衅，使當時行用古文，果無天寶之亂乎？唐宮闈不肅誠有之，至於《閨門章》二十四字，則絶與武、韋不相涉。指爲避諱，不知所避何諱也。况知幾與貞兩議竝上，《會要》載鄭，亦未因貞而廢孔。迨時閲三年，乃有御註太學刻石，署名者三十六人，貞不預列。《御註》既行，孔、鄭兩家遂併廢，亦未聞貞更建議廢孔也。是未因知幾而廢當時之詔，乃鄭依舊行用，孔註傳習者稀，亦存繼絶之典。禾等徒出朱子《刊誤》偶用古文，遂以不用古文爲大罪，又不能知唐時典故，徒聞《中興書目》有「議者排毁，古文遂廢」之語，遂沿其誤説，憒憒然歸罪於貞。不知以註而論，則孔佚鄭亦佚，孔佚罪貞，鄭佚又罪誰乎？以經而論，則鄭存孔亦存，古文竝未因貞一議亡也，貞又何罪焉？今詳考源流，明今文之立，自玄宗此註始。玄宗此註之立，自宋詔邢昺等修此疏始。衆説喧呶，皆揣摩影響之談，置之不論不議可矣。

孫星衍《平津館鑒藏書籍記・宋版》　《孝經注疏》九卷。前有《孝經注疏序》，低二格，有《孝經講義小引》，次題「翰林侍講學士朝請大夫守國子祭酒上柱國賜紫金魚袋臣邢昺等奉勑校定」。注疏序文前題「成都府學主鄉貢傅注奉右撰」。每葉廿行，行十七字，小字行廿三字。此本亦南宋刊本，正德六年補刻，而殘缺過多。板心上不標年代者，僅數葉存矣。

孝經雌圖　皇靈孝經　別序孝經　越王孝經新義

顧櫰三《補五代史藝文志・經部》　《孝經雌圖》一卷，《皇靈孝經》

一卷，《別序孝經》一卷，《越王孝經新義》一卷。以上幷顯德中日本國僧奝然所進。案《文昌雜録》：「《別序》者，記孔子所生及弟子從學之事。《新義》者，以越王爲問目，釋疏文之義。《皇靈》者，止說延年避菑之事及符文，乃道書也。《雌圖》者，止說日之環暈，星之彗孛，亦非奇書。」又案：相傳日本係徐福之後，福爲始皇求安期羨門，挾童男女入海，並載中國書籍，聞《子夏易傳》眞本尚在。近鮑氏廷博由海舶購得《孔安國孝經注》，前有太宰純《序》，刊入《知不足齋叢書》內，又山井鼎《七經孟子考》，校讎精審，阮芸臺所著《十三經校勘記》亦時采用其說。

孝經說

李昉《太平御覽經史圖書綱目》 《孝經說》。

孝經疏

鄭樵《通志・藝文略・孝經》 《孝經疏》一卷。蘇彬。

《宋史・藝文志・孝經類》 蘇彬《孝經疏》一卷。

孝經講疏

鄭樵《通志・藝文略・孝經》 《孝經講疏》一卷。任奉古。

《宋史・藝文志・孝經類》 任奉古《孝經講疏》一卷。

孝經義

《宋史・藝文志・孝經類》 趙湘《孝經義》一卷。

朱彝尊《經義考・孝經》 趙氏湘《孝經義》。《宋志》：一卷。佚。《玉海》：紹興中進士。

孝經釋文

朱彝尊《經義考・孝經》 姜氏融《孝經釋文》。佚。

孝經釋文

朱彝尊《經義考・孝經》 陳氏鄂《孝經釋文》。佚。

孝經注

朱彝尊《經義考・孝經》 龍氏昌期《孝經注》。佚。

孝經節要

朱彝尊《經義考・孝經》 宋氏綬《孝經節要》。一卷。佚。《東都事略》：「宋綬字公垂，隨州平棘人。官至兵部尚書，參知政事，贈司徒，兼侍中。謚宣獻。」

孝經要語

朱彝尊《經義考・孝經》　呂氏公著《孝經要語》。一卷。佚。《東都事略》：「呂公著字晦叔，宰相夷簡子也。舉進士，累官司空，同平章軍國事，贈太師、申國公。謚正獻。」

古文孝經指解

鄭樵《通志・藝文略・孝經》　《古文孝經旨解》一卷。司馬溫公。

晁公武《郡齋讀書志・孝經類》　溫公《古文孝經指解》一卷。右古文二十二章，與《尚書》同出於壁中，蓋孔惠所藏者。與顔芝十八章大較相似，而析出三章，又有《閨門》一章，不同者四百有餘字。劉向校書，以十八章爲定，故世不大傳，獨有孔安國注，今亡。然諸家說不安處，古文字讀皆異，推此言之，未必非眞也。國朝司馬文正公爲之指解并音。

尤袤《遂初堂書目・論語孝經孟子附》　司馬溫公《古文孝經指解》。

陳振孫《直齋書録解題・孝經類》　《古文孝經指解》一卷。司馬光撰。按《唐志》：《孝經》二十七家。今溫公序言祕閣所藏，止有鄭氏、明皇及古文三家而已。古文有經無傳，以隸體寫之，而爲之《指解》。仁宗朝表上之。

馬端臨《文獻通考・經籍考・孝經》　司馬君實《古文孝經指解》一卷。自序：先儒皆以爲孔氏避秦禁而藏書，愚竊疑其不然，何則？秦世科斗之書，廢絶已久，又始皇三十四年，始下焚書之令，距漢興纔七年耳，孔氏子孫豈容悉無知者，必待恭王然後乃出？蓋始藏之時，去聖未遠，其書最眞，與夫他國之人，轉相傳授，歷世疏遠者，誠不侔矣。且《孝經》與《尚書》俱出壁中，今人皆知《尚書》之眞，而疑《孝經》之僞，是何異信膾之可啗，而疑炙之不可食也？　《中興藝文志》：自唐明皇時議者排毀古文，以《閨門》一章爲鄙俗，而古文遂廢。國朝司馬光始取古文爲《指解》。

《宋史・藝文志・孝經類》　司馬光《古文孝經指解》一卷。又《古文孝經指解》一卷。

楊士奇等《文淵閣書目・諸經總類》　《溫公孝經指揮》。一部，一冊。闕。

《四庫提要・孝經類》　《古文孝經指解》一卷。內府藏本。不著編輯者名氏。以宋司馬光、范祖禹之說合爲一書。案宋《中興藝文志》曰：自唐明皇時，議者排毀古文。以《閨門》一章爲鄙俗，而古文遂廢。案，此說舛誤，辨已見《孝經正義》條下。至司馬光始取古文爲指解。又范祖禹《進孝經說劄子》曰：「仁宗朝，司馬光在館閣，爲《古文指解表》上之。臣妄以所見，又爲之說。」《書録解題》載光書、祖禹書各一卷，此本殆以二書相因而作，故合編也。王應麟《玉海》載光書進於至和元年，時爲殿中丞直祕閣，與祖禹說小異。然光集所載進表，稱：嘗撰《古文孝經指解》，皇祐中獻於仁宗皇帝，竊慮歲久不存，今繕寫爲一卷上進云云。則祖禹所說者初進之本，應麟所說者重進之本耳。《孝經》今文、古文，自《隋志》所載王劭、劉炫以來，即紛紛聚訟。至唐，而劉知幾主古文，司馬貞主今文，其彼此駁議，《唐會要》具載其詞。至今說經之家亦多遞相左右，然所爭者不過字句之間。觀光從古文，而句下乃備載唐玄宗今文之註，使二本南轅北轍，可移今文之註以註古文乎？宋黃震《日鈔》有曰：「案《孝經》一爾，古文、今文，特所傳微有不同。如首章今文云『仲尼居，曾子侍』；古文則云『仲尼閒居，曾子侍坐』。今文云『子曰：先王有至德要道』；古文則曰『子曰：參先王有至德要道』。今文云『夫孝德之本也，教之所由生也』；古文則曰『夫孝德之本，教之所由生』。文之或增或減，不過如此，於大義固無不同。至於分章之多寡，今文《三才章》『其政不嚴而治』與『先王見敎之可以化民』通爲一章，古文則分爲二章。今文《聖治章第九》『其所因者，本也』與『父子之道，天性』通爲一章，古文則分爲二章。『不愛其親而愛他人者』，古文又分爲一章。章句之分合，率不過如此，於大義亦無不同。古文又云：『閨門之內具禮矣乎，嚴父嚴兄，妻子臣妾，猶百姓徒役也。』此二十二字，今文全無之，而古文自爲一章，與前之分章者三，共增爲二十二。所異者又不過如是。非今文與古文各爲一書也。」其說可爲持平。光所解及祖禹所說，讀者觀其宏旨，以求天經地義之原，足矣。其今文、古文之爭，直謂賢者之過可也。胡爌《拾遺録》嘗譏祖禹所說以光註「言之不通也」句誤爲經文，今證以朱子《刊誤》，爌說信然。然亦非大義所係，今姑仍原本録之，而附存爌說，以糾其失焉。

案：註《孝經》者，駁今文而遵古文，自此書始；五六百年，門戶相持，則自朱子用此本作《刊誤》始。皆逐其末而遺其本也。今特全録黃震之言，發其大凡，以著詬爭之無謂。餘一切紛紜之說，後不復載，亦不復辨焉。

古文孝經說

晁公武《郡齋讀書志・孝經類》 范淳夫《古文孝經說》一卷。右皇朝范祖禹撰。元祐中侍經幄時所上。

尤袤《遂初堂書目・論語類孝經孟子附》 范太史《古文孝經解》。

陳振孫《直齋書録解題・孝經類》 《古文孝經說》一卷。翰林學士成都范祖禹淳甫撰。元祐二年經筵所進。

馬端臨《文獻通考・經籍考・孝經》 范淳夫《古文孝經說》一卷。

《宋史・藝文志・孝經類》 范祖禹《古文孝經說》一卷。

高儒《百川書志・孝經》 《古文孝經說》一卷。宋元祐二年范祖禹進。

朱彝尊《經義考・孝經》 范氏祖禹《古文孝經說》。《宋志》：一卷。存。晁公武曰：「元祐中，侍經筵時上。」 祖禹《進呈序》曰：「《古文孝經》二十二章，與《尙書》、《論語》同出於孔氏壁中。歷世諸儒，疑眩莫能明，故不列於學官。《今文》十八章，自唐明皇爲之注，遂行於世。二者雖大同而小異，然得其眞者，《古文》也。臣今竊以古爲據，而申之以訓說。雖不足以明先生之道，庶幾有萬一之補焉。臣謹上。」 又《劄子》曰：「臣伏覩國史，章獻明肅太后嘗命侍讀宋綬，擇前代文字可以資孝養、補政治者，以備仁宗觀覽。臣職勸讀，雖不足以跂望前人之髣髴，然區區忠益，敢不盡愚？竊以聖人之行，莫先於孝，書莫先於《孝經》。《孝經》有古文、有今文。今文即唐明皇所注十八章。古文凡二十二章，由漢以來，惟孔安國、馬融爲之傳，自餘諸儒多疑之，故學者罕習。仁宗朝，司馬光在館閣，爲《古文指解》一卷表上之。臣竊考二書，雖不同者無幾，然古文實得其正，故嘗妄以所見，又爲之說，非敢好異尙同，庶因聖言，少關省覽。伏惟陛下方以孝治天下，此乃羣經之首，萬行之宗，儻留聖心，則天下幸甚！其《古文孝經說》，謹繕寫爲一冊上進。」 眞德秀曰：「自唐玄宗《御注孝經》出，世不復知有古文。先正司馬公作爲《指解》，太史范公復爲之說，於是學者始得見此經舊文。」 楊士奇曰：「宋元祐中，祕書省著作郎兼侍讀范祖禹淳夫經筵所進。刊板在成都。」

孝經集解

鄭樵《通志・藝文略・孝經》 《孝經集解》一卷。

孝經簡疏

鄭樵《通志・藝文略・孝經》 《孝經簡疏》一卷。張崇文。

孝經注

鄭樵《通志・藝文略・孝經》 《孝經》一卷。袁克己。

孝經解

晁公武《郡齋讀書志・孝經類》 王介甫《孝經解》一卷。右皇朝王安石介甫撰。經云「當不義，則子不可以不諍於父」，而孟子猥云父子之間不責善，夫豈然哉！今介甫因謂當不義則諍之，非責善也。噫，不爲不義，即善也。阿其所好，以巧慧侮聖人之言至此，君子疾夫！佞者有以也。

馬端臨《文獻通考・經籍考・孝經》 王介甫《孝經解》一卷。

趙希弁《讀書附志・經解類》 《孝經義》一卷。右荆國文公王安石所著也。凡十七章。《喪親章》闕之。

孝經注

尤袤《遂初堂書目・論語類孝經孟子附》 蔡子高注《孝經》。

孝經疏

尤袤《遂初堂書目・論語類孝經孟子附》 《孝經疏》。

孝經傳

《宋史・藝文志・孝經類》 趙克孝《孝經傳》一卷。

朱彝尊《經義考・孝經》 趙氏克孝《孝經傳》。《宋志》：一卷。佚。

楊傑曰：「克孝中上科，任越州管内觀察使。神宗朝，著《孝經傳》上進，賜詔稱諭。」

孝經講義

《宋史・藝文志・孝經類》 張元老《講義》一卷。

孝經傳

《宋史・藝文志・孝經類》 呂惠卿《孝經傳》一卷。

孝經圖

朱彝尊《經義考・孝經》 李氏公麟《孝經圖》。一卷。未見。公麟《自述》曰：「鳳閣舍人楊公雅言《孝經》關鍵六藝，根本百行，在世訓所重。謂龍眠山人李公麟曰：『能圖其事以示人，爲有補。』元豐八年六月，因摭其一二，隨章而圖之。」范沖跋曰：「孝者，自然之理。天地之所以大，萬物之所以生，人之所以靈，三綱五常之所以立。學，然後知之。心不苟慮，必依乎道；足不苟動，必依乎禮。行之以不息，守之以至誠，造次必於是，顛沛必於是，及乎習與性成，是謂純孝，不然無以立身矣。豈不見夫諸侯車服之美，儀物之盛，尊榮如此。國公以幼學之年，享寵祿之厚，盍思所以保富貴之道乎？故沖以諸侯之事爲獻曰：『戰戰兢兢，如臨深淵，如履薄冰。』周之諸侯，其入而居於王所，則皆爲之卿士。故沖又欲以卿大夫之事爲獻，曰：『夙夜匪懈，以事一人。』國公其勉之。」按《中興聖政録》：「紹興五年，建國公初出資善堂，沖書李公麟《孝經圖》以進。」陸完曰：「龍眠居士圖《孝經》，雖曰隨章摭其一二，然自天子以至於庶人，威儀動作之節，與夫郊廟之規模，閭里之風俗，器物之制度，畜産之性情，亦略備矣。」文徵明曰：「李伯時畫《孝經》一十八事，蓋摘其中入相者而圖之。按《畫譜》所載，御府伯時畫一百有七中有《孝經相》，此卷蓋宣和所藏，然無當時印識，而有紹興小璽，豈南渡後又嘗入祕府耶？伯時喜畫古賢故事，每簿著訓誡，則《孝經相》當非特一本，此殆别本也。伯時之畫，論者謂出於顧、陸、張、吳，集衆善以爲己有，能自立意，不蹈習前人，而陰法其要。其成染精緻，俗工或可學，至於率略簡易處，終不及也。此昔人定論，余不容贅言。若其文學人品，在東坡、山谷之間，而博學精識，出劉貢父之上。官京師數年，不一迹權貴之門，佳時勝日，載酒出遊，坐石臨流，脩然終日。山谷謂其風流文雅，不減古人，而爲畫所掩，然而卒亦不能掩也。」項元汴曰：「龍眠《孝經圖》，載《雲烟過眼録》，藏西人王芝子慶所。後三百餘年，余獲覩之，何多幸也！」

孝經解

朱彝尊《經義考·孝經》 何氏執中《孝經解》。佚。

孝經注

朱彝尊《經義考·孝經》 江氏杞《孝經注》。佚。《閩書》：「杞字堅老，建陽人。政和二年進士。以御史致仕。里居十五年，講學著書不倦。郡守魏矼見其所著《孝經》，歎曰：『他日變此邦人爲曾、閔，必是書也。』」

古文孝經序贊

王圻《續文獻通考·經籍考·孝經》 《古文孝經序贊》。洪興祖著。

朱彝尊《經義考·孝經》 洪氏興祖《古文孝經序贊》。一卷。未見。《一齋書目》有。

孝經解

趙希弁《讀書附志拾遺》 《孝經解》一卷。右張文忠公九成所解也。

陳振孫《直齋書録解題·孝經類》 《孝經解》一卷。張九成撰。

馬端臨《文獻通考·經籍考·孝經》 張無垢《孝經解》一卷。《中興藝文志》：九成依今文爲解。其謂人各有入道處，曾子則由孝而入。亦名言也。

《宋史·藝文志·孝經類》 張九成《解》四卷。

孝經新義

《宋史·藝文志·孝經類》 吉觀國《孝經新義》一部。卷亡。

孝經解義

《宋史·藝文志·孝經類》 家滋《解義》二卷。

孝經解義

朱彝尊《經義考·孝經》 王氏悱《孝經解義》。佚。《宋鑑》：紹興八年四月，徽州布衣王悱獻《孝經講義》，詔賜帛三十疋。

孝經解

朱彝尊《經義考·孝經》 程氏全一《孝經解》。佚。《玉海》：紹興十年十二月，程全一進《孝經解》。命爲太學職事。

孝經指解

朱彝尊《經義考·孝經》 林氏獨秀《孝經指解》。佚。《玉海》：紹興十一年十一月，林獨秀進《孝經指解》，賜束帛。

孝經詳解

《宋史・藝文志・孝經類》王文獻《詳解》一卷。

朱彝尊《經義考・孝經》王氏文獻《孝經詳解》。《宋志》：一卷。佚。《玉海》：紹興中，王文獻《孝經詳解》一卷。《閩書》：晉江人。

孝經全解

《宋史・藝文志・孝經類》林椿齡《全解》一卷。

孝經解

《宋史・藝文志・孝經類》沈處厚《解》一卷。

朱彝尊《經義考・孝經》沈氏處厚《孝經解》。《宋志》：一卷。佚。《玉海》：紹興中進。

讀孝經雜記

朱彝尊《經義考・孝經》胡氏銓《讀孝經雜記》。一篇。存。載《澹菴集》。

孝經本說

朱彝尊《經義考・孝經》何氏俌《孝經本說》。佚。《括蒼彙紀》：何俌字德輔，龍泉人。紹興戊辰進士，累官工部侍郎兼直學士院。

孝經解

朱彝尊《經義考・孝經》王氏綯《孝經解》。五卷。佚。盧熊曰：「王綯字唐公，審琦五世孫。建炎初，爲御史中丞參知政事。晚寓崑山之薦嚴寺。卒謚文恭。」

孝經通義

《宋史・藝文志・孝經類》張師尹《通義》三卷。

古文孝經解

《宋史・藝文志・孝經類》《古文孝經解》。

孝經同異

《宋史・藝文志・孝經類》王行《孝經同異》三卷。

孝經説

陳振孫《直齋書録解題・孝經類》　《孝經説》一卷。項安世撰。

《宋史・藝文志・孝經類》　項安世《孝經説》一卷。

孝經刊誤

趙希弁《讀書附志・經解類》　《孝經刊誤》一卷。右朱文公所定也。皆以古文爲正，惟《傳》之六章或從今文。廬山胡泳敍於後。

陳振孫《直齋書録解題・孝經類》　《孝經刊誤》一卷。朱熹撰。抱遺經於千載之後，而能卓然悟疑辨惑，非豪傑特起獨立之士，何以及此？後學所不敢倣傚，而亦不敢擬議也。

馬端臨《文獻通考・經籍考・孝經》　晦庵《孝經刊誤》一卷。《中興藝文志》：《刊誤》謂今文六章，古文七章，以前爲經後爲傳。經之首，統論孝之終始，乃敷陳天子、諸侯、卿大夫、士、庶人之孝。而其末曰：「故自天子至於庶人，孝無終始，而患不及者，未之有也。」其首尾相應，文勢聯貫，實皆一時之言，而後人妄分爲六、七，又增「子曰」及《詩》、《書》之文，以雜乎其間。今乃合爲一章，而刪去「子曰」者二，引《書》者一，引《詩》者四，凡六十一字，以復經文之舊。又指傳文之失，刪去「先王見教」以下凡六十七字，「以順則逆」已下凡九十字，餘從古文。跋尾云：熹舊見衡山胡侍郎《論語説》，疑《孝經》引《詩》，非經本文。初甚駭焉，徐而察之，始悟胡公之言爲信。而《孝經》之可疑者，不但此也，因以書質之沙隨程可久丈，程答書曰：「頃見玉山汪端明，亦以爲此書多出後人附會。」於是乃知前輩讀書精察，其論固已及此。又竊自幸有所因述，而得免於鑿空妄言之罪也。因欲掇取他書之言可發此書之旨者，別爲《外傳》，如冬溫夏凊、昏定晨省之類，即附始於事親之傳。顧未敢耳。《語録》：《孝經》疑非聖人之言，且如先王有至德要道，此是説得好處，然下面都不曾説得切要處着，但説得孝之效如此。如《論語》中説孝，皆親切有味，都不如此。士庶人章説得更好，只是下面都不親切。

《宋史・藝文志・孝經類》　朱熹《刊誤》一卷。

徐𤊹《徐氏家藏書目・孝經類》　《孝經刊誤》一卷。

《四庫提要・孝經類》　《孝經刊誤》一卷通行本。宋朱子撰。書成於淳熙十三年，朱子年五十七，主管華州雲臺觀時作也。取《古文孝經》分爲經一章，傳十四章，刪舊文二百二十三字。後有自記曰：「熹舊見衡山胡侍郎《論語説》，案：胡宏，高宗時爲禮部侍郎，居衡州，故曰衡山。所著有《五峰論語指南》一卷。疑《孝經》引《詩》，非經本文。初甚駭焉，徐而察之，始悟胡公之言爲信。而《孝經》之可疑者不但此也。因以書質之沙隨程可久丈，案：程迥之字也。程答書曰：「頃見玉山汪端明，案：汪應辰，孝宗時爲端明殿學士。亦以此書多出後人附會。於是乃知前輩讀書精審，其論固已及此。竊幸有所因述，而得免於鑿空妄言之罪」云云。今以《朱子語録》考之，黃畚記云：「《孝經》除了後人所添前面『子曰』，及後面引《詩》，便有首尾。」又云：「『以順則逆，民無則焉』，是季文子之詞，『言斯可道，行斯可樂』一段，是北宮文子論令尹之威儀，在《左傳》中自有首尾，載入《孝經》，都不接續，全無意思。」又葉賀孫記云：「《古文孝經》有不似今文順者。如『父母生之，續莫大焉』，又著一個『子曰』字，方説『不愛其親而愛他人者，謂之悖德』。此本是一段，以『子曰』分爲二，恐不是。」又輔廣記云：「孝莫大於嚴父，嚴父莫大於配天，豈不害理！如此則須是如武王、周公方能盡孝道，尋常人都無分，豈不啟人僭亂之心？」是朱子詆毀此書，已非一日，特不欲自居於改經，故託之胡宏、汪應辰耳。歐陽修《詩本義》曰：「刪詩云者，非止全篇刪去也，或篇刪其章，或章刪其名，或句刪其字。」引《唐棣》、《君子偕老》、《節南山》三詩爲證。朱子蓋陰用是例也。陳振孫《書録解題》載此書，註其下曰：「抱遺經於千載之後，而能卓然悟疑辨惑，非豪傑特起獨立之士，何以及此！此後學所不敢仿效，而亦不敢擬議也。」斯言允矣。南宋以後，作註者多用此本，故今特著於録，見諸儒淵源之所自，與門戶之所以分焉。

孝經質疑

朱彝尊《經義考·孝經》 吳氏炯《孝經質疑》。一卷。存。

孝經解

朱彝尊《經義考·孝經》 唐氏仲友《孝經解》。一卷。佚。仲友《自序》曰：「孔子爲曾參言孝道，門人録之爲書，謂之《孝經》。更秦滅學，漢河間獻王得之顔芝家，凡十八章。《古文孔氏》一篇，二十二章，本出屋壁。劉向校書，定著十八章。至於唐，諸儒説者且百家。孝明皇帝詔諸儒集議，劉知幾詆鄭《注》，請行孔《傳》，司馬貞非之，力伸鄭説。帝乃采集六家，自爲之注，頒之天下，以十八章爲定。元行沖爲之疏。本朝邢昺增損之，曰《正義》，訓詁證引詳矣。先正司馬公、范公皆爲《古文指解》，所發明益以通暢。夫孝，百行之本，學者所當先。聖人之言，簡嚴易直而天人備，固非一家所能究其説。故拾諸儒遺意，相與講貫，務通理而不飾文，學者以筌蹄觀之，庶幾不悖先聖人之意云爾。」

孝經解

朱彝尊《經義考·孝經》 王氏炎《孝經解》。未見。

古文孝經解

馬端臨《文獻通考·經籍考·孝經》 楊慈湖《古文孝經解》。《中興藝文志》：《解》中如「德性無生，何從有死」之語，蓋近於禪。

孝經本旨

陳振孫《直齋書録解題·孝經類》 《孝經本旨》一卷。黄榦撰。凡諸經傳於言及孝者，輯録之爲二十有四篇。

馬端臨《文獻通考·經籍考·孝經》 黄勉齋《孝經本旨》一卷。《中興藝文志》：榦繼熹之志，輯六經、《論》、《孟》之言孝者爲一書，釐爲二十四篇，名爲《孝經本旨》。

《宋史·藝文志·孝經類》 黄榦《本旨》一卷。

孝經句解

黄虞稷《千頃堂書目·孝經類·補宋》 朱申《孝經注解》一卷。

倪燦等《宋史藝文志補·孝經類》 朱申《孝經句解》一卷。

《四庫提要·孝經類存目》 《孝經句解》一卷。内府藏本。元朱申撰。申有《周禮句解》，已著録。是編註釋極淺陋，如「仲尼閒居」句下註曰：「孔子名某，字仲尼；閒居，謂閒暇居處之時。」「曾子侍」句下註曰：「曾子，孔子弟子，名參，字子輿，侍孔子坐。」「子曰」句下註曰：「孔子言曰。」「參」字下註曰：「呼其名而告之。」蓋鄉塾課蒙之本，不足以言詁經者也。卷首題「晦菴先生所定《古文孝經句解》」，而書中以今文章次標列其間，其字句又不從朱子《刊誤》本，亦殊糅雜無緒。《通志堂經解》刻之，蓋姑以備數而已。

錢大昕《補元史藝文志·孝經類》 朱申《孝經句解》一卷。字周翰。

古孝經輯注

馬端臨《文獻通考·經籍考·孝經》 馮椅《古孝經輯註》。《中興藝文志》：椅祖朱氏，刊經文所引《詩》、《書》之妄，而傳則盡刪其所託曾、孔答問與其增益之辭，爲《古孝經輯註》，并引蔡氏註。

《宋史・藝文志・孝經類》 馮椅《古孝經輯註》一卷。

王圻《續文獻通考・經籍考・孝經》 《孝經章句》。都昌馮椅亦著。

孝經集義

朱彝尊《經義考・孝經》 龔氏栗《孝經集義》。一卷。佚。眞德秀序曰：《孝經》一書，其行於世久矣。至子朱子乃始分別經傳，去後儒之所傳益者而經復完，然未暇發揮其義也。予友龔君栗，篤志好學，乃本朱子之意，采衆說之長而折衷之，又以生事葬祭之禮見於他書者，彙而輯之，以爲此經之羽翼。學者所疑，則設爲問難，曲而暢之。於是聖門教人之微指，始瞭然無餘蘊矣。夫孝者，人心之固有也。古先聖王命冢宰降德於民者，不過以節文度數示之，而未嘗言其義也。言其義，則始於孔子。蓋三代以前，理道明，風俗一，人皆曉知孝之爲孝。聖王在上，設禮教以範防之，俾勿失而已。至孔子時，則異矣。觀其告游、夏者，猶恐以服勞能養爲孝，則下乎游、夏者可知，故不得不詳其義，以曉學者。今之時視孔子之時則又異矣，雖名爲士君子，有不知孝之爲孝者，服勞能養且有愧焉，況其大者乎？況先民之狃於斂俗者乎？龔君之爲此書，欲爲士者知孝之爲孝，俛焉以盡其力，而無不能孝之士。凡民有所觀發，亦知孝之爲孝，俛焉以盡其力，而無不能孝之民。其用心豈不至矣乎？予謂長人者，宜以此書頒之庠序，布之鄉黨，使爲士者服習焉，而力行以先乎民，則吾邑之俗可變。推而達之，將天下之俗，無不可變者，豈小補云哉！顧龔君於此用力甚勤，辭義之間，雖若小有未瑩，而其大指則炳然矣。故爲之序而切磋講究之，庶以永其傳云。　按：是《序》亦見劉爚《雲莊集》。

孝經說

趙希弁《讀書附志拾遺》 《孝經說》一卷。右蒙齋先生袁公甫親筆也。甫，字廣微，潔齋先生之子也。

陳振孫《直齋書錄解題・孝經類》 《蒙齋孝經說》三卷。禮部尙書四明袁甫廣微爲鄱憲日，爲諸生說《孝經》，旁及諸子，諸生録之以爲此編。

馬端臨《文獻通考・經籍考・孝經》 袁廣微《孝經說》三卷。

《宋史・藝文志・孝經類》 袁甫《孝經說》三卷。

王圻《續文獻通考・經籍考・孝經》 《孝說》。袁甫著。

孝經衍義

朱彝尊《經義考・孝經》 劉氏元剛《孝經衍義》。佚。《江西通志》：「劉元剛字南夫，吉水人。嘉定進士。官至韶州守。理宗嘗立廉、貪二碑，元剛居廉碑第四。」

孝經解

朱彝尊《經義考・孝經》 史氏繩祖《孝經解》。一卷。未見。魏了翁《跋》曰：朱文公嘗著《孝經刊誤》，公之子在嘗舉元稿以遺予。予既鋟梓，與學士共之。史慶長又以告予曰：「昔者繩祖嘗集先正名賢《孝經》注解，今願得《刊誤》爲之章指。」予舉以畀之，俾得彙次成編，則又以黃直卿《孝經本旨》及其所輯《洙泗論孝》，合爲一書。嗚呼！此民生日用之常，后王降德之本，而由之不知。觀是書者，其亦知所發哉！

孝經類鑑

朱彝尊《經義考・孝經》 俞氏觀能《孝經類鑑》。《宋志》：七卷。佚。

孝經直説

楊士奇等《文淵閣書目・諸經總類》 許魯齋《孝經直説》。一部，一冊。闕。

王圻《續文獻通考・經籍考・孝經》 《孝經註》。許衡著。

黄虞稷《千頃堂書目・孝經類・補元》 許衡《孝經直説》一卷。

倪燦等《補遼金元藝文志・孝經類》 元許衡《孝經直説》一卷。

錢大昕《補元史藝文志・孝經類》 許衡《孝經直説》一卷。

孝經章句

朱彝尊《經義考・孝經》 方氏逢辰《孝經章句》。一卷。佚。

孝經釋

朱彝尊《經義考・孝經》 胡氏侁《孝經釋》。一卷。佚。《金華志》：胡侁字子先。永康人。寶慶丙辰進士。官監察御史。歸，累召不起。人稱雲岫先生。

孝經解

朱彝尊《經義考・孝經》 劉氏養晦《孝經解》。佚。黄震序曰：「人生而知愛其親，是良心莫先於孝也。親親而後仁民，仁民而後愛物，是百行莫先於孝也。孩提之童卽授之以《孝經》之書，是講學莫先於孝也。孝無一日而可忘，則《孝經》亦豈容一日忘？然今之世，諸子百家訓釋演説者，汗牛充棟，甚至淫詞曼曲亦然，獨《孝經》自司馬公《指解》、朱文公《刊誤》之外，未有繼焉。何哉？非新之求而舊之忘歟？句讀之習而義理之弗考歟？借之爲啓蒙之筌蹄，未嘗體之爲躬行之根柢歟？嗚呼！年至慮易，境變心移，齠齔之所咿啞而習讀，祖父之所保抱而敎誨，棄若土梗，漫不復省。於孝其親之書如此，於其親爲何如？尚何望其孝弟興行而民用和睦，如吾聖人之云耶！予友劉君養晦，粹德之士也。博取諸書之嘗及於孝者，萃而爲《孝經解》，寧多而毋敢略，寧淺而毋敢深，雖爲童子設而關其終身也，雖爲家庭設而關乎天下也。繼自今人皆以養晦之心爲心，而暢然自反，無一日而忘《孝經》，亦將無一日而忘孝，世道其庶矣乎！」

孝經大義

劉若愚《内板經書紀略》 《孝經大義》。一本，四十二葉。

黄虞稷《千頃堂書目・孝經類・補元》 董鼎《孝經大義》一卷。

倪燦等《補遼金元藝文志・孝經類》 董鼎《孝經大義》一卷。

《四庫提要・孝經類》 《孝經大義》一卷。兩江總督採進本。元董鼎撰。鼎有《尚書輯録纂註》，已著録。初，朱子作《孝經刊誤》，但爲釐定經傳，刪削字句，而未及爲之訓釋。鼎乃因朱子改本爲之詮解。凡改本圈記之字，悉爲芟除，改本辨正之語，仍存於各章之末。所謂右傳之幾章釋某義者，一一順文衍出，無所出入。第十三章、十四章所謂不解經而別發一義者，亦卽以經外之義説之。無所辨詰，惟增註今文異同，爲鼎所加耳。其註稍參以方言，如云「今有一箇道理」，又云「至此方言出一孝字」之類，略如語録之例。其敷衍語氣，則全爲口義之體，雖遣詞未免稍冗，而發揮明暢，頗能反覆，以盡其意，於初學亦不爲無益也。前有熊禾序，蓋大德九年鼎子眞卿從胡一桂訪禾於雲谷山中，以此書質禾，禾因屬其族兄熊敬刊行，而自序其首。序稱朱子爲「桓桓文公」，案《書》曰：「勖哉夫子，尙桓桓。」孔《傳》曰：「桓桓，武貌。」《爾雅》曰：「桓桓，烈烈威也。」均與著書明道之旨無關，頗爲杜撰。又文公字跳行示敬，而孔子、曾子字乃均不跳行，亦殊顛倒。以原本所有，姑仍其舊録之焉。

錢大昕《補元史藝文志・孝經類》 董鼎《孝經大義》一卷。

孝經同異

朱彝尊《經義考・孝經》 王氏行《孝經同異》。《宋志》：三卷。佚。

孝經審問

朱彝尊《經義考・孝經》 俞氏浙《孝經審問》。佚。《姓譜》：「浙字季淵，新昌人。開慶乙未進士。除監察御史改大理少卿。不就。」

孝經注

王圻《續文獻通考・經籍考・孝經》 《孝經注》。胡子實著。

朱彝尊《經義考・孝經》 胡氏子實《孝經注》。二卷。未見。《一齋書目》有。《溫州府志》：胡子實，一名希孟，字醇子。永嘉人。咸淳末史館編校。

孝經正文

朱彝尊《經義考・孝經》 陳氏合《孝經正文》。一卷。未見。

孝經注

朱彝尊《經義考・孝經》 蔡氏子高《孝經注》。佚。

孝經傳贊

王圻《續文獻通考・經籍考・孝經》 《孝經傳贊》。胡一桂著。

孝經集註

王圻《續文獻通考・經籍考・孝經》 《孝經集註》。光澤李應龍著。

古文孝經指解詳説

朱彝尊《經義考・孝經》 季氏名未詳《古文孝經指解詳説》。一卷。佚。樓鑰序曰：「《古文孝經》實吾夫子之舊。秦火之後，出於屋壁，而顔芝所藏十八章已先行於世。翼奉、張禹等五人各自名家，古文惟孔安國、馬融爲之傳而又不顯。隋開皇中，劉炫爲作《稽疑》一篇，已多譏笑。唐陸德明亦云古文世既不行，隨俗用鄭康成注十八章本。獨劉知幾議行孔而廢鄭，諸儒爭辨蠭起。明皇亦以今本注而習之，書以八分刻之，經臺猶在長安，童而習之皆此也。司馬文正公得古文於祕閣之藏，爲之《指解》，嘗以進仁宗、哲宗，而范太史祖禹繼爲之説。意自漢以來，何好者之寡也？故信州使君季公，天資純孝，篤學好古，尊敬此書，又爲詳説，不惟發明夫子之旨，又以文正公之解隨文演暢，用意甚勤，辭亦詳備。如『愛敬可行於匹夫，而惡慢不可行於天子』，如論忠順之不可失，如『不敢遺之，機甚微而其效甚大』。又曰『要道云者，言所敬者寡，所説者衆也』。曰『至德云者，言所敬者廣，而所行者本也』。皆有所證發，非漫然者。紹興五年七月，皇上踐阼，有詔求言。公以八月進此書，未幾，中書舍人陳公傅良又爲之繳進於今經筵。初度刻於廣信而不及，公之子洪念此書之未行，將刊於家，永爲後序。繼曰：『故自天子至於庶人，孝無終始，而患不及者，未之有也。』明皇《注》云：『始自天子，終於庶人，尊卑雖殊，孝道同致。而患不能及者，未之有也，言無此理，故曰未者。』此説非也。古文本異，故『自天子以下至於庶人』，文正公則曰：『始則事親也。終則立身行道也。患謂禍敗，言雖有其始而無其終，猶不得免其禍敗而羞及其親，未足以爲孝也。』季使君文以明王之事證之，是矣。某竊以爲猶未爲詳且明，敢申言之：夫聖人一經可謂詳矣，而其立教之要，專在此數語。孩提之童，無不知愛其親也，是人知於孝，本有無其始者，夫子所以爲曾子諄諄言之，正欲人之有終也。夫子首則總言孝道，次分天子、諸侯、卿、大夫、士、庶人之孝，大小之分，固自不同，而又於此謂孝道有始而無終，未有不及於禍患，此則無有貴賤之別，後雖具述孝治聖治之效以至終篇，然其敎人之最切，無過於此，上下一體，俱當盡心焉。明皇惟不知此，所以不克其終，可不戒哉！篇末云『孝子之事親終矣』，正爲祭之終，猶未爲孝之終也。若所謂孝之終也若此，孝無終始之終，蓋謂立身行道，死而後已者也。故雖曾子既啓手足，以其能全而歸之，自以爲知免矣，然而易簀一節，猶在其後，蓋大夫之簀，猶非其正也。嗚呼！聖人之言，可謂深切而能有終者，亦豈易易乎？某餘生無幾，深知兢懼，得正而斃，所願加勉，故以告有志之士，且以補二公之説云。」

孝經古注

胡師安等《元西湖書院重整書目》　《孝經古注》。

孝經傳

朱彝尊《經義考・孝經》　白氏賁《孝經傳》。佚。元好問曰：「賁，汴人。自號決壽老。自上世以來，至其孫淵，皆以經學顯。」按：《中州集》載賁詩一首，題曰《客有求觀予〈孝經傳〉者感而賦詩》。其詩句云：「跋涉經險阻，鑽研閲寒溫。仰觀及俯察，萬象入見聞。不勞施斧鑿，筆下生烟雲。高以君唐虞，下以覺斯民。」蓋高自矜詡若是，惜乎其不傳也。

錢大昕《補元史藝文志・孝經類》　白賁《孝經傳》。汴人。

孝經章句

王圻《續文獻通考・經籍考・孝經》　《孝經章句》。吴澂著。

黄虞稷《千頃堂書目・孝經類・補元》　吴澄《孝經章句》一卷。一作《訓釋》。

倪燦等《補遼金元藝文志・孝經類》　吴澄《孝經章句》一卷。一作《訓釋》。又《孝經定本》一卷。

《四庫提要・孝經類》　《孝經定本》一卷。兩江總督採進本。元吴澄撰。澄有《易纂言》，已著録。此書以《今文孝經》爲本，仍從朱子《刊誤》之例，分列經傳。其經則合今文六章爲一章，其傳則依今文爲十二章，而改易其次序。至朱子所刪一百七十二字，案朱子《刊誤》，凡刪二百二十三字，中有句刪其字者，此惟載所刪之句，故止一百七十二字。與古文《閨門章》二十四字，竝附録於後。後有大德癸卯澄門人河南張恆跋，稱澄觀邢

《疏》而知古文之僞，觀朱子所論知今文亦有可疑。因整齊諸説，附入己見，爲家塾課子之書，不欲傳之，未嘗示人云云。蓋心亦有所不安也。其謂漢初諸儒始見此書，蓋未考魏文侯嘗爲作傳，見於蔡邕《明堂論》中至其據許氏《説文》所引《古文孝經》「仲尼居」無「閒」字，知古文之「仲尼閒居」爲劉炫所妄增。又據桓譚《新論》稱古文千八百七十二字，與今文異者四百餘字，今劉炫本止有千八百七十字，多於今文八字，除增《閨門》一章二十四字外，與今文異字僅二十餘字，則較司馬貞之攻古文但泛稱「文句鄙俗」者特有根據。所定篇第雖多分裂舊文，而詮解簡明，亦秩然成理。朱子《刊誤》既不可廢，則澄此書亦不能不存。蓋至是而《孝經》有二改本矣。

錢大昕《補元史藝文志・孝經類》　吳澂《孝經定本》一卷，即《孝經章句》。

孝經外傳

楊士奇等《文淵閣書目・諸經總類》　江直方《孝經外傳》。一部，十冊。完全。

張萱等《内閣藏書目錄・經部》　《孝經外傳》十冊，全。元至元間，南充江直方摘《孝經》中指示切要條，爲之説，仍集經史子集中嘉言善行脗合經意者，依經分類爲《孝經》羽翼，凡二十二卷。

黃虞稷《千頃堂書目・孝經類・補元》　江直方《孝經外傳》二十二卷。至元中，南充江直方摘《孝經》中指示切要條爲之説，仍集經史子集中嘉言懿行合經義者，依經分類爲之羽翼。

倪燦等《補遼金元藝文志・孝經類》　江直方《孝經外傳》二十二卷。南充人。

錢大昕《補元史藝文志・孝經類》　江直方《孝經外傳》二十二卷。南充人。

孝經衍義

朱彝尊《經義考・孝經》　程氏縣道《孝經衍義》。佚。陳櫟《跋》曰：「吾友婺源松谷程君《孝經衍義》，載經文五孝，而采堯、舜、禹、湯、文、武之孝，以次及於歷代明君、賢卿大夫、士、庶人之孝，著其行事以實之。庶幾人知仁孝非徒空言，聖賢的有實事而不懈於取法也，此意古矣。文公既成《孝經刊誤》，又欲掇取他書可發此經之旨者，別爲外傳而未之及。勉齋黃公嘗繼公志編之，松谷想未之見，而所采有暗合者。尹和靖謂伊川躬行皆是《易》，其作《易傳》，只是因而寫成耳。松谷予同門友也，丙寅、丁卯間，松谷學於草牕黃先生之門，時服其先君子之服，予目睹其書『銜恤』二字於扇，蔬食終三年，平生心敬心服之。今讀其從孫之跋，謂松谷嘗刲股救親，執喪水漿不入口三日，哭哀於墓，有虎食吠犬事。予爲松谷心友，今甫聞之，松谷不言而躬行，尤可敬也。松谷此編，發明士之孝，拳拳有望於吾黨之士，謂講之明則知之眞，知之眞則行之力，固然矣。愚猶謂知之既至，行猶當力，降而庶人之孝，人雖庶也，行則士也。《詩》云『釐爾女士』，謂女而有士行者。庶人能孝，非庶人而有士行乎！庶人未嘗學問，天性之美，自能行之。士嘗學問，必能考聖賢之成法，而或有愧於庶人之孝行，且不可以名人，矧可以名士乎？愚嘗欲松谷采眞文忠公《孝友堂記》，不知孝者不論，知孝而不知友，非孝；妻子具而孝衰於親，異姓婦人入門而賊同氣之愛，以戚其親，世之犯此者，尤可痛也。由此類推，凡虧行辱親等，以次著之，庶有益乎！松谷長予五年，今行年七十有七矣，夫婦偕老，賢子孫滿前，且見曾孫若干人矣。一家一宗，蒸蒸仁孝，抑又生理優裕於前，人間全福，幾備膺之，天之報仁孝君子，端不誣也。松谷此編，以實躬行，發實議論，盍刊布之，使家得置一通，講明躬行之，其於興仁興孝之風，豈無小補云。」

錢大昕《補元史藝文志・孝經類》　程縣道《孝經衍義》。婺源人。

孝經經傳直解

黃虞稷《千頃堂書目・孝經類・補元》　錢天祐《孝經經傳直解》。陳文海序。

倪燦等《補遼金元藝文志・孝經類》　錢天祐《孝經經傳直解》。

朱彝尊《經義考・孝經》　錢氏天祐《孝經直解》。佚。程鉅夫序曰：「孝者，百行之源，五常之本。自天子至於庶人，罔不由之以成德。述之有經，衍之有傳，釋而通之有義疏。至近代司馬文正公、洎晦庵朱先生，各明備其辭焉。聖天子以孝治天下，篤意是書，表章尊顯，圖鏤以行，自家而國，自國而天下，將使家曾、閔而人參、騫，德至盛也。太子淑性天與，懿學日新，問安視膳之暇，尤孳孳於此。乃一日傳敎，示以錢氏《直解》，俾某爲之序，謂欲傳之板本，以廣斯文。某承命伏讀，義訓詳明，質而不野，坦然切近，易知易行，信可尚也。太子不徒歷之於目，抑必著之於心，不惟善於其身，又將推以敎人。《詩》云『孝子不匱，永錫爾類』，太子可謂能錫類者矣。《記》曰『孝者，善繼人之志，善述人之事』，太子可謂善繼述者矣。某文墨雖荒，敢勿敬承而爲之序。夫言近而指遠者，善言也，後之讀《直解》，毋以淺近而忽之。」　楊士奇曰：元延祐中，錢天祐著。蓋以朱子《刊誤》爲主，其黜《閨門章》及合《五行章》與上章爲一，則從草廬吳氏《考定》本。此書當時已板行，有程文海序。

錢大昕《補元史藝文志・孝經類》　錢天祐《孝經直解》。

孝經新説

錢大昕《補元史藝文志・孝經類》　陳樵《孝經新説》。

小雲石海涯孝經直解

黃虞稷《千頃堂書目・孝經類・補元》　小雲石海涯《孝經直解》一卷。

倪燦等《補遼金元藝文志・孝經類》　小雲石海涯《孝經直解》一卷。

朱彝尊《經義考・孝經》　小雲石海涯《孝經直解》。一卷。佚。《元史》：「小雲石海涯，以貫爲氏，以酸齋自號。仁宗踐阼，拜翰林侍讀學士、中奉大夫、知制誥，同修國史。卒，追封京兆郡公。謚文靖。」

錢大昕《補元史藝文志・孝經類》　小雲石海涯《直解孝經》一卷。

孝經口義

黃虞稷《千頃堂書目・孝經類・補元》　張䇓《孝經口義》一卷。

倪燦等《補遼金元藝文志・孝經類》　張䇓《孝經口義》。

朱彝尊《經義考・孝經》　張氏䇓《孝經口義》。一卷。佚。吳師道曰：「導江張䇓達善，魯齋高弟。其學行於北方，故魯齋之名，因導江而益著。」

錢大昕《補元史藝文志・孝經類》　張䇓《孝經口義》一卷。

孝經圖解

王圻《續文獻通考・經籍考・孝經》　《孝經圖解》。林起宗著。

又《經解總》　《孝經圖解》。內丘林起宗著。

朱彝尊《經義考・孝經》　林氏起宗《孝經圖解》。一卷。未見。《一齋書目》有。蘇天爵碣曰：「內丘林君，諱起宗，字伯始。嘗作《志學指南圖》，以爲學道之標準；《心學淵源圖》，以爲入聖之極功。又作《中庸》、

《大學》、《論語》、《孟子》諸圖，《孝經圖解》、《小學題辭》發明魯庵家說，共數十卷。大抵以程、朱之言爲主。」

嵇璜等《續通志・圖譜略・孝經》 林起宗《孝經圖解》。

錢大昕《補元史藝文志・孝經類》 林起宗《孝經圖解》一卷。字伯始，內丘人。

讀孝經衍義

黄虞稷《千頃堂書目・孝經類・補元》 楊少愚《讀孝經衍義》。青陽人。

倪燦等《補遼金元藝文志・孝經類》 楊少愚《讀孝經衍義》。青陽人。

朱彝尊《經義考・孝經》 楊氏少愚《讀孝經衍義》。一作《孝經衍孝編》，楊或作陳。佚。《姓譜》：「少愚，青陽人。」

錢大昕《補元史藝文志・孝經類》 楊少愚《讀孝經衍義》。青陽人。

孝經衍孝編

王圻《續文獻通考・經籍考・孝經》 《孝經衍孝編》。陳少愚著。少愚，青陽人。少好學，博通羣書。

孝經刊誤

黄虞稷《千頃堂書目・孝經類・補元》 余芑舒《孝經刊誤》一卷。

倪燦等《補遼金元藝文志・孝經類》 余芑舒《孝經刊誤》。

錢大昕《補元史藝文志・孝經類》 余芑舒《孝經刊誤》一卷。

孝經附録

黄虞稷《千頃堂書目・孝經類・補元》 吴迂《孝經附録》一卷。

倪燦等《補遼金元藝文志・孝經類》 吴迂《孝經附録》。

錢大昕《補元史藝文志・孝經類》 吴迂《孝經附録》一卷。

孝經義疏　孝經圖說　孝經圖

王圻《續文獻通考・經籍考・孝經》 《孝經義疏》。畫《孝經圖》一卷。俱李孝光著。孝光，樂清人。少博學篤志，隱居教授。至正中，徵受秘書監，以文章負名。

黄虞稷《千頃堂書目・孝經類・補元》 李孝光《孝經圖說》二卷。至正七年進呈。

倪燦等《補遼金元藝文志・孝經類》 李孝光《孝經圖說》。至正七年進呈。

朱彝尊《經義考・孝經》 李氏孝光《孝經義疏》一卷，又圖一卷。未見。《一齋書目》有。陸元輔曰：「李季和隱居雁宕山，至正七年應詔，進《孝經圖說》。」

嵇璜等《續通志・圖譜略・孝經》 元李孝光《孝經圖》。

錢大昕《補元史藝文志・孝經類》 李孝光《孝經圖說》一卷。

金門詔《補三史藝文志・孝經類》 又《孝經義疏》。

孝經旁訓

王圻《續文獻通考・經籍考・孝經》 《孝經旁訓》。華亭沈易著。

朱彝尊《經義考・孝經》 沈氏易《孝經旁訓》一卷。未見。王逢曰：

「沈易之，名易，松江人。嘗爲淮安分省幕吏，擢理問所知事，授徒淇上。自河南失守，由青、齊浮海舶以歸。」陳繼儒序曰：「吾鄉沈翼之先生，自號蔬食野人。當元至正間，喜節俠，負奇才，公卿不能用，退而與盧陵權公游，得濂洛眞傳。隱居授書，出入必依於名教。所著述甚衆，《孝經旁訓》其一也。此書久祕家塾，垂二百餘年。後有孫茂才士棟梓之，而録《蔬食先生傳》附焉。昔者孔子《孝經》與《春秋》相表裏，後世分爲古、今文。今文十八章，出於顔芝，而鄭玄爲之注；古文二十二章，出於魯恭王之壞壁，而孔安國爲之注。其後唐玄宗箋，今文流行，而古文幾至中絶。司馬涑水氏專重古文，撰爲《指解》，朱紫陽、吳臨川重加訂訓，而辭義深奥，讀者輟焉。此蔬食野人《旁訓》之所由作也。余嘗觀六朝高人名士，崇信《孝經》，或以殉葬，或以薦靈，病者誦之輒愈，鬭者誦之輒解，火者誦之輒止。蓋《孝經》之不可思議如是。若使家誦戶讀，童而習之，白首而不已焉。上非此無以舉，下非此無以學，孝感所至，能令醴泉出，異草生，犬豕同乳，烏鵲同巢，盜賊弛兵過，而不敢犯孝子鄉，則《孝經》一卷，未必非吾儒極靈極變之書，何至令浮屠、老子旁行禍福之説於天下？經正則庶民興，其惟《孝經》乎！若《旁訓》者，下頒學官制科，不可一日不習；上進朝廷經筵，不可一日不講。此聖王以孝治天下之大權輿也。惜此書不廣傳，僅以之教家，學士度、大理粲、侍御時來相繼成名士，而士棟又以教士，聲籍甚。《孝經》何負於人哉！《詩》有云『君子有穀，詒孫子』，蔬食先生可謂得所詒矣。」

錢大昕《補元史藝文志・孝經類》 沈易《孝經旁訓》一卷。字翼之，松江人。

孝經王氏注

朱彝尊《經義考・孝經》 王氏勉《孝經》。佚。危素序曰：「《古文孝經》出秦火之餘，而顔芝子貞所獻《今文孝經》十八章已行於世。孔安國、馬融爲《古文傳》，長孫氏、江公、后蒼、翼奉、張禹乃説《今文》。劉向校書，不以《古文》爲是，故不列於學官。劉炫作《稽疑》，不以《今文》爲是。陸德明謂《古文》世既不行，隨俗用鄭玄所注《今文》，司馬貞力主玄《注》，惟劉知幾主安國《傳》。於是黨同伐異，爭論蠭起。唐玄宗遂注《今文》，刻石長安，仍詔元行沖撰《疏》。自是以來，祖述者幾百人。宋司馬文正公言壁藏之時，去聖未遠，作《古文孝經指解》。范太史季信、州袁正肅公、近世導江張氏皆宗司馬氏，而不從顔芝本。惟朱文公及會稽俞氏、臨川吳氏兩存之。王緬之勉注書甚夥，晚乃用力於《孝經》，章分句析，條紀粲然，博考諸家之説，擇其要者梓而録之，而大要以朱氏爲宗。嗟乎！以此書觀之，千載之下，而欲臆度縣斷於衆説紛紛之中，非篤信精察者不能然也。孝之爲行大矣，推而行之，其道溥矣，王君其善錫爾類者乎！王君，曹南人，仕至太醫丞。老而勤學，尤可嘉已。」

孝經説

楊士奇等《文淵閣書目・諸經總類》 姜蒙齋《孝經説》。一部，一冊。闕。

黄虞稷《千頃堂書目・孝經類・補元》 姜氏《孝經説》一卷。失名。

倪燦等《補遼金元藝文志・孝經類》 姜氏《孝經説》一卷。

孝經管見

黄虞稷《千頃堂書目・孝經類・補元》 釣滄子《孝經管見》一卷。失名姓。元至正間隱士。萬曆間吳人朱鴻得其書於邨塾。

倪燦等《補遼金元藝文志・孝經類》 釣滄子《孝經管見》一卷。至正間隱士。

朱彝尊《經義考・孝經》 亡名氏《孝經管見》。一卷。未見。朱鴻曰：「萬曆庚寅季春望後三日，過南屏山村肆中，偶獲《孝經管見》一卷，乃至正三年隱士釣滄子撰也。其語意梗概，率以孝治爲先，不分章第經傳。」

釣滄子《自序》曰：「説者曰二帝三王之治本於道，二帝三王之道本於身。愚以爲二帝三王之建極於身者，立心極也，立心極者，端極於孝也。孝者，良心之切近精實者也。以其所切近精實者推之，則爲惻隱，爲辭讓，爲羞惡，爲是非。又推之爲齊家，爲治國，爲平天下，何莫不是出也已。舍是而求適於治，無由也。故齋慄底豫矣，而風動四海；視膳三朝矣，而汝墳遵化；善繼善述矣，而四海永清。若分羹忍而終成雜霸，劫父謀而竟至雜夷，其功效成驗，可知梗概哉。是孝立而心極建，心極建而身極端，身極端而治化美。大矣哉，孝之道乎！全之可以淑身心，擴之可以淑民物，根之於惟淵惟默之中，賦之於形生神發之際，不離於須臾之頃，恆完於方寸之間，自生民以來無改也。奈之何一廢嬴火，再廢曲學，竹編蝌蚪，錯雜謬誤，穿鑿考訂，臆說沸騰。是以荆公執政，卑視此經，大廷不以策士，史館不以進講，家之長老不以垂訓子孫，學之師傅不以課誨弟子。此經非特不爲治平之具，且蒙習亦弁髦之矣。嗟夫！聖人精神命脈之發，將爲淵沈覆土乎？豈人天性之良，古今之賦受者殊耶？殆不然，不灼其景，瞶者弗睹也；不裂其聲，聾者弗聽也；不翼其肱，跛者弗行也。性雖賦於固有，良雖具於本然，不有開示訓導，警覺提撕，安能復性返良而還其天哉？上無身先之教，下無向化之機，治不軼古無異也。孔子言治，未嘗不本諸德。德仁之發也，仁孝之端也。然慮天下後世君民者有昧乎此，故特因敦孝之人，以發孝旨。若專爲孝也，實指其化民成俗，天下之要也。不然，何獨於孝之一端，而諄諄詳告有如此乎？愚故曰：二帝三王之治本於道，二帝三王之道本於身，二帝三王之身極本於心，二帝三王之心極本於孝。孝乃齊治均平之準也。惜乎其經之湮泯於異端曲學之私也。愚不慧，讀經之次，稍有覺悟，敢舉其一二而發明之，如測淵於蠡，窺天於管焉耳。後之君子，儻翹起而復振之，幸無哂其疵焉，幸何如哉！」又《後序》曰：「夫粟菽非可以甘脣，乃其所常食也；布帛非可以華躬，乃其所常服也。然常食之中有至味，常服之中有至美，但人莫不食且服也，而喜膏粱，好文繡，知其味與美者，豈不鮮哉！《孝經》廢弛日久，士尚奇詭之學，視此若土苴，談而及之，反脣而譏，掩口而笑，不以爲迂，則以爲腐，冰炭蕕薰，兩不相合。愚雅嗜讀書，不求仕進，退居山僻，蒐究典墳，然不喜襲陳說。間閱《孝經》，少參一二，名之曰《管見》，猶云坐井觀天也。但其間有自得之趣，輒注輒喜，甫成卽函之笈笥以自珍，非欲私之己而不公之人也。苟不在孝道中用力，與不達孔、曾之旨者，持而語之，是強以菽粟易膏粱，布帛奪錦繡，烏乎能哉？故寧祕之而不發也。雖然，卞氏之璧，不終於塵埋；趙氏之珠，豈久爲淵沒；聖人之經，安得竟廢而不行哉？五百年必有王者興，其間必有名世者。嗣是而後，有以孝治天下之明王在上，而四海仁人孝子興起而振作之，則必輯録是經，發明奧藴，將蒐羅而纂集之。愚言幸存，或亦爲芻蕘之采，得備籠中之藥物，未可知矣。今日之言，寧非他日之用哉！若或言悖於道，不印聖心，不合經意，則亦俟後之仁人孝子教我而已，我又何得自知乎。」

錢大昕《補元史藝文志・孝經類》 釣滄子《孝經管見》一卷。至正間人。失其名。

國字孝經

金門詔《補三史藝文志・孝經類》 《國字孝經》。大德十一年右丞孛羅鐵木兒進。

圖象孝經

錢大昕《補元史藝文志・孝經類》 《圖象孝經》。大德十一年刊行。

趙孟頫手録孝經

金門詔《補三史藝文志・孝經類》 《趙孟頫手録孝經》。至治元年奉命書。

孝經集説

梅鷟《南廱志經籍志》 《孝經集説》一卷。存者二十九面，欠十八面。行中書：右丞朱公以古文、今文及朱子《刊誤》三書學者習而不察，乃與儒者議彙，次其先後，且刪漢、唐、宋諸家訓註，附於古文之下，刻本以行。金華王褘爲之序，朱公不知何名。

黄虞稷《千頃堂書目・孝經類・補元》 《孝經集説》一卷。王褘序云：行中書右丞朱公嘗考《今文》、《古文》、《刊誤》三書，次其先後，集諸儒解爲此書。不知何人。

倪燦等《補遼金元藝文志・孝經類》 《孝經集説》一卷。行中書「右丞」。

朱彝尊《經義考・孝經》 《孝經集説》。一卷。未見。王褘序曰：「《孝經》有古文、今文之異，當秦燔書時，河間顔芝藏其書。漢初芝子貞出之，河間獻王得而上諸朝，長孫氏、江翁、后蒼、翼奉、張禹之徒皆名其學，凡十八章，所謂今文也。武帝時，魯恭王壞孔子宅，得《孝經》與《尚書》於壁中，以爲秦時孔鮒所藏。昭帝時，魯國三老始以上獻，孔安國爲之傳，凡二十二章，所謂古文也。劉向典校經籍，實據顔本以比古文，除其繁惑，以十八章爲定。鄭衆、馬融、鄭玄皆爲之注，專從今文，故古文不得列於學官，而安國之本亡於梁。隋開皇中，王劭始訪得之，以示河間劉炫，炫遂分《庶人章》爲二，《曾子敢問章》爲三，又多《閨門》一章，以足二十二章之數，且序其得喪，講於人間。時議皆疑炫所自作，而古文非復孔氏之舊矣。唐開元間，詔諸儒集議，劉知幾請行孔《傳》，司馬貞力非之，獨主鄭説。玄宗自爲之注，用十八章爲正。先是自《天子》至《庶人》五章，惟皇侃標其目，冠於章首，至是用諸儒議，章始各有名，如《開宗明義》等類。爲之疏者，元行冲也。至宋邢昺爲《正義》，訓詁益復加詳。而當世大儒司馬溫公、范蜀公則皆尊信古文。司馬公爲《古文指解》，謂始皇三十四年始燔書，距漢興僅七年，孔氏子孫豈容悉無知者，必待恭王然後乃出？蓋始藏之時，去聖未遠，其書最眞，與歷世疏遠，轉相傳授者不侔。且《孝經》與《尚書》同出孔壁，世知《尚書》之眞而疑《孝經》之異，何也？迨朱文公爲《刊誤》，亦復多從古文，以古文七章、今文六章已前合而爲經，刪『子曰』者二，引《書》者一，引《詩》者四，凡五十七字。以餘章爲傳。刪『先王見敎』以下六十九字，『以順則逆』以下九十字。凡其章之次第，文之異同，皆用古文爲據。謂經一章者，孔子統論天子、諸侯、卿、大夫、士、庶人之孝，蓋一時之言，而後人妄分之。其傳十四章，則或者雜引傳記，以釋經文者也。而近時臨川吳氏，復以謂隋時所得古文，與今文增減異同，率不過一二字，文勢曾不若今文之順，以許愼《説文》所引、桓譚《新論》所言考證，皆不合，決非漢世孔壁中古文。爰因《刊誤》，重以古文、今文，較其同異焉。夫今文最先出，自劉向、鄭玄等以及唐世君臣，皆知表章之，其書固已通行。古文出稍後，而安國之《傳》既亡，劉炫之本又以爲非眞，至宋二三大儒始知尊信，而其書以顯，豈其顯晦各繫於時之好尚哉？今行中書右丞公以古文、今文及《刊誤》三書雖皆行世，而學者皆習而不察，乃與儒者議，彙次其先後，且刪漢、唐、宋諸家訓注，附於古文之下，刻本以行。於是《孝經》之爲書，本末具矣。嗚呼！孝者，天之經，地之義，而百行之原也，自天子達於庶人，尊卑雖有等差，至於爲孝，曷有間哉！五經四子之言備矣，而教孝必以《孝經》爲先，則以聖言雖衆，而《孝經》者實總會之也。是書大行，其必人曾參而家閔損，有關於世教甚重，豈曰小補而已！」

孝經明解

黄虞稷《千頃堂書目・孝經類・補元》 《孝經明解》一卷。見《國子監書目》。不著撰人。

倪燦等《補遼金元藝文志・孝經類》 《孝經明解》一卷。

成齋孝經説

楊士奇等《文淵閣書目・諸經總目》 《成齋孝經説》。一部，一册。闕。

黄虞稷《千頃堂書目・孝經類・補元》 《成齋孝經説》一卷。

倪燦等《補遼金元藝文志・孝經類》 《成齋孝經説》一卷。

孝經直解

楊士奇等《文淵閣書目・諸經總類》　貫酸齋《孝經直解》。一部，一冊。闕。

孝經疏義

徐𤊹《徐氏家藏書目・孝經類》　《孝經疏義》一卷。李材。

黃虞稷《千頃堂書目・孝經類》　李材《孝經疏義》一卷。

朱彝尊《經義考・孝經》　李氏材《孝經疏義》。二卷。未見。張維樞《後序》曰：「乙未冬，謁見羅先生於東山之麓。見先生教後學如大地挹泉，隨分而滿。自《孝經疏義》出，而信愚夫愚婦、孩提赤子人人皆可爲孔、曾也。書列十八章於前，疏爲敬養、愼終、敬亨、愼行四局於後。著《小序》以會歸，採經傳以摭實。細而盥漱抑搔，鉅而至於通神明，塞天地，横四海。蓋一開卷，而性命之奥，修身爲本，躍如也。學者誠卽疏明義，反身立本，無形而僾然如見，無聲而愾然如聞，舉足跬步而兢兢然如臨履。姑胥張公曰：『《疏義》一出，宜與《大學》並立學官。』張公可謂知言者也。」

《明史・藝文志・孝經類》　李材《孝經疏義》一卷。

孝經旁注

朱彝尊《經義考・孝經》　朱氏升《孝經旁注》一卷。未見。

孝經新說

王圻《續文獻通考・經籍考・孝經》　《孝經新說》。浦陽宋濂著。

黃虞稷《千頃堂書目・孝經類》　宋濂《孝經新說》一卷。

《明史・藝文志・孝經類》　宋濂《孝經新說》一卷。

孝經解

王圻《續文獻通考・經籍考・孝經》　《孝經解》。何初著。方逢時亦著。

孝經集善

黃虞稷《千頃堂書目・孝經類》　孫蕡《孝經集傳善》。

朱彝尊《經義考・孝經》　孫氏蕡《孝經集善》。一卷。未見。宋濂序曰：「《孝經》一也，而有古今文之異者，蓋遭秦火之後，出於漢初顔芝之子貞者，爲今文，凡十八章，而鄭玄爲之注；至武帝時，得於魯恭王所壞孔子屋壁者，爲古文，凡二十二章，而孔安國爲之注。後世諸儒，各騁己見，尊古文者，則謂孔傳既出孔壁，語其詳正，無俟商搉，揆於鄭注，雲泥致隔，必行孔廢鄭，於義爲允。況鄭玄未嘗有注，而依倣託之者乎？尊今文者，則謂劉向以顔芝本參校古文，省除繁惑，而定爲今文，無有不善。爲之傳者，縱曰非玄所作，而義旨實敷暢。若夫古文幷安國之注，其亡已久，世儒欲崇古學，妄撰孔《傳》，又僞爲《閨門》一章，文氣凡鄙，不合經典，將何所取徵哉？二者之論，雖莫之有定，然皆並存於時，各相傳授。自唐玄宗注用今文，於是今文盛行，而古文幾至廢絕。宋司馬溫公始專主古文，撰爲《指解》上之，且憫流俗信僞疑眞，諄諄見於言辭之間，以予觀之，古、今文之所異者，特辭語微有不同，稽其文義，初無絕相遠者，其所甚異，惟《閨門》一章耳。諸儒於經之大指未見有所發揮，而獨斷斷然致其紛紜若此，抑亦末矣。自伊洛之學興，子朱子實起而繼之，於是因衡山胡氏、玉山汪氏之疑，而就古文考定，分爲經、傳，去其衍文及不合經旨者，千載是非，遂定於一。元室之初，吳文正公出於臨川，又以今文爲正，頗遵《刊誤》章目，重加訂定而爲之訓解，其旨益明而無遺憾矣。東廣孫君蕡讀而悅之，因增以諸家所注，名曰《孝經集善》，而其大義則以朱子及吳公爲之宗。蕡通經而能文辭，采擇旣精，而又發以己意，其書當可傳誦，故予爲疏歷代所尚之異同，序於篇端。蕡字仲衍，洪武壬寅鄉貢進士，今爲織染局使云。」

《明史・藝文志・孝經類》 孫蕡《孝經集善》一卷。

孝經衍義

朱彝尊《經義考・孝經》 葉氏瓚《孝經衍義》。佚。《廣信府志》：「葉瓚字贊玉，貴谿人。元末爲月泉書院山長。太祖取婺州，被召欲用之，以疾辭。著《孝經衍義》。」

孝經解

黃虞稷《千頃堂書目・孝經類》 何初《孝經解》。字原明，常山人。洪武中，預修《書傳會選》。後官開化教諭。

孝經注解

黃虞稷《千頃堂書目・孝經類》 孫吾與《孝經注解》一卷。洪武初，吾與爲太常博士，命授靜寧侯葉昇《孝經》，因爲直說以訓之。

《明史・藝文志・孝經類》 孫吾與《孝經注解》一卷。

古文孝經集義

黃虞稷《千頃堂書目・孝經類》 吳從敬《古文孝經集義》。貴溪人。洪武中，晉府長史。

朱彝尊《經籍考・孝經》 吳氏從敬《古文孝經集義》。一卷。佚。《廣信府志》：「吳從敬，貴谿人。洪武初，以薦授晉府長史。」

孝經刊誤説

楊士奇等《文淵閣書目・諸經總類》 晏璧《孝經刊誤説》。一部，一冊。闕。

黃虞稷《千頃堂書目・孝經類》 晏璧《孝經刊誤》一卷。廬陵人。

《明史・藝文志・孝經類》 晏璧《孝經刊誤》一卷。

孝經述註

《四庫提要・孝經類》 《孝經述註》一卷。《永樂大典》本。明項霦撰。霦始末無可考。惟《江西志》載，項霦，浙江臨海人，洪武間爲按察司僉事。與黃昭原序所言合，當卽其人也。是編用古文《孝經》本，其所詮釋，不務爲深奧之論，而循文衍義，案章標旨，詞意頗爲簡明，猶說經家之不支蔓者。《明史・藝文志》不著録，朱彝尊《經義考》亦不載其名，惟《永樂大典》僅存此本。然編次佚脫，以第七章註文入第六章經文下，遂使六章無註，七章無經。今以所佚經文案古文原本補入。所佚註文，則世無別本，無從葺完矣。以其沈埋蠹簡之內三百餘年，世無能舉其名者，今幸際昌期，發其光耀，亦萬世一時之遭際。故特採掇出之俾聞於後，不以殘闕而廢焉。

孝經誡俗

黃虞稷《千頃堂書目・孝經類》 方孝孺《孝經誡俗》一卷。

《明史・藝文志・孝經類》 方孝孺《孝經誡俗》一卷。

孝經旁注

黃虞稷《千頃堂書目・孝經類》 沈度《孝經旁注》。

孝經述解

黃虞稷《千頃堂書目・孝經類》 曹端《孝經述解》一卷。

朱彝尊《經義考・孝經》 曹氏端《孝經述解》。一卷。未見。端自序略曰：性有五常，而仁爲首；仁統萬善，而孝爲先。蓋仁者孝所由生，而孝者仁所由行者也。是故君子莫大乎盡性，盡性莫大乎爲仁，爲仁莫大乎能孝。

《明史・藝文志・孝經類》 曹端《孝經述解》一卷。

孝經集解

黃虞稷《千頃堂書目・孝經類》 劉實《孝經集解》一卷。字嘉秀，安成人。宣德庚戌進士，南雄府知府。

《明史・藝文志・孝經類》 劉實《孝經集解》一卷。

定次孝經今古文

黃虞稷《千頃堂書目・孝經類》 薛瑄《定次孝經今古文》一卷。

朱彝尊《經義考・孝經》 薛氏瑄《定次孝經古今文》。二卷。未見。

《明史・藝文志・孝經類》 薛瑄《定次孝經今古文》一卷。

孝經解

朱彝尊《經義考・孝經》 費氏希冉《孝經解》。二卷。未見。

孝經私鈔

黃虞稷《千頃堂書目・孝經類》 楊守陳《孝經私鈔》八卷。

《明史・藝文志・孝經類》 楊守陳《孝經私鈔》八卷。

孝經注

朱彝尊《經義考・孝經》 陳氏選《孝經注》。一卷。未見。俞汝言曰：「選字士賢，臨海人。天順庚辰進士，歷官左布政使。卒謚恭敏。」

孝經刊誤集注

黃虞稷《千頃堂書目・孝經類》 應綱《孝經刊誤集注》一卷。字恆道，永庚人。成化中貢士，官歸德州訓導。以孝行被旌。

考定古今孝經節文

黃虞稷《千頃堂書目・孝經類》 周木《考定古今孝經節文》一卷。

朱彝尊《經義考・孝經》 周氏木《考定古今孝經節文》。文或作次。一卷。未見。朱鴻曰：「松江周木以漆書韋編時有滅絕，錯簡闕文殆或不免，於是考古文、今文，合爲《新考定孝經》一書。不分章第，傳釋似亦可觀。但以《閨門章》第内『嚴父嚴兄』之下，擅補『猶君長也』四字，非闕文之史矣。」 陸元輔曰：「周木，常熟人。成化乙未進士。」

增注孝經

黃虞稷《千頃堂書目・孝經類》 晏鐸《增注孝經》。字振之，四川人。御史。

孝經正誤

黃虞稷《千頃堂書目・孝經類》 潘府《孝經正誤》。一卷。字孔修，上虞人。成化丁未進士。

朱彝尊《經義考・孝經》 潘氏府《孝經正誤》。一卷。未見。朱鴻曰：「上虞潘府疑《孝經》與《中庸》文體相類，首章孔子極言孝道之大以告曾子，其下十二章皆推明首章未盡之旨，斷非孔子先自作經，又自作傳以釋之也。因作《孝經正誤》，效《中庸》章第，其序次亦多牽強。」繆泳曰：「潘府字孔修，上虞人。成化丁未進士，歷官太常卿。」

《四庫提要・孝經類存目》 《孝經正誤》一卷。附録一卷。兩江總督採進本。明潘府撰。府字孔修，上虞人。成化丁未進士，官至太常寺卿，事蹟具《明史・儒林傳》。府以《孝經》皆孔子語，不應強分經傳。因舊本而校正之，或數章而合爲一章，或一章而分作數章，一節之内，前後互移，數節之中，上下變置，定爲一十三章。其註則兼采諸儒之説。附録《曾子孝實》一卷。卷首有府自序，并載「總説」六條。自謂幸復聖經之舊，然亦孰見聖經之舊本而證其能復否乎？

重定孝經傳注

黃虞稷《千頃堂書目・孝經類》 童品《重定孝經傳注》一卷。

孝經大義

黃虞稷《千頃堂書目・孝經類》 王守仁《孝經大義》。

《明史・藝文志・孝經類》 王守仁《孝經大義》一卷。

孝經集註

黃虞稷《千頃堂書目・孝經類》 余本《孝經集注》三卷。一作一卷。正德庚辰序。

朱彝尊《經義考・孝經》 余氏本《孝經集注》。三卷。存。《姓譜》：「本字子華，鄞人。正德辛未進士，授翰林編修。出爲廣東提學副使。官終南京通政。」

《明史・藝文志・孝經類》 余本《孝經集注》三卷。

訂正孝經

黃虞稷《千頃堂書目・孝經類》 郎瑛《訂正孝經》一卷。湖州府人。

考定孝經古文

朱彝尊《經義考・孝經》　柯氏遷之《考定孝經古文》。未見。

孝經考誤集解

朱彝尊《經義考・孝經》　汪氏宇《孝經考誤集解》。一卷。未見。朱鴻曰：「祁門汪宇《孝經考誤集解》，亦效《中庸》章第次序，固爲可觀。但其傳皆隨文訓解，惟釋字義，未悟夫子作經大旨。」

孝經定本

黃虞稷《千頃堂書目・孝經類》　蔡烈《孝經定本》一卷。

孝經解詁

黃虞稷《千頃堂書目・孝經類》　陳深《孝經解詁》一卷。湖州府人。

《明史・藝文志・孝經類》　陳深《孝經解詁》一卷。

孝經全書

黃虞稷《千頃堂書目・孝經類》　鄧以誥《孝經全書》。新建人。隆慶庚午舉人。衢州知府。

孝經刊誤説

朱彝尊《經義考・孝經》　余氏息《孝經刊誤説》。未見。

孝經本文説

朱彝尊《經義考・孝經》　褚氏相《孝經本文説》。未見。

孝經問對

朱彝尊《經義考・孝經》　陳氏曉《孝經問對》。未見。

孝經集義

黃虞稷《千頃堂書目・孝經類》　余時英《孝經集義》。字景淳，婺源人。浙江布政使余一龍父。從學鄒守益。

孝經會通

黃虞稷《千頃堂書目・孝經類》　沈淮《孝經會通》一卷。

周中孚《鄭堂讀書記・孝經類》　《孝經會通》一卷。明刊本。明沈淮撰。淮字澂伯。仁和縣人。嘉靖丁未進士，官至通政使。朱氏《經義考》著録，注曰「未見」。其書不立經傳，不分章句，第就本文列先後次序爲十五條。第一條古文、今文分六七章，則合爲一，從朱子《刊誤》、吳氏《章句》所定。第二條以後，俱依首一條爲次序，如《刊誤》之例，是又於朱、吴兩家外，别增一《孝經》改本矣。自序稱「上采孔、曾之心，下尋朱、吴之緒，於以定千古不決之惑」。凡例又稱「以復孔、曾之舊」，此朱子《大學章句序》所謂「極知僭越，無所逃罪」者也。末又有其友陳師序，爲《經義考》所失載云。

孝經宗旨

黄虞稷《千頃堂書目・孝經類》　羅汝芳《孝經宗旨》一卷。一云羅洪先。

朱彝尊《經義考・孝經》　羅氏汝芳《孝經宗旨》。一卷。未見。鄒元標《傳略》曰：先生字維德，南城人。學者稱明道先生。嘉靖甲辰舉會試，曰：「吾學未信，不可以仕。」遂歸。尋師問友，周流四方者十年。學既通，乃赴殿試。癸丑賜同進士出身。初任太湖令，陞刑部主事，歷郎中，出守寧國，再守東昌，遷雲南副使，歷參政歸。先生惟道是慕，功名富貴不入其心。逢人必誨，貴賤賢愚，不知其類。由其學以衆人之立達，爲學勿執己見也。

《四庫全書總目・孝經類存目》　《孝經宗旨》一卷。通行本。明羅汝芳撰。汝芳字維德，南城人。嘉靖癸丑進士，官至布政使參政。《明史・儒林傳》附見《王畿傳》中。此書皆發明《孝經》之大旨，用問答以暢己說，與依文詮釋者不同。汝芳講良知之學，書中專明此旨，故以「宗旨」二字標題。朱彝尊《經義考》以爲未見，而陳繼儒《祕笈》中實有此本，彝尊殆偶然失考。黄虞稷《千頃堂書目》又别引一説，以爲羅洪先撰，亦非也。

孝經忠經訂注

黄虞稷《千頃堂書目・孝經類》　程廷策《孝經忠經訂注》。

朱彝尊《經義考・孝經》　程氏廷策《孝經訂注》。一卷。未見。繆泳曰：「程氏名廷策，休寧人。嘉靖癸丑進士。」

孝經孝則

朱彝尊《經義考・孝經》　蔡氏悉《孝經孝則》。未見。繆泳曰：「蔡氏名悉，合肥人。嘉靖己未進士。」

孝經闡注

朱彝尊《經義考・孝經》　鄭氏若曾《孝經闡注》。一卷。未見。

孝經敍録

朱彝尊《經義考・孝經》　歸氏有光《孝經敍録》。一卷。存。有光自序曰：《孝經》一篇十八章，河間顔芝所藏，子貞出之。《孝經》古孔氏一篇二十二章，孔氏壁中所藏，魯三老獻之。漢世傳《孝經》有長孫氏、江氏、后氏、翼氏四家，而古文絶無師授。至劉向校定并除，卒以十八章爲定。魏、晉以後，王肅、韋昭、謝萬、徐整之徒，注者無慮百家，莫有言古文者。蓋古文并於十八章，而孔氏之别出者廢已久矣。隋劉炫始自離析增衍以合二十二章之數，著《稽疑》一篇，當時遂以爲孔《傳》復出，而儒者固已譁然，謂炫自作。炫又僞造《連山》、《魯史》等百卷，則炫之書又可信哉？故嘗以《古文孝經》與《古文尚書》俱自孔氏，而廢興隱見於漢、隋之際，其迹略同，而其可疑一也。晉穆帝永和十一年及光武文元元年，再聚羣臣共論經義，荀昶撰進《孝經》諸説，以鄭氏爲宗。其後陸澄謂爲非玄所注。唐開元七年，詔羣臣集議，史官劉子玄遂請行孔廢鄭。夫子玄以爲非鄭之注可矣，因欲以廢經而用劉炫之古文，豈不過哉？當是時，儒者盡非子玄，天子卒自注，定從十八章，仍八分御札，勒於石碑，世謂之《石臺孝經》。宋咸平中，詔邢昺、杜鎬等，依以爲講義。而司馬溫公《指解》猶尊用古文，其意詆今文爲他國疏遠之僞書，蓋見新羅、日本之別序，而近京兆之石臺也。元吳文正公始斥古文之僞，因朱子《刊誤》，多所更定。今予一從石本，獨其章名乃梁博士皇甫之侃所標，非漢時之所傳，故悉去之。予又著其説曰：大哉！孝之道，非聖人莫之知也。昔孔子嘗不對或人之問禘矣，其言明王之以孝治天下，至於刑四海，事天地，言大而理約，豈非極萬殊一本之義。意其所以告曾子者如此哉。雖然，其書非孔氏之舊書，宋、元大儒固卓然獨見於千載之下，以破諸儒之惑矣。然其所去者是矣，而所存者又未必純乎孔氏之舊也，則莫若俱存之。自秦火之後，諸儒區區掇拾，而文藝之全者尠矣，非孔子復生，莫之能復也。今世所存，如《孝經》、《家語》、大小戴之《記》，要以爲有聖人之微言，故莫若俱存之，而待學者之自擇也。

《明史・藝文志・孝經類》 歸有光《孝經敍録》一卷。

孝經注疏

朱彝尊《經義考・孝經》 劉氏子立《孝經注疏》。未見。

父母生之續莫大焉章衍義

黄虞稷《千頃堂書目・孝經類》 吳從周《父母生之續莫大焉章衍義》。

朱彝尊《經義考・孝經》 吳氏從周《父母生之章衍義》。一卷。存。

仁孝訓全書

祁承㸁《澹生堂藏書目・孝經》 《仁孝訓全書》一冊。一卷。耿定向。

孝經解

朱彝尊《經義考・孝經》 韓氏世能《孝經解》。未見。吳璵曰：敬堂韓氏，長洲人。隆慶戊辰進士。歷官禮部左侍郎，兼侍讀學士。所著《孝經解》，萬曆丙戌進於朝。

孝經繹

黄虞稷《千頃堂書目・孝經類》 方學漸《孝經繹》一卷。

孝經解

王圻《續文獻通考・經籍考・孝經》 《孝經解》。方逢時著。

編定古文孝經

朱彝尊《經義考・孝經》 黄氏金色《編定古文孝經》。一卷。未見。繆泳曰：新陽黄氏，錢塘人。隆慶戊辰進士，歷官陝西布政參議。

孝經句義

朱彝尊《經義考・孝經》 方氏揚《孝經句義》。未見。《徽州府志》：方揚字思善，歙縣人。隆慶辛未進士，歷杭州知府。

注解孝經

黄虞稷《千頃堂書目・孝經類》 胡時化《注解孝經》一卷。

《明史・藝文志・孝經類》 胡時化《注解孝經》一卷。

孝經列傳

黄虞稷《千頃堂書目・孝經類》 胡時化《孝經列傳》七卷。

朱彝尊《經義考・孝經》 《孝經列傳》。七卷。佚。繆泳曰：龍匯胡氏，餘姚人。隆慶辛未進士。歷官廣東布政司參議。

重定孝經外傳

黄虞稷《千頃堂書目・孝經類》 吴撝謙《重定孝經列傳》七卷。

朱彝尊《經義考・孝經》 吴氏撝謙《重定孝經列傳》。七卷。未見。繆泳曰：文臺吴氏，臨川人。隆慶辛未進士。官嘉興知府，謫陝西布政司理問。

《明史・藝文志・孝經類》 吴撝謙《重定孝經列傳》七卷。

孝經刊誤

黄虞稷《千頃堂書目・孝經類》 劉閔《孝經刊誤》一卷。

朱彝尊《經義考・孝經》 劉氏閔《孝經刊誤》。一卷。佚。《應天府志》：「劉閔字子賢，六合人。以薦授本縣儒學訓導。」黄虞稷曰：「正德中處士。」

孝經外傳

黄虞稷《千頃堂書目・孝經類》 楊起元《孝經外傳》一卷。

《明史・藝文志・孝經類》 楊起元《孝經外傳》一卷。

孝經引證

黄虞稷《千頃堂書目・孝經類》 楊起元《孝經引證》二卷。

《明史・藝文志・孝經類》 《孝經引證》二卷。

孝經説

朱彝尊《經義考・孝經》 鄒氏元標《孝經説》。未見。

孝經要旨

黄虞稷《千頃堂書目・孝經類》 孟化鯉《孝經要旨》一卷。

孝經别傳

黄虞稷《千頃堂書目・孝經類》 李槃《孝經别傳》一卷。

朱彝尊《經義考・孝經》 李氏槃《孝經别傳》。一卷。存。繆泳曰：李氏名槃，餘姚人。萬曆庚辰進士。

孝經注

朱彝尊《經義考・孝經》 李氏廷機《孝經注》。一卷。存。

孝經質疑

黃虞稷《千頃堂書目・孝經類》 朱鴻《孝經質疑》一卷。

《明史・藝文志・孝經類》 朱鴻《孝經質疑》一卷。

周中孚《鄭堂讀書記・孝經類》 《孝經質疑》一卷。明刊本。明朱鴻撰。鴻字子漸，仁和人。《明史・藝文志》、朱氏《經義考》俱著録。凡二十七條。其於孔子作《孝經》之旨，幷古文、今文之異同，以及唐、宋注疏、朱子《刊誤》、吳氏《定本》，無不備論。大都攻古文之僞，深以朱、吳兩家之無事自擾，而歸重於默識心融，身體力行，所謂從大處落墨也。《明志》所載，尚有《孝經集解》一卷。《經義考》亦注曰「存」，惜無傳本，然其說見引於江邦玉《孝經彙注》、曹六吉《孝經通釋》者頗多，尚可以窺見崖略。又呂氏《孝經大全・述文篇》載鴻《聖人因嚴以教敬因親以教愛解》一篇，《孝經考》一篇，《忠經辨》一篇，或亦《孝經集解》中所有云。

孝經集解

黃虞稷《千頃堂書目・孝經類》 朱鴻《集解》一卷。

朱彝尊《經義考・孝經》 《孝經集解》。一卷。存。陸元輔曰：「鴻嘗輯《孝經十書》刊行之。」 張瀚曰：「朱君篤信是經，博求諸本，考訂異同，詳定釋義，採輯經語，敷衍大義。其志意專，探索勤，體認切，造履堅。觀於所述，而其人可知已。」

《明史・藝文志・孝經類》 《集解》一卷。

孝經總函

丁丙《善本書室藏書志・孝經類》 《孝經總函》十二册。明寫本。明仁和後學朱鴻總輯，錢塘後學馮子京總閲。前有萬曆乙酉冬仁和張瀚序云：「余友朱君鴻生平純孝篤信，是經博求諸本，考訂異同，詳定釋義，採輯經語，敷衍大義，其志意專故探索勤，探索勤故體認切，體認切故操履堅。觀其所述，而其人可知矣。」又有南京禮部尚書會稽陶承學萬曆丙戌秋關西溫純序，又有江東吳自新序，云：臨安文學朱生鴻質行好文，屬意《孝經》，會摭所玩習者，曰《石臺孝經》舊今文直解、曰文公刊定古文、曰文公《刊誤》、曰草廬校定、曰古文解意、曰古文直解、曰家塾、曰會通、曰邇言、曰孝語、曰集靈，梓而問序於余云。又有清源蘇濬谷水袁福徵序，又仁和沈淮序曰：朱子漸鴻，孝鍾天子，彌老彌堅，既竭躬行，復研經傳，積有年勤，類彙成集。曰《石臺孝經》，所以尊古制也；曰直解，句解大義，訓釋崇先儒也；曰解意、會通、邇言、集靈，樂同志也；曰集解、直解、經書孝語等，說附已意也。嗟夫！文學之用心亦云厪矣。又古今羽翼《孝經》姓氏，自列國、兩漢、三國、六朝、隋、唐、宋、元、明代，凡二百餘人。鴻自識云：「嘗慨宋執政金陵，王公奏定科制，黜《孝經》不用，湮沒至今五百餘年。是以潛心篤志，集古今諸說，欲闡明是經，以公同好。但世遠經殘，僅得宋元版《朱吳解訂》者三卷，既而博求歷代所解之明白顯易者，併鴻家塾《孝經古直解》，附《質疑臆說》，大旨共十卷。又集《經書孝語》、《虞氏孝經集靈》共二卷。不敢私藏，俱付之梓，以發端倪」云云。虞淳熙又爲《識後》。是書白紙朱絲，端楷寫成，面用藍綈，尚爲明代之遺。姪立誠得於都中廠肆，鄭重攜歸，尊藏篋衍，既守聖賢之至行，更寶先哲之遺編。先師楊枌園先生舉孝廉方正，嘗輯《孝經》諸本，都爲一編，燬於兵火。當時果見是書，必更有所補益也。

五經四書孝語

黄虞稷《千頃堂書目・孝經類》　朱鴻《五經四書孝語》一卷。

孝經邇言

徐𤊹《徐氏家藏書目・孝經類》　《孝經邇言》一卷。虞淳熙。

黄虞稷《千頃堂書目・孝經類》　虞淳熙《孝經邇言》九卷。

《明史・藝文志・孝經類》　虞淳熙《孝經邇言》九卷。

孝經集靈

徐𤊹《徐氏家藏書目・孝經類》　《孝經集靈》一卷。虞淳熙。

黄虞稷《千頃堂書目・孝經類》　虞淳熙《孝經集靈》一卷。

《明史・藝文志・孝經類》　虞淳熙《孝經集靈》一卷。

從今文孝經説

朱彝尊《經義考・孝經》　《今文孝經説》。一卷。存。

周中孚《鄭堂讀書記・孝經類》　《從今文孝經説》一卷。明刊本。明虞淳熙撰。淳熙字長孺，號德園，錢唐人。萬曆癸未進士。官至吏部稽勳司主事。按：《明史・藝文志》載德園《孝經邇言》九卷、《孝經集靈》一卷，而無是書。朱氏《經義考》俱載之，惟於《邇言》下注曰「未見」。《四庫全書存目》小説類止載《孝經集靈》，而稱《孝經邇言》、《今文孝經説》今皆未見。蓋是書未曾經進也。其書輯孔安國、孔衍、劉歆以下諸家之説，各附論斷，以明《孝經》之當從今文，復采朱子、蔡九峰、吴草廬辨僞《古文尚書》三説，以例古文《孝經》。然古之《孝經》止有《閨門》一章，爲劉炫僞作，其餘不過章段字句間與今文異同，究不可與僞書相比擬也。又按呂氏《孝經大全・述文篇》載德園《全孝圖説》一篇、《全孝心法》一篇，爲是書所未附載，疑從《邇言》中摘出云。

孝經疑問

黄虞稷《千頃堂書目・孝經類》　姚舜牧《孝經疑問》一卷。

《四庫提要・孝經類存目》　《孝經疑問》一卷。浙江巡撫採進本。明姚舜牧撰。舜牧有《易經疑問》，已著録。是書以《孝經》語意聯貫，不應分章，尤不宜立章名。如首章之「開宗明義」，七章之「三才」，十七章之「事君」，無所取義，因悉爲刪去。其所詮釋，則皆老生常談也。又謂經文多出漢儒附會，如則天之經，因地之利，以順天下等語，似類漢儒之言。父子之道天性也以下，義不接續，竝宜刪去。又病其各章皆引《詩》、《書》爲結，與《韓詩外傳》、《天祿閣外史》相類。夫《孝經》今文、古文雖至今聚訟，然自漢以來卽分章，無合爲一篇者也。其字句異同，雖以朱子之學因古文而作《刊誤》，終不能饜儒者之心也。舜牧何人，乃更變亂古籍乎？況惟聖人能知聖人，舜牧何所依據而能一一分別「此爲孔子之語」、「此非孔子之語」，若親見聖人之原本耶？

孝經疏鈔

朱彝尊《經義考・孝經》　梅氏鼎和《孝經疏鈔》。一卷。存。

孝經義疏

黃虞稷《千頃堂書目・孝經類》 馮從吾《孝經義疏》。

朱彝尊《經義考・孝經》 馮氏從吾《孝經義疏》。未見。繆泳曰：「少墟馮氏，長安人。萬曆己丑進士。官至工部尚書。謚恭定。」

孝經考注

朱彝尊《經義考・孝經》 陳氏堯道《孝經考注》。未見。繆泳曰：「心源陳氏，福清人。萬曆己丑進士。萬安縣知縣。有《孝經考注》。」

補正孝經本義

黃虞稷《千頃堂書目・孝經類》 曹于汴《補正孝經本義》。

朱彝尊《經義考・孝經》 曹氏于汴《補正孝經本義》。未見。繆泳曰：「貞予曹氏，安邑人。萬曆壬辰進士。歷官左副都御史掌院事，卒贈太子太保。」

孝經大全

黃虞稷《千頃堂書目・孝經類》 畢懋康編次《孝經大全》。

朱彝尊《經義考・孝經》 畢氏懋康《孝經大全》。未見。繆泳曰：「東郊畢氏，歙縣人。萬曆戊戌進士。歷官總督倉場，戶部右侍郎。」

古文孝經注

黃虞稷《千頃堂書目・孝經類》 蔡毅中注《古文孝經》一卷。萬曆中進呈。

朱彝尊《經義考・孝經》 蔡氏毅中《古文孝經注》。一卷。存。【略】繆泳曰：「中山蔡氏，光山人。萬曆辛丑進士。歷官禮部右侍郎，兼侍讀學士。所注《孝經》，於萬曆四十年十二月進，時官行人司副。」

合刻孝經聖訓

祁承㸁《澹生堂藏書目・經類》 《合刻孝經聖訓》二冊。二卷。蔡毅中。

孝經本義

黃虞稷《千頃堂書目・孝經類》 呂維祺《孝經本義》二卷。

《明史・藝文志・孝經類》 呂維祺《孝經本義》二卷。

孝經大全

黃虞稷《千頃堂書目・孝經類》 呂維祺《孝經大全》二十八卷。

《明史・藝文志・孝經類》 呂維祺《孝經大全》二十八卷。

周中孚《鄭堂讀書記・孝經類》 《孝經大全》二十八卷。《孝經或問》三卷。附《孝經翼》一卷。夢月巖刊本。明呂維祺撰，其《孝經翼》乃其弟維祜所撰也。維祺字介孺，河南新安人。萬曆癸丑進士，官至南京兵部尚書。罷職居雒陽，闖賊犯雒陽，城陷，被執，罵賊死。國朝賜謚忠敬。維祜字泰孺，由選貢生官樂平縣知縣。是書前有進表，稱所撰《孝經本義》二卷、《大全》二十八卷、《或問》三卷。此本獨無《本義》。《明史·藝文志》所載與進表同，惟不載泰孺之書。朱氏《經義考》所載，於《大全》、《或問》下，俱注曰「存」，於《本義》下注曰「未見」，蓋卽據是本也。又有《孝經衍義》，無卷數，而注曰「存」，則不知所據何本。然於泰孺書下亦注曰「未見」，豈竹垞所見本偶闕此卷歟？其書卷首爲《孝經節略》，取舊説立綱而著按語於下，皆敘述《孝經》源流及贊論之辭。卷一至卷十三爲經文，分十八章，而刪去《開宗明義》諸名目，俱鎔化舊注爲箋，而取諸家之説，雙行分釋於下，如《永樂大全》之例，故亦名《大全》。其卷十四爲「孔曾論孝」，卷十五爲「曾子孝言」，卷十六爲「曾子孝行」，俱集大、小《戴記》諸書而成。卷十七爲「曾子論贊」，前一則爲《大戴記》文，後皆諸儒之説。卷十八至卷末爲「表章通考」，分「宸翰」、「入告」、「述文」、「紀事」、「識餘」五門。「入告」以下則皆表疏序跋，論説考辨以及史傳雜記之類。蓋《節略》所未盡者也。前又有自序一篇，義例七則，末附《孝經詩》十首。其《或問》三卷，皆設爲問答，標題凡六十有五，并有自作引言，又附刊泰孺所作《孝經翼》二十一則。按：先儒説《孝經》者無過一卷，多則二三卷，求其著述繁富無過是書，而其精華全在經文箋釋。其箋釋未盡者，復作《或問》以暢其説，足與《大全》互相發明。至第十四卷以下，不過《孝經》之緒論而已，而《孝經翼》又所以輯録《大全》、《或問》之義也。雖其學兼程、朱、陸、王，爲冉永光覲祖《孝經詳説》所不滿，然明人之作，大抵不能全醇，是書究多可取，況明德大節，彪炳史冊，所謂求忠臣於孝子之門，是非徒以空言説經者。明德嘗欲以《孝經》試於科場，擬題凡七，上疏未行，今具載第二十卷中。永光亦深取之。此書成於崇禎戊寅，乃其致仕時作。至國朝康熙癸卯，其子兆琳始付之梓，已失去《本義》二卷。時王昊、計東俱爲之序，末有兆琳後跋。

進呈。

孝經或問

黃虞稷《千頃堂書目·孝經類》 呂維祺《或問》三卷。崇禎三十年進呈。

《明史·藝文志·孝經類》 呂維祺《或問》三卷。

孝經衍義

黃虞稷《千頃堂書目·孝經類》 呂維祺《孝經衍義》。

朱彝尊《經義考·孝經》 《孝經衍義》。存。維祺《自序》曰：愚既注《孝經本義》已，復櫛比諸家之同異出入。孔《傳》已亡，鄭説無徵，唐注浮譎，邢《疏》蘩蕪，學士莫知所宗。迨夫涑水《指解》、紫陽《刊誤》，庶幾學者之津筏而疑非定筆。他如董廣川、程伊川、劉屏山、范蜀公、眞西山、陸象山、鈞滄子、宋景濂、羅近溪諸君子，亦各有所發明而或鮮銓釋。又如吳臨川、董鄱陽、虞長孺、蔡宏甫、朱周翰、孫本、朱鴻諸家，各有注行世，然或是古非今，分經列傳，牽合附會，改易增減，亦失厥旨。乃捃摭羣書，又四年，成《大全》若干卷，冠以「義例」、「羽翼引證」、「姓氏節略」若干卷，附以「孔曾論孝」、「曾子孝言」、「曾子孝行」、「曾子論贊」及「宸翰」、「入告」、「述文」、「紀事」、「識餘」若干卷。蓋欲明孔子作經之意，爲明王以孝治天下而發其義理。乙亥履端，業已繕寫爲表上之，會以恩放歸田，不果。深山之暇，閒簡原草，重加箋訂，而《孝經或問》成。尙有續著《衍義》、《圖説》、《外傳》等若干卷，俱藏諸笥，以訓子弟及門之士云爾。崇禎戊寅端月。黃虞稷曰：維祺字介孺。河南新安人。萬曆癸丑進士，歷官南京兵部尙書。三書皆於崇禎十三年進呈。

圖書外傳

黃虞稷《千頃堂書目・孝經類》　呂維祺《圖書外傳》。

校訂孝經本義大全

朱彝尊《經義考・孝經》　吳氏甡《校訂孝經本義大全》。未見。陸元輔曰：甡字鹿友，南直隸興化人。萬曆癸丑進士，累官兵部尚書文淵閣大學士。

孝經正義

朱彝尊《經義考・孝經》　陸氏山《孝經正義》。一卷。未見。

孝經小學詳解

黃虞稷《千頃堂書目・孝經類》　陳仁錫《孝經小學詳解》八卷。

《明史・藝文志・孝經類》　陳仁錫《孝經小學詳解》八卷。

孝經翼

朱彝尊《經義考・孝經》　陳氏仁錫《孝經翼》。未見。

孝經集傳

黃虞稷《千頃堂書目・孝經類》　黃道周《孝經集傳》二卷。

朱彝尊《經義考・孝經》　黃氏道周《孝經集傳》。四卷。存。道周自序曰：臣觀《孝經》者，道德之淵源，治化之綱領也。六經之本，皆出《孝經》，而《小戴》四十九篇，《大戴》三十六篇，《儀禮》十七篇，皆爲《孝經》疏義。蓋當時師、偃、商、參之徒，習觀夫子之行事，誦其遺言，尊聞行知，萃爲《禮》論，而其至要所在，備於《孝經》。觀《戴記》所稱「君子之教也」，及「送終時思」之類，多繹《孝經》者。蓋孝爲教本，禮所由生，語孝必本敬，本敬則禮從此起，非必《禮記》初爲《孝經》之傳注也。臣繹《孝經》微義有五，著義十二。微義五者：因性明教一也，追文返質二也，貴道德而賤兵刑三也，定辟異端四也，韋布而享祀五也。此五者，皆先聖所未著，而夫子獨著之，其文甚微。十二著者：郊廟、明堂、釋奠、齒胄、養老、耕藉、冠、昏、朝聘、喪、祭、鄉飲酒是也。著是十七者以治天下，選士不與焉，而士出其中矣。天下休明，聖主尊經循是而行之，五帝三王之治，猶可以復也。　朱垣曰：先生在白雲庫中手寫《孝經》百二十本，本本各別。今觀《集傳》，乃以《孝經》爲經，以《禮記》、《孟子》錯綜爲緯，與前日寫本絕不相同。　陳有度曰：先生嘗言聖賢學問只是一部《孝經》。今觀《集傳》，以一部《禮記》爲《孝經》義疏，以《孟子》七篇爲《孝經》導引，其他六籍，皆肇是書，蓋鄭、孔所未發也。　陳允元曰：夫子以《孝經》綱領六經，而其文簡質，不若他經之崇閎。自劉、鄭以下，數百家所紬繹，章句耳，子輿不作，誰明其原？今讀《集傳》，昭昭乎日月江河也。有聖人作，將修周公之業，於《傳》乎取之？將明孔子之道，於《傳》乎取之？先生嘗云《孝經》千七百七十三字，合乎天行。今觀大小《傳》，煩簡損益，各有權度，後有達者當有悟於斯文矣。　孫承澤曰：「漳浦黃先生《孝經集傳》，以《孝經》爲經，以二載《禮》、《儀禮》爲疏義，錯綜宏博，見其苦心讀書。」　鄭開極曰：「鄉先生石齋黃公考注經傳，其功甚偉，而《孝經集傳》一書，尤稱醇正。其分經別傳，則朱考亭之《刊誤》也；次第篇章，則劉中壘之「今文」也。《儀禮》二戴《記》以爲疏義，則六家之同異，可無論也。《小傳》則公之所發明，《大傳》則兼采游、夏、思、孟之所闡述也。微義五、著義十二則，公之自序其節目也，旨該而義切，其爲《集傳》也若是，至德要道，不粹然明備也耶！」沈珩曰：「紫陽朱子《孝經刊誤》，因文刪定，無所增加，嘗欲掇取他書之言，別爲《外傳》，以發此經之義，而自謂未敢，蓋若有待焉。晚歲修明《三禮》，則以《儀禮》爲經，若二戴《記》及諸經史所載有及於禮者，各附本經之下。惟喪、祭二禮未就，屬門人黄幹續成之。漳海黄石齋先生紹明紫陽之意，成《孝經集傳》一書，謂六經之本注皆出《孝經》，而《儀禮》、二戴《記》皆爲《孝經》疏義。他若游、夏諸儒及子思、孟子所傳，亦備采之，謂之《大傳》。經傳各條之下，先生以窮理所得，暢厥發明，謂之《小傳》。此紫陽修《儀禮》之成法也。《大傳》字目二萬餘，《小傳》五萬餘，起草於崇禎戊寅，卒業癸未，釐然大成，非若紫陽《儀禮》喪、祭之有遺憾也。」

《明史・藝文志・孝經類》　黄道周《孝經集傳》二卷。

《四庫提要・孝經類》　《孝經集傳》四卷。福建巡撫採進本。明黄道周撰。道周有《易象正》，已著録。是書作於廷杖下獄之時。其作書之旨，見於門人所筆記者，曰《孝經》有五大義：本性立教，因心爲治，令人知非孝無教，非性無道，爲聖賢學問根本一也。約教於禮，約禮於敬，敬以致中，孝以導和，爲帝王致治淵源二也。則天因地，常以地道自處，履順行讓，使天下銷其戾心，覺五刑五兵無得力處，爲古今治亂淵源三也。反文尚質，以夏商之道救周四也。闢楊誅墨，使佛老之道不得亂常五也。以是五者，別其章分，然後以《禮記》諸篇條貫麗之。其自序中所謂「五微義」、「十二著義」者不出於此，實其著書之綱領也。然其初説，以引《詩》數處各屬下章，如中庸尙絅章例，今則仍附於各章之後。蓋亦自知其説之不安。又其初欲先明篇章，次論孝敬淵源，三論反文歸質，似欲自立名目，如《大學衍義》之體。今本則仍依經文次第，而雜引經記以證之，亦與初例不同。昔朱子作《刊誤後序》曰：「欲掇取他書之言，可發此經之旨者，別爲外傳，顧未敢耳。」道周此書，蓋與之闇合。其推闡頗爲詳洽。蓋起草於崇禎戊寅，卒業於癸未，屢變其例而後成，故較所註《禮記》五篇成於一歲之中者爲精密云。

孝經秋訂

朱彝尊《經義考・孝經》　龍氏文光《孝經秋訂》。一卷。佚。

校訂孝經大全

朱彝尊《經義考・孝經》　張氏鼎延《校訂孝經大全》。未見。繆泳曰：「鼎延字玉調，永寧人。天啓壬戌進士。官南京文選郎。」

孝經衍義

黄虞稷《千頃堂書目・孝經類》　張有譽《孝經衍義》六卷。天啓壬戌進士。戶部尙書。

朱彝尊《經義考・孝經》　張氏有譽《孝經衍義》。六卷。未見。陸元輔曰：「靜涵張先生，江陰籍，無錫人。天啓壬戌進士，歷官侍郎，後遯跡爲雲巖山僧。」

《明史・藝文志・孝經類》　張有譽《孝經衍義》六卷。

孝經集傳

黄虞稷《千頃堂書目・孝經類》　何楷《孝經集傳》二卷。

《明史・藝文志・孝經類》　何楷《孝經集傳》二卷。

考定古文孝經

朱彝尊《經義考・孝經》 何氏楷《考定古文孝經》。三卷。存。

古文孝經説

朱彝尊《經義考・孝經》 孫氏本《古文孝經説》。一卷。存。

周中孚《鄭堂讀書記・孝經類》 《古文孝經説》一卷。明刊本。明孫本撰。本字初陽，錢唐人。《明史・藝文志》不載，朱氏《經義考》始載之。初陽以《漢志》首稱《孝經古孔氏》一篇，乃信《古文孝經》爲眞孔、曾相傳之本，爲之統論一篇大旨。至其章第經傳之紛紜，訓詁説解之雜擾，則別爲釋疑十八條以申明之。始於今文古文之辨，迄於羣疑總釋，以暢論其從古文之是，堪與虞德園《今文孝經説》分道揚鑣。曹六吉《通釋》頗采其説。今幷虞氏書存之，以見古文、今文之皆足從也。呂氏《孝經大全・識餘》篇曾節録其《孝經説》數條，又《述文》篇有孫氏《五等章解》一篇，則爲此編所未載云。

周中孚《鄭堂讀書記・孝經類》 《孝經釋疑》一卷。明刊本。明孫本撰。

孝經彙注

朱彝尊《經義考・孝經》 馮氏夢龍《孝經彙注》。未見。

孝經貫注

黄虞稷《千頃堂書目・孝經類》 瞿罕《孝經貫注》二十卷。黄梅人。瞿九思子。邑諸生。崇禎七年進其書。

《明史・藝文志・孝經類》 瞿罕《孝經貫注》二十卷。

孝經存餘

黄虞稷《千頃堂書目・孝經類》 瞿罕《孝經存餘》三卷。

《明史・藝文志・孝經類》 瞿罕《孝經存餘》三卷。

孝經考異

黄虞稷《千頃堂書目・孝經類》 瞿罕《孝經考異》一卷。

《明史・藝文志・孝經類》 瞿罕《孝經考異》一卷。

孝經對問

黄虞稷《千頃堂書目・孝經類》 瞿罕《孝經對問》三卷。

《明史・藝文志・孝經類》 瞿罕《孝經對問》三卷。

孝經求蒙

朱彝尊《經義考・孝經》 陳氏咨範《孝經求蒙》。未見。

孝經考注

朱彝尊《經義考·孝經》 朱氏鼎材《孝經考注》。未見。

孝經講義

朱彝尊《經義考·孝經》 張氏雲鸞《孝經講義》。未見。繆泳曰：張雲鸞字羽臣，無錫人。

孝經繹

朱彝尊《經義考·孝經》 陳氏三槐《孝經繹》。未見。

編次孝經

朱彝尊《經義考·孝經》 蔡氏復賞《編次孝經》。未見。

孝經彙注

黄虞稷《千頃堂書目·孝經類》 江元祚《孝經彙注》三卷。

《明史·藝文志·孝經類》 王元祚《孝經彙注》三卷。

周中孚《鄭堂讀書記·孝經類》 《孝經彙注》三卷。明刊本。明江元祚撰。元祚字邦玉，仁和人。《明史·藝文志》、朱氏《經義考》俱著録。《明志》作「王元祚」，字之誤也。其書采虞淳熙、孫本、朱鴻《集解》之説，彙而爲注，間或附以己見。經文雖從今文章次，而刪去各章名目。其所引虞氏説，當即《孝經邇言》之説，而孫氏諸説，考之《古文孝經説》、《孝經釋疑》二書俱無之，豈別是一書耶？此書本無足取，姑藉以考見虞、孫、朱三家之書耳。邦玉又有《孝經彙目》一卷，《曾子孝實》一卷，又皆一無可取矣。

孝經疏義

黄虞稷《千頃堂書目·孝經類》 江旭奇《孝經疏義》。崇禎二年正月進呈。

《明史·藝文志·孝經類》 江旭奇《孝經疏義》一卷。

孝經考異

黄虞稷《千頃堂書目·孝經類》 江旭奇《孝經考異》。

朱彝尊《經義考·孝經》 《孝經考異》。一卷。未見。黄虞稷曰：崇禎二年正月進。旭奇進表略曰：臣惟享祚之久，三代之中無如周，三代以下無如漢。周之文、武，止孝達孝，尚矣。漢之列宗廟號，皆有「孝」字。蓋立愛惟親，愛其親而愛他人，上下常相保之術也。孔子曰：「行在《孝經》。」漢孝宣時，疏廣、疏受以之訓儲。孝章時，介胄皆通《孝經》。孝靈時，向栩言北向讀《孝經》，賊自消滅。隋蘇威言：「惟《孝經》一卷，足以立身治國，何用多爲！」隋主納其言，以《孝經》賜。鄭譯《孝經》，原有《閨門》一章，唐司馬貞諱之，遂爲馬嵬之兆。周賓興六行曰孝、友、姻、睦、任、卹。齊内政公問卿子之鄉有孝於父母者，有則以告，有而不告，謂之蔽明。漢元朔間，有司議不舉孝以不敬論。唐制舉明經，《孝經》爲九經之首。宋詔察孝弟、力田，而明經仍唐制。我太祖高皇帝諭俗，首孝順父母，亦有孝弟、力田、通經、孝廉等科。後來廣輯經書《大全》，發題試士《孝經》偶遺，實有待於皇上也。臣敢以師説《疏義》進呈，伏乞勅下禮部，會集儒臣，補成《孝經大全》，考試發題，使萬世皆仰盛典，臣不勝惶悚待命之至。繆泳曰：旭奇以貢入太學。崇禎二年正月，車駕臨雍，旭奇進所著《孝經疏義》，得旨下部議，許直省學臣命題試士。太傅襄城伯李國楨爲板行其書。會四譯館宴屬國遠人，有跽求《孝經疏義》者曰：「外國知有是書久矣。」館卿乃移文翰林院取給之。

孝經筆旨

黃虞稷《千頃堂書目・孝經類》 鄒期相《孝經筆旨》一卷。

孝經衍義

朱彝尊《經義考・孝經》 蔡氏景默《孝經衍義》。三卷。存。錢龍錫曰：《孝經》有今文、古文二本，歷代師授不同。吾友蔡伯械氏研精歲月，著《古文衍義》一編。陳臥子見而激賞，謂當授鋟以廣其傳。是經當從古本無疑，而學官所頒、黨塾所肄，不當外此者也。　李茹春曰：伯械《古文衍義》，根極理要，每傍《繫辭》立解，嘗爲論以駁作《忠經》擬《孝經》者，曰：「《春秋》固忠經也。孔子曰：『資於事父以事君，而敬同。』曾子曰：『事君不忠，非孝也。』人臣委身事主，凡經國子民之業，盡在無忝所生之中，豈必求端於《孝經》外哉！」識者韙之。　許譽卿曰：伯械兼通九經，其教授子弟，進退以禮，出其門者皆有法度。近以《孝經》注疏未詳，網羅漏逸，博存衆說，旁引曲達，務合源流，豈不爲草莽功臣乎！　何萬化曰：吾鄉蔡伯械氏，每謂《易傳》、《春秋》與《孝經》相表裏，《春秋》繼《易傳》而作，《孝經》繼《春秋》而成，以天地之經挽人倫之變也。會今上表章《孝經》，頒布學官，伯械出所著《衍義》公諸同志，既詳擇於古注之內，復博採於古注之外。是經無多字句，移晷可畢，今讀《衍義》，令人尋味累日莫竟，何其纏緜弘遠，洵泗水之功臣矣！　景默自序曰：《孝經》一篇，孔、曾傳道之書，文全義洽，原自貫通。但或引其端，或廣其說，或申前旨，或發別義，故並冠以「子曰」。乃後儒武斷，妄列章目，強分經傳，殊失聖賢本旨。憶昔萬曆庚辰，默方六歲，先君子首授《古孝經》，耳提面訓，朝夕被服，口誦心惟，習與性成。因著《衍義》三卷。今上表章是經，頒布學官，甚盛典也。然宇內承訛已久，將從石臺注疏，恐《閨門》闕而遺《關雎》、《麟趾》之意；將從紫陽《刊誤》，恐字句芟而非孔壁家藏之舊。謹遵司馬溫公祕閣古本，繕寫鐫行，俾留心聖學者靜參潛玩，自可通其意義所在。時崇禎庚辰歲春王正月。

孝經緒箋

朱彝尊《經義考・孝經》 宮氏偉鏐《孝經緒箋》。二卷。存。李延昰曰：泰州人，字紫元。崇禎癸未進士。

孝經通箋

朱彝尊《經義考・孝經》 薛氏正平《孝經通箋》。未見。錢謙益曰：正平字更生，華亭人。晚以字行，更字那谷。少爲儒，長爲俠，老歸釋氏。死石頭城，下葬於方山之陽。作《孝經通箋》，取陶靖節《五孝傳》附焉。謂靖節在晉、宋間，不忘留侯五世相韓之義，古今之通孝不外乎此。其用意之深如此。

孝經問業

朱彝尊《經義考・孝經》 張氏夏《孝經問業》。一卷。存。梅文鼎曰：夏字秋紹，無錫諸生，隱居講學。

孝經注疏大全

朱彝尊《經義考・孝經》 葉氏鈖《孝經注疏大全》。一卷。存。錢枋曰：「鈖字潛夫，嘉善人。」

孝經正義

朱彝尊《經義考・孝經》 姜氏安節《孝經正義》。一卷。存。李延昰曰：「萊陽人，字玆山。」

孝經備考

朱彝尊《經義考・孝經》 王氏復禮《孝經備考》。二卷。存。毛奇齡曰：「復禮，山陰人，文成公五世孫，人稱爲草堂先生。」

孝經箋注

朱彝尊《經義考・孝經》 顧氏蘭《孝經箋注》。一卷。存。高兆曰：「蘭字芝侶，杭州人。」

孝經類解

朱彝尊《經義考・孝經》 吳氏之騄《孝經類解》。十八卷。存。

孝經本旨

黃虞稷《千頃堂書目・孝經類》 張復《孝經本旨》一卷。字子遠，休寧人。

孝經集講

黃虞稷《千頃堂書目・孝經類》 熊兆《孝經集講》一冊。泰州人。

《四庫提要・孝經類存目》 《孝經集講》一卷。浙江范懋柱天一閣藏書。

原本首題「道隸揚州府泰州端本社學教讀後學草茅臣熊兆集講」，又有「直隸揚州府知府巡按直隸監察御史再呈看過收受」字，蓋鄉曲陋儒投獻干進之書也。其訓釋皆詞旨鄙陋，一無可觀。前列一圖，以圈內爲五品人倫之正，圈外爲萬物之偏邪，又以元爲天、父、君，亨爲長男、中男、少男，利爲長女、中女、少女，貞爲地、母、后。又演爲天經、地義、人行之圖，修學致用、推孝爲忠之圖，皆迂謬穿鑿，毫無義理，蓋無知妄作之尤者也。

孝經集註説約

丁仁《八千卷樓書目・孝經類》 《孝經集註説約》一卷。明沈士薾陳選撰。刊本。

孝經刊誤淺解

丁仁《八千卷樓書目・孝經類》 《孝經刊誤淺解》一卷。明史尊朱撰。

刊本。

孝經論孟音義

楊士奇等《文淵閣書目・諸經總類》《孝經論孟音義》。一部，一冊。闕。

孝經註解

高儒《百川書志・孝經》《孝經註解》二卷。國朝唐王殿下註解。

黃虞稷《千頃堂書目・孝經類》唐王《孝經注解》二卷。

孝經考註

晁瑮《晁氏寶文堂書目・諸經總録》《孝經考註》。

孝　經

郭磐《明太學經籍志》《孝經》二本。俱舊志同。

孝經疏義

趙琦美《脈望館書目・孝經》《孝經疏義》一本。又一本。

孝經總類

趙琦美《脈望館書目・孝經》《孝經總類》十二本。

志孝六篇

王圻《續文獻通考・經籍考・孝經》《志孝六篇》。晉江錢褒著。

古孝經

徐𤊹《徐氏家藏書目・孝經類》《古孝經》一卷。

孝經繁露

徐𤊹《徐氏家藏書目・孝經類》《孝經繁露》一卷。無名氏。

孝經本文

徐𤊹《徐氏家藏書目・孝經類》《孝經本文》一卷。吳叔嘉刻手書。

孝經正文

徐𤊹《徐氏家藏書目・孝經類》《孝經正文》一卷。趙世顯刊。

古本篆文孝經

徐𤊹《徐氏家藏書目・孝經類》　《古本篆文孝經》一卷。

孝經古今正本

徐𤊹《徐氏家藏書目・孝經類》　《孝經古今正本》二卷。

五經孝語

徐𤊹《徐氏家藏書目・孝經類》　《五經孝語》二卷。

合刻忠孝經

徐𤊹《徐氏家藏書目・孝經類》　《合刻忠孝經》二卷。

古今文孝經

錢謙益《絳雲樓書目・孝經類》　《古今文孝經》。

孝經叢説

祁承㸁《澹生堂藏書目・孝經》　《孝經叢説》一冊。一卷。

孝經注義

武作成《清史稿藝文志補編・孝經類》　《孝經注義》一卷。魏象樞撰。

石臺孝經

祁承㸁《澹生堂藏書目・孝經》　《石臺孝經》一卷。

孝經今文直解

祁承㸁《澹生堂藏書目・孝經》　《孝經今文直解》。一卷。

孝經古文直解

祁承㸁《澹生堂藏書目・孝經》　《孝經古文直解》。一卷。

經書孝語

祁承㸁《澹生堂藏書目・孝經》　《經書孝語》。一卷。

孝經古文解意

祁承㸁《澹生堂藏書目・孝經》 《孝經古文解意》。一卷。

孝經考

祁承㸁《澹生堂藏書目・孝經》 《孝經考》。一卷。

朱劉氏孝經古文

錢謙益《絳雲樓書目・孝經類》 《朱劉氏孝經古文》。

孝經集注

黃虞稷《千頃堂書目・孝經類》 徐守綱《孝經集注》。

孝經旁訓

黃虞稷《千頃堂書目・孝經類》 唐大章《孝經旁訓》。

孝經白文

錢謙益《絳雲樓書目・孝經類》 《孝經白文》。

孝經註義

《四庫提要・孝經類存目》 《孝經註義》一卷。直隸總督採進本。國朝魏裔介撰。裔介字石生，號貞菴，柏鄉人。順治丙戌進士，官至保和殿大學士。乾隆元年追謚文毅。是書以《孝經》分章詮釋。其訓詁字義者，標題曰「註」；其敷衍語意者，標題曰「義」。詞旨淺近，蓋課蒙之作也。

孝經詳說

《四庫提要・孝經類存目》 《孝經詳說》二卷。河南巡撫採進本。國朝冉覲祖撰。覲祖有《易經詳說》，已著録。是書遵用今文，全載唐玄宗之《註》，節録邢昺之《疏》，兼採元董鼎、明瞿罕、陳士賢諸家之說，末附以朱子《刊誤》。而大旨則在辨定呂維祺所著《孝經本義》、《大全》、《或問》三書。所附《呂氏或問摘録》一篇，既逐條闡發其義，復附《敘義》一篇以糾其誤。蓋維祺之學兼入陸、王，覲祖則恪守程、朱，故所論有合有不合也。顧所載維祺表章《孝經》疏後，附録擬題數目，有單句題、雙句題、連句題、摘段題、搭截題、全章合章搭章題諸名，非詁經之體，亦非講學之道，覲祖顧深取之何耶？

讀孝經

《四庫提要・孝經類存目》 《讀孝經》四卷。江西巡撫採進本。國朝應是撰。是字敬非，號敬齋，宜黃人。康熙己酉舉人。是書以唐宋註疏爲主，參以陳選《集註》及各家之說。其自爲之註者，稱「愚案」。多循文摘句，無所發明。

孝經注

《四庫提要・孝經類》 《御註孝經》一卷。順治十三年世祖章皇帝御撰。《孝經》詞近而旨遠；等而次之，自天子以至於庶人；推而廣之，自閨門可放諸四海；專而致之，卽愚夫愚婦可通於神明。故語其平易，則人人可知可行；語其精微，則聖人亦覃思於闡繹。是編御註約一萬餘言，用石臺本，不用孔安國本，息今文、古文門戶之爭也；亦不用朱子《刊誤》本，杜改經之漸也。義必精粹，而詞無深隱，期家喻戶曉也。考歷代帝王註是經者，晉元帝有《孝經傳》，晉孝武帝有《總明館孝經講義》，梁武帝有《孝經義疏》，今皆不存，惟唐玄宗《御註》，列《十三經註疏》中，流傳於世。司馬光、范祖禹以下悉不能出其範圍。今更得聖製表章，使孔、曾遺訓，無一義之不彰，無一人之不喻。回視玄宗所註，度而越之，又不啻萬倍矣。

孝經全注

周中孚《鄭堂讀書記・孝經類》 《孝經全注》一卷。《安谿全書》本。國朝李光地撰。光地字晉卿，福建安溪人。康熙九年進士。官至文淵閣大學士。卒，謚文貞。是書取今文《孝經》盡去其各章名目，但於每章之後爲之注，大旨謂《孝經》惟以愛親、敬親二者爲綱，然後尋其職分之所當，成效之所至，則此經之義昭白無疑，而章句之間亦無淩雜之可議也。故其全注立義，亦不外愛、敬兩端云。又謂孟子之距墨翟，韓愈、程朱之闢釋氏，其源本之差，正在於此。亦可見厚菴生平闢佛老、闢陸王，其得力之處盡在是經矣。

孝經集解

《四庫提要・孝經類存目》 《孝經集解》一卷。江蘇巡撫採進本。國朝蔣永修撰。永修字愼齋，宜興人。順治丁亥進士，官至平越府知府。是編順文詮釋，以訓童蒙，乃其官給事中督學湖廣時所作。本與《小學》合刊，名曰《孝經小學集解大全》。以宋儒雜纂之本與聖經併爲一編，儗不於倫，難於著録。今分爲二書，各存其目焉。

孝經衍義

朱彝尊《經義考・御注》 《孝經衍義》。一百卷。康熙二十九年四月二十四日皇帝御製序曰：朕緬惟自昔聖王以孝治天下之義，而知其推之有本，操之有要也。夫孝者，百行之源，萬善之極。《書》言奉先思孝，《詩》言「孝思維則」，明乎爲天之經，地之義，人性所同然，振古而不易，故以之爲己則順而祥，以之教人則樂而易從，以之化民成俗則德施溥而不匱。帝王奉此以宰世御物，躬行爲天下先，其事始於寢門視膳之節，而推之於配帝饗親，觀光揚烈，諴萬民而光四海，皆斯義也。孔子教孝之言，散見於六籍，而統會於《孝經》。曾子以純孝親承斯訓，其詞約，其指遠，條貫終始，綜括羣論，言孝之義，於斯爲備。自顔芝藏本出於漢初，考注箋釋，代有其人，如孔安國、鄭康成、皇侃、邢昺輩，無慮百餘家。大約皆訓詁章句，辨論古、今文同異，而求其推廣義蘊，達之於萬事萬物而皆莫出其範圍者，則尙未之備也。世祖章皇帝弘敷孝治，懋昭人紀，特命纂修《孝經衍義》，未及成書。朕纘承先志，詔儒臣蒐討編輯，倣宋儒眞德秀《大學衍義》體例，徵引經史諸書，以旁通其說。竊以仲尼稱「至德要道，以順天下」，又曰「教之所由生」，而後詳列天子、諸侯、卿大夫、士、庶人之五孝，此則一經之大旨，亦猶《大學》之言明德、新民、格、致、誠、正、修、齊、治、平也。是故衍至德之義，則仁、義、禮、智、信之說備矣；衍要道之義，則父子、君臣、夫婦、昆弟、朋友之倫備矣；衍教所由生之義，則禮、樂、政、刑之屬備矣；衍五孝而皆以愛敬爲本，明貴賤之所同也，由天子之敬親推之，則郊丘、宗廟、典禮之義備矣；由天子之愛親推之，則仁民、育物、撫綏、愛養之義備矣。無非敬也，無非愛也，卽無非孝也。遞而至於諸侯之不驕不溢，卿大夫之法服法言法行，士、庶人之忠順事上謹身節用，何一非愛敬之義？推而極之，通於神明，貫乎天地，夫寧有涯際乎哉！書成，凡一百卷。鏤版頒行，併製序言，冠於簡端，庶幾嘉與海內，共遵斯路，家修子弟之職，人奉親長之訓，協氣旁流，休風四達，以成一代敦厚鴻龐之治，斯則朕繼述先烈尊經崇本之志也夫。

臣謹按：《孝經衍義》，總裁官二人：經筵講官翰林院學士兼禮部侍郎加禮部尚書管刑部右侍郎事臣葉方藹，日講官起居注翰林院學士兼禮部侍郎臣張英。纂修則日講官起居注翰林院侍講臣韓菼。凡例、目録一卷，《經旨總要》二卷，《衍義》一百卷，康熙二十一年三月進呈。所衍之目：曰至德，曰要道，曰教之所由生，曰天子之孝，曰諸侯之孝，曰卿大夫之孝，曰士之孝，曰庶人之孝，曰大順之徵。至德之目：曰仁，曰義，曰禮，曰智，曰信。要道之目：曰父子，曰君臣，曰兄弟，曰夫婦，曰朋友，師弟子附焉。教所由生之目：曰禮，曰樂，曰政，曰刑。天子之孝：一曰愛親，愛親之義曰早諭教，曰均慈愛，曰敦友恭，曰親九族，曰體臣工，曰重守令，曰愛百姓，曰課農桑，藉田附焉，曰薄稅斂，曰備凶荒，曰省刑罰，曰恤征戍；二曰敬親，敬親之義曰事天地，曰法祖宗，曰隆郊配，曰嚴宗廟，曰重學校，養老附焉，曰崇聖學，曰教宮闈，曰論官材，曰優大臣，曰設諫官，曰正紀綱，曰別賢否，曰制國用，曰厚風俗。諸侯之孝：曰愛親敬親，不驕不溢。卿大夫之孝：曰愛親敬親，法言德行。士之孝：曰愛親敬親，事君忠，事長順。庶人之孝：曰愛親敬親，用天道，分地利，謹身節用。終以大順之徵者，因經有以順天下之文也。

孝經類解

《四庫提要·孝經類存目》 《孝經類解》十八卷。安徽巡撫採進本。國朝吴之騄撰。之騄字耳公，歙縣人。康熙壬子舉人，官績溪縣教諭，遷鎮江府教授。是書多引經史子集以證經文。然釋經在發揮微意，不當傍引後代故實，牽合比附。若釋中於「事君」句所引之經，則《曲禮》「四十曰強，而仕；五十曰艾，服官政」等語。所引之史，則文天祥起兵入衛等事。是每句之下皆可成類書一門，典籍浩博，豈復勝載乎？

孝經正文　內傳　外傳

《四庫提要·孝經類存目》 《孝經正文》一卷，《內傳》一卷，《外傳》三卷。湖北巡撫採進本。國朝李之素撰。之素字定菴，麻城人。是書成於康熙丙辰。以朱子《古文孝經刊誤》爲本。首爲《正文》一卷，經文每章之後，綴以註釋數語，詞旨頗爲淺略。次爲《內傳》一卷，雜引經史子集之言與《孝經》相證佐者。次爲《外傳》三卷，則大舜以下迄於明末孝子行實也。

孝經

《四庫提要·孝經類存目》 《孝經》一卷。江西巡撫採進本。國朝朱軾註。軾有《周易傳義合訂》，已著録。是編用吴澄考定之本，而略爲推衍其義。凡不題姓名者，皆澄原文，凡稱軾案者，皆所加也。前有自序，又有梁份、殷元福二序。份序稱其書不標目第，自稱曰「朱某學」，公大儒也、大臣也，而撝謙若是云云。案：漢儒傳經如梁丘氏《易》、夏侯氏《尚書》之類，多不立名目，軾蓋從此例。又何休註《公羊傳》稱「何休學」，亦非軾所自創也。

孝經本義

《四庫提要·孝經類存目》 《孝經本義》一卷。浙江巡撫採進本。國朝姜兆錫撰。兆錫有《周易本義述蘊》，已著録。是書隨文詮釋，別無考訂，僅塾師課蒙之本。

周中孚《鄭堂讀書記·孝經類》 《孝經本義》一卷。姜版九經本國朝姜兆錫撰。兆錫字上均，丹陽人。康熙庚午舉人。乾隆初，薦充三禮館纂修官。《四庫全書》存目。是書取今文《孝經》，刪去《開宗明義》諸章名，加入古文《閨門》一章，別分爲十六章。而隨文詮釋，取便童蒙講誦，不足以資參考。然其所分章段尚無害理，惟其詆今文分章爲俗本，此則拘墟之見也。前有康熙庚子自序。

孝經問

《四庫提要・孝經類》　《孝經問》一卷。浙江巡撫採進本。國朝毛奇齡撰。奇齡有《仲氏易》，已著録。是編皆駁詰朱子《孝經刊誤》及吳澄《孝經定本》二書，設爲門人張燧問而奇齡答，凡十條。一曰《孝經》非僞書。二曰今文、古文無二本。三曰劉炫無僞造《孝經》事。四曰《孝經》分章所始。五曰朱氏分合經、傳無據。六曰經不宜刪。七曰《孝經》言孝不是效。八曰朱氏、吳氏刪經無優劣。九曰閒居侍坐。十曰朱氏極論改文之弊。然其第十條乃論明人敢詬劉炫，不敢詬朱、吳，附及朱子之尊二程過於孔子，與所標之目不相應。蓋目爲門人所加，非奇齡所自定，故或失其本旨也。漢儒説經以師傳，師所不言，則一字不敢更。宋儒説經以理斷，理有可據，則六經亦可改。然守師傳者其弊不過失之拘，憑理斷者其弊或至於橫決而不可制。王柏諸人點竄《尚書》，刪削「二南」，悍然欲出孔子上，其所由來者漸矣。奇齡此書，負氣叫囂，誠不免失之過當。而意主謹守舊文，不欲啟變亂古經之習，其持論則不能謂之不正也。

周中孚《鄭堂讀書記・孝經類》　《孝經問》一卷。國朝毛奇齡撰。奇齡字大可，浙江蕭山人。康熙己未召試博學宏詞，授翰林院檢討。《四庫全書》著録。是書設爲門人張燧問而西河答，凡十條，皆以駁詰朱子《孝經刊誤》、吳氏《孝經定本》二書，兩家刪改古經以各伸其獨見，以古文、今文合而爲一。西河將以朱子爲是，則吳氏之説非矣；將以吳氏爲是，則朱子之説又非矣。西河專著一書以攻之，其説要不得謂之無理也，然反覆詬爭，不免過當，要亦兩家自啟其侮者，於西河又何難焉。

孝經宗注

周中孚《鄭堂讀書記・孝經類》　《孝經宗注》一卷。原刊本。國朝曹宏度、周起鳳、應撝謙同撰。宏度字未詳。起鳳字舜儀。撝謙字嗣寅，康熙己未薦舉博學鴻詞。俱錢唐人。是編采輯《孝經》舊注而加以訓釋，大義略舉，微言未晰，取便初學循誦而已。其經文雖依《注疏》本分章，而於首章下注云：「按古文並無章名，而今文分爲十八章。觀篇中首尾連屬，豈可割裂分章，必不得已，當以引《詩》冠節首，而通《庶人章》以前爲一章爲是。」因於首章「《大雅》云」下注曰：「以起下文愛敬盡而施德教也。」次章「《甫刑》云」下注曰：「引《書》二句，以起下文『富貴不離其身』而後『能和其人民也』。」三章「《詩》云」下注曰：「引《詩》以起下文『不敢服之』三句也。」四章「《詩》云」下注曰：「引之，以起下文『資於事父』之説也。」五章「《詩》云」下注曰：「引之，以起下文『謹身節用』之説也。」如此立論，總以《庶人章》無引《詩》之詞而起，其病與後來汪韓門《孝經約義》同，雖較之逕刪去《詩》詞者尚爲有間，然亦未免迷惑初學矣。前有舜儀序，亦不敘其輯注之意，至嗣寅爲當時通經之儒，未必與二人作此淺近之書，蓋託名也。故曹六吉《孝經通釋》引是書，止稱爲舜儀一人之説云。

孝經注疏大全

周中孚《鄭堂讀書記・孝經類》　《孝經注疏大全》。事天閣刊本。國朝葉鈴撰。鈴字潛夫，號果山，嘉興人。朱氏《經義考》著録，是書用今文《孝經》本，於每章後先列注疏一目，融洽唐注、宋疏爲一，而以己意詳解之，間有未盡，復爲申説，則又有「義疏」、「或問」、「存疑」三目，或引舊説，或抒己見，總以詳晰無遺爲主，故名《注疏大全》。在近代説《孝經》者，亦可爲自成一家言矣。故曹六吉《孝經通釋》頗主其説，前有自序及康熙壬戌沈楫、張衡、魏允梅三序，幷參訂姓氏。

孝經三本管窺

《四庫提要·孝經類存目》 《孝經三本管窺》一卷。江西巡撫採進本。國朝吳隆元撰。隆元有《易宮》，已著録。是編首爲《孝經今古文考》，次爲古文本，次爲今文本，次爲《朱子刊誤》本。其大旨以古文爲是，蓋以《朱子刊誤》用古文本云。

孝經精義　後録　後問　餘論

張之洞**《書目答問·列朝經注經説經本考證》** 《孝經精義》一卷，《後録》一卷，《或問》一卷，《餘論》一卷。張叙。乾隆二年刻本。

孝經分傳

馬國翰**《玉函山房藏書簿録·孝經類》** 《孝經分傳》一卷。慕道堂本。國朝吏部侍郎博野尹會一健餘撰。一字元孚。亦分經一章、傳十二章，又與朱、吳二本分章不同。

孝經集解

《四庫提要·孝經類存目》 《孝經集解》一卷。福建巡撫採進本。國朝張星徽撰。星徽號北山，永城人。自朱子作《孝經刊誤》，始删削字句，分别經傳，定爲經一章、傳十四章，後儒已不能無疑。至國朝蔡衍鎤又合爲經一章、傳十章，以合於朱子更定《大學》之本。夫聖經賢傳，其垂訓之意竝同，而文章體例則非有一定。今《大學》一經十傳，《孝經》亦必一經十傳以相配合，是孔、曾著作竟如時文程式，必限以八比矣。有如是之聖賢乎？衍鎤所見殊誤，星徽乃遵而用之，即所解可知矣。

孝經通義

《四庫提要·孝經類存目》 《孝經通義》一卷。兩江總督採進本。國朝華玉淳撰。玉淳有《禹貢約義》，已著録。其書成於雍正甲寅，大旨謂《孝經》一篇，首尾通貫，不必分經與傳。其間字句删削，則從朱子《刊誤》；簡文錯誤，則從吳澄所考定。蓋《孝經》至玉淳而又變一本矣。

孝經章句

《四庫全書提要·孝經類存目》 《孝經章句》一卷。江蘇巡撫採進本。國朝任啓運撰。啓運有《周易洗心》，已著録。是書一遵朱子《刊誤》本，而於傳之十章增「君子無不敬也」云云一百一十二字，其文與《禮記》小有異同，而今本《孝經》皆無之。啓運自序稱：得之山西佛寺中，疑爲熊安生所傳之本。又云：王肅於《家語》言本文有見《戴記》者，後人輒於《家語》除其文，此章之闕，亦必因本文見《戴記》而後人於此除其文也。案：熊安生爲北齊人，其傳本安得至今猶在？其説無徵。且馬昭以《家語》爲王肅僞作，其説今載《禮記疏》中，言之鑿鑿。啓運乃又引以爲證，恐此章亦王肅《家語》之類矣。

御纂孝經集注

《四庫提要·孝經類》 《御纂孝經集註》一卷。雍正五年世宗憲皇帝御定。《孝經》書止一卷，而虞淳熙稱，作傳、註者自魏文侯而下，至唐、宋有名可紀者，凡九十九部、二百二卷，元、明兩代不預焉。其書雖歲久多佚，近時曹庭棟《孝經通釋》所引，尚於唐得五家，宋得十七家，元得四家，明得二十六家，國朝得十家。然宋以前遺文緒論，傳者寥寥。宋以後之所説，大抵執古文以攻今文，又執朱子《刊誤》以攻古文，於孔、曾大義微言，反視爲餘事，註愈多而去經愈遠。世宗憲皇帝以諸註或病庸膚，或傷蕪雜，不足闡天經地義之理，爰指授儒臣，精爲簡汰，刊其糟粕，存其菁華，仿朱子《論語孟子集註》之體，纂輯此編。凡斧藻羣言，皆親爲鑒定，與世祖章皇帝《御註》竝發明聖教，齊曜儀璘。蓋我世祖章皇帝四海會同，道光纘緒，我世宗憲皇帝九重問視，禮備承顔，孝治覃敷，臚驩萬國，以聖契聖，實深造至德要道之原，故能衡鑒衆論，得所折衷，於以建皇極而立人紀，固非儒生義疏所能比擬萬一矣。

孝經通釋

《四庫提要・孝經類存目》　《孝經通釋》十卷。浙江巡撫採進本。國朝曹庭棟撰。庭棟有《易準》，已著録。此書力主古文而以今文附載於下，其輯註則徵引頗備，所録凡唐五家、宋十七家、元四家、明二十六家、國朝十家，旁證諸説者又十有二家。然《孝經》詞義顯明，不比他經之深隱，諸説大同小異，特多出名氏而已。

周中孚《鄭堂讀書記・孝經類》　《孝經通釋》十卷。慈山草廬刊本。國朝曹庭棟撰。庭棟字六吉，嘉善人。《四庫全書》存目。是編以《古文孝經》爲主，而以今文章第及字句與古文有異者，詳注於本章本節下。至後儒分經別傳，刪削原文，更易章次者，亦摭其説以備考。若夫歷代注家，或從古文，或從今文，亦兼采其説，不加分析，其顯背於理，及膚淺衍説者，則從刪。或前人已言而後人複出者，亦從刪。間或申以己説，皆循文繹義，不爲臆斷。其於自漢迄隋諸注，原本俱亡，即就邢《疏》所引共得十六家，唐以來注本則猶有存者，以及語録、雜著有及於此經者，悉爲采入。凡唐得五家，宋得十七家，元得四家，明得二十六家，國朝得十家，其中又有雜引漢以來諸説，更得十二家，合之共九十家，而以己説次其後。卷末別附總論一篇，詳考古文、今文之始末及説經者之辨證，凡以明經文之可信與古文之當遵焉。大抵《孝經》注書之繁富，崇今文者，無如呂明德之《大全》；尚古文者，無如此書。合而觀之，《孝經》之微言大義畢舉矣。前有乾隆丙子例説，即自序之別名云。

孝經約義

周中孚《鄭堂讀書記・孝經類》　《孝經約義》一卷。原刊本。國朝汪師韓撰。師韓字抒懷，號韓門，錢唐人。雍正癸丑進士。官翰林院編修。前有自序，謂《孝經》文詞顯明，本無甚深難通之解，句詮字釋，似可無庸。故但疏明其大旨，就文義約略分四大節。今按其書，自「仲尼居」至「甚哉，孝之大也」爲第一節，總揭孝有終始之義。自「子曰夫孝天之經也」至「此大亂之道也」爲第二節，大略明德之本。自「子曰教民親愛」至「又焉得爲孝乎」爲第三節，大略明教之所從生。自「子曰昔者明王」以至終篇爲第四節，大略明始中終之義。所分章段，不從今文十八章之次，亦不從古文二十二章之次，謂《庶人章》不可無引《詩》，遂以首章「無念爾祖，聿修厥德」移屬下《天子章》，而以「一人有慶」等《詩》、《書》遞屬下章，謂如此經文始全。并以「曾子曰甚哉孝之大也」爲歎詞，非問詞，繫之「末之有也」之下。此於屬詞之體亦似悖謬不倫，與周舜儀《孝經宗旨》同一誤用其心思者也。

孝經音義考證

中文孝經

周中孚《鄭堂讀書記・孝經類》　《中文孝經》一卷。《藝海珠塵》本。國朝周春撰。春字芚兮，號松靄，海寧人。乾隆甲戌進士。官廣西岑谿縣知縣。前有自序謂：《孝經》有今文，有古文，有遵今文而斥古文者，有從古文而毁今文者。要之各有所長，何容偏廢。春以朱子《刊誤》爲主，竊取後漢劉子奇之義，定爲中文。今觀其書，不過取古文《孝經》，合之《刊誤》，而自爲之叙次，分爲十八章。章後纚舉大略，亦甚寥寥，殊覺無謂。徒於朱子《刊誤》、吴氏《定本》之外又增一改本耳。

張之洞《書目答問·列朝經注經説經本考證》《中文孝經》一卷。周春。《珠塵》本。

孝經外傳

周中孚《鄭堂讀書記·孝經類》《孝經外傳》一卷。《藝海珠塵》本。國朝周春撰。前有自記，謂舊有諸家《孝經外傳》，或佚或未見，間嘗采經傳補之，凡二十四條。按：呂明德《孝經大全》有「孔曾論孝」、「曾子孝言」、「曾子孝行」三卷，搜羅已備，松靄未見其書而爲此，尚不及《大全》中之什一也，亦適形其孤陋而已。

張之洞《書目答問·列朝經注經説經本考證》《孝經外傳》一卷。周春。《珠塵》本。

孝經鄭注補證

周中孚《鄭堂讀書記·孝經類》《孝經鄭注補證》一卷。《知不足齋叢書》本。國朝洪頤煊撰。頤煊字旌賢，號筠軒，臨海人。乾隆辛酉拔貢生，官廣東候補直隸州判。是書取日本本《孝經》鄭注與《釋文》、《正義》諸書所引鄭注，同者爲之證明其出處，其未有出處者則存而不論。或有《釋文》、《正義》諸書所引而日本本反略之者，亦爲考其有無，補所未備，并據《釋文》增入音義，故曰「補證」。自有此補，豈止可以見日本本之有根據，并可以見日本本之多漏略，蓋《羣書治要》所載諸書，原非足本也。

孝經鄭氏解

周中孚《鄭堂讀書記·孝經類》《孝經鄭氏解》一卷。《知不足齋叢書》本。國朝臧庸輯。庸字西序，原名鏞堂，字在東，武進人。是書采輯眞鄭氏注，俱以《釋文》、《正義》兩書爲主，而旁摭羣書所引，以附益之，并全錄《釋文》所有音義。蓋《釋文》實依鄭注而作，故卽依次采入也。其不兼采日本本者，以其本與諸書所引有異，非眞鄭注原本，故舍之。輯鄭注者，向有孔幼髯廣林、陳仲魚鱣二本，皆不及此本之精核。前有阮雲臺師序。

張之洞《書目答問·列朝經注經説經本考證》《孝經鄭氏解輯》一卷。臧庸輯。知不足齋本。

孝經校勘記

馬國翰《玉函山房藏書簿録·孝經類》《孝經校勘記》一卷。國朝阮元撰。

孝經義疏補

周中孚《鄭堂讀書記·孝經類》《孝經義疏補》十卷。雲南督署刊本。國朝阮福撰。福字喜齋，儀徵人。元之第三子。候選郎中。雲臺師所注《曾子》十篇，與《孝經》相表裏，因命喜齋撰是書。全載《注疏》、《音義》原文，而以《曾子》十篇中凡可以發明《孝經》，可以見孔、曾授受大義者，悉分補於各章各句之下。考唐初《孝經》有孔、鄭二注行用，至明皇《御注》，頗依舊注，而鄭《注》半存其中，如有鄭《注》見引於唐以前書者，悉據以補之，而於《釋文》所載鄭《注》舊字舊義全行載入，以存鄭氏舊觀，且疏證之。古籍可發明《孝經》者多引證之，兼下己意，俾無臆義。且所主正德刊本字有脱誤，卽據《校勘記》補於其下，既博且精，得未曾有。雖曰「補疏」，而實與疏全經者無異矣，卽此可見家學淵源有自矣。書成於道光己丑，自爲之序。

張之洞《書目答問・列朝經注經説經本考證》《孝經義疏補》九卷。阮福。文選樓本，學海堂本一卷。

孝經彙解

張之洞《書目答問・列朝經注經説經本考證》 周中孚《孝經彙解》。未見傳本。

孝經述注

張之洞《書目答問・列朝經注經説經本考證》《孝經述注》一卷。丁晏。六藝堂本。

孝經彙纂

張之洞《書目答問・列朝經注經説經本考證》《孝經彙纂》三卷。孫念劬。嘉慶四年刻本。

孝經集注

周中孚《鄭堂讀書記・孝經類》《孝經集注》一卷。通行本。國朝任兆麟撰。兆麟字文田，震澤人。是編取朱子《刊誤》本，采輯諸家之説，疏明其義，以便童蒙誦習。前有《孝經序説》，以擬朱子之《論孟序説》。其卷端首載「子朱子曰」一段，亦如朱子之《學庸章句》引「子程子曰」，殆劉子元所謂「貌同而心異」者歟？且童蒙誦習宜以今文全帙授之，每章引《詩》畢具，使之詠歎淫泆，以領略言外之旨，今乃以《刊誤》本爲之始基，得毋不可。此則墨守朱學之過也。前又有乾隆庚子自序及題詞。

四書部

論　述

《漢書・藝文志・論語類序》　《論語》者，孔子應答弟子時人及弟子相與言而接聞於夫子之語也。當時弟子各有所記。夫子既卒，門人相與輯而論篹，故謂之《論語》。漢興，有齊、魯之説。傳《齊論》者，昌邑中尉王吉、少府宋畸、御史大夫貢禹、尚書令五鹿充宗、膠東庸生，唯王陽名家。傳《魯論語》者，常山都尉龔奮、長信少府夏侯勝、丞相韋賢、魯扶卿、前將軍蕭望之、安昌侯張禹，皆名家。張氏最後而行於世。

《隋書・經籍志・論語類序》　《論語》者，孔子弟子所録。孔子既叙六經，講於洙、泗之上，門徒三千，達者七十。其與夫子應答，及私相講肄，言合於道，或書之於紳，或事之無厭。仲尼既沒，遂緝而論之，謂之《論語》。漢初，有齊、魯之説。其齊人傳者，二十二篇；魯人傳者，二十篇。齊則昌邑中尉王吉、少府宗畸、御史大夫貢禹、尚書令五鹿充宗、膠東庸生。魯則常山都尉龔奮、長信少府夏侯勝、韋丞相節侯父子、魯扶卿、前將軍蕭望之、安昌侯張禹，並名其學。張禹本授《魯論》，晚講《齊論》，後遂合而考之，刪其煩惑。除去《齊論・問王》、《知道》二篇，從《魯論》二十篇爲定，號《張侯論》，當世重之。周氏、包氏，爲之章句，馬融又爲之訓。又有《古論語》，與《古文尚書》同出，章句煩省，與《魯論》不異，唯分《子張》爲二篇，故有二十一篇。孔安國爲之傳。漢末，鄭玄以《張侯論》爲本，參考《齊論》、《古論》而爲之注。魏司空陳羣、太常王肅、博士周生烈，皆爲義説。吏部尚書何晏，又爲集解。是後諸儒多爲之注，《齊論》遂亡。《古論》先無師説，梁、陳之時，唯鄭玄、何晏立於國學，而鄭氏甚微。周、齊，鄭學獨立。至隋，何、鄭並行，鄭氏盛於人間。其《孔叢》、《家語》，並孔氏所傳仲尼之旨。《爾雅》諸書，解古今之意，并五經總義，附於此篇。

錢東垣等輯《崇文總目・論語類序》　[原敘] 論語者，蓋孔子相與弟子時人講問應答之言也。孔子卒，羣弟子論次其言而撰之。漢興傳者三家：魯人傳之謂之《魯論》，齊人傳之謂之《齊論》，而《齊論》增《問王》、《知道》二篇，今文無之，出於孔子壁中者則曰《古論》，有兩《子張》。是三家者，篇第先後皆所不同，考今之次，即所謂《魯論》者也。見《歐陽文忠公集》。

晁公武《郡齋讀書志・論語類》　按漢時《論語》凡有三，而《齊論》有《問王》、《知道》兩篇，詳其名，當是必論內聖之道、外王之業，未必非夫子之最致意者，不知何説，而張禹獨遺之。禹身不知王鳳之邪正，其不知此固宜，然勢位足以軒輊一世，使斯文遂喪，惜哉！鄭同名觸先公諱，司馬遷父名談，以趙談子爲同子，故公武亦云。後倣此。

陳振孫《直齋書録解題・語孟類序》　前志《孟子》本列於儒家，然趙岐固嘗以爲則象《論語》矣。自韓文公稱孔子傳之孟軻，軻死，不得其傳。天下學者咸曰孔孟。孟子之書，固非荀、揚以降所可同日語也。今國家設科取士，《語》、《孟》並列爲經，而程氏諸儒訓解二書常相表裏，故今合爲一類。

王褘《青巖叢録》　《中庸》，古有二篇，見《漢・藝文志》，而在《禮記》中者一篇而已，朱子爲章句，因其一篇者分爲三十三章，而古所謂二篇者，後世不可見矣。今宜因朱子所定，以第一章至第二十章爲上篇，以第二十一章至三十三章爲下篇。上篇以中庸爲綱領，其下諸章推言智仁勇，皆以明中庸之義也。下篇以誠明爲綱領，其後諸章詳言天道人道，皆以著誠明之道也。如是則既不失古今之體，又不悖朱子之旨，魯齋王氏蓋主此説云。《大學》，在《禮記》中通爲一篇，朱子始分爲經傳以明德、新民、止善爲三綱領，以格物、致知、誠意、正心、修身、齊家、治國、平天下爲八條目，可謂規模宏大，工夫詳密矣。惟其間格物致知傳，朱子以爲亡而補之，旨意固已完矣，然亦孰知其未嘗亡也。今即其書求之，有曰所謂致知在格物者，知止而後有定，定而後能靜，靜而後能安，安而後能慮，慮而後能得。物有本末，事有終始，知所先後，則近道矣。此謂知本。子曰：「聽訟，吾猶人也，必也使無訟乎！」無情者不得盡其辭。大畏民志，此謂知本，此謂知之至也。此十七言者，足爲物格致知一傳，蓋錯簡在他所則爲美語，而取以爲傳，則極其精切。朱子勇於補而不勇於移，何耶？且三綱領、八條目之外，安有所謂本末，乃別爲之傳耶？董丞相槐及車玉峰氏、葉西澗氏，皆著論以辨其非是，使朱子復生，將必以其言爲然也。

焦竑《國史經籍志・論語類序》 《論語》，孔子應答弟子時人語，而柳宗元以爲曾子之門人記之者也。《物理論》曰：《論語》，聖人之至教，王者之大化，砥行之卓範，造性之微言。《鄉黨》則有朝庭之儀、聘享之禮，《堯曰》則有禪代之事，亹亹乎無弗備矣。漢初有齊、魯二家，張禹本授《魯論》晚講《齊論》，因合而考之。除去《齊論》《問王》、《知道》二篇，從《魯論》二十篇爲定，當世重之。後有孔安國、馬融、鄭玄、陳群、王肅、周生烈、何晏之流爲注疏者數十家。近代疏解至不可殫述，蠡測管闚時有所中，不可茀廢也。今悉著之，而他仲尼遺言類附。孟子著書崇仁義、叙萬類，趙岐所稱帝王公侯遵之，可以致隆平、頌清廟，卿士大夫蹈之，可以尊君父、立忠信，守志厲操者儀之，可以崇高節、抗浮雲，非虚也。前史夷於諸子，莫爲甄別，孝文時與《論語》、《孝經》、《爾雅》同置博士，其識卓矣！而旋即罷去。趙宋設科，《語》、《孟》並列，注疏之家常相表裏，學者咸尊曰孔孟，不能爲軒輊也。其外書四篇，不能閎深，疑爲後人所假托，今廢不存。

孔子手自删述者六藝而已，唐定注疏始爲十三經，宋改九經。國朝罷《周官》、《儀禮》、《孝經》、《春秋三傳》不立，而以四子五經制詔頒行之，蓋不欲以脱遺影響之文疑誤來者。而令歸雅正，厥意美矣。漢石渠、白虎大集名儒，講議經術，時稱獨盛。我朝篤意儒雅，方駕漢代而不啻過之。《書》與《春秋》，聖祖親相指授，作爲成書《書傳會選》、《春秋本末》至永樂中又悉爲《大全》，播於黌序。念北方書籍鮮至，時優賜之。文教彬彬，風行雷動，有不奮興於學者非夫也，故諸經著述日新且盛，今與前籍既部分之，而貫穿群言，難於離析者，別爲總解，以附此篇。

《四庫提要・四書類序》 《論語》、《孟子》，舊各爲帙，《大學》、《中庸》，舊《禮記》之二篇。其編爲《四書》，自宋淳熙始，其懸爲令甲，則自元延祐復科舉始，古來無是名也。然二戴所録《曲禮》、《檀弓》諸篇，非一人之書，迨立名曰《禮記》，《禮記》遂爲一家。即王逸所録屈原、宋玉諸篇，《漢志》均謂之賦，迨立名曰《楚詞》，《楚詞》亦遂爲一家。元丘葵《周禮補亡序》稱「聖朝以六經取士」，則當時固以《四書》爲一經。前創後因，久則爲律，是固難以一説拘矣。今從《明史・藝文志》例，別立「四書」一門，亦所謂禮以義起也。朱彝尊《經義考》於「四書」之前，仍立《論語》、《孟子》二類。黄虞稷《千頃堂書目》，凡説《大學》、《中庸》者，皆附於《禮》類，蓋欲以不去餼羊，略存古義。然朱子書行五百載矣。趙岐、何晏以下，古籍存者寥寥。梁武帝《義疏》以下，且散佚竝盡。元明以來之所解，皆自《四書》分出者耳。《明史》併入《四書》，蓋循其實。今亦不復強析其名焉。

又《四書類二》 案：《四書》定於朱子，《章句集註》積平生之力爲之。至垂沒之日，猶改定《大學》誠意章註，凡以明聖學也。至元延祐中，用以取士，而闡明理道之書遂漸爲弋取功名之路。然其時經義、經疑竝用，故學者猶有研究古義之功。今所傳袁俊翁《四書疑節》、王充耘《四書經疑貫通》、詹道傳《四書纂箋》之類，猶可見其梗概。至明永樂中，《大全》出而捷徑開，八比盛而俗學熾。科舉之文，名爲發揮經義，實則發揮註意，不問經義何如也。且所謂註意者，又不甚究其理，而惟揣測其虚字語氣，以備臨文之摹擬，併不問註意何如也。蓋自高頭講章一行，非惟孔、曾、思、孟之本旨亡，併朱子之《四書》亦亡矣。今所採録，惟取先儒發明經義之言。其爲揣摩舉業而作者，則概從删汰。惟胡廣《大全》既爲前代之功令，又爲經義明晦、學術升降之大關，亦特存之，以著明二百餘年士習文風之所以弊。蓋示戒，非示法也。

又《四書類存目》 案：古書存佚，大抵有數可稽。惟坊刻《四書》講章，則旋生旋滅，有若浮漚；旋滅旋生，又幾如掃葉，雖隸首不能算其數。蓋講章之作，沽名者十不及一，射利者十恆逾九。一變其面貌，則必一獲其贏餘；一改其姓名，則必一趨其新異。故事同幻化，百出不窮。取其書而觀之，實不過陳因舊本，增損數條，即別標一書目，別題一撰人而已。如斯之類，其存不足取，其亡不足惜，其剽竊重複不足考辨，其庸陋鄙俚亦不足糾彈。今但據所見，姑存其目。所未見者，置之不問可矣。

耿文光《萬卷精華樓藏書記・四書類序》 古無四書之名，《論語》、《孟子》舊各爲帙，其表章《孟子》在漢爲文帝，在宋爲眞宗。訓釋《孟子》在漢爲趙岐，在宋爲孫奭，固不始於程子。《大學》、《中庸》舊《禮記》之二篇，而與禮無涉。梁武帝有《中庸義疏》，溫公曾注《大學》，李子方謂自程子始表章之者，亦未深考也。朱子《章句集注》不標《四書》之名，即《四書或問》亦後人所題。元代始以「四書」標目。《明志》始有《四書》一門。今録十家，多存古説，時下講章概不及焉。

黄逢元《補晉書藝文志·論語類序》 魏有何晏《集解》，梁有皇侃《義疏》。世治《論語》學者盛稱之。晏《集》之成，魏臣孫邕、曹羲外，鄭冲、荀顗與焉。侃於何氏《集解》外，又本江熙所集引十三家，衛瓘、繆播、欒肇、郭象、蔡謨、袁喬、江淳、蔡系、李充、孫綽、周瓌、范甯、王珉與焉。因親貴而晏得名，有憑藉而侃邀譽，文藝與時高下，蓋有幸有不幸也。然晉治是學者，獨賴二書之存，於義理固略而章句訓詁名物之説詳，此亦有大造於二十篇也。一代注家可考見焉。

雜録

《漢書·藝文志·論語》 凡《論語》十二家，二百二十九篇。

陸德明《經典釋文序録·注解傳述人》 《論語》者，孔子應答弟子及時人所言，或弟子相與言而接聞於夫子之語也。當時弟子各有所記。夫子既終，微言已絶。恐離居已後，各生異見，而聖言永滅，故相與論撰，因輯時賢及古明王之語，合成一法，盧校云：「法」疑「秩」之譌。謂之《論語》。鄭康成云：仲弓、子夏等所撰定。

漢興，傳者則有三家：《魯論語》者，魯人所傳，即今所行篇次是也。常山都尉龔奮、長信少府夏侯勝、丞相韋賢及子玄成、魯扶卿、鄭云扶先，或説先先生。太子少傅夏侯建、前將軍蕭望之並傳之，各自名家。《齊論語》者，齊人所傳，別有《問王》、《知道》二篇，凡二十二篇，其二十篇中，章句頗多於《魯論》。昌邑中尉王吉、少府宋畸、琅邪王卿、御史大夫貢禹、尚書令五鹿充宗、膠東庸生並傳之，唯王陽名家。《古論語》者，出自孔氏壁中，凡二十一篇，有兩《子張》，如淳曰：分《堯曰》篇後子張問「何如可以從政」以下爲篇，名曰《從政》。篇次不與齊、魯《論》同。《新論》云：「文異者四百餘字。」孔安國爲《傳》，後漢馬融亦注之。

安昌侯張禹受《魯論》於夏侯建，又從庸生、王吉受《齊論》，擇善而從，號曰《張侯論》，最後而行於漢世。禹以《論》授成帝。後漢包咸、字子長，吳人，大鴻臚。周氏不詳何人。並爲《章句》，列於學官。

鄭玄就《魯論》張、包、周之篇章，考之《齊》、《古》，爲之注焉。

魏吏部尚書何晏集孔安國、包咸、周氏、馬融、鄭玄、陳羣、字長文，潁川人，魏司空。王肅、周生烈燉煌人，《七録》云字文逢，本姓唐，魏博士侍中。之説，並下己意爲《集解》，正始中上之，盛行於世，今以爲主。

《隋書·經籍志·論語》 右七十三部，七百八十一卷。通計亡書，合一百一十六部，一千二十七卷。

《舊唐書·經籍志·孝經論語》 右六十三部，《孝經》二十七家，《論語》三十六家，凡三百八十七卷。

錢東垣等輯《崇文總目·論語類》 共一十三部，計二百一十卷。

《新唐書·藝文志·論語類》 右《論語》類三十家，三十七部，三百二十七卷。失姓名三家，韓愈以下不著録二家，十二卷。

王應麟《玉海·藝文·論語》 漢世通謂《論語》、《孝經》爲傳。《書》序言及《論語》、《孝經》；程子曰：《論語》之書成於有子、曾子之門人，故其書獨二子以子稱；《論語讖》曰：子夏六十四人共撰仲尼微言；鄭康成曰：仲弓、游夏等撰定；《正義》曰：以口相傳授故經，焚書而獨存。

《宋史·藝文志·論語類》 右《論語》類七十三部，五百七十九卷。王居正《論語感發》以下不著録八部，八十二卷。

《明史·藝文志·四書類》 右《四書》類五十九部，七百十二卷。

《四庫提要·四書類二》 右《四書》類六十二部，七百二十九卷，皆文淵閣著録。

又《四書類存目》 右《四書》類一百一部，一千三百四十一卷。內十四部無卷數。皆附存目。

張之洞《書目答問·列朝經注經説經本考證》 以上《論語》之屬。《論語》、《孟子》，北宋以前之名，《四書》南宋以後之名。若統於《四書》則無從足十三經之數。故視注解家之分合，別列之。韓愈、李翺《論語筆解》，僞書，不録。

以上《孟子》之屬。

以上《四書》之屬。

綜述

論語分部

古論語

姚振宗輯《七略別録佚文・論語家》 《論語》古二十一篇。出孔子壁中，兩《子張》。

《漢書・藝文志・論語》 《論語》古二十一篇。出孔子壁中，兩《子張》。

楊士奇等《文淵閣書目・四書》 《論語正文》。一部，二冊。闕。

姚振宗《漢書藝文志條理・論語》 《論語》古二十一篇。出孔子壁中。兩《子張》。

論語古文

高儒《百川書志・論語》 《論語古文》二卷。

齊論語

姚振宗輯《七略別録佚文・論語家》 《論語》齊二十二篇。多《問玉》、《知道》。

《漢書・藝文志・論語》 《齊》二十二篇。多《問王》、《知道》。

姚振宗《漢書藝文志條理・論語》 《齊》二十二篇。多《問王》、《知道》。

齊説

《漢書・藝文志・論語》 《齊説》二十九篇。

姚振宗《漢書藝文志條理・論語》 《齊説》二十九篇。

魯論語

姚振宗輯《七略別録佚文・論語家》 《論語》魯二十篇。魯人所察，謂之《魯論》；齊人所察，謂之《齊論》；古壁所傳謂之《古論》。

《漢書・藝文志・論語》 《魯》二十篇，《傳》十九篇。

陳振孫《直齋書録解題・語孟類》 《論語》十卷。漢有齊、魯及古文三家，今行於世者《魯論語》也。傳授本末，何晏序文備矣。

姚振宗《漢書藝文志條理・論語》 《魯》二十篇。《傳》十九篇。

論語義疏

姚振宗《漢書藝文志拾補・論語》 孔鮒《論語義疏》三卷。

古論語傳

姚振宗《漢書藝文志拾補・論語》 孔安國《古論語傳》二十一篇。

魯夏侯説

《漢書・藝文志・論語》《魯夏侯説》二十一篇。

姚振宗《漢書藝文志條理・論語》《魯夏侯説》二十一篇。

魯安昌侯説

《漢書・藝文志・論語》《魯安昌侯説》二十一篇。

姚振宗《漢書藝文志條理・論語》《魯安昌侯説》二十一篇。

魯王駿説

《漢書・藝文志・論語》《魯王駿説》二十篇。

姚振宗《漢書藝文志條理・論語》《魯王駿説》二十篇。

議　奏

《漢書・藝文志・論語》《議奏》十八篇。石渠論。

姚振宗《漢書藝文志條理・論語》《議奏》十八篇。石渠論。

燕傳説

《漢書・藝文志・論語》《燕傳説》三卷。

姚振宗《漢書藝文志條理・論語》《燕傳説》三卷。

論語章句

姚振宗《後漢藝文志・論語類》包咸《論語章句》。

論語傳

姚振宗《後漢藝文志・論語類》鄭衆《論語傳》衆始末見《易》類。

古文論語注

姚振宗《後漢藝文志・論語類》馬融《古文論語注》。融始末見《易》類。

論語鄭玄注

陸德明《經典釋文序録・注解傳述人》鄭玄《注》十卷。

《隋書・經籍志・論語》《論語》十卷。鄭玄注。

《舊唐書・經籍志・論語》《論語》十卷。鄭玄注。

《新唐書・藝文志・論語類》《論語》鄭玄《注》十卷。

鄭樵《通志・藝文略・論語》《論語》十卷。鄭玄。

張之洞《書目答問・論語》《論語鄭注》十卷。宋翔鳳輯。浮溪精舍本。

姚振宗《後漢藝文志・論語類》鄭玄《論語注》十卷。玄始末見《易》類。

古文論語注

《隋書・經籍志・論語》　梁有《古文論語》十卷。鄭玄注。亡。

鄭樵《通志・藝文略・論語》　《古文論語》十卷。鄭玄注。

姚振宗《後漢藝文志・論語類》　鄭玄《古文論語注》十卷。

論語釋義注

《舊唐書・經籍志・論語》　《論語釋義》十卷。鄭玄注。

《新唐書・藝文志・論語類》　鄭玄注《論語釋義》一卷。

姚振宗《後漢藝文志・論語類》　鄭玄《論語釋義注》十卷。

論語注

姚振宗《後漢藝文志・論語類》　何休《論語注》。休始末見《春秋》類。

論語注

姚振宗《後漢藝文志・論語類》　麻達《論語注》。

論語章句

姚振宗《後漢藝文志・論語類》　周氏《論語章句》。

注論語

陸德明《經典釋文序録・注解傳述人》　虞翻《注》十卷。

《隋書・經籍志・論語》　梁又有虞翻《注論語》十卷。亡。

論語弼

姚振宗《三國藝文志・五經總義類》　程秉《論語弼》。

論語説

論語義説

姚振宗《三國藝文志・五經總義類》　陳羣《論語義説》。

論語注

姚振宗《三國藝文志・五經總義類》　周生烈《論語注》。烈始末見《春秋》類。

論語注

陸德明《**經典釋文序録・注解傳述人**》 王肅《注》十卷。

《**隋書・經籍志・論語**》 梁又有王肅《注論語》十卷。亡。

《**舊唐書・經籍志・論語**》 《論語》十卷。王肅注。

《**新唐書・藝文志・論語類**》 王肅注《論語》十卷。

鄭樵《**通志・藝文略・論語**》 《論語》十卷。王肅。

姚振宗《**三國藝文志・五經總義類**》 王肅《論語注》十卷。肅始末見《易》類。

論語釋駁

《**隋書・經籍志・論語**》 梁有《論語釋駁》三卷。王肅撰。亡。

姚振宗《**三國藝文志・五經總義類**》 王肅《論語釋駁》三卷。

孔子家語注

《**新唐書・藝文志・論語類**》 王肅注《孔子家語》十卷。

論語集解

陸德明《**經典釋文序録・注解傳述人**》 何晏《集解》十卷。

《**隋書・經籍志・論語**》 《集解論語》十卷。何晏集。

《**舊唐書・經籍志・論語**》 《論語》十卷。何晏《集解》。

錢東垣等輯《**崇文總目・論語類**》 《論語》十卷。何晏《集解》。

《**新唐書・藝文志・論語類**》 何晏《集解》十卷。

鄭樵《**通志・藝文略・論語**》 《集解論語》十卷。何晏。

晁公武《**郡齋讀書志・論語類**》 何晏《注論語》十卷。右魏何晏《集解》。其序自云：據《魯論》包咸、周氏、孔安國、馬融、鄭康成、陳羣、王肅、周生烈八家之說，與孫邕、鄭同、曹羲、荀顗，集諸家訓解爲之。

陳振孫《**直齋書録解題・語孟類**》 《論語集解》十卷。魏尚書駙馬都尉南陽何晏平叔撰。

馬端臨《**文獻通考・經籍考・論語孟子**》 何晏《論語注》十卷。按《齊論》，多於《魯論》二篇，曰《問王》、《知道》，史稱爲張禹所刪，以此遂無傳。且夫子之言，禹何人而敢刪之！然《古論語》與《古文尚書》同自孔壁出者，章句與《魯論》不異，唯分《堯曰》「子張問」以下爲一篇，共二十一篇，則《問王》、《知道》二篇，亦孔壁中所無，度必後儒依倣而作，非聖經之本眞，此所以不傳，非禹所能刪也。

胡師安等《**元西湖書院重整書目・經**》 《論語古注》。

《**宋史・藝文志・論語類**》 《論語》十卷。何晏等《集解》。

楊士奇等《**文淵閣書目・四書**》 《論語何晏解》。一部，六冊。完全。

張萱等《**内閣藏書目録・經部**》 《論語集解》二冊。不全。晉何晏編。

錢曾《**讀書敏求記・經**》 何晏《論語集解》十卷。童年讀《史記・孔子世家》，引子貢曰：「夫子之文章，可得聞也；夫子之言天道與性命，弗可得聞也已。」又讀《漢書》列傳四十五卷贊，引子贛云：「夫子之言性與天道，不可得而聞已矣。」竊疑古文《論語》與今本少異，然亦無從辨究也。後得高麗鈔本何晏《論語集解》，檢閲此句，與《史》、《漢》書傳贊適合。因思子貢當日寓嗟歎意於不可得聞中，同顔子之「如有所立卓爾」，故以「已矣」傳言外微旨。若脱此二字，便作了語，殊無低徊未忍已之情矣。他如「與朋友交，言而不信乎」等句，俱應從高麗本爲是。此書乃遼海道蕭公諱應宮監軍朝鮮時所得。甲午初夏，予以重價購之於公之仍孫，不啻獲一珍珠船也。筆畫奇古，似六朝、初唐人隷書碑版，居然東國舊鈔。行間所注字，中華罕有識之者。洵爲書庫中奇本。卷末二行云：「堺浦道祐居士重新命工鏤梓。正平甲辰五月吉日謹誌。」未知「正平」是朝鮮何時年號，俟續考之。蕭公幼時與吾曾祖侍御秀峰公同居邑之西鄉，每相約入城，歸時對坐殿橋上，攜象戲下三四局，起望城中而歎：「瓦似魚鱗，他時何地受一廛着我兩人耶？」後竟各遂其志。蕭居城東，吾祖居城西，高門棹楔，衡宇相望，未及百年而蕭氏式微。吾祖後蘭锜依然，風流未艾。循覽此書，迴環祖德，子孫其念之哉，子孫其敬之哉！

彭元瑞等《天禄琳琅書目後編・宋版經部》 《論語》。一函，二冊。魏何晏《集解》，附《音義書》。十卷。前鄭沖等序。每卷末印記「相臺岳氏刻梓」、「荆溪家塾」，或亞字形，或條印，其字或小篆或八分。蓋岳珂所刻。珂所著《沿革例》乃爲刊正九經三傳而作，其家梓不獨五經也。按：書中「忽焉監本譌『然』。在後」、「可與言而不與監本衍『之』字。言」，與監本異。

又《影宋鈔諸部》 《論語》。一函，三冊。何晏《集解》，同前。每卷末有「盱郡重刊」、「廖氏善本」方印或亞字形。廖氏即廖瑩中，世所傳世綵堂最爲佳刻也。琴川毛氏影鈔，商丘宋氏藏。

黄丕烈《蕘圃藏書題識・經類》 《論語集解》十卷。鈔本。

張金吾《愛日精廬藏書志・四書類》 《論語集解》十卷。日本堂舊抄本，述古堂藏書。

姚振宗《三國藝文志・五經總義類》 何晏《論語集解》十卷。晏始末見《易類》。

潘祖蔭《滂喜齋藏書記・經部》 日本刻何晏《論語集解》十卷。《札記》一卷。四冊。《論語集解》日本有明應本，有菅家本，有宗重本，有正平本。此本文化十三年市野光彦從正平本翻刻，後附《札記》一卷。狩谷望之序。《讀書敏求記》云：「《論語集解》高麗鈔本，乃遼海道蕭應宫監軍朝鮮時所得，末二行云『堺浦道祐居士重新命工鏤梓，正平甲辰五月』。未知『正平』是朝鮮何時年號。」案：此本《札記》云：「正平甲辰實爲後村上天皇十九年，則亦日本紀年耳。」錢本得自朝鮮，即以爲朝鮮年號，失之矣。李氏《紀元編》舉日本年號頗詳，正平亦失之。

論語注

陸德明《經典釋文序録・注解傳述人》 譙周《注》十卷。

《隋書・經籍志・論語》 梁又有譙周《注論語》十卷。亡。

文廷式《補晉書藝文志・論語類》 譙周《論語注》十卷。《釋文・學而篇》、《續漢志》、《禮儀志》注並引之。

集注論語

陸德明《經典釋文序録・注解傳述人》 衛瓘《注》八卷。少二卷。宋明帝補闕。

《隋書・經籍志・論語》 《集注論語》六卷。晉八卷。

鄭樵《通志・藝文略・論語》 《集注論語》六卷。衛瓘。

文廷式《補晉書藝文志・論語類》 衛瓘《集注論語》八卷。太保。馬國翰有輯本，得十五節，爲一卷。

論語釋疑

陸德明《經典釋文序録・注解傳述人》 王弼《釋疑》三卷。

《隋書・經籍志・論語》 《論語釋疑》三卷。王弼撰。

《舊唐書・經籍志・論語》 《論語釋疑》二卷。王弼撰。

《新唐書・藝文志・論語類》 王弼《釋疑》二卷。

鄭樵《通志・藝文略・論語》 《論語釋疑》三卷。王弼。

姚振宗《三國藝文志・五經總義類》 王弼《論語釋疑》三卷。弼始末具《易類》。

論語集義

陸德明《經典釋文序録・注解傳述人》 崔豹《注》十卷。

《隋書・經籍志・論語》 《論語集義》八卷。晉尚書左中兵郎崔豹集。梁十卷。

《舊唐書・經籍志・論語》　《論語大義解》十卷。崔豹撰。

《新唐書・藝文志・論語類》　崔豹《大義解》十卷。

鄭樵《通志・藝文略・論語》　《論語集義》八卷。晉尚書左中兵郎崔豹。《論語大義解》十卷。崔豹。

文廷式《補晉書藝文志・論語類》　崔豹《論語集義》十卷。字正熊，燕國人，尚書左中郎將。　《舊唐志》作《論語大義解》。《釋文序録》作崔豹注。

論語旨序

《隋書・經籍志・論語》　《論語旨序》三卷。晉衛尉繆播撰。

《舊唐書・經籍志・論語》　《論語旨序》二卷。繆播撰。

《新唐書・藝文志・論語類》　繆播《旨序》二卷。

鄭樵《通志・藝文略・論語》　《論語旨序》三卷。晉繆播。

文廷式《補晉書藝文志・論語類》　繆播《論語旨序》三卷。衛尉。皇侃《義疏序》云：蘭陵人，字宣則。中書令。　皇侃《義疏》引此書凡十四節。馬國翰録爲一卷。

論語體略

《隋書・經籍志・論語》　《論語體略》二卷。晉太傅主簿郭象撰。

《舊唐書・經籍志・論語》　《論語體略》二卷。郭象撰。

《新唐書・藝文志・論語類》　郭象《體略》二卷。

鄭樵《通志・藝文略・論語》　《論語體略》二卷。晉郭象。

文廷式《補晉書藝文志・論語類》　郭象《論語體略》二卷。《論語隱》一卷。太傅主簿。　皇侃《義疏》引象説九條。

論語隱

《隋書・經籍志・論語》　梁有《論語隱》一卷。郭象撰。亡。

讚鄭玄論語注

《隋書・經籍志・論語》　《論語》九卷。鄭玄注。晉散騎常侍虞喜讚。

《舊唐書・經籍志・論語》　《論語》十卷。鄭玄注，虞喜贊。

《新唐書・藝文志・論語類》　虞喜《贊鄭玄論語注》十卷。

鄭樵《通志・藝文略・論語》　《贊鄭玄注》十卷。虞喜。

文廷式《補晉書藝文志・論語類》　虞喜《讚鄭玄論語注》九卷。散騎常侍。　《唐志》、《通志》作十卷。皇侃《義疏》尚引之。

新書對張論

《隋書・經籍志・論語》　梁有《新書對張論》十卷。虞喜撰。亡。

文廷式《補晉書藝文志・論語類》　虞喜《新書對張論》十卷。

論語注

文廷式《補晉書藝文志・論語類》　蔡謨《論語注》。

論語釋疑

陸德明《經典釋文序録・注解傳述人》　欒肇《釋疑》十卷。

《隋書・經籍志・論語》　《論語釋疑》十卷。晉尚書郎欒肇撰。

《舊唐書・經籍志・論語》　《論語釋》十卷。欒肇撰。

《新唐書・藝文志・論語類》　欒肇《論語釋》十卷。

鄭樵《通志・藝文略・論語》　《論語釋疑》十卷。晉欒肇。

文廷式《補晉書藝文志・論語類》　欒肇《論語釋疑》十卷。字永初，高平人，廣陵太守。《舊唐志》「論語釋疑」作「論語釋」。

論語駁序

《隋書・經籍志・論語》　梁有《論語駁序》二卷。欒肇撰。亡。

《舊唐書・經籍志・論語》　《論語駁》二卷。欒肇撰。

《新唐書・藝文志・論語類》　欒肇《駁》二卷。

鄭樵《通志・藝文略・論語》　《論語駁》三卷。欒肇。

尤袤《遂初堂書目・論語類》　晉欒肇《論語駁》。

文廷式《補晉書藝文志・論語類》　欒肇《論語駁序》二卷。《論語駁序》，《通志》及《遂初堂書目》皆作「論語駁」。馬國翰輯肇説得一十六節。

論語釋

《隋書・經籍志・論語》　梁有《論語釋》一卷。曹毗撰。亡。

文廷式《補晉書藝文志・論語類》　曹毗《論語釋》一卷。

論語君子無所争

《隋書・經籍志・論語》　梁有《論語君子無所争》一卷。庾亮撰。亡。

文廷式《補晉書藝文志・論語類》　庾亮《論語君子無所争》一卷。

論語注

陸德明《經典釋文序録・注解傳述人》　李充《集注》十卷。東晉人。

《隋書・經籍志・論語》　《論語》十卷。晉著作郎李充注。　梁有《論語釋》一卷。李充撰。亡。

《舊唐書・經籍志・論語》　《論語》十卷。李充注。

《新唐書・藝文志・論語類》　李充注《論語》十卷。

鄭樵《通志・藝文略・論語》　《論語》十卷。晉著作郎李充。

文廷式《補晉書藝文志・論語類》　李充《論語釋》一卷，《論語注》十卷。馬國翰云：皇侃《疏》引充《注》五十節。邢昺《正義》、《釋文》所引皆本皇《疏》。　《史記集解》引一節，今輯爲二卷。李充《論語注》十卷。著作郎皇侃《〈義疏〉序》題「中書郎」。　《釋文序録》作「集注」。馬國翰輯得五十一節，爲二卷。

論語釋

《隋書・經籍志・論語》　梁有《論語釋》一卷。庾翼撰。亡。

文廷式《補晉書藝文志・論語類》　庾翼《論語釋》一卷。「子畏於匡」章，皇《疏》引之。

論語注

陸德明《經典釋文序録・注解傳述人》　袁喬《注》十卷。字彦叔，陳國人，東晉益州刺史、湘西簡侯。

《隋書・經籍志・論語》　梁有晉益州刺史袁喬《注論語》十卷。亡。

《舊唐書・經籍志・論語》　《論語》十卷。袁喬注。

《新唐書・藝文志・論語類》　袁喬《注》十卷。

鄭樵《通志・藝文略・論語》　《論語》十卷。袁喬。

文廷式《補晉書藝文志・論語類》　袁喬《論語注》十卷。益州刺史。

本傳：喬甚有文才，注《論語》及《詩》，皆行於世。

論語集解

陸德明《經典釋文序録・注解傳述人》　孫綽《集注》十卷。字興公，太原人，東晉廷尉卿、長樂亭侯。

《隋書・經籍志・論語》　《集解論語》十卷。晉廷尉孫綽解。

《舊唐書・經籍志・論語》　《論語》十卷。孫綽集解。

《新唐書・藝文志・論語類》　孫綽《集解》十卷。

鄭樵《通志・藝文略・論語》　《集解論語》十卷。晉孫綽。

文廷式《補晉書藝文志・論語類》　孫綽《集解論語》十卷。廷尉。太原人。　《釋文序録》作《集注》十二卷。馬國翰輯此書於《釋文》，得一節。於皇侃《疏》得三十一節。

論語藏義解

《隋書・經籍志・論語》　梁有《論語藏集解》一卷。應琛撰。亡。

文廷式《補晉書藝文志・論語類》　應琛《論語藏集解》一卷。

論語注

陸德明《經典釋文序録・注解傳述人》　孟整《注》十卷。一云孟陋。陋字少孤，江夏人，東晉撫軍參軍不就。

《隋書・經籍志・論語》　梁有孟整《注論語》十卷。亡。

《舊唐書・經籍志・論語》　《論語》九卷。孟釐注。

《新唐書・藝文志・論語類》　孟釐《注》九卷。

鄭樵《通志・藝文略・論語》　《論語》九卷。孟整。

文廷式《補晉書藝文志・論語類》　孟陋《論語注》十卷。《通典》一百二有孟陋難孫放事。　隋、唐《志》皆作「孟釐」。《釋文序録》作「孟整」，一云「孟陋」。案：《晉書・孟陋傳》云「注《論語》」，今從之。

論語注

陸德明《經典釋文序録・注解傳述人》　梁顗《注》十卷。天水人，東晉國子博士。

《隋書・經籍志・論語》　梁有晉國子博士梁顗《注論語》十卷。亡。

《舊唐書・經籍志・論語》　《論語》十卷。梁顗注。

《新唐書・藝文志・論語類》　梁顗《注》十卷。

鄭樵《通志・藝文略・論語》　《論語》十卷。梁顗。

文廷式《補晉書藝文志・論語類》　梁顗《論語注》十卷。國子博士。天水人。　皇《疏》「子禽問於子貢」章引梁冀說二節。馬國翰曰：冀、顗，音同，通用。

論語注

陸德明《經典釋文序録・注解傳述人》 尹毅《注》十卷。

《隋書・經籍志・論語》 梁有尹毅《注論語》十卷。亡。

《舊唐書・經籍志・論語》 《論語》十卷。尹毅注。

《新唐書・藝文志・論語類》 尹毅《注》十卷。

鄭樵《通志・藝文略・論語》 《論語》十卷。尹毅。

文廷式《補晉書藝文志・論語類》 尹毅《論語注》十卷。

論語義

《隋書・經籍志・論語》 梁有《論語義》一卷，王濛撰。亡。

文廷式《補晉書藝文志・論語類》 王濛《論語義》一卷。

論語集解

陸德明《經典釋文序録・注解傳述人》 江熙《集解》十二卷。

《隋書・經籍志・論語》 《集解論語》十卷。晉兗州別駕江熙解。

《舊唐書・經籍志・論語》 《論語》十卷。江熙集解。

《新唐書・藝文志・論語類》 江熙《集解》十卷。

鄭樵《通志・藝文略・論語》 《集解論語》十卷。晉兗州別駕江熙。

文廷式《補晉書藝文志・論語類》 江熙《集解論語》十卷。兗州別駕。字太和。 《釋文序録》作十二卷。皇侃列熙所集，凡十三家。

論語注

文廷式《補晉書藝文志・論語類》 宋纖《論語注》。

論語注

文廷式《補晉書藝文志・論語類》 范甯《論語注》。馬國翰曰：此《注》隋、唐《志》皆不載，《釋文》引止二則。考江熙《集解》，《論語》十三家有范甯，熙書亦佚。皇侃作《義疏》時及見之，故亟引范説。又裴駰《史記集解》亦間稱引，兹並採録得四十八節爲一卷。

論語注

陸德明《經典釋文序録・注解傳述人》 張馮《注》十卷。字長宗，吳人，東晉司徒左長史。

《隋書・經籍志・論語》 梁有司徒左長史張馮《注論語》十卷。亡。

《新唐書・藝文志・論語類》 張氏《注》十卷。

鄭樵《通志・藝文略・論語》 《論語》十卷。張氏。

文廷式《補晉書藝文志・論語類》 張憑《論語注》十卷。司徒左長史。字長宗，吳人。 《通典》一百三引東晉徐靈期問張憑云云。又引張憑《新蔡王招魂葬議》。

論語釋

《隋書・經籍志・論語》 《論語釋》一卷。張憑撰。

鄭樵《通志・藝文略・論語》《論語釋》一卷。張憑。

文廷式《補晉書藝文志・論語類》張憑《論語釋》一卷。「君子不可小知」章，皇侃《疏》引之。

論語義注

《隋書・經籍志・論語》梁有陽惠明《注論語》十卷。亡。

《舊唐書・經籍志・論語》《論語義注》十卷。暢惠明撰。

《新唐書・藝文志・論語類》暢惠明《義注》十卷。

文廷式《補晉書藝文志・論語類》楊惠明《論語注》十卷。

姚振宗《隋書經籍志考證・論語類》梁有陽惠明《注論語》十卷。亡。陽當爲暢。

論語釋

《隋書・經籍志・論語》梁又有蔡系《論語釋》一卷。亡。

文廷式《補晉書藝文志・論語類》蔡系《論語釋》一卷。

論語釋

姚振宗《隋書經籍志考證・論語類》梁有張隱《論語釋》一卷。亡。張隱始末未詳。按《晉書・陶侃傳》：「侃命廬江太守張夔子隱爲參軍。」不知即此張隱否也。

通鄭

姚振宗《隋書經籍志考證・論語類》梁有郄原《通鄭》一卷。亡。郄原始末未詳。按鄭氏弟子有山陽郄慮，建安中至御史大夫，或即其後歟，今本《後漢書・鄭玄傳》有作郗慮者，誤也。晉有郄鑒，慮之玄孫，其同族也。

論語音

陸德明《經典釋文序録・注解傳述人》徐邈《音》一卷。

《隋書・經籍志・論語》梁又有《論語音》二卷。徐邈等撰。亡。

《舊唐書・經籍志・論語》《論語音》二卷。徐邈撰。

《新唐書・藝文志・論語類》徐邈《音》二卷。

鄭樵《通志・藝文略・論語》《論語音》二卷。徐邈。

論釋

《隋書・經籍志・論語》梁有姜處道《論釋》一卷。亡。

論語注

文廷式《補晉書藝文志・論語類》袁宏《論語注》字叔度，江夏太守，陳國人。見皇侃《論語義疏序》。馬國翰以爲「宏」字乃「喬」字之誤。未有的證，姑兩存之。

論語注

文廷式《補晉書藝文志・論語類》江淳《論語注》。著作郎，字思俊，濟陽人。

論語注

文廷式《補晉書藝文志・論語類》 周瓌《論語注》。字道夷，陳留人。散騎常侍。

論語注

文廷式《補晉書藝文志・論語類》 王珉《論語注》。字季琰。中書郎。自袁宏以下數家，並見皇侃《義疏序》。《隋志》有《王氏修鄭錯》一卷，或即王珉書也。

論語注

文廷式《補晉書藝文志・論語類》 《論語繆協注》。皇甫《疏》屢引之。

論語注

文廷式《補晉書藝文志・論語類》 殷仲堪《論語注》。皇侃《義疏》引殷仲堪説。馬國翰輯得九節。疑仲堪亦嘗注《論語》也。姑録以俟考。

論語贊

文廷式《補晉書藝文志・論語類》 王凝之妻謝氏《論語贊》。《類聚》五十五：晉王凝之妻謝氏《論語贊》曰：衛靈問陳於孔子。孔子對曰：俎豆之事則嘗聞之，軍旅之事未之學也。庶則大矣，比德中庸。斯言之善，莫不歸宗。麄者乖本，妙極令終。嗟我懷矣，興言攸同。孔子曰：民之於仁也，甚於水火。水火，吾見蹈而死者矣；未見蹈仁而死者也。按：此所引似未備，疑道韞本每章贊之，「民之於仁」一章，則《類聚》本録其贊而後佚之也。

注論語

《隋書・經籍志・論語》 梁有許容《注論語》十卷。亡。

論語集注補闕

陸德明《經典釋文序録・注解傳述人》 衛瓘《注》八卷。少二卷，宋明帝補闕。

《隋書・經籍志・論語》 晉太保衛瓘注。梁有《論語補闕》二卷。宋明帝補衛瓘闕。亡。

《舊唐書・經籍志・論語》 《論語》十卷。宋明帝補。衛瓘注。

《新唐書・藝文志・論語類》 宋明帝補《衛瓘論語注》十卷。

鄭樵《通志・藝文略・論語》 《補衛瓘注》十卷。宋明帝。

論語疏

《隋書・經籍志・論語》 梁有《論語疏》八卷。宋司空法、曹張略等撰。亡。

論語別義

《隋書・經籍志・論語》《論語別義》十卷。范廙撰。

鄭樵《通志・藝文略・論語》《論語別義》十卷。范廙。

論語注

陸德明《經典釋文序録・注解傳述人》 孔澄之《注》十卷。字仲淵，會稽人，宋新安太守。

《隋書・經籍志・論語》 梁有宋新安太守孔澄之《注論語》十卷。亡。

注論語

陸德明《經典釋文序録・注解傳述人》 虞遐《注》十卷。會稽人，齊員外郎。

《隋書・經籍志・論語》 梁有齊員外郎虞遐《注論語》十卷。亡。

論語義疏

《隋書・經籍志・論語》《論語義疏》十卷。褚仲都撰。

《舊唐書・經籍志・論語》《論語講疏》十卷。褚仲都撰。

《新唐書・藝文志・論語類》 褚仲都《講疏》十卷。

鄭樵《通志・藝文略・論語》《論語義疏》十卷。褚仲都。

集注論語

《隋書・經籍志・論語》 梁有陶弘景《集注論語》十卷。亡。

集解論語

《隋書・經籍志・論語》 梁有太史叔明《集解論語》十卷。亡。

注論語

《隋書・經籍志・論語》 梁有曹思文《注論語》十卷。亡。

論語述義

《舊唐書・經籍志・論語》《論語述義》二十卷。戴詵撰。

《新唐書・藝文志・論語類》 戴詵《述議》二十卷。

鄭樵《通志・藝文略・論語》《論語述義》二十卷。戴詵。

論語義疏

陸德明《經典釋文序録・注解傳述人》 皇侃撰《義疏》行於世。自何氏《集解》以訖梁、陳之間，說《論語》者，義有多家，大抵承正始之遺風，標玄儒之遠致，辭旨華妙，不守故常，不獨漢師家法蕩無復存，亦與何氏所集者異趣矣。皇氏本通《三禮》，尤好玄言，故其爲《論語疏》，頗採華辭以飾經說。茲就江氏所集皇氏《義疏》所引，以與《序録》相證，其顯晦升降之迹或可窺見一班。

《隋書・經籍志・論語》 《論語義疏》十卷。皇侃撰。

《舊唐書・經籍志・論語》 《論語疏》十卷。皇侃撰。

錢東垣等輯《崇文總目・論語類》 《論語義疏》十卷。皇侃撰。

《新唐書・藝文志・論語類》 皇侃《疏》十卷。

鄭樵《通志・藝文略・論語》 《論語義疏》十卷。梁皇侃。

晁公武《郡齋讀書志・論語類》 皇侃《論語疏》十卷。右梁皇侃撰。古今《論語》之注多矣，何晏集八家，復採《古論語注》爲《集解》行於世。侃今又引衛瓘、繆播、欒肇、郭象、蔡謨、袁宏、江淳、蔡奚、李充、孫綽、周懷、范甯、王珉凡十三家之說成此書。其序稱江熙所集。世謂其引事，雖時近詭異，而援證精博，爲後學所宗云。

尤袤《遂初堂書目・論語類》 梁皇侃《論語疏》。

馬端臨《文獻通考・經籍考・論語》 皇侃《論語疏》十卷。

《宋史・藝文志・論語類》 皇侃《論語疏》十卷。

《四庫提要・四書類一》 《論語義疏》十卷。浙江巡撫採進本。魏何晏注，梁皇侃疏。書前有《奏進論語集解序》，題光祿大夫關內侯孫邕、光祿大夫鄭沖、散騎常侍中領軍安鄉亭侯曹羲、侍中荀顗、尚書駙馬都尉關內侯何晏五人之名。《晉書》載鄭沖與孫邕、何晏、曹羲、荀顗等共集《論語》諸家訓詁之善者，義有不安，輒改易之，名《集解》，亦兼稱五人。今本乃獨稱何晏。考陸德明《經典釋文》，於「學而第一」下題「集解」二字。註曰「一本作何晏集解」。又序録曰：「何晏集孔安國、包咸、周氏、馬融、鄭玄、陳羣、王肅、周生烈之說，并下己意爲《集解》，正始中上之，盛行於世，今以爲主」云云。是獨題晏名，其來久矣。殆晏以親貴總領其事歟？邕字宗儒，樂安青州人。沖字文和，滎陽開封人。羲，沛國譙人，魏宗室子。顗字景倩，荀彧之子。晏字平叔，南陽宛人，何進之孫，何咸之子也。侃，《梁書》作「偘」，蓋字異文，吳郡人，青州刺史，皇象九世孫，武帝時官國子助教，尋拜散騎侍郎，兼助教如故，大同十一年卒，事蹟具《梁書・儒林傳》。傳稱所撰《禮記義》五十卷、《論語義》十卷。《禮記義》久佚。此書，宋《國史志》、《中興書目》、晁公武《讀書志》、尤袤《遂初堂書目》皆尚著録。《國史志》稱侃《疏》雖時有鄙近，然博極羣言，補諸書之未至，爲後學所宗。蓋是時講學之風尚未甚熾，儒者說經亦尚未盡廢古義，故史臣之論云爾。迨乾、淳以後，講學家門戶日堅，羽翼日衆，剷除異己惟恐有一字之遺，遂無復稱引之者，而陳氏《書録解題》亦遂不著録。知其佚在南宋時矣。惟唐時舊本流傳，存於海外。康熙九年，日本國山井鼎等作《七經孟子考文》，自稱其國有是書，然中國無得其本者。故朱彝尊《經義考》註曰「未見」。今恭逢我皇上右文稽古，經籍道昌，乃發其光於鯨波鮫室之中，藉海舶而登祕閣，殆若有神物撝訶，存漢、晉經學之一綫，俾待聖世而復顯者。其應運而來，信有非偶然者矣。據《中興書目》稱，侃以何晏《集解》去取爲《疏》十卷，又列晉衛瓘、繆播、欒肇、郭象、蔡謨、袁宏、江淳、蔡系、李充、孫綽、周瓌、范甯、主珉等十三人爵里於前，云此十三家是江熙所集，其解釋於何集案「何集」二字，不甚可解，蓋《何氏集解》之省文，今姑仍原本録之。無妨者，亦引取爲說，以示廣聞云云。此本之前，列十三人爵里，數與《中興書目》合。惟「江厚」作「江淳」，「蔡溪」作「蔡系」，「周懷」作「周瓌」，殆傳寫異文歟？其經文與今本亦多有異同，如「舉一隅」句下有「而示之」三字，頗爲冗贅，然與《文獻通考》所引《石經論語》合。「夫子之言性與天道不可得而聞也」下有「已矣」二字，亦與錢曾《讀書敏求記》所引高麗古本合。其疏文與余蕭客《古經解鉤沈》所引，雖字句或有小異，而大旨悉合。知其確爲古本，不出依託。觀《古文孝經》孔安國《傳》，鮑氏知不足齋刻本、信以爲眞，而《七經孟子考文》乃自言其僞，則彼國於授受源流，分明有考，可據以爲信也。至「臨之以莊則敬」作「臨民之以莊則敬」，《七經孟子考文》亦疑其「民」字爲誤衍，然謹守古本而不敢改，知彼國遞相傳寫，偶然譌舛或有之，亦未嘗有所竄易矣。至《何氏集解》，異同尤夥。雖其中以「包氏」爲「苞氏」，以「陳恆」爲「陳桓」之類不可據者有之，而勝於明刻監本者亦復不少，尤可以旁資考證也。

吳壽暘《拜經樓藏書題跋記》卷一 《論語注疏》。汲古閣刊本。先君子以《七經孟子考文補遺》手校，均細書於行間。又録《〈論語集解〉序》於卷首，記云：「此叙從皇侃《論語義疏》本。」

張之洞《書目答問・論語》 《論語義疏》十卷。梁皇侃。殿本，知不足齋本，《古經解彙函》重刻鮑本。

論語義疏

《隋書・經籍志・論語》 《論語義疏》二卷。張冲撰。

鄭樵《通志・藝文略・論語》 《論語義疏》二卷。張冲。

論語義

張鵬一《隋書經籍志補・五經總義類》 《論語義》十卷。張冲。

論語注

張鵬一《隋書經籍志補・五經總義類》 《論語注》。陳奇。本傳：奇所注《論語》外，生常矯之傳掌，未能行於世，其義多異鄭玄，往往與司徒崔浩同。《北史》同。

論語序論

張鵬一《隋書經籍志補・五經總義類》 《論語序論》。樂遜。

論語注

張鵬一《隋書經籍志補・五經總義類》 《論語注》。盧景裕。

論語講疏文句義

《隋書・經籍志・論語》 《論語講疏文句義》五卷。徐孝克撰。殘缺。

鄭樵《通志・藝文略・論語》 《論語講疏文句義》五卷。徐孝克。

論語章句

《舊唐書・經籍志・論語》 《論語章句》二十卷。劉炫撰。

《新唐書・藝文志・論語類》 劉炫《章句》二十卷。

鄭樵《通志・藝文略・論語》 《論語章句》二十卷。劉炫。

張鵬一《隋書經籍志補・五經總義類》 《論語章句》二十卷。新、舊《唐書志》作十二卷。劉炫。

論語述義

《隋書・經籍志・論語》 《論語述義》十卷。劉炫撰。

鄭樵《通志・藝文略・論語》 《論語述義》十卷。劉炫。

略解論語

《隋書・經籍志・論語》 梁有釋僧智《略解論語》十卷。亡。

續注論語

鄭樵《通志・藝文略・論語》　《續注論語》十卷。史辟原。

論語標指

《隋書・經籍志・論語》　《論語標指》一卷。司馬氏撰。

鄭樵《通志・藝文略・論語》　《論語標指》一卷。司馬氏。

文廷式《補晉書藝文志・論語類》　司馬氏《論語標指》一卷。

論語注

陸德明《經典釋文序録・注解傳述人》　盈氏《注》十卷。不詳何人。

《隋書・經籍志・論語》　梁有盈氏《注論語》十卷。亡。

《舊唐書・經籍志・論語》　《論語集義》十卷。盈氏撰。

《新唐書・藝文志・論語類》　盈氏《集義》十卷。

鄭樵《通志・藝文略・論語》　盈氏《集義》十卷。

文廷式《補晉書藝文志・論語類》　盈氏《注論語》十卷。《釋文序録》云：盈氏，不詳何人。

論語注

《隋書・經籍志・論語》　《論語》七卷。盧氏注。

鄭樵《通志・藝文略・論語》　《論語》七卷。盧氏。

修鄭錯

《隋書・經籍志・論語》　梁有王氏《修鄭錯》一卷。亡。

古論語義注譜

《隋書・經籍志・論語》　梁有《古論語義注譜》一卷。徐氏撰。亡。

《舊唐書・經籍志・論語》　《古論語義注譜》一卷。徐氏撰。

《新唐書・藝文志・論語類》　徐氏《古論語義注譜》一卷。

鄭樵《通志・藝文略・論語》　《古論語義注譜》一卷。徐氏。

論語注

《舊唐書・經籍志・論語》　《論語》十卷。孫氏注。

論語義疏

《隋書・經籍志・論語》　《論語義疏》八卷。

鄭樵《通志・藝文略・論語》　《論語義疏》八卷。

論語義注

《隋書・經籍志・論語》　梁有《論語義注》三卷。亡。

論語難鄭

《隋書・經籍志・論語》《論語難鄭》一卷。

鄭樵《通志・藝文略・論語》《論語難鄭》一卷。

論語隱義注

《隋書・經籍志・論語》梁有《論語隱義注》三卷。亡。

《舊唐書・經籍志・論語》《論語義注隱》三卷。

《新唐書・藝文志・論語類》《義注隱》三卷。

鄭樵《通志・藝文略・論語》《論語義注隱》三卷。

論語雜問

《隋書・經籍志・論語》《論語雜問》一卷。

鄭樵《通志・藝文略・論語》《論語雜問》一卷。

論語義注圖

《隋書・經籍志・論語》梁有《論語義注圖》十二卷。亡。

論語雜義

《舊唐書・經籍志・論語》《論語雜義》十三卷。

《新唐書・藝文志・論語類》《雜義》十三卷。

鄭樵《通志・藝文略・論語》《雜義》十三卷。

論語剔義

《舊唐書・經籍志・論語》《論語剔義》十卷。

《新唐書・藝文志・論語類》《剔義》十卷。

鄭樵《通志・藝文略・論語》《剔義》十卷。

論語義疏

張鵬一《隋書經籍志補・五經總義類》《論語義疏》。李鉉。

論語釋文

陳振孫《直齋書録解題・語孟類》《論語釋文》一卷。唐陸德明撰。

《宋史・藝文志・論語類》陸德明《釋文》一卷。

論語音義

楊士奇等《文淵閣書目・四書》《論語音義》。一部，一冊。完全。

張萱等《内閣藏書目録・經部》《論語音義》一冊。全。唐陸德明撰。皆《論語》句字小箋。

論語注疏

《舊唐書・經籍志・論語》　《論語疏》十五卷。賈公彦撰。

《新唐書・藝文志・論語類》　賈公彦《論語疏》十五卷。

胡師安等《元西湖書院重整書目・經》　《論語注疏》。

楊士奇等《文淵閣書目・四書》　《論語注疏》。一部，五冊。完全。《論語注疏》。一部，四冊。闕。《論語注疏》。一部，六冊。闕。《論語注疏》。一部，五冊。闕。

次論語

《舊唐書・經籍志・論語》　《次論語》五卷。王勃撰。

《新唐書・藝文志・論語類》　王勃《次論語》十卷。

鄭樵《通志・藝文略・論語》　《次論語》十卷。王勃撰。

論語品類

《宋史・藝文志・論語類》　陳鋭《論語品類》七卷。

論語注辨

《新唐書・藝文志・論語類》　張籍《論語注辨》二卷。

論語筆解

《新唐書・藝文志・論語類》　韓愈注《論語》十卷。

鄭樵《通志・藝文略・論語》　《論語》十卷。韓愈。《論語筆解》二卷。韓愈。

晁公武《郡齋讀書志・論語類》　韓、李《論語筆解》十卷。右唐韓愈退之、李翺習之撰。前有秘書丞許勃序，云韓、李相與講論，共成此書。按唐人通經者寡，獨兩公名冠一代蓋以此。然《四庫》、《邯鄲書目》皆無之，獨《田氏書目》有韓愈《論語》十卷、《筆解》兩卷。此書題曰《筆解》，而十卷亦不同。

趙希弁《讀書附志・經解類》　《論語筆解》十卷。右唐昌黎先生韓文公之説也。其間「翺曰」者，李習之也。始，愈筆大義以示翺，翺從而交相明辨，非獨文公制此書也。《韓文補》云：公作《論語傳》，未成而歿，見於張籍祭詩，辨之於洪慶善者，明矣。今世所傳，如「宰予晝寢」，以「晝」作「畫」字；「子在齊，聞《韶》，三月不知肉味」，以「三月」作「音」；「浴乎沂」，以「浴」作「沿」；「子在，回何敢死」，以「死」作「先」之類，雖未必然，而爲伊川之學者，皆取之。此本乃祕書丞許勃所序者。

尤袤《遂初堂書目・論語類》　韓文公《論語筆解》。

陳振孫《直齋書録解題・語孟類》　《論語筆解》二卷。唐韓愈退之、李翺習之撰。按《館閣書目》云祕書丞許勃爲之序，（今本乃王存序），云得於錢塘汪充，而無許序。

馬端臨《文獻通考・經籍考・論語孟子》　韓、李《論語筆解》十卷。

《宋史・藝文志・論語類》　韓愈《筆解》二卷。

徐𤊹《徐氏家藏書目・論語類》　《論語筆解》二卷。唐韓愈、李翺著。

錢謙益等《絳雲樓書目・論語類》　韓李《論語筆解》一冊。十卷。宋人言此書非韓公之手，《筆解》亡逸，無復眞本，晦翁之言也。

錢曾《讀書敏求記・經》　《論語筆解》十卷。許勃云：昌黎著《論語筆解》，其間「翺曰」者，蓋李習之交相明辨，非獨韓制此書也。

《四庫提要・四書類一》《論語筆解》二卷。浙江鄭大節家藏本。舊本題唐韓愈、李翺同註。中間所註，以「韓曰」、「李曰」爲别。考《張籍集》祭韓愈詩，有「《論語》未訖註，手蹟今微茫」句。邵博《聞見後録》遂引爲《論語註》未成之證。而李漢作《韓愈集序》則稱有《論語註》十卷，與籍詩異。王楙《野客叢談》又引爲已成之證。晁公武《讀書志》稱《四庫》、《邯鄲書目》皆無之，獨《田氏書目》有《韓氏論語》十卷、《筆解》兩卷。是《論語註》外，别出《筆解》矣。《新唐書・藝文志》載愈《論語註》十卷，亦無《筆解》。惟鄭樵《通志》著録二卷，與今本同，意其書出於北宋之末。然唐李匡乂，宣宗大中時人也，所作《資暇録》一條，云：「《論語》『宰予晝寢』，梁武帝讀爲寢室之『寢』，晝作『胡卦反』，且云當爲『畫』字，言其繪畫寢室。今人罕知其由，咸以爲韓文公所訓解。又一條云：『傷人乎？不問馬。』今亦謂韓文公讀『不』爲『否』。」然則大中之前已有此本，未可謂爲宋人僞撰。且「晝寢」一條，今本有之。「廏焚」一條，今本不載，使作僞者剽掇此文，不應兩條相連，摭其一而遺其一。又未可謂因此依託也。以意推之，疑愈註《論語》時，或先於簡端有所記録，翺亦間相討論，附書其間。迨書成之後，後人得其稿本，採註中所未載者，别録爲二卷行之。如程子有《易傳》，而《遺書》之中又别有「論《易》」諸條，朱子有《詩傳》，而朱鑑又爲《詩傳遺説》之例。題曰「筆解」，明非所自編也。其今本或有或無者，則由王存以前世無刊本，傳寫或有異同。邵博所稱「三月」字作「音」一條，王楙所見本亦無之，則諸本互異之明證矣。王存本今未見。魏仲舉刻《韓文五百家註》，以此書附末，今傳本亦稀。此本爲明范欽從許勃本傳刻，前載勃序，仍稱《筆解論語》一十卷，疑字誤也。又趙希弁《讀書附志》，曰其間「翺曰」者，李習之也。明舊本愈不著名，而翺所説則題名以别之。此本改稱「韓曰」、「李曰」，亦非其舊矣。

論語刊誤

鄭樵《通志・藝文略・論語》《論語刊誤》二卷。李涪。

論語陳説

鄭樵《通志・藝文略・論語》《論語陳説》一卷。僧贊寧。

論語展掌疏

鄭樵《通志・藝文略・論語》《論語展掌疏》十卷。

《宋史・藝文志・論語類》《論語展掌疏》十卷。

論語樞要

鄭樵《通志・藝文略・論語》《論語樞要》十卷。

《宋史・藝文志・論語類》馬總《論語樞要》十卷。

論語玄義

鄭樵《通志・藝文略・論語》《論語玄義》二卷。

論語撰人名

鄭樵《通志・藝文略・論語》《論語撰人名》一卷。

論語世譜

鄭樵《通志・藝文略・論語》　《論語世譜》一卷。

鄭樵《通志・圖譜略・論語》　《論語世譜》。

論語釋文

鄭樵《通志・藝文略・論語》　《論語釋文》十一卷。

論語正義

錢東垣等輯《崇文總目・論語類》　《論語正義》十卷。邢昺撰。

鄭樵《通志・藝文略・論語》　《論語正義》十卷。宋朝邢昺。

趙士煒《中興館閣書目輯考・論語類》　《論語正義》十卷。［原釋］翰林侍講學士邢昺等撰。咸平中頒其書，於章句、訓詁、名器、事物之際詳矣。《玉海》四一。

晁公武《郡齋讀書志・論語類》　《論語正義》十卷。右皇朝邢昺等撰。先是梁皇侃採衛瓘、蔡謨等十三家之説爲《疏》，昺等因之成此書。

尤袤《遂初堂書目・論語類》　《論語正義》。

陳振孫《直齋書録解題・語孟類》　《論語注疏解經》十卷。邢昺撰。唐人止爲五經疏，而不及《孝經》、《論語》，至昺始奉詔爲之。

馬端臨《文獻通考・經籍考・經論語孟子》　《論語正義》十卷。按《唐・藝文志》亦有賈公彦《論語疏》十五卷，當考。

《宋史・藝文志・論語類》　邢昺《正義》十卷。

高儒《百川書志・論語》　《論語註疏解經》二十卷。宋邢昺撰，何晏集解。

徐𤇍《徐氏家藏書目・論語類》　《論語注疏》二十卷。魏何晏注，宋邢昺疏。

錢謙益等《絳雲樓書目・論語類》　《論語註疏》。《集解》十卷。《正義》十卷。

《四庫提要・四書類一》　《論語正義》二十卷。内府藏本。魏何晏註，宋邢昺疏。昺字叔明，曹州濟陰人。太平興國中擢九經及第，官至禮部尚書，事蹟具《宋史》本傳。是書蓋咸平二年詔昺改定舊疏，頒列學官。至今承用，而傳刻頗譌。《集解》所引十三家，今本各題曰「某氏」，皇侃《義疏》則均題其名。案奏進序中稱集諸家之善，記其姓名，侃《疏》亦曰：何集註皆呼人名，惟包獨言「氏」者，包名咸，何家諱咸，故不言也，與序文合，知今本爲後來刊版之省文。然周氏與周生烈遂不可分，殊不如皇本之有別。考邢昺《疏》中亦載皇侃、何氏諱咸之語，其「疏記其姓名」句則云：註但記其姓，而此連言名者，以著其姓所以名其人，非謂名字之「名」也。是昺所見之本已惟題姓，故有是曲說。《七經孟子考文》稱其國皇侃《義疏》本爲唐代所傳，是亦一證矣。其文與皇侃所載亦異同不一，大抵互有短長。如《學而》篇「不患人之不己知」章，皇《疏》有王肅註一條，《里仁》篇「君子之於天下也」章，皇《疏》有何晏註一條，今本皆無。觀顧炎武《石經考》以《石經儀禮》校監版，或併經文全節漏落，則今本《集解》傳刻佚脱，蓋所不免。然蔡邕《石經論語》於「而在蕭牆之內」句，兩本竝存，見於《隸釋》。陸德明《經典釋文》於諸本同異，亦皆竝存。蓋唐以前經師授受，各守專門，雖經文亦不能畫一，無論註文。固不必以此改彼，亦不必以彼改此。今仍從今本録之，所以各存其舊也。昺《疏》，《宋志》作十卷，今本二十卷，蓋後人依《論語》篇第析之。晁公武《讀書志》稱其亦因皇侃所採諸儒之説刊定而成。今觀其書，大抵翦皇氏之枝蔓，而稍傳以義理，漢學、宋學茲其轉關。是疏出而皇《疏》微，迨伊洛之説出而是疏又微。故《中興書目》曰：其書於章句訓詁名物之際詳矣，蓋微言其未造精微也。然先有是疏，而後講學諸儒得沿溯以窺其奧。祭先河而後海，亦何可以後來居上，遂盡廢其功乎？

論語辨

鄭樵《通志・藝文略・論語》 《論語辨》十卷。周式。

集解辨誤

《宋史・藝文志・論語類》 周武《集解辨誤》十卷。

論語摘科辨解

《宋史・藝文志・論語類》 紀亶《論語摘科辨解》十卷。

增注論語

尤袤《遂初堂書目・論語類》 宋咸《增註論語》。

《宋史・藝文志・論語類》 宋咸《增註》十卷。

論語解義

《宋史・藝文志・論語類》 黃祖舜《解義》十卷。

論語指南

《宋史・藝文志・論語類》 《論語指南》一卷。黃祖舜、沈大廉、胡宏辨論。

論語解

晁公武《郡齋讀書志・論語類》 王介甫《論語解》十卷。右皇朝王安石介甫撰。并其子雱《口義》，其徒陳用之《解》，紹聖後皆行於場屋。或曰「用之書乃鄒浩所著，託之用之」云。

馬端臨《文獻通考・經籍考・論語孟子》 王介甫《論語解》十卷。

通　類

《宋史・藝文志・論語類》 王安石《通類》一卷。

論語説

《宋史・藝文志・論語類》 侯仲良《説》一卷。

論語解

王圻《續文獻通考・經籍考・論語學庸孟子》 《論語解》。饒子儀著。喻樗、徐存、王十朋、高元之、湯建皆有。

論語解

晁公武《郡齋讀書志・論語類》 王令《論語》十卷。右皇朝王令逢原撰。解《堯曰》篇云：「四海不困窮，則天祿不永終矣。」王安石書新義取此。

陳振孫《直齋書録解題・語孟類》 《王氏論語解》十卷。廣陵王令逢原撰。令年二十八，終於布衣。所講《孟子》纔盡二篇，其第三篇盡二章而止。王荆公志其墓，不言其所著書。而晁氏《讀書志》云令於《堯曰》篇解曰：「四海不困窮，則天祿不永終矣。」王氏《新經書義》取之。

馬端臨《文獻通考・經籍考・論語孟子》 王令《論語》十卷。

《宋史・藝文志・論語類》 王令《註》十卷。

論語義

《宋史・藝文志・論語類》 呂惠卿《論語義》十卷。

論語説

晁公武《郡齋讀書志・論語類》 伊川《論語説》十卷。右皇朝程頤正叔之門人記其師所解《論語》也。不爲文辭，直以俚語記之。

馬端臨《文獻通考・經籍考・論語孟子》 伊川《論語説》十卷。

《宋史・藝文志・論語類》 程頤《論語説》一卷。

論語纂

《宋史・藝文志・論語類》 蔡申《論語纂》十卷。

重注論語

《宋史・藝文志・論語類》 劉正容《重註論語》十卷。

論語解

晁公武《郡齋讀書志・論語類》 東坡《論語解》十卷。右皇朝蘇軾子瞻撰。子瞻沒後，義有未安者，其弟子由嘗辨正之。凡二十有七章。

尤袤《遂初堂書目・論語類》 蘇文忠《論語傳》。

陳振孫《直齋書録解題・語孟類》 《東坡論語傳》十卷。案：《宋史・藝文志》作《論語解》四卷，《文獻通考》作《論語解》十卷。蘇軾撰。

馬端臨《文獻通考・經籍考・論語孟子》 東坡《論語解》十卷。潁濱自序：予少爲《論語解》，子瞻謫居黄州，爲《論語説》，盡取以往今見於書十二三也。大觀丁亥，閒居潁川，爲孫籀、簡、筠講《論語》，子瞻之説意有所未安，時爲籀等言，凡二十七章，謂之《論語拾遺》，恨不得質之子瞻也。

《宋史・藝文志・論語類》 蘇軾《解》四卷。

楊士奇等《文淵閣書目・四書》 《論語東坡解》。一部，二冊。闕。

徐𤊹《徐氏家藏書目・論語類》 東坡《論語解》。

論語拾遺

陳振孫《直齋書録解題・語孟類》 《潁濱論語拾遺》一卷。蘇轍撰。於其兄之説意有未安者，凡二十七章。

馬端臨《文獻通考・經籍考・論語孟子》 《潁濱論語拾遺》宋蘇轍撰。

《宋史・藝文志・論語類》 蘇轍《論語拾遺》一卷。

楊士奇等《文淵閣書目·四書》 《論語潁濱拾遺》。一部，一冊。闕。

徐𤊹《徐氏家藏書目·論語類》 蘇潁濱《論語拾遺》一卷。

張萱等《内閣藏書目録·經部》 《論語拾遺》。一冊。全。宋蘇轍著。轍嘗爲《論語略解》，兄軾爲《論語說》多採用之。後轍爲其孫籀輩解《論語》，意有未安，故復著此書，凡二十有七章。後附《孟子解》二十四章。

錢謙益等《絳雲樓書目·論語類》 蘇子由《論語拾遺》。一卷。東坡著《論語解》十卷。子由爲辨正其説之未安者，凡二十七章，謂之《論語拾遺》，蓋晚年謫居龍川時作，及脫稿，已在長公捐館之後矣。故自言恨不質諸子瞻也。

《四庫提要·四書類一》 《論語拾遺》一卷。江蘇巡撫採進本。宋蘇轍撰。轍有《詩傳》，已著録。是書前有自序，稱少年爲《論語略解》，其兄軾謫黄州時撰《論語說》，取所解十之二三。大觀丁亥，閒居潁川，與其孫籀等講《論語》，因取軾說之未安者重爲此書。軾書，《宋志》作四卷。《文獻通考》作十卷，今未見傳本，莫詳孰是，其說亦不可復考。此書所補凡二十七章，其以「思無邪」爲無思，以「從心，不踰矩」爲無心，頗涉禪理。以「苟志於仁矣，無惡也」爲有愛而無惡，亦「冤親平等」之見。以「朝聞道，夕死可矣」爲「雖死而不亂，尤去來自如」之義。蓋眉山之學本雜出於二氏故也。其顯駁軾說者凡三條：「請討陳恆」一章，軾以爲能克田氏則三桓不治而自服，孔子欲借此以張公室；轍則以爲雖知其無益，而欲明君臣之義。「子見南子」及「齊人歸女樂」二章，軾以爲靈公未受命者故可，季桓子已受命者故不可。轍則以爲諸侯之如衛靈公者多，不可盡去，齊間孔子，魯君大夫已受其餌，孔子不去則坐受其禍。「泰伯至德」一章，軾以爲泰伯不居其名，故亂不作，魯隱、宋宣取其名，是以皆被其禍；轍則以爲魯之禍始於攝，宋之禍成於好戰，皆非讓之過。其說皆較軾爲長。他如以「剛毅木訥」與「巧言令色」相證，以「六蔽」章之「不好學」與「入孝出弟」章之「學文」互勘，亦頗有所發明。歷來著録，今亦存備一家焉。

論語解

晁公武《郡齋讀書志·論語類》 呂與叔《論語解》十卷。右皇朝呂大臨與叔撰。與叔雖程正叔之徒，解經不盡用其師說。

尤袤《遂初堂書目·論語類》 呂與叔《論語解》。

馬端臨《文獻通考·經籍考·論語孟子》 呂大臨《解》十卷。

《宋史·藝文志·論語類》 呂與叔《論語解》十卷。

論語說

《宋史·藝文志·論語類》 孔武仲《論語說》十卷。

論語說

晁公武《郡齋讀書志·論語類》 范氏《論語說》十卷。右皇朝范祖禹醇夫撰。亦元祐中所進，數稱引劉敞、程頤之說云。

馬端臨《文獻通考·經籍考·論語孟子》 范醇夫《論語說》十卷。

《宋史·藝文志·論語類》 范祖禹《論語說》二十卷。

論語解

《宋史·藝文志·論語類》 龔原《論語解》一部。卷亡。

論語口義

晁公武《郡齋讀書志·論語類》 王元澤《口義》十卷。

馬端臨《文獻通考·經籍考·論語孟子》 王元澤《口義》十卷。

論語解

尤袤《遂初堂書目・論語類》 王元澤《論語解》。

《宋史・藝文志・論語類》 王雱《解》十卷。

論語全解

晁公武《郡齋讀書志・論語類》 陳用之《論語》十卷。

馬端臨《文獻通考經籍考・論語孟子》 陳用之《論語》十卷。

楊士奇等《文淵閣書目・四書》 《論語陳用之解》。一部，五册。完全。

張萱等《内閣藏書目録・經部》 《論語陳用之解》五册。全。宋陳祥道著。

《四庫提要・四書類一》 《論語全解》十卷。浙江汪啓淑家藏本。宋陳祥道撰。祥道有《禮書》，已著録。晁公武《讀書志》云王介甫《論語註》，其子雱作《口義》，其徒陳用之作《解》。紹聖後皆行於場屋，爲當時所重。又引或人言，謂用之書乃鄒浩所著，託之用之。考《宋史・藝文志》別有鄒浩《論語解義》十卷，則浩所著原自爲一書，竝未託之祥道，疑或人所言爲誤。此本有祥道自序，首題門人章粹校勘，而每卷皆標曰「重慶陳用之眞本，入經《論語全解》」，未詳其義。豈爾時嘗以是本爲經義通用之書，故云然耶？祥道長於《三禮》之學，所作《禮書》，世多稱其精博。故詮釋《論語》亦於禮制最爲明晰。如解「躬自厚而薄責於人」章，則引《鄉飲酒》之義以明之；解「師冕見」章，則引《禮》待瞽者如老者之義以明之。雖未必盡合經義，而旁引曲證，頗爲有見。又如「臧文仲居蔡」章，則云「冀多良馬稱驥，瀘水之黑稱盧，蔡出寶龜稱蔡」；於「關雎之亂」章，則云「治汙謂之汙，治弊謂之弊，治荒謂之荒，治亂謂之亂」，此類俱不免創立別解。而連類引伸，亦多有裨於考證。惟其學術本宗信王氏，故往往雜據《莊子》之文以作證佐，殊非解經之體。以其間徵引詳核，可取者多，故不以一眚掩焉。

張金吾《愛日精廬藏書志・四書類》 《重廣陳用之學士眞本八經論語全解義》十卷。舊抄本。宋左宣德郎充館閣校勘太常博士賜緋魚袋陳祥道撰。自序。

論語解

晁公武《郡齋讀書志・論語類》 謝顯道《論語解》十卷。右皇朝謝顯道撰。少嘗師事程正叔。

陳振孫《直齋書録解題・語孟類》 《謝氏論語解》十卷。上蔡謝良佐顯道撰。

馬端臨《文獻通考・經籍考・論語孟子》 謝顯道《論語解》十卷。《朱子語録》：上蔡《論語解》，言語極多，看得透時，他只有一兩字是緊要。問：「謝氏之説多華掞。」先生曰：「胡侍郎嘗教人看謝氏《論語》，以其文字上多有發越處。」

《宋史・藝文志・論語類》 謝良佐《解》十卷。

論語解

尤袤《遂初堂書目・論語類》 《龜山論語解》。

晁公武《郡齋讀書志・論語類》 楊氏注《論語》十卷。右皇朝楊時中立撰。伊川門下士也。

陳振孫《直齋書録解題・語孟類》 《龜山論語解》十卷。工部侍郎延平楊時中立撰。

《宋史・藝文志・論語類》 楊時《解》二卷。

馬端臨《文獻通考・經籍考・論語孟子》 楊氏注《論語》十卷。

論語解

陳振孫《直齋書録解題・語孟類》 《游氏論語解》十卷。監察御史建陽游酢定夫撰。

馬端臨《文獻通考・經籍考・論語孟子》 游氏《論語解》十卷。

論語雜解

《宋史・藝文志・論語類》 游酢《雜解》一卷。

論語説

王圻《續文獻通考・經籍考・論語學庸孟子》 《論語說》。馬之純著。

論語感發

尤袤《遂初堂書目・論語類》 王居正《論語感發》。

陳振孫《直齋書録解題・語孟類》 《竹西論語感發》十卷。中書舍人江都王居正撰。

馬端臨《文獻通考・經籍考・論語孟子》 《竹西論語感發》十卷。

《宋史・藝文志・論語類》 王居正《論語感發》十卷。

論語講義

尤袤《遂初堂書目・論語類》 晁以道《論語講義》。

《宋史・藝文志・論語類》 晁説之《講義》五卷。

論語解

《宋史・藝文志・論語類》 鄒浩《解》十卷。

論語講義

晁公武《郡齋讀書志・論語類》 景迂《論語講義》十卷。右從父詹事公撰。多取古儒之説，以正近世之失。

馬端臨《文獻通考・經籍考・論語孟子》 景迂《論語講義》十卷。

論語解　論語説

晁公武《郡齋讀書志・論語類》 尹氏《論語義》十卷。右皇朝尹焞彥明撰。彥明亦程氏門人。紹興中，自布衣召爲崇政殿説書，被旨訓解，多採純夫之説。

陳振孫《直齋書録解題・語孟類》 《尹氏論語解》十卷。徽猷閣待制河南尹焞彥明撰。紹興中經筵所上。《孟子解》未成，不及上而卒。自龜山而下，皆程氏高弟也。

馬端臨《文獻通考・經籍考・論語孟子》 尹彥明《論語解》十卷。

《朱子語録》曰：《論語》中程先生及和靖説，只於本文上添一兩字，甚平淡，然意味深長，須當子細看，要見得他意味方好。問：「精義中尹氏說多與二程同，何也？」曰：「二程說得已明，尹氏只說出處。」

《宋史・藝文志・論語類》 尹焞《論語解》十卷。又《說》一卷。

論語直解

晁公武《郡齋讀書志・論語類》 汪氏《論語直解》十卷。右皇朝汪革撰。革，字信民，撫州人。紹聖中試禮部，爲天下第一。嘗語人曰：「吾鄉有二宰相，一爲天下之福，一爲天下之禍。」蓋指晏元獻、王荆公也。即此可見其解經淵源所自云。

馬端臨《文獻通考・經籍考・論語孟子》 汪氏《論語直解》十卷。

《宋史・藝文志・論語類》 汪革《直解》十卷。

論語直解

趙希弁《讀書附志・經解類》 《論語直解》十卷。右漢上先生朱文定公震所著也。紹興五年夏，肇建資善堂，時孝廟富於春秋，文定以起居郎與宗正卿范公沖同爲翊善，朝論皆以爲極天下之選。此解，資善堂録本也，其孫繼先刻於瀏陽學舍而識其後。

論語心義

黄虞稷《千頃堂書目・論語類》 萬表《論語心義》。

論語釋言

尤袤《遂初堂書目・論語類》 葉氏《論語釋言》。

陳振孫《直齋書録解題・語孟類》 《論語釋言》十卷。葉夢得少藴撰。

馬端臨《文獻通考・經籍考・論語孟子》 《論語釋言》十卷。

《宋史・藝文志・論語類》 葉夢得《釋言》十卷。

論語傳

《宋史・藝文志・論語類》 陳禾《論語傳》十卷。

論語探古

陳振孫《直齋書録解題・語孟類》 《論語探古》二十卷。畢良史撰。

馬端臨《文獻通考・經籍考・論語孟子》 《論語探古》二十卷。

《宋史・藝文志・論語類》 畢良史《論語探古》二十卷。

論語解說

王圻《續文獻通考・經籍考・論語學庸孟子》 《論語解說》十卷。邵武李綱著。

論語講義

胡師安等《元西湖書院重整書目・經》《論語講義》。

王圻《續文獻通考・經籍考・論語學庸孟子》《論語講義》。呂本中撰。

論語義

陳振孫《直齋書録解題・語孟類》《論語義》二卷。禮部侍郎章貢曾幾吉父撰。胡文定門人也。

馬端臨《文獻通考・經籍考・論語孟子》曾吉甫《論語義》二卷。

《宋史・藝文志・論語類》曾幾《論語義》二卷。

論語會議

王圻《續文獻通考・經籍考・論語學庸孟子》《論語會議》。胡憲著。憲字厚仲，安國從子，號藉溪先生，卒謚靖廉。

論語解

趙希弁《讀書附志・經解類》《論語解》二十卷。右無垢先生張文忠公九成子韶所著也。

陳振孫《直齋書録解題・語孟類》《張氏論語解》二十卷。張九成撰。

馬端臨《文獻通考・經籍考・論語孟子》《張氏論語解》二十卷。

《宋史・藝文志・論語類》張九成《解》十卷。

錢謙益等《絳雲樓書目・論語類》張無垢《論語傳》一冊。此是未成之書。《雍也》以前，無垢已恨早出，餘所著未嘗示人也。見《陳止齋集》。

論語解

王圻《續文獻通考・經籍考・論語學庸孟子》《論語解》。許翰著。

論語講説

王圻《續文獻通考・經籍考・論語學庸孟子》《論語講説》。沙縣蕭山著。

論語集説

王圻《續文獻通考・經籍考・論語學庸孟子》《論語集説》。孔元龍著。

孔子集

王圻《續文獻通考・經籍考・論語學庸孟子》《孔子集》。薛搜編。

致堂論語詳説

陳振孫《直齋書録解題・語孟類》《致堂論語詳説》二十卷。禮部侍郎建安胡寅明仲撰。文定之子也。

王圻《續文獻通考・經籍考・論語學庸孟子》　《論語詳説》。胡寅著。寅、安國子。登進士。靖康初，召爲校書郎。又從楊時學。累遷起居郎。

論語續解　考異　説例

尤袤《遂初堂書目・論語類》　吳才老《論語續解》幷《考異》。

陳振孫《直齋書録解題・語孟類》　《論語續解》十卷。《考異》、《説例》各一卷。吳棫撰。其所援引百家諸史傳，出入詳洽。所稱欒肇駁王、鄭之説，間取一二。肇，晉人。隋、唐《志》載《論語釋》二卷，《駁》二卷。按董逌《藏書志》，《釋》已亡，《駁》幸存。而《崇文總目》及諸藏書皆無有，棫蓋嘗見其書也。《館閣書目》亦不載。

馬端臨《文獻通考・經籍考・論語孟子》　《論語續解》、《考異》、《説例》共十二卷。《中興藝文志》：吳棫撰。自謂考研甚衆，獨於何晏《集解》、邢昺《疏》所得爲多。又謂孔門弟子之言多未盡善，而註信經疏信註太過，嘗作《指掌》十卷，亡於兵火，僅追記大略，以解何晏《集解》之未盡未安者，故曰《續解》。又考他書之文之説異於《論語》者，爲《考異》。又爲《説例》，有《集語》、《明原》、《微言》、《略例》、《答問》、《正統》、《權道》、《弟子》、《雜説》，凡十篇，多發明。

《宋史・藝文志・論語類》　吳棫《續解》十卷。《考異》一卷。《説例》一卷。

王圻《續文獻通考・經籍考・論語學庸孟子》　《論語十説》。吳棫著。棫字才老，建安人。時號通儒，所著又有《考異語解》。

論語集程氏説

趙希弁《讀書附志拾遺》　《論語集程氏説》二卷。右左宣教郎、建寧府教授湯烈編集程氏二先生《論》、《孟》説也。二先生議論答問，散在諸集，學者未能偏觀，烈取《遺書》、《語録》與夫門人編纂之言，條而類之於逐章之下，續又得《論語説》一百二十有九，《孟子説》六十有八，附於卷末，曰《拾遺》云。

《宋史・藝文志・論語類》　湯烈《集程氏説》二卷。

論語指南

陳振孫《直齋書録解題・語孟類》　《五峰論語指南》一卷。監南嶽廟胡宏仁仲撰。詳論黄祖舜、沈大廉之説。宏，文定之季子也。

馬端臨《文獻通考・經籍考・論語孟子》　《五峰論語指南》一卷。

論語學

陳振孫《直齋書録解題・語孟類》　《玉泉論語學》十卷。工部郎官嚴陵喻樗子才撰。樗與沈元用、張子韶、凌彥文、樊茂實諸公厚善，爲館職，坐與張通書，得罪秦檜。玉山汪端明應辰，其壻也。

馬端臨《文獻通考・經籍考・論語孟子》　《玉泉論語學》十卷。

《宋史・藝文志・論語類》　喻樗《玉泉論語學》四卷。

論語訓詁

尤袤《遂初堂書目・論語類》　許嵩老《論語訓詁》。

論語解

尤袤《遂初堂書目・論語類》　濡石《論語解》。

論語解

尤袤《遂初堂書目·論語類》 王信伯《論語解》。

論語

馬端臨《文獻通考·經籍考·論語孟子》 王定國《論語》十卷。王鞏定國撰。秦少游序略曰：定國坐罪斥海上，罷還，詣東上閤門，奏書曰：「臣無狀，幸緣先臣之故，獲齒仕版，不能慎事，陷於罪戾，念無以自贖，間因職事之暇，妄以所見，註成《論語》十卷，未敢以進，唯陛下裁鑒之。」明日詔御藥院，取其書去，未報，而神宗棄天下。嗚呼！自熙寧初，王氏父子以經術得幸，下其說於太學，凡置博士，試諸生，皆以新書從事，不合者黜罷之，而諸儒之論廢矣。定國於時處放逐之中蠻夷瘴癘之地，乃能自信不惑，論著成一家之言，至天子聞之取其書，非其氣過人，何以及此？姑掇其大概，使夫覽之者，知定國著書之時爲如此，又知神宗嚮經術，亦非主於一家而已。

論語說

馬端臨《文獻通考·經籍考·論語孟子》 洪興祖《論語說》。《中興藝文志》：其說多可採，謂此書始於「不慍」，終於「知命」，蓋君子儒。

《宋史·藝文志·論語類》 洪興祖《論語說》十卷。

論語口義

尤袤《遂初堂書目·論語類》 史丞相《論語口義》。

《宋史·藝文志·論語類》 史浩《口義》二十卷。

王圻《續文獻通考·經籍考·論語學庸孟子》 《論語口義》二十卷。史浩著。

張萱等《內閣藏書目録·經部》 《論語口義》三册。不全。宋史浩注，闕十一至十五卷。

論語發微

王圻《續文獻通考·經籍考·論語學庸孟子》 《論語發微》。吳沆著。沆，崇仁人。幼孤事母孝。政和間獻書不用，歸隱環溪。

論語知新

《宋史·藝文志·論語類》 林栗《論語知新》十卷。

論語意原

趙希弁《讀書附志拾遺》 《論語意原》一卷。右東谷鄭汝諧所著也。然所原「三仁」等說，晦庵先生多不然之。晦庵謂：「《論語》只言微子去之，初無面縛銜璧之說，今乃捨孔子而從《左氏》。史遷已自難信，又不得已而曲爲之說，以爲微子之去，乃去紂而適其封國，則尤爲無據矣。」

陳振孫《直齋書録解題·語孟類》 《論語意原》一卷。不知作者。

馬端臨《文獻通考・經籍考・論語孟子》 《論語意原》一卷。

《宋史・藝文志・論語類》 《東谷論語》一卷。不知作者。

王圻《續文獻通考・經籍考・論語學庸孟子》 《論語意源》。鄭汝諧著。汝諧，青田人。累官知信州，孝宗以威而能惠褒之。

張萱等《内閣藏書目録・經部》 《論語意源》。三冊，全。宋光宗朝鄭汝諧著。又三冊，全。

《四庫提要・四書類一》 《論語意原》二卷。浙江吳玉墀家藏本。宋鄭汝諧撰。汝諧有《東谷易翼傳》，已著録。是編前有自序，稱：二程、横渠、楊、謝諸公互相發明，然後《論語》之義顯。謂諸公有功於《論語》則可，謂《論語》之義備見於諸公之書則不可。予於此書少而誦，長而辨，研精覃思，以求其指歸。既斷以己説，復附以諸公之説，期歸於當而已。又稱：初鐫版於贛，於洪。始意欲以誘掖晚學，失之太詳。輒掇其簡要者，復鐫於池陽。則汝諧此書凡再易稿，亦可謂刻意研求矣。陳振孫《書録解題》載《論語意原》一卷，不著撰人。《宋志》因之，似乎尚別有一書適與同名。然振孫載《詩總聞》，譌爲三卷，亦云不知撰人，及核其解題，則確爲王質之書。疑所載者即汝諧此書偶未考其名也。眞德秀序稱：其學出於伊洛，然所説頗與朱子《集註》異。如以衛靈公問陳，非不可對，乃有託而行，以子賤爲人沈厚簡默，非魯多君子，不能取其君子，皆足以備一解。至以「使民戰栗」爲魯哀公之語，以「見善如不及」二節連下齊景公、伯夷叔齊爲一章，則大奇矣。案錢時《四書管見》亦以「見善如不及」章與下章聯合爲一。然綜其大致，則精密者居多。故德秀稱其言雖異於先儒，而未嘗不合義理之正。朱子亦曰：贛州所刊《論語解》，乃是鄭舜舉侍郎者，中間略看，亦有好處。是朱子亦不以其異己爲嫌矣。

家塾編次論語

王圻《續文獻通考・經籍考・論語學庸孟子》 《家塾編次論語》。李舜臣著。

論語精義

《宋史・藝文志・論語類》 朱熹《論語精義》十卷。

楊士奇等《文淵閣書目・四書》 《論語精義》。一部，二十一冊。完全。

論語集義

趙希弁《讀書附志・經解類》 《論語精義》十卷。右明道、伊川、横渠三先生、成都范氏、滎陽呂氏、藍田呂氏、上蔡謝氏、建安游氏、延平楊氏、河東侯氏、河南尹氏十一人之説，晦庵先生所編集也。初曰《精義》，後改《集義》。卷末「淳熙辛丑冬至前五日點畢」十一字，乃先君子戒庵居士師向手澤也。

馬端臨《文獻通考・經籍考・論語孟子》 《論語集義》三十四卷。

《宋史・藝文志・論語類》 朱熹《集義》十卷。

王圻《續文獻通考・經籍考・論語學庸孟子》 《論語集義》。朱文公集。

錢謙益等《絳雲樓書目・論語類》 《論語集義》三冊。三十四卷。朱子集程、張、范、呂諸儒先之説，凡十二家。初名曰《精義》。後刻於豫章郡學，始名《集義》。

論語或問

陳振孫《直齋書録解題・語孟類》 《論語或問》十卷。朱熹撰。《集註》既成，復論次其取舍之所以然，別爲一書，而篇首述二書綱領與讀書者之要法。其與《集註》實相表裏，學者所當並觀也。

馬端臨《文獻通考・經籍考・論語孟子》 《論語或問》十卷。

《宋史・藝文志・論語類》　朱熹《或問》二十卷。

張萱等《内閣藏書目録・經部》　《論語或問》。九冊。全。宋朱熹著。又五冊。不全。

論語集注

趙希弁《讀書附志・經解類》　《論語集註》十卷。右朱文公所著也。先生之於《語》、《孟》，始集程、張、呂、范十一人之說，以爲《集義》。既又本之《註疏》，參之《釋文》，採之先儒，斷之詳說，以爲《集註》。《語》、《孟》之精微，蓋萃於此書矣。希弁所藏各兩本，嶽麓、白鹿洞所刊也。

陳振孫《直齋書録解題・語孟類》　《論語集註》十卷。朱熹撰。大略本程氏學，通取注疏古今諸儒之說，間復斷以己見。晦翁生平講解，此爲第一，所謂毫髮無遺憾者矣。

馬端臨《文獻通考・經籍考・論語孟子》　《論語集注》十卷。

《宋史・藝文志・論語類》　朱熹《集註》十卷。

高儒《百川書志・論語》　《論語集注》十卷。宋朱子集註。

徐𤊹《徐氏家藏書目・論語類》　《論語集註》十卷。

論語文公類語

楊士奇等《文淵閣書目・四書》　《論語文公類語》。一部，八冊。闕。

論語解義

《宋史・藝文志・論語類》　鄭汝《解義》十卷。

魯論明微

《宋史・藝文志・論語類》　張演《魯論明微》十卷。

論語說

趙希弁《讀書附志・經解類》　《論語說》三卷。右南軒先生張宣公栻敬夫所著也。

尤袤《遂初堂書目・論語類》　張南軒《論語說》。

陳振孫《直齋書録解題・語孟類》　《南軒論語說》十卷。侍講廣漢張栻敬夫撰。

馬端臨《文獻通考・經籍考・論語孟子》　南軒《論語說》十卷。

《宋史・藝文志・論語類》　張栻《解》十卷。

楊士奇等《文淵閣書目・四書類》　《論語張宣公解》。一部，三冊。闕。

《論語南軒解》。一部，三冊。完全。

張萱等《内閣藏書目録・經部》　《南軒論語解》。三冊。全。宋張栻著。

《四庫提要・四書類》　《癸巳論語解》十卷。浙江汪啓淑家藏本。宋張栻撰。其書成於乾道九年。是年歲在癸巳，故名曰《癸巳論語解》。考《朱子大全集》中備載與栻商訂此書之語，抉摘瑕疵多至一百一十八條，又訂其誤字二條。以今所行本校之，從朱子改正者僅二十三條，餘則悉仍舊稿，似乎斷斷不合。然「父在觀其志」一章，朱子謂舊有兩說，當從前說爲順，反覆辨論，至於二百餘言。而後作《論語集註》，乃竟用何晏《集解》所引孔安國義，仍與栻說相同。蓋講學之家於一字一句之異同，務必極言辨難，斷不肯附和依違。中間筆舌相攻，或不免於激而求勝。迨學問漸粹，意氣漸平，乃是是非非，坦然共白，不復回護其前說。此造詣之淺深，月異而歲不同者也。然則此一百一十八條者，特一時各抒所見，共相商榷之言，未可以是爲栻病。且二十三條之外，栻不復改，朱子亦不復爭，當必有渙然冰釋，始異而終同者，更不必執文集舊稿，以朱子之説相難矣。

論語小學

《宋史・藝文志・論語類》 薛季宣《論語小學》二卷。

論語約説

王圻《續文獻通考・經籍考・論語學庸孟子》 《論語約説》。薛季宣著。

論語大意

陳振孫《直齋書録解題・語孟類》 《論語大意》二十卷。海陵卞圜撰。

馬端臨《文獻通考・經籍考・論語孟子》 《論語大意》二十卷。

《宋史・藝文志・論語類》 卞圜《論語大意》二十卷。

晦庵論語語類

王圻《續文獻通考・經籍考・論語學庸孟子》 《晦庵論語語類》。潘墀著。

論語外書

王圻《續文獻通考・經籍考・論語學庸孟子》 《論語外書》。戴良輯。

論語問答略

王圻《續文獻通考・經籍考・論語學庸孟子》 《論語問答略》。吳英著。英字茂實，邵武人，紹興進士，從學朱熹。

論語答問

陳振孫《直齋書録解題・語孟類》 《石鼓論語答問》三卷。戴溪撰。岷隱初仕衡嶽祠官，領石鼓書院山長，所與諸生講説者也。其説切近明白，故朱晦翁亦稱其近道。

馬端臨《文獻通考・經籍考・論語孟子》 石鼓《論語答問》三卷。

《宋史・藝文志・論語類》 戴溪《石鼓答問》三卷。

楊士奇等《文淵閣書目・四書》 《論語問答》。一部，三冊。闕。

王圻《續文獻通考・經籍考・論語學庸孟子》 《石鼓論語問答》。戴溪著。

《四庫提要・四書類》 《石鼓論語問答》三卷。江蘇巡撫採進本。宋戴溪撰。溪有《續呂氏家塾讀詩記》，已著録。是書卷首有寶慶元年許復道序，稱淳熙丙午、丁未間，溪領石鼓書院山長，與湘中諸生集所聞而爲此書。朱子嘗一見之，以爲近道。陳振孫《書録解題》所載與序相符。其書詮釋義理，持論醇正，而考據間有疎舛。如解「緇衣羔裘」節，先加明衣親身，次加中衣，冬則次加裘，裘上加裼衣，裼衣之上加朝服。其説本於崔靈恩，不爲無據。然《詩・羔裘》篇，孔《疏》謂《玉藻》「君衣狐白裘，錦衣以裼之」，又云「以帛裏布，非禮也」。鄭註云：「冕服中衣用素，朝服中衣用布。」若皮弁之下即以錦衣爲裼，即是以帛裏布，故知中衣在裼衣之上。其文甚明，溪蓋未之深考。又解「吉月必朝服而朝」節，謂《玉藻》「天子玄端而朝日於東門之外」，不必依鄭註改端爲冕，蓋稱端者通冠冕言之。其説亦據《樂記》「端冕而聽古樂」。鄭註：「端爲玄衣。」孔疏：「端爲玄冕，凡冕服皆其制正幅，故稱端也。」然《玉藻》「天子玄端而朝日於東門之外」，與下文「玄端而居」對舉見異。故朝日玄冕即不得通稱玄端，此鄭所以決「冕」之誤爲「端」，溪亦失考也。然訓詁、義理，説經者向別兩家，各有所長，未可偏廢。溪能研究經意，闡發微言，於學者不爲無補。正不必以名物典故相繩矣。

麗澤論語集

王圻《續文獻通考・經籍考・論語學庸孟子》　《麗澤論語集》。戴溪著。

先聖大訓傳

張萱等《内閣藏書目録・經部》　《先聖大訓傳》。一冊。全。鈔本。莫詳編集姓氏，皆採經傳中先聖諸語成書而釋之，後附《絕四記》一編。又二冊。全。宋楊簡注。鈔本。

論語慈湖解

楊士奇等《文淵閣書目》卷四　《論語慈湖解》。一部，二冊。闕。

王圻《續文獻通考・經籍考・論語學庸孟子》　《論語傳》。楊簡著。

論語講義

《宋史・藝文志・論語類》　陳儀之《講義》二卷。

論語本旨

陳振孫《直齋書録解題・語孟類》　《論語本旨》一卷。建昌軍教授永嘉姜得平撰。

馬端臨《文獻通考・經籍考・論語孟子》　《論語本旨》一卷。

《宋史・藝文志・論語類》　姜得平《本旨》一卷。

楊士奇等《文淵閣書目・四書》　《論語本旨》。一部，一冊。完全。

王圻《續文獻通考・經籍考・論語學庸孟子》　《論語本旨》。姜得平著。

編次論語

王圻《續文獻通考・經籍考・論語學庸孟子》　《編次論語》。陳琰編。

論語類觀

王圻《續文獻通考・經籍考・論語學庸孟子》　《論語類觀》。黃鍰著。

論語義證

《宋史·藝文志·論語類》　倪思《論語義證》二十卷。

論語傳贊

《宋史·藝文志·論語類》　錢文子《論語傳贊》二十卷。

王圻《續文獻通考·經籍考·論語學庸孟子》　《論語傳贊》。錢文子著。

論語歸趣

《宋史·藝文志·論語類》　王汝猷《論語歸趣》二十卷。

論語贅言

《宋史·藝文志·論語類》　徐煥《論語贅言》二卷。

論語解義

《宋史·藝文志·論語類》　葉隆古《解義》十卷。

論語通釋

趙希弁《讀書附志·經解類》　《論語註義問答通釋》十卷。右勉齋黄先生榦通釋晦庵先生《集註》、《或問》之書也。

陳振孫《直齋書録解題·語孟類》　《論語通釋》十卷。黄榦撰。其書兼載《或問》，發明晦翁未盡之意。

馬端臨《文獻通考·經籍考·論語孟子》　《論語通釋》十卷。

《宋史·藝文志·論語類》　《朱熹論語註義問答通釋》十卷。黄榦《論語通釋》十卷。

楊士奇等《文淵閣書目·四書》　《論語通釋》。一部，三冊。

論語意原

《宋史·藝文志·論語類》　黄榦《論語意原》一卷。

楊士奇等《文淵閣書目·四書》　《論語意源》。一部，三冊。全。案「源」疑「原」，同。《論語意源》。一部，三冊。完全。

論語義

王圻《續文獻通考·經籍考·論語學庸孟子》　《論語義》十卷。湯起巖著。起巖，貴池人，允恭族侄。知營道縣，有淸名。秩滿歸，擇居寶峰，治小圃爲樂。所著又有《詩》五十卷。

論語傳

《宋史・藝文志・論語類》 高端叔《論語傳》一卷。

論語註義問答

王圻《續文獻通考・經籍考・論語學庸孟子》 《論語註義問答》。陳宓著。

論語童蒙説

王圻《續文獻通考・經籍考・論語學庸孟子》 《論語童蒙説》。柴中行著。

又《小學》 《論語童蒙説》。餘干柴中行著。

論語集編

《宋史・藝文志・論語類》 眞德秀《論語集編》一十卷。

論語要義

《宋史・藝文志・論語類》 魏了翁《論語要義》一十卷。

又《經解類》 魏了翁《論語要義》一十卷。

論語紀蒙

陳振孫《直齋書録解題・語孟類》 《論語紀蒙》六卷。國子司業臨海陳耆卿壽老撰。水心葉適爲之序。耆卿，學於水心者也。嘗主麗水簿，當嘉定初年成此書。

馬端臨《文獻通考・經籍考・論語孟子》 《論語紀蒙》六卷。

《宋史・藝文志・論語類》 陳耆卿《論語記蒙》六卷。

王圻《續文獻通考・經籍考・論語學庸孟子》 《論語紀蒙》。陳耆卿著。

論語蔡覺軒集疏

楊士奇等《文淵閣書目・四書》 《論語蔡覺軒集疏》。一部，九冊。闕。

論語注

王圻《續文獻通考・經籍考・論語學庸孟子》 《論語註》。趙汝談著。

論語大意

王圻《續文獻通考・經籍考・論語學庸孟子》 《論語大意》十卷。趙善湘著。

論語集義

王圻《續文獻通考・經籍考・論語學庸孟子》《論語集義》一卷。王鶚著。鶚，曹州東明人。幼聰悟，日誦千言。金哀宗時狀元。世祖即位，首授翰林學士承旨，知制誥，典章制度皆所裁定。所著又有《應物集》、《汝南遺事》。

論語大義　論語贅説

王圻《續文獻通考・經籍考・論語學庸孟子》《論語贅説》、《論語大義》。時少章著。

論語衍義　論語通旨

王圻《續文獻通考・經籍考・論語學庸孟子》《論語衍義》、《論語通旨》，王柏著。

論語集説

楊士奇等《文淵閣書目・四書》《論語集説》。一部，五册。闕。

黄虞稷《千頃堂書目・論語類・補宋》蔡節《論語集説》二卷。淳祐五年表進。

倪燦等《宋史藝文志補・論語類》蔡節《論語集説》十卷。淳祐五年表進。

于敏中等《天禄琳琅書目・影宋鈔經部》《論語集説》。一函，五册。

宋蔡節撰。十卷。前載節《進書表》並《集説》例，宋姜文龍序。考《浙江通志》載蔡節，永嘉人，於宋理宗時歷知湖州、明州、衢州諸軍。姜文龍，麗水人，登理宗淳祐元年辛丑進士。是書於淳祐五年經進節表後，結銜爲朝散郎試太府卿兼樞密副都承旨。姜文龍序作於淳熙六年，云刊是書於湖頖，自置爲文學掾，皆省志所未載。影鈔字畫通體匀整，其摹姜序行書學黄庭堅筆法，尤得神理。

《四庫提要・四書類一》《論語集説》十卷。内府藏本。宋蔡節撰。節，永嘉人。始末未詳。惟書首淳祐五年進表結銜，稱「朝散郎，試太府卿，兼樞密副都承旨」。末有淳祐丙午文學掾姜文龍跋，即進書之次年也。其例於全用一家者，則獨書姓名；於參用一兩家者，則各註本語之下；雜用衆説者，則疊書姓名於末；潤色以己意者，則曰「本某氏」，皆謂之曰「集」。或附己説於後，則别曰「節」。謂節自爲説者，謂之曰「釋」。其互相發明之説，則夾註於下；其推闡旁意之説，則低一字書之。是時朱子之説已行，故大旨率從《集註》。其間偶有異同者，如「賢賢易色」，謂賢人之賢爲之改容更貌；案此鄭汝諧之説。「攻乎異端」，謂「攻」爲「攻擊」，「害」爲反貽吾道之害；案此鄭汝諧之説。「知其説者之於天下也」，謂知魯之僭禘則名正，名正而天下不難治；「無所取材」，謂無所取桴材；案此鄭玄之説。「不有祝鮀之佞」三句，謂美色尚不足以免禍，惟口才乃可免；「不圖爲樂之至於斯也」，謂《韶》本揖遜之樂，今乃至於齊國；案此亦鄭汝諧之説。「五十以學易」，謂夫子是時年未五十，故云加年；「互鄉童子」一章，不作錯簡；「不至於穀」，謂三年不能至於善，則所學已難乎有得；「沒階趨進」，謂進疑作退；「雖疏食菜羹瓜祭」，謂瓜爲如字，以祭字屬下句；「三嗅而作」，謂嗅疑作嘆；案此徐積之説。「再有退朝」，謂「朝」爲從季氏至魯君之朝；「不恆其德」一節，謂别爲一章；「曰今之成人者何必然」，謂爲子路之言；「有馬者借人乘之」，謂即史之闕文；「齊景公有馬千駟」章，連上爲一章；案此鄭汝諧、錢時二家之説。「太師摯適齊」一章，謂魯君荒於女樂，故樂官散去。其中惟「太師摯」一章可備一説，餘皆牽强穿鑿。蓋朱子於註《易》、註《詩》誠不免有所遺議。至於《論語集註》，則平生精力具在於斯，其説較他家爲確。務與立異，反至於不中理也。然出入者不過此數條，其餘則皆詮釋簡明，詞約理該，終非胡文炳等所可及焉。

論語集注纂疏

張萱等《內閣藏書目録・經部》《論語集注纂疏》三册。全。趙順孫編。又八册。不全。又五册。不全。又五册。不全。

黄虞稷《千頃堂書目・論語類・補宋》趙順孫《論語集注纂疏》十卷。

論語井田義圖

錢東垣等輯《崇文總目・論語類》《論語井田義圖》一卷。［原釋］不著撰人名氏。述周井田之法，其曰「論語」者，蓋爲《論語》學者引用云。見《文獻通考》。闕。見天一閣鈔本。

馬端臨《文獻通考・經籍考・論語孟子》《論語井田義圖》。

《宋史・藝文志・論語類》《論語井田圖》一卷。

論語意原

《宋史・藝文志・論語類》《意原》十卷。

論語玄義

《宋史・藝文志・論語類》《論語玄義》十卷。

論語要義

《宋史・藝文志・論語類》《論語要義》十卷。

楊士奇等《文淵閣書目・四書》《論語要義》。一部，二册。闕。

《論語要義》。一部，二册。闕。

論語口義

《宋史・藝文志・論語類》《論語口義》十卷。

楊士奇等《文淵閣書目・四書》《論語口義》。一部，四册。殘缺。

論語閲義疏

《宋史・藝文志・論語類》《論語閲義疏》十卷。

論語世譜

《宋史・藝文志・論語類》《論語世譜》三卷。不知作者。

論語精義

張萱等《內閣藏書目録・經部》《論語精義》二十册。全。皆宋儒注釋語録，凡十卷，每卷分上下，鈔本。

論語集編

張萱等《内閣藏書目録・經部》　《論語集編》二册。不全。又二册。不全。

論語本旨

張萱等《内閣藏書目録・經部》　《論語本旨》一册。全。莫詳姓氏。

論語小義

錢大昕《補元史藝文志・論語類》　斡道沖《論語小義》二十卷。

龔顯曾《金藝文志補録・四書類》　《論語小義》二十卷。斡道沖。

删集論語解

王圻《續文獻通考・經籍考・論語學庸孟子》　《論語解》十卷。金趙秉文删集。

黄虞稷《千頃堂書目・論語類・補金》　趙秉文《删存論語解》十卷。

倪燦等《補遼金元藝文志・論語類》　金趙秉文《删集論語解》十卷。

錢大昕《補元史藝文志・論語類》　趙秉文《删集論語解》十卷。

龔顯曾《金藝文志補録・四書類》　《删集論語解》十卷。趙秉文。

論語辨惑

黄虞稷《千頃堂書目・論語類・補金》　王若虚《論語辨惑》。

錢大昕《補元史藝文志・論語類》　王若虚《論語辨惑》五卷。

龔顯曾《金藝文志補録・四書類》　《論語辨惑》五卷。

論語圖

錢大昕《補元史藝文志・論語類》　林起宗《論語圖》。

論語集義

黄虞稷《千頃堂書目・論語類・補元》　王鶚《論語集義》一卷。

倪燦等《補遼金元藝文志・論語類》　元王鶚《論語集義》一卷。

錢大昕《補元史藝文志・論語類》　王鶚《論語集義》一卷。

龔顯曾《金藝文志補録・四書類》　《論語集義》一卷。王鶚。金《志》倪《志》歸元人。

論語義

錢大昕《補元史藝文志・論語類》　郭好德《論語義》。字秉彝。

論語訓蒙

王圻《續文獻通考·經籍考·論語學庸孟子》　《論語訓蒙》。俞傑著。

錢大昕《補元史藝文志·論語類》　俞杰《論語訓蒙》。字仁仲，麗水人，處州路儒學教授。

石洞紀聞

黃虞稷《千頃堂書目·論語類·補元》　《石洞紀聞》十七卷。《内閣書目》云：元泰定間人，不知姓氏，釋《論語》義。按宋饒魯齋建石洞書院，著有《語孟紀聞》，與其門人史泳自相問答，或即此書。以爲元，或誤。

倪燦等《宋史藝文志補·論語類》　《石洞紀聞》十卷。《内閣書目》云：元泰定間人，不知姓氏，釋《論語》義。案：宋饒魯嘗建石洞書院，著有《語孟紀聞》，與其門人史詠自亨相問答，當即此書。

錢大昕《補元史藝文志·論語類》　《石洞紀聞》十七卷。泰定間人，或曰宋饒魯著。

論語纂

王圻《續文獻通考·經籍考·論語學庸孟子》　《論語纂》。葉由庚著。

錢大昕《補元史藝文志·論語類》　葉由庚《論語纂遺》。字成父，義烏人。

論語旁通

黃虞稷《千頃堂書目·論語類·補元》　杜瑛《緱山杜氏論語旁通》二卷。一作四卷。有中山李桓序。桓，字晉仲，溧水人。

倪燦等《補遼金元藝文志·論語類》　杜瑛《論語旁通》二卷。一作四卷。

龔顯曾《金藝文志補録·四書類》　《緱山論語旁通》四卷。杜瑛。倪氏、金氏俱歸《元志》。

論語集注考證

楊士奇等《文淵閣書目·四書》　《論語集注考證》。一部，三冊。完全。

張萱等《内閣藏書目録·經部》　《論語集注考證》三冊。全。宋金履祥編。

黃虞稷《千頃堂書目·論語類·補元》　金履祥《論語集注考證》十卷。

倪燦等《補遼金元藝文志·論語類》　金履祥《論語集注考證》十卷。

《四庫提要·四書類一》　《論語集註考證》十卷。浙江巡撫採進本。宋金履祥撰。後有自跋，謂古書之有註者必有疏，《論孟考證》即《集註》之疏，以有《纂疏》故不名疏，而文義之詳明者，亦不敢贅，但用《經典釋文》之例，表其疑難者疏之。其書於朱子未定之說，但折衷歸一。於事跡典故考訂尤多。蓋《集註》以發明理道爲主，於此類率沿襲舊文，未遑詳核。故履祥拾遺補闕，以彌縫其隙，於朱子深爲有功。惟其自稱「此書不無微牾，自我言之則爲忠臣，自他人言之則爲讒賊」，則殊不可訓。夫經者古今之大常，理者天下之公義。議論之得失惟其言，不惟其人，使所補正者果是，雖他人亦不失爲忠臣；使所補正者或非，雖弟子門人亦不免爲讒賊。何以履祥則可，他人則必不可？此宋、元間門戶之見，非篤論也。其中如辨《論語註》「公孫枝」云：案《左傳》，當作公叔發，《集註》或傳寫之誤。辨《孟子註》許行神農之言史遷所謂農家者流云，《史記》六家無農家。《漢書·藝文志》九流之中乃有農家，皆爲典確。至於辨「公劉，后稷之曾孫」一條，謂公劉避桀居邠，去后稷世遠，非其曾孫。不知古人凡遠祖多稱高祖，《左傳》郯子稱「我高祖少皞」是也。凡遠孫多稱曾孫，《左傳》蒯聵稱「曾孫蒯聵敢昭告皇祖文王」是也。如此之類，則註不誤，而履祥反誤，亦未盡確當不移。然其旁引曲證不苟異，亦不苟同。視胡炳文輩拘墟迴護，知有註而不知有經者，則相去遠矣。書凡一十七卷。首有許謙序，後有呂遲刊書跋，猶爲舊本。朱彝尊《經義考》稱《一齋書目》作二卷，註曰「未見」，蓋沿襲之誤不足據也。

錢大昕《補元史藝文志・論語類》　金履祥《論語集注考證》十卷。

論語章旨

錢大昕《補元史藝文志・論語類》　劉莊孫《論語章指》。

龔顯曾《金藝文志補録・四書類》　《論語章旨》。劉莊孫。

增集論語説約

錢大昕《補元史藝文志・論語類》　单庚金《增集論語説約》。

論語訓蒙口義

錢大昕《補元史藝文志・論語類》　陳櫟《論語訓蒙口義》。

論語指要

王圻《續文獻通考・經籍考・論語學庸孟子》　《論語指要》。任士林著。士林字叔實。自蜀綿竹徙奉化。至大中爲安定書院山長。

黄虞稷《千頃堂書目・論語類・補元》　任士林《論語指要》。

倪燦等《補遼金元藝文志・論語類》　任士林《論語指要》。

錢大昕《補元史藝文志・論語類》　任士林《論語指要》。

論語言仁通旨

黄虞稷《千頃堂書目・論語類・補元》　齊履謙《論語言仁通旨》二卷。

倪燦等《補遼金元藝文志・論語類》　齊履謙《論語言仁通旨》二卷。

錢大昕《補元史藝文志・論語類》　齊履謙《論語言仁通旨》二卷。

讀論語叢説

孫星衍《平津館鑒藏書籍記・元版》　《讀論語叢説》三卷。題「東陽許謙」。前有至正七年張樞序。稱：右白雲先生文懿許公所著《讀書叢説》六篇，先生之子元與門人俞實叜等之所校讎。此本止《論語》三卷。《四庫全書》本又止《大學》一卷，《中庸》一卷，《孟子》二卷，或即此書之缺。據張序稱：先生所著《詩名物鈔》八篇，《四書叢説》二十篇，《讀書叢説》六篇，《元史》本傳作廿卷者，非此書也。黑口板，每葉小字卅二行，行廿六字。

阮元《四庫未收書目提要・四書類》　《論語叢説》三卷。元許謙撰。伏讀《四庫全書總目》云：《元史》許謙本傳，載謙讀《四書章句集注》，有《叢説》二十卷。此本凡《大學》一卷，《中庸》一卷，《孟子》二卷，《中庸》闕其半。《論語》則已全闕。是編從元人刻本依樣影鈔，其中有正文而誤似注者。如中卷「晝寢」章、「衣敝」章，下卷「侍坐」章、「驥」章、「爲邦」章、「性相近」章、「荷蓧」章，乃元代刻書陋習，悉仍其舊。案謙受業於金履祥，故書中引履祥之説猶稱先生。吳師道云：欲讀朱子之書，必由許君之説。今考是書，發明朱子之學，旁引曲證，不苟異，亦不苟同，《泰伯》章云：王文憲謂《集注》朱子因舊傳修入，未及改。《美玉》章云：沽去聲，訓賣，若平聲，則訓買，於此義不相合。《川上》章云：舍去聲，止息也，見《楚辭辨證》，《集注》未及改。《割不正不食》節，則云「古者燕饗有大臠曰胾」，又云「其餘牲體骨脊及腸胃肺心割截各有一定所謂不正則不合乎度者」，頗有根據，皆足以資考證也。

黃丕烈《蕘圃藏書題識・經類》 《論語叢說》三卷。影元本。此《論語叢說》上、中、下三卷，錢唐何君夢華爲余鈔得者也。余初得《大學》、《中庸》、《孟子叢說》，獨缺《論語》，夢華借余本鈔之，并補余所缺，且爲余云《論語叢說》即余本所逸，印本大小闊狹紙墨都同，眞奇事也。書藏德清徐氏，緩日擬爲余購之。己巳六月望後一日，復翁。

論語句解

張萱等《內閣藏書目録・經部》 《論語解》二冊。全。盧陵劉豈磻句解，即用朱注分析之，附以圖說。

黃虞稷《千頃堂書目・論語類・補元》 劉豈墦《論語句解》十二卷。盧陵人。分析朱《注》，附以圖說。

倪燦等《補遼金元藝文志・論語類》 劉豈墦《論語句解》十二卷。

錢大昕《補元史藝文志・論語類》 劉豈蟠《論語句解》十二卷。盧陵人。

論語提要

黃虞稷《千頃堂書目・論語類・補元》 吳簡《論語提要》。字仲廉，吳江人。紹興路學録。

倪燦等《補遼金元藝文志・論語類》 吳簡《論語提要》。吳江人，紹興府學録。

錢大昕《補元史藝文志・論語類》 吳簡《論語提要》。

論語本意

王圻《續文獻通考・經籍考・論語學庸孟子》 《論語本意》。鄭奕夫著。奕夫字景允，鄞人。清之曾孫。嘗爲浮梁州教授。

黃虞稷《千頃堂書目・論語類・補元》 鄭奕夫《論語本義》。

倪燦等《補遼金元藝文志・論語類》 鄭奕夫《論語本義》。

錢大昕《補元史藝文志・論語類》 鄭奕夫《論語本意》。

論語口義

黃虞稷《千頃堂書目・論語類・補元》 歐陽溥《論語口義》四卷。一作歐陽博。

倪燦等《補遼金元藝文志・論語類》 歐陽溥《論語口義》四卷。一作歐陽博。

錢大昕《補元史藝文志・論語類》 歐陽溥一作博《魯論口義》四卷。

論語口義新書

楊士奇等《文淵閣書目・四書》 《論語口義新書》。一部，四冊。闕。

黃虞稷《千頃堂書目・論語類・補元》 歐陽淖《魯論口義正字新書》二十卷。

倪燦等《補遼金元藝文志・論語類》 歐陽淖《魯論口義正字新書》二十卷。

論語正義

黄虞稷《千頃堂書目・論語類・補元》 陳大立《論語正義》二十卷。貴溪人。

倪燦等《補遼金元藝文志・論語類》 陳立大《論語正義》二十卷。貴溪人。

錢大昕《補元史藝文志・論語類》 陳立大《論語正義》二十卷。

論語旁訓

黄虞稷《千頃堂書目・論語類》 沈易《論語旁訓》。

錢大昕《補元史藝文志・論語類》 沈易《論語旁訓》。

論語衍義

黄虞稷《千頃堂書目・論語類・補元》 《論語衍義》十卷。

論語本旨

黄虞稷《千頃堂書目・論語類・補元》 《論語本旨》一册。

論語纂圖

楊士奇等《文淵閣書目・四書》 《論語纂圖》。一部，二册。闕。

論語纂圖句解

楊士奇等《文淵閣書目・四書》 《論語纂圖句解》。一部，二册。完全。

論語評

楊士奇等《文淵閣書目・四書》 《論語評》。一部，十四册，闕。

論語通義

楊士奇等《文淵閣書目・四書》 《論語通義》。一部，一册。完全。

論語章解圖説

楊士奇等《文淵閣書目・四書》 《論語章解圖説》。一部，一册。闕。

論語大意

黄虞稷《千頃堂書目・論語類》 李材《論語大意》十二卷。

《明史・藝文志・四書類》 李材《論語大意》十二卷。

論語類編

黄虞稷《千頃堂書目·論語類》 周是脩《論語類編》二卷。

《明史·藝文志·四書類》 周是修《論語類編》二卷。

論語集註大全

高儒《百川書志·論語》 《論語集註大全》二十卷。大明翰林學士胡廣等奉勅纂修。

范邦甸等《天一閣書目·四書類》 《論語大全》二十四卷。明翰林學士胡廣等奉敕纂修。

論語近説

黄虞稷《千頃堂書目·論語類》 王承裕《論語近説》。

論語蒙讀

黄虞稷《千頃堂書目·論語類》 王承裕《論語蒙讀》。

論語衍義

黄虞稷《千頃堂書目·論語類》 林士元《論語衍義》。字舜卿。瓊州人，正德甲戌進士，浙江按察使。

論語類考

黄虞稷《千頃堂書目·論語類》 陳士元《論語類考》二十卷。

《明史·藝文志·四書類》 陳士元《論語類考》二十卷。

《四庫提要·四書類二》 《論語類考》二十卷。浙江巡撫採進本。明陳士元撰。士元有《易象鉤解》，已著録。是編皆考證《論語》名物典故，分十八門，又分子目四百九十有四。朱子以後解《四書》者，如眞德秀、蔡節諸家，主於發明義理而已。金履祥始作《論語孟子集註考證》，後有杜瑛《論語孟子旁通》、薛引年《四書引證》、張存中《四書通證》、詹道傳《四書纂箋》，始考究典故，以發明經義。今杜、薛之書不傳，惟金氏、張氏、詹氏書尚傳於世。三人皆篤信朱子，然金氏於《集註》之承用舊文偶失駁正者，必一一辨析。張氏、詹氏皆於舛誤之處諱而不言。其用意則小異。士元此書大致遵履祥之例，於《集註》不爲苟同，每條必先列舊説而蒐討諸書，互相參訂，皆以「元案」二字列之。凡一切杜撰浮談，如薛應旂《四書人物考》稱「有若，字子有」之類，悉爲糾正。較明代諸家之書，殊有根柢。特以專考《論語》，不備《四書》，故不及應旂書之盛傳，實則有過之無不及也。

張之洞《書目答問·論語》 《論語類考》二十卷。明陳士元。湖海樓本，歸雲別集本。

論語衍言

黄虞稷《千頃堂書目·論語類》 章潢《論語衍言》。

論語述

黄虞稷《千頃堂書目・論語類》　許孚遠《論語述》三卷。

論語講義

徐𤊹《徐氏家藏書目・論語類》　《論語講義》二卷。張蔚然。

論語外編

徐𤊹《徐氏家藏書目・論語類》　《論語外篇》十卷。豐城李栻輯。

黄虞稷《千頃堂書目・論語類》　李栻《論語外編》十卷。

論語訂釋

黄虞稷《千頃堂書目・論語類》　管志道《論語訂釋》十卷。

《明史・藝文志・四書類》　管志道《論語訂釋》十卷。

讀論勿藥

黄虞稷《千頃堂書目・論語類》　佘懋學《讀論勿藥》四卷。

論語義府

黄虞稷《千頃堂書目・論語類》　王肯堂《論語義府》二十卷。

《明史・藝文志・四書類》　王肯堂《論語義府》二十卷。

《四庫提要・四書類存目》　《論語義府》二十卷。浙江巡撫採進本。明王肯堂撰。肯堂有《尚書要旨》，已著録。是編不列經文，但標章目，歷引宋、元、明諸家講義。其唐人以前舊説，偶亦採録，然所取無多。或與《集註》兩歧者則低一格録之，觀其體例，似尊朱子。然其説頗雜於禪，如解「子貢問貧而無諂」一章，「有境」、「無境」諸義，豈可以詁儒書哉？

論語詳解

黄虞稷《千頃堂書目・論語類》　郝敬《論語詳解》二十卷。

論語逸編

黄虞稷《千頃堂書目・論語類》　鍾一韶《論語逸編》三十一卷。海鹽人。萬曆庚寅鄭心材序。

論語測　或問臆説

黄虞稷《千頃堂書目・論語類》　李頻《論語測》，《或問臆説》。

論語膚義

黃虞稷《千頃堂書目・論語類》　楊惟相《論語膚義》。

論語外篇

黃虞稷《千頃堂書目・論語類》　潘士達《論語外篇》四卷。吳郡人，提學副使。

論語學案

黃虞稷《千頃堂書目・論語類》　劉宗周《論語學案》，四冊。

《四庫提要・四書類二》　《論語學案》十卷。浙江巡撫採進本。明劉宗周撰。宗周有《周易古文鈔》，已著録。宗周講學，以「愼獨」爲宗。故其解「爲政以德」及「朝聞道」章，首揭此旨。其傳雖出姚江，然能救正其失。其解「多聞擇善」、「多見而識」章有云：「世謂聞見之知與德性之知有二，予謂聰明睿知非性乎？睿知之體，不能不窮於聰明而聞見啓焉。今必以聞見爲外，而欲隳明黜聰求睿知，并其睿知而槁矣，是隳性於空而禪學之談柄也。」其鍼砭「良知」之末流，最爲深切。其解「性相近」章，謂「氣質還他氣質，如何扯著性！性是就氣質中指點義理者，非氣質即爲性也。」雖與朱子之説稍異，然亦頗分明不苟。蓋宗周此書，直抒己見，其論不無純駁。然要皆抒所實得，非剽竊釋氏以説儒書，自矜爲無上義諦者也。其解「見危致命」章曰：「人未有錯過義理關，而能判然於生死之分者。」卒之明社既屋，甘蹈首陽之一餓，可謂大節皭然，不負其言矣。與其爲孫承澤，又何如爲劉宗周乎！

論語商

黃虞稷《千頃堂書目・論語類》　周宗建《論語商》二卷。吳江人，贈太僕寺卿。

《四庫提要・四書類二》　《論語商》二卷。浙江汪啓淑家藏本。明周宗建撰。宗建字季侯，吳江人。萬曆辛丑進士，官至監察御史，巡按湖廣。爲魏忠賢所害。崇禎初追贈太僕寺卿，謚忠毅。事蹟具《明史》本傳。此書乃其授徒湖州之時與諸生所講論也。宗建剛方正直，屹然獨立，而其學則沿姚江之末派，乃頗近於禪。如云：「人心之樂，非情非趣，非思非爲，虛中之影，水中之相。」如斯之類，殆似宗門語録。然講「素絢」章，謂後人求深反淺，在當時夫子、子夏不過隨境觸悟，非子夏欲抹煞禮，亦非夫子不重禮。講「顔淵問爲邦」云：「夫子略指大意，非只執定數件。」其言皆簡要明通，足釋訓詁之轇轕。且其人與日月爭光，則其書亦自足不朽。小小疵瑕，不足累之。此固不與講學之家爭一句一字之出入也。

論語近指

黃虞稷《千頃堂書目・論語類》　孫奇逢《論語近指》二十卷。

論語稽求篇

《四庫提要・四書類二》　《論語稽求篇》四卷。浙江巡撫採進本。國朝毛奇齡撰。奇齡有《仲氏易》，已著録。朱子《四書章句集註》，研究文義，期於愜理而止，原不以考證爲長。奇齡學博而好辨，遂旁採古義以相詰難。此其攻駁《論語集註》者也。其中有強生支節者，如古人有所師法皆謂之學，即至鱄諸學炙、秦青學謳，亦無異訓，朱子註「學」爲「效」，原無疵病，奇齡必謂「學者業道之名，泛訓作『效』，與工師授受何別？」不知學道與學藝，所學之事異，而「學」字不能別釋，亦猶喻義喻利，所喻之事異，而「喻」字不能兩解。以此發難，未見其然。有半是半非者，如「非其鬼而祭之」註引「季氏旅泰山」，固爲非類，奇齡謂鬼是人鬼，專指祖考，故曰「其鬼」，引《周禮・大宗伯》文爲證，謂泰山之神不可稱泰山之鬼，其説亦辨。然鬼實通指淫祀，不專言人鬼。果如奇齡之説，宋襄公用鄫子於次睢之社，《傳》稱「淫昏之鬼」者，其「鬼」誰之祖考耶？有全然無理者，如「無所取材」，鄭康成註材爲「桴材」，殊非事理，即牛刀之戲，何至於斯。朱子訓材爲「裁」，蓋本諸韋昭《國語》註，未爲無據。奇齡必申康成假設之説，以攻《集註》，不幾於侮聖言乎？然其中如謂「寧俞不仕文公」，及「禄去公室三世、政逮大夫四世」之類，考據特詳。解「爲政以德」之類，持論亦正。較陳天祥《四書辨疑》徒推尋於文句之間以難朱子者，固自勝之。漢代學官，《齊論》、《魯論》、《古論》三家竝立，兼採異説以備參考，是亦古人諸家竝存之義也。

張之洞《書目答問・論語》　《論語稽求篇》七卷。毛奇齡。西河集本，學海堂本。

讀論語劄記

《四庫提要・四書類二》　《讀論語劄記》二卷。福建巡撫採進本。李光地撰。【略】

論語傳註

《四庫提要・四書類存目》　《論語傳註》二卷。《大學傳註》一卷。《中庸傳註》一卷。《傳註問》一卷。直隸總督採進本。國朝李塨撰。塨有《周易傳註》，已著録。是編解釋經義，多與宋儒相反。蓋塨之學出於顔元，務以實用爲主。故於程、朱之講習，陸、王之證悟，凡不切立身經世者，一概謂之空談。而於心性之學，排擊尤甚。其解《四書》亦即此旨。中惟《孟子註》未成，今傳者《論語》、《大學》、《中庸》耳。《論語》多用古義，亦兼取毛奇齡之説。如以「無所取材」從鄭康成作「桴材」，「偏其反而」從何晏作「反經合道」之譬，則不免故相違迕，有意異同。《大學》用古本，讀「大」爲「泰」，及親民之「親」讀本字，皆仍舊説。其以格物之物爲《周禮・司徒》之「鄉三物」，則塨自申其學也。《中庸》不取朱子「天道」、「人道」之説，一切歸於實際，證以人事，在三書之中，較爲完密。《傳註問》則仿朱子《或問》之例，一一辨其去取之所以然，辭氣多不和平，徒以氣相勝而已。

鄉黨圖考

《四庫提要・四書類二》　《鄉黨圖考》十卷。安徽巡撫採進本。國朝江永撰。永有《周禮疑義舉要》，已著録。是書取經傳中制度名物有涉於《鄉黨》者，分爲九類：曰圖譜、曰聖蹟、曰朝聘、曰宮室、曰衣服、曰飲食、曰器用、曰容貌、曰雜典。考核最爲精密。其中若深衣、車制及宮室、制度，尤爲專門，非諸家之所及。間有研究未盡者，若謂每日常朝，王但立於寢門外，與羣臣相揖而已，既畢朝若有所議，則入内朝。引《左傳》成公六年「晉人謀去故絳，韓獻子將新中軍，公揖而入，獻子從公立於寢庭」，爲内朝議政之證。謂：鄭注《太僕》燕朝王圖宗人嘉事者，特舉其一隅，非謂宗人得入，異姓之臣不得入。後儒誤會《大僕注》以異姓之臣不得入路門，遂謂攝齊升堂爲升路門外之堂，其實路門之外無堂云云。今考永謂異姓之臣得入内朝，永説爲是。若謂路門之外無所議，欲有所議必入内朝，則永未詳考。《魯語》曰：「天子及諸侯合民事於外朝。」註：「言與百官合考民事於外朝也。」又曰：「合神事於内朝。」註：「内朝在路門内。」是則路門以外之朝，天子諸侯於以合考民事，豈謂無所議耶？永又謂《禮緯》天子外屏，乃樹屏於應門之外，諸侯内屏，乃樹屏於應門之内，以内屏爲在路門内者誤云云。今考《曲禮》、《爾雅疏》，俱云：「諸侯内屏爲在路門内。」且《爾雅》曰：「門屏之間謂之寧。」此門既據路門，則屏之内外亦自據路門内外可知。

《晉語》曰：「驪姬之讒，爾射子於屏內。」韋昭註：「樹謂之屏。禮諸侯內屏。」亦謂路門內也。《吳語》：「王乃入命夫人，王背屏而立，夫人向屏。」又曰：「王遂出，夫人送王不出屏。」韋昭注：「屏，寢門內屏也。婦人禮，送迎不出門。」據此，則諸侯之屏，明在寢門內矣。《淮南子・主術》篇「天子外屏所以自障」，高誘註：「諸侯在內，天子在外，故曰所以自障。」若諸侯亦設屏於朝門外，其何以別天子之自障乎？但考《大戴禮・武王踐阼》篇「師尚父亦端冕奉書而入，負屏而立。王下堂，南面而立。」云下堂，則路寢也，奉書而入，則入路門也。其內有屏，則似天子亦內屏。不知《釋名》曰：「罘罳在門外。罘，復也。罳，思也。臣將請事，於此復重思之。」又曰：「蕭牆在門內。蕭，肅也。將入於此，自肅敬之處也。」《論語》孔安國註：「蕭牆，屏也。」則門內蕭牆亦通名屏。崔豹《古今注》：「罘罳，屏之遺象。行至門內屏外，復應思惟。」則門內之牆，《古今注》又名曰罘罳。天子外屏，乃《釋名》所云門外罘罳也。《大戴禮》所云負屏，則又《古今註》所云門內罘罳也。《古今註》又謂西京門闕殿舍前皆有罘罳，蓋天子非若諸侯內屏，門內堂前，亦宜有隱蔽之處，故路門內外俱有屏。證諸《大戴禮》、《釋名》等書，最確鑿。今永謂天子屏在應門外，則未知所據。考《三輔黃圖》，漢未央宮擬於路寢。《五行志》未央宮東闕，所以朝諸侯之門，則擬於路門。罘罳在東闕外，則天子外屏在路門外，漢時猶存遺制。《覲禮》：「侯氏再拜稽首，出自屏南，適門西，遂入門左。」則廟門外有屏也。《管子》：「明日皆朝於太廟之門。」則廟門外之朝寧與路門外之朝寧同。天子廟門外之朝寧有屏，則路門外之朝寧亦當有屏。故可以廟門例路門也。鄭氏於《覲禮》引天子外屏爲證，實有精義。而永必易之，仍不若依鄭之爲得也。然全書數十百條，其偶爾疎漏者不過此類，亦可謂邃於《三禮》者矣。

論語温知録

《四庫提要・四書類存目》《論語溫知録》二卷。山西巡撫採進本。國朝崔紀撰。皆其平日讀《論語》所筆記。官湖北巡撫時乃彙而輯之。每章統論其大意，皆以闡發《集註》爲主。

論語説

《四庫提要・四書類存目》《論語說》二卷。浙江巡撫採進本。國朝桑調元撰。調元字弢甫，錢塘人，雍正癸丑進士，官工部主事。是書詮解《論語》凡五百條，分上、下二卷，每卷又分五子卷。所言皆闡《集註》未盡之義。如謂「人知有慾不剛，而不知無慾尚非剛」之類，頗爲細密。然是書爲其門人所録，尊崇師說，一字不遺。或併其偶批數字亦悉載之。如「不有祝鮀之佞」章，但註「自古如此，可傷可歎」八字，別無一言。是豈詁經之法、著書之體耶？再刪汰之則善矣。

論語俟質

張之洞《書目答問・論語》《論語俟質》三卷。江聲。胡珽《琳琅秘室叢書》活字本。

論語後録

張之洞《書目答問・論語》《論語後録》五卷。錢坫。《錢氏四種》本。

論語駢枝

張之洞《書目答問・論語》《論語駢枝》一卷。劉台拱。《劉氏遺書》本，學海堂本。

論語魯讀考

張之洞《書目答問·論語》 徐養原《論語魯讀考》。未見傳本。

論語補疏

張之洞《書目答問·論語》 《論語補疏》三卷。焦循。《焦氏叢書》本，學海堂本。

論語通釋

論語述何

張之洞《書目答問·列朝經注經説經本考證》 《論語述何》二卷。劉逢祿撰。

論語説義

張之洞《書目答問·論語》 《論語説義》十卷。宋翔鳳。浮溪精舍本。

論語後案

張之洞《書目答問·論語》 《論語後案》二十卷。黄式三。道光甲辰活字版本。

論語温故録

張之洞《書目答問·論語》 包慎言《論語温故録》。未見傳本。

論語正義

張之洞《書目答問·論語》 《論語正義》二十卷。劉寶楠。江寧刻本。

輯論語三十七家注

張之洞《書目答問·論語》 鄭珍《輯論語三十七家注》兩卷。未刊。

論語偶記

張之洞《書目答問·論語》 《論語偶記》一卷。方觀旭。學海堂本。

孟子分部

孟子趙氏注

陳振孫《直齋書録解題·語孟類》 《孟子》十四卷。趙岐云名軻，字則未聞也。按《史記》字子輿，《孔叢子》作子車。

又 《孟子章句》十四卷。後漢太僕京兆趙岐邠卿撰。本名嘉，字臺卿，避難改名。

馬端臨《文獻通考·經籍考·論語孟子》 趙岐註《孟子》十四卷。

楊士奇等《文淵閣書目·四書》 《孟子趙氏注》。一部，二冊，闕。

彭元瑞等《天禄琳琅書目後編·宋版經部》 《孟子》一函，六冊。漢趙岐注，附《音義》書，十四卷。前岐題辭，岳珂荆溪家塾所刻。按書中字句與監本異者，《梁惠王上》「可以無飢監本譌『饑』。矣」。《梁惠王下》「猶監本譌『由』。古之樂也」，「古公亶甫」監本譌『父』。「强監本譌『彊』。爲善而已矣」。《公孫丑上》「不膚橈」。監本譌「撓」。《滕文公上》「井地不鈞」監本譌『均』。「强監本譌『彊』。曾子」。《離婁上》「政不足監本衍『與』字。間也」。《離婁下》「原監本譌『源』。泉混混」，「王使人瞯監本譌『瞷』。夫子」。《告子上》「必志監本譌『至』下句同。於彀」。《告子下》「孝弟監本譌『悌』。而已矣」。《盡心上》「强監本譌『彊』。恕而行」，「見且由監本譌『猶』不得亟」，「足監本譌『可』。以無飢監本譌『饑』。矣」，《盡心下》「亦不殞監本譌『隕』。厥問」，「知監本譌『智』。之於賢者也」，「夫予監本譌『子』。之設科也」，「來者不距」，監本譌『拒』。「人能充無穿踰監本譌『窬』。之心」，「吾黨之士」，監本譌「小子」。「萬子監本譌『章』。曰」。細核宋刻諸本，皆與此合，足徵珂讎校之善。

又《影宋鈔諸部》 《孟子》一函，七冊。趙岐注。同前。每卷末亦有「盱郡重刊」、「廖氏善本」各種印。 琴川毛氏影鈔，商丘宋氏藏。八印俱同上《論語》，蓋竝弆者。

吴壽暘《拜經樓藏書題跋記》卷一 《孟子趙注》。趙氏《章指》十四卷，周耕厓先生從宋本校録。末附《音義》二卷，有戴震、孔繼涵二跋。先君子書後云：「盧學士《抱經堂集》中亦有跋，可案。」

孟子古文

高儒《百川書志·孟子》 《孟子古文》二卷。

孟子劉注

張之洞《書目答問·孟子》 《孟子劉熙注》一卷。宋翔鳳輯。浮溪精舍本。

孟子古注

胡師安等《元西湖書院重整書目》 《孟子古注》。

孟子注

馬端臨《文獻通考·經籍考·論語孟子》 陸善經註《孟子》七卷。

續孟子

馬端臨《文獻通考·經籍考·論語孟子》 《續孟子》二卷。

徐𤊹《徐氏家藏書目·孟子類》 《續孟子》一卷。唐林慎思。

孟子注疏

陳振孫《直齋書録解題·語孟類》 《孟子正義》十四卷，孫奭撰。序言爲之注者，有趙岐、陸善經，其所訓說，雖小有異同，而共宗趙氏，今惟據趙注爲本。

胡師安等《元西湖書院重整書目》 《孟子注疏》。

楊士奇等《文淵閣書目・四書》　《孟子注疏》。一部，十册，完全。　《孟子注疏》。一部，七册，殘缺。　《孟子注疏》。一部，六册，闕。

范邦甸等《天一閣書目・四書類》　《孟子註疏》十四卷。漢趙岐註，宋孫奭疏幷序。

徐𤊹《徐氏家藏書目・孟子類》　《孟子注疏》十四卷。漢趙氏注，宋孫奭疏。

錢謙益等《絳雲樓書目・孟子類》　《孟子註疏》。

錢曾《讀書敏求記・經》　《孟子註疏》十四卷。《孟子注疏》是叢書堂録本，簡端五行，爲匏翁手筆。古人於疏、注皆命侍史繕寫，好書之勤若是。間以監本、建本校對，踳繆脱落，乃知匏翁抄此爲不徒也。

《四庫提要・四書類一》　《孟子正義》十四卷。内府藏本。漢趙岐註，其疏則舊本題宋孫奭撰。岐字邠卿，京兆長陵人，初名嘉，字臺卿。永興二年辟司空掾，遷皮氏長。延熹元年中常侍唐衡兄玹爲京兆尹，與岐夙隙，岐避禍逃避四方，乃自改名字。後遇赦得出，拜幷州刺史。又遭黨錮十餘歲。中平元年，徵拜議郎，舉燉煌太守。後遷太僕，終太常。事蹟具《後漢書》本傳。奭字宗古，博平人，太宗端拱中九經及第，仁宗時官至兵部侍郎、龍圖閣學士，事蹟具《宋史》本傳。是註即岐避難北海時，在孫賓家夾柱中所作。漢儒註經，多明訓詁名物，惟此註箋釋文句，乃似後世之口義，與古學稍殊，然孔安國、馬融、鄭玄之註《論語》，今載於何晏《集解》者，體亦如是。蓋《易》、《書》文皆最古，非通其訓詁則不明，《詩》、《禮》語皆徵實，非明其名物亦不解。《論語》、《孟子》詞旨顯明，惟闡其義理而止，所謂言各有當也。其中如謂宰子、子貢、有若緣孔子聖德高美而盛稱之，孟子知其太過，故貶謂之污下之類，紕繆殊甚。以屈原憔悴爲徵於色，以寧戚扣角爲發於聲之類，亦比擬不倫。然朱子作《孟子集註》、《或問》於岐説不甚掊擊。至於書中人名，惟盆成括、告子不從其學於孟子之説，季孫子叔不從其二弟子之説，餘皆從之。書中字義，惟「折枝」訓「按摩」之類不取其説，餘亦多取之。蓋其説雖不及後來之精密，而開闢荒蕪，俾後來得循途而深造，其功要不可泯也。胡爌《拾遺録》據李善《文選註》引孟子曰「墨子兼愛，摩頂至於踵」，趙岐曰：「致，至也」。知今本經文及註均與唐本不同。今證以孫奭《音義》所音，岐註亦多不相應。語詳《孟子音義》條下。蓋已非舊本。至於《盡心下》篇「夫子之設科也」註，稱孟子曰「夫我設教授之科」云云，則顯爲「子」字，今本乃作「夫子」；又「萬子曰」句，註稱「萬子，萬章也」，則顯爲「子」字，今本乃作「萬章」，是又註文未改而經文誤刊者矣。其疏雖稱孫奭作，而朱子語録則謂邵武士人假託，蔡季通識其人。今考《宋史・邢昺傳》稱昺於咸平二年受詔與杜鎬、舒雅、孫奭、李慕清、崔偓佺等校定《周禮》、《儀禮》、《公羊穀梁春秋傳》、《孝經》、《論語》、《爾雅》義疏，不云有《孟子正義》。《涑水紀聞》載奭所定著，有《論語》、《孝經》、《爾雅》正義，亦不云有《孟子正義》。其不出奭手，確然可信。其疏皆敷衍語氣，如鄉塾講章，故朱子語録謂其全不似疏體，不曾解出名物制度，只繞纏趙岐之説。至岐註好用古事爲比，疏多不得其根據。如註謂非禮之禮，若陳質娶妻而長拜之，非義之義，若藉交報讎，此誠不得其出典。案：藉交報讎，似謂藉交游之力以報讎。如朱家、郭解，非有人姓藉名交也。疑不能明，謹附識於此。至於單豹養其内而虎食其外，事出《莊子》，亦不能舉，則弇陋太甚。朱彝尊《經義考》摘其欲見西施者人輸金錢一文事，詭稱《史記》。今考註以尾生爲不虞之譽，以陳不瞻爲求全之毁，疏亦竝稱《史記》。尾生事實見《莊子》，陳不瞻事實見《説苑》案《説苑》作陳不占，蓋古字同音假借。皆《史記》所無。如斯之類，益影撰無稽矣。以久列學官，姑仍舊本録之爾。

黄丕烈《蕘圃藏書題識・經類》　《孟子注疏解經》十四卷。舊鈔本。是書於辛亥歲從學餘書肆中得來，始余於肆中見有是書，攜歸繙閲，見有殘缺，心不甚喜，因還之。後偶檢錢曾《讀書敏求記》，其所載：《孟子注疏》十四卷，是叢書堂録本，簡端五行爲匏翁手筆，古人於注、疏皆命侍史繕寫，好書之勤若是。間以建本、監本校對，踳謬脱落，乃知匏翁鈔此爲不徒也云云。方悟所見之本爲也是翁家故物，亟往索之，云已攜至玉峰書籍街去矣。迨至書船返棹，而是書依然在焉，喜甚，攜之歸。開卷視此五行，果與後之筆跡迥殊，其爲叢書堂録本無疑。至卷中鈔寫不全，想係照宋刻録出之故，容俟暇日取他本校對，以徵此本之善。噫，遵王所藏，曾幾何時而已入書賈之手，豈不可惜！然猶幸余之因《敏求記》中語而知是書而寶之，不亦快哉！壬子九月四日命工重裝，書此數語於後。黄丕烈。

吳壽暘《拜經樓藏書題跋記》卷一　《孟子注疏》。汲古閣刊本。先君子鈔補《孟子篇叙》於後。跋云：昔虞山錢曾有《孟子音義》二卷，載於《讀書敏求記》，後附《孟子篇叙》，《篇叙》者，乃趙氏述《孟子》七篇所以相次序之意也。錢曾云：《篇叙》世罕見之，藏書家宜廣其傳，勿易視之。予求《篇叙》久而未獲，偶以新得《孟子外書》四篇攜示，鮑君以文亦出《孟子音義》鈔本見示，蓋即錢氏之本。而爲武原友人吾君以方所手録也。《音義》二卷已刊於《通志堂經解》中，特補鈔篇叙於此。

孟子音義

陳振孫《直齋書録解題·語孟類》　《孟子音義》二卷。龍圖閣學士侍讀博平孫奭宗右撰。舊有張鎰、丁公著爲之音，俱未精當。奭方奉詔校定，撰集《正義》，遂討論音釋，疏其疑滯，備其闕遺，既成上之。

錢曾《讀書敏求記·經》　孫奭《孟子音義》二卷。孫宣公以張鎰、丁公著二家所音《孟子》未精當，質諸經訓，證以字書，成《音義》二卷。孫奭曰：孟子見梁惠王、見梁襄王，並當與「暴見於王」，「他日見於王」同音「現」。宣公前二「見」字無音，學者相承如字讀，非也。予學識淺鮮，未知通人以爲然否？《漢書·藝文志》「儒家」《孟子》十一篇，宋時館閣中尚有《外書》四篇：曰《性善辨》、曰《文説》、曰《孝經》、曰《爲政》。或疑合之可如《藝文志》之數。今觀此書後附《孟子篇叙音義》，曰此趙氏述《孟子》七篇，所以相次叙之意，則知《外篇》乃後儒撰集。雖亡來已久，不存可也。《篇叙》世罕之見，藏書家宜廣其傳，勿易視之。

《四庫提要·四書類一》　《孟子音義》二卷。兩江總督採進本。宋孫奭撰。唐陸德明《經典釋文》於羣經皆有《音義》，獨闕《孟子》。奭奉敕校定趙岐註，因刊正唐張鎰《孟子音義》及丁公著《孟子手音》二書，兼引陸善經《孟子註》，以成此書。其序文前半與世傳奭《孟子正義序》同。蓋《正義》僞序，即緣此序而點竄也。書中所釋稱「一遵趙註」，而以今本校之，多不相符。如：《梁惠王》篇上曰集穆、曰大平、曰譎，篇下曰恂、曰無墮、曰夫將；《公孫丑》篇上曰介者，篇下曰素餐、曰藉道、曰危行、曰食功；《滕文公》篇上曰景行、曰論語、曰力行近仁、曰師知，篇下曰素餐、曰涅、曰駢蹎、曰周公卬思；《離婁》篇上曰蹐、曰恐栗、曰三省、曰而錯、曰桐子，篇下曰不比、曰由天、曰風諭、曰見幾、曰好言、曰枝、曰之行、曰行其、曰五伯、曰辟害、曰趺、曰汙；《萬章》篇上曰百行、曰舍小，篇下曰沮溺、曰景行、曰伊發有莘；《告子》篇上曰長義、曰好下、曰幾成，篇下曰雨雪、曰漉漉、曰見晛、曰或折；《盡心》篇上曰遠之、曰下賤、曰邪辟、曰辟若、曰蟠辟、曰論之一簣、曰瞀、曰柚樺、曰和寡，篇下曰遠禍、曰惡殺、曰舍生、曰爲之、曰造、曰臧否、曰自遺、曰子率、曰剖其末、曰孟子；《篇叙》曰其行、曰當期、曰括。凡六十有九條，皆今本註文所無。惟《孟子註》之單行者，世有傳鈔宋本尚可稽考。僞《正義》刪改其文，非復趙岐原書，故與《音義》不相應也。因是書可以證岐註之舊，竝可以證奭疏之僞，則其有功典籍亦不細矣。案宋《禮部韻略》所附條式，自元祐中即以《論語》、《孟子》試士，是當時已尊爲經。而晁氏《讀書志》，《孟子》仍列儒家。至陳氏《書録解題》始與《論語》同入經部。蓋宋尊《孟子》始王安石。元祐諸人務與作難，故司馬光《疑孟》、晁説之《詆孟》作焉。非攻《孟子》，攻安石也。白珽《湛淵靜語》所記，言之頗詳。晁公武不列於經，猶説之之家學耳。陳振孫雖改晁氏之例，列之於經。然其立説，乃以程子爲詞，則亦非尊《孟子》，仍尊程子而已矣。考趙岐《孟子題詞》，漢文帝時已以《論語》、《孝經》、《孟子》同置博士。而孫奭是編，實大中祥符間奉敕校刊《孟子》所修。然則表章之功，在漢爲文帝，在宋爲眞宗；訓釋之功，在漢爲趙岐，在宋爲孫奭。固不始於王安石，亦不始於程子，紛紛門戶之愛憎，皆逐其末也。

黄丕烈《蕘圃刻書題識·經類》　重雕蜀大字本《孟子音義》二卷。近時非無傳本，然欲求宋本面目邈不可見矣。余偶得影宋鈔本，爲虞山錢遵王述古堂藏書，即以付梓，其用爲校勘者，復假香嚴書屋藏本，係汲古閣影宋鈔，與此同出一源。卷中有一二誤字兩本多同，當是宋刊原有。且文義顯然，讀者自辨，弗敢改易，致失其眞。毛本有斧季跋云：余在京師得宋本《孟子音義》，發而讀之，其條目有《孟子》篇叙注云「此趙氏述《孟子》七篇所以相次叙之意」，茫然不知所謂，書賈又挾北宋板《章句》求售，亦係蜀本大字，皆章北李氏開先藏書也。卷末有《篇叙》之文，狂喜叫絶，令僮子影寫攜歸，附於《音釋》之後，後人勿易視之也。據斧季所云是最後一葉，本非《音義》所有，故毛本於此葉首一行有「《孟子》卷第十四」六大字，錢鈔已削之，非其舊矣。因著於此。再香嚴本尚有《孝經今文音義》、《論語音義》各一卷，與《孟子音義》合裝一册，兹就余所有刻之，餘二種尚須倩工模寫，願以異日聞。此三種宋刻眞本在揚州某家，五硯樓主人曾見之，親爲余言云。嘉慶己巳仲夏之月四日，黄丕烈書於學耕堂。

張之洞《書目答問・孟子》　《孟子音義》二卷。宋孫奭。士禮居影宋蜀大字本，抱經堂本，微波榭本，韓岱雲本，成都局本，又通志堂本。此眞孫奭作，《疏》乃僞託。

删孟

晁公武《郡齋讀書志・孟子》　皇朝馮休撰。休觀孟軻書時有叛違經者，疑軻没後，門人妄有附益，删去之，著書十七篇，以明其意。前乎休而非軻者荀卿，刺軻者王充，後乎休而疑軻者温公，與軻辯者蘇東坡，然不若休之詳也。

馬端臨《文獻通考・經籍考・論語孟子》　《删孟》二篇。

蘇評孟子

徐𤊹《徐氏家藏書目・孟子類》　《蘇老泉批點孟子》七卷。

錢謙益等《絳雲樓書目・孟子類》　《蘇老泉批點孟子》。

《四庫提要・四書類存目》　《蘇評孟子》二卷。兵部侍郎紀昀家藏本。舊本題宋蘇洵評。考是書《宋志》不著録。孫緒《無用閒談》稱其論文頗精，而摘其中引洪邁之語在洵以後，知出依託。則正德中是書已行矣。此本爲康熙三十三年杭州沈季雲所校，其子心友刻之。然無所謂洪邁語者。豈經緒指摘，故削之以滅跡耶？抑併非孫緒所見之本，又僞本中之重儓耶？宋人讀書，於切要處率以筆抹。故《朱子語類》論讀書法云：「先以某色筆抹出，再以某色筆抹出。」呂祖謙《古文關鍵》、樓昉《迂齋評註古文》，亦皆用抹，其明例也。謝枋得《文章軌範》、方回《瀛奎律髓》、羅椅《放翁詩選》始稍具圈點，是盛於南宋末矣。此本有大圈，有小圈，有連圈，有重圈，有三角圈，已斷非北宋人筆。其評語全以時文之法行之，詞意庸淺，不但非洵之語，亦斷非宋人語也。

疑孟

晁公武《郡齋讀書志・孟子》　皇朝司馬光君實撰。光疑《孟子書》有非軻之言者，著論是正之，凡十一篇。光論性不以軻道性善爲然。

趙希弁《讀書附志拾遺》　《疑孟》一卷。右温國司馬文正公光所著也。公疑《孟子》之書有非軻之言者，故爲《疑孟》十有一篇。建安余允文乃爲《尊孟辨》，於温公之疑，逐段爲之辨。晦庵先生又於允《辨》之後，逐段爲之説云。

馬端臨《文獻通考・經籍考・論語孟子》　《疑孟》一卷。

孟子解

馬端臨《文獻通考・經籍考・論語孟子》　横渠《孟子解》二十四卷。

孟子解

晁公武《郡齋讀書志・孟子》　介甫素喜《孟子》，自爲之解。其子雱與其門人許允成皆有註釋。崇、觀間，場屋舉子宗之。

馬端臨《文獻通考・經籍考・論語孟子》　王安石、王雱、許允成《孟子解》共四十二卷。

注孟子外書

倪燦等《宋史藝文志補・孟子類》　熙時子《注孟子外書》四篇。稱馬廷鸞序謂熙時子即劉攽，實假託也。

孟子解

陳振孫《直齋書録解題・語孟類》　《孟子解》五卷。廣陵王令逢原撰。

馬端臨《文獻通考・經籍考・論語孟子》　王逢原《孟子解》五卷。

孟子解

馬端臨《文獻通考・經籍考・論語孟子》　伊川《孟子解》十四卷。

孟子解

陳振孫《直齋書録解題・語孟類》　潁濱《孟子解》一卷。蘇轍撰。其少年時所作，凡二十四章。

馬端臨《文獻通考・經籍考・論語孟子》　潁濱《孟子解》一卷。

徐𤊹《徐氏家藏書目・孟子類》　潁濱《孟子解》一卷。宋蘇（軾）[轍]。

《四庫提要・四書類一》　《孟子解》一卷。江蘇巡撫採進本。宋蘇轍撰。舊本首題「潁濱遺老」字，乃其晚歲退居之號。以陳振孫《書録解題》考之，實少年作也。凡二十四章。一章謂聖人躬行仁義而利存，非以爲利；二章謂文王之囿七十里，乃山林藪澤與民共之；三章謂小大貴賤，其命無不出於天，故曰畏天樂天；四章引責難於君，陳善閉邪畜君爲好君；五章謂浩然之氣即子思之所謂誠；六章論養氣在學，而待其自至；七章論知言，曰知其所以病；八章以克己復禮解射者正己；九章論貢之未善，由先王草創之初，故未能周密；十章論陳仲子之廉，病在使天下之人無可同立之人；十六章論孔子以微罪行爲，上以免君，下以免我；十八章論事天立命；十九章論順受其正；二十二章論進鋭退速；二十四章論擴充仁義，立義皆醇正不支；二十章以周官八議駁竊負而逃；二十三章以司馬懿、楊堅得天下，言仁不必論得失，亦自有所見。惟十一章謂學聖不如學道，十二章、十三章、十四章以孔子之論性難孟子之論性，十五章以智屬夷、惠，力屬孔子，十七章以「貞而不亮」難「君子不亮」，二十一章以形色天性爲強飾於外，皆未免駁雜。蓋瑕瑜互見之書也。然較其晚年著述純入佛老者，則謹嚴多矣。

孟子解義

王圻《續文獻通考・經籍考・論語學庸孟子》　《孟子解義》。尤溪周諝著。諝，熙寧進士。不行王安石新法而歸，時稱爲周夫子。

孟子通義

王圻《續文獻通考・經籍考・論語學庸孟子》　《孟子通義》。葉夢得著。夢得，湖州人。建炎中，以尚書左丞遷崇慶軍節度。

孟子集程氏説

趙希弁《讀書附志拾遺》　《孟子集程氏説》一卷。湯烈編集。

七家孟子講義

尤袤《遂初堂書目・論語類》　《七家孟子講義》。

孟子解

趙希弁《讀書附志・經解類》　《孟子解》三十六卷。無垢先生張文忠公九成子韶著。

陳振孫《直齋書録解題・語孟類》　《孟子解》十四卷。張九成撰。

馬端臨《文獻通考・經籍考・論語孟子》　張無垢《孟子解》十四卷。

錢謙益等《絳雲樓書目・孟子類》　張無垢《孟子解》二册。

于敏中等《天禄琳琅書目・影宋鈔經部》　《張狀元孟子傳》。一函，八册。宋張九成撰。二十九卷。考《宋史・藝文志》，載九成《孟子拾遺》一卷，《語録》十四卷，而不及此書。馬端臨《文獻通考》亦未載。按本傳，九成字子韶，錢塘人。高宗紹興二年，上將策進士，詔考官，直言者置高等。九成對策稱旨，擢寘首選。授鎭東軍簽判，累官至宗正少卿，權禮部侍郎兼侍講，兼權刑部侍郎。坐傾附趙鼎落職。秦檜復令司諫詹大方論其謗訕朝廷，謫居南安軍。在南安十四年。每執書就明，倚立庭甎，歲久雙趺隱然。檜死，起知溫州，旋丐祠，歸數月，卒。理宗寶慶初，特贈太師，封崇國公，謚文忠。此書標爲《張狀元孟子傳》，次行所列之銜係追贈爵秩，則是寶慶後校刊之本。卷帙終於《告子》，而闕《盡心》全篇。按《宋史・藝文志》載《張氏孟子傳》三十六卷。趙希弁《郡齋讀書附志》作《孟子解》三十六卷，亦即是書。此本蓋佚其七卷耳。明焦竑《國史經籍志》載九成《孟子解》僅十四卷，是前明內府所藏并佚其大半。此雖未爲全書，而已爲竑所未見。且影鈔字法紙墨皆極精良，其所得有二十九卷，亦可謂是書之幸矣。琴川毛氏鈔本。

《四庫提要・四書類一》　《孟子傳》二十九卷。內府藏本。宋張九成撰。

九成字子韶，自號無垢居士。其先開封人，徙居錢塘。紹興二年進士第一人。授鎭東軍僉判，歷宗正少卿，兼侍講，權刑部侍郎。忤秦檜，誣以謗訕，謫居南安軍。檜死，起知溫州，匄祠歸。卒，贈太師崇國公，謚文忠。事蹟具《宋史》本傳。《宋史・藝文志》載九成《孟子拾遺》一卷，今附載《横浦集》中。《文獻通考》載九成《孟子解》十四卷，朱彝尊《經義考》註云「未見」。此本爲南宋舊槧，實作《孟子傳》，不作《孟子解》。又《盡心》篇已佚，而《告子》篇以上已二十九卷，則亦不止十四卷，蓋《通考》傳寫誤也。九成之學出於楊時，又喜與僧宗杲遊，故不免雜於釋氏。所作《心傳》、《日新》二録，大抵以禪機詁儒理。故朱子作《雜學辯》，頗議其非。惟註是書，則以當時馮休作《删孟子》，李覯作《常語》，司馬光作《疑孟》，晁説之作《詆孟》，鄭厚叔作《藝圃折衷》皆以排斥孟子爲事，故特發明於義利經權之辨，著孟子尊王賤霸有大功，撥亂反正有大用。每一章爲解一篇，主於闡揚宏旨，不主於箋詁文句。是以曲折縱横，全如論體。又辨治法者多，辨心法者少，故其言亦切近事理，無由旁涉於空寂，在九成諸著作中，此爲最醇。至於草芥寇讎之説，謂「人君當知此理，而人臣不可有此心」。觀其眸子之説，謂瞭與眊乃邪正之分，不徒論其明暗。又必有孟子之學識，而後能分其邪正。尤能得文外微旨。王若虛《滹南老人集》有《孟子辨惑》一卷，其自述有曰：《孟子》之書，隨機立教，不主故常，凡引人於善地而已。司馬君實著所疑十餘篇，蓋淺近不足道也。蘇氏解《論語》與《孟子》辨者八，其論差勝，及細味之，亦皆失其本旨。張九成最號深知者，而復不能盡，如論「行仁政而王」、「王者之不作」，曲爲護諱，不敢正言，而猥曰：「王者，王道也。」此猶是鄭厚叔輩之所見。至於對齊宣湯武之問，辨任人食色之惑，皆置而不能措口云云。蓋於諸家註中獨許九成，而尚有所未盡慊。不知「行仁政而王」之類，文義分明，九成非不能解。特以孟子之意欲拯當日之戰爭，九成之解則欲防後世之僭亂。雖郢書燕説，於世道不爲無益。至於湯武放伐、任人食色，闕其所疑，正足見立説之不苟。是固不足爲九成病也。

張金吾《愛日精廬藏書志・四書類》　《孟子傳》二十九卷。文淵閣傳抄本。宋張九成撰。原三十卷，今佚末一卷。

潘祖蔭《滂喜齋藏書記・經部》　宋刻張子韶《孟子傳》二十九卷。一函，八册。宋張九成撰。每半葉十四行，行二十五字。莫子偲云結銜太師崇國文忠公爲理宗寶慶初所贈謚，則寶慶以後刊也。佚去《盡心》上、下二篇，與《四庫》本合。舊爲劉氏眠琴館、汪氏藝芸書舍藏書。

尊孟辯　續辨　別録

范邦甸等《天一閣書目・四書類》　《尊孟辯》三卷。藍絲欄鈔本。宋余允文撰。

馬端臨《文獻通考・經籍考・論語孟子》　《尊孟辯》七篇。

《四庫提要・四書類一》　《尊孟辨》三卷，《續辨》二卷，《別録》一卷。《永樂大典》本。宋余允文撰。允文字隱文，建安人。陳振孫《直齋書録解題》載是書，卷數與今本合。朱彝尊《經義考》僅云附載《朱子全集》中，而條下註「闕」字。蓋自明中葉以後，已無完本矣。今考《永樂大典》所載，凡辨司馬光《疑孟》者十一條，附《史剡》一條，辨李覯《常語》者十七條，鄭厚叔《藝圃折衷》者十條。《續辨》則辨王充《論衡・刺孟》者十條，辨蘇軾《論語說》者八條。此後又有《原孟》三篇，總括大意，以反覆申明之。其《尊孟辨》及《續辨》、《別録》之名，亦釐然具有條理。蓋猶完書。今約略篇頁，以《尊孟辨》爲三卷，《續辨》爲二卷，《別録》爲一卷。冠原序於前，而繫朱子《讀余氏尊孟辨說》於後。首尾完具，復還舊觀，亦可謂久湮復顯之祕帙矣。考朱子集中有《與劉共父書》，稱允文干預宋家產業，出言不遜。恐引惹方氏復來生事，令陳、吳二婦作狀經府告之。則允文蓋武斷於鄉里者，其人品殊不足重。又周密《癸辛雜識》，載晁說之著論非《孟子》，建炎中宰相進擬除官，高宗以孟子發揮王道，說之何人，乃敢非之，勒令致仕。然則允文此書，其亦窺伺意旨、迎合風氣而作，非眞能闢邪衛道者歟？然當羣疑蠭起之日，能別白是非而定一尊，於經籍不爲無功。但就其書而觀，固卓然不磨之論也。

張金吾《愛日精廬藏書志・四書類》　《尊孟辨》三卷，《續辨》二卷，《別録》一卷。文淵閣傳抄本。宋余允文撰。

孟子解

趙希弁《讀書附志・經解類》　《孟子解》兩卷。右和靜先生尹侍講焞所著也。先生乃伊川之高弟，欽宗累聘不起，賜號和靜。紹興初，再以崇政殿說書召。既侍講筵，首解《論語》以進，繼解《孟子》，甫及終篇而卒。此本乃邢正夫刻於岳陽泮宮者。

尤袤《遂初堂書目・論語類》　尹和靖《孟子解》。

陳振孫《直齋書録解題・語孟類》　尹氏《孟子解》十四卷。尹焞撰。

馬端臨《文獻通考・經籍考・論語孟子》　尹氏《孟子解》十四卷。

《四庫提要・四書類存目》　《孟子解》二卷。浙江吳玉墀家藏本。舊本題宋尹焞撰。案陳振孫《書録解題》載：尹氏《論語解》十卷、《孟子解》十四卷，徽猷閣待制河南尹焞彥明紹興中經筵所上。《孟子解》未成，不及上而卒。趙希弁《讀書附志》則謂焞於紹興初再以崇政殿說書召，既侍經筵，首解《論語》以進。繼解《孟子》，甫及終篇而卒。邢正夫嘗刻於岳陽泮宮，其書世罕傳本。故朱彝尊《經義考》註曰「已佚」。此本出浙江吳玉墀家，莫知其所自來。每章之末，略贅數語，評論大意。多者不過三四行，皆詞義膚淺，或類坊刻史評，或類時文批語，無一語之發明。焞爲程氏高弟，疑其陋不至於此。又書止上、下二卷，首尾完具，無所闕佚，與十四卷之數亦不相合，殆近時妄人所依託也。

孟子精義

趙希弁《讀書附志・經解類》　《孟子精義》十四卷。晦庵先生編集。

楊士奇等《文淵閣書目・四書》　《孟子精義》。一部，十冊。闕。

張萱等《内閣藏書目録・經部》　《孟子精義》十冊。全。鈔本。

孟子集註

趙希弁《讀書附志・經解類》　《孟子集註》十四卷。朱熹著。

陳振孫《直齋書録解題・語孟類》　《孟子集註》十四卷。朱熹撰。

馬端臨《文獻通考・經籍考・論語孟子》　晦庵《孟子集註》十四卷。

高儒《百川書志・孟子》　《孟子集註》七卷。宋朱子《集註》。

徐𤊹《徐氏家藏書目・孟子類》　《孟子集註》十卷。朱子。

張萱等《内閣藏書目録・經部》　《孟子集注》四冊。全。　又六冊。不全。　又五冊。不全。　又五冊。不全。

孟子或問

陳振孫《直齋書録解題・語孟類》　《孟子或問》十四卷。朱熹撰。

馬端臨《文獻通考・經籍考・論語孟子》　晦庵《或問》十四卷。

張萱等《内閣藏書目録・經部》　《孟子或問》二冊。全。　又三冊。全。

錢謙益等《絳雲樓書目・孟子類》　《孟子或問》二冊。十四卷。朱子。

孟子指要

王圻《續文獻通考・經籍考・論語學庸孟子》　《孟子指要》。朱文公著。

孟子發題

黄虞稷《千頃堂書目・孟子類・補宋》　施德操《孟子發題》一卷。

倪燦等《宋史藝文志補・孟子類》　施德操《孟子發題》一卷。

《四庫提要・四書類存目》　《孟子發題》一卷。江蘇巡撫採進本。宋施德操撰。德操字彦執，海昌人。以病廢，不能婚宦，坎壈而歿。此書所述《孟子》七篇之旨，大意謂孟子有大功四：一曰道性善；二曰明浩然之氣；三曰闢楊墨；四曰黜五霸而尊三王。皆聖人心術之要。而孟子直指以示人者，其前後反覆，不外此意。張九成門人嘗取附九成《横浦集》末，鋟版以傳。今析出存目於經部，庶不沒其名焉。

翼　孟

馬端臨《文獻通考・經籍考・論語孟子》　《翼孟》。朝奉大夫臨川陸筠嘉材撰。周平園序曰：嘉材平生篤志《孟子》，著《翼孟音解》九十一條，擇《春秋左氏傳》、《莊》、《列》、《楚辭》、《西漢書》、《説文》之存古文者，深思互考，遂成此書。如以「折枝」爲「磬折腰肢」，讀「樂」酒若「樂」山「樂」水，角「招」爲「韶」，「眸」子爲「牟」，「殺」三苗本作「竄」，二女「果」作「婐」之類，皆粲若白黑。至論舜生於諸馮，遷於負夏，卒於鳴條，視漢儒所記《檀弓》蒼梧之語，孰近孰遠，孰信孰疑，此古今學議論所未及也。且舜居河東，歷山、雷澤，各有其地，而越人別指歷山舜井象田，仍以「餘姚」、「上虞」名縣，《風土記》曲爲之辭，人不謂然。蓋異端之作，其來也久，於舜平居，附會已類此，況身後乎！所謂九嶷之葬，二妃之溺，宜退之《黄陵碑》云皆不可信。彼孔安國解《書》，以「陟方」訓「升遐」，其説尤拘。《書》固曰「升高必自下，陟遐必自邇」，「陟」豈專訓「升」乎？然退之近捨《孟子》，而遠引《竹書紀年》何也？予每嘆恨不得質疑於韓門，而喜嘉材嗜古著書，有益後覺，藏其本迨三十年。今嗣子新融水尉孝溥，追叙先志，請題卷首，始爲推而廣之。昔唐彭城劉軻，慕《孟子》而命名。著《翼孟》三卷，白樂天記其事，賴以不朽。嘉材視劉何愧？特予非樂天比，其能使嘉材不朽乎！

孟子說

趙希弁《讀書附志・經解類》 《孟子說》七卷。張栻著。

陳振孫《直齋書録解題・語孟類》 《孟子說》十七卷。張栻敬夫撰。

馬端臨《文獻通考・經籍考・論語孟子》 張南軒《孟子說》十七卷。

《宋史・藝文志・論語類》 張栻《解》十卷。

楊士奇等《文淵閣書目・四書》 《孟子張宣公解》。一部，四冊。闕。

《孟子張南軒解》。一部，七冊。完全。

范邦甸等《天一閣書目・四書類》 《孟子解》七卷。棉紙藍絲欄鈔本。宋乾道南軒氏張栻撰并序。題曰《癸巳孟子說》咸淳庚午趙與植跋後。

張萱等《内閣藏書目録・經部》 《南軒孟子解》七冊。全。

于敏中等《天禄琳琅書目・宋版經部》 《南軒先生張侍講孟子詳說》一函，六冊。宋張栻著。七卷。前《癸巳孟子說序》講義發題一則。按序，栻爲是書，始自戊子，成於癸巳。故以「癸巳」名書。而「講義發題」下注「戊子」紀年寓意，序所云蓋將繼此而有考於異日也。《宋史・藝文志》載栻《孟子詳說》十七卷、《癸巳孟子說》七卷。《文獻通考》止載《孟子說》十七卷。此本正《癸巳孟子說》，而刻者誤冠「詳說」之名耳。然其標題自屬宋款，密行疏字，精槧也。

《四庫提要・四書類一》 《癸巳孟子說》七卷。浙江汪啓淑家藏本。宋張栻撰。是書亦成於乾道癸巳。於王霸之辨、義利之分，言之最明。自序稱：「歲在戊子，綴所見爲《孟子說》。明年冬，會有嚴陵之命，未及終篇。辛卯歲，自都司罷歸，秋冬行大江中，讀舊說，多不滿意，從而删正之。還抵故廬，又二載始克繕寫。」蓋其由左司員外郎出知嚴州，退而家居時作也。栻之出也，以諫除張説爲執政，故是編於「臧倉沮孟子」及「王驩爲輔行」兩章，皆微有寄託於時事。至於解「交鄰」章云：「所謂畏天者，亦豈但事大國而無所爲也？蓋未嘗委於命而已，故修德行政、光啓王業者，太王也；養民訓兵、卒殄寇仇者，句踐也。未及周平王惟不怒驪山之事，故東周卒以不振。」其辭感憤，亦爲南渡而發。然皆推闡經義之所有，與胡安國《春秋傳》務於借事抒議而多失筆削之旨者，固有殊焉。

孟子答問

陳振孫《直齋書録解題・語孟類》 石鼓《孟子答問》三卷。戴溪撰。

馬端臨《文獻通考・經籍考・論語孟子》 石鼓《孟子答問》三卷。

孟子解

王圻《續文獻通考・經籍考・論語學庸孟子》 《孟子解》十四卷。趙善湘著。

孟子註

王圻《續文獻通考・經籍考・論語學庸孟子》 《孟子註》。趙汝談著。

孟子指義

王圻《續文獻通考・經籍考・論語學庸孟子》 《孟子指義》。傅子雲著。子雲，金谿人。學以明善知本爲先，言行動中規矩。

孟子大義　孟子贅説

王圻《續文獻通考・經籍考・論語學庸孟子》　《孟子大義》。《孟子贅説》。時少章著。

孟子集疏

楊士奇等《文淵閣書目・四書》　《孟子蔡覺軒集注》。一部，六册。闕。

黄虞稷《千頃堂書目・孟子類・補宋》　蔡謨《蔡覺軒孟子集疏》十四卷。

倪燦等《宋史藝文志補・孟子類》　蔡謨《孟子集疏》十四卷。

《四庫提要・四書類一》　《孟子集疏》十四卷。兩江總督採進本。宋蔡模撰。模字仲覺，號覺軒，建安人。蔡沈之子，蔡抗之兄也。趙順孫《四書纂疏》載模所著有《大學演説》、《論語集疏》、《孟子集疏》，今惟此書存。據卷末抗後序稱：沈書以《論語》、《孟子集注》氣象涵蓄，語意精密，至引而不發，尤未易讀，欲取《集義》、《或問》及張、呂諸賢門人高第往復問答語，如朱子所謂蒐輯條流附益諸説者，類聚縷析，期於語脈分明，宗旨端的，未及編次而卒，模乃與抗商榷以成此書。皆備列朱子《集註》原文，而發明其義，故曰「集疏」，言如註之有疏也。然賈、孔諸疏循文闡衍，章句不遺。此則或佐證註義，或旁推餘意，不盡一一比附。又謹守一家之説，亦不似疏文之曲引博徵，大抵於諸説有所去取，而罕所辨訂。惟「不得於言」一條致疑於《語録》、《集註》之不同，以爲未及修改。「效死而民勿去」一條引《語録》謂註中「義」字當改「經」字而已。又「是乃仁術」一條，《集註》以術爲法之巧，模則引蔡氏之説曰：《樂記》註：術，所由也。又曰：術猶道也。此言仁術，恐是仁心所發之路。又「禹疏九河」一條，《集註》以「簡潔」爲兩河，模則引《爾雅》九河以「簡潔」爲一，謂《書傳》與《集註》少異，《書傳》實經先師晚年所訂正，當以爲定。案朱子訂正《書傳》僅及《大禹謨》之半，此模委曲回護之言，不足爲據。又「仁之端也」，《集註》訓「端」爲「緒」，蔡元定則訓「端」爲「尾」，亦兩存之。蓋他説與師説異，則舍他説從師説，師説與祖父説異，則又不得不舍師説以從祖父之説。此亦人情之至也。然抗序稱始事於嘉熙己亥，至丙午尚未敢脱稿，其簡汰頗爲不苟。故所取甚約，而大義已皆賅括，迥異後來鈔撮朱子之説，務以繁富相尚者。亦可知其淵源有自，知之確，故擇之精矣。

彭元瑞等《天禄琳琅書目後編・宋版經部》　《孟子集疏》二函，十二册。宋蔡模撰。模字仲覺，建陽人。元定之孫，沈之子。官迪功郎。書十四卷。用朱熹《集注》，引諸家之説，標「集疏曰」以別之。模所辯説，復加「模按」二字，末有「模弟抗識」。抗字仲節，紹定初進士，累官參知政事，謚文肅。款云「宣教郎祕書省校書郎，兼樞密院編修官，兼諸王宫大小學教授」。其作識時，所居官也。按：是書遵用《集注》，而書中字句惟「夫子之設科」從《集注》作「夫子」，餘俱與舊本同。可見爲後來刊者之誤，非朱氏《集注》本如此也。

孟子通旨

王圻《續文獻通考・經籍考・論語學庸孟子》　《孟子通旨》。王柏著。

孟子集注纂疏

張萱等《内閣藏書目録・經部》　《孟子集注纂疏》七册。全。趙順孫編。　又七册。全。

黄虞稷《千頃堂書目・孟子類・補宋》　趙順孫《孟子集注纂疏》十四卷。

孟子解

王圻《續文獻通考・經籍考・論語學庸孟子》　《孟子解》。袁甫著。甫，燮子，學於楊簡，以斯道自任。

孟子紀蒙

陳振孫《直齋書録解題・語孟類》　《孟子紀蒙》十四卷，陳耆卿撰。

馬端臨《文獻通考・經籍考・論語孟子》　陳壽老《孟子紀蒙》十四卷。

王圻《續文獻通考・經籍考・論語學庸孟子》　《孟子紀蒙》，陳耆卿著。

尊孟辨

楊士奇等《文淵閣書目・四書》　《尊孟辨》。一部，一冊。闕。

五臣解孟子

馬端臨《文獻通考・經籍考・論語孟子》　《五臣解孟子》十四卷。

百家孟子解

馬端臨《文獻通考・經籍考・論語孟子》　《百家孟子解》十二卷。

四注孟子

馬端臨《文獻通考・經籍考・論語孟子》　《四註孟子》。《中興藝文志》題：揚雄、韓愈、李翺、熙時子四家註。旨意淺近，蓋依託者。

刺刺孟

王圻《續文獻通考・經籍考・論語學庸孟子》　《刺刺孟》。金劉章著。

黃虞稷《千頃堂書目・孟子類・補金》　劉章《刺刺孟》。

倪燦等《補遼金元藝文志・孟子類》　劉章《刺刺孟》。

錢大昕《補元史藝文志・孟子類》　劉章《刺刺孟》一卷。

龔顯曾《金藝文志補録・四書類》　《刺刺孟》一卷。劉章。

刪集孟子解

王圻《續文獻通考・經籍考・論語學庸孟子》　《孟子解》十卷。金趙秉文刪集。

黃虞稷《千頃堂書目・孟子類・補金》　趙秉文《刪集孟子解》十卷。

倪燦等《補遼金元藝文志・孟子類》　金趙秉文《刪集孟子解》十卷。

錢大昕《補元史藝文志・孟子類》　趙秉文《刪集孟子解》十卷。

龔顯曾《金藝文志補録・四書類》　《刪集孟子解》十卷。趙秉文。

孟子辨惑

錢大昕《補元史藝文志・孟子類》　王若虛《孟子辨惑》一卷。

龔顯曾《金藝文志補録・四書類》　《孟子辨惑》一卷。王若虚此種編入《滹南遺老集》中。

孟子權衡遺説

王圻《續文獻通考・經籍考・論語學庸孟子》　《孟子權衡遺説》五卷。東平李昶著。

黄虞稷《千頃堂書目・孟子類・補元》　李昶《孟子權衡遺説》五卷。字士都。

倪燦等《補遼金元藝文志・孟子類》　李昶《孟子權衡遺説》五卷。

錢大昕《補元史藝文志・孟子類》　李昶《孟子權衡遺説》五卷。

孟子旁通

龔顯曾《金藝文志補録・四書類》　《孟子旁通》四卷。杜瑛。倪氏、金氏俱歸《元志》。

孟子標題

錢大昕《補元史藝文志・孟子類》　許衡《孟子標題》。

孟子集注考證

黄虞稷《千頃堂書目・孟子類・補元》　金履祥《孟子集注考證》七卷。

倪燦等《補遼金元藝文志・孟子類》　元金履祥《孟子集注考證》七卷。

《四庫提要・四書類一》　《孟子集註考證》七卷。浙江巡撫採進本。宋金履祥撰。【略】

錢大昕《補元史藝文志・孟子類》　金履祥《孟子集註考證》七卷。

讀孟子法

黄虞稷《千頃堂書目・孟子類・補元》　吳迂《讀孟子法》。

倪燦等《補遼金元藝文志・孟子類》　吳迂《讀孟子法》。

錢大昕《補元史藝文志・孟子類》　吳迂《讀孟子法》一卷。

孟子集注附録

錢大昕《補元史藝文志・孟子類》　吳迂《孟子集注附録》。

原　孟

黄虞稷《千頃堂書目・孟子類・補元》　夏侯尚玄《原孟》。字文卿，號石巖。雲間人。

倪燦等《補遼金元藝文志・孟子類》　夏侯尚玄《原孟》。字文卿，雲間人。

錢大昕《補元史藝文志・孟子類》　夏侯文卿《原孟》。

孟子内外篇

倪燦等《補遼金元藝文志・孟子類》　徐達左《孟子内外篇》二卷。吳郡人。

孟子旁解

黃虞稷《千頃堂書目・孟子類・補元》《孟子旁解》七卷。亦元人所爲也。首載趙岐題辭，其本文下細書以釋之。

倪燦等《補遼金元藝文志・孟子類》《孟子旁解》七卷。首載趙岐題辭。

錢大昕《補元史藝文志・孟子類》《孟子旁解》七卷。

孟子思問録

范邦甸等《天一閣書目・四書類》《孟子思問録》一卷。鈔本。不著撰書人姓名。

黃虞稷《千頃堂書目・孟子類・補元》《孟子思問録》一卷。

倪燦等《補遼金元藝文志・孟子類》《孟子思問録》一卷。

錢大昕《補元史藝文志・孟子類》《孟子思問録》一卷。

孟子通解

錢大昕《補元史藝文志・孟子類》《孟子通解》十四卷。

孟子衍義

黃虞稷《千頃堂書目・孟子類・補元》《孟子衍義》十四卷。

倪燦等《補遼金元藝文志・孟子類》《孟子衍義》十四卷。

錢大昕《補元史藝文志・孟子類》《孟子衍義》十四卷。

孟子要義

楊士奇等《文淵閣書目・四書》《孟子要義》一部，三冊。完全。

《孟子要義》一部，二冊。闕。

《孟子要義》。一部，三冊。塾本無此部。

孟子纂圖

楊士奇等《文淵閣書目・四書》《孟子纂圖》。一部，三冊。闕。

孟子詳解

楊士奇等《文淵閣書目・四書》《孟子詳解》。一部，二冊。闕。

孟子集編

楊士奇等《文淵閣書目・四書》《孟子集編》。一部，三冊。闕。

孟子問答

楊士奇等《文淵閣書目・四書》《孟子問答》。一部，三冊。完全。

孟子節文

楊士奇等《文淵閣書目·四書》 《孟子節文》。一部，一冊。完全。《孟子節文》。一部，一冊。完全。

張萱等《内閣藏書目録·經部》 《孟子節文》二冊。全。洪武間翰林學士劉三吾上言：「《孟子》一書，中間詞氣抑揚太過，請節去八十五條，課試不以命題，科舉不以取士，其餘存者，頒之學宫。」上可其奏，命曰《節文》。又二冊。全。

黄虞稷《千頃堂書目·孟子類》 《孟子節文》二卷。洪武間翰林學士劉三吾上言：「《孟子》一書，中間詞氣抑揚太過，請節去八十五條，課試不以命題，科舉不以取士，餘存一百七十餘條，頒之學宫。」命曰「節文」。

孟子集註大全

高儒《百川書志·孟子》 《孟子集註大全》十四卷。大明翰林學士胡廣等奉勑纂修。

孟子衍義

黄虞稷《千頃堂書目·孟子類》 林士元《孟子衍義》。

孟子摘義

黄虞稷《千頃堂書目·孟子類》 萬表《孟子摘義》。

孟子雜記

黄虞稷《千頃堂書目·孟子類》 陳士元《孟子雜記》四卷。

《明史·藝文志·四書類》 陳士元《孟子雜記》四卷。

《四庫提要·四書類二》 《孟子雜記》四卷。浙江汪啓淑家藏本。明陳士元撰。自宋熙寧以前，《孟子》僅列於儒家。《史記》以孟子、荀卿合傳，寥寥十數語，於所歷鄒、滕、任、薛、魯、宋之事，略不一書。至朱子《綱目》始於「適魏之齊」大書特書，明聖賢之去就，而編年之體亦不能詳述一人之始末。明薛應旂撰《四書人物考》，始採摭他書，以爲補傳。而應旂不長於考證，舛漏頗多。士元嗣輯此書，第一卷叙孟子事蹟，後三卷發明孟子之言。名以傳記，實則經解居多。其所援引亦皆謹嚴有體，不爲泛濫之巵言。若趙岐註義以「尾生抱柱不去」證「不虞之譽」，以「陳不瞻失氣而死」證「求全之毁」，概爲刪薙。與所作《論語類考》均爲有裨於經義，故今特附於「《四書》類」焉。

張之洞《書目答問·孟子》 《孟子雜記》四卷。明陳士元。湖海樓本。

孟子訂釋

黄虞稷《千頃堂書目·孟子類》 管志道《孟子訂釋》七卷。

《明史·藝文志·四書類》 管志道《孟子訂釋》七卷。

《四庫提要·四書類存目》 《孟義訂測》七卷。浙江吴玉墀家藏本。明管志道編。志道字登之，婁縣人。《江南通志》稱其由隆慶辛未進士，官南京刑部主事。疏陳利弊九事，忤張居正，出爲分巡嶺東道。與巡按御史齟齬，爲御史劾奏鐫秩，遂移疾歸。考《明史·顔鯨傳》，載御史顧雲程疏言，神宗大起遺逸，獨鯨及管志道以考察格之。又登用被察吴中行、艾穆、魏時亮、趙世卿，獨靳鯨、志道。是志道以察典罷官，疑《通志》誤也。是書詮解《孟子》，分訂釋、測義二例。訂釋者，取朱子所釋而訂之。測義則皆自出臆說，恍惚支離，不可勝舉。蓋志道之學出於羅汝芳，汝芳之學出於顏鈞，本明季狂禪一派耳。

孟子說解

黃虞稷《千頃堂書目・孟子類》 郝敬《孟子說解》十四卷。

《四庫提要・四書類存目》 《孟子說解》十四卷。浙江汪啓淑家藏本。明郝敬撰。敬有《周易正解》，已著録。是書前有《孟子遺事》及《讀孟子》三十一條。所論孟子生卒，以爲當在安王時，非定王時，其說近是。但直斷孟子生於安王初年，卒於赧王元年，則似未可爲定。孟子生卒大略，當以閻若璩所訂爲正。考《去齊》章云「由周而來七百有餘歲」，《盡心》章云「由孔子而來百有餘歲」。若據《吕氏大事記》及《通鑑綱目》，孟子於赧王元年始致爲臣而歸，則周已八百有九年，距孔子生年已二百三十餘歲矣。孟子如梁、仕齊、適宋、之魯、之滕、還鄒，游歷先後，班班可考。魯平公元年即赧王元年，其時孟子似未至八十九歲也。至書中所解，往往失之粗獷，好議論而不究其實。蓋敬之說經，通坐此弊，不但此書矣。

孟子要義

張萱等《内閣藏書目録・經部》 《孟子要義》三册。全。趙陸《注孟子》、孫奭《正義》，皆朱《注》所未備者。

孟子集編

張萱等《内閣藏書目録・經部》 《孟子集編》二册。不全。又二册。不全。

孟子師說

《四庫提要・四書類二》 《孟子師說》二卷。浙江巡撫採進本。國朝黃宗羲撰。宗羲有《易學象數論》，已著録。是編以其師劉宗周於《論語》有《學案》，於《大學》有《統義》，於《中庸》有《愼獨義》，獨於《孟子》無成書，乃述其平日所聞，著爲是書，以補所未備。其曰「師說」者，仿趙汸述黃澤《春秋》之學，題曰《春秋師說》例也。宗周之學，雖標愼獨爲宗，而大旨淵源，究以姚江爲本。故宗羲所述，仍多闡發「良知」之旨。然於「滕文公爲世子」章，力闢沈作喆語，辨無善無惡之非；於「居下位」章，力闢王畿語，辨「性亦空寂隨物善惡」之說，則亦不盡主姚江矣。其他議論，大都案諸實際，推究事理，不爲空疏無用之談。略其偏駁而取其明切，於學者不爲無益。固不必執一格而廢衆論，因一眚而廢全書也。

讀孟子劄記

《四庫全書總目・四書類二》 《讀孟子劄記》二卷。福建巡撫採進本。國朝李光地撰。【略】

讀孟子劄記

《四庫提要・四書類存目》 《讀孟子劄記》。無卷數江蘇巡撫採進本。國朝崔紀撰。是書以七篇大旨出於《大學》。其言性情即明德，言知言養氣即明之之事，告齊、梁諸君以憂樂同民，即恕與絜矩之意。其論「執中」，以射之巧、稱之權譬之，即至善之理。其說亦自成理。然聖賢之旨原自貫通，正不必如此節節比附。又稱本於《中庸》，亦可不必也。

孟子時事略

張之洞《書目答問・論語》　《孟子時事略》一卷。任兆麟。《心齋十種》本。

孟子四考

張之洞《書目答問・孟子》　《孟子四考》四卷。周廣業。乾隆乙卯刻本。

孟子正義

張之洞《書目答問・孟子》　《孟子正義》三十卷。焦循。《焦氏叢書》本，學海堂本。

孟子解誼

張之洞《書目答問・列朝經注經説經本考證》　錢東垣《孟子解誼》十四卷。未刊。

孟子正義

張之洞《書目答問・列朝經注經説經本考證》　錢侗《孟子正義》十四卷。未刊。

孟子趙注補正

張之洞《書目答問・論語》　《孟子趙注補正》六卷。宋翔鳳。浮溪精舍本。

大學分部

大學正文

楊士奇等《文淵閣書目・四書》　《大學正文》。一部，一册。闕。

大學古文

高儒《百川書志・大學》　《大學古文》一卷。

古本大學

錢謙益等《絳雲樓書目・大學類》　《古本大學》四種，一册。

大學白文

錢謙益等《絳雲樓書目・大學類》　《大學白文》。

大學定本

朱彝尊《經義考・禮記》 程子顥《大學定本》。一卷。存。

大學定本

朱彝尊《經義考・禮記》 程子頤《大學定本》。一卷。存。

大　學

《宋史・藝文志・禮類》 呂大臨《大學》一卷。

大學解

朱彝尊《經義考・禮記》 蘇氏總龜《大學解》。一卷。佚。

大學篇

朱彝尊《經義考・禮記》 蕭氏欲仁《大學篇》。一卷。佚。

大學講義

朱彝尊《經義考・禮記》 廖氏剛《大學講義》。一卷。存。載《高峯集》。

大學義

朱彝尊《經義考・禮記》 譚氏惟寅《大學義》。佚。

大學廣義

朱彝尊《經義考・禮記》 司馬氏光《大學廣義》。一卷。未見。《一齋書目》有。按取《大學》於戴《記》講說而專行之，實自溫公始。

大學說

《宋史・藝文志・禮類》 張九成。《大學說》一卷。

大學講義

朱彝尊《經義考・禮記》 何氏俌《大學講義》。佚。

大學解

《宋史・藝文志・禮類》 喻樗《大學解》一卷。

大學章句

趙希弁《讀書附志・經解類》　《大學章句》一卷。晦翁先生著。

《宋史・藝文志・禮類》　朱熹《大學章句》一卷。

高儒《百川書志・大學》　《大學章句》一卷。宋朱文公章句。

張萱等《内閣藏書目録・經部》　《大學章句》二冊。全。

大學或問

趙希弁《讀書附志・經解類》　《或問》二卷。晦翁先生著。

《宋史・藝文志・禮類》　朱熹《或問》二卷。

高儒《百川書志・大學》　朱子《大學或問》一卷。

范邦甸等《天一閣書目・四書類》　朱子《大學或問》二卷。

張萱等《内閣藏書目録・經部》　《大學或問》二冊。全。宋朱熹著。

大學説

王圻《續文獻通考・經籍考・論語學庸孟子》　《大學説》。薛季宣著。

大學辨

朱彝尊《經義考・禮記》　倪氏思《大學辨》。一作《僻解》。一卷。佚。

大學聖經解

朱彝尊《經義考・禮記》　黄氏幹《大學聖經解》。一卷。存。

大學章句疏義

朱彝尊《經義考・禮記》　黄幹《大學章句疏義》。一卷。存。

大學講義

朱彝尊《經義考・禮記》　孫氏衸《大學講義》。一卷。佚。《金華志》：孫衸，字居敬，東陽人。淳熙十四年進士第三人，仕至兵部郎官。

大學講義

朱彝尊《經義考・禮記》　葉氏味道《大學講義》。一卷。佚。

大學解

王圻《續文獻通考・經籍考・論語學庸孟子》　《大學解》十卷。趙善湘著。

大學衍義

趙希弁《讀書附志拾遺》 《大學衍義》四十三卷。右眞文忠公德秀爲戶部尚書日所進也。因《大學》條目而附以經史。首之以帝王爲治之序，次之以帝王爲學之本：是之謂綱。首之以明道術、辨人才、審治體、察民情，次之以崇敬畏、戒逸欲，又次之以謹言動、正威儀，又次之以重妃匹、嚴內治、定國本、教戚屬：是之謂目。每條之中，首之以聖賢之典訓，次之以古今之事迹，諸儒之釋經論史，有發明者録之，而公之說亦附見焉。

胡師安等《元西湖書院重整書目》 《大學衍義》。

《宋史・藝文志・禮類》 眞德秀《大學衍義》四十三卷。

高儒《百川書志・大學》 《大學衍義》四十三卷。宋西山先生眞德秀註。

范邦甸等《天一閣書目・四書類》 《大學衍義》四十三卷。刊本卷首有「欽文之璽」、「廣運之寶」二方御章。宋眞德秀撰。明嘉靖御製序。謹身殿大學士楊一清後序。　《大學衍義》四十三卷。刊本。宋學士眞德秀撰幷自序。明史官陳仁錫評。　《大學衍義》四十三卷。嘉靖重刊本。宋眞德秀撰。明嘉靖六年御製序。

王圻《續文獻通考・經籍考・論語學庸孟子》 《大學衍義》。眞德秀著。德秀，浦城人。四歲受書，過目成誦。慶元中登進士。學以朱文公爲宗，慨然以斯文自任。

徐𤊹《徐氏家藏書目・學庸類》 《大學衍義》四十三卷。

劉若愚《内板經書紀略》 《大學衍義》。二十本。一千三百八十二葉。

錢謙益等《絳雲樓書目・大學類》 眞德秀《大學衍義》。四十三卷。

于敏中等《天禄琳琅書目・元版經部》 《大學衍義》。四函，二十冊。宋眞德秀撰。四十三卷。前德秀進表劄子申狀幷序。

孫星衍《平津館鑒藏書籍記續編・明版》 《大學衍義》四十三卷。前有西山先生《經進大學衍義》一卷。眞德秀《進大學衍義表》，中書端平元年，門下省時政記房申狀尚書省劄子，又有德秀自序。每卷後有校正人姓名。細審爲元仿宋刊本，亦有明人補刻葉而無題識。《天祿琳琅》所收即此本也。黑口巾箱，每葉廿二行，行廿一字。

大學發揮

朱彝尊《經義考・禮記》 何氏基《大學發揮》。四卷。未見。

大　學

朱彝尊《經義考・禮記》 王氏柏《大學》。未見。毛奇齡曰：「王魯齋柏謂《大學》錯簡或有之，然未嘗闕，安事補哉？遂就本文略移易，而其義已備，與董氏槐、葉氏夢鼎、車氏若水、吳氏澂之說相同。此就朱子改本，僅去其補傳，以自爲說者。」

大學記

朱彝尊《經義考・禮記》 董氏槐《大學記》。一卷。佚。

大學演説

朱彝尊《經義考・禮記》 蔡氏模《大學演說》。或作《衍論》。一卷。未見。

大學説

《宋史・藝文志・禮類》 陳堯道《大學説》十一卷。

大學沿革論

朱彝尊《經義考・禮記》 車氏若水《大學沿革論》。一卷。未見。

大學辨問

朱彝尊《經義考・禮記》 余氏學古《大學辨問》。一卷。佚。《括蒼彙紀》：學古，青田人。

大學解

朱彝尊《經義考・禮記》 邵氏囦《大學解》。一卷。佚。

大學釋義

朱彝尊《經義考・禮記》 熊氏以寧《大學釋義》。一卷。佚。

大學審明

朱彝尊《經義考・禮記》 陳氏華祖《大學審明》。佚。王瓚曰：永嘉人。

大學通義

朱彝尊《經義考・禮記》 盧氏孝孫《大學通義》。一卷。未見。

大學説

朱彝尊《經義考・禮記》 何氏夢桂《大學説》。一卷。佚。

大學講義

王圻《續文獻通考・經籍考・論語學庸孟子》 《大學講義》。吳季子著。季子字節卿，邵武人。酷學能文，寶祐四年進士，官至國子監丞，號裕軒。

大學講義

朱彝尊《經義考・禮記》 方氏禾《大學講義》。一卷。佚。

大學廣義

王圻《續文獻通考・經籍考・論語學庸孟子》 《大學廣義》。元熊禾著。

黃虞稷《千頃堂書目・禮類・補宋》 熊禾《大學廣義》。

倪燦等《宋史藝文志補・三禮類》 熊禾《大學廣義》。

錢大昕《補元史藝文志・禮類》 熊禾《大學廣義》二卷。

大學口義

黃虞稷《千頃堂書目・禮類・補宋》 熊禾《大學口義》。

倪燦《宋史藝文志補・三禮類》 熊禾《大學口義》。

大學總會

張萱等《內閣藏書目録・經部》 《大學總會》五冊。全。總載《或問》、宋儒語録及考亭師弟問答《大學》語。鈔本。

大學解義

朱彝尊《經義考・禮記》 徐氏失名《大學解義》。一卷。未見。謝枋得《序》曰：「《大學解義》一篇，臨川老儒徐公著述也。朱文公平生精神志願悉在《四書》。後進剽竊緒餘，高可以取卿相，下亦投合有司，而掇巍科。天下家藏其書，人遵其道，與六經、《論語》、《孝經》、《孟子》並行。惜乎知之者尚未致，行之者尚未力。《四書》何負人？人負《四書》亦多矣。是編初意，豈欲發朱文公言意所未盡者耶？抑尊信文公之學，誠求實踐，自不能已於言者耶？厥子以示某，某覽盡卷不能贊一辭，所望於徐公之子者，惟於「力行」二字加意焉。俾人知朱文公之學，不徒議論，要見樸實，則此編亦必爲世所尚矣。」

大學章句纂要

王圻《續文獻通考・經籍考・論語學庸孟子》 《大學章句纂要》。蔣玄著。

朱彝尊《經義考・禮記》 蔣氏玄《大學章句纂要》。一卷。佚。

又《小學》 《大學章句纂要》。蔣玄著。

大學演正

朱彝尊《經義考・禮記》 曾氏元生《大學演正》。一卷。佚。

大學補遺

朱彝尊《經義考・禮記》 鍾氏律《大學補遺》。一卷。佚。王逢曰：「律字伯紀，汴人，鄉貢進士，爲儒學官，前後徵辟並以疾辭。有《大學補》行於世。」

大學旁訓

朱彝尊《經義考・禮記》 沈氏易《大學旁訓》。一卷。佚。

大學論語説

王圻《續文獻通考・經籍考・論語學庸孟子》　陳沂《大學論語説》。沂字伯澡。光祖之子。

大學稽疑

王圻《續文獻通考・經籍考・論語學庸孟子》　《大學稽疑》。何希是著。又有《太極圖説》、《史傳集論》，詳見前。

大學要略直説

王圻《續文獻通考・經籍考・論語學庸孟子》　《大學直説》。許衡著。

黄虞稷《千頃堂書目・禮類・補元》　許衡《大學要略》一卷。

倪燦等《補遼金元藝文志・三禮類》　許衡《大學要略》一卷。

錢大昕《補元史藝文志・禮類》　許衡《大學要略直説》一卷。

大學魯齋詩解

黄虞稷《千頃堂書目・禮類・補元》　許衡《大學魯齋詩解》一卷。每《大學》一義，賦七言絶句解之。

倪燦等《補遼金元藝文志・三禮類》　許衡《大學魯齋詩解》。一卷。

大學要旨

張萱等《内閣藏書目録・經部》　許魯齋《大學要旨》一冊。全。元許衡著。

大學發明

錢大昕《補元史藝文志・禮類》　王文煥《大學發明》一卷。字子敬，括蒼人。

大學講義

錢大昕《補元史藝文志・禮類》　吴浩《大學講義》一卷。字義夫，休寧人。

大學口義

黄虞稷《千頃堂書目・禮類・補元》　吴浩《大學口義》。字義夫，休寧人，隱居不仕。

倪燦等《補遼金元藝文志・三禮類》　吴浩《大學口義》。字義夫，休寧人。

大學章句疏義

王圻《續文獻通考・經籍考・論語學庸孟子》　《大學章句疏義》。金履祥著。

黃虞稷《千頃堂書目・禮類・補元》 金履祥《大學章句疏義》一卷。

倪燦等《補遼金元藝文志・三禮類》 金履祥《大學章句疏義》一卷。

《四庫提要・四書類一》 《大學疏義》一卷。浙江巡撫採進本。宋金履祥撰。履祥有《尚書考註》，已著録。履祥籍隸蘭溪，於王柏爲同郡，故受業於王柏。然柏之學，其詆毀聖經，乖方殊甚。履祥則謹嚴篤實，猶有朱子之遺。初，朱子定《大學章句》，復作《或問》以申明之。其後《章句》屢改，而《或問》則不復改，故前後牴牾，學者猶有所疑。履祥因隨其章第，作《疏義》以暢其旨，並作《指義》一篇以括其要。柳貫嘗爲之序。朱彝尊《經義考》於二書皆註「未見」，但據一齋書目著於録。此本爲金氏裔孫所刊，蓋出於彝尊《經義考》之後。然僅存此《疏義》一卷，其《指義》及貫《序》則並佚之矣。書中依文詮解，多所闡發。蓋仁宗延祐以前尚未復科舉之制，儒者多爲明經計，不爲程試計，故其言切實，與後來時文講義異也。

錢大昕《補元史藝文志・禮類》 金履祥《大學章句疏義》一卷。

大學指義

錢大昕《補元史藝文志・禮類》 金履祥《大學指義》一卷。

大學發微　大學本旨

張萱等《内閣藏書目録・經部》 《大學發微》一冊。仝。元黎立武著。

黃虞稷《千頃堂書目・禮類・補元》 黎立武《大學發微》一卷，《本旨》一卷。

倪燦等《宋史藝文志補・三禮類》 黎立武《大學發微》一卷，《提綱》一卷。字以常，新喻人，咸淳進士，華文閣待制。入元屢徵不起。

《四庫提要・四書類一》 《大學發微》一卷。《大學本旨》一卷。浙江巡撫採進本。黎立武撰。

錢大昕《補元史藝文志・禮類》 黎立武《大學發微》一卷。《大學本旨》一卷。

龔顯曾《金藝文志補録・四書類》 《大學發微》一卷。《大學本旨》一卷。黎立武。

大學本末圖説

倪燦等《補遼金元藝文志・三禮類》 程時登《大學本末圖説》。

錢大昕《補元史藝文志・禮類》 程時登《大學本末圖説》一卷。

大學指掌圖

王圻《續文獻通考・經籍考・論語學庸孟子》 《大學指掌圖》。胡炳文著。

又《小學》 《大學指掌圖》。胡炳文著。

黃虞稷《千頃堂書目・禮類・補元》 胡炳文《大學指掌圖》一卷。

倪燦等《補遼金元藝文志・三禮類》 胡炳文《大學指掌圖》。

錢大昕《補元史藝文志・禮類》 胡炳文《大學指掌圖》一卷。

大學四傳小注

黃虞稷《千頃堂書目・禮類・補元》 齊履謙《大學四傳小注》一卷。

倪燦等《補遼金元藝文志・三禮類》 齊履謙《大學四傳小注》一卷。

錢大昕《補元史藝文志・禮類》 齊履謙《大學四傳小注》一卷。

大學集傳

王圻《續文獻通考·經籍考·論語學庸孟子》 《大學集傳》。樂平馬端臨著。

黄虞稷《千頃堂書目·禮類·補宋》 馬端臨《大學集傳》一卷。

倪燦等《宋史藝文志補·三禮類》 馬端臨《大學集傳》。

錢大昕《補元史藝文志·禮類》 馬端臨《大學集傳》一卷。字貴與，樂平人。

大學章圖纂釋

黄虞稷《千頃堂書目·禮類·補元》 程復心《大學章圖纂釋》一卷。

倪燦等《補遼金元藝文志·三禮類》 程復心《大學章圖纂釋》一卷。

大學叢説

黄虞稷《千頃堂書目·禮類·補元》 許謙《大學叢説》一卷。

倪燦等《補遼金元藝文志·三禮類》 許謙《大學叢説》一卷。

大學約言　大學考次

徐𤊹《徐氏家藏書目·學庸類》 《大學約言》一卷。李材。

黄虞稷《千頃堂書目·禮類》 李材《大學約言》三卷。《大學考次》一卷。

大學治平龜鑑

錢大昕《補元史藝文志·禮類》 李朝佐《大學治平龜鑑》。雲陽人，失其名。

大學釋旨

錢大昕《補元史藝文志·禮類》 程仲文《大學釋旨》一卷。失其名。

大學疑問

黄虞稷《千頃堂書目·禮類·補元》 呂溥《大學疑問》一卷。

倪燦等《補遼金元藝文志·三禮類》 呂溥《大學疑問》。永嘉人。

錢大昕《補元史藝文志·禮類》 呂溥《大學疑問》一卷。字公甫，永嘉人。

大學辨疑

黄虞稷《千頃堂書目·禮類·補元》 呂洙《大學辨》一卷。俱永嘉人，從兄弟也，均學於許謙。

倪燦等《補遼金元藝文志·三禮類》 呂洙《大學辨疑》。溥弟。

錢大昕《補元史藝文志·禮類》 呂洙《大學辨疑》一卷。永嘉人。

大學經傳直解

錢大昕《補元史藝文志・禮類》 錢天祐《大學經傳直解》。延祐初人。

大學明解

黃虞稷《千頃堂書目・禮類・補元》 李師道《大學明解》一卷。稱高郵月湖李氏，常爲通州教授。

倪燦等《補遼金元藝文志・三禮類》 李師道《大學明解》一卷。高郵人，通州教授。

錢大昕《補元史藝文志・禮類》 李師道《大學明解》一卷。

大學説約

黃虞稷《千頃堂書目・禮類・補元》 蔡季成《大學説約》一册。

大學總會

黃虞稷《千頃堂書目・禮類・補元》 周公恕《大學總會》五卷。

大學通旨

黃虞稷《千頃堂書目・禮類・補元》 蔣文質《大學通旨》一卷。

大學中庸集説啓蒙

《四庫提要・四書類二》 《大學中庸集説啓蒙》二卷。內府藏本。元景星撰。星號訥菴，餘姚人。據卷末宣德九年錢時跋，稱得禮部侍郎蔣驥寫本，驥跋題庚辰歲，當爲建文元年。驥爲景之門人，則星元末人也。前有星自序，標題爲《學庸集説啓蒙》，而序中實曰《四書集説啓蒙》。凡例中如「《孟子》章指」云云，亦兼言《四書》。驥跋稱訥菴先師用功於《四書》十年，去取諸説而爲此書。《大學》已有刊本，而《語》、《孟》、《中庸》則未刊。時跋稱得驥《中庸》寫本，謄校刊梓。然則星本全註《四書》，驥先刊其《大學》，時續刊其《中庸》，而《語》、《孟》則已佚。通志堂刻《經解》病其不完，併序文標題改之耳。其書發揮頗簡切，《大學聖經章句》「欲其一於善而無自欺」句，註「一於善」，祝本改作「必自慊」。於字句亦復不苟。又傳之二章註「盤」，邵氏謂恐是盥頮之「盤」。傳之四章註，備引程子、饒魯、吳澄之説。《中庸》三十二章註，引鄱陽李氏之説。皆與《章句》異同，亦非胡炳文等堅持門戶者比，蓋猶能自抒心得者也。書上闌附載細字，如《大學》傳之五章，載矩堂董氏之説，《中庸》第一章，載饒魯之説，亦與《章句》有出入。據錢時跋，稱「增魯齋批點，勿軒標題，以便幼習」，則時益以許衡、熊禾二人之語，非星本書也。其孰爲衡語，孰爲禾語，刊板一同，今則不可辨別矣。

大學章句大全

高儒《百川書志・大學》 《大學章句大全》一卷。大明永樂十三年翰林學士胡廣等奉敕纂修。

大學或問大全

高儒《百川書志・大學》　《大學或問大全》一卷。大明永樂十三年翰林學士胡廣等奉敕纂修。

皇王大學通旨

王圻《續文獻通考・經籍考・論語學庸孟子》　《皇王大學通旨》。宜春劉迪簡著。

又《小學》　《皇王大學通旨》。宜春劉迪簡著。

皇王大學通旨舉要

高儒《百川書志・大學》　《皇王大學通指舉要》一卷。大明洪武初，尚賓館副使安城劉迪簡撰進。一章總言三綱領，二、三、四章專釋三綱領註略，五章至十章專釋八條目註解。

黄虞稷《千頃堂書目・三禮類》　劉迪簡《皇王大學通旨舉要》一卷。洪武初，尚賓館副使，字簡卿，安福人。書凡十章：一章總言三綱領，二、三、四章釋三綱領注略，五章至十章釋八條目。

大學補略

王圻《續文獻通考・經籍考・論語學庸孟子》　《大學補略》。傳淳著。

黄虞稷《千頃堂書目・三禮類》　傅淳《大學補略》。字伯厚，慈谿人。洪武中屢徵不起。

大學要旨

黄虞稷《千頃堂書目・三禮類》　劉清《大學要旨》一卷。

大學集義

黄虞稷《千頃堂書目・三禮類》　徐與老《大學集義》一卷。字仲祥，錢唐人。王達常師事之。

大學管窺

黄虞稷《千頃堂書目・三禮類》　陳雅言《大學管窺》一卷。

大學解義

黄虞稷《千頃堂書目・三禮類》　張洪《大學解義》一卷。

大學明解

黄虞稷《千頃堂書目・三禮類》　李果《大學明解》一卷。成安人，景泰庚午舉人，濟南府知府。

大學綱領圖

黃虞稷《千頃堂書目・三禮類》 葉應《大學綱領圖》一卷。廣東歸善人，成化戊戌進士，慶遠府知府。

大學總義

楊士奇等《文淵閣書目・四書》 《大學總義》。一部，五冊。完全。塾本總會。

大學通旨舉要

楊士奇等《文淵閣書目・四書》 《大學通旨舉要》。一部，一冊。闕。

大學發微

楊士奇等《文淵閣書目・四書》 《大學發微》。一部，一冊。完全。
《大學發微》。一部，一冊。完全。

大學要略

楊士奇等《文淵閣書目・四書》 《大學要略》。一部，一冊。闕。
《大學要略》。一部，一冊。闕。

大學要略遺書

楊士奇等《文淵閣書目・四書》 《大學要略遺書》。一部，一冊。闕。

大學衍義補

高儒《百川書志・大學》 《大學衍義補》一百六十卷，目録二卷。皇明禮部侍郎瓊山丘濬撰。瞿校。山鈔本作臺。補眞氏「治國」、「平天下」二條目未衍者。

范邦甸等《天一閣書目・四書類》 《大學衍義補》一百六十卷。弘治初刊本。明成化二十三年丘濬撰并序。《大學衍義補》一百六十一卷。刊本。明丘濬撰并自序。備録《進書表》一道。

徐𤊹《徐氏家藏書目・學庸類》 《大學衍義補》一百六十四卷。丘濬。

劉若愚《内板經書紀略》 《大學衍義補》四十本。三千六百葉。

錢謙益等《絳雲樓書目・大學類》 丘濬《大學衍義補》一百十六卷。

黃虞稷《千頃堂書目・三禮類》 丘濬《大學衍義補》一百六十卷。

大學衍義古文

高儒《百川書志・大學》 《大學衍義古文》二卷。

衍義補摘要

高儒《百川書志・大學》 《衍義補摘要》四卷。

大學重訂本

黃虞稷《千頃堂書目・三禮類》　程敏政《大學重訂本》一卷。

大學衍義節略

黃虞稷《千頃堂書目・三禮類》　楊廉《大學衍義節略》二十卷。廉以德秀是書精當切要，無一言非人君爲治之法，無一字非人臣責難之心，恐萬幾之煩，難於偏覽，因節略具表進呈。時官南京禮部尚書。

大學管窺

黃虞稷《千頃堂書目・三禮類》　廖紀《大學管窺》一卷。黃梅人，弘治乙丑進士。

《四庫提要・四書類存目》　《大學管窺》一卷。衍聖公孔昭煥家藏本。明廖紀撰。紀字時陳，號龍灣，東光人。弘治乙丑進士，官至吏部尚書。謚靖僖。事蹟具《明史》本傳。是書首載琴川周木所集《大學古本》及二程、朱子改本。其後依《大學古本》次序，採輯衆説，加以己意而疏解之。其書流傳絶少，朱彝尊《經義考》僅列其目，亦未之見也。

大學疑義

黃虞稷《千頃堂書目・三禮類》　丁璣《大學疑義》一卷。字玉夫，丹徒人，廣東提學副使。

《明史・藝文志・四書類》　丁璣《大學疑義》一卷。

大學稽古衍義

黃虞稷《千頃堂書目・三禮類》　王啓《大學稽古衍義》。

大學格物通　古大學測

黃虞稷《千頃堂書目・三禮類》　湛若水《大學格物通》一百卷。嘉靖四年進呈。《古大學測》一卷。

聖學格物通　纂要

高儒《百川書志・大學》　《聖學格物通》百卷，《纂要》一卷，目録一卷。大明嘉靖七年，南京吏部右侍郎湛若水撰進。由《大學》條目援引經書子史及聖朝制諭言訓。瞿校。諭鈔本作論。各陳己見，六格三十六目。

大學衍義補膚見

黃虞稷《千頃堂書目・三禮類》　胡世寧《大學衍義補膚見》二卷。一作四卷。

古本大學註

王圻《續文獻通考・經籍考・論語學庸孟子》　《古本大學註》。王文成公守仁著。

又《小學》《古本大學註》。王文成公守仁著。

黃虞稷《千頃堂書目・三禮類》 王守仁《大學古本注》一卷。正德戊寅序。

《明史・藝文志・四書類》 王守仁《古本大學注》一卷。

大學管窺

黃虞稷《千頃堂書目・三禮類》 趙璜《大學管窺》一冊。安福人，弘治庚戌進士，工部尚書。

大學補

黃虞稷《千頃堂書目・三禮類》 胡爟《大學補》一卷。字仲光，蕪湖人，弘治癸丑中進士，官戶部主事，改庶吉士。

大學億　附釋疑

徐𤊹《徐氏家藏書目・學庸類》 《大學億》一卷。武城王道著。

黃虞稷《千頃堂書目・三禮類》 王道《大學億》一卷。《釋疑》附。

《明史・藝文志・四書類》 王道《大學億》一卷。

大學衍義論斷

黃虞稷《千頃堂書目・三禮類》 王道《大學衍義論斷》一卷。

校定大學經傳

黃虞稷《千頃堂書目・三禮類》 陸深《校定大學經傳》一卷。

大學全文通釋

黃虞稷《千頃堂書目・三禮類》 崔銑《大學全文通釋》一卷。

大學千慮

徐𤊹《徐氏家藏書目・學庸類》 《大學千慮》一卷。穆孔暉。

黃虞稷《千頃堂書目・三禮類》 穆孔暉《大學千慮》一卷。堂邑人，弘治乙丑進士，嘉靖己亥張邦教序。

《明史・藝文志・四書類》 穆孔暉《大學千慮》一卷。

《四庫提要・四書類存目》 《大學千慮》一卷。副都御史黃登賢家藏本。

明穆孔暉撰。孔暉字元庵，堂邑人。弘治乙丑進士，官至翰林院侍講學士，諡文簡。是書就《章句》、《或問》引伸其說。中引佛遺教經以爲儒釋一本，可謂小言破道。其引隋智顗《法華經文句解》分別功德品及《大莊嚴經論》之說，以「格量」訓「格物」之義，亦深爲王士禎《池北偶談》所譏。《明史・儒林傳》附孔暉於《鄒守益傳》中，稱孔暉端雅好學，初不肯宗王守仁說，久而篤信之，自名「王氏學」，浸淫入於釋氏。觀是書良不誣云。

更正大學經傳定本

黃虞稷《千頃堂書目・三禮類》 林希元《更正大學經傳定本》一卷。

嘉靖二十八年，希元以閒住僉事，奏請刊布所著《大學》定本，及《易經四書存疑》。詔焚其書，下希元於巡按，尋褫其職爲民。

大學傳

黄虞稷《千頃堂書目・三禮類》　張邦奇《大學傳》一卷。

大學指歸　附考異

徐㶿《徐氏家藏書目・學庸類》　《大學指歸考異》一卷。魏校。

黄虞稷《千頃堂書目・三禮類》　魏校《大學指歸》一卷。

《明史・藝文志・四書類》　魏校《大學指歸》一卷。

《四庫提要・四書類存目》　《大學指歸》二卷，附《考異》一卷。安徽巡撫採進本。明魏校撰。校有《周禮沿革傳》，已著録。是編乃其所解《大學》。首以古篆寫古本正文，奇形詭狀，多所作《六書精藴》中杜撰之字。次乃爲《指歸》一卷。其辨「致知在格物」云：致知不可懸空，就格物上用功則著實，知，誘乎外物引之也。何故反求諸物？曰物欲令人心走，豈有物理走心者。所謂格，揆物定理也，理乃在外乎？曰物在外，理固在心。理非一定，其見於物者各有定也。又云：朱子嘗取程叔子之意以補傳。校謂《樂記》一章乃天留之以補「格物致知」傳也。其言曰：人生而靜，天之性也。感於物而動，性之欲也。物至知，知而好惡形焉。好惡無節於內，知誘於外，不能反躬，天理滅矣。夫物之感人無窮，而人之好惡無節，則是物至而人化物也。人化物也者，滅天理而窮人欲者也。「人生而靜，天之性也」，非《大學》所謂至善耶？「性之欲」非他，動以天也。人欲不可謂「性之欲」，好惡之形非《大學》所謂意耶？「物至知」，知人與聖人亦同耳。聖人內有節而人無節，故流而不反。節也者，本然之權度非耶？古語無節於內者，其察物弗之省矣。反躬也者，非大學所謂知本耶？反躬力如萬鈞，把柄在手，可以作聖矣。是故病莫重於知誘物化，樂莫重於格物致知。其說介於朱、王二本之間，而更巧於附會。其他所論，亦往往重守約而輕博文，仍未免失之偏枯。夫揆物定理，必有所以能揆物定理者，究不知以何法揆定之也。《考異》一卷，凡十五條，亦多穿鑿。篆文不爲典要，總一好異而已矣。

大學古文

徐㶿《徐氏家藏書目・學庸類》　《大學古文》一卷。魏校。

黄虞稷《千頃堂書目・三禮類》　魏校《大學古文》一卷。

大學原

黄虞稷《千頃堂書目・三禮類》　方獻夫《大學原》一卷。

大學拾朱

黄虞稷《千頃堂書目・三禮類》　李承恩《大學拾朱》一卷。字君暘，祥符人，正德十四年舉人。下第歸，即究心理學，著書甚多。有《中庸拾朱》。

大學愚見

黄虞稷《千頃堂書目・三禮類》　孟淮《大學愚見》一卷。

大學臆説

黄虞稷《千頃堂書目・三禮類》　聶豹《大學臆説》一卷。

定正大學格物傳

黄虞稷《千頃堂書目・三禮類》 郎瑛《定正大學格物傳》一卷。

古本大學後語

黄虞稷《千頃堂書目・三禮類》 鄒守益《古本大學後語》一卷。

古本大學附録

黄虞稷《千頃堂書目・三禮類》 王畿《古本大學附録》三卷。

大學義略

黄虞稷《千頃堂書目・三禮類》 王漸逵《大學義略》一卷。

大學衍義膚見

黄虞稷《千頃堂書目・三禮類》 黄訓《大學衍義膚見》。

大學審明

王圻《續文獻通考・經籍考・論語學庸孟子》 《大學審明》。陳華著。

大學古本雙標

徐𤊹《徐氏家藏書目・學庸類》 《大學古本雙標》一卷。吴時憲。

大學參義

黄虞稷《千頃堂書目・三禮類》 洪鼐《大學參義》。

大學格物致知傳

黄虞稷《千頃堂書目・三禮類》 蔡烈《大學格物致知傳》一卷。字文繼，龍谿人，蔡清門生。

大學古本注釋

黄虞稷《千頃堂書目・三禮類》 程昌《大學古本注釋》一卷。字時言，祁門人，正德戊辰進士，四川按察使。章懋門人。

大學述古

黄虞稷《千頃堂書目・三禮類》 萬思謙《大學述古》。

大學衍義補摘要

黃虞稷《千頃堂書目·三禮類》　顧起經《大學衍義補摘要》五卷。字玄緯，吳縣人，官運使。

大學古本

黃虞稷《千頃堂書目·三禮類》　李先芳《大學古本》一卷。濮州人，嘉靖丁未進士。

考正大學古本

黃虞稷《千頃堂書目·三禮類》　史朝富《考正大學古本》一卷。字節之，晉江人，嘉靖癸丑進士，永州知府。

大學義

黃虞稷《千頃堂書目·三禮類》　蔣信古《大學義》一卷。

大學就正

徐㶿《徐氏家藏書目·學庸類》　《大學就正》一卷。陳嘉謨。

讀大學

王世貞《讀書後》卷四《讀大學》　《大學》一書，古聖帝王相傳體用之大要，雜見於《禮經》。而朱子獨表章之，令天下家喻人習，不若五經之有專治而不能相通也。於戲亦盛矣。吾獨惜朱子之勇於表章，而不精於訂定也。夫三綱領、八條目盡之矣。今雜置「知止」及「物有本末」諸條於首章，以「致知」「格物」之解闕焉，而妄以腐庸之長語補之不合。「聽訟」之章，於「物有本末」後，又贅之以釋本末，且遂有本末而無終始，何舛也。王文成之「格物」與朱子異，且取《大學》之古本以正其誤，似矣。然所謂古本者，恐亦未盡當也。「新民」之釋，章「明德」前而「止至善」後，昭昭若日星，誰能廢之。且欲以如「保赤子」之一言而證「親民」，抑何闊迂也？區區管窺，竊以《大學》本無闕文，位置稍失序耳。前亦非聖經，後亦非賢傳，蓋曾子引夫子之緒言而繹其意，以誨門人，門人因而成書，前列三綱八條目而後序釋之。凡古人之爲文類如是耳。何以知非曾子書也？文有「曾子曰」云云，不應自言而中自引之也。所謂門人者，必子思也，何以知其子思也？它門人必不能也。今竊爲之訂定曰：大學之道，在明明德，在親民，在止於至善。古之欲明明德於天下者，先治其國；欲治其國者，先齊其家；欲齊其家者，先修其身；欲修其身者，先正其心；欲正其心者，先誠其意；欲誠其意者，先致其知。致知在格物，物格而後知至，知至而後意誠，意誠而後心正，心正而後身修，身修而後家齊，家齊而後國治，國治而後天下平。《康誥》曰：克明德。《太甲》曰：顧諟天之明命。《帝典》曰：克明峻德。皆自明也。湯之《盤銘》曰：苟日新，日日新，又日新。《康誥》曰：作新民。《詩》曰：周雖舊邦，其命維新。是故君子無所不用其極。《詩》云：邦畿千里，惟民所止。《詩》云：緡蠻黃鳥，止於丘隅。子曰：於止知其所止可以人而不如鳥乎？《詩》云：穆穆文王，於緝熙敬止。爲人君止於仁，爲人臣止於敬，爲人子止於孝，爲人父止於慈，與國人交止於信。《詩》云：瞻彼淇澳，菉竹猗猗。有斐君子，如切如磋，如琢如磨。瑟兮僩兮，赫兮喧兮。有斐君子，終不可諠兮。如切如磋者，道學也；如琢如磨者，自修也。瑟兮僩兮者，恂慄也。赫兮喧兮者，威儀也。有斐君子終不可諠兮者，道盛德至善，民之不能忘也。《詩》云：於戲前王，不忘君子。賢其賢而親其親，小人樂其樂而利其利，此以沒世不忘也。知止而後有定，定而後能靜，靜而後能安，安而後能慮，慮而後能得。物有本末，事有終始，知所先後，則近道矣。自天子以至於庶人，壹是皆以修身爲本。其本亂而末治者，否矣。其所厚者薄，而其所薄者厚，未之有也。子曰：聽訟，吾猶人也，必也使無訟乎？無情者不得盡其辭，大畏民志，此謂知本，此謂知之至也。然則「致知在格物」之章，何闕釋乎？大抵所謂大人者，德位兼備之大人，而所謂學者，治國平天下之學，故於「格物」一章，遽及於無訟之爲本，以見體不離用。「平天下」之章，絕不及國，而惟致辨於忠信驕泰之得失，以見用不離體，而中以「修身」貫之，見大本之所在，而後可以言學。王文成之訓「格」，雖小牴牾而其所謂物則合矣。即物窮理之支離，何必待辨而明。吾故曰：曾子授之而亦子思述之者也。

大學古本解

徐𤊹《徐氏家藏書目·學庸類》《大學古本解》一卷。來知德。

黃虞稷《千頃堂書目·三禮類》來知德《大學古本釋》一卷。

大學繁露演

黃虞稷《千頃堂書目·三禮類》虞淳熙《大學繁露演》一卷。

古本大學釋論

黃虞稷《千頃堂書目·三禮類》吳應賓《古本大學釋論》五卷。

大學古義

黃虞稷《千頃堂書目·三禮類》姜鴻緒《大學古義》。

大學古本

黃虞稷《千頃堂書目·三禮類》鄒光弼《大學古本》。臨川人，萬曆己卯舉人。

大學記

黃虞稷《千頃堂書目·三禮類》吳桂芳《大學記》一卷。新建人，嘉靖甲辰進士。

續大學衍義

黃虞稷《千頃堂書目·三禮類》劉洪謨《續大學衍義》十八卷。字惟復，南昌人，萬曆乙未進士。太僕寺少卿。崇禎二年以其書進呈。

大學衍義會補節略

黃虞稷《千頃堂書目·三禮類》揚文澤《大學衍義會補節略》四十卷。

大學述

徐㶿《徐氏家藏書目・學庸類》　《大學述》二卷。許孚遠。

黃虞稷《千頃堂書目・三禮類》　許孚遠《大學述》一卷。

大學稽中傳

《四庫提要・四書類存目》　《大學稽中傳》三卷。江西巡撫採進本。明李經綸撰。經綸有《禮經類編》，已著録。是編攻擊朱子《大學章句》，深闢格物之説，而以誠意爲根本，蓋推衍姚江古本義也。上卷凡十章：一爲稽中，二爲原明，三爲稽聖經，四爲原敬，五爲愼致知之要，六爲原内外動靜之合一，七爲原誠意，八爲原正心，九爲原修身，十爲舉全書。每章各疏大意於末。其不及治平之事，則謂「天德修而王道隨之也」。中卷爲辨疑四條，設問答以申上卷之旨，兼抉摘句讀之謬。如「舉而不能先，命也」，以「先命」二字連讀，謂不能先命以官，尙可強通。至下句以「遠過」二字連讀，訓「過」爲「責」，謂不能屏之遠方而責之，則無此文義矣。下卷爲考證。引朱子書七條，陸九淵書六條，謂二人其初均有弊，其終均無所偏，亦王守仁「晚年定論」之餘緒耳。

大學註

《四庫提要・四書類存目》　《大學註》一卷。御史蕭際韶家藏本。明蔡悉撰。悉有《書疇彝訓》，已著録。此編詮解《大學》，雖分章立説，而不録經文，頗似論體，與依文訓詁者不同。後有致知格物及誠意闕二圖，大旨以愼獨爲要義，致知格物爲先務。書末載「居身訓言」十則、「居家訓言」十則。蓋以旁衍修齊之義，故附《大學》之後云。

古本大學解

黃虞稷《千頃堂書目・三禮類》　魯邦彥《古本大學解》一卷。睢州人，嘉靖庚戌進士。

進呈大學講章

黃虞稷《千頃堂書目・三禮類》　張位《進呈大學講章》一卷。南昌人，隆慶戊辰進士，累官禮部尙書，兼文淵閣大學士。

大學管窺

黃虞稷《千頃堂書目・三禮類》　林日正《大學管窺》一卷。

大學初議

黃虞稷《千頃堂書目・三禮類》　張世則《大學初議》。萬曆二十年，世則爲四川僉事，進呈其書，專闢程朱，爲行人高攀龍所駁，其書遂廢。見《野獲編》。

大學衍義補纂要

徐㶿《徐氏家藏書目・學庸類》　《大學衍義補纂要》六卷。常熟徐栻。

黃虞稷《千頃堂書目・三禮類》　徐栻《大學衍義補纂要》六卷。

大學新編

黃虞稷《千頃堂書目・三禮類》 劉元卿《大學新編》一卷。

《四庫提要・四書類存目》 《大學新編》五卷。江西巡撫採進本。明劉元卿撰。元卿有《大象觀》，已著録。是書前列《大學》正文一卷，以豐坊僞《石經》爲據，殊爲不考。其《略疏》一卷，乃詮發大旨，以誠意爲主，亦與朱子互異。《發明》一卷，乃取明儒所論與己意相合者。《廣義》二卷，則本眞德秀《衍義》而刪節之，又附益以明初諸事。朱彝尊《經義考》作一卷，由未見其書，據傳聞載之故也。

大學通考

黃虞稷《千頃堂書目・三禮類》 顧憲成《大學通考》一卷。

《明史・藝文志・四書類》 顧憲成《大學通考》一卷。

大學質言

黃虞稷《千頃堂書目・三禮類》 顧憲成《大學質言》一卷。

《明史・藝文志・四書類》 顧憲成《大學質言》一卷。

重定大學

黃虞稷《千頃堂書目・三禮類》 顧憲成《重定大學》一卷。

大學釋

徐𤊹《徐氏家藏書目・學庸類》 《大學釋》一卷。何喬遠。附《萬曆集》。

續大學衍義

黃虞稷《千頃堂書目・三禮類》 吳瑞登《續大學衍義》三十四卷。

校復古本大學

黃虞稷《千頃堂書目・三禮類》 羅大紘《校復古本大學》一卷。

古本大學

黃虞稷《千頃堂書目・三禮類》 高攀龍《古本大學》一卷。

大學疑

黃虞稷《千頃堂書目・禮類》 程雲章《大學疑》。嘉靖八年，雲章爲太僕寺丞。上此及所著諸書。

大學定本

黃虞稷《千頃堂書目・三禮類》　區大倫《大學定本》一卷。

大學古今通考

《四庫提要・四書類存目》　《大學古今通考》十二卷。浙江巡撫採進本。

明劉斯源編。斯源字憲仲，臨潁人。是書成於萬曆戊申。首列朱子《大學》改本，次列《禮記》古本，次列魏石經本，次列二程本，而以宋、元、明諸儒說《大學》者附焉。以諸說竝陳，無所去取，故名「通考」。然《禮記》傳自戴聖，鄭玄不過依經作註，指爲鄭玄之本，已爲未安。至政和石刻出自豐坊僞撰，其政和年號以宋爲魏，賈逵姓名以漢爲魏，前人駁之悉矣。斯源猶珍重而信之耶？

大學古文參疑

黃虞稷《千頃堂書目・三禮類》　劉宗周《大學古文參疑》一卷。

大學衍注

黃虞稷《千頃堂書目・三禮類》　吳鍾巒《大學衍注》。武進人，崇禎甲戌進士，禮部主客司主事。

大學衍義節略

徐𤊹《徐氏家藏書目・學庸類》　《大學衍義節略》二十卷。高安朱寔昌。

大學古本

徐𤊹《徐氏家藏書目・學庸類》　《大學古本》一卷。林天峻纂。

大學古文指歸考異

錢謙益等《絳雲樓書目・大學類》　《大學古文指歸考異》一冊。

大學辨

吳壽暘《拜經樓藏書題跋記》卷一　《大學辨》。《大學辨》一篇，陳乾初先生著。此本爲先師巢飲夫子手寫，後跋云：「《大學辨》乾初先生本蕺山緒論斷以己意，著之於篇，實足以解宋儒之惑，羽翼先聖之道，以曉示來學，厥功甚偉。竹垞《經義考》所載第撮舉其大旨，寥寥數言而已。其全書終未得見。聞其嗣孫東宇珍秘是書，不肯出以示人，愚谷主人因屬陳子河莊婉轉懇請，始許借録，且訂以越一昔繳還。河莊賚書至，亟命諸弟子分鈔畢，踐約歸之。噫嘻！先世遺文寶守若此，可不謂賢乎哉！雖然，知秘藏之爲守，而未知廣傳於世之爲善其守也。矧是書之存不絕若髮，今得留心鄉邦文獻若愚谷者以表章之，則是書始不沒於天壤間矣。爰書以志幸。庚子二月廿六日，巢飲朱型謹識。」又云：「是書分鈔後，余命吳生又録一通，以備隨時展閱。寒食前二夕又記。」又跋云：「讀《大學辨》後，因憶曩時閱封㚟先生《始讀軒遺集》有闕疑一則，及近閱家拙齋集中有與先生令嗣敬之書，附録於後，以備折衷，非敢籍以折先生之角也。先生云：程、朱表章《大學》，後人駮之，非畔程、朱。然則此二條者，雖又駮先生之説，豈爲畔先生哉？巢飲又識。

古本大學解

《四庫提要・四書類存目》　《古本大學解》二卷。湖北巡撫採進本。國朝劉醇驥撰。醇驥字千里，號廓菴，廣濟人。是書遵用《古本大學》，不分經、傳。首《大學考》，次《戴記中古本》，又次爲《大學解》，力辨二程子、朱子及董槐、王柏諸人改本之非。夫竄易古經以就己意，其事原不可訓，然姚江之徒所以必復古本者，實欲引託始知本，不言「格物」之義，以陰助「良知」，非盡爲尊經也。

大學證文

《四庫提要・四書類二》　《大學證文》四卷。浙江巡撫採進本。國朝毛奇齡撰。是書備述諸家《大學》改本之異同。首列《註疏》本，《大學》之眞古本也。次列漢熹平石經本，有録無書，以原本不傳，且考驗舊文，知即今《註疏》之本，故不複列。次爲魏正始石經本，即豐坊所依託者，仍列於前，從其所僞之時代也。次爲明道程子改本，次爲伊川程子改本，次爲朱子改本，皆録全文。次爲王柏改本，次爲季本改本，次爲高攀龍改本，即崔銑改本，次爲葛寅亮改本，皆僅列其異同之處，而不録全文。漢以來專門之學，各承師説，但有字句訓詁之異，無人敢竄亂古經。鄭玄稱好改字，特註某當作某耳，不敢遽變其字也。費直始移《周易》，杜預始移《左傳》，但析傳附經耳，亦未敢顚倒經文也。自劉敞考定《武成》，列之《七經小傳》，儒者視爲故事，遂寖以成風。《大學》一篇，移掇尤甚。譬如增減古方，以治今病，不可謂無裨於醫療，而亦不可謂即扁鵲、倉公之舊劑也。奇齡備列諸本，使沿革秩然，亦足以資考證。蓋一則欲綱目分明，使學者易於致力。一則欲章句不易，使古經不至失眞。各明一義，固可以竝行不悖耳。

張之洞《書目答問・四書》　《大學證文》四卷。毛奇齡。《西河集》本。

大學知本圖説

《四庫提要・四書類存目》　《大學知本圖説》一卷。浙江巡撫採進本。國朝毛奇齡撰。是書由「古本大學」之説，以攻朱子格物之《傳》。首爲「知本圖説」。次爲「知本圖」四：一曰大學有本，一曰格物知本，一曰格物以修身爲本，一曰修身以誠意爲本。末爲附録。又有《後圖》，以《大學》「知本」與《中庸》「立本」竝列，二圖節次相配，亦前有圖説，後有附録。夫知行竝用，博約兼資，聖賢經典之文或有偏舉，而理無偏廢。經文既明言格物，即不補《傳》，亦必有説。奇齡乃以格物爲量度之意，以知本爲誠意。不知未知本時持何術以量度之。且既已指誠意爲本，則遵而行之已矣，又何用量度！蓋奇齡歷詆先儒，而頗尊其鄉學。其直指知本仍王守仁之「良知」，其主誠意則劉宗周之「愼獨」也。而自稱「嵩山廟市高笠先生所傳，爲遼東賀欽之孫所祕授」，蓋託詞也。

大學問

《四庫提要・四書類存目》　《大學問》一卷。浙江巡撫採進本。國朝毛奇齡撰。以答其門人餘姚邵廷采之問者也。仍因其《大學知本圖説》而衍之，以歸於「良知」之説。其解「在明明德」句，以「明明」二字重文連讀。如明德連讀，則德已明，何用復明！是不必遠引他説，即以《大學》「克明峻德」言之，德已峻，何用復明乎？所引「明明」重文之證《尚書》三條、《詩》四條，皆其《四書賸言》中所謂以雩見爲龍、以王良爲星者也。

大學翼真

《四庫提要・四書類二》 《大學翼眞》七卷。浙江巡撫採進本。國朝胡渭撰。渭有《禹貢錐指》，已著録。是書卷一分四目：曰大學二字音義，曰先王學校之制，曰子弟入學之年，曰鄉學之教。卷二分三目：曰小學之教，曰大學之教，曰學校選舉之法。卷三分三目：曰大學經傳撰人，曰古本大學，曰改本大學。皆引據精核，考證詳明，非空疏游談者可比。卷四以下爲渭所考定之本，大旨仍以朱子爲主，力闢王學改本之誤。以經爲一章，傳爲八章。其《誠意》章以下，與諸本竝同。惟以「康誥曰」至「是故君子無所不用其極」爲第一章，統釋三綱領；以「詩云，邦畿千里」至「此以沒世不忘也」爲第二章，謂前三節釋經「知止」、「能得」之序，後兩節釋「知止」之由與「能得」之序；以「聽訟吾猶人也」一節爲第三章，謂釋「本末」之意，而移此謂知本二句於前章「止於信」之下，與諸本爲異。其說與朱子雖小異，然僅謂「格致」一章不必補《傳》耳。其論格物，固仍然朱子之旨也。其卷末一條，謂「古之大學所以教人者，其文則《詩》、《書》、《禮》、《樂》，其道則父子、君臣、夫婦、長幼、朋友，其法則博學、審問、愼思、明辨、篤行，故孟子謂庠序、學校，皆所以明人倫」云云。所見切實，視泛爲性命理氣之談，似五常百行之外別有一物謂之道、別有一事謂之學者，勝之遠矣。

大學古本說

《四庫提要・四書類二》 《大學古本說》一卷。福建巡撫採進本。國朝李光地撰。光地有《周易觀象》，已著録。是編《大學》用古本。後有自記，稱：「讀朱子之書五十年，凡如《易》之卜筮，《詩》之雅鄭，周子『無極』之旨，邵子『先天』之傳，皆能灼然不惑，老而逾堅。獨於此書亦牽勉應和焉，而非所謂心通默契者。間考鄭氏舊本，尋逐經意，竊疑舊貫之仍，文從理得，況知本、誠身二義，尤爲《大學》樞要所存，似不應溷於衆目中，致陸、王之徒得攘袂扼臂，自託於據經詁傳」云云。蓋意所未合，不欲附和以自欺，非故與朱子爲難也。其《中庸》不用朱子本，亦不用鄭註古本，自分爲一十二章。然特聯屬其文，使節次分明，大旨則固無異。《餘論》一卷，闡發精義尤多。《論語》、《孟子》則隨有所見即劄記之，但舉經文首句，標曰某章，其無所詮解者則併其章目不存焉。大旨皆主於尋求義理，宛轉發明，不似近代講章，惟以描摹語氣，爲時文敷衍地也。

大學講義

《四庫提要・四書類存目》 《大學講義》一卷。兩江總督採進本。國朝楊名時撰。

大學本文　大學古本

《四庫提要・四書類存目》 《大學本文》一卷。《大學古本》一卷。通行本。國朝王澍撰。澍有《禹貢譜》，已著録。是書取《大學》、《中庸》本文及朱子《章句》原序，各爲批點。大意欲因文法以闡書理。然聖經雖文字之祖，而不可以後人篇法、句法求之。世傳蘇洵評《孟子》，謝枋得評《檀弓》，皆出於明人刊本。其源流授受，莫得而明，大抵皆後人僞撰。澍因仍其例，實非先儒之舊法。又既用朱子改本，發揮文字之妙；又列古本一卷，其發揮妙處亦如之。古本是，則改本非，改本是，則古本非。兩相尊奉，不亦合之兩傷乎！

大學困學録

《四庫提要・四書類存目》 《大學困學録》一卷。浙江巡撫採進本。國朝王澍撰。自明以來，解《四書》者，惟以尋繹語脈爲時文敷衍之具。澍是二書獨發揮學問之功，其識在坊刻講章上。而意取詳明，或失之冗，遂不免間有出入。如《大學補傳》第五章，辨陸、王致知之誤，極爲分明。而《傳》第七章乃云「心中不可存一物」，則仍闌入金谿、姚江門徑矣。呂坤《呻吟語》謂「佛氏論心爭有無，儒者論心爭是非，如貞女思夫，忠臣思君，可謂之放心乎？」其說當矣。又何可以不存一物爲正心也？亦間有寬廓語。如《中庸》第二章謂「君子時中」，只是敬其意，以敬爲無忌憚之反，而不知此時中字徹上徹下，徹内徹外，當由格物窮理明體達用而來，非一「敬」字所能盡。又如《中庸》第二十章，謂九經句句有一篇《西銘》在内，其理固然。然不可如此說書。必充類至盡，雖謂句句有一篇《太極圖說》在内，亦何嘗不可通乎？

大學偶言

《四庫提要・四書類存目》　《大學偶言》一卷。浙江巡撫採進本。國朝張文黼撰。文黼字風林，又字樹聲，蕭山人，康熙甲午舉人，官成都縣知縣。是書凡四十六條。雖以《大學偶言》爲名，前有劉紹攽序，亦以《大學》爲說，而其書多論理氣心性，辨諸家之是非，說《中庸》者爲多，解《大學》者僅數條，未喻其故也。文黼受業於毛奇齡，故此書亦因其師說。特文黼至乾隆甲子尚存，當日久論定之餘，知奇齡以負氣詬厲爲後人所不滿，鑒於前車，詞氣較爲和平耳。其論人無二性，與顏元《存性編》之說同，不爲無理。其論朱子補《大學》格物傳全爲禪學，則有意巧詆，純乎門戶之見矣。

大學合鈔

顧廣圻《思適齋書跋・經部》　《大學合鈔》六卷。稿本。右《大學合鈔》六卷。陸朗甫中丞遺書也。可謂博學而詳說之矣。惜未經刊刻，聞其家藏圖籍散落殆盡，未識尚有他種否？道光戊子秋九，顧千里觀幷記。

大學古義說

張之洞《書目答問・四書》　《大學古義說》二卷。宋翔鳳。浮溪精舍本。

中庸分部

中庸古文

高儒《百川書志・中庸》　《中庸古文》一卷。

中庸說

姚振宗《漢書藝文志條理・論語》　《中庸說》二篇。

禮記中庸傳

姚振宗《隋書經籍志考證・禮類》　《禮記中庸傳》二卷。宋散騎常侍戴顒撰。

私記制旨中庸義

姚振宗《隋書經籍志考證・禮類》　《私記制旨中庸義》五卷。不著撰人。

中庸説

尤袤《遂初堂書目・禮類》　胡安定《中庸説》。
《宋史・藝文志・禮類》　《胡先生中庸義》一卷。盛喬纂集。
楊士奇等《文淵閣書目・四書》　《中庸胡先生義》一部，一册。闕。
張萱等《内閣藏書目録・經部》　《胡先生中庸義》一册。全。莫詳其名，門人盛喬纂。

中庸義

《宋史・藝文志・禮類》　喬執中《中庸義》一卷。

中　庸

《宋史・藝文志・禮類》　呂大臨《中庸》一卷。

中庸再解

尤袤《遂初堂書目・禮類》　呂與叔《中庸再解》。

四先生中庸解義

《宋史・藝文志・禮類》　《四先生中庸解義》一卷。程頤、呂大臨、游酢、楊時撰。

中庸解義

《宋史・藝文志・禮類》　游酢《中庸解義》五卷。

中庸解

尤袤《遂初堂書目・禮類》　龜山《中庸解》。
《宋史・藝文志・禮類》　楊時《中庸解》一卷。

十先生中庸解

尤袤《遂初堂書目・禮類》　《十先生中庸解》。
《宋史・藝文志・禮類》　《十先生中庸集解》二卷。朱熹序。

中庸傳

《續修四庫全書提要・經部・四書類》　《中庸傳》一卷。宋晁説之撰。

中庸說

《宋史・藝文志・禮類》 郭忠孝《中庸說》一卷。

中庸說

《宋史・藝文志・禮類》 郭雍《中庸說》一卷。

二郭中庸說

尤袤《遂初堂書目・禮類》 《二郭中庸說》。

中庸說

《宋史・藝文志・禮類》 張九成《中庸說》一卷。

中庸大傳

《宋史・藝文志・禮類》 晁公武《中庸大傳》一卷。

中庸說

《宋史・藝文志・禮類》 項安世《中庸說》一卷。

中庸解

王圻《續文獻通考・經籍考・論語學庸孟子》 《中庸解》。徐存著。

中庸章句

趙希弁《讀書附志・經解類》 《中庸章句》一卷。右晦翁先生既定著章句於經文之下，又述平時問答所疑，以爲《或問》。《中庸》又述《輯略》兩卷，蓋集伊洛諸儒之說也。希弁所藏各兩本，嶽麓書院精舍及白鹿洞書院所刊者。

《宋史・藝文志・禮類》 朱熹《中庸章句》一卷。

高儒《百川書志・中庸》 《中庸章句》一卷。宋朱文公章句。

張萱等《内閣藏書目録・經部》 《中庸章句》二册。全。宋朱熹注。

中庸或問

趙希弁《讀書附志・經解類》 中庸《或問》二卷。朱熹著。

《宋史・藝文志・禮類》 朱熹《或問》二卷。

楊士奇等《文淵閣書目・四書》 《中庸或問》一部，三册。闕。

高儒《百川書志・中庸》 朱子《中庸或問》一卷。

張萱等《内閣藏書目録・經部》 《中庸或問》二册。全。宋朱熹著。

錢謙益等《絳雲樓書目・中庸類》 《中庸或問》二册。

中庸輯略

趙希弁《讀書附志・經解類》 《中庸輯略》二卷。晦翁先生著。

《宋史・藝文志・禮類》　朱熹《中庸輯略》二卷。

徐𤇍《徐氏家藏書目・學庸類》　《中庸輯略》二卷。朱子。

中庸集義

《宋史・藝文志・禮類》　倪思《中庸集義》一卷。

中庸集傳

《宋史・藝文志・禮類》　錢文子《中庸集傳》一卷。

王圻《續文獻通考・經籍考・論語學庸孟子》　《中庸集傳》。錢文子著。

中庸集解

《宋史・藝文志・禮類》　石𡼏《中庸集解》二卷。

《四庫提要・四書類一》　《中庸輯略》二卷。江蘇巡撫採進本。宋石𡼏編。朱子刪定。𡼏字子重，號克齋，新昌人。紹興十五年進士，官至太常主簿，出知南康軍。《中庸》爲《禮記》第三十一篇，孔穎達《疏》引鄭玄《目録》云：「此書於《別録》屬通論。」《漢書・藝文志》有《中庸傳》二篇，顏師古註曰：「今《禮記》中有《中庸》一篇，亦非本《禮經》，蓋子思之作。」是書本以闡天人之奥，漢儒以無所附麗，編之《禮記》，實於五禮無所屬，故劉向謂之「通論」，師古以爲「非本《禮經》」也。梁武帝嘗作《義疏》，見於《隋志》，然其書不傳。迨有宋諸儒研求性道，始定爲心傳之要，而論説亦遂日詳。故𡼏輯是編，斷自周子、二程子、張子，而益以呂大臨、謝良佐、游酢、楊時、侯仲良、尹焞之説，初名《集解》。乾道癸巳，朱子爲作序，極稱其謹密詳審。越十有六年，淳熙己酉，朱子作《中庸章句》，因重爲刪定，更名《輯略》，而仍以《集解》原序冠其首。觀朱子《〈中庸章句〉自序》稱「既定著《章句》一篇，以俟後之君子，而一二同志復取石氏書刪其繁亂，名以《輯略》，且別爲《或問》以附其後」云云。據此則是編及《或問》皆當與《中庸章句》合爲一書。其後《章句》孤行，而是編漸晦。明嘉靖中，御史新昌呂信卿始從唐順之得宋槧舊本，刻之毘陵，凡先儒論説見於《或問》所駁者，多所芟節。如第九章游氏以舜爲絶學無爲之説、楊氏有能斯有爲之説，第十一章游氏離人立於獨未發有念之説，多竟從刪薙，不復存其説於此書。至如第一章内所引程子答蘇季明之次章，《或問》中亦力斥其紀録失眞，而原文乃仍載書中。或爲失於刊削，或爲別有取義，則其故不可得詳矣。

中庸約説

王圻《續文獻通考・經籍考・論語學庸孟子》　《中庸約説》一卷。趙善湘著。

中庸講義

王圻《續文獻通考・經籍考・論語學庸孟子》　《中庸講義》。鄭霖著。

中庸中和説

倪燦等《補遼金元藝文志・三禮類》　程時登《中庸中和説》。

錢大昕《補元史藝文志・禮類》　程時登《中庸中和説》。

中庸詳説

《宋史・藝文志・禮類》 袁甫《中庸詳説》二卷。

蒙齋中庸講義

《四庫提要・四書類一》 《蒙齋中庸講義》四卷。《永樂大典》本。宋袁甫撰。甫字廣微，鄞縣人。寶文閣直學士燮之子。嘉定七年進士。官至吏部侍郎兼國子祭酒，權兵部尚書，謚正肅，事蹟具《宋史》本傳。史稱所著有《孟子解》，今未見傳本，殆已亡佚。此書散見《永樂大典》中，而史志顧未之及。惟朱彝尊《經義考》有甫所撰《中庸詳説》二卷，註云「已佚」，或即是書之別名歟？其書備列經文，逐節訓解，蓋平日録以授門弟子者，中間委曲推闡，往往言之不足，而重言以申之。其學出於楊簡，簡之學則出於陸九淵，故立説多與九淵相合。如講「語大、語小」一節云：「包羅天地，該括事物，天下不能載者，惟君子能載之，而天下又何以載？幽通鬼神，微入毫髮，天下不能破者，惟君子能破之，而天下又何以破？」此即《象山語録》所云「天下莫能載者，道大無外，若能載則有分限矣；天下莫能破者，一事一物，纖悉微末，未嘗與道相離」之説也。其講「自誠明」一節云：「誠不可傳，可傳者明，明即性也，不在誠外也。」此即《象山語録》所云「誠則明，明則誠，此非有次第，其理自如此」之説也。其他宗旨，大都不出於此。雖主持過當，或不免惝怳無歸。要其心得之處，未嘗不自成一家。謹依經排輯，釐爲四卷，以存金溪之學派。至其甚謬於理者，則於書中別加案語，考正其誤，以杜狂禪恣肆之漸焉。

張金吾《愛日精廬藏書志・四書類》 《蒙齋中庸講義》四卷。文瀾閣傳抄本。宋袁甫撰。

中庸説

《宋史・藝文志・禮類》 陳堯道《中庸説》十三卷。

中庸發明

楊士奇等《文淵閣書目・四書》 《中庸發明》一部，一册。完全。

張萱等《内閣藏書目録・經部》 《中庸發明》一册。全。元王奎文著。

黄虞稷《千頃堂書目・禮類・補宋》 王奎文《中庸發明》一卷。

倪燦等《宋史藝文志補・三禮類》 王奎文《中庸發明》一卷。

錢大昕《補元史藝文志・禮類》 王奎文《中庸發明》一卷。

中庸纂疏

《宋史・藝文志・禮類》 趙順孫《中庸纂疏》三卷。

張萱等《内閣藏書目録・經部》 《中庸纂疏》三册。全。趙順孫編。又三册。全。

中庸解

王圻《續文獻通考・經籍考・論語學庸孟子》 《中庸解》。曾貞著。

中庸説

王圻《續文獻通考・經籍考・論語學庸孟子》　《中庸説》一卷。金趙秉文删集。

黄虞稷《千頃堂書目・禮類・補金》　趙秉文《中庸説》二卷。載《滏水集》中。

倪燦等《補遼金元藝文志・三禮類》　趙秉文《中庸説》一卷。

錢大昕《補元史藝文志・禮類》　趙秉文《中庸説》一卷。

龔顯曾《金藝文志補録・四書類》　《中庸説》一卷。趙秉文。

中庸集解

黄虞稷《千頃堂書目・禮類・補金》　李純甫《中庸集解》。

倪燦等《補遼金元藝文志・三禮類》　金李純甫《中庸集解》。

錢大昕《補元史藝文志・禮類》　李純甫《中庸集解》一卷。

龔顯曾《金藝文志補録・四書類》　《中庸集解》一卷。李純甫。

中庸疑

黄虞稷《千頃堂書目・禮類》　《中庸疑》。程雲章著。

中庸圖説　中庸輯釋

黄虞稷《千頃堂書目・禮類・補元》　李思正《中庸圖説》一卷。《中庸輯釋》一卷。江西德興人，生於宋季，入元有勸之仕者，笑而不答。

倪燦等《補遼金元藝文志・三禮類》　李思正《中庸圖説》。又《中庸輯釋》。江西德興人。

錢大昕《補元史藝文志・禮類》　李思正《中庸圖説》一卷。又《中庸輯釋》一卷。江西德興人。

中庸簡明傳

錢大昕《補元史藝文志・禮類》　劉惟思《中庸簡明傳》一卷。字良貴。

中庸管見

錢大昕《補元史藝文志・禮類》　夏侯文卿《中庸管見》。華亭人。

中庸解

王圻《續文獻通考・經籍考・論語學庸孟子》　《中庸解》三卷。熊節著。節字瑞操，建陽人。十歲《讀易》，日誦二卦，即知問難，至通曉而後止。累官通直郎致仕。

中庸説

錢大昕《補元史藝文志・禮類》　許衡《中庸説》。

中庸指歸　中庸分章

楊士奇等《文淵閣書目・四書》　《中庸指歸》。一部，一冊。完全。

張萱等《内閣藏書目録・經部》　《中庸指歸》一冊。全。元黎立武著。

黃虞稷《千頃堂書目・禮類・補元》　黎立武《中庸指歸》一卷，《提綱》一卷。大德八年甲辰趙秉政序。字以常，新喻人，宋咸淳進士，爲華文閣待制。吳澄其所取士也。入元，屢徵不起，自號所寄翁。

倪燦等《宋史藝文志補・三禮類》　黎立武《中庸指歸》一卷，《提綱》一卷。

錢大昕《補元史藝文志・禮類》　黎立武《中庸指歸》一卷，又《提綱》一卷。

《四庫提要・四書類一》　《中庸指歸》一卷。《中庸分章》一卷。浙江巡撫採進本。宋黎立武撰。立武字以常，新喻人。咸淳中舉進士第三。仕至軍器少監、國子司業。宋亡不仕。閒居三十年以終。立武官撫州時校文，舉吳澄充貢士，故澄誌其墓自稱曰門人。又稱立武官祕省時，閲官書，愛二郭氏《中庸》。郭游程門，新喻謝尚書仕夷陵，嘗傳其學，將由謝溯程以嗣其傳。故言《大學》、《中庸》等書間與世所崇尚者異義。蓋《中庸》之學傳自程子，後諸弟子各述師説，門徑遂歧。游酢、楊時之説爲朱子所取，而郭忠孝《中庸説》以「中」爲性，以「庸」爲道，亦云程子晚年之定論。立武《中庸指歸》皆闡此旨。至其《中庸分章》，則以「天命之謂性」以下爲一章，「仲尼曰」以下爲二章，「君子之道費而隱」以下爲三章，「道不遠人」以下爲四章，「君子素其位而行」以下爲五章，「君子之道辟如行遠」以下爲六章，「鬼神之爲德」以下爲七章，「哀公問政」以下爲八章，「誠者天之道也」以下爲九章，「惟天下至誠」以下爲十章，「誠者自成」以下爲十一章，「大哉聖人之道」以下爲十二章，「仲尼祖述堯舜」以下爲十三章，「惟天下至聖」以下爲十四章，「詩曰，衣錦尚絅」以下爲十五章。皆發明郭氏之旨，所言亦具有條理。其《大學》則《發微》一卷，謂曾子傳道在一貫，悟道在忠恕，造道在《易》之《艮》，大旨以「正至善」爲歸，而以誠意爲要。本旨一卷，仍用古本，皆以爲曾子之書，不分經傳，而以所稱「曾子」爲曾皙之言。要其歸宿，與程、朱亦未相牴牾，異乎王守仁等借古本以伸己説者也。惟其謂《中庸》、《大學》皆通於《易》，列圖立説，絲連繩貫而排之，則未免務爲高論耳。此《四書》本合編，前有大德八年趙秉政序。其先《中庸》，後《大學》，蓋亦從《禮記》原次。此本從今本《四書》之序，移《大學》於《中庸》前，而以秉政之序介於《四書》之間，殊失本旨。今釐正之，還其舊第焉。

龔顯曾《金藝文志補録・四書類》　《中庸分章》一卷。黎立武。

中庸説

王圻《續文獻通考・經籍考・經解總》　《中庸説》。沙縣羅仲素著。

中庸致用書

王圻《續文獻通考・經籍考・論語學庸孟子》　《中庸致用書》。何夢桂著。

中庸口義

錢大昕《補元史藝文志・禮類》　陳櫟《中庸口義》一卷。

中庸章句續解

黃虞稷《千頃堂書目・禮類・補元》　齊履謙《中庸章句續解》一卷。

倪燦等《補遼金元藝文志・三禮類》 齊履謙《中庸章句續解》一卷。

錢大昕《補元史藝文志・禮類》 齊履謙《中庸章句續解》一卷。

中庸叢説

黄虞稷《千頃堂書目・禮類・補元》 許謙《中庸叢説》一卷。明初，謙孫存仁爲國子監祭酒，凡何、王、金、許之書，皆所刊布。

倪燦等《補遼金元藝文志・三禮類》 許謙《中庸叢説》一卷。

讀中庸叢説

阮元《四庫未收書目提要・四書類》 《讀中庸叢説》二卷。元許謙撰。案《元史》本傳：謙讀《四書章句集注》，有《叢説》二十卷。朱彝尊《經義考》據一齋書目收入總經類，注云未見。《通志堂經解》亦未及編刻，蓋世已久不見其書矣。今《四庫全書》所收，祇《大學》一卷，《中庸》一卷，《孟子》二卷而已。《中庸》本二卷，已佚其半，《論語》則已全佚。今除《論語叢説》三卷已從元板影録進呈外，復從吴中藏書家得元板《中庸叢説》足本二卷，又影録副本，以補前收之所未備。而許氏之書，遂成完璧。案黄溍爲謙作《墓誌》，載此書卷數二十，與本傳相符。今所録者，俱遵元板。《論語》三卷，《中庸》二卷，合之《大學》一卷，《孟子》二卷得八卷，皆首尾完整。明《祕閣書目》所載《四書叢説》亦止四冊，殆與今本相同，蓋未可據《墓誌》、本傳而疑其尚有闕佚也。

中庸注

錢大昕《補元史藝文志・禮類》 薛子晦《中庸注》。東陽人。

中庸講義

黄虞稷《千頃堂書目・禮類・補元》 程逢午《中庸講義》三卷。字信叔，休寧人，海鹽州教授。

倪燦等《補遼金元藝文志・三禮類》 程逢午《中庸講義》三卷。字信叔，休寧人，海鹽州教授。

錢大昕《補元史藝文志・禮類》 程逢午《中庸講義》三卷。字信叔，休寧人，元貞中海鹽州教授。

中庸章旨

王圻《續文獻通考・經籍考・論語學庸孟子》 《中庸章旨》二卷。黄鎮成著。

黄虞稷《千頃堂書目・禮類・補元》 黄鎮成《中庸章旨》二卷。

倪燦等《補遼金元藝文志・三禮類》 黄鎮成《中庸章旨》二卷。

錢大昕《補元史藝文志・禮類》 黄鎮成《中庸章旨》二卷。

中庸提綱

楊士奇等《文淵閣書目・四書》 《中庸提綱》一部，一冊。闕。

王圻《續文獻通考・經籍考・論語學庸孟子》 《中庸提綱》。陳華著。

中庸講義

黄虞稷《千頃堂書目・禮類・補元》 趙若煥《中庸講義》。

倪燦等《補遼金元藝文志・三禮類》　趙若煥《中庸講義》。

中庸解

錢大昕《補元史藝文志・禮類》　魯貞《中庸解》一卷。

中庸說

黃虞稷《千頃堂書目・禮類》　練魯《中庸說》一卷。

錢大昕《補元史藝文志・禮類》　練魯《中庸說》一卷。松陽人。

中庸大學章旨

王圻《續文獻通考・經籍考・論語學庸孟子》　《中庸大學章旨》。鄭奕夫著。

中庸發明要覽

黃虞稷《千頃堂書目・禮類・補元》　陸琪《中庸發明要覽》二卷。

中庸白文

錢謙益等《絳雲樓書目・中庸類》　《內府板中庸白文》。

中庸說

高儒《百川書志・中庸》　《中庸說》一卷。皇明御史中丞漳郡劉駟宗道著。

黃虞稷《千頃堂書目・禮類》　劉駟《中庸說》一卷。字宗道，漳州人，洪武間官都御史。

中庸章句大全

高儒《百川書志・中庸》　《中庸章句大全》一卷。大明永樂十三年翰林學士胡廣等奉敕纂修。

中庸或問大全

高儒《百川書志・中庸》　《中庸或問大全》一卷。大明永樂年翰林學士胡廣等奉勅纂修。

中庸章句詳說

黃虞稷《千頃堂書目・禮類》　劉清《中庸章句詳說》一卷。永嘉人，明初隱居不仕。

中庸類編

黃虞稷《千頃堂書目·禮類》 陳雅言《中庸類編》。永豐人，洪武中領本縣教事。

中庸問政章説

黃虞稷《千頃堂書目·禮類》 景星《中庸問政章説》一册。字德輝，餘姚人，洪武中杭州府學訓導。

中庸補注

黃虞稷《千頃堂書目·禮類》 孔諤《中庸補注》一卷。字貞伯，至聖裔。永樂戊子舉人，會試擢乙榜第一，尋授中允。歷按察司僉事。

《明史·藝文志·四書類》 孔諤《中庸補注》一卷。

中庸九經衍義

黃虞稷《千頃堂書目·禮類》 王仁《中庸九經衍義》。字正己，樂安人。永樂中舉明經。以母老辭。

中庸講義

黃虞稷《千頃堂書目·禮類》 馬貴《中庸講義》。三原人，永樂間舉明經不起。馬理祖。

中庸本義

黃虞稷《千頃堂書目·禮類》 姚文灝《中庸本義》一卷。字秀夫，貴溪人。成化甲辰進士。湖廣按察司僉事，提督學政。

中庸説

黃虞稷《千頃堂書目·禮類》 夏尚朴《中庸説》一卷。永豐人，師事婁一齋諒，官南太僕寺少卿，正德辛未進士。

中庸解

黃虞稷《千頃堂書目·禮類》 羅倫《中庸解》一卷。

中庸管窺

《四庫提要·四書類存目》 《中庸管窺》一卷。衍聖公孔昭煥家藏本。明寥紀撰。是書不用朱子《章句》，亦不從鄭玄舊註。分《中庸》爲二十五段。與《章句》同者十四段。其異者以「中庸其至矣乎」以下二章爲第三段，「道其不行矣夫」二章爲第四段，「人皆曰子知」二章爲第五段，「天下國家可均也」三章爲第六段，「道不遠人」至「亦勿施於人」爲第八段，「君子之道四」一節爲第九段，「武王周公」至「孝之至也」爲第十五段，「郊社之禮」一節爲第十六段，「哀公問政」合「自誠明」二章爲第十七段，「大哉聖人之道」至「王天下」三章爲第二十三段，「仲尼祖述堯舜」至「唯天下至誠」三章爲第二十四段。其中如以「道其不行」一節與「舜其大知」一節合爲一段，殊爲牽強。謂「君子之道」一節與上文不相蒙，以「郊社之禮」一節承上起下，亦未能深思文意，特自抒其一人之見而已。後附《性學》、《心學》二篇，亦無甚精微之論。

中庸測

黃虞稷《千頃堂書目·禮類》 湛若水《中庸測》一卷。

《明史·藝文志·四書類》 湛若水《中庸測》一卷。

中庸本義

黃虞稷《千頃堂書目·禮類》 許誥《中庸本義》一卷。

中庸古今注

黃虞稷《千頃堂書目·禮類》 黃綰《中庸古今注》一卷。

中庸凡

錢謙益等《絳雲樓書目·中庸類》 崔銑《中庸凡》。

黃虞稷《千頃堂書目·禮類》 崔銑《中庸凡》一卷。

中庸傳

黃虞稷《千頃堂書目·禮類》 張邦奇《中庸傳》一卷。

中庸原

黃虞稷《千頃堂書目·禮類》 方獻夫《中庸原》一卷。

中庸膚見

黃虞稷《千頃堂書目·禮類》 白良輔《中庸膚見》一卷。字堯佐，洛陽人。景泰辛未進士。

中庸析義

黃虞稷《千頃堂書目·禮類》 許天錫《中庸析義》一卷。閩縣人。弘治癸丑進士。

中庸衍義

黃虞稷《千頃堂書目·禮類》 夏良勝《中庸衍義》十七卷。江西南城人。正德戊辰進士。

《明史·藝文志·四書類》 夏良勝《中庸衍義》十七卷。

中庸解

黄虞稷《千頃堂書目・禮類》　楊爵《中庸解》一卷。

中庸義略

黄虞稷《千頃堂書目・禮類》　王漸逵《中庸義略》。有自序。一作《中庸釋言》。

中庸述微

黄虞稷《千頃堂書目・禮類》　萬思謙《中庸述微》一卷。字益甫，南昌人。嘉靖丁未進士。萬曆初南京太常寺卿。

中庸位育圖説

黄虞稷《千頃堂書目・禮類》　瞿九思《中庸位育圖説》。

中庸集説啓蒙

黄虞稷《千頃堂書目・禮類》　謝東山《中庸集説啓蒙》一卷。

《明史・藝文志・四書類》　謝東山《中庸集説啓蒙》一卷。

中庸衍義

黄虞稷《千頃堂書目・禮類》　王尊賢《中庸衍義》。閬中人，太學生，嘉靖中上其書於朝。

中庸庸言

黄虞稷《千頃堂書目・禮類》　李栻《中庸庸言》二卷。

讀中庸

王世貞《讀書後》卷四　《讀中庸》。讀《中庸》而知孟子之爲子思門人無疑也。孟子之言性，善委曲懇至，然不過因率性之道而明天命之眞耳。其他所稱堯舜性之、湯武反之，即誠明明誠，生學安利之説耳。第反之一字卻似未穩，恐人作荀卿解。首章擬朱子解，則戒愼不睹、恐懼不聞，與下愼獨功，由淺而至深；而王文成解，則下文之所謂獨者，即不睹不聞而所謂愼即戒謹恐懼也。竊詳文義，當以文成爲當。下文朱解，喜怒哀樂謂之中，即天命之性也。發而皆中節謂之和，即率性之道也。文成解則愼獨以後修道之教事也，微犯致字義矣。第朱子解，則天下有大本而無達道矣。至於致中和、分天地位、萬物育，又分戒懼謹獨，支離割強，大失子思本意。中和者，體用也。中庸者，即已成之德，而表之曰無過不及而已，曰平常而已。注變和言庸者，誤庸之一字，禪者亦知之曰平常心。是道君子無人而不自得幾於化矣。而末引夫子「失鵠反身」之論，所以異於莊周、列禦寇也。「鬼神之爲德」章，直與《易繫》相表裏，祭義不足盡之郊社之禮，所以祀上帝也。此語有深味。而朱子以不言后土爲省文，似失之。天以象，地以形，雖分而上下，然各一物耳，而所以主宰之者，一上帝也。冬至而祀南郊，其神此上帝也；夏至而祀北郊，其神此上帝也。所謂《易》有太極也，故詩書聖賢之所稱，述有上帝而已不言后土者，非略之也。釋之言曰帝釋，天道之言曰玉帝，亦此義也。所謂閻羅王者，主治人之盡而爲鬼者，非土也。夫子稱治天下國家有九經，孟子之所謂王道者，子庶民之一經耳，而何以能使齊、梁之君幡然而從我也？博學，審問，愼思，明辨，篤行，五者不可缺，只在「之」字上體認分曉耳。朱子之格物於「之」字，似未徹也。王文成之格物，知有之而欲廢此五者，不可也。故皆不知聖言之全。子思說，致中和，位天地，育萬物，至誠如神處，絕得《易繫》之。精，非孟子所可及。「衣錦尙絅」章與首章「戒謹恐懼」以後相表裏，而精詳懇至。

中庸述

黃虞稷《千頃堂書目·禮類》 許孚遠《中庸述》一卷。

中庸測義

黃虞稷《千頃堂書目·禮類》 管志道《中庸測義》一卷。

《明史·藝文志·四書類》 管志道《中庸測義》一卷。

中庸外傳

黃虞稷《千頃堂書目·禮類》 顧起元《中庸外傳》三卷。

《明史·藝文志·四書類》 顧起元《中庸外傳》三卷。

中庸詁

黃虞稷《千頃堂書目·禮類》 李鼎《中庸詁》一卷。

中庸解義

黃虞稷《千頃堂書目·禮類》 張洪《中庸解義》一卷。

中庸系

徐𤊹《徐氏家藏書目·學庸類》 《中庸系》一卷。吳時憲。

中庸解

黃虞稷《千頃堂書目·禮類》 倪復《中庸解》一卷。成化時人。余本師也。

中庸通旨

黃虞稷《千頃堂書目·禮類》 洪鼐《中庸通旨》一卷。壽昌人。正德庚午舉人，國子監助敎。

中庸要義

黄虞稷《千頃堂書目·禮類》 張瑤《中庸要義》一卷。朝邑人。

中庸參

黄虞稷《千頃堂書目·禮類》 李穎《中庸參》一卷。

中庸臆説

黄虞稷《千頃堂書目·禮類》 李槃《中庸臆説》一卷。

《明史·藝文志·四書類》 李槃《中庸臆説》一卷。

中庸抉微

黄虞稷《千頃堂書目·禮類》 姜鴻緒《中庸抉微》。字輝先，臨川人。萬曆中與帥機、湯顯祖并稱。

中庸釋論

黄虞稷《千頃堂書目·禮類》 吴應賓《中庸釋論》十二卷。字蓉卿，號觀我，桐城人。萬曆丙戌進士。詹事府少詹事。

《明史·藝文志·四書類》 吴應賓《中庸釋論》十二卷。

中庸古本

黄虞稷《千頃堂書目·禮類》 林日正《中庸古本》一卷。

中庸淵天紹易測

黄虞稷《千頃堂書目·禮類》 陳仁錫《中庸淵天紹易測》六卷。

中庸賸義

黄虞稷《千頃堂書目·禮類》 汪于沚《中庸賸義》一卷。

中庸點綴

《四庫提要·四書類存目》 《中庸點綴》一卷。江蘇周厚堉家藏本。明方時化撰。時化有《易引》，已著録。是書首爲《中庸》總提，次全載《中庸》之文。每段或總批，或旁批，其體例略如時文，其宗旨則純乎佛氏。

中庸輯略

楊士奇等《文淵閣書目·四書》 《中庸輯略》一部，四冊。闕。《中庸輯略》一部，二冊。完全。《中庸集略》一部，二冊。闕。

范邦甸等《天一閣書目·四書類》 《中庸緝略》二卷。朱絲欄鈔本。不著編輯人姓名。

張萱等《內閣藏書目録・經部》 《中庸輯略》二冊。全。莫詳著人姓名。雜引諸儒語録以解《中庸》。

中庸思問録

范邦甸等《天一閣書目・四書類》 《中庸思問録》一卷。鈔本。不著撰書人姓名。

中庸合註

《四庫提要・四書類存目》 《中庸合註》一卷。浙江汪啓淑家藏本。不著撰人名氏。前有元吳澂序。然篇末題曰「序」，而篇首題曰「總説」，其文亦不類序體。殆割裂移掇，強爲標目。書中所載雙峰饒氏、新安陳氏所説，皆澂同時之人。而「郊社之禮」一條，乃引「吳氏澂曰」云云，其不出於澂，更無疑義。《元史》澂傳亦不言澂有此書。考其所引，皆明永樂中所修《四書大全》之説，必書賈摘録《大全》僞託澂名以售也。

中庸解

《四庫提要・四書類存目》 《中庸解》一卷。江蘇巡撫採進本。國朝任大任撰。大任字鈞衡，吳江人。此書分段詮釋，但標節次，不録經文，大抵多先儒緒言也。

中庸説

《四庫提要・四書類存目》 《中庸説》五卷。浙江巡撫採進本。國朝毛奇齡所論。其門人章大來、樓宅中、朱樟、陳佑及其子遠宗、姪文輝編次，而各附以己説，皆與朱子《章句》互異。大旨以「愼獨」爲主，闢劉宗周之旨。蓋宗周，奇齡之鄉人也。奇齡博洽羣書，其説經善於考證。至於舍考證而談義理，則違才易務，非其所長。又以辨才濟之，愈辨而愈支，固其所矣。

中庸章段　中庸餘論

《四庫提要・四書類二》 《中庸章段》一卷。《中庸餘論》一卷。福建巡撫採進本。李光地撰。

中庸講義

《四庫提要・四書類存目》 《中庸講義》一卷。兩江總督採進本。國朝楊名時撰。

中庸本文

《四庫提要・四書類存目》 《中庸本文》一卷。通行本。王澍撰。

中庸困學録

《四庫提要・四書類存目》 《中庸困學録》一卷。浙江巡撫採進本。王澍撰。

中庸本旨

《四庫提要・四書類存目》 《中庸本旨》二卷。江蘇巡撫採進本。國朝朱謹撰。謹號雪鴻，崑山人。是編前有康熙己丑魏一川序，稱其歲易一稿，逾三十年。今觀其書，首列《中庸圖》十七，其分配五行者多涉牽合。其解「中」字，謂「中」即太極，即伏羲一畫而縱之。其解「天」字，謂上一畫爲天，下一畫爲地，人居其中。一川序又爲補解「庸」字，以爲古文作𠅩，𠅩古庚字，爲陽金。用古鏞字，爲樂器，而附於黃鍾之末，亦皆附會。其註以天命爲源，以無聲無臭爲歸宿，多涉恍惚。其《中庸續論》，又時時評論文法，如謂「三重」章、「大哉」章是兩扇格局，不露排偶之類，併引而歸之時文矣。

四書總義分部

古注孝經論語

尤袤《遂初堂書目・論語類孝經孟子附**》** 《古注孝經論語》。

六家中庸大學解義

《宋史・藝文志・禮類》 司馬光等《六家中庸大學解義》一卷。

中庸大學廣義

《宋史・藝文志・禮類》 司馬光《中庸大學廣義》一卷。

語孟解

尤袤《遂初堂書目・論語類孝經孟子附**》** 王逢原《語孟解》。

語孟説

尤袤《遂初堂書目・論語類孝經學附**》** 程氏《語孟説》。

四先生中庸大學解

尤袤《遂初堂書目・禮類》 《四先生中庸大學解》。

語孟師説

王圻《續文獻通考・經籍考・經解總》 《語孟師説》。沙縣羅仲素著。

論語孟子略解

王圻《續文獻通考・經籍考・論語學庸孟子》 《論語孟子略解》。邵武上官愔著。

論孟遺稿

王圻《續文獻通考・經籍考・論語學庸孟子》《論孟遺稿》。光澤李郁著。

論語孟子經解

錢謙益等《絳雲樓書目・論語類》蘇子由《論語孟子經解》。子由《孟子解》一卷。少年所作，凡二十四章。

論孟拾遺

尤袤《遂初堂書目・論語類孝經孟子附**》**潁濱《論孟拾遺》。

玉泉中庸大學

尤袤《遂初堂書目・禮類》《玉泉中庸大學》。

四書解

朱彝尊《經義考・四書》張氏九成《四書解》。《宋志》：六十五卷。佚。

大學中庸論語解

王圻《續文獻通考・經籍考・論語學庸孟子》《大學中庸論語解》。喻樗著。樗，建德人。少慕伊洛之學，受業於楊時。建炎中登進士，累官工部員外郎。

四書性理窟

朱彝尊《經義考・四書》喻氏樗《四書性理窟》。佚。

論孟指南

尤袤《遂初堂書目・論語類孝經孟子附**》**五峰《論孟指南》。

論孟講義

王圻《續文獻通考・經籍考・論語學庸孟子》《論孟講義》。林子奇著。

大學中庸輯略

王圻《續文獻通考・經籍考・論語學庸孟子》《大學中庸輯略》。石𡼖著。𡼖，新昌人。與朱熹爲友，號克齋。

論語學庸或問集略集注

張萱等《内閣藏書目録・經部》　《論語學庸或問集略集注》共九冊。不全。

論語孟子集注

張萱等《内閣藏書目録・經部》　《論語孟子集注》十二冊。全。

四書衍説

朱彝尊《經義考・四書》　胡氏泳《四書衍説》。佚。戴銑曰：泳字伯量，南康建昌人，朱子弟子。

中庸大學

尤袤《遂初堂書目・禮類》　朱氏《中庸大學》。

文公四書

胡師安等《元西湖書院重整書目》　《文公四書》。

四書正文

楊士奇等《文淵閣書目・四書》　《四書正文》。一部，六冊。闕。

四書章句集注

楊士奇等《文淵閣書目・經部》　《四書集注》一部，十八冊。完全。

范邦甸等《天一閣書目・四書類》　《四書章句集註》二十六卷。宋刊本。宋朱子撰并序。　《四書集註》十四卷。刊本。　明嘉靖丙辰廣東崇正堂刊行。　《四書集註》六本。明嘉靖丁亥南康府六老堂刊。

劉若愚《内板經書紀略》　《四書集註》十本。八百二十葉。

于敏中等《天禄琳琅書目・宋版經部》　《四書》。五函，二十七冊。朱子章句集註。《大學》一卷，《中庸》一卷，《論語》十卷，《孟子》十四卷。朱子《序説》、《讀法》。咸淳癸酉，衢守長沙趙淇利於郡庠，每版中有「衢州官書」四字。《中興館閣續録》：祕書郎莫叔光上言：「今承平滋久，四方之人益以典籍爲重。凡搢紳家世所藏善本外之，監司郡守搜訪得之，往往鋟版以爲官書。其所在，各自版行。」宋時郡守刻書，於此可證。此本，淇爲衢守所刊，時度宗九年。按虞集《道園學古録》：淇乃趙葵次子。幼以郊恩補承奉郎，舉童子科。刻書後六年而入元，拜湖南道宣慰使。又趙希鵠《洞天清録》：鏤版之地有三：吳、越、閩。衢郡屬越，由來舊矣。琴州毛氏藏本印記最夥，其「鼎」、「元」雙印，《祕殿珠林》内錢選《洪崖圖》幀首有之，上有錢氏印，下曰「仲雅」。又見宋版《漢書》下曰「伯雅」。而此曰「季雅」，似昴弟行，好古鑒藏家也。餘無考。

《四庫提要・四書類一》　《大學章句》一卷。《論語集註》十卷。《孟子集註》七卷。《中庸章句》一卷。通行本。宋朱子撰。案《論語》自漢文帝時立博士；《孟子》據趙岐《題詞》，文帝時亦嘗立博士，以其旋罷，故史不載；《中庸説》二篇見《漢書・藝文志》，戴顒《中庸傳》二卷。梁武帝《中庸講疏》一卷見《隋書・經籍志》。惟《大學》自唐以前無別行之本，然《書録解題》載司馬光有《大學廣義》一卷、《中庸廣義》一卷，已在二程以前。均不自洛、閩諸儒始爲表章。特其論説之詳，自二程始，定著《四書》之名則自朱子始耳。原本首《大學》，次《論語》，次《孟子》，次《中庸》。書肆刊本以《大學》、《中庸》篇頁無多，併爲一冊，遂移《中庸》於《論語》前。明代科舉命題，又以作者先後，移《中庸》於《孟子》前。然非宏旨所關，不必定復其舊也。《大學》古本爲一篇，朱子則分別經、傳，顛倒其舊次，補綴其闕文，《中庸》亦不從鄭註分節，故均謂之「章句」。《論語》、《孟子》融會諸家之説，故謂之「集註」。猶何晏註《論語》裒八家之説，稱「集解」也。惟晏註皆標其姓，朱子則或標或不標，例稍殊焉。《大學章句》，諸儒頗有異同，然「所謂誠其意者」以下竝用舊文，所特創者不過補傳一章，要非增於八條目外。既於理無害，又於學者不爲無裨，何必分門角逐歟？《中庸》雖不從鄭註，而實較鄭註爲精密。蓋考證之學，宋儒不及漢儒；義理之學，漢儒亦不及宋儒。言豈一端，要各有當。況鄭註之善者，如「戒慎乎其所不睹」四句，未嘗不採用其意；「雖有其位」一節，又未嘗不全襲其文。觀其去取，具有鑒裁，尤不必定執古義以相爭也。《論語》、《孟子》亦頗取古註，如《論語》「瑚璉」一條與《明堂位》不合，《孟子》「曹交」一註與《春秋傳》不合，論者或以爲疑。不知「瑚璉」用包咸註，「曹交」用趙岐註，非朱子杜撰也。又如「夫子之牆數仞」，註「七尺曰仞」；「掘井九軔」，註「八尺曰仞」，論者尤以爲矛盾。不知七尺亦包咸註，八尺亦趙岐註也。是知鎔鑄羣言，非出私見。苟不詳考所出，固未可概目以師心矣。大抵朱子平生精力殫於《四書》。其剖析疑似，辨別毫釐，實遠在《易本義》、《詩集傳》上。讀其書者要當於大義微言求其根本。明以來攻朱子者務摭其名物度數之疎，尊朱子者又併此末節而回護之。是均門戶之見，烏識朱子著書之意乎！

四書語類

楊士奇等《文淵閣書目・四書》　《四書語類》一部，十八冊。完全。

張萱等《內閣藏書目録・經部》　晦庵《四書語類》十八冊。全。宋朱熹著。

四書或問

楊士奇等《文淵閣書目・四書》　《四書或問》。一部，十五冊。完全。

《四庫提要・四書類一》　《四書或問》三十九卷。江蘇巡撫採進本。宋朱子撰。朱子既作《四書章句集註》，復以諸家之説紛錯不一，因設爲問答，明所以去取之意，以成此書。凡《大學》二卷、《中庸》三卷、《論語》二十卷、《孟子》十四卷。其書非一時所著。《中庸或問》原與《輯略》俱附《章句》之末，《論語》、《孟子》則各自爲書。其合爲一帙，蓋後來坊賈所併也。中間《大學或問》用力最久。故朱子答潘恭叔問，嘗自稱：「諸書修得一過，《大學》所改尤多，此舊已極詳密。」《中庸或問》，則朱子平日頗不自愜，《語類》載游某問《中庸》編集如何，曰：「緣前輩諸公説得多了，其間儘有差舛處，又不欲盡駁難他底，所以難下手。不比《大學》，都未曾有人説。」又載朱子以《中庸或問》授黃𠎝，云：「亦未有滿意處。」如評論程子，朱子説處尚多牴云云。是其意猶以爲未盡安也。至《論孟或問》，則與《集註》及《語類》之説往往多所牴牾，後人或遂執《或問》以疑《集註》，不知《集註》屢經修改，至老未已，而《或問》則無暇重編。故《年譜》稱：「《或問》之書未嘗出以示人。書肆有竊刊行者，亟請於縣官，追索其版。」又《晦菴集》中有與潘端叔書曰：「《論語或問》此書久無工夫修得，只《集註》屢更不定，卻與《或問》前後不相應」云云。可見異同之迹，即朱子亦不諱言。竝録存之其與《集註》合者，可曉然於折衷衆説之由；其於《集註》不合者，亦可知朱子當日原多未定之論。未可於語録、文集偶摘數語，即爲不刊之典矣。

或問小注

《四庫提要・四書類存目》　《或問小註》三十六卷。安徽巡撫採進本。

舊本題朱子撰。宋以來諸家書目皆不著録，諸儒傳朱子之學者亦無一人言及之。康熙壬午，始有陳彝則家刻本，稱明徐方廣所增註。越二十年壬寅，鄭任鑰又爲重刻，而附以己說，併作後序，反覆力辨，信爲朱子書。如卷首載朱子與劉用之書及序四篇，《晦菴集》中不載，則以爲集中偶佚；《年譜》不記作此書，則以爲《年譜》遺漏；書中多講時文作法，則以爲制義始王安石，朱子亦十九舉進士，必善時文。連篇累牘，欲以強詞奪理。至如解「中庸其至矣乎」一節、「道之不行也」一節，皆剽《四書大全》所載雙峰饒氏語，「射有似乎君子」一節，全剽《四書大全》所載新安陳氏語。僞蹟昭然，萬難置喙。則以爲《大全》誤題姓名，其偏執殆不足與辨。又既稱此書作於《集註》之後，而《孟子》「萬物皆備於我矣」一章，乃於第三條下附記曰：「此條係《語類》說，第八條係《或問》說。前輩多疑此爲未完之說，在《集註》之前。信哉。」是《小註》又在《集註》前矣，不亦自相牴牾耶？所載《中庸》原序，稱淳熙己酉冬十月壬申。考《宋史・孝宗本紀》是月有庚子、壬寅二日。使庚子爲朔，則下推三十二日爲壬申，使壬寅爲晦，則上推三十一日爲壬申，均不得在十月。《文獻通考》載朱子之言曰：「《集註》後來改定處多，遂與《或問》不相應，又無工夫修得」云云。是《或問》尚未暇改，何暇又作《小註》。陳振孫《書録解題》又曰：「《論語通輯》十卷，黄榦撰。其書兼載《或問》，發明婦翁未盡之意。」使朱子果有此書，榦亦何必發明乎？其爲近人依託無疑。王懋竑《白田雜著》有是書跋，稱任鑰刻是書後，自知其謬，深悔爲湯友信所賣。併稱序及諸論皆友信之筆，任鑰未嘗寓目云。

不全。

四書集義

張萱等《内閣藏書目録・經部》　朱文公《四書集義》二十八册。

語孟集義

尤袤《遂初堂書目・論語類孝經孟子附》　《語孟集義》。

陳振孫《直齋書録解題・語孟類》　《語孟集義》三十四卷。朱熹撰。集二程、張氏及范祖禹、呂希哲、呂大臨、謝良佐、游酢、楊時、侯仲良、周孚先凡十二家，初名「精義」，後刻於豫章郡學，始名「集義」。其所言「外自託於程氏，而竊其近似之言，以文異端之說」者，蓋指張無垢也。無垢與僧宗杲遊，故云爾。

《四庫提要・四書類一》　《論孟精義》三十四卷。江蘇巡撫採進本。宋朱子撰。初，朱子於隆興元年輯諸家說《論語》者爲《要義》，其本不傳。後，九年爲乾道壬辰，因復取二程、張子及范祖禹、呂希哲、呂大臨、謝良佐、游酢、楊時、侯仲良、尹焞、周孚先等十二家之說，薈粹條疏，名之曰《論孟精義》，而自爲之序。時朱子年四十三。後刻版於豫章郡，又更其名曰「要義」。《晦菴集》中有《書論語孟子要義序後》，曰：「熹頃年編次此書，鋟版建陽，學者傳之久矣。後細考之程、張諸先生說，尚或時有所遺脫，既加補塞，又得毘陵周氏說四篇有半於建陽陳焞明仲復，以附於本章，豫章郡文學南康黄某商伯既以刻於其學，又慮夫讀者疑於詳略之不同也，屬熹書於前序之左，且更定其故號『精義』者曰『要義』」云云。是其事也。後又改其名曰「集義」，見於《年譜》。今世刊本仍稱「精義」，蓋從朱子原序名之也。凡《論語》二十卷、《孟子》十四卷。又各有《綱領》一篇，不入卷數。朱子初集是書，蓋本程氏之學以發揮經旨。其後採擷菁華，撰成《集註》。中間異同疑似，當加剖析者，又別著之於《或問》。似此書乃已棄之糟粕。然考諸《語録》，乃謂「讀《論語》須將《精義》看」。又謂「《語孟集義》

中所載諸先生語，須是熟讀，一一記於心下，時時將來玩味，久久自然理會得。」又似不以《集註》廢此書者，故今亦仍録存之焉。

四書通

張萱等《内閣藏書目録・經部》　《四書通》十一冊。不全。宋朱子著。内《孟子》闕第四至七卷。

四書問目

《四庫提要・四書類存目》　《四書問目》無卷數。浙江吳玉墀家藏本。舊本題曰「考亭朱元晦先生講授，門人雲莊劉爚、睦堂劉炳述記」。前有永樂壬寅其九世孫劉文序，稱：「《四書問目》，世所傳者，《四書大全》、《朱子文集》内載數條而已，近於親表教授程蕃家求得《論語》二十篇，及任江西豐城尉，適吳侍御家，得《大學》、《中庸》數十條，而《孟子》則同修國史崇邑丘公永錫家藏焉。於是散者復合，而闕者幾全。」又有弘治十一年鄭京序，稱：「宣德間書林有與同姓者，欲附其族，爲劉氏子孫所辱。遂於凡載籍間二人姓名悉剔去之，或易以他名，欲滅其迹。」又稱「劉文所輯湮晦失傳，其裔孫復於廌山游氏得其全帙」云云。案朱彝尊《經義考》，劉爚有《四書集成》，劉炳有《四書問目》，並註「已佚」。則《問目》獨出於炳，不應兼題爚名。又《豐城縣志》載明一代典史六十三人，亦無所謂建陽劉文。且建陽一書賈，其力幾何，安能盡毁爚、炳之書？又安能盡剷爚、炳之名易以他氏？其說皆牴牾支離。書中問答，亦皆粗淺，不類朱子之語。殆皆其後人所依託歟？

朱彝尊《經義考・四書》　劉氏炳《四書問目》。佚。《閩書》：炳字韜仲，建陽人，與兄爚從文公游，舉進士，累官兵部侍郎朝請大夫。

四書朱張注

楊士奇等《文淵閣書目・四書》　《四書朱張注》一部，十四冊。完全。

張萱等《内閣藏書目録・經部》　《朱張四書》十四冊。全。宋張、朱二子講義。

黄虞稷《千頃堂書目・四書類・補元》　朱張《四書》十四冊。集晦菴、南軒講義。

倪燦等《補遼金元藝文志・經解類》　《朱張四書》十四冊。集晦菴、南軒講義。

四書講義

朱彝尊《經義考・四書》　潘氏柄《四書講義》。未見。

四書集成

王圻《續文獻通考・經籍考・論語學庸孟子》　《四書集成》。童伯羽著。伯羽字蜚卿，甌寧人。朱文公扁其樓曰「醉經堂」，曰敬義鄉人，稱敬義先生。

四書訓解

朱彝尊《經義考・四書》　童氏伯羽《四書訓解》。未見。《閩書》：童伯羽，字蜚卿，甌寧人，師事朱文公。文公嘗造訪之，名其堂曰「敬義」。伯羽以道自任，化行鄉里，時人以「敬義先生」稱之。

四書訓詁

朱彝尊《經義考・四書》　江氏默《四書訓詁》。六卷。未見。《姓譜》字德功，崇安人，從朱文公游。乾道中進士，歷安溪光澤尉。

四書講義

朱彝尊《經義考・四書》　黄氏士毅《四書講義》。未見。《姓譜》字子洪，莆田人，號壺山。師事朱文公。

四書疑義

朱彝尊《經義考・四書》　程氏永奇《四書疑義》。佚。戴詵曰：永奇，字次卿，號格齋。休寧程先之子，朱子門人。

論孟大意

都穆《南濠居士文跋》卷二　《論孟大意》。余家舊藏《論語大意》及《孟子大意》二書，皆宋刻本而無著書人名。嘗觀《文獻通考》以二書爲卞圜撰，亦不書其鄉郡，后見劉禹錫《嘉話》有圜跋語，始知圜爲宋海陵人，海陵即今之泰州。余友儲都憲靜失欲修州志，會問予以圜語之，儲君愕然曰：「吾用心志事，而不知此人，修志非君不能益我！」惜儲君已歿，志竟不成，念之未嘗不太息也。

東淵論孟講義

王圻《續文獻通考・經籍考・論語學庸孟子》　《東淵論孟講義》。龍溪王遇著。

四書解義

朱彝尊《經義考・四書》　王氏遇《四書解義》。佚。陸元輔曰：朱子門人。

中庸大學解

王圻《續文獻通考・經籍考・論語學庸孟子》　《中庸大學解》。陳孔碩著。孔碩字膚仲，侯官人，韓之父也。居官有循吏風。

四書集解

王圻《續文獻通考・經籍考・論語學庸孟子》　《四書集解》。陳舜申著。

岷隱先生石鼓語孟答問

張萱等《内閣藏書目録・經部》　《岷隱先生石鼓語孟答問》六册。全。宋理宗朝戴溪著，中皆講義。

四書集成

朱彝尊《經義考・四書》　劉氏爚《四書集成》。佚。

四書集解

朱彝尊《經義考・四書》　陳氏舜中《四書集解》。佚。

四書紀聞

朱彝尊《經義考・四書》　黄氏幹《四書紀聞》。未見。

四書問答

王圻《續文獻通考・經籍考・論語學庸孟子》　《四書問答》。崇德輔廣著。

四書大學講義　四書説

王圻《續文獻通考・經籍考・論語學庸孟子》　《四書大學講義》。《四書説》。葉味道著。

四書集編

楊士奇等《文淵閣書目・四書》　《四書集編》。一部，十八冊。完全。

張萱等《内閣藏書目録・經部》　《四書集編》八冊。全。

《千頃堂書目・四書類・補宋》　眞德秀《四書集編》二十六卷。

倪燦等《宋史藝文志補・四書類》　眞德秀《四書集編》二十六卷。

《四庫提要・四書類一》　《四書集編》二十六卷。兩江總督採進本。宋眞德秀撰。德秀字希元，浦城人。慶元五年進士，中詞科。紹定中拜參知政事，進資政殿直學士，提舉萬壽觀。卒謚文忠。事蹟具《宋史・儒林傳》。此書惟《大學》一卷、《中庸》一卷，爲德秀所手定。《〈大學章句〉序》後有題記一行，稱「寶慶三年八月丁卯後學眞德秀編於學易齋」者，其成書年月也。其子志道序亦惟稱《大學》、《中庸》，而云《論語》、《孟子》集註雖已點校，集編則未成。咸淳九年案原本作咸寧九年。宋無此年號，今改正。劉才之序，始稱西山所編《中庸》、《大學》，惟《論》、《孟》二書闕焉。扣之庭聞，則云已經點校，但未編輯。是《論》、《孟》固未嘗無成書，一旦論諸堂上，學正劉樸谿承謂《讀書記》中所載《論》、《孟》處，與今所刊《中庸》、《大學》凡例同，其他如《文集》、《衍義》等書，亦有可採摭者。因勉其彙集成書，凡五閲月而帙就，又五閲月而刊成云云。是《論語》十卷、《孟子》十四卷，皆劉承以德秀遺書補輯成之者也。朱子以《大學》、《中庸》、《論語》、《孟子》合爲「四書」，其章句多出新意，其《集註》雖參取舊文，而亦多與先儒異。其所以去取之意，散見《或問》、《語類》、《文集》中，不能一一載也。而《或問》、《語類》、《文集》又多一時未定之説與門人記録失眞之處，故先後異同，重複顛舛，讀者往往病焉。是編博採朱子之説以相發明，復間附己見以折衷譌異。志道序述德秀之言，自稱有銓擇刊潤之功，殆非虚語。趙順孫《四書纂疏》備列德秀所著諸書，而不載其目。蓋至宋末始刊，其出最晚，順孫未之見也。自是以後，踵而作者，汗牛充棟。然其學皆不及德秀，故其書亦終不及焉。

四書朱真注

楊士奇等《文淵閣書目・四書》　《四書朱眞注》。一部，十二冊。完全。

張萱等《内閣藏書目録・經部》　朱眞《四書》十二冊。朱晦庵、眞西山注。内闕《孟子下》數章。

黄虞稷《千頃堂書目・四書類・補元》　《朱眞四書》十二冊。集晦庵、西山注。不知何人。

倪燦等《補遼金元藝文志・經解類》　《朱眞四書》十二冊。集晦庵、西山注。

四書講義

王圻《續文獻通考・經籍考・論語學庸孟子》　《四書講義》。吳昌裔著。昌裔得程頤、朱熹諸書，研繹不倦。舉嘉定進士，歷官寶章閣侍制致仕。

四書管窺

楊士奇等《文淵閣書目・四書》　《四書管窺》。一部，五冊。完全。

王圻《續文獻通考・經籍考・論語學庸孟子》　《四書管窺》。胡仲雲著。仲雲，高安人，通經史百家，寶祐中進士。又著《六經蠡測》、《歷代遺論》、《宋朝政論》、《文集》三十卷。

四書説

朱彝尊《經義考・四書》　王氏時敏《四書説》。十卷。佚。《江西通志》王時敏，字德修，上饒人，嘗從東萊吕氏游。

四書説

朱彝尊《經義考・四書》　劉氏伯諶《四書説》。佚。《徽州府志》劉伯諶，字諶甫，歙人，慈湖楊氏弟子。

四書述

朱彝尊《經義考・四書》　葛氏紹體《四書述》。佚。《赤城志》葛紹體，字元城，黄巖人，師事葉水心。

四書新説

王圻《續文獻通考・經籍考・論語學庸孟子》　《四書新説》。李序著。

四書家説

王圻《續文獻通考・經籍考・論語學庸孟子》　《四書學説》。季守鏞著。

四書易編

王圻《續文獻通考・經籍考・論語學庸孟子》《四書易編》。牟子才著。

四書考義

王圻《續文獻通考・經籍考・論語學庸孟子》《四書考義》。趙欽成著。

四書訓解

王圻《續文獻通考・經籍考・論語學庸孟子》《四書訓解》。張文選著。

四書考證

楊士奇等《文淵閣書目・四書》《四書考證》一部，五册。闕。塾本作《考義》。

王圻《續文獻通考・經籍考・論語學庸孟子》《四書考證》。崇德衛富益著。

四書衍義

王圻《續文獻通考・經籍考・論語學庸孟子》《四書衍義》。丘潮著。

恕齋四書解

朱彝尊《經義考・四書》謝氏升賢《恕齋四書解》。佚。

四書集注附録

王圻《續文獻通考・經籍考・論語學庸孟子》《四書集註附録》。祝洙著。洙，穆之子也。

四書口義

王圻《續文獻通考・經籍考・論語學庸孟子》《四書口義》。陳淳著。淳字安卿，龍溪人。得朱文公《近思録》，遂棄舉子業而學焉。融貫義理，洞見條緒，學者稱比溪先生。

四書疑義

朱彝尊《經義考・四書》張氏津《四書疑義》。佚。《括蒼彙紀》：張津字子問，龍泉人。

四書疑義

朱彝尊《經義考・四書》 吴氏觀《四書疑義》。佚。黄震曰：臨川人。應抑之《天文圖》有匏瓜星，其下注云：《論語》「吾豈匏瓜也哉，焉能繫而不食」。正指此星而言。蓋星有「匏瓜」之名，徒繫於天而不可食，正與「維南有箕，不可簸揚。維北有斗，不可挹酒漿」同義。建昌吴觀附此於《四書疑義》。

四書要義

《宋史・藝文志・經解類》 沈貴瑤《四書要義》七篇。

四書輯語

楊士奇等《文淵閣書目・四書》 《四書輯語》。一部，二十冊。完全。

朱彝尊《經義考・四書》 陳氏應隆《四書輯語》。「隆」或作「龍」。《宋志》四十卷。未見。張萱曰：「《集》中多采宋儒語録，凡四十卷。內閣本闕三十五、三十六二卷。」

四書疑義

朱彝尊《經義考・四書》 石氏賡《四書疑義》。佚。黄震曰：「近世有石賡學於晦庵，門人李閎祖作《四書疑義》。」

裕堂梅先生講義

張萱等《內閣藏書目録・經部》 《裕堂梅先生講義》一冊。全。宋淳祐間括蒼梅寬夫著《四書》六章。附《易》一章、《詩》一章。

四書管見

楊士奇等《文淵閣書目・四書》 《四書管見》。一部，三冊。完全。

朱彝尊《經義考・四書》 章氏允崇《四書管見》。佚。

四書講義

朱彝尊《經義考・四書》 蔡氏元鼎《四書講義》。佚。

四書集成

楊士奇等《文淵閣書目・四書》卷四 《四書集成》。一部，八冊。闕。

朱彝尊《經義考・四書》 吴氏眞子《四書集成》。存。崑山徐氏含經堂有之。

融堂四書管見

王圻《續文獻通考・經籍考・論語學庸孟子》 《四書管見》。錢時著。

張萱等《內閣藏書目録・經部》 《融堂四書管見》。三冊。全。宋理宗朝錢時注解《論語》、《學》、《庸》，附以《古孝經》，爲四書。

黃虞稷《千頃堂書目・四書類・補宋》 錢時《融堂四書管見》十三卷。

倪燦等《宋史藝文志補・四書類》 錢時《融堂四書管見》十三卷。

四書家説

朱彝尊《經義考・四書》 戴氏侗《四書家説》。佚。

四書説約

王圻《續文獻通考・經籍考・論語學庸孟子》 《四書説約》。華亭田疇著。

朱彝尊《經義考・四書》 田氏疇《四書説約》。佚。

四書解

朱彝尊《經義考・四書》 諸葛氏泰《四書解》。佚。《台州府志》：諸葛泰，字安之，黃巖人，端平二年進士，知平陽州。

四書纂疏

王圻《續文獻通考・經籍考・論語學庸孟子》 《四書纂疏》。趙順孫著。

黃虞稷《千頃堂書目・四書類・補元》 趙順孫《四書纂疏》二十八卷。字和仲，縉雲人，度宗時官資政殿大學士、福建安撫使。

倪燦等《補遼金元藝文志・經解類》 元趙順孫《四書纂疏》二十六卷。字和仲，系晉雲人，資政殿大學士。

《四庫提要・四書類一》 《四書纂疏》二十六卷。內府藏本。宋趙順孫撰。順孫字格菴，括蒼人。考《黃溍集》有順孫阡表，曰：「自考亭朱子合《四書》而爲之説，其微詞奧旨，散見於門人所記録者，莫克互見。公始採集以爲《纂疏》。蓋公父少傅魏公雷，師事考亭門人滕先生璘，授以尊所聞集。公以得於家庭者，溯求考亭之原委，《纂疏》所由作也。」則順孫距朱子三傳矣。故是書備引朱子之説，以翼《章句集註》。所旁引者惟黃榦、輔廣、陳淳、陳孔碩、蔡淵、蔡沈、葉味道、胡泳、陳埴、潘柄、黃士毅、眞德秀、蔡模一十三家，亦皆爲朱子之學者，不旁涉也。鄧文原作胡炳文《四書通》序，頗病順孫此書之冗濫，炳文亦頗摘其失。然經師所述，體例各殊。註者詞尚簡明，疏者義存曲證。順孫書以疏爲名，而自序云陪穎達、公彥後，則固疏體矣。繁而不殺，於理亦宜。文原殆未考孔、賈以來之舊式，故少見而多怪歟。

四書指要

王圻《續文獻通考・經籍考・論語學庸孟子》 《四書指要》二十卷。鄭樸翁著。

黃虞稷《千頃堂書目・四書類・補宋》 鄭樸翁《四書要指》二十卷。太學生，字宗仁，溫州平陽人，入元不仕。與謝翱、吳思齊善。

倪燦等《宋史藝文志補・四書類》 鄭樸翁《四書要指》二十卷。字宗仁，溫州平陽人。

錢大昕《補元史藝文志・經解類》 鄭樸翁《四書指要》二十卷。字宗仁，溫州平陽人，入元不仕。

四書句解

黃虞稷《千頃堂書目・四書類・補宋》 陳普《四書句解》。

倪燦等《宋史藝文志補・四書類》　陳普《四書集解》。

四書集疏

朱彝尊《經義考・四書》　蔡氏模《四書集疏》。未見。

大學中庸發揮

王圻《續文獻通考・經籍考・論語學庸孟子》　《大學中庸發揮》。何基著。

論孟俗解

王圻《續文獻通考・經籍考・論語學庸孟子》　《論孟俗解》。李興宗著。興宗，臨江人。舉進士，早有雋聲，仕至國子博士，以清節著，號謙齋。

論孟解

王圻《續文獻通考・經籍考・論語學庸孟子》　《論孟解》。黄宙著。宙，晉江人，第進士，居鄉講授，門人多登科，石起宗其一也。

中庸大學講義

《宋史・藝文志・禮類》　謝興甫《中庸大學講義》三卷。

大學中庸注釋

王圻《續文獻通考・經籍考・論語學庸孟子》　《大學中庸註釋》。方逢辰著。

論孟會編

王圻《續文獻通考・經籍考・論語學庸孟子》　《論孟會編》。樂平丞相馬廷鸞著。

洙泗遺編

王圻《續文獻通考・經籍考・論語學庸孟子》　《洙泗遺編》。樂平丞相馬廷鸞撰。

論語孟子考異

《四庫提要・四書類存目》　《論語孟子考異》二卷。浙江巡撫採進本。舊本題宋王應麟撰。凡註疏諸儒之説與《集註》互異者，各爲考訂。然應麟著作傳世者多，而此書諸家皆不著録。今考所載，實皆採之《困學紀聞》中，蓋書肆作僞之本也。

大學説

王圻《續文獻通考・經籍考・論語學庸孟子》　《大學説》。何夢桂著。

大學中庸標說

黃虞稷《千頃堂書目・三禮類・補元》 秦玉《大學中庸標說》。太倉人，秦約父。

倪燦等《補遼金元藝文志・三禮類》 秦玉《大學中庸標說》。太倉人，約父。

錢大昕《補元史藝文志・禮類》 秦玉《大學中庸標說》。

庸學述解

錢大昕《補元史藝文志・禮類》 潘迪《庸學述解》。

中庸大學講稿

王圻《續文獻通考・經籍考・論語學庸孟子》 《中庸大學講稿》。晉江黃必昌著。

大學中庸章句箋註

王圻《續文獻通考・經籍考・論語學庸孟子》 《大學中庸章句箋註》。建安鄭儀孫著。

四書朱陸會同注釋　舉要

黃虞稷《千頃堂書目・四書類・補宋》 張霆松《四書朱陸會同注釋》二十九卷。又《舉要》一卷。貴溪人，宋咸淳鄉舉，元郡縣上所著書於省，省聞之朝，授漢陽教諭，不就。

倪燦等《宋史藝文志補・四書類》 張霆松《四書朱陸會同注釋》二十九卷。又《舉要》一卷。貴溪人。

錢大昕《補元史藝文志・經解類》 （龔）［張］霆松《四書朱陸會同注釋》二十九卷。又《舉要》一卷。貴溪人。宋咸淳鄉舉以省薦授漢陽教授，不就。「龔」一作「張」。

四書標題

楊士奇等《文淵閣書目・四書》 《四書標題》。一部，五冊。闕。

王圻《續文獻通考・經籍考・論語學庸孟子》 《四書標題》。元熊禾著。

黃虞稷《千頃堂書目・四書類・補宋》 熊禾《四書標題》。

倪燦等《宋史藝文志補・四書類》 熊禾《四書標題》。

錢大昕《補元史藝文志・經解類》 熊禾《四書標題》。

語孟集註

胡師安等《元西湖書院重整書目》 《語孟集註》。

四書纂疏

楊士奇等《文淵閣書目・四書》 《四書纂疏》。一部，二十冊。完全。《四書纂疏》。一部，二十冊。殘缺。

倪燦等《補遼金元藝文志・經解類》 《四書纂疏》。

四書辨疑

高儒《百川書志・禮》　《四書辨疑》一卷。滹南王若虚從之辨，金代人也。

黄虞稷《千頃堂書目・四書類・補金》　王若虚《四書辨疑》一卷。

倪燦等《補遼金元藝文志・經解類》　金王若虚《四書辨疑》一卷。

錢大昕《補元史藝文志・經解類》　王若虚《四書辨惑》一卷。

龔顯曾《金藝文志補録・四書類》　《四書辨惑》一卷。王若虚。別見錢氏《補志》。又倪氏《補志》作《四書辨疑》。

四書集注説

孫德謙《金史・藝文略・孟子》　《四書集注説》。王若虚撰。《提要》引蘇天爵安熙行狀云：國初有傳《朱子集注》至北方者，滹南王公雅以辨博自負，爲説非之。

四書箋義

王圻《續文獻通考・經籍考・論語學庸孟子》　《四書箋義》。南昌趙德著。

黄虞稷《千頃堂書目・四書類・補元》　趙德《四書箋義》。

四書箋義纂要　纂箋義紀遺

黄虞稷《千頃堂書目・四書類・補元》　趙德《四書箋義纂要》十二卷。又《纂箋義紀遺》一卷。號鐵峰。致和戊辰自序。又泰定甲子劉有慶序。

倪燦等《補遼金元藝文志・經解類》　趙德《四書箋義纂要》十二卷。又《纂箋義紀遺》一卷。號鐵峰。

錢大昕《補元史藝文志・經解類》　趙德《四書箋義纂要》十二卷。又《紀遺》一卷。

阮元《四庫未收書目提要・四書類》　《四書箋義纂要》十二卷。《紀遺》一卷。宋趙德撰。德乃宋之宗室，博學工文，宋亡，遂隱居南昌之東湖，因號鐵峰。是書載朱彝尊《經義考》。此從元泰定間刊本影寫。宋時儒者，闡發《四書》之功爲多，趙氏此書，一遵朱子。凡《章句》《集注》所載一事一言，必詳考其本源。而各箋義于其下，箋義之後，繼以附録，附録之後，繼以注疏纂要。宋淳熙己酉以前，學者確遵舊注，自是以後，幾不知注疏爲何物矣。此冊載朱子《論》、《孟》序云：「漢魏諸儒，正音讀，通訓詁，考制度，辨名物，其功博矣。」德亦以《四書》之學，必先觀《注疏》，而後知朱子發明之精。因作《纂要》。其所論説，本末兼賅，使《章句》、《集注》之義，豁然無遺。較之杜氏之《旁通》，熊氏之《標題》，有過之無不及也。曾翰稱其「二十年之功力，彙箋成帙」。李粲稱其「由是而知朱子之說，由是而通聖人之道」，洵不誣矣。

四書圖

錢大昕《補元史藝文志・經解類》　吳大成《四書圖》。字浩然，瑞安人，永嘉縣丞。

四書直解

錢大昕《補元史藝文志・經解類》　馮華《四書直解》。字君重，閩人，劍南州儒學教授。

四書譯解

龔顯曾《金藝文志補録・四書類》　《四書譯解》。溫迪罕締達、宗璧阿魯、張克宗等譯，一作楊克忠。錢《志》歸入譯語類，作《國語論語》、《國語孟子》。

論孟記聞　學庸纂述　學庸十一圖

王圻《續文獻通考・經籍考・論語學庸孟子》　《論孟記聞》。《學庸纂述》。《學庸十一圖》。餘干饒魯著。元吳澄跋其書曰：先生於學究夫天人，於教動則以善，可謂有功名教者。

錢大昕《補元史藝文志・禮類》　饒魯《中庸大學纂述》二卷。又《庸學十一圖》一卷。

學庸約説

錢大昕《補元史藝文志・禮類》　倪公晦《學庸約說》。

大學中庸雙説

王圻《續文獻通考・經籍考・論語學庸孟子》　《大學中庸雙說》。上猶黃文傑著。倣許魯齋《直講》補完之者。又有《文獻稿》、《郡學志》。

又《小學》　《大學中庸雙說》。上猶黃文傑著。

錢大昕《補元史藝文志・禮類》　黃文傑《大學中庸雙說》。字顯明，上猶人，大德中安遠教授。

語孟旁通

王圻《續文獻通考・經籍考・論語學庸孟子》　《語孟旁通》。（桂）［杜］瑛著。瑛字文玉，霸州信安人。金將亡，避地河南緱氏山中。世祖時召見，欲大用，辭疾歸。天曆中贈資德大夫、翰林學士，上護軍，追封魏國公。謚文獻。

又《小學》　《語孟旁通》。（桂）［杜］瑛著。

黃虞稷《千頃堂書目・孟子類・補元》　杜瑛《語孟旁通》八卷。

倪燦等《補遼金元藝文志・孟子類》　杜瑛《語孟旁通》八卷。

錢大昕《補元史藝文志・經解類》　杜瑛《語孟旁通》八卷。

四書辨疑

倪燦等《補遼金元藝文志・經解類》　陳天祥《四書辨疑》十五卷。

《四庫提要・四書類二》　《四書辨疑》十五卷。內府藏本。不著撰人名氏。書中稱「自宋氏播遷江表，南北分隔纔百五六十年，經書文字已有不同」，則元初人所撰矣。蘇天爵《安熙行狀》云：國初有傳朱子《四書集註》至北方者，滹南王公雅以辨博自負，爲說非之。趙郡陳氏獨喜其說，增多至若干言。是書多引王若虛說，殆寧晉陳天祥書也。朱彝尊《經義考》曰：《四書辨疑》，元人凡有四家，雲峰胡氏、偃師陳氏、黃巖陳成甫氏、孟長文氏。成甫、長文竝浙人，雲峰一宗朱子，其爲偃師陳氏之書無疑。所說當矣。其曰偃師者，《元史》稱天祥因兄祐仕河南，自寧晉家洛陽，嘗居偃師南山故也。天爵又謂安熙爲書以辨之，其後天祥深悔而焚其書。今此本具存，或天爵欲張大其師學，所言未足深據也。凡《大學》十五條，《論語》一百七十三條，《孟子》一百七十四條，《中庸》十三條。其中如駁「湯盤」非「沐浴之盤」，謂盤乃淺器，難容沐浴，是未考《禮・喪大記》鄭註有「盤長二丈，深三尺」之文，頗爲疎舛。又多移易經文以就己說，亦未見必然。然亦多平心剖析，各明一義，非苟爲門戶之爭。說《春秋》者三傳竝存，說《詩》者四家互異，古來訓詁，原不專主一人。各尊所聞，各行所知，固不妨存此一家之書，以資參考也。

錢大昕《補元史藝文志・經解類》 陳天祥《四書辨疑》十五卷。偃師人。

四書選注

錢大昕《補元史藝文志・經解類》 陳天祥《四書選注》二十六卷。

四書遺説

王圻《續文獻通考・經籍考・論語學庸孟子》 《四書遺說》。莆田黃續著。

朱彝尊《經義考・四書》 黃氏續《四書遺說》。佚。《閩書》：續字德遠，莆田人，仕爲學正。

四書講義

王圻《續文獻通考・經籍考・論語學庸孟子》 《四書講稿》。莆田黃仲元著。

錢大昕《補元史藝文志・經解類》 黃仲元《書四講義》。字四知，莆田人。

四書歸極

楊士奇等《文淵閣書目・經解》 張達善《四書歸極》。一部，一冊。完全。

論語孟子考證

王圻《續文獻通考・經籍考・論語學庸孟子》 《論語孟子考證》。金華儒士金履祥著。門人東陽許謙序之曰：聖賢之心盡在《四書》，而《四書》之義備于朱子，顧其立言，辭約意廣，讀者惟得其粗，而不能究其義，或以一偏之致自異，而不知未離其範圍，世之詆訾貿亂務爲新奇者，其弊正坐此耳。此金先生考證之所由作也。

四書日講

王圻《續文獻通考・經籍考・論語學庸孟子》 《四書日講》。同安丘葵著。

庸學提要

錢大昕《補元史藝文志・禮類》 葉瑞《庸學提要》六卷。

四書提綱

王圻《續文獻通考・經籍考・論語學庸孟子》　《四書提綱》。胡一桂著。

錢大昕《補元史藝文志・經解類》　胡一桂《四書提綱》。

四書集義精要

楊士奇等《文淵閣書目・四書》　《四書集義精要》。一部，十四冊。完全。

王圻《續文獻通考・經籍考・論語學庸孟子》　《四書精要》三十卷。劉因著。因，保定容城人。天資絶人，日記千百言，過目即成誦。隱居教授，師道尊嚴，弟子造其門者，隨材敎之，皆有成就。所居扁曰「靜修」，學者稱爲靜修先生。

張萓等《內閣藏書目録・經部》　《四書集義精要》十三冊。不全。元學士劉夢吉會粹朱子《或問》及門人記録論辯之書，凡三十五卷闕十卷、十一、十二卷。

黄虞稷《千頃堂書目・四書類・補元》　劉因《四書集義精要》三十卷。

倪燦等《補遼金元藝文志・經解類》　劉因《四書集義精要》三十卷。

《四庫提要・四書類二》　《四書集義精要》二十八卷。兩淮鹽政採進本。元劉因撰。因字夢吉，號靜修，容城人。世祖至元十九年徵授承德郎、右贊善大夫，未幾辭歸，再以集賢學士徵，不起。事蹟具《元史》本傳。朱子爲《四書集註》，凡諸人問答與《集註》有異同者，不及訂歸於一。而卒後盧孝孫取《語類》、《文集》所說，輯爲《四書集義》，凡一百卷。讀者頗病其繁冗，因乃擇其指要，刪其複雜，勒成是書。張萓《內閣書目》作三十五卷，《一齋書目》則作三十卷。考蘇天爵作因墓誌，亦稱是書三十卷，則萓所記誤矣。此本僅存二十八卷，至《孟子・滕文公上》篇而止，其後竝已闕佚亦非完帙。然朱彝尊《經義考》註云「未見」，則流傳頗罕，亦元人遺笈之僅存者，不以殘闕病也。其書芟削浮詞，標舉要領，使朱子之說不惑於多岐。蘇天爵以簡嚴粹精稱之，良非虛美。蓋因潛心義理，所得頗深，故去取分明，如別白黑，較徒博尊朱之名，不問已定未定之說，片言隻字無不奉若球圖者，固不同矣。

四書講稿

王圻《續文獻通考・經籍考・論語學庸孟子》　《四書講稿》。晉江傅定保著。

又《小學》　《四書講稿》。晉江傅定保著。

黄虞稷《千頃堂書目・四書類・補元》　傅定保《四書講稿》。南安人。平江路儒學。

倪燦等《補遼金元藝文志・經解類》　傅定保《四書講稿》。南安人。平江路儒學。

錢大昕《補元史藝文志・經解類》　傅定保《四書講稿》。南安人。

四書通

楊士奇等《文淵閣書目・四書》　《四書通》。一部，十二冊。殘缺。

黄虞稷《千頃堂書目・四書類・補元》　胡炳文《四書通》三十四卷。一作《四書通考》二十六卷。正饒魯之說與朱子異者。

倪燦等《補遼金元藝文志・經解類》　胡炳文《四書通》三十四卷。一作《四書通考》二十六卷。

《四庫提要・四書類二》　《四書通》二十六卷。兩江總督採進本。元胡炳文撰。炳文有《周易本義通釋》，已著録。是編以趙順孫《四書纂疏》、吳眞子《四書集成》皆闡朱子之緒論，而尚有與朱子相戾者，因重爲刊創，附以己說，以成此書。凡朱子以前之說，嫌於補朱子之遺，皆斥不録。故所取於《纂疏》、《集成》者僅十四家，二書之外，又增入四十五家，則皆恪守考亭之學者也。大抵合於經義與否非其所論，惟以合於註意與否定其是非。雖堅持門戶，未免偏主一家。然觀其凡例，於「顔淵好學」章，「哀樂」、「哀懼」一字之筆誤，亦必辨明；於「爲政以德」章，初本作「行道而有得於身」，祝洙本作「行道而有得於心」，改本又作「得於心而不失」，刊本先後之差，亦悉加考正；其於一家之學，用心亦勤且密矣。《章句》《集註》所引凡五十四家，今多不甚可考，蔡模《集疏》間有所註，亦不甚詳，是書尙一一載其名字，頗足以資訂證。然如《集註》以「有婦人焉」爲邑姜，所引「劉侍讀曰」者，即劉敞《七經小傳》之説也，炳文獨遺漏不載。蓋敞在北宋，閉戶窮經，不入伊洛之派，講學之家惡其不相攀附，遂無復道其姓名者，故朱子雖引之，而炳文不知爲誰也。是亦各尊所聞之一驗矣。

錢大昕《補元史藝文志・經解類》 胡炳文《四書通》三十四卷。

四書辯疑

王圻《續文獻通考・經籍考・論語學庸孟子》 《四書辯疑》。胡炳文著。

又《小學》 《四書辯疑》。胡炳文著。

四書標注

錢大昕《補元史藝文志・經解類》 韓信同《四書標注》。

四書發明

楊士奇等《文淵閣書目・四書》 《四書發明》。一部，十六冊。闕。

王圻《續文獻通考・經籍考・論語學庸孟子》 《四書發明》。陳櫟著。

又《小學》 《四書發明》。陳櫟著。

黄虞稷《千頃堂書目・四書類・補元》 陳櫟《四書發明》二十八卷。

倪燦等《補遼金元藝文志・經解類》 陳櫟《四書發明》三十八卷。

錢大昕《補元史藝文志・經解類》 陳櫟《四書發明》三十八卷。

四書考異

黄虞稷《千頃堂書目・四書類・補元》 陳櫟《四書考異》十卷。

倪燦等《補遼金元藝文志・經解類》 陳櫟《四書考異》十卷。

錢大昕《補元史藝文志・經解類》 陳櫟《四書考異》十卷。

論孟訓蒙口義

黄虞稷《千頃堂書目・四書類・補元》 陳櫟《論孟訓蒙口義》。

倪燦等《補遼金元藝文志・經解類》 陳櫟《論孟訓蒙口義》。

四書引證

黄虞稷《千頃堂書目・四書類・補元》 薛延年《四書引（記）［證］》。臨汾人，安西王文學。

倪燦等《補遼金元藝文志・經解類》 薛延年《四書引證》。臨汾人，安西王文學。

錢大昕《補元史藝文志・經解類》　薛延年《四書引證》。字壽之，平水人。

四書疑義篇

王圻《續文獻通考・經籍考・論語學庸孟子》　《四書疑義篇》。牟楷著。

錢大昕《補元史藝文志・經解類》　牟楷《四書疑義》。

四書語録

黄虞稷《千頃堂書目・四書類・補元》　吳存《四書語録》。

倪燦等《補遼金元藝文志・經解類》　吳存《四書語録》。

錢大昕《補元史藝文志・經解類》　吳存《四書語録》。

四書圖解

王圻《續文獻通考・經籍考・論語學庸孟子》　《四書圖解》，林起宗著。

又《經解總》　《四書圖解》。内丘林起宗著。

中庸大學論語孟子諸圖

錢大昕《補元史藝文志・經解類》　林起宗《中庸大學論語孟子諸圖》。

大學中庸目録

黄虞稷《千頃堂書目・禮類・補元》　袁明善《大學中庸日録》。臨川人，從吳澄、虞集學。

倪燦等《補遼金元藝文志・三禮類》　（元）〔袁〕明善《大學中庸日録》。字誠夫，臨川人。

錢大昕《補元史藝文志・禮類》　袁明善《大學中庸日録》。字誠夫，臨川人。

讀四書叢説

楊士奇等《文淵閣書目・四書》　《四書叢説》。一部，四冊。完全。

范邦甸等《天一閣書目・四書類》　《四書叢説》。藍絲欄鈔本。元許謙撰。

王圻《續文獻通考・經籍考・論語學庸孟子》　《（續）〔讀〕四書叢説》二十卷。許謙著。

張萱等《内閣藏書目録・經部》　《四書叢説》四冊。全。元許謙注解《四書》而附以雜説。

黄虞稷《千頃堂書目・四書類・補元》　許謙《四書叢説》七卷。一作二十卷。

倪燦等《補遼金元藝文志・經解類》　許謙《四書叢説》二十卷。今止四卷。

《四庫提要・四書類二》　《讀四書叢説》四卷。兩江總督採進本。元許謙撰。謙有《詩集傳名物鈔》，已著録。案《元史》本傳，謙讀《四書章句集註》，有《叢説》二十卷，謂學者曰：學以聖人爲準的，然必得聖人之心而後可學聖人之事，聖賢之心具在《四書》，而《四書》之義備於朱子。顧辭約意廣，讀者安可易心求之乎？黄溍作謙墓誌，亦稱是書敦繹義理，惟務平實，所載卷數與本傳相同。明錢溥《祕閣書目》尚有《四書叢說》四冊，至朱彝尊《經義考》則但據《一齋書目》編入其名，而註云「未見」。蓋久在若存若亡間矣。此本凡《大學》一卷，《中庸》一卷，《孟子》二卷。《中庸》闕其半，《論語》則已全闕，亦非完書。然約計所存，猶有十之五六，即益以所闕之帙，亦不能足原目二十卷之數。殆後來已有所合併歟？書中發揮義理，皆言簡意該。或有難曉，則爲圖以明之，務使無所凝滯而後已。其於訓詁名物，亦頗考證，有足補《章句》所未備，於朱子一家之學，可謂有所發明矣。

錢大昕《補元史藝文志・經解類》 許謙《四書叢說》二十卷。今存《大學》一卷，《中庸》二卷，《孟子》二卷。

黃丕烈《蕘圃藏書題識・經類》 《讀四書叢說殘本》五卷。元刊本。

此元刻殘本。東陽許謙《讀四書叢說》。中《大學》一卷，《中庸》上、下二卷，《孟子》上、下二卷也。余於宋元經學不甚喜購，然遇舊刻亦間收焉。惟此則甚樂之，爲其《中庸》多一下卷故也。國朝《四庫書目》止收四卷，故嘉定錢竹汀撰《補元史藝文志》，卷亦如此。今茲夏余爲竹汀先生訂《補志》一書，竹汀因余於元代藝文頗多蒐羅，屬爲參校。適書友攜此書至，知多一卷，強索重直，余許以緡錢二千易之而未果，告諸竹汀，已采入《志》中，改爲五卷矣。越月有三書賈持書易錢而去，爰記此緣起以徵信於後。余檢《棊竹堂書目》載：「《四書叢說》四冊，而卷數不詳。」又璜川《吳氏書目》收藏較近，則云七卷，然係鈔白，未敢信。余惟就所見之五卷爲信可爾。儻異曰《一齋書目》之二十卷盡出，不更快乎！庚申九月小晦日挑鐙記。

張金吾《愛日精廬藏書志・四書類》 《讀四書叢說》八卷。舊抄本。

元東陽許謙撰。案《元史》本傳載謙《四書叢說》二十卷，蓋本黃溍所撰墓誌銘也。《經義考》云「未見」。伏讀欽定《四庫全書總目》云：《四書叢說》，凡《大學》一卷，《中庸》一卷，《孟子》二卷。《中庸》闕其半，《論語》則已全佚。蓋世已久不見全書矣。是本凡《大學》一卷，《論語》三卷，《中庸》、《孟子》各二卷，合八卷。首尾完整，並無闕佚，洵希有之書也。惟與《元史》二十卷之數不符，或經後人合并歟。吳師道序。

《讀四書叢說殘本》六卷。元刊本。元東陽許謙撰。是本係元槧初印本。凡《論語》上下兩卷，《中庸》、《孟子》各二卷，闕《大學》一卷，《論語》中一卷。

四書章圖檃括總要發義　四書章圖纂釋

楊士奇等《文淵閣書目・四書》 《四書章圖》一部，六冊。闕。《四書章圖》。一部，十一冊。殘缺。

王圻《續文獻通考・經籍考・論語學庸孟子》 《四書章圖總要》。婺源程復心著。會輔氏黃氏之說而折衷之，章爲之圖，圖爲之說，故以名書。

又《小學》 《四書章圖總要》。婺源程復心著。

張萱等《内閣藏書目録・經部》 《四書章圖纂釋》八冊。不全。程復心纂。闕《孟子下》四章。

黃虞稷《千頃堂書目・四書類・補元》 程復心《四書章圖檃栝總要發義》二卷。又《四書纂釋》二十卷。取文公《四書集注》分章析義，各布爲圖。又取《語録》諸書，辨證同異，增損詳略，名曰《纂釋》。至大戊申江浙儒學提舉司言於行省，皇慶癸丑行省進於朝，特授徽州路儒學教授。致仕，給半俸終其身。復心，字子見，婺源人。

倪燦等《補遼金元藝文志・經解類》 程復心《四書章圖檃括總要發義》二卷。又《四書纂釋》二十卷。字子見，婺源人，徽州路儒學教授。

錢大昕《補元史藝文志・經解類》 程復心《四書章圖》二十二卷。又《四書章圖檃括總要發義》二卷。字子見，婺源人，徽州路儒學教授。

四書精要考異

錢大昕《補元史藝文志・經解類》 安熙《四書精要考異》。

薛公四書講義

王圻《續文獻通考・經籍考・論語學庸孟子》《薛公四書講義》。薛大猷著。大猷，湯陰人，登中甲科，隱居教授，學者多宗之。邵大椿、李應龍亦有《四書講義》。

錢大昕《補元史藝文志・經解類》薛大猷《四書講義》。湯陰人。

四書儀對

錢大昕《補元史藝文志・經解類》戚崇僧《四書儀對》二卷。

四書訓詁

錢大昕《補元史藝文志・經解類》王桂《四書訓詁》。字仲芳，東陽人，麗水主簿。

四書箋惑

錢大昕《補元史藝文志・經解類》蔣子晦《四書箋惑》。一字若晦，東陽人。

四書答疑

錢大昕《補元史藝文志・經解類》馬瑩《四書答疑》。

四書闕疑

黃虞稷《千頃堂書目・四書類・補元》瞻思《四書闕疑》。

倪燦等《補遼金元藝文志・經解類》瞻思《四書闕疑》。

錢大昕《補元史藝文志・經解類》贍思《四書闕疑》。

四書辨疑

王圻《續文獻通考・經籍考・論語學庸孟子》《四書辯疑》。孟夢恂著。

黃虞稷《千頃堂書目・四書類・補元》孟夢恂《四書辨疑》。黃巖人，宜興州判官。

倪燦等《補遼金元藝文志・經解類》孟夢恂《四書辨疑》。黃巖人，宜興州判官。

錢大昕《補元史藝文志・經解類》孟夢恂《四書辨疑》。

四書表義

王圻《續文獻通考・經籍考・論語學庸孟子》《四書表義》。杜本著。本，清江人。沉靜寡欲，於天文地理律呂度數，無不通究，尤工篆隸。所著又有《六書通編》、《十原》等書。屢召不起，爲世所尚，學者稱爲清碧先生。

四書一貫

王圻《續文獻通考・經籍考・論語學庸孟子》　《四書一貫數》十卷。黄清老著。清老，邵武人。天資穎悟，五歲日記數千言。泰定中舉進士，(署)[累]官翰林編修。

又《小學》　《四書一貫數》十卷。黄清老著。

黄虞稷《千頃堂書目・四書類・補元》　黄清老《四書一貫》十卷。邵武人，泰定中進士，翰林院編修。

倪燦等《補遼金元藝文志・經解類》　黄清老《四書一貫》十卷。邵武人，翰林院編修。

錢大昕《補元史藝文志・經解類》　黄清老《四書一貫》四十卷。一作十卷。

中庸大學章旨

黄虞稷《千頃堂書目・禮類・補元》　鄭奕夫《中庸大學章旨》。

倪燦等《補遼金元藝文志・三禮類》　鄭奕夫《中庸大學章旨》。

錢大昕《補元史藝文志・禮類》　鄭奕夫《中庸大學章旨》。

四書輯釋

楊士奇等《文淵閣書目・四書》　《四書輯釋》。一部，六冊。完全。《四書輯釋》。一部，六冊。殘缺。

王圻《續文獻通考・經籍考・論語學庸孟子》　《四書輯釋》。倪士毅著。

又《小學》　《四書輯釋》。倪士毅著。

張萱等《内閣藏書目録・經部》　《四書輯釋》六冊。全。元倪士毅著。

范邦甸《天一閣書目・四書類》　《四書（通義）輯釋》二十冊。刊本。元新安倪士毅編輯并序。

倪燦等《補遼金元史藝文志・經解類》　倪士毅《四書輯釋》三十六卷。字仲宏，休寧人。

錢大昕《補元史藝文志・經解類》　倪士毅《四書輯釋》三十六卷。

四書通義

范邦甸等《天一閣書目・四書類》　《四書通義》十四卷。元倪士毅撰。

錢謙益等《絳雲樓書目・論語類》　元倪士毅《四書通義》三十六卷。字仲宏，陳定宇之門人。《通義》至正丙戌撰。有汪克寬序。

黄虞稷《千頃堂書目・四書類・補元》　《四書通義》三十六卷。倪士毅《四書輯釋》三十六卷。字仲弘，休寧人，授徒於黟，爲邑人所崇信。薈萃胡雲峰《通考》、陳壽翁《發明》之説，字求其訓，句探其旨，鳩僝精要，考訂訛舛，學者稱道川先生。至正丙戌汪克寬序。

倪燦等《補遼金元藝文志・經解類》　《四書通義》三十六卷。倪士毅字仲宏，休寧人。

重訂四書輯釋

《四庫提要・四書類存目》　《重訂四書輯釋》二十卷。浙江巡撫採進本。元倪士毅撰。士毅字仲宏，歙縣人。是書前有至正丙戌汪克寬序，稱近世儒者取朱子平日所以語諸學者及其弟子訓釋之詞，疏於《四書》之左。眞氏有《集義》，祝氏有《附録》，蔡氏、趙氏有《集疏》、《纂疏》，相繼成編，而吳氏最晚出。但辨論未爲完備，去取頗次精審。定宇陳氏、雲峰胡氏因其書行於東南，輾轉承誤，陳氏因作《四書發明》，胡氏因作《四書通》。陳氏晚年又欲合二書爲一而未遂。士毅受業於陳氏，因成此書。至正辛巳，刻於建陽。越二年，又加刊削，而克寬爲之序。卷首有士毅與書賈劉叔簡書，述改刻之意甚詳。此重訂所由名也。此本改題曰《重訂輯釋章圖通義大成》。首行列士毅之名，次列「新安東山趙汸同訂」，次列「鄱陽克升朱公遷約旨」，次列「新安林隱、程復心章圖，莆田王元善通考」，次列「鄱陽王逢訂定通義」。書中亦糅雜蒙混，紛如亂絲，不可復究其端緒。是已爲書賈所改竄，非士毅之舊矣。然陳櫟、胡炳文本因吳眞子之書，士毅又因陳、胡之書。究其由來，實轉相稗販，則王逢因人成事，亦有所效法，不足爲譏。至明永樂中詔修《四書大全》，胡廣等又併士毅與逢之書一概竊據，而《輯釋》、《通義》竝隱矣。有明一代，尊《大全》爲蓍龜。沿及近代講章，亦無非依傍《大全》，變換面貌，烏知其淵源所自，不過如斯哉！

論孟類次　論孟集注附録　論孟衆説

黃虞稷《千頃堂書目・論語類・補元》　吳迂《論孟類次》。又《論孟集注附録》。又《論孟衆記》。

倪燦等《補遼金元藝文志・論語類》　吳迂《語孟類次》。又《論孟集注附録》。又《論孟衆記》。

四書本旨

黃虞稷《千頃堂書目・四書類・補元》　陳樵《四書本旨》。

倪燦等《補遼金元藝文志・經解類》　陳樵《四書本旨》。

錢大昕《補元史藝文志・經解類》　陳樵《四書本旨》。

四書輯義

楊士奇等《文淵閣書目・四書》　《四書輯義》。一部，十四冊。完全。

張萱等《內閣藏書目録・經部》　《四書輯義》。十四冊。

黃虞稷《千頃堂書目・四書類・補元》　馬豫《四書輯義》十六卷。

倪燦等《補遼金元藝文志・經解類》　馬豫《四書輯義》六卷。

錢大昕《補元史藝文志・經解類》　馬豫《四書輯義》六卷。

點四書凡例

黃虞稷《千頃堂書目・四書類・補元》　包希魯《點四書凡例》。字魯伯，進賢人，吳草廬門人。

倪燦等《補遼金元藝文志・經解類》　包希魯《點四書凡例》。字魯伯，進賢人。

錢大昕《補元史藝文志・經解類》　包希魯《點四書凡例》。字魯伯，進賢人。

四書提要

楊士奇等《文淵閣書目・四書》　《四書提要》。一部，一冊。闕。

黃虞稷《千頃堂書目・四書類・補元》　《四書提要》□卷。

倪燦等《補遼金元藝文志・經解類》　《四書提要》。

錢大昕《補元史藝文志・經解類》　劉彭壽《四書提要》。

四書人名考

錢大昕《補元史藝文志・經解類》 周良佐《四書人名考》。清江人。

四書纂箋

楊士奇等《文淵閣書目・四書》 《四書纂箋》。一部，十五冊。殘缺。

倪燦等《補遼金元藝文志・經解類》 詹道傳《四書纂箋》二十八卷。

《四庫提要・四書類二》 《四書纂箋》二十八卷。内府藏本。元詹道傳撰。道傳，臨川人。其始末未詳。是書略仿古經箋疏之體，取朱子《四書章句集註》、《或問》，正其音讀，考其名物度數，各註於本句之下。亦間釋朱子所引之成語。如「眞積力久」出《荀子・勸學》篇，「孝子愛日」出《揚子・孝至》篇，皆爲證其出處。其所援引亦間有牴牾，如《論語》夏瑚、商璉，朱子本引包咸舊註。案咸註久佚，此據何晏《集解》所引。道傳既引《明堂位》夏后氏之四璉、殷之六瑚，辨其異同，而復謂「夏曰瑚，商曰璉」，本於《爾雅・釋器》。今檢校《爾雅》，實無此文，則道傳杜撰附會也。又此書於朱子所引諸儒，皆詳其名字里居，而《孟子・盡心》章引陳氏厭於嫡母之說，實陳耆卿《孟子紀蒙》中語。耆卿字壽老，臨海人，見葉適《水心集》。此獨失載，亦未免有所疏漏。然大致皆有根柢，猶元儒之務實學者。與張存中《四書通證》相較，固猶在其上矣。

錢大昕《補元史藝文志・經解類》 詹道傳《四書纂箋》二十八卷。《大學》《中庸》各一卷。《大學》、《中庸》或問各一卷。《論語》十卷。《孟子》十四卷。臨川人。

四書指掌圖

錢大昕《補元史藝文志・經解類》 林處恭《四書指掌圖》。臨海人。

四書大義

錢大昕《補元史藝文志・經解類》 解觀《四書大義》。吉水人。

四書一貫録

黄虞稷《千頃堂書目・四書類》 楊維楨《四書一貫録》。

錢大昕《補元史藝文志・經解類》 楊維（禎）［楨］《四書一貫録》。

四書箋惑　四書述義通

王圻《續文獻通考・經籍考・論語學庸孟子》 《四書箋惑》。《四書述義通》。蔣玄著。宋景濂曰：玄饒於貲産，脱去華靡，聚書萬卷，致力其中。

又《小學》 《四書箋惑》。《四書述義通》。蔣玄著。

端本堂經訓要義

張萱等《内閣藏書目録・經部》 《端本堂經訓要義》十冊。全。宋李好文編輯。解釋《四書》。鈔本。

四書文字引證

張萱等《内閣藏書目録・經部》 《四書字文引證》四冊。全。元泰定間何文淵纂。皆采《四書》正文及注疏，字義旁引類證。

黄虞稷《千頃堂書目・四書類・補元》 何文淵《四書文字引證》九卷。泰定間河南人。

倪燦等《補遼金元藝文志・經解類》 何文淵《四書文字引證》九卷。泰定間河南人。

錢大昕《補元史藝文志・經解類》 何文淵《四書文字引證》九卷。泰定間人。

四書類編

楊士奇等《文淵閣書目・四書》 《四書汪氏類編》。一部，六冊。完全。

張萱等《内閣藏書目録・經部》 新安汪氏《四書編》六冊。全。元汪九成著。

黄虞稷《千頃堂書目・四書類・補元》 汪九成《四書類編》二十四卷。新安人。

倪燦等《補遼金元藝文志・經解類》 汪九成《四書類編》二十四卷。新安人。

錢大昕《補元史藝文志・經解類》 汪九成《四書類編》二十四卷。字又善，新安人。

四書經疑貫通

楊士奇等《文淵閣書目・四書》 《四書經義貫通》。一部，一冊。闕。塾本作《經疑》。

黄虞稷《千頃堂書目・四書類・補元》 王充耘《四書經疑貫通》八卷。

倪燦等《補遼金元藝文志・經解類》 王充耘《四書經疑貫通》八卷。浙江范懋柱家天一閣藏本。

《四庫提要・四書類二》 《四書經疑貫通》八卷。元王充耘撰。充耘有《讀書管見》，已著録。是編黄虞稷《千頃堂書目》謂其已佚。此本爲明范欽天一閣舊鈔，尚首尾完具。惟第二卷中脱一頁，第八卷中脱一頁，無從校補，則亦僅存之笈矣。其書以《四書》同異參互比較，各設問答以明之。蓋延祐科舉，「經義」之外有「經疑」，此與袁俊翁書皆程試之式也。其間辨別疑似，頗有發明。非經義之循題衍説可以影響揣摩者比。故有元一代，士猶篤志於研經。明洪武三年初行科舉，其《四書疑問》以《大學》「古之欲明明德於天下者」二節與《孟子》「道在邇而求諸遠」一節合爲一題，問二書所言「平天下」大指同異。案此題見《日知録》。蓋猶沿元制。至十七年改定格式，而「經疑」之法遂廢，録此二書，猶可以見宋、元以來明經取士之舊制也。

錢大昕《補元史藝文志・經解類》 王充耘《四書經疑貫通》八卷。

四書中説

黄虞稷《千頃堂書目・四書類・補元》 馮珵《四書中説》。字允莊，涇陽人。

倪燦等《補遼金元藝文志・經解類》 馮珵《四書中説》。

四書集解

王圻《續文獻通考・經籍考・論語學庸孟子》 《四書集解》。寧德陳尚德著。

黄虞稷《千頃堂書目・四書類・補元》 陳尚德《四書集解》。寧德人，號懼齋，隱居不仕。

倪燦等《補遼金元藝文志・經解類》 陳尙德《四書集解》。寧德人。

錢大昕《補元史藝文志・經解類》 陳尙德《四書集解》。寧德人，即石堂陳氏。

四書解

王圻《續文獻通考・經籍考・論語學庸孟子》 《四書解》。何逢原著。

四書通證

范邦甸等《天一閣書目・四書類》 《四書通證》六卷。朱絲欄鈔本。元新安張存中撰。泰定胡炳文序。

倪燦等《補遼金元藝文志・經解類》 張存中《四書通證》六卷。

《四庫提要・四書類二》 《四書通證》六卷。兩江總督採進本。元張存中撰。存中字德庸，新安人。初，胡炳文作《四書通》，詳義理而略名物。存中因排纂舊說，成此書以附其後，故名曰《四書通證》。炳文爲之序，稱：北方杜緱山有《語孟旁通》，平水薛壽之有《四書引證》案杜緱山，名瑛，金人。薛壽之，名引年，元初人。皆失之太繁。存中能刪冗從簡，去非取是。又曰：學者於余之「通」，知《四書》用意之深；於「通證」知《四書》用事之審推之甚，至今核其書，引經數典，字字必著所出。而《論語》「夏曰瑚，商曰璉」一條，承包氏之誤者，乃不引《禮記》以證之。又「時見曰會，衆頫曰同」，與《周禮》本文小異，蓋宋代諱「殷」，故改「殷」爲「衆」，乃但引《周禮》於下，而不辨其何以不同，皆不免有所回護。不知朱子之學在明聖道之正傳，區區訓詁之間，固不必爲之諱也。《孟子》「與楚將昭陽戰，亡其七邑」一條，存中謂《史記》作「八邑」，未詳孰是。不知司馬貞《史記索隱》明註《史記》古本作「七邑」，是朱子稱「七邑」乃據古本，原非謬誤。存中持疑不決，亦失於考核。又如「三讓」引《吳越春秋》，泛及雜說，而於歷代史事，每多置正史而引《通鑑》，亦非根本之學。然大概徵引詳明，於人人習讀不察者，一一具標出處，可省檢閱之類，於學者亦不爲無補矣。

錢大昕《補元史藝文志・經解類》 張存中《四書通證》六卷。字德庸，新安人。

四書通辨

王圻《續文獻通考・經籍考・論語學庸孟子》 《四書通辯》。陳綱著。

黃虞稷《千頃堂書目・四書類・補元》 陳剛《四書通辨》。字子潛，溫州平陽人，從胡石塘學，人稱潛學先生。

倪燦等《補遼金元藝文志・經解類》 陳剛《四書通辨》。字子潛，溫州平陽人。

錢大昕《補元史藝文志・經解類》 陳剛《四書通辨》。字子潛，溫州平陽人。

四書圖

王圻《續文獻通考・經籍考・論語學庸孟子》 《四書圖》。吳成著。

四書講義

黃虞稷《千頃堂書目・四書類・補元》 邵大椿《四書講義》。字春叟，壽昌人，晦菴書院山長。

倪燦等《補遼金元藝文志・經解類》 邵大椿《四書講義》。字春叟，壽昌人，晦菴書院山長。

錢大昕《補元史藝文志・經解類》 邵大椿《四書講義》。字春叟，壽昌人。至元中晦庵書院山長。

四書拾遺

王圻《續文獻通考・經籍考・論語學庸孟子》　《四書拾遺》。南樂張淳著。

黃虞稷《千頃堂書目・四書類・補元》　張淳《四書拾遺》。字子素，南樂人，至元中徵辟不就。

倪燦等《補遼金元藝文志・經解類》　張淳《四書拾遺》。字子素，南樂人。

錢大昕《補元史藝文志・經解類》　張淳《四書拾遺》。字子素，南樂人。

四書明辨

黃虞稷《千頃堂書目・四書類・補元》　祝堯《四書明辨》。字均澤，廣信人，南城丞。

倪燦等《補遼金元藝文志・經解類》　祝堯《四書明辨》。

錢大昕《補元史藝文志・經解類》　祝堯《四書明辨》。

四書斷疑

黃虞稷《千頃堂書目・四書類・補元》　涂溍生《四書斷疑》。宜黃人，濂溪書院山長。

倪燦等《補遼金元藝文志・經解類》　涂溍生《四書斷疑》。宜黃人，濂溪書院山長。

錢大昕《補元史藝文志・經解類》　涂搢生《四書斷疑》。字自昭，宜黃人，濂溪書院山長。

四書纂類

王圻《續文獻通考・經籍考・論語學庸孟子》　《四書纂類》。蔣允汶著。

黃虞稷《千頃堂書目・四書類・補元》　蔣允（文）[汶]《四書纂類》。字彬夫，永嘉人，元進士，洪武初官本府訓導。

四書待問

楊士奇等《文淵閣書目・四書》　《四書待問》。一部，一冊。闕。

黃虞稷《千頃堂書目・四書類・補元》　蕭鎰《四書待問》二十二卷。字南金，臨江人，泰定甲子序。

倪燦等《補遼金元藝文志・經解類》　蕭鎰《四書待問》二十二卷。字南金，臨江人。

彭元瑞等《天祿琳琅書目後編・明鈔諸部》　《四書待問》。一函，八冊。元蕭鎰撰。鎰字南金，臨江人。仕履無考。書二十二卷。凡《四書互義》五卷，《論語》七卷，《大學》、《中庸》各二卷，《孟子》六卷，計五百四十問、七百十七則。前列所輯書目，朱熹、張栻、謝諤、黃幹、陳淳、輔廣、陳傅良、陳孔碩、蔡淵、陳埴、眞德秀、葉味道、蔡謨、歐陽蒙十四家，有泰定甲子鎰自序。鎰又著《薈蕞叢述》、《續鈔》二書，亦採入此書中，並列李存兩序。元場屋有《四書疑問》，明初三科猶然，洪武甲子始改爲《四書義》。是書雖本傳注，然專爲科舉之用。

錢大昕《補元史藝文志・經解類》　蕭鎰《四書待問》卷八。一作二十二卷。字南金，臨江人。

阮元《四庫未收書目提要・四書類》　《四書待問》二十二卷。元蕭鎰撰。鎰字南金，臨江人。是書因當時取士以經疑爲試藝之首，歷採宋元諸儒，如朱晦菴、張南軒一十三家之說而折衷之，亦間取時文之不倍師說者，設爲問答之義。書前有邵陵冷掾季存所爲薈蕞述及續鈔兩序，稱其于甲寅賓興之初，嘗貢于鄉，既而以漏字黜，則此爲其發科決策之作。大旨以新安朱子之説爲主，而以己意貫串之，于《四子書》意頗多發明。近時目録家所載甚少，惟黄虞稷《千頃堂書目》中有蕭鎰《四書待問》二十二卷，泰定甲子序，即是此本。兹就元時刻本影鈔，前有四書互義，後分列《論語》、《大學》、《中庸》、《孟子》凡五百四十問，七百一十七則。書中各條之下，有注薈蕞者，即鎰自作。有注自修者，則爲龍江歐陽蒙所作。鎰序所謂比客建城，與友人歐陽養正讀書之次，隨時采集，因成是編，即其人也。

張金吾《愛日精廬藏書志・四書類》　《四書待問》二十二卷。魯抄本。元臨江蕭鎰編。

四書輯語

張萱等《内閣藏書目録・經部》　《四書輯語》十九册。不全。陳應龍編。集中多宋儒語録，凡四十卷。闕三十五六卷。

四書集義

黄虞稷《千頃堂書目・四書類・補元》　盧孝孫《四書集義》一百卷。

倪燦等《補遼金元藝文志・經解類》　盧孝孫《四書集義》一百卷。

四書集略

楊士奇等《文淵閣書目・四書》　《四書集略》。一部，十九册。完全。

張萱等《内閣藏書目録・經部》　《四書集略》十九册。全。盧孝孫編。孝孫嘗取考亭語録、文集，聚《四書集義》又病其博而未精，於是復爲《集略》，芟繁撮要，深寓反約之意。　又十六册。全。　又十六册。全。　又十六册。全。　又十五册。全。

黄虞稷《千頃堂書目・四書類・補元》　盧孝孫《四書集略》四十二卷。

倪燦等《補遼金元藝文志・經解類》　盧孝孫《四書集略》四十二卷。

四書疑節

楊士奇等《文淵閣書目・四書》　《四書疑節》。一部，二册。闕。

范邦甸等《天一閣書目・四書類》　《新編待問集四書疑節》十二卷。朱絲欄鈔本。元至治鈐北袁俊翁撰并識。黎立武、李應星、彭龍均序。

黄虞稷《千頃堂書目・四書類・補元》　袁俊翁《新編待問集四書疑節》十二卷。

倪燦等《補遼金元藝文志・經解類》　袁俊翁《四書疑節》十二卷。

《四庫提要・四書類二》　《四書疑節》十二卷。浙江汪啓淑家藏本。元袁俊翁撰。俊翁字敏齋，袁州人。前有黎立武、李應星序，又有彭元龍序二篇。應星、元龍序皆稱「俊翁」，獨立武序作「雋翁」，蓋傳寫字異也。其仕履無可考。立武序稱「以重吾榜」，應星序亦稱「奕奕魁文」，知嘗首舉於鄉矣。立武、應星序及元龍前一序，竝側註「經史疑義」字，元龍後一序，又側註「四書經疑」字，而卷首標題，則作「待問集」、「四書疑節」，互相參錯。考俊翁題詞，稱科目以《四書》設疑，以經史發策，因取《四書》經史，門分而類析之。蓋《待問集》者其總名，《經史疑義》、《四書經疑》其中之子部。今《經史疑義》已佚，故序與書兩不相應也。惟「疑節」之名不甚可解。卷首有「溪山家塾刊行」字，或重刻時有所刪節，故改題曰「節」歟？朱彝尊《經義考》中載之，註曰「未見」。此本猶從元版傳鈔，其例以《四書》之文互相參對爲題。或似異而實同，或似同而實異，或闡義理，或用考證，皆標問於前，列答於後。蓋當時之體如是。雖亦科舉之學，然非融貫經義，昭晰無疑，則格閡不能下一語，非猶夫明人科舉之學也。

錢大昕《補元史藝文志・經解類》　袁俊翁《四書疑節》十二卷。

四書問答

黃虞稷《千頃堂書目・四書類・補元》 趙遷《四書問答》一卷。

倪燦等《補遼金元藝文志・經解類》 趙遷《四書問答》一卷。

錢大昕《補元史藝文志・經解類》 趙遷《四書問答》一卷。

四書集注附録

楊士奇等《文淵閣書目・四書》 《四書附録》。一部，十五冊。殘缺。《四書集注集略》。一部，二十二冊。完全。

張萱等《內閣藏書目録・經部》 《四書附録》十一冊。不全。莫詳編次姓氏。又四冊。不全。

黃虞稷《千頃堂書目・四書類・補元》 祝氏詠《四書集注附録》十一冊。祝穆子，登宋寶祐四年進士。因宰執程元鳳，進所著書，授迪功郎，興化軍涵江書院山長。

倪燦等《宋史藝文志補・四書類》 祝泳《四書集注附録》十一冊。祝穆子。程元鳳進其書，授興化軍，涵江書院山長。

四書管窺　管窺外編

王圻《續文獻通考・經籍考・論語學庸孟子》 《四書管窺》。又《管窺外編》。史伯璿著。伯璿，平陽人。精究《四書》，得朱子之旨。

張萱等《內閣藏書目録・經部》 《四書管窺》五冊。全。東嘉史伯璿著。

黃虞稷《千頃堂書目・四書類・補元》 史伯璿《四書管窺》五卷。字文璣，溫州平陽人，元時隱居不仕。辨諸說之與朱子相悖者。

倪燦等《補遼金元藝文志・經解類》 史伯璿《四書管窺》八卷。字文璣，溫州平陽人。

《四庫提要・四書類二》 《四書管窺》八卷。兩江總督採進本。元史伯璿撰。伯璿字文璣，溫州平陽人。據所作《管窺外篇》成於至元丁未，即元亡之年，計其人當已入明。然始末不可考矣。是編見於《祕閣書目》者五冊。楊士奇《東里集》則稱有四冊，刻版在永嘉郡學，永嘉葉琮知黃州府，又刊置府學。是明初所行，已有二本。然刊本皆散佚不傳，故朱彝尊《經義考》註云「未見」。此本乃毛晉汲古閣舊鈔，《大學》、《中庸》、《孟子》尚全，惟《論語》闕《先進篇》以下，蓋傳寫有所佚脫。然量其篇頁，釐而析之，已成八卷。《經義考》乃作五卷，或誤以五冊爲五卷歟？其書引趙順孫《四書纂疏》、吳眞子《四書集成》、胡炳文《四書通》、許謙《四書叢說》、陳櫟《四書發明》及饒氏、張氏諸說，取其與《集註》異同者，各加論辨於下。諸說之自相矛盾者，亦爲條列而釐訂之。凡三十年而後成，於朱子之學，頗有所闡發。考朱子著述最多，辨說亦最夥，其間有偶然問答未及審核者，有後來考正未及追改者，亦有門人各自記録，潤色增減，或失其本眞者，故文集語録之內，異同矛盾，不一而足。即《四書章句集註》與《或問》亦時有牴牾，原書具在，可一一覆按也。當時門人編次，既不敢有所別擇，後來讀朱子書者，遂一字一句奉爲經典，不復究其傳述之眞僞與年月之先後，但執所見一條，即據以詆排衆論，紛紜四出，而朱子之本旨轉爲尊信者所淆矣。夫載寶而朝，論南宮者有故；越境乃免，惜趙盾者原誣。述孔子之言者，尙不免於舛異，況於朱門弟子斷不及七十二賢，又安能據其所傳，漫無釐正？伯璿此書，大旨與劉因《四書集義精要》同。而因但爲之刊除，伯璿更加以別白。昔朱子嘗憾孔門弟子留《家語》作病痛，如伯璿者可不謂深得朱子之心歟？

錢大昕《補元史藝文志・經解類》 史伯璿《四書管窺》八卷。字文璣，溫州平陽人。

四書闡疑

王圻《續文獻通考・經籍考・論語學庸孟子》　《四書闡疑》。眞定詹思著。

四書類辨

楊士奇等《文淵閣書目・四書》　《四書類辨》。一部，一冊。闕。

錢大昕《補元史藝文志・經解類》　曾貫《四書類辨》。

庸學標旨

錢大昕《補元史藝文志・禮類》　曾貫《庸學標旨》。

四書節義

錢大昕《補元史藝文志・經解類》　邊昌《四書節義》。字伯盛，吳人。

四書附纂

錢大昕《補元史藝文志・經解類》　黃寬《四書附纂》。

四書通旨

范邦甸等《天一閣書目・四書類》　《四書通旨》六卷。朱絲欄鈔本。元鄱陽克升朱公遷撰。

王圻《續文獻通考・經籍考・論語學庸孟子》　《四書通旨》六卷。金華朱公遷著。

黃虞稷《千頃堂書目・四書類・補元》　朱公遷《四書通旨》六卷。

倪燦等《補遼金元藝文志・經解類》　朱公遷《四書通旨》六卷。

《四庫提要・四書類二》　《四書通旨》六卷。内府藏本。元朱公遷撰。公遷有《詩傳疏義》，已著録。是編取《四書》之文，條分縷析，以類相從，凡爲九十八門。每門之中又以語意相近者聯綴列之，而一一辨別異同，各以右明某義云云，標立言之宗旨。蓋昔程子嘗以此法教學者，而公遷推廣其意以成是書。其間門目既多，間涉宂碎，故朱彝尊《經義考》謂讀者微嫌其繁。又如「樊遲請學稼」，不過局於末業，乃列之於「異端門」，與許行同譏。「上士一位、中士一位、下士一位」，本周室班爵之制，乃列之於「士門」，與處士一例，亦頗傷踳駁。堯、舜、禹、湯、文、武、周公、孔子、孔門弟子、子思、孟子諸門，以人隸事，體近類書，尤爲無所發明。然於天人性命之微、道德學問之要，多能剖其疑似，詳其次序，使讀者因此證彼，渙然冰釋，要非融會貫通，不能言之成理如是也。所引諸家之説，獨稱饒魯爲饒子，其淵源蓋有自矣。明正統中，何英作《詩傳疏義序》，稱永樂乙酉，因閱《四書通旨》，而語及《疏義》。則是書行世，在《疏義》之前。顧明以來説《四書》者罕見徵引。近《通志堂經解》始刊行之，蓋久微而復出也。句下間列異同，如「喜怒哀樂」一條，謂「右以體言」，而註亦曰「以性言」字。「允執其中」一條，謂「右以用言」，而註亦曰「以事理言」字。如是者不一，疑刊是書者參校諸本所附，非公遷之舊。其出自誰手，則不可考矣。

錢大昕《補元史藝文志・經解類》　朱公遷《四書通旨》六卷。

四書約說

王圻《續文獻通考・經籍考・論語學庸孟子》　《四書約說》四篇。金華朱公遷撰。

黃虞稷《千頃堂書目・四書類・補元》　朱公遷《四書約說》四卷。

倪燦等《補遼金元藝文志・經解類》　朱公遷《四書約說》四卷。

錢大昕《補元史藝文志・經解類》　朱公遷《四書約說》四卷。

四書釋疑

錢大昕《補元史藝文志・經解類》　歐陽佖《四書釋疑》。

四書解義

王圻《續文獻通考・經籍考・論語學庸孟子》　《四書解義》。常熟修撰張洪著。

又《小學》　《四書解義》。常熟修撰張洪著。

四書述

錢大昕《補元史藝文志・經解類》　郭鐙《四書述》。

四書纂釋

王圻《續文獻通考・經籍考・論語學庸孟子》　《四書纂釋》。安福劉霖著。

錢大昕《補元史藝文志・經解類》　劉霖《四書纂釋》。

四書演義

錢大昕《補元史藝文志・經解類》　蕭元益《四書演義》。字楚材，安仁人。

四書家訓

錢大昕《補元史藝文志・經解類》　石鵬《四書家訓》。字雲卿。

四書說

錢大昕《補元史藝文志・經解類》　何安子《四書說》。字定夫。

四書辨疑

錢大昕《補元史藝文志・經解類》　陳紹大《四書辨疑》。字成甫，黃巖人。

四書通義

錢大昕《補元史藝文志・經解類》 桂本《四書通義》。

經　疑

黃虞稷《千頃堂書目・經解類》 董彝《經疑》十卷。

四書經疑問對

錢謙益等《絳雲樓書目・論語類》 董彝《四書經疑問對》。

黃虞稷《千頃堂書目・經解類》 董彝《四書經疑問對》八卷。字宗文，崇平人，元至正間領鄉薦。入明，爲國子監學録。一本合爲一書。

倪燦等《補遼金元藝文志・經解類》 董彝《四書經疑問對》八卷。字宗文，進士。吳槎客云：「此至正辛卯建安同文堂刊本，予家有之。《經義考》以爲明常熟之董彝，非也。」

錢大昕《補元史藝文志・經解類》 董彝《四書經疑問對》八卷。字宗文，進士，至正辛卯刊本。

吳壽暘《拜經樓藏書題跋記》卷一 《四書經疑問對》。元刻入卷。每葉二十二行，行二十一字，後有建安同文堂刊。書跋云：「右《四書疑》八卷，其中多所發明，相傳以爲進士董彝宗文所編，第恐石氏所録程子之説，未免有殊，已專書達本人，冀有以補其未備，訂其訛舛，而求眞是之歸，幸甚。至正辛卯仲夏建安同文堂謹咨。」先君子云：「按宗文，樂平人，至正間領鄉薦授慶元學正，洪武初爲國子學録《經義存亡考》，以此書爲成化進士常熟董彝撰，蓋以姓氏偶同而誤耳」。周松靄大令云：「觀此猶可想見有元一代取士之規模也。」又《經義考》于元之董彝別著《經疑問對》十卷，蓋以未見此書，而誤別有跋一篇，刻《愚谷文存》續編中。

四書解

黃虞稷《千頃堂書目・四書類・補元》 朱本《四書解》。

倪燦等《補遼金元藝文志・經解類》 朱本《四書解》。

四書事文引證

楊士奇等《文淵閣書目・四書》 《四書事文引證》。一部，四冊。完全。

四書集注箋義

楊士奇等《文淵閣書目・四書》 《四書集注箋義》。一部，四冊。闕。

四書問辨

楊士奇等《文淵閣書目・四書》 《四書問辨》。一部，一冊。闕。

四書經疑問斷

楊士奇等《文淵閣書目・四書》 《四書經疑問斷》。一部，一冊。闕。

四書經義會同

楊士奇等《文淵閣書目·四書》　《四書經義會同》。一部，一冊。闕。

四書主意

楊士奇等《文淵閣書目·四書》　《四書主意》。一部，一冊。闕。

四書音義

楊士奇等《文淵閣書目·四書》　《四書音義》。一部，一冊。闕。

四書音釋

楊士奇等《文淵閣書目·四書》　《四書音釋》。一部，一冊。闕。

四書通證

楊士奇等《文淵閣書目·四書》　《四書通證》。一部，二冊。闕。

黄虞稷《千頃堂書目·四書類·補元》　《四書通證》□卷。

倪燦等《補遼金元藝文志·經解類》　《四書通證》。

四書章圖

錢謙益等《絳雲樓書目·論語類》　《四書章圖》一冊。

四書通成

黄虞稷《千頃堂書目·四書類·補元》　《四書通成》三十六卷。

倪燦等《補遼金元藝文志·經解類》　《四書通成》三十六卷。

四書釋要

黄虞稷《千頃堂書目·四書類·補元》　《四書釋要》十九卷。

倪燦等《補遼金元藝文志·經解類》　《四書釋要》十九卷。

元刻四子

潘祖蔭《滂喜齋藏書記》卷一　《元刻四子》六卷。一函五冊。《大學》一卷、《中庸》一卷、《論語》二卷、《孟子》二卷。有經無注。上有切音句讀，分明足正俗師之誤。《論》、《孟》每章有圓墨圍刻陰文字以別之，如篇之第二章則爲◎形是也。毘陵周氏藏書。

學庸古本

徐𤊹《徐氏家藏書目·學庸類》　《學庸古本》二卷。古篆。

四書白文

劉若愚《内板經書紀略》 《四書白文》。六本。三百十二葉。

論孟旁通

楊士奇等《文淵閣書目・四書》 《論孟旁通》。一部，二冊。闕。《論孟旁通》。一部，四冊。闕。

四書旁注

黄虞稷《千頃堂書目・四書類》 朱升《四書旁注》十九卷。

學庸心法

王圻《續文獻通考・經籍考・論語學庸孟子》 《學庸心法》。郟縣左春坊贊善李希顏著。

又《小學》 《學庸心法》。郟縣左春坊贊善李希顏著。

黄虞稷《千頃堂書目・三禮類》 李希顏《大學中庸心法》二卷。郟縣人。明初，徵入大本堂説經，累官左春坊贊善大夫。

四書詳説

王圻《續文獻通考・經籍考・論語學庸孟子》 《四書詳説》。王廉著。《四書詳説》。山西布政王廉熙陽著。

又《小學》 《四書詳説》。山西布政王廉熙陽著。

黄虞稷《千頃堂書目・四書類・補元》 《四書詳説》十卷。

倪燦等《補遼金元藝文志・經解類》 《四書詳説》十卷。

學庸句解

黄虞稷《千頃堂書目・三禮類》 張鼒《學庸句解》二卷。字希賢，祥符人。洪武初，舉明經，官秦府長史。

學庸私録

黄虞稷《千頃堂書目・三禮類》 熊釗《學庸私録》二卷。

論孟類編

黄虞稷《千頃堂書目・論語類》 熊釗《論孟類編》。

大學中庸集説啓蒙

倪燦等《補遼金元藝文志・三禮類》 景星《大學中庸集説啓蒙》二卷。

四書啓蒙

黄虞稷《千頃堂書目・四書類》 景星《四書啓蒙》。餘姚人，字德輝，洪武中杭州府學訓導。

大學中庸詳說

黄虞稷《千頃堂書目・三禮類》 曾景修《大學中庸詳說》。名生，以字行，莆田人，洪武中安慶府學教授。

大學中庸發微

黄虞稷《千頃堂書目・三禮類》 范祖幹《大學中庸發微》。

四書一覽

黄虞稷《千頃堂書目・四書類》 陳雅言《四書一覽》。

四書通義

黄虞稷《千頃堂書目・四書類》 王逢《四書通義》。字原夫，江西樂平人，師事洪野谷，野谷朱公遷弟子也。宣德初逢以薦爲富陽縣學訓導，又以明經辟召，皆不就。學者稱松隖先生。

四書直説

黄虞稷《千頃堂書目・四書類》 葉儀《四書直説》。字景瀚，金華人，太祖平金華，與范祖幹同被召，命爲諮議，辭不就。

四書講解

黄虞稷《千頃堂書目・四書類》 鄭濟《四書講解》。閩縣人，洪武中儋州學正。

四書備遺

王圻《續文獻通考・經籍考・論語學庸孟子》 《四書備遺》。天台陶宗儀著。

黄虞稷《千頃堂書目・四書類》 陶宗儀《四書備遺》二卷。

黄虞稷《千頃堂書目・四書類・補元》 陶宗儀《四書備遺》二卷。

《明史・藝文志・四書類》 陶宗儀《四書備遺》二卷。

錢大昕《補元史藝文志・經解類》 陶宗儀《四書備遺》二卷。

四書點本

黄虞稷《千頃堂書目・四書類》 張宣《四書點本》。

四書解義

黄虞稷《千頃堂書目・四書類》 張洪《四書解義》二十卷。

四書解疑

黃虞稷《千頃堂書目・四書類》 劉醇《四書解疑》四卷。

《明史・藝文志・四書類》 劉醇《四書解疑》四卷。

四書大全

范邦甸等《天一閣書目・四書類》 《四書大全》，三十四卷。明翰林學士胡廣等纂修。

徐𤊹《徐氏家藏書目・經解類》 《四書大全註》。

張萱等《内閣藏書目録・經部》 《四書集注大全》二部，共二十二冊。俱不全。又《四書集注大全》，十三冊。不全。又七冊。不全。又十七冊。不全。

劉若愚《内板經書紀略》 《四書大全》。二十本。一千五百八十九葉。

黃虞稷《千頃堂書目・四書類》 《四書大全》三十六卷。胡廣等纂修。

《明史・藝文志・四書類》 永樂中敕修《四書大全》三十六卷。胡廣等纂。

《四庫提要・四書類二》 《四書大全》三十六卷。通行本。明永樂十三年翰林學士胡廣等奉敕撰。成祖御製序文，頒行天下。二百餘年，尊爲取士之制者也。其書因元倪士毅《四書輯釋》稍加點竄。顧炎武《日知録》曰：自朱子作《大學中庸章句》、《或問》，《論語孟子集註》之後，黃氏有《論語通釋》，其采語録附於朱子《章句》之下，則始於眞氏。祝氏仿之，爲附録。後有蔡氏《四書集疏》、趙氏《四書纂疏》、吳氏《四書集成》，論者病其泛濫，於是陳氏作《四書發明》，胡氏作《四書通》，而定宇之門人倪氏案定宇，陳櫟之別號。合二書爲一，頗有刪正，名曰《四書輯釋》。永樂所纂《四書大全》，特小有增刪。其詳其簡，或多不如倪氏。《大學中庸或問》則全不異，而間有舛誤云云，於是書本末言之悉矣。考士毅撰有《作義要訣》一卷，附刻陳悅道《書義斷法》之末，今尚有傳本，蓋頗講科學之學者。其作《輯釋》殆亦爲經義而設，故廣等以夙所誦習，剽剟成編歟？初與《五經大全》竝頒。然當時程式，以《四書》義爲重，故五經率皆庋閣，所研究者惟《四書》，所辨訂者亦惟《四書》。後來《四書》講章浩如烟海，皆是編爲之濫觴。蓋由漢至宋之經術，於是始盡變矣。特録存之，以著有明一代士大夫學問根柢具在於斯，亦足以資考鏡焉。

四書述義

王圻《續文獻通考・經籍考・論語學庸孟子》 《四書述義》。朱謐著。

黃虞稷《千頃堂書目・四書類》 朱謐《四書述義》。字思寧，永嘉人，邳州學正。

四書集注音考標題

黃虞稷《千頃堂書目・四書類》 張師曾《四書集注音考標題》三冊。宣城人。

四書詳説

王圻《續文獻通考・經籍考・論語學庸孟子》 《四書詳説》。蒲、霍二州學正曹端著。

又《小學》 《四書詳説》。蒲、霍二州學正曹端著。

黃虞稷《千頃堂書目・四書類》 曹端《四書詳説》。

四書心法

王圻《續文獻通考・經籍考・論語學庸孟子》《四書心法》。無錫侍讀學士王逵著。

又《小學》《四書心法》。無錫侍讀學士王逵著。

四書約説

王圻《續文獻通考・經籍考・論語學庸孟子》《四書約說》。趙新著。

黄虞稷《千頃堂書目・四書類》趙新《四書說約》。字彥明，樂清人，洪武中歷官布政使，改翰林院修撰。致仕。

四書講義

黄虞稷《千頃堂書目・四書類》何文淵《四書講義》。

學庸通旨

黄虞稷《千頃堂書目・三禮類》黄潤玉《學庸通旨》一卷。

《明史・藝文志・四書類》黄潤玉《學庸通旨》一卷。

學庸廷訓

黄虞稷《千頃堂書目・三禮類》葉梃《學庸廷訓》。永嘉人，正統間舉經明行修。

四書釋要

王圻《續文獻通考・經籍考・論語學庸孟子》《四書釋要》。鄱陽何英著。

又《小學》《四書釋要》。鄱陽何英著。

黄虞稷《千頃堂書目・四書類》何英《四書釋要》。王逢弟子。

四書辨疑

黄虞稷《千頃堂書目・四書類》楊琦《四書辨疑》。建安人，溫州府學訓導，正統中人。

四書音考

黄虞稷《千頃堂書目・四書類》周賓《四書音考》。字汝欽，江西安福人，天順甲申進士。

四書辨疑録

《明史・藝文志・四書類》周洪謨《四書辨疑録》三卷。

學庸問答

王圻《續文獻通考・經籍考・論語學庸孟子》《學庸問答》。新建興國司訓郭昇著。

又《小學》　《學庸問答》。新建興國司訓郭昇著。

刪改四書朱子集注

黃虞稷《千頃堂書目・四書類》　陳公懋《刪改四書朱子集注》。無錫人。書成化二十年進，詔毁之，並令治罪，惟以《孟子》馮「婦」章「士則之」句，時頗傳之。

四書蒙引

范邦甸等《天一閣書目・四書類》　《四書蒙引初稿》十四卷。明蔡清傳。門生李墀校刊。蔡虛齋《蒙引》六卷。四明張家傳訂，古勛劍峰伍倜、梅月王天章編次。

王圻《續文獻通考・經籍考・論語學庸孟子》　《四書蒙引》。提學副使蔡清著。

又《小學》　《四書蒙引》。提學副使蔡清著。清，晉江人。

黃虞稷《千頃堂書目・四書類》　蔡清《四書蒙引》十五卷。

《明史・藝文志・四書類》　蔡清《四書蒙引》十五卷。

《四庫提要・四書類二》　《四書蒙引》十五卷。《別附》一卷。江蘇巡撫採進本。明蔡清撰。清有《易經蒙引》，已著録。其作此書，初已有稿本而遺失，乃追憶舊文，更加綴録。久而復得原稿，以兩本相校，重複過半，又有前後異同未歸畫一者，欲刪正而未暇，乃題爲《蒙引初稿》，以明其非定説。《虛齋集》有是書序，述其始末頗詳。嘉靖中，武進莊煦參校二稿，刊削冗複，十去三四，輯成一書而刊之。書末又《別附》一册，則煦與學録王升商搉訂定之語也。清人品端粹，學術亦醇，此書雖爲科舉而作，特以明代崇尚時文，不得不爾。至其體認眞切，闡發深至，猶有宋人講經講學之遺，未可以體近講章，遂視爲揣摩弋獲之書也。

學庸圖説

黃虞稷《千頃堂書目・三禮類》　朱諫《學庸圖説》。字君佑，樂清人，弘治丙辰進士，吉安府知府。

四書管窺

黃虞稷《千頃堂書目・四書類》　廖紀《四書管窺》二卷。

《明史・藝文志・四書類》　廖紀《四書管窺》四卷。

古本四書測

黃虞稷《千頃堂書目・四書類》　湛若水《古本四書測》十九卷。嘉靖戊戌序。

學庸通旨

王圻《續文獻通考・經籍考・論語學庸孟子》　《學庸通旨》。金谿僉都御史吳世宗著。

又《小學》　《學庸通旨》。金谿僉都御史吳世宗著。

黃虞稷《千頃堂書目・三禮類》　吳世忠《學庸通旨》。

學庸臆説

黃虞稷《千頃堂書目・三禮類》　施儒《學庸臆説》。歸安人，正德辛未進士，廣東副使。

學庸大義辨疑　學庸精義

黃虞稷《千頃堂書目・三禮類》　童品《學庸大義辨疑》、《學庸精義》。

四書旁訓

黃虞稷《千頃堂書目・四書類》　童品《四書旁訓》。

學庸口義

范邦甸等《天一閣書目・四書類》　《學庸口義》一卷。藍絲闌鈔本。明嘉靖臨川章袞撰并序。云：袞自幼孤苦，資既庸下，所向亦差，加以獨學寡與，如中夜求于幽室之中者矣。年甫三十，乃作詩曰：「埋頭更惜回頭晚，得手翻嫌放手遲。故紙堆中迷出路，扶搖何日是佳期。」又曰：「夜夢平安毛骨冷，覺來枕上頗如如。連旬雨意連旬卧，好似瞿曇不用書。」蓋自是于聖賢經傳窒者漸以通，拘者漸以圈，故者漸以新，而朱子之書雖彼此先後立論不同，要亦不能爲吾累矣。比入仕途，時繹舊聞，又似浸長一格。辛卯調官建寧，諸生楊堯、滕鶴齡、魏耕、楊肇輩時從質難，顧方攝府事，苦于無暇，乃作《學庸口義》以便授受。比來雲間，又略加詮訂，以授華亭學諭楊君訓諭。

黃虞稷《千頃堂書目・三禮類》　章袞《學庸口義》。字汝明，臨川人。嘉靖癸未進士，陝西按察司副使。

學庸要旨

黃虞稷《千頃堂書目・三禮類》　王綸《學庸要旨》。字汝言，慈谿人。成化甲辰進士，湖廣巡撫都御史。

四書淺説

黃虞稷《千頃堂書目・四書類》　陳琛《四書淺説》十三卷。

四書因問

王圻《續文獻通考・經籍考・論語學庸孟子》　《四書因問》。高陵禮部侍郎呂柟著。

又《小學》　《四書因問》。高陵禮部侍郎呂柟著。

張萱等《内閣藏書目録・經部》　《四書因問》六冊。全。呂柟著。

黃虞稷《千頃堂書目・四書類》　呂柟《四書因問》六卷。

《明史・藝文志・四書類》　呂柟《四書因問》六卷。

《四庫提要・四書類二》　《四書因問》六卷。浙江巡撫採進本。明呂柟撰。柟有《周易説翼》，已著録。是編皆記其門人質問《四書》之語。《大學》、《中庸》各一卷，《論語》、《孟子》各二卷。然其中稱柟爲「先生」，又「先生」字或跳行，似乎非柟自作。卷首有門人魏廷萱等校刊字，當即廷萱等所記也。其書《大學》從古本次序，《中庸》亦從古本分章。所説多因《四書》之義，推而證諸躬行，見諸實事。如講「八佾舞於庭」章，因指在座門人衣服華靡者曰「此便是僭」之類，皆開示親切，不徒爲訓詁空談。柟文集佶屈聱牙，純爲僞體；而其解《四書》，平正篤實乃如此。蓋其文章染李夢陽之派，而學問則宗法薛瑄，二事淵源各別，故一人而如出兩手也。

四書存疑

黃虞稷《千頃堂書目・四書類》　林希元《四書存疑》十二卷。

四書私存

黄虞稷《千頃堂書目・四書類》 季本《四書私存》三十七卷。嘉靖癸卯序。

《明史・藝文志・四書類》 季本《四書私存》三十七卷。

學庸通旨

王圻《續文獻通考・經籍考・論語學庸孟子》 《學庸通旨》。黄潤著。

四書講義

黄虞稷《千頃堂書目・四書類》 程嗣光《四書講義》十卷。

《明史・藝文志・四書類》 程嗣光《四書講義》十卷。

四書私記

黄虞稷《千頃堂書目・四書類》 王雲鳳《四書私記》。

四書管天

黄虞稷《千頃堂書目・四書類》 熊熙《四書管天》。

學庸衍義

黄虞稷《千頃堂書目・三禮類》 林士元《學庸衍義》。字舜卿，瓊州人，正德甲戌進士，廣西按察使。

四書問録

徐𤊹《徐氏家藏書目・學庸類》 《嘉樂大學中庸語孟問録》。唐樞。

黄虞稷《千頃堂書目・四書類》 唐樞《四書問録》二卷。

《明史・藝文志・四書類》 唐樞《四書問録》二卷。

四書正義

黄虞稷《千頃堂書目・四書類》 薛甲《四書正義》十二卷。

《明史・藝文志・四書類》 薛甲《四書正義》十二卷。

四書口義　講　緒言

范邦甸等《天一閣書目・四書類》 《四書口義》十二卷，《講》二卷，《緒言》四卷。刊本。明隆慶江陰薛甲撰幷序。

四書邇言

黄虞稷《千頃堂書目・四書類》 王漸逵《四書邇言》。

四書解

黃虞稷《千頃堂書目・四書類》　史于光《四書解》。

四書古義補

黃虞稷《千頃堂書目・四書類》　梁格《四書古義補》十卷。字君正，稷山人，嘉靖乙未科進士。南京兵科給事中。

《明史・藝文志・四書類》　梁格《集四書古義補》十卷。

四書通考補遺

黃虞稷《千頃堂書目・四書類》　蘇濂《四書通考補遺》六卷。

《明史・藝文志・四書類》　蘇濂《四書通考補遺》六卷。

四書通解

黃虞稷《千頃堂書目・四書類》　朱潤《四書通解》十卷。字伯羽，益都人，嘉靖丙戌進士，寧波府同知。

《明史・藝文志・四書類》　朱潤《四書通解》十卷。

四書通義

《四庫提要・四書類存目》　《四書通義》二十卷。江西巡撫採進本。明劉剡撰。剡字用章，休寧人。是書因倪士毅《四書輯釋》重爲訂正，更益以金履祥《疏義》《指義》、朱公遷《通旨約說》、程復心《章圖》、史伯璿《管窺》、王元善《通考》及當時諸儒著述，改題此名。夫吳眞子據眞氏、祝氏、蔡氏、趙氏之書，纂爲《四書集成》，自以爲善矣，而胡炳文、陳櫟重訂之；胡氏、陳氏自以爲善矣，而倪士毅又重訂之；倪氏自以爲善矣，而剡又重訂之。自剡以後，重訂者又不知凡幾。蓋隸首不能算其數也，而大旨皆曰前人未善，吾不得已而作焉。實則轉相剽襲，改換其面貌，更易其名目而已。輯一《四書》講章，是何名山不朽之業？而紛紛竊據如此，是亦不可以已乎？

四書正蒙

黃虞稷《千頃堂書目・四書類》　陳祥麟《四書正蒙》。字士仁，莆田人。嘉靖丙戌進士，山東提學。

四書贅說

黃虞稷《千頃堂書目・四書類》　陰秉暘《四書贅說》六卷。字子賓，汲縣人。嘉靖丁未進士，陝西參政。

四書自訓歌

黃虞稷《千頃堂書目・四書類》　陰秉暘《四書自訓歌》一卷。

四書集說

黃虞稷《千頃堂書目・四書類》　黃襄《四書集說》。字國著，南安人。嘉靖己未進士，山西行太僕寺卿。

學庸志略

黄虞稷《千頃堂書目・三禮類》 萬表《學庸志略》。

四書講義

黄虞稷《千頃堂書目・四書類》 鄭曉《四書講義》六卷。

《四庫提要・四書類存目》 《四書講義》。無卷數。浙江汪啓淑家藏本。

明鄭曉撰。曉有《禹貢圖説》，已著録。是編乃其爲南京太常寺卿時所作，以授其子履準。萬曆己酉，其孫心材始刊之。其説皆隨文闡意，義理異同之處亦間有論辨。持論頗醇，而不免失之曼衍。

四書補注

黄虞稷《千頃堂書目・四書類》 朱綬《四書補注》三卷。

《明史・藝文志・四書類》 朱綬《四書補注》三卷。

四書本義分節

黄虞稷《千頃堂書目・四書類》 徐獻忠《四書本義分節》。

四書道一編

黄虞稷《千頃堂書目・四書類》 王大用《四書道一編》。

四書解略

范邦甸等《天一閣書目・四書類》 《四書解略》六卷。丹陽姜寶著。武進惲華卿校刊。

讀晦菴四書衍義

范邦甸等《天一閣書目・四書類》 《讀晦菴四書衍義》十四卷。綿紙鈔本。蘭雪鄒霆炎撰。吳郡徐達左校正。

學庸敷言

黄虞稷《千頃堂書目・三禮類》 程先民《學庸敷言》。浮梁人。

學庸議

黄虞稷《千頃堂書目・三禮類》 金賁亨《學庸議》二卷。

《明史・藝文志・四書類》 金賁亨《學庸義》二卷。

四書精解

黃虞稷《千頃堂書目・四書類》 周灝《四書精解》四卷。邵武人，景泰癸酉舉人，松江府同知。

四書音考

黃虞稷《千頃堂書目・四書類》 李果《四書音考》。安成人，景泰庚午舉人，濟南府知府。

四書私鈔

黃虞稷《千頃堂書目・四書類》 楊守誠《四書私鈔》。

學庸正說

《四庫提要・四書類二》 《學庸正說》三卷。直隸總督採進本。明趙南星撰。南星字夢白，號儕鶴，高邑人。萬曆甲戌進士，官至吏部尚書。以忤魏忠賢削籍謫戍。崇禎初追謚忠毅。事蹟具《明史》本傳。是編凡《大學》一卷、《中庸》二卷。每節衍爲口義，逐句闡發，而又以不盡之意附載於後。雖體例近乎講章，然詞旨醇正，詮釋詳明。其說《大學》，不從姚江之「知本」，而仍從朱子之「格物」，併《補傳》一章亦爲訓解。其說《中庸》，不以「無聲無臭」虛論性天，而始終歸本於「慎獨」。皆確然守先儒之舊。蓋南星爲一代名臣，端方勁直，其立朝不以人情恩怨爲趨避，故其說經亦不以流俗好尚爲是非。雖平生不以講學名，而所見篤實，過於講學者多矣，未可以其平近而忽之也。

四書人物考　補考

徐𤊹《徐氏家藏書目・經解類》 《四書人物考》。

黃虞稷《千頃堂書目・四書類》 薛應旂《四書人物考》四十卷。

《四庫提要・四書類存目》 《四書人物考》四十卷、《補考》八卷。通行本。明薛應旂撰。應旂字仲常，武進人，嘉靖乙未進士，官至陝西按察司副使。是編於《四書》所載人物，援引諸書，詳其事蹟。凡記三卷，傳三十七卷。記傳之末，各系以論贊。蓋仿宋王當《春秋臣傳》之體。中間多採雜說，而不著所出。其自序有云：「汎引雜證，雖嘗删次，而文章事行，苟有裨於問學治理者，或在所録，固不敢過求其眞贋也。」其得失固自知之矣。間有附註，題「閩朱焯維盛撰」。其言頗爲淺陋。《續考》八卷，題應旂元孫宗編。雜考《四書》名物，餖飣尤甚。明代儒生，以時文爲重，時文以《四書》爲重，遂有此類諸書，襞積割裂，以塗飾試官之耳目。斯亦經術之極弊，非惟程、朱編定《四書》之時，不料其至此，即元延祐用「四書義」，明洪武定「三場法」，亦不料其至此者矣。

四書三說

黃虞稷《千頃堂書目・四書類》 管大勳《四書三說》三十卷。鄞縣人，嘉靖乙丑進士，官至南京光祿寺卿。輯《蒙引》、《存疑》、《淺說》而加以折衷。

四書紀聞

黃虞稷《千頃堂書目・四書類》 黃光昇《四書紀聞》。

四書口義

黄虞稷《千頃堂書目・四書類》 馬森《四書口義》。

學庸口義

黄虞稷《千頃堂書目・三禮類》 馬森《學庸口義》三卷。

《明史・藝文志・四書類》 馬森《學庸口義》三卷。

四書漢注疏引

黄虞稷《千頃堂書目・四書類》 李先芳《四書漢注疏引》。

四書一貫編

黄虞稷《千頃堂書目・四書類》 羅汝芳《四書一貫編》七卷。

四書問辨録

黄虞稷《千頃堂書目・四書類》 高拱《四書問辨録》十卷。

《四庫提要・四書類二》 《問辨録》十卷。副都御史黄登賢家藏本。明高拱撰。拱有《春秋正旨》，已著録。此編取朱子《四書章句集註》疑義，逐條辨駁。其論《大學》，謂新民即明德中事，不應分之爲三綱領。不知經文三「在」字顯然竝列，安能不區別爲三？又論「賢賢易色」一章，謂人能如是，必其務學之至。覺「生質之美」四字，朱子可不必加，亦未深體抑揚語意。如斯之類，皆不免有意推求。至如伊川謂「敬事而信」一章皆言所存而不及於事，拱則謂節用使民，非事而何？又謂孔子之責臧文仲，正以其賢而責之備。如斯之類，則皆確有所見，足以備參考而廣見聞。鄭汝諧《論語意原》頗與朱子異同，而朱子於汝諧之説反有所取。朱子作《周易本義》，與程《傳》亦有異同，世未嘗以是病朱子。拱之是編，亦可作如是觀矣。

日進直講

《四庫提要・四書類存目》 《日進直講》五卷。河南巡撫採進本。明高拱撰。拱有《春秋正旨》，已著録。嘉靖三十一年，拱以翰林編修與檢討陳以勤同爲裕王講官，進講《四子書》。先訓句解，次敷陳大義，蓋從日講之例。裕王即穆宗也。時拱已遷國子祭酒，於嘉靖庚申編次成帙。《千頃堂書目》作十卷。今本止五卷，自《學》、《庸》至《論語》「子路問成人」章止，蓋未全之本也。

四書紹聞編

黄虞稷《千頃堂書目・四書類》 王樵《四書紹聞編》□卷。

四書解

黄虞稷《千頃堂書目・四書類》 徐渭《四書解》。

四書正學衍説

黄虞稷《千頃堂書目・四書類》 陶廷奎《四書正學衍説》八卷。

《明史・藝文志・四書類》 陶廷奎《四書正學衍説》八卷。

學庸宗釋

黄虞稷《千頃堂書目・三禮類》 鄒德溥《學庸宗釋》。

學庸歸旨

黄虞稷《千頃堂書目・三禮類》 鄒德泳《學庸歸旨》。

大學中庸讀

黄虞稷《千頃堂書目・三禮類》 姚應仁《學庸讀》五卷。字安之，新安人。萬曆己未自序。

《四庫提要・四書類存目》 《大學中庸讀》二卷。浙江汪啓淑家藏本。

明姚應仁撰。應仁有《檀弓原》，已著録。是書成於萬曆乙未，據豐坊僞撰魏政和石經以攻朱子《章句》。至「修身」章中竄入「顔淵問仁」五句，應仁不能曲説，乃言只須删去此節。夫此五句既屬當删，則所謂石經豈復可信哉？至其持論，則多引佛經。解「淇澳」節有曰：「密多者，瑟也；金剛不壞者，僩也；枝枝葉葉光明者，赫喧也。」是不止陽儒而陰釋矣。

學庸識大録

黄虞稷《千頃堂書目・三禮類》 王豫《學庸識大録》二卷。烏程人，萬曆丁丑進士。萬曆乙巳序。

學庸傳宗參補

黄虞稷《千頃堂書目・三禮類》 王養性《學庸傳宗參補》一卷。

四書直解

范邦甸等《天一閣書目・四書類》 《四書直解》二十七卷。明江陵張居正進講，鹿城顧宗孟批點，西陵王益朋、禹航嚴曾榘同閲，後學陳枚、吴鍪較訂。

黄虞稷《千頃堂書目・四書類》 張居正《四書直解》二十六卷。萬曆元年進呈。

學庸釋義

黄虞稷《千頃堂書目・三禮類》 游日章《學庸釋義》。莆田人。嘉靖己未進士，廉州知府。

學庸大旨

黄虞稷《千頃堂書目・三禮類》 吴中立《學庸大旨》。字公度，浦城人。

隆慶辛未進士，不受官。歸養親，親歿，遂隱退終身。

學庸或問

徐𤊹《徐氏家藏書目・學庸類》 《學庸或問》二卷。

李氏説書

黄虞稷《千頃堂書目・四書類》 李贄《李氏説書》九卷。

四書古今文注發

黄虞稷《千頃堂書目・四書類》 楊時喬《四書古今文注發》九卷。

《明史・藝文志・四書類》 楊時喬《四書古今文注發》九卷。

論語學庸述

《明史・藝文志・四書類》 許孚遠《論語學庸述》四卷。

學庸解

徐𤊹《徐氏家藏書目・學庸類》 《學庸解》二卷。江都閻士選。

四書正義　正義續

黄虞稷《千頃堂書目・四書類》 林兆思《四書正義》十一卷。又《正義續》一卷。

四書知新日録

黄虞稷《千頃堂書目・四書類》 鄭維嶽《四書知新日録》三十七卷。福建南安舉人，萬曆中官曲靖府同知。

《明史・藝文志・四書類》 鄭維嶽《四書知新日録》三十七卷。

四書正删正

黄虞稷《千頃堂書目・四書類》 陳幼學《四書正删正》。萬曆己丑進士，南京太常寺少卿。

四書説統删補

黄虞稷《千頃堂書目・四書類》 張雲鸞《四書説統删補》。

四書臆説

黄虞稷《千頃堂書目・四書類》 李廷機《四書臆説》。

四書疑問

黃虞稷《千頃堂書目・四書類》 姚舜牧《四書疑問》十二卷。萬曆丁巳序。

《明史・藝文志・四書類》 姚舜牧《四書疑問》十二卷。

《四庫提要・四書類存目》 《四書疑問》十一卷。浙江巡撫採進本。明姚舜牧撰。舜牧有《易經疑問》，已著録。是編但各章總論其大旨，不復逐句箋釋，立說多與朱子異。如謂《大學》親民之親，不當作「新」；格物之物，即物有本末之「物」；「此謂知本，此謂知之至也」二句非衍文，亦無闕文。蓋沿姚江「古本」之說自爲一解。謂《孟子》「無以則王」、「保民而王」、「是心足以王矣」數「王」字俱讀如字，不作去聲；「伯夷非其君不事」章是論去就，非論清和。「隘與不恭」非其流弊。亦尚有見。至於訓格物之「格」爲品格，自謙之「謙」爲謙虛，命也之「命」爲命數，致曲之「曲」爲心曲，則穿鑿附會，礙不可通。他若謂《中庸》「不睹不聞」即是隱微，即是獨，戒慎恐懼即是慎其獨，而以朱子爲支離破碎。又謂「性分中不墮形體，不落方所，直恁廣大」。又謂喻義、喻利之「喻」是不待詞說，都無知覺而默與之俱，註訓「曉」字便有知覺。不得此字之旨，尤以禪機詁儒理矣。前有萬曆丁巳自序，謂夢見夫子出一玉印，牧肅拜於下，夫子亦答拜於座右，視其髮特焦黃云云。尤怪誕不經也。

四書宗旨

黃虞稷《千頃堂書目・四書類》 周汝登《四書宗旨》。嵊縣人，萬曆丁丑進士。

四書質言

黃虞稷《千頃堂書目・四書類》 牛應元《四書質言》三卷。涇縣人。萬曆癸未進士，歷官右僉都御史。巡撫南贛。萬曆壬辰序。

四書微言

黃虞稷《千頃堂書目・四書類》 唐汝諤《四書微言》二十卷。萬曆丙午輯。

談經苑

黃虞稷《千頃堂書目・四書類》 陳禹謨《談經苑》四十卷。

漢詁纂

黃虞稷《千頃堂書目・四書類》 陳禹謨《漢詁纂》二十卷。

引經繹

黃虞稷《千頃堂書目・四書類》 陳禹謨《引經繹》五卷。

人物概

黃虞稷《千頃堂書目·四書類》 陳禹謨《人物概》十五卷。

名物考

黃虞稷《千頃堂書目·四書類》 陳禹謨《名物考》二十卷。

經言枝指

《四庫提要·四書類存目》 《經言枝指》一百卷。浙江巡撫採進本。明陳禹謨撰。是編於《四書集註》之外，旁搜諸說，故取《莊子》「駢拇枝指」之意爲名。凡《漢詁纂》十九卷，《談經苑》四十卷，《引經釋》五卷，《人物概》十五卷，《名物考》二十卷。其《漢詁纂》乃刪取註疏之文，割裂飣餖，全無義例。其《談經苑》則自經、史、子、集以逮二氏之言，苟與《四書》文義彷彿者，即摭以相證，冗雜尤甚。其《引經釋》則以《四書》所引經文爲綱，而雜採訓釋以附之。既非釋《四書》，又非釋五經，莫究其何所取義。其《人物概》、《名物考》摭拾舊文，亦罕能精核。蓋浮慕漢儒之名，而不能得其專門授受之奥者也。

別本四書名物考

《四庫提要·四書類存目》 《別本四書名物考》二十四卷。内府藏本。明陳禹謨撰。已載《經言枝指》中。此則錢受益、牛斗星所補訂也。受益字謙之，杭州人。斗星有《檀弓評》，已著録。禹謨原本多疏舛，受益等所補乃更蕪雜。如《淇澳》「綠竹」，而引及《爾雅》會稽之竹箭、《華陽國志》哀牢之僕竹，已泛濫矣，更引及《異苑》竹化蛇、蛇化雉。釋「肺肝」，而引《素問》、《靈樞》，已旁支矣，更引及《黃庭經》「肺神皓華字虛成，肝神龍烟字含明」語。是於經義居何等也？其最異者，如標一目字爲題，釋《大學》「十目所視也」，而「目」字下註曰「附眼」。無論《四書》無「眼」字，且目之與眼，又何所分別，而別爲附録乎？尤不可解也。

經籍異同

《四庫提要·四書類存目》 《經籍異同》三卷。兩淮馬裕家藏本。明陳禹謨撰。禹謨字錫元，常熟人。萬曆中由舉人官至四川按察司僉事。其書雜引五經之文證《四書》所引之異同，併波及他書語意相近字句略同者，頗爲龐雜。如李尤《盤銘》，與經一字無涉，而引以證湯之《盤銘》。又如班昭《東征賦》中「由力行而近仁」句，乃運用《中庸》之語，而引以爲「力行近乎仁」句之異同。殊爲舛誤。至石經《大學》，本豐坊僞撰，據爲定論，尤失考異。

四書宗解

黃虞稷《千頃堂書目·四書類》 劉元卿《四書宗解》八卷。

《明史·藝文志·四書類》 劉元卿《四書宗解》八卷。

鄒子學庸商求

黃虞稷《千頃堂書目·三禮類》 鄒元標《鄒子學庸商求》二卷。

《明史·藝文志·四書類》 鄒元標《學庸商求》二卷。

學庸略

徐𤊹《徐氏家藏書目・學庸類》《學庸略》二卷。董應舉。

黃虞稷《千頃堂書目・三禮類》董應舉《學庸略》二卷。號見龍，閩縣人。萬曆戊戌進士，累官工部右侍郎。

四書正學論答

黃虞稷《千頃堂書目・四書類》徐即登《四書正學論答》。

儒宗要輯

黃虞稷《千頃堂書目・四書類》徐即登《儒宗要輯》二十九卷。

四書攝提

黃虞稷《千頃堂書目・四書類》郝敬《四書攝提》十卷。

《明史・藝文志・四書類》郝敬《四書攝提》十卷。

語孟敷言

黃虞稷《千頃堂書目・論語類》趙宧光《語孟敷言》。

元晏齋困思抄

黃虞稷《千頃堂書目・四書類》孫愼行《困思抄》三卷。

《四庫提要・四書類存目》《元晏齋困思鈔》三卷。浙江巡撫採進本。

明孫愼行撰。愼行字聞斯，武進人，萬曆乙未進士，官至禮部尚書。事蹟具《明史》本傳。是書乃其自萬曆庚戌至甲寅積年鈔存，其中頗多心得之語，然亦不免好出新論。如解《鄉黨》「色斯舉矣」節，以「虞廷獸舞」志聖之隆，「山梁雌雉」志聖之逸。又以《中庸》「致曲」之「曲」，爲即「經禮三百曲禮三千」之曲。雖才辨縱横，足以自暢其說，然非經之本旨矣。卷首繪性善、性教爲二圖。卷末一條，則愼行自序其作書大旨也。

四書守言　四書會心語録

黃虞稷《千頃堂書目・四書類》黃佑《四書守言》。又《四書會心語録》。

四書宗註

范邦甸等《天一閣書目・四書類》《四書宗註》二十卷。明李之藻述著。顧起元、邵景堯同訂。

四書讀

黃虞稷《千頃堂書目・四書類》陳際泰《四書讀》。

《四庫提要・四書類存目》《四書讀》十卷。江西巡撫採進本。明陳際泰撰。際泰有《易經説意》，已著録。際泰以制義名一代，是編詮發《四書》大義，亦略如制藝散行之體。其議論駿發，視章世純《留書》過之，而不及世純《留書》時有精義。蓋際泰用縱横之才，去説經之道遠；世純用深湛之思，去説經之道稍近也。

四書疑問

黄虞稷《千頃堂書目・四書類》　史記事《四書疑問》五卷。

《明史・藝文志・四書類》　史記事《四書疑問》五卷。

四書説叢

黄虞稷《千頃堂書目・四書類》　沈守正《四書説叢》十七卷。

《四庫提要・四書類存目》　《四書説叢》十七卷。浙江汪啓淑家藏本。明沈守正撰。守正有《詩經説通》，已著録。是書彙萃諸家之説，分章條列，同異兼收。每案而不斷，以待人之自考。亦或偶存己説一二。所採書凡二百二十六種，雖釋、道家言亦頗兼取。其中如解「子游問孝」章，則用古説。解「士而懷居」章，則用管志道説，以爲即懷土。解「不動心」，則用郝敬説，以爲非比枯木槁灰。解「心之官則思」，則用羅欽順《困知記》。皆頗有所見。然所引明人諸説，榛楛錯陳，不免傷於蕪雜。

四書留書

《四庫提要・四書類二》　《四書留書》六卷。江蘇巡撫採進本。明章世純撰。世純字大力，臨川人。天啓辛酉舉人，官至柳州府知府。聞流寇陷京師，悲憤而卒。《明史・文苑傳》附見《艾南英傳》中。所著總名曰《留書》，此其説《四書》者六卷。又別有《内集》一卷，乃所著子書。《散集》一卷，乃所作筆記。《明史・藝文志》總題曰《留書》，入之「儒家類」中。然説《四書》六卷之前，有天啓丁卯世純自序，後有世純自作《四書留書跋》，皆言詮釋《四書》之意，不及其他。其書分章抒論，體例類劉敞《春秋意林》，但敞不標經文，止標某章某章耳。解經家本有此體，入之子書，殊非其類。今割其《内集》、《散集》別著録，而説《四書》者入經部，存其實也。世純與艾南英、羅萬藻、陳際泰號「臨川四家」，悉以制義名一時，而世純運思尤鋭。其詁釋《四書》，往往於文字之外，標舉精義，發前人所未發。不規規於訓詁，而亦未嘗如講「良知」者至於滉漾以自恣。揚雄所謂好深湛之思者，世純有焉。

四書説約

《四庫提要・四書類存目》　《四書説約》。無卷數。直隷總督採進本。明鹿善繼撰。善繼字伯順，定興人。萬曆癸丑進士，官至太常寺少卿。崇禎壬午大兵攻定興，善繼率鄉人拒守，城破死之，贈大理寺卿，謚忠節。事蹟具《明史》本傳。是書就《四書》以講學，與明人講義爲時文而作者頗殊。卷首爲「認理提綱」九條。如曰：「此理不是涉玄空的，子臣弟友是他著落。不然則日新、顧諟、成湯且爲枯禪矣。」其自序亦曰：「夫讀聖賢書而不反求之心，延平所謂玩物喪志者，可汗人背也。」即云反求之心，而一切著落不以身實踐之，徒以天倪之頓現，虚爲承當，陽明所稱將本體只作一番光景玩弄者，更可汗人背也。其持論亦頗篤實。然學出姚江，大旨提唱良知，與洛、閩之學究爲少異。

四書酌言

《四庫提要・四書類存目》　《四書酌言》三十一卷。陝西巡撫採進本。明寇慎撰。慎字永修，號禮亭，自號殺祤逸叟，同官人。萬曆丙辰進士，官至蘇州府知府。天啓中周順昌被逮，顔佩韋等五人擊殺緹騎。後佩韋臨刑，稱曰：「公好官，知我等倡義，非倡亂者。」即其人也。其學出於姚江，故是編多與朱子立異。如解《論語》「至於犬馬」句，主「犬馬養人」之義，本諸《注疏》，猶有說也。至於解「齊必變食」句，謂爲「心齋」之「齋」，非「齋戒」之「齋」。解「弗如也」二句，爲「盡奪前塵、忽渡彼岸」。解「始可與言詩」句，爲「八無上妙明」。解「是知也」句，謂知原在知不知外理會，其他學問不過此知中之法塵，此處掃除，乃爲逕機，又扭來補綴。則純乎明末狂禪之習矣。

四書備考

范邦甸等《天一閣書目・四書類》 《四書備考》二十七卷。陳仁錫編幷序。凡例二十一條。

黃虞稷《千頃堂書目・四書類》 陳仁錫《四書備考》八十卷。

《明史・藝文志・四書類》 陳仁錫《四書備考》八十卷。

四書語録

黃虞稷《千頃堂書目・四書類》 陳仁錫《四書語錄》一百卷。

《明史・藝文志・四書類》 陳仁錫《四書語錄》一百卷。

四書析義

黃虞稷《千頃堂書目・四書類》 陳仁錫《四書析義》十卷。

《明史・藝文志・四書類》 陳仁錫《四書析義》十卷。

四書考　四書考異

《四庫提要・四書類存目》 《四書考》二十八卷。《四書考異》一卷。江蘇周厚堉家藏本。明陳仁錫撰。仁錫有《繫辭十篇書》，已著録。是書因薛應旂《四書人物考》而廣之，仍餖飣之學。卷首別爲《考異》一卷，載《四書》字句異同，摭拾亦頗簡略。如惟之作「維」，貢之作「贛」，不過字體偶別，無關文意。至豐坊古本《大學》，其僞託可不待辨，而仁錫乃爲持疑之辭，則茫無考證，亦可見矣。

四書十一經通考

黃虞稷《千頃堂書目・四書類》 顧夢麟《四書十一經通考》二十卷。崇禎辛未序。

四書說約

范邦甸等《天一閣書目・四書類》 《四書說約》二十卷。明吴郡顧夢麟麟士纂輯。楊彝子常參訂幷序。

黃虞稷《千頃堂書目・四書類》 顧夢麟、楊彝《四書說約》二十卷。

四書正學淵源

《四庫提要・四書類存目》 《四書正學淵源》十卷。副都御史黃登賢家藏本。明章一陽編。一陽，金華人。自何基受業黃榦之門，其後王柏、金履祥、許謙遞相傳受，皆自稱朱子之傳。一陽因取四人之發明《四書》者，分載於《章句》《集註》之下，名曰《正學淵源》。蓋以闡揚金華之宗派，不爲發明《四書》作也。

四書測

《四庫提要・四書類存目》 《四書測》六卷。內府藏本。明萬尙烈撰。尙烈字思文，南昌人。是書首有萬曆辛亥自序。於《大學》、《中庸》獨尊古本，而議論宗旨則全入異端。如解「季路問事鬼神」章，專取釋氏輪回因果之說以釋聖言，駁雜已甚。其尤誕者，如「原壤夷俟」，乃取其母死而歌爲「喜死者之得所，而非放乎禮法之外」。蓋姚江末流，其弊每至於此，不但李贄諸人彰彰耳目者然也。

學庸剩義

徐𤊹《徐氏家藏書目・學庸類》 《學庸剩義》一卷。沈顥。

學庸日箋

徐𤊹《徐氏家藏書目・學庸類》 《學庸日箋》一卷。陳元綸。

四書通義

《四庫提要・四書類存目》 《四書通義》三十八卷。江西巡撫採進本。明魯論撰。論字孔璧，號西麓，江西新城人。天啓中以貢生授潁州州同，官至福州府同知。論以取士必重制科之經義，崇禎時雜用薦舉，不足以得人，乃作此書以發明體用合一之理。其解《大學》「平天下」章，言：「潢池弄兵，外患踵至，勢不得不加田賦，而聚斂之臣半以聚之於國，半且以聚之於囊，以致天菑流行而不常之命已去。」專爲明末時事而發。又解《孟子》「許行」章，謂：「堯之欽明，足以知人，四岳之咸舉，爲之師錫，猶其難其愼，然則枚卜豈易易哉？」亦以隱指莊烈帝命相之非。全書大旨不出於此，故往往雜引史事以相發明，固不主於闡繹經義也。

三經見聖編

《四庫提要・四書類存目》 《三經見聖編》一百八十卷。江蘇巡撫採進本。明譚貞默撰。貞默字梁生，別號埽菴，嘉興人。崇禎戊辰進士，官至國子監祭酒。是編前有自序，結銜稱「敕掌國子監整理祭器書籍等務」，而不言祭酒，《明史・職官志》亦無此稱，蓋明人杜撰之文也。其序稱六經無非孔經，而《論語》爲著。子思子之書今名《中庸》、《大學》者，實一《中庸》，統稱《孔經編》。《孟子》七篇則曰《孟經編》。又言：《論語》，子夏述也；《中庸》，子思繼《論語》而作也；《大學》即《中庸》之後小半也；《孟子》，繼《中庸》而作也。《中庸》「天命之謂性」三句接《論語》「知命」章，明是釋詁《論語》。讀「予懷明德」而「大學之道在明明德」，不膠自連；讀「國不以利爲利，以義爲利」，而《孟子》「何必曰利，亦有仁義」，不呼自應。今之所謂「四書」實「三書」也云云。說殊穿鑿。至其詮釋支離，類皆因言求事。如以《論語》「孝弟」章爲有子譏刺三家，「巧言」章爲孔子評論老聃，皆率其胸臆，務與程、朱牴牾。可謂敢爲異說者矣。卷中或稱「默案」，或自稱「譚子」，體例亦叢雜不一云。

四書經學考　補遺　續考

《四庫提要・四書類存目》 《四書經學考》十卷，《補遺》一卷，《續考》六卷。江蘇周厚堉家藏本。《四書經學考》，明徐邦佐撰。《續考》，陳鵬霄撰。邦佐字孟超，錢塘人。鵬霄字天羽，山陰人。《經學考》成於崇禎戊辰，雜鈔故實，疏漏實甚。《續考》成於甲戌，又皆時文評語，講章瑣說。而題曰「經考」，未詳其義。然坊刻陋本，亦不足以究詰也。

四書則

《四庫提要・四書類存目》　《四書則》。無卷數。山西巡撫採進本。明桑拱陽撰。拱陽字暉升，蒲州人，崇禎癸酉舉人。其書取諸家講章立説不同者，刪定歸一，間以己意參之。命之曰「則」，以見「其則不遠」之意。先《大學》、《中庸》，次《論語》、《孟子》，各有圖説、總論，大旨爲舉業而作。

四書集説

《四庫提要・四書類存目》　《四書集説》二十八卷。直隸總督採進本。明徐養元、趙漁同撰。養元字長善，漁字問源，俱唐山人，崇禎癸未同榜進士。是編採集朱子《或問》、《存疑》、《大全》諸書及諸家之説而成，不出流俗講章之派。

圖書衍

《四庫提要・四書類存目》　《圖書衍》五卷。直隸總督採進本。明喬中和撰。中和有《説易》，已著録。是編爲《四書》講義。而名之爲《圖書衍》者，凡《四書》所言皆以五行八卦配合之也。如説《大學》，明德爲火，新民爲水，至善爲土之類，皆穿鑿無理，不足與辨。

四書釋義

黄虞稷《千頃堂書目・四書類》　張四知《四書釋義》。

四書體義

黄虞稷《千頃堂書目・四書類》　沈幾《四書體義》十卷。字去疑，吳人。

四書内外傳

黄虞稷《千頃堂書目・四書類》　易道暹《四書内外傳》。字曦侯，黄岡人。爲諸生以文名。崇禎末賊大起，道暹與其子爲連被賊執，誘降不從，皆死之。

四書湖南講

范邦甸等《天一閣書目・四書類》　《四書湖南講》十冊。刊本。明葛寅亮撰。

黄虞稷《千頃堂書目・四書類》　葛寅亮《四書湖南講》十卷。錢塘人。

《四庫提要・四書類存目》　《四書湖南講》九卷。浙江巡撫採進本。明葛寅亮撰。寅亮，錢塘人。萬曆辛丑進士。是書分標三例：凡剖析本章大義者曰「測」，就經文語氣順演者曰「演」，與其門人問答辨難者曰「商」。間有引證他書及先儒之論，則細書於後。大抵皆其口授於門弟子者也。《浙江通志》載寅亮《四書湖南講》二十六卷，與此本卷數不合。然此本首尾完具，或《通志》之誤歟？抑或别有續編也？

四書合講

黃虞稷《千頃堂書目・四書類》 毛尚忠《四書合講》十卷。嘉善人。棗強知縣。

四書會解

《四庫提要・四書類存目》 《四書會解》十卷。浙江巡撫採進本。明毛尚忠撰。尚忠字子亮，號誠菴，嘉善人。萬曆甲辰進士，官至監察御史。其書分章立説，不録經文。頗似書塾講義，而議論則務與朱子相左。如《大學》首章，謂「當因其所發」非聖經本旨；親民即明德内事，不親民叫不得明德，何須説「推以及人」；曰「皆當止於至善」，是分明德、親民而二之；謂「止」即止泊之「止」，何須添「不遷」二字；定乃明道「静亦定，動亦定」之「定」，不是「志有定向」；安即居之安，安字以心言，曰「所處而安」，似著身矣。且謂「物有本末」節是起下文，非結上文也；物與事只泛説，若定分「物」屬明、親，「事」屬知、得，何等拘滯；至「明明德於天下」，若曰「使之明」，則民不可使知，且於文法甚不類。如此類凡十數條。其解「格物」，既不從朱子事物之説，而亦不取王守仁所云格去此心之物。乃謂即上文「物有本末」之「物」，其中精微處如等格然，不可不分曉。信如尚忠説，則格乃實字，無用力之意。「致知在格物」句文義豈復可通？亦徒好立異而已。

四書海蠡篇

徐𤊹《徐氏家藏書目・經解類》 《四書海蠡篇》二卷。袁士瑜。

黃虞稷《千頃堂書目・四書類》 袁士瑜《海蠡編》二卷。公安人。

四書外傳

吴壽暘《拜經樓藏書題跋記》卷一 《四書外傳》。舊鈔本《大學外傳》、《論語外傳》，明易曦侯氏著。先君子得於粥瓮者，擔頭有跋，見《愚谷文存》中。

四書大全纂補

黃虞稷《千頃堂書目・四書類》 華允誠《四書大全纂補》。

四書經正録

黃虞稷《千頃堂書目・四書類》 張雲鷟《四書經正録》。專闢李贄之説。崇禎三年進呈，得旨褒嘉，準作貢生。字羽臣，無錫人。

注解四書人物考

黃虞稷《千頃堂書目・四書類》 朱焯《注解四書人物考》八卷。

四書筆旨

黃虞稷《千頃堂書目・四書類》 鄒期相《四書筆旨》。

四書大全辨

《四庫提要·四書類存目》 《四書大全辨》三十八卷，附録六卷。江蘇周厚堉家藏本。明張自烈撰。自烈字爾公，宜春人。崇禎末南京國子監生。自烈與艾南英爲同鄉，而各立門戶，以評選時文相軋，詬厲喧呶，沒世乃休。蓋亦社黨之餘派也。是編舉永樂中胡廣等所修《四書大全》條析而辨之。冠以《古本大學》一卷，明道程子、伊川程子改定《大學》各一卷，顧起元《中庸外傳》一卷，王應麟《論語孟子考異》各一卷。福王時嘗以擅改祖宗頒行之書，挂諸彈章，至憤而囂譁於朝。案《四書大全》誠爲猥雜，然自烈所辨又往往強生分別，不過負氣求勝，借以立名。觀其首列揭帖、序文之類，盈一巨冊，而所列參訂姓氏至四百八十六人。非惟馬、鄭以來無是體例，即宋人盛相標榜，亦未至是也。

四書纂注大全

黄虞稷《千頃堂書目·四書類》 張溥《四書纂注大全》三十七卷。

《明史·藝文志·四書類》 張溥《四書纂注大全》三十七卷。

四書日衷

黄虞稷《千頃堂書目·四書類》 徐學顔《四書日衷》。字石松，永康人。太學生。官楚府左長史。崇禎十六年死獻賊難。

四書口授

黄虞稷《千頃堂書目·四書類》 李文瓚《四書口授》。

學庸切己録

《四庫提要·四書類存目》 《學庸切己録》二卷。江西巡撫採進本。明謝文洊撰。文洊字約齋，號程山，南豐人。其書首作《君子有三畏講義》一篇，發明張子主敬之旨。次爲《程山十則》，亦以躬行實踐爲主。書中皆隨文講解，旁採《大全》諸儒之説，而參以己見，其體頗似語録。卷末附《西銘解》一篇，謂其立義宏深，爲學者究竟指歸，篇名不可不尊，因易之曰《事天謨》，以示崇信之意。然究不免自我作古也。

四書正體

黄虞稷《千頃堂書目·四書類》 林茂槐《四書正體》五卷。字稺虚，福清人。萬曆乙未進士。按察使。

《明史·藝文志·四書類》 林茂槐《四書正體》五卷。

四書近指

黄虞稷《千頃堂書目·四書類》 孫奇逢《四書近指》二十卷。

《四庫提要·四書類二》 《四書近指》二十卷。直隸總督採進本。國朝孫奇逢撰。奇逢有《讀易大旨》，已著録。是編於《四子之書》挈其要領，統論大指。間引先儒之説以證異同，然旨意不無偶偏。如云聖人之訓，無非是學，此論最確。乃兩論逐章皆牽合「學」字，至謂「道千乘之國」章，敬信、節愛、時使皆「時習」事。《大學・聖經》章所論「本末先後」，以明德須在民上，明修身須在天下國家上修。又云：「格物無傳，是《大學》最精微處。以物不可得而名，無往非物，即無往非格。朱子所謂窮至事物之理，乃通《大學》數章而言」云云，皆不免高明之病。蓋奇逢之學，兼採朱、陸，而大本主於「窮則勵行，出則經世」，故其説如此。雖不一一皆合於經義，而讀其書者，知反身以求實行實用，於學者亦不爲無益也。

麗奇軒四書講義

《四庫提要・四書類存目》 《麗奇軒四書講義》。無卷數。編修勵守謙家藏本。國朝紀克揚撰。克揚有《易經講義》，已著録。其書不録正文，每章約詁數語，大旨爲科舉而作。

聖學心傳

《四庫提要・四書類存目》 《聖學心傳》。無卷數。山東巡撫採進本。國朝薛鳳祚編。鳳祚字儀甫，益都人。嘗師事定興鹿善繼、容城孫奇逢。因會輯善繼《四書説約》、奇逢《四書近指》共爲一編。卷首列善繼「認理提綱」、「尋樂大旨」，又列善繼、奇逢二人小傳。前有鳳祚自序，謂此書出，當與孔、曾、思、孟四聖賢書共揭星日而行中天。其説殊夸。又謂於舉業非相遠，倘於此有得，以應試場，主司必當驚羨，以冠多士。又何其陋歟！鳳祚天文、地理之學皆能明其深奥，如《兩河清彙》、《夫學會通》、《天步眞元》諸書已卓然足以自傳，又何必畫此蛇足乎？且二書皆有刊本，豈藉鳳祚之標榜？即以二書而論，亦蛇足也。

四書翊註

《四庫提要・四書類存目》 《四書翊註》四十二卷。直隸總督採進本。國朝刁包撰。包有《易酌》，已著録。是編凡《大學》五卷，《中庸》三卷，《論語》二十卷，《孟子》十四卷。於《大學》三綱八目、詮解特備。又以《中庸》、《論》、《孟》爲格物之書，五經諸史皆條貫於其中，故於「格物」條目尤爲曲盡。其他闡發義理，於史傳事蹟、先儒議論，亦多所徵引。然其去取是非，總以朱子之説爲斷，不必自有所見也。卷首有黄越所作《綱領》一篇，其孫顯祖所作《緣起》一篇，敘述著書大旨及刊刻始末。

日講四書解義

《四庫提要・四書類二》 《日講四書解義》二十六卷。康熙十六年，聖祖仁皇帝御定。自朱子定著《四書》，由元、明以至國朝，懸爲程試之令甲。家絃戶誦，幾以爲習見無奇。實則内聖外王之道備於孔子，孔子之心法寓於六經，六經之精要括於《論語》。而曾子、子思、孟子遞衍其緒，故《論語》始於言學，終於堯、舜、湯、武之政，尊美屏惡之訓。《大學》始於格物致知，終於治國平天下。《中庸》始於中和、位育，終於篤恭而天下平。《孟子》始於義利之辨，終於堯舜以來之道統。聖賢立言之大旨，灼然可見。蓋千古帝王之樞要，不僅經生章句之業也。我聖祖仁皇帝初年訪落，即以經筵講義親定是編。所推演者，皆作聖之基，爲治之本。詞近而旨遠，語約而道弘聖德神功所爲，契洙泗之傳，而繼唐虞之軌者，蓋胥肇於此矣。

四書衍註

范邦甸等《天一閣書目・四書類》 《四書衍註》六冊。刊本。國朝歸安朱心撰。康熙庚申黄周星、閔景賢俱有序。

四書初學易知解

《四庫提要・四書類存目》 《四書初學易知解》十卷。內府藏本。國朝邵嗣堯撰。嗣堯有《易圖定本》，已著録。是編乃督學江南時所刊。每章前爲口義，後附論斷，專爲童蒙講解而設，故曰「易知」。嗣堯服官清苦，至今凡歷任之地，皆稱名宦。而自命太高，亦或傷於偏激。如解「於我如浮雲」句，謂「不特不義之富貴如浮雲，即義中之富貴亦如浮雲；不特富貴如浮雲，即我亦如浮雲」。如此之類，蓋欲以發明不愛官、不愛錢、不愛命之意，而過於取快，未免墮入禪宗矣。

四書大全纂要

《四庫提要・四書類存目》 《四書大全纂要》。無卷數。直隸總督採進本。國朝魏裔介撰。裔介有《孝經註義》，已著録。是編以明永樂間所著《四書大全》泛濫廣博，舉業家鮮能窮其說，乃採其要領，俾簡明易誦。然《大全》龐雜萬狀，沙中金屑本自無多，裔介所摘，又未能盡除枝蔓獨得精華，則亦虚耗心力而已。

四書賸言

《四庫提要・四書類二》 《四書賸言》四卷，《補》二卷。浙江巡撫採進本。國朝毛奇齡雜論《四書》之語。前二卷爲其門人盛唐、王錫所編，後二卷爲其子遠宗所編，《補》二卷則其門人章大來所編也。其書本語録之流，隨時雜記，不以經文次序爲先後，亦不以《四書》分編，惟每卷目録各稱《論語》若干條，《大學》若干條，《中庸》若干條，《孟子》若干條耳。奇齡說經，善考證而喜辨論，故詮釋義理，往往反覆推衍，以典籍助其駁詰。支離曼衍，不顧其安。至於考核事實，徵引訓詁，則偏僻者固多，而精核者亦復不少。如以姚方興所補《舜典》二十八字爲僞，其論本確。而考其所著《古文尚書冤詞》，則力以此二十八字爲眞。引證諸史，亦言之鑿鑿。豈非辯之所至，輒負氣求勝，遂不暇顧其矛盾耶？至於以「畏匡」爲鄭地，以「公山弗擾之畔」不在定公十二年諸條，則證據確然，實有出於《集註》之外者。棄短取長，未嘗不可與閻若璩《四書釋地》竝傳也。《補》二卷中多載其門人子姪之說，疑唐、錫等亦有所刪潤，非盡奇齡之舊觀。大來序稱補綴所聞，各有記憶，且亦陸續成此書，不能一轍。則雜出於衆手明矣。

張之洞《書目答問・論語》 《四書賸言》四卷，《補》二卷。毛奇齡。《西河集》本。

四書索解

《四庫提要・四書類存目》 《四書索解》四卷。浙江巡撫採進本。國朝毛奇齡撰。奇齡有《仲氏易》，已著録。是書爲其子遠宗所編，本名《四書疑義》，有問有答。奇齡沒後，遠宗哀輯成書，存所疑而刪所解，名曰「疑案」。奇齡門人王錫序之，謂：「必有以解之，直是索解人不得耳，一經考索，則世多學人，豈無始而驚，既而疑，又既而劃然以解者！」因更名「索解」。然有問無答，其旨在於駁註，而其迹乃似於攻經。且據錫所序，其解已散見奇齡各書中，亦何必更出此書，蹈禪家機鋒之習？則非欲詁經，直欲駭俗耳。漢晉以來儒家無此體例也。

逸講箋

《四庫提要・四書類存目》 《逸講箋》三卷。浙江巡撫採進本。國朝毛奇齡所論，而其子及門人編録之。上卷爲章世法所録，乃所講《孟子》「不動心」章之稿。第二卷爲其姪文輝所録，乃所講《論語》問答。第三卷題曰

《大學辨業》，爲樓宅中所録。《大學辨業》者，奇齡門人蠡縣李塨所著。塨初師博野顔元，既而舍之從奇齡。後撰是書，又兼用元説。故奇齡惡其叛己而攻之，大抵皆詬爭之言也。以録其叢殘之稾，故曰「逸講」。中雜門人子姪之附論，故曰「箋」焉。

四書反身録　續補

《四庫提要・四書類存目》　《四書反身録》六卷，《續補》一卷。浙江巡撫採進本。國朝李顒撰。顒字中孚，盩厔人。康熙己未薦舉博學鴻詞，以年老不能赴京而罷。康熙四十二年聖祖仁皇帝西巡，召顒入見。時顒已衰老，遣子愼言詣行在陳情，以所著《二曲集》、《反身録》奏進。上特賜御書「操志高潔」以奬之。是書本題曰「二曲先生口授，鄠縣門人王心敬録」。二曲者，顒之别號。水曲曰盩，山曲曰厔。盩厔當山水之曲，故因其地以稱之。是此書成於心敬之手，顒特口授。然核其序文年月，則是書之成，顒猶及見，非身後追録之比，實仍顒所自定也。顒之學本於姚江。書中所載，如《大學》格物之物，爲身、心、意、知、家、國、天下之物，即「物有本末」之物。又謂「明德與良知無分别。念慮微起，良知即知善與不善。知善即實行其善，知惡即實去其惡。不昧所知，心方自慊」云云。其説皆仍本王守仁。又書中所引呂原明渡橋，輿人墜水，有溺死者。原明安坐橋上，神色如常，原明自謂未嘗動心。顒稱其「臨生死而不動，世間何物可以動之！」夫死生不變，固足徵學者之得力。然必如顒説，則孔子之微服過宋，孟子之不立巖牆，皆爲動心矣。且廄焚必問「傷人」，乍見孺子入井必有「怵惕惻隱之心」。輿夫溺死，而原明安坐不動，此正原明平時強制其心而流爲谿刻之過。顒顧稱之爲不動，則與告子之不動心何異乎？是亦主持太過，而流於偏駁者矣。

四書講義困勉録

《四庫提要・四書類二》　《四書講義困勉録》三十七卷。浙江巡撫採進本。國朝陸隴其撰。隴其有《古文尚書》，已著録。是著因彥陵張氏講義原本，删剟精要，益以明季諸家之説，而參配以己意。凡《大學》一卷，《中庸》二卷，《論語》二十卷，《孟子》十四卷。創始於順治戊戌，草稿尚未全定而隴其歿。後其族人公穋始爲繕寫編次，其門人席永恂等爲之刊板。其曰《困勉録》者，則隴其所自署也。明自萬曆以後異學爭鳴，攻《集註》者固人自爲説，即名爲闡發《集註》者，亦多陽儒陰釋，似是而非。隴其篤信朱子，所得於《四書》者尤深。是編薈粹羣言，一一别擇。凡一切支離影響之談，刊除略盡，其羽翼朱子之功，較胡炳文諸人有過之無不及矣。

續困勉録

《四庫提要・四書類存目》　《續困勉録》六卷。江蘇周厚堉家藏本。國朝陸隴其撰。隴其所著《困勉録》，分學、問、思、辨、行五類。此續録則專解《四書》。凡《大學》一卷，《中庸》一卷，《論語》二卷，《孟子》二卷。中多採録時文評語，似乎狹視四書矣。

松陽講義

《四庫提要・四書類二》　《松陽講義》十二卷。浙江巡撫採進本。國朝陸隴其撰。是書乃其官靈壽知縣時與諸生講論而作。故所説止一百十八章，以《四書》不能遍及，蓋隨時舉示，非節節而爲之解也。隴其之學，期於潛修自得，不甚以爭辨爲事。惟於姚江一派，則異同如分白黑，不肯假借一詞。時黄宗羲之學盛於南，孫奇逢之學盛於北，李容之學盛於西，隴其皆不以爲然。故此編於學術醇疵，再三致意。其間融貫舊説，亦多深切著明，剖析精密。蓋朱子一生之精力盡於《四書》，隴其一生之精力盡於《章句集註》。故此編雖得諸簿書之餘，而抒所心得，以啓導後生，剴切詳明，有古循吏之遺意。較聚生徒、刻語録以博講學之名者，其識趣固殊焉。

三魚堂四書大全

《四庫提要・四書類存目》　《三魚堂四書大全》四十卷。通行本。國朝陸隴其編。隴其有《古文尚書考》，已著録。初，明永樂間，胡廣等奉詔撰《四書大全》，陰據倪士毅舊本潦草成書，而又不善於剽竊，龐雜割裂，痕蹟顯然。雖有明二百餘年懸爲功令，然講章一派從此而開。庸陋相仍，遂似朱子之書專爲時文而設，而經義於是遂荒。是編取胡廣書，除其煩複，刊其外謬，又採《蒙引》、《存疑》、《淺説》諸書之要以附益之，自較原本爲差勝。然終未能盡廓清也。其初稿成於康熙辛酉，前有自序，尚歉然以爲未定。及晚年輯《困勉録》，復取是書互相參考，別以朱筆點次，乃成定本。然未及重爲之序。故其門人席永恂、侯銓、王前席等校刊之時，仍以原序冠卷端。實則序在前而書在後也。《大學》、《中庸》，并載《或問》，亦仍《大全》之舊。卷末附載王應麟《論語孟子考異》，不知何人採摭《困學紀聞》爲之，非應麟原有是書也。

四書惜陰録

《四庫提要・四書類存目》　《四書惜陰録》二十一卷。兩江總督採進本。國朝徐世沐撰。世沐有《周易惜陰録》，已著録。是書前有胡渭生、趙天潤、仇兆鼇序，并自記一首，後有陸隴其跋。以隴其《三魚堂集》勘之，其文相合，實非依託。然其書則不稱隴其之所言。據世沐自記曰：「仇滄柱示以闗中李中孚《反身録》，中孚曾講學毘陵，會過一次。彼深惜南、浙兩省學者害於舉業，彼時心不甘南士必遜北士。如此迄今，幾三十年。彼學已成，名已立，南士竟無與頡頏。細讀其録，愈不心服。摘録中數處，以質滄柱翁，狂不自量，續爲《惜陰二集》，不覺積成二十一卷，幾乎有六百葉。」又曰：「李從陸、王入，而出入於程、朱四子。余從程、朱入而準則於周、宋八賢，雖沐染南風，剛峻良有不逮。而古人所云醇正則當仁不欲多讓」云云。則世沐此書蓋爲與盩厔李顒相詬而作。故隴其喜其能排陸、王，爲之作跋。然講學以明道，非以求勝。但爲朱、陸而爭，已不免門戶之見。況世沐以聖學自任，而不能化一南北之畛域，則先不自克其私心矣，又何學之可講乎？

四書釋地　續　又續　三續

《四庫提要・四書類二》　《四書釋地》一卷。《四書釋地續》一卷。以上二種，江蘇巡撫採進本。《四書釋地又續》二卷。《四書釋地三續》二卷。以上二種，編修勵守謙家藏本。國朝閻若璩撰。若璩有《古文尚書疏證》，已著録。是編因解《四書》者昧於地理，往往致乖經義，遂撰《釋地》一卷，凡五十七條。復摭所未盡爲《釋地續》一卷，因牽連而及人名凡八十條。復因地理、人名而及物類、訓詁、典制得一百六十三條，謂之《又續》。其他解釋經義者又得一百二十六條，謂之《三續》。總以《釋地》爲名，從其朔也。大抵事必求其根柢，言必求其依據，旁參互證，多所貫通。雖其中過執己意，如以「鄒君假館」謂曹國爲復封，以「南蠻鴃舌」指許行爲永州人者，亦間有之。然四百二十一條之中，可據者十之七八。蓋若璩博極羣書，又精於考證，百年以來，自顧炎武以外，罕能與之抗衡者。觀是書與《尚書古文疏證》，可以見其大概矣。

張之洞**《書目答問・論語》**　《四書釋地》一卷，《續》一卷，《又續》二卷，《三續》二卷。閻若璩。通行本，學海稿本。

四書述

《四庫提要・四書類存目》　《四書述》十九卷。浙江巡撫採進本。國朝陳詵撰。詵有《易經述》，已著録。是書多不主朱子《章句集註》。如以《大學》「聽訟」章爲解格物，而以朱子補傳爲不知圣賢經傳化工之妙。其學蓋源出於姚江，而於姚江之中又主調停之説者。觀其自序曰：「朱子慮佛教之足以惑人，故確切分疏，以爲下學所遵守。陸子略其枝葉而獨抉其宗旨，蓋於朱子有一本散殊之分，而非有所悖謬」云云。其所學可以睹矣。

朱子四書語類

《四庫提要・四書類存目》　《朱子四書語類》五十二卷。江西巡撫採進本。國朝周在延編。在延，祥符人，後流寓於江寧。其書乃於《朱子語類》中專取《四書》諸卷刊行，别無增損亦無所考訂發明。

四書鈔

《四庫提要・四書類存目》　《四書鈔》十八卷。直隸總督採進本。國朝祕丕笈撰。丕笈字仲負，故城人，康熙癸丑進士，官至陝西提學副使。是編以《四子之書》近世多爲新説所惑，於是纂輯《或問》及《大全》、《蒙引》、《存疑》等説，彙成一編。以非自己出，故以「鈔」爲名。其旁註批閲之語，則丕笈自抒所見也。

四書貫一解

《四庫提要・四書類存目》　《四書貫一解》十二卷。編修閔惇大家藏本。國朝閔嗣同撰。嗣同字來之，號雙溪，烏程人。康熙乙卯副榜貢生，官景寧縣教諭。此書於每章各爲總解，而不録經文，皆取諸儒之説，以己意融貫成篇。其説有同異者，則别附於後，以備參考。

聖門釋非録

《四庫提要・四書類存目》　《聖門釋非録》五卷。浙江巡撫採進本。國朝陸邦烈編。邦烈字又超，平湖人。毛奇齡之門人也。是書因朱子《四書集註》頗有疑諸賢之説，或有流弊者，因取奇齡經説所載諸論，裒合成帙。而附以奇齡門人子姪諸説，以辨其非。前有邦烈自記，稱：「北宋諸儒高樹門幟，不容一人訾議。如劉共父改《二程全書》一二字，便作札四布，痛加譏貶，必欲使其還復舊文而後已。而於先圣先賢恣情敲駁，《大學》、《孝經》連篇刪改，即孔門諸賢，何一不受其削斷！相其用心，實有抑聖賢以揚同類之意。因稍輯先生所言，與他書偶録可引據者，彙爲一卷，名曰《釋非》。以爲聖門口語，各有精義，或未可盡非」云云。考宋儒標榜門戶，以劫制天下之異端，誠所不免。至坐以詆誣聖賢，則未免深文。且朱子《集註》補苴舊説，原恐後學之誤會，亦非主於排斥孔門。邦烈此書雖無作可也。此本刻《西河合集》中，舊題奇齡自撰。今考究始末，實邦烈所爲。其中如謂：「本」，字書不訓「始」，惟宋人《廣韻》因程子是解增一「始」訓。案陳彭年、丘雍等重修《廣韻》在大中祥符間，其時程子未生，安得因程子之説？如斯之類，似非奇齡所宜有。又朱子與張栻、劉共父書，謂《二程遺書》乃胡安國所改，而此序作劉共父所改，亦誤。故改題邦烈，從其實焉。

此木軒四書説

《四庫提要・四書類二》　《此木軒四書説》九卷。江蘇巡撫採進本。國朝焦袁熹撰。袁熹有《春秋闕如編》，已著録。是書據其子以敬、以恕所作凡例，袁熹手定者十之六，以敬等掇拾殘稿、補綴成編者十之四。故與所作《經説》偶有重複，然較《經説》多可取。其中强傅古義者，如《大學章句》中「常目在之」，自爲所在之「在」，乃從《尚書》訓爲「察」；《中庸》「如鼓瑟琴」，即本《詩》亦但言聲和耳，乃以爲「琴屬陽，瑟屬陰，喻陰陽之和」;《論語》「女弗能救」，自是匡救，乃引《周禮・司救》註解爲防禁；「天將以夫子爲木鐸」，自取覺世之義，乃引《明堂位》天子振木鐸，謂「夫子當有天下」;「達巷黨人」本無名氏，乃因《史記》有「童子」二字，指爲項橐。雖不免賢智之過，然其他皆疏理簡明，引據典確。間與《章句集註》小有出入，要能釐然有當於人心。自明以來講《四書》者，多爲時文而設，袁熹是書，獨能深求於學問。原序稱其心師陸隴其，終身不名不字，而不走其門，蓋志不近名，宜其言之篤實矣。

雜說

《四庫提要・四書類存目》《雜說》。無卷數。江蘇巡撫採進本。國朝焦袁熹撰。袁熹有《春秋闕如編》，已著録。是編乃以《禮記》中《大學》《中庸註疏》，及《論語》《孟子註疏》與朱子《章句》《集註》兩兩相勘，決擇是非，而左袒朱子者爲多。其中考證過疏，如謂《論語》孔註「誄禱」篇名，不知誄乃施於死後者，未詳孔註所出。今考《大祝》「作六辭以通上下親疏遠近」，「其六曰誄」。註引《論語》誄曰：「禱爾於上下神祇。」賈公彦疏：「生人有疾亦誄，列生時德行而爲辭，與哀公誄孔子意同。」是死謚名誄，生禱亦名誄之顯證。奈何於孔註疑之耶？

四書劄記

《四庫提要・四書類二》《四書劄記》四卷。兩江總督採進本。國朝楊名時撰。名時有《周易劄記》，已著録。是編乃其讀《四書》所記也。《大學》不標古本之名，亦不顯言古本改本之是非，而皆用李光地古本之說。故其首條曰：「文貞公以知止屬志學，以靜安屬主敬，能慮能得屬致知力行，知所先後爲知本知至，此解確不可易。」其以格物爲明善，不取王守仁格庭前一竹之說，亦不主朱子《補傳》之說。《論語》如「謂之吳孟子」句及「非禮勿視」四句，雖以時文爲說，而大致主於闡明義理，多所心得。《中庸》立論切實。如云：「『鬼神之爲德』章以前說子臣弟友、妻子父母，忽然說到鬼神，似乎隱怪，不知如何接逗。曰宗廟社稷即人倫之極致處，不說到此，如何得完人倫分量？」又云：「無聲臭即以無極言之亦無弊，然卻落空，不如以天無心而成化言之。」又云：「無聲無臭謂天命本然，莫說入於玄妙。」其宗旨可見。《孟子》一卷最簡略，疑其未成之書，然總非近時講章所有也。

辟雍講義　大學講義　中庸講義

《四庫提要・四書類存目》《辟雍講義》一卷。《大學講義》一卷。《中庸講義》一卷。兩江總督採進本。國朝楊名時撰。名時有《周易劄記》，已著録。《辟雍講義》乃乾隆元年名時兼領國子監時所著。《大學》、《中庸》講義則因其劄記之說而暢之耳。

四書約旨

《四庫提要・四書類存目》《四書約旨》十九卷。禮部尚書德保家藏本。國朝任啓運撰。啓運有《周易洗心》，已著録。是編乃平日與門人講貫，隨筆劄記之文。其中如論「管叔以殷畔」，謂管叔監殷，在武王時有功，引《汲冢書》爲據之類，亦間有所考證。然大旨爲科舉作也。

翼藝典略

《四庫提要・四書類存目》《翼藝典略》十卷。江西巡撫採進本。國朝蕭正發撰。正發字次方，廬陵人。是書首《至聖紀》一卷，《諸賢紀》一卷，《二帝三王紀》一卷，《春秋紀》三卷，《戰國紀》一卷，《龐紀》三卷。皆詮釋《四書》典故。曰《翼藝》者，據卷首劉吳龍序，謂以羽翼制藝也。其著書之意可知矣。

讀大學中庸日録

《四庫提要・四書類存目》《讀大學中庸日録》二卷。陝西巡撫採進本。國朝康呂賜撰。呂賜字復齋，別號一峰，又自稱南阿山人，武功人。是書《讀大學日録》一卷，《讀中庸日録》一卷。其言：「王文成以格物致良知，此功夫知行兼到，自是切實精詳。」又云：「《中庸》揭出慎獨，即孔子『修己以敬』血脈，王文成更提掇明快。」二録大旨，已盡於此。書首載自作墓誌一篇，述其講學宗旨最詳，亦自稱爲姚江之支派云。

江漢書院講義

《四庫提要・四書類存目》《江漢書院講義》十卷。陝西巡撫採進本。國朝王功述其父心敬之論也。心敬有《豐川易説》，已著録。此其在湖北江漢書院時與諸生講論《四書》之説，功録而存之，故每條稱「家君曰」。以附刻文集之中，故標目爲《豐川全集》，而以《存省稿》爲子目云。

四書説注卮詞

《四庫提要・四書類存目》《四書説註卮詞》十卷。直隸總督採進本。國朝胡在甪撰。在甪，永年人，乾隆丙辰進士，官湖北松滋縣知縣。是編雖以説註爲名，然頗因以講學，尚不似鄉塾講章全爲時文而作。然亦未全脱坊刻之窠臼。蓋其用力之始，從講章入也。

四書順義解

《四庫提要・四書類存目》《四書順義解》十九卷。御史戈岱家藏本。國朝劉琴撰。琴字松雪，任丘人，乾隆丙辰舉人，官順義縣教諭。是編皆先標章次，而後循文以衍其意。每節之末，又雜引舊説以析之。以成於官順義時，因以爲名。前有同邑邊連寶序，稱其「自雍正丁未至乾隆壬午，三十年而後脱稿。臨歿，猶斟酌改竄。」又稱其「一以紫陽爲主，不敢稍背」云。

四書本義匯參

《四庫提要・四書類存目》《四書本義匯參》四十五卷。贊善章謙恆家藏本。國朝王步青撰。步青字漢階，或自書曰罕皆，以同音相代也，號已山，金壇人，雍正癸卯進士，官翰林院檢討。是書凡《大學》三卷、附一卷，《中庸》七卷、附一卷，《論語》二十卷，《孟子》十四卷。大旨據《章句集註》斷諸家之是非，而引朱子《或問》、《語類》、《文集》及元明以來之講章，條分縷析，爲之證佐。於語脈字義，推闡頗詳，在近時講章之中尚較爲切實。考古無《四書》之名，其名實始於朱子。朱子註《詩》、註《易》，未必遽凌跨漢、唐。至詮解《四書》，則實亦無逾朱子。故自明以來，科舉之學以朱子爲斷。然聖賢立訓以垂教，非以資後人之辯説爲作語録計也。即朱子《章句集註》亦以明聖賢之道，非以資後人之揣摩爲取科第計也。是書乃以場屋八比之法，計較得失，斯已逐影而失形矣。其發凡、病汪份刪纂《四書大全》，參取閻若璩、顧炎武之説，或與朱子相左。是未考漢學、宋學各有源流至於贋本《或問小註》，明知其依託朱子，而有意模稜，殆慮一斥其僞，即不能假朱子之名鉗伏衆論，故存爲疑案，不欲顯言。不知其説可取，不必以贋本而廢之，其書非真，亦不必以其説可取併諱其贋本。是是非非，當以其書爲斷，不必定使其書出朱子而後謂之是也。是又門戸之見未能盡化矣。

成均講義

《四庫提要・四書類存目》《成均講義》。無卷數。江西巡撫採進本。國朝孫嘉淦撰。嘉淦有《春秋義》，已著録。是編乃嘉淦攝國子監祭酒時以《大學》聖經一章爲學者入德之門，乃逐節疏解，以發明朱子《章句》之義。其講致知格物，謂釋氏欲正心而不先誠意，陸子靜欲誠其意而不先致知，王陽明欲致其知而不先格物，惟程朱之書詳言格物，獨得孔子之傳。今日學者之流弊：譏釋氏之不能誠意，竝其正心而失之；譏子靜之不能致知，竝其誠意而失之；譏陽明之不能格物，竝其致知而失之；名爲守程朱之學，竝其格物而失之。古之所謂物者，盈天地之法象道器，書其一也。古之所謂格物者，極事理之廣大精微，讀書其一也。古之所謂讀書博洽，無所不通，作文其一也。古之所謂作文者，體製不可枚舉，制藝其一也。然則今日士子之所學，視古者綱領條目之大全，相去何如哉？亦頗中學者之流弊也。

五華纂訂四書大全

《四庫提要・四書類存目》《五華纂訂四書大全》十四卷。洗馬劉權之家藏本。國朝孫見龍撰。見龍字叶飛，號潛村，烏程人，康熙癸巳進士，改庶吉士。是編乃見龍掌敎雲南五華書院時所輯，故以「五華」爲名。自序謂於《四書大全》舊本，譌者正之，偏者刪之。明以來諸家制藝評語併爲採入，間附以近時李光地、楊名時之説，見龍有所自見，亦附著於後云。

菜根堂劄記

《四庫提要・四書類存目》《菜根堂劄記》十二卷。檢討蕭芝家藏本。國朝夏力恕撰。力恕字觀川，孝感人。康熙辛丑進士，官翰林院編修。是編乃乾隆己未至辛酉力恕在武昌書院時與諸生講授《四書》所作。初名曰「題解」，蓋專爲制藝言之，已授梓矣。丙寅以後，又取程、朱之説參校同異，勒爲此編。至戊辰而脱稿。其父以此事不止關係時文，「題解」之名不佳，乃改題今名。見於力恕之自序。而「題解」舊序亦併存之於卷端，不沒其始也。原書本十八卷，其後六卷別題曰《證疑備覽》，則皆考辨《四書》中名物典故者。此本有録無書，而前有朱印曰「《證疑備覽》嗣出」，蓋刊尚未竟云。

四書纂言

《四庫提要・四書類存目》《四書纂言》。無卷數。兵部侍郎紀昀家藏本。國朝王士陵撰。士陵有《易經纂言》，已著録。是編採摭坊刻四書講章，排比成書。以先儒之説列前，近人之説列後，亦閒以己意推闡。大抵以永樂《四書大全》爲藍本。

四書就正録

《四庫提要・四書類存目》《四書就正録》十九卷。江蘇巡撫採進本。國朝陳鋐撰。鋐字宏猷，嘉定人。是書雜採坊本講章而敷衍之。多沿陸隴其、汪份兩家重訂《四書大全》之説。

四書晰疑

《四庫提要・四書類存目》《四書晰疑》。無卷數。江蘇巡撫採進本。國朝陳鋐撰。是書成於乾隆辛酉。前有例言，謂「《四書》疑義雖多，其間或有一説之確當於經義者，概不敢贅，特輯朱註以來諸説之所未備而或未定者，故《論》、《孟》皆少而《學》《庸》多」云云。今核其見解，仍不出所著《就正録》也。

四書句讀釋義

《四庫提要・四書類存目》 《四書句讀釋義》十九卷。山西巡撫採進本。國朝范凝鼎撰。凝鼎字庸齋，自號磨鏡居士，洪洞人，選拔貢生。是編成於乾隆癸酉。《四書》次第用朱子原本。皆先明句讀，次詮文義；先列《集註》，次録《或問》、《語類》。其餘諸儒議論與朱註相發明者，乃採録之，稍有同異，則斥不載焉。

成均課講學庸

《四庫提要・四書類存目》 《成均課講學庸》。無卷數。江蘇巡撫採進本。國朝崔紀撰。紀有《成均課講周易》，已著録。是書亦其官國子監祭酒時所著也。其旨謂：「《大學》以愼動爲宗，故所言多顯；《中庸》以主靜爲宗，故所言多微。究則『體用一原，顯微無間』者也。學者惟是微《大學》之顯而闡《中庸》之幽，庶有以得其源流旨趣之一矣」云云。然以《學》、《庸》分屬微顯，且謂《中庸》以主靜爲宗而不言存誠，似於理終未周密也。

四書參注

《四庫提要・四書類存目》 《四書參註》。無卷數。直隸總督採進本。國朝王植撰。植字槐三，深澤人，康熙辛丑進士，官至邳州知州。是書多掊擊《註疏》，以自表尊崇朱子之意。而掊擊鄭玄、孔穎達尤甚於趙岐、何晏、孫奭、邢昺。然先有漢儒之訓詁，乃能有宋儒之義理，相因而入，故愈密愈深。必欲盡掃經師，獨標道學，未免門戶之私。譬之天文、算數，皆今密而古疏，亦豈容排擊羲氏、詆諆隸首哉？且所採多近時王廷諍、崔紀、傅泰

諸人之説，在諸人研究《四書》固各有所得，然遽躋諸鄭、孔諸儒之上，恐諸人亦未必自安矣。

四書録疑

《四庫提要・四書類存目》 《四書録疑》三十九卷。福建巡撫採進本。國朝陳綽撰。綽有《周易録疑》，已著録。是書成於康熙後壬寅。凡《大學》二卷，《中庸》三卷，《論語》二十卷，《孟子》十四卷，皆每章摘句解之。然解《章句集註》者多，解經文者轉少。其大旨在於鑽研朱子之説，一字一句，務發明盡致。殆如業《春秋》者以經命題，以胡《傳》行文耳。據其子湜跋語，綽實積數十年之力乃成此書，湜亦時有所附記，蓋其父子以此爲世學也。

虹舟講義

《四庫提要・四書類存目》 《虹舟講義》二十卷。浙江巡撫採進本。國朝李祖惠撰。祖惠本姓沈，字屺望，嘉興人，乾隆壬申進士，官高安縣知縣。是編大抵涵泳《章句集註》之文，一字一句，推求語意，其體會頗費苦心。在時文家亦可云操觚之指南矣。

四書講義尊聞録

《四庫提要・四書類存目》 《四書講義尊聞録》二十卷。江蘇巡撫採進本。國朝戴鋐撰。鋐字景亭，長洲人。以《四書大全》諸説紛錯，無所適從，因以己意點次之。每章列「總旨」於前。每節列「本義」及「附解」於下。「總旨」、「附解」皆本《大全》所録諸儒之語，而附益元明以來諸説。「本義」則順文詮釋，略如直講之體，蓋亦科舉之學也。

四書窮鈔

《四庫提要・四書類存目》 《四書窮鈔》十六卷。山西巡撫採進本。國朝王國瑚撰。國瑚字夏器，號珍吾，臨縣人。是書卷首郭九有序稱爲《四書主意》，而標題又稱爲「《四書窮鈔》，六補定本」。疑其書非一稿，故命名亦隨時而異歟？其解頗與朱子立異，然僅鑽研於字句之間，無以相勝也。

雜說

《四庫提要・四書類存目》 《雜說》八卷。江蘇巡撫採進本。不著撰人名氏，亦無序跋。相其紙墨圈點，不過數十年中物，殆近人作也。其書凡《讀論語註疏》一卷，《讀大學註疏》一卷，《讀中庸註疏》一卷，《讀孟子註疏》五卷。皆標舉舊文，辨其得失。大抵以意斷制之。其《讀大學註疏》，以今本糾古本，頗爲枘鑿。今本以格物爲先，自有今本之義；古本以誠意爲始，亦自有古本之義。既不從古本，則竟置《註疏》不用可矣。必強合之，則不揣其本而齊其末也。

鼇峰講義

《四庫提要・四書類存目》 《鼇峰講義》四卷。兩浙總督採進本。國朝潘思榘撰。思榘有《周易淺釋》，已著録。鼇峰書院在福州，爲巡撫所掌。此其官福建巡撫時與諸生講《大學》、《中庸》之語，諸生編而刊之者也。

四書經注集證

張之洞《書目答問・孟子》 《四書經注集證》十九卷。吳昌宗。通行本。此書括元詹道傳《四書纂箋》在內。

四書逸箋

《四庫提要・四書類二》 《四書逸箋》六卷。湖南巡撫採進本。國朝程大中撰。大中字拳時，號是菴，應城人。乾隆丁丑進士。是編採輯諸書之文，與《四書》相發明者，或《集註》所已引而語有舛誤，或《集註》所未發而義可參訂，皆爲之箋其出處。其與《集註》小異者，則爲附録。其他書中所載《四子書》文與今本異者，則爲附記。第六卷則專考《四書》人物遺事。又雜事數十條，別爲《雜記》，援據頗極詳明。中如「束帶」一條，不引《玉藻》「肆束及帶，勤者有事則收之」之文；「朋友死無所歸」一條，引《白虎通》，而不引《檀弓》「夫子曰生於我乎館，死於我乎殯」之文；「廛無夫里之布」一條，《集註》止引「載師」職，而此不引「閭師」職，「凡無職者出夫布」之文以補之，未免疎漏。至《雜記》內因《論語》有夢周公一語，遍引堯、舜、禹、文諸夢事，如《夢書》、《六帖》皆爲引入，亦稍涉泛濫。然詞皆有據，雖不能與閻若璩《四書釋地》竝駕齊驅，較張存中之《通證》、詹道傳之《纂箋》，要無所讓也。

四書摭餘說

張之洞《書目答問・孟子》 《四書摭餘說》七卷。曹之升。通行本。

四書典故覈

張之洞《書目答問・四書》　凌曙《四書典故覈》六卷。蜚雲閣本。未刊。

四書拾遺

張之洞《書目答問・孟子》　《四書拾遺》五卷。林春溥。《竹柏山房十一種》本。

四書釋地辨證

張之洞《書目答問・孟子》　《四書釋地辨證》二卷。宋翔鳳。浮溪精舍本，學海堂本。

四書因論

張之洞《書目答問・四書》　許桂林《四書因論》二卷。未刊。

四書考異

張之洞《書目答問・孟子》　《四書考異》七十二卷。翟灝。原刻本，《總考》、《條考》各半。學海堂本止《條考》三十六卷。

四書典故辨正　續編

張之洞《書目答問・四書》　《四書典故辨正》十二卷。周炳中。刻本。

小學部

論述

《漢書·藝文志·小學類序》　《易》曰：「上古結繩以治，後世聖人易之以書契，百官以治，萬民以察，蓋取諸《夬》。」「夬，揚於王庭」，言其宣揚於王者朝廷，其用最大也。古者八歲入小學，故《周官》保氏掌養國子，教之六書，謂象形、象事、象意、象聲、轉注、假借，造字之本也。漢興，蕭何草律，亦著其法，曰：「太史試學童，能諷書九千字以上，乃得爲史。又以六體試之，課最者以爲尚書御史史書令史。吏民上書，字或不正，輒舉劾。」六體者，古文、奇字、篆書、隸書、繆篆、蟲書，皆所以通知古今文字，摹印章，書幡信也。古制，書必同文，不知則闕，問諸故老，至於衰世，是非無正，人用其私。故孔子曰：「吾猶及史之闕文也，今亡矣夫！」蓋傷其寖不正。《史籀篇》者，周時史官教學童書也，與孔氏壁中古文異體。《蒼頡》七章者，秦丞相李斯所作也；《爰歷》六章者，車府令趙高所作也；《博學》七章者，太史令胡母敬所作也：文字多取《史籀篇》，而篆體復頗異，所謂秦篆者也。是時始造隸書矣，起於官獄多事，苟趨省易，施之於徒隸也。漢（書）〔興〕，閭里書師合《蒼頡》、《爰歷》、《博學》三篇，斷六十字以爲一章，凡五十五章，并爲《蒼頡篇》。武帝時司馬相如作《凡將篇》，無復字。元帝時黄門令史游作《急就篇》，成帝時將作大匠李長作《元尚篇》，皆《蒼頡》中正字也。《凡將》則頗有出矣。至元始中，徵天下通小學者以百數，各令記字於庭中。揚雄取其有用者以作《訓纂篇》，順續《蒼頡》，又易《蒼頡》中重復之字，凡八十九章。臣復續揚雄作十（二）〔三〕章，凡一百二章，無復字，六藝羣書所載略備矣。《蒼頡》多古字，俗師失其讀，宣帝時徵齊人能正讀者，張敞從受之，傳至外孫之子杜林，爲作訓故，并列焉。

《隋書·經籍志·小學類序》　孔子曰：「必也正名乎？」名謂書字。「名不正則言不順，言不順則事不成。」説者以爲書之所起，起自黄帝蒼頡。比類象形謂之文，形聲相益謂之字，著於竹帛謂之書。故有象形、諧聲、會意、轉注、假借、處事六義之别。古者童子示而不誑，六年教之數與方名。十歲入小學，學書計。二十而冠，始習先王之道，故能成其德而任事。然自蒼頡訖于漢初，書經五變：一曰古文，即蒼頡所作。二曰大篆，周宣王時史籀所作。三曰小篆，秦時李斯所作。四曰隸書，程邈所作。五曰草書，漢初作。秦世既廢古文，始用八體，有大篆、小篆、刻符、摹印、蟲書、署書、殳書、隸書。漢時以六體教學童，有古文、奇字、篆書、隸書、繆篆、蟲鳥，并藁書、楷書、懸針、垂露、飛白等二十餘種之勢，皆出於上六書，因事生變也。魏世又有八分書，其字義訓讀，有《史籀篇》、《蒼頡篇》、《三蒼》、《埤蒼》、《廣蒼》等諸篇章，訓詁、《説文》、《字林》、音義、聲韻、體勢等諸書。自後漢佛法行於中國，又得西域胡書，能以十四字貫一切音，文省而義廣，謂之婆羅門書。與八體六文之義殊别。今取以附體勢之下。又後魏初定中原，軍容號令，皆以夷語。後染華俗，多不能通，故録其本言，相傳教習，謂之「國語」。今取以附音韻之末。

錢東垣等輯《崇文總目·小學類序》　〔原叙〕古者教學之法：八歲而入小學，以習六甲、四方、書數之藝。至于成童而後授經。儒者究極天地、人神、事物之理，無所不通，故其學有次第而後大成焉。《爾雅》出於漢世，正名命物，講説者資之，于是有訓詁之學。文字之興，隨世轉易，務趨便省，久後乃或亡其本。《三蒼》之説始志字法，而許慎作《説文》，于是有偏旁之學。五聲異律，清濁相生，而孫炎始作《字音》，于是有音韻之學。篆隸古文，爲體各異，秦、漢以來，學者務極其能，于是有字書之學。先儒之立學，其初爲法未始不詳而明，而後世猶或譌失，故雖小學，不可闕焉。

晁公武《郡齋讀書志·小學類》　文字之學凡有三：其一體製，謂點畫有縱横曲直之殊；其二訓詁，謂稱謂有古今雅俗之異；其三音韻，謂呼吸有清濁高下之不同。論體製之書，《説文》之類是也；論訓詁之書，《爾雅》、《方言》之類是也；論音韻之書，沈約《四聲譜》及西域反切之學是也。三者雖各名一家，其實皆小學之類。而《藝文志》獨以《爾雅》附《孝經》類，《經籍志》又以附《論語》類，皆非是。今依《四庫書目》，置於小學之首。

陳振孫《直齋書録解題・小學類序》 自劉歆以小學入《六藝略》，後世因之，以爲文字訓詁有關於經藝故也。至《唐志》所載《書品》、《書斷》之類，亦廁其中，則龐矣。蓋其所論書法之工拙，正與射御同科，今並削之，而列於雜藝類，不入經録。

馬端臨《文獻通考・經籍考・小學》 宋《三朝藝文志》曰：《漢志・六藝》以《爾雅》附《孝經》，六書爲小學。隋沿其制，《唐録》有詁訓、小學二類，《爾雅》爲詁訓，偏傍、音韻、雜字爲小學，今合爲一。自齊、梁之後，音韻之學始盛，顧野王《玉篇》、陸法言《切韻》尤行於世。

《國史經籍志・小學類序》 古者八歲入小學，習六甲、四方與書數之藝，成童而授之經，迨其大成也。知類通達，靡所不晰，而小學始基之矣。《爾雅》津涉九流、標正名物，講藝者莫不先之，於是有訓故之學。文字之興，隨世轉易，譌舛日繁，《三蒼》之説始志字灋，而《説文》興焉，於是有偏傍之學。五聲異律，清濁相生，孫炎、沈約始作《字音》，於是有音韻之學。保氏以數學教子弟，而登之重差、夕桀、句股，與《九章》並傳，而鄉三物備焉，於是有筭數之學。蓋古昔六藝乘其虚，明肄之以適用，而精神心術之徵寓焉矣。古學久廢，世儒采拾經籍格言，作爲小學，以補亡。夫昔人所嘆，謂數可陳而義難知，今之所患，在義可知而數難陳。孰知不得其數則影響空跡，而所謂義者可知已？顧世所顯行不能略也。今悉次於篇，以備小學。

《四庫提要・小學類序》 古小學所教，不過六書之類。故《漢志》以《弟子職》附《孝經》，而《史籀》等十家四十五篇列爲小學。《隋志》增以金石刻文，《唐志》增以書法、書品，已非初旨。自朱子作《小學》以配《大學》，趙希弁《讀書附志》遂以《弟子職》之類併入小學，又以《蒙求》之類相參並列，而小學益多岐矣。考訂源流，惟《漢志》根據經義要爲近古。今以論幼儀者別入儒家，以論筆法者別入雜藝，以蒙求之屬隸故事，以便記誦者別入類書。惟以《爾雅》以下編爲訓詁，《説文》以下編爲字書，《廣韻》以下編爲韻書。庶體例謹嚴，不失古義。其有兼舉兩家者，則各以所重爲主。如李燾《説文五音韻譜》實字書，袁子讓《字學元元》實論等韻之類。悉條其得失，具於本篇。

又《小學類一》 《舊唐書・經籍志》以詁訓與小學分爲二家，然詁訓亦小學也，故今仍從《漢志》列爲小學之子目。又《爾雅》首《釋詁》、《釋訓》，其餘則雜陳名物。蓋析其類而分之，則蟲、魚、草、木之屬與字義門目各殊。統其類而言之，則解釋名物亦即解釋其字義。故訓詁者，通名也。《方言》、《釋名》，相沿繼作，大體無殊。至《埤雅》、《爾雅翼》，務求博洽，稍泛濫矣。要亦訓詁之支流也，故亦連類編之。《埤雅廣要》之屬，蕪雜已甚，則退之小説家焉。

又《小學類二》 案：字體與世爲變遷，古文、籀文不可以繩小篆，小篆不可以繩八分，八分不可以繩隸。隸即今之楷書。然其相承而變，則源流一也。故古今字書，統入此門。至《急就章》之類，但有文字而不講六書，然《漢志》列之「小學家」。觀陸羽《茶經》所引司馬相如《凡將篇》，亦以韻語成句，知古小學之書，其體如是。《説文解字》猶其後起者也。故仍與是書並列焉。

又《小學類三》 案：韻書爲小學之一類，而一類之中又自分三類：曰今韻，曰古韻，曰等韻也。本各自一家之學。至金而等韻合於今韻，韓道昭《五音集韻》始以等韻顛倒今韻之字紐。至南宋而古韻亦合於今韻。吴棫《韻補》始以古韻分隸今韻，又註今韻某部古通某部之類。至國朝而等韻又合於古韻。如劉凝、熊士伯諸書。三類遂相牽而不能分。今但通以時代次之，其篆韻之類，本不爲韻而作者，則仍歸之於字書。

《萬卷精華樓藏書記・小學類序》 古之六藝皆小學也。自《漢志》以下，小學一類專收聲音訓詁之文，而歷代因之。《舊唐志》又分訓詁、小學爲二家，然訓詁即小學也。今分小學類爲五目：一曰訓詁，二曰説文，三曰篆隸，四曰字書，五曰音韻。所録凡一百有十家，編爲八卷。訓詁之屬一卷，説文之屬三卷，篆隸之屬一卷，字書之屬一卷，音韻之屬二卷。《爾雅》本《十三經》之一種，以之冠小學，則經類爲十二經，然其解釋名物，考證古義，實訓詁之正宗也。《方言》、《釋名》相沿而作，大體無殊。《埤雅》、《爾雅翼》稍泛濫矣，《疊雅》尤甚，然亦訓詁之支流餘裔。今以雅與雅相次，即彙刻《五雅》之意也。《通雅》雖入類書類，亦宜參看，其爲雅則一。至《駢雅訓纂》、《廣雅疏證》二書尤極盡心力，非一朝一夕之功，讀者宜勿輕視矣。《説文》亦字書也，然此學於今爲盛，研究既精，著述亦當，不得不別標一目。其中或校或注，或明部首，或釋全例，數家相輔，則益精益密，如蔣如錢，如叚如王，其最著者也，惟長箋，訪之未得，其他隨已所見各明一義未包全體者，今本尤多。未暇備載，桂氏《說文》，吾邑楊氏梨本最佳，而流傳未廣，板已遠去，翻本相去遠矣。篆隸亦字書也，然如《隸篇》與《楷法溯源》，別開生面，實前代所未有，今冠以《續古篆韻》，殿以《繆篆》爲一類，而《隸釋》、《隸續》、薛氏《款識》、阮氏《款識》之在史部者，皆宜與此類相參。至《汗簡》、《六書故》，亦此類也，因《六書故》字法不佳，遂別出之。若趙文敏所書三十二體，蟲書，鳥篆，無法不備，然其來歷不可知。又所書爲《金剛經》，未許混入，知有此書而已。字書以《凡將篇》爲首，此與《急就章》皆四言韻語，蓋古訓蒙之書也。雖義兼訓詁，而與《方言》、《釋名》其體不類，故爲字書。凡字通字鑑之屬，皆統諸此。音韻以《廣韻》爲首，而《易》音《詩》音皆入此類，韻有今韻、古韻、等韻三家，今則無所分別。惟源流改悱，開卷了然。論古音者，顧氏、江氏最爲精當，而才老實有創始之功。秀立繼之，明代一人，餘多踳駁，宜分別觀之。然其推闡盡致者，亦云小補，不可廢置。附以《六藝綱目》，洵古所稱小學書也。

雜録

《漢書・藝文志・小學》　凡小學十家，四十五篇。入揚雄、杜林二家二篇。

陸德明《經典釋文序録・注解傳述人》　《爾雅》者，所以訓釋五經，辯章同異，實九流之通路，百氏之指南，多識鳥獸草木之名，博覽而不惑者也。爾，近也；雅，正也。言可近而取正也。《釋詁》一篇蓋周公所作，《釋言》以下或言仲尼所增，子夏所足，叔孫通所益，梁文所補。張揖論之詳矣。前漢終軍始受「豹鼠」之賜，自兹迄今，斯文盛矣。先儒多爲億必之說，乖蓋闕之義，唯郭景純洽聞強識，詳悉古今，作《爾雅注》，爲世所重。今依郭本爲正。

梁有沈旋，約之子。集衆家之《注》。陳博士施乾、國子祭酒謝嶠、舍人顧野王並撰《音》。既是名家，今亦采之，附於先儒之末。

《隋書・經籍志・小學》　右一百八部，四百四十七卷。通計亡書，合一百三十五部，五百六十九卷。

《舊唐書・經籍志・小學》　右小學一百五部，《爾雅》、《廣雅》十八家，偏傍音韻雜字八十六家，凡七百九十七卷。

錢東垣等輯《崇文總目・小學類上》　共二十八部，計三百卷。

又《小學類下》　共二十九部，計二百一十九卷。

《新唐書・藝文志・小學類》　右小學類六十九家，一百三部，七百二十一卷。失姓名二十三家，徐浩以下不著録二十三家，二千四十五卷。

王應麟《玉海・藝文・小學》　歐陽修曰：古者教學之法，八歲入小學，以習六甲、四方、書數之藝，至於成童而後授經。儒者究天地、人神、事物之理，無所不通，故其學者次第而後大成焉。《爾雅》出於漢世，正名物，講說資之，於是有訓詁之學。文字之興，隨世轉易，務趨便省，久後乃或亡其本，《三蒼》之說始志字法，而許慎作《說文》，於是有偏傍之學。五聲異律，清濁相生，而孫炎始作《字音》，於是有音韻之學。篆、隸、古文爲體各異，秦、漢已來學者務極其能，於是有字書之學。先儒之立學，其初爲法未始不詳而明，後世猶或訛失，故小學者不可闕也。

《宋史・藝文志・小學類》　右小學類二百六部，一千五百七十二卷。劉紹祐《字學摭要》以下不著録六部，六十九卷。

《明史・藝文志・小學類》　右小學類一百二十三部，一千六百十四卷。

《四庫提要・小學類一》　右小學類訓詁之屬，一十二部，一百二十二卷。並文淵閣著録。

又《小學類二》　右小學類字書之屬，三十六部，四百八十卷。皆文淵閣著録。

又《小學類三》　右小學類韻書之屬，三十三部，三百十三卷。皆文淵閣著録。

又《小學類存目一》　右小學類訓詁之屬，八部六十四卷，皆附存目。右小學類字書之屬，六十八部，六百六卷。內二部無卷數。皆附存目。

又《小學類存目二》　右小學類韻書之屬，六十一部，五百三十七卷。內七部無卷數。皆附存目。

張之洞《書目答問・列朝經注經說經本考證》　以上小學類《說文》之

屬。元明人講《説文》者，多變古臆説，不録。《説文》兼形聲義三事，故別爲一類。

以上小學類古文、篆、隸、眞書各體書之屬。古今各體形屬。《康熙字典》道光七年重修，人人皆知，不贅列。以上小學類音韻之屬。音韻聲屬。右小學。此類各書，爲讀一切經史子集之鈐鍵。

綜述

文字分部

史籀

姚振宗輯《七略別録佚文・小學家》《史籀》十五篇。周宣王太史作大篆也。嚴本。

《漢書・藝文志・小學》《史籀》十五篇。周宣王太史作大篆十五篇，建武時亡六篇矣。

姚振宗《漢書藝文志條理・小學》《史籀》十五篇。周宣王太史作大篆十五篇，建武時亡六篇矣。

蒼頡

《漢書・藝文志・小學》《蒼頡》一篇。上七章，秦丞相李斯作；《爰歷》六章，車府令趙高作；《博學》七章，太史令胡母敬作。

姚振宗《漢書藝文志條理・小學》《倉頡》一篇。上七章秦丞相李斯作，《爰歷》六章車府令趙高作，《博學》七章太史令胡母敬作。

張之洞《書目答問・小學》《倉頡篇》三卷。孫星衍輯。岱南閣本。

秦皇東巡會稽刻石文

《隋書・經籍志・小學》《秦皇東巡會稽刻石文》一卷。

鄭樵《通志・藝文略・小學類》《秦皇東巡會稽刻石文》一卷。

凡將篇

《漢書・藝文志・小學》《凡將》一篇。司馬相如作。

又 梁有司馬相如《凡將篇》，一卷。亡。

《舊唐書・經籍志・小學》《凡將篇》一卷。司馬相如撰。

《新唐書・藝文志・小學類》司馬相如《凡將篇》一卷。

鄭樵《通志・藝文略・小學》《凡將篇》一卷。司馬相如。

姚振宗《漢書藝文志條理・小學》《凡將》一篇。司馬相如作。

急就章

《漢書・藝文志・小學》《急就》一篇。（成）［元］帝時黄門令史游作。

《舊唐書・經籍志・小學》《急就章》一卷。漢黄門令史游撰。

錢東垣等輯《崇文總目・小學類》《急就章》一卷。史游撰。

鄭樵《通志・藝文略・小學類》《急就章》一卷。史游。

《宋史・藝文志・小學類》史游《急就章》一卷。

姚振宗《漢書藝文志條理・小學》《急就》一篇。元帝時黄門令史游作。

《四庫提要・小學類二》《急就章》四卷。通行本。漢史游撰。《漢書・藝文志》，註稱游爲元帝時黄門令，蓋宦官也。其始末則不可考矣。是書《漢志》但作「《急就》一篇」，而小學類末之《叙録》則稱史游作《急就篇》。故晉夏侯湛抵疑稱「鄉曲之徒，一介之士，曾諷《急就》，通甲子」。《北齊書》稱「李鉉九歲入學，書《急就篇》」。或有篇字，或無篇字，初無一定。《隋志》作《急就章》一卷，《魏書・崔浩傳》亦稱「人多託寫《急就章》」。是改「篇」爲「章」在魏以後。然考張懷瓘《書斷》曰：「章草者，漢黄門令史游所作也。」王愔云：案此蓋引王愔《文字志》之語。漢元帝時史游作《急就章》解散隸體，漢俗簡惰，漸以行之是也。然則所謂章草者，正因游作是書，以所變草法書之。後人以其出於《急就章》，遂名「章草」耳。今本每節之首俱有章第幾字，知《急就章》乃其本名。或稱《急就篇》，或但稱《急就》，乃偶然異文也。其書自始至終無一複字。文詞雅奥，亦非蒙求諸書所可及。《玉臺新詠》載梁蕭子顯《烏栖曲》，有「帬邊雜佩琥珀龍」句，馮氏校本改「龍」爲「紅」，今檢此書，有「繫臂琅玕虎魄龍」句，乃知子顯實用此語，馮氏不知而誤改之。則遺文瑣事，亦頗賴以有徵，不僅爲童蒙識字之用矣。舊有曹壽、崔浩、劉芳、顔之推《註》，今皆不傳。惟顔師古《註》一卷存，王應麟又補註之，釐爲四卷。師古本比《皇象碑》多六十三字，而少《齊國》、《山陽》兩章，止三十二章。應麟《藝文志考證》標「眞定常山至高邑」句，以爲此二章起於東漢，最爲精確。其註亦考證典核，足補師古之闕。別有黄庭堅本、李燾本、朱子越中本，字句小有異同。應麟所註，多從顔本。蓋以其考證精深，較他家爲可據焉。

元尚

《漢書・藝文志・小學》《元尚》一篇。成帝時將作大匠李長作。

姚振宗《漢書藝文志條理・小學》《元尚》一篇。成帝時將作大匠李長作。

訓纂篇

《漢書・藝文志・小學》《訓纂》一篇。揚雄作。

姚振宗《漢書藝文志條理・小學》《訓纂》一篇。揚雄作。

蒼頡訓纂

《漢書・藝文志・小學》揚雄《蒼頡訓纂》一篇。

姚振宗《漢書藝文志條理・小學》揚雄《倉頡訓纂》一篇。

別字

《漢書・藝文志・小學》《別字》十三篇。

姚振宗《漢書藝文志條理・小學》《別字》十三篇。

蒼頡傳

《漢書・藝文志・小學》《蒼頡傳》一篇。

姚振宗《漢書藝文志條理・小學》《倉頡傳》一篇。

校定六書

姚振宗《漢書藝文志拾補・小學》甄豐《校定六書》。

八體六技

《漢書・藝文志・小學》《八體六技》。

姚振宗《漢書藝文志條理・小學》《八體六技》。

蒼頡故

《漢書・藝文志・小學》杜林《蒼頡故》一篇。

姚振宗《後漢藝文志・小學類》杜林《倉頡故》一篇。

姚振宗《漢書藝文志條理・小學》杜林《倉頡故》一篇。

蒼頡訓纂

《漢書・藝文志・小學》杜林《蒼頡訓纂》一篇。

姚振宗《後漢藝文志・小學類》杜林《倉頡訓纂》一篇。

姚振宗《漢書藝文志條理・小學》杜林《倉頡訓纂》一篇。

蒼頡訓詁

《舊唐書・經籍志・小學》《蒼頡訓詁》二卷。杜林撰。

《新唐書・藝文志・小學類》杜林《蒼頡訓詁》二卷。

鄭樵《通志・藝文略・小學類》《蒼頡訓詁》二卷。杜林注。

蒼頡

《隋書・經籍志・小學》梁有《蒼頡》二卷。後漢司空杜林注。亡。

古文官書

《隋書・經籍志・小學》《古文官書》一卷。後漢議郎衛敬仲撰。

《舊唐書・經籍志・小學》《詔定古文官書》一卷。衛宏撰。

《新唐書・藝文志・小學類》衛宏《詔定古文字書》一卷。

鄭樵《通志・藝文略・小學類》《古文官書》一卷。後漢議郎衛宏集。

姚振宗《後漢藝文志・小學類》衛宏《詔定古文官書》一卷。宏始末見書類。

古今字

《漢書・藝文志・孝經》《古今字》一卷。

姚振宗《漢書藝文志條理・孝經》《古今字》一卷。

別字

姚振宗《後漢藝文志・小學類》東平王蒼《別字》。

修理倉頡舊史

姚振宗《後漢藝文志・小學類》 賈逵《修理倉頡舊史》。逵始末見《書類》。

太甲篇

《隋書・經籍志・小學》 梁有班固《太甲篇》一卷。亡。

《舊唐書・經籍志・小學》 《太甲篇》一卷。班固撰。

《新唐書・藝文志・小學類》 《太甲篇》一卷。

鄭樵《通志・藝文略・小學類》 《太甲篇》一卷。班固。

在昔篇

《隋書・經籍志・小學》 梁有班固《在昔篇》一卷。亡。

《舊唐書・經籍志・小學》 《在昔篇》一卷。班固撰。

《新唐書・藝文志・小學類》 班固《在昔篇》一卷。

鄭樵《通志・藝文略・小學類》 《在昔篇》一卷。班固。

續倉頡篇

姚振宗《後漢藝文志・小學類》 班固《續倉頡篇》十三章。

史籀篇解說

姚振宗《後漢藝文志・小學類》 王育《史籀篇解說》九篇。

滂熹篇

姚振宗《後漢藝文志・小學類》 賈魴《滂熹篇》一卷。

三倉

姚振宗《後漢藝文志・小學類》 賈魴《三倉》三卷。

字屬篇

《隋書・經籍志・小學》 梁有《字屬》一卷。賈魴撰。亡。

《舊唐書・經籍志・小學》 《字屬篇》一卷。賈魴撰。

《新唐書・藝文志・小學類》 賈魴《字屬篇》一卷。

鄭樵《通志・藝文略・小學類》 《字屬篇》一卷。賈魴。

姚振宗《後漢藝文志・小學類》 賈魴《字屬篇》一卷。

說文解字

《隋書・經籍志・小學》 《說文》十五卷。許慎撰。

錢東垣等輯《崇文總目・小學類》 《說文》二十卷。許慎撰，李陽冰刊定。

《舊唐書・經籍志・小學》 《説文解字》十五卷。許慎撰。

《新唐書・藝文志・小學類》 許慎《説文解字》十五卷。

鄭樵《通志・藝文略・小學類》 《説文》二十卷。漢許慎纂，唐李陽冰刊定。

説文解字

錢東垣等輯《崇文總目・論語類》 《説文解字》十五卷。［原釋］徐鉉。見天一閣鈔本。

鄭樵《通志・藝文略・小學類》 《説文》十五卷。宋朝徐鉉刊定。

晁公武《郡齋讀書志・小學類》 《説文解字》三十卷。右漢許慎纂，李陽冰刊定。僞唐徐鉉再是正之，又增加其闕字。

洪邁《容齋題跋・跋説文解字》 許叔重在東漢與馬融、鄭康輩不甚相先後，而所著《説文》引用經傳多與今文不同，聊摭逐書十數條以示學者，其字異而音同者不載。所引《周易》「百穀草木麗乎土」爲「草木麗乎地」，「服牛乘馬」爲「犕音備牛乘馬」，「夕惕若厲」爲「若夕」，「寅其文蔚也」爲「斐也」，「乘馬班如」爲「驙如」，「天地絪緼」爲「天地壹壺」。所引《書》「帝乃殂落」爲「勛乃殂」，「竄三苗」爲「𣪠塞也，音倅。三苗」。又「闢闠升雲，半有半無𤞞」，「有爪而不敢以撅」及「以相陵懱」，「維緢有稽」之句，皆云《周書》，今所無也。所引《詩》「既伯既禱」爲「既禡既禂」，「新臺有泚」爲「有玼」，「焉得諼草」爲「安得藼草」。《論語》「荷蕢」而「荷臾」，「褻裘」爲「絬衣」。又有「跢予之足」一句。《孟子》「源源而來」爲「謜謜」，「接淅」爲「滰淅」。滰，其兩反。乾，漬米也《左傳》「有涼」爲「牻涼」，「𤼵夷」爲「𤼵音發。夷」，《國語》「觥飯不及壺餐」爲「侊飯不及一食」，如此者甚多。

尤袤《遂初堂書目・小學類》 舊監本許氏《説文》。

陳振孫《直齋書録解題・小學類》 《説文解字》三十卷。漢太尉祭酒汝南許慎叔重撰。凡十四篇，并《序目》一篇，各分上下卷，凡五百四十部，九千三百五十三文，重一千一百六十三。雍熙中，右散騎常侍徐鉉奉詔校定。以唐李陽冰排斥許氏爲臆説，末有新定字義三條。其音切則以唐孫愐韻爲定。

馬端臨《文獻通考・經籍考・小學》 《説文解字》三十卷。

胡師安等《元西湖書院重整書目》 《説文解字》。

《宋史・藝文志・小學類》 許慎《説文解字》十五卷。

楊士奇等《文淵閣書目・韻書》 許氏《説文》一部六册。闕。許氏《説文》一部五册。闕。

徐𤊹《徐氏家藏書目・字類》 許氏《説文》□卷。漢許慎。

劉若愚《内板經書紀略》 許氏《説文》八本，六百五十葉。

毛晉《汲古閣書跋》 《説文解字》。

錢謙益等《絳雲樓書目・小學類》 《説文解字》四册。十四卷。《宋史》作十五卷。許慎，字叔重。唐李陽冰刊定。宋雍熙中徐騎省奉詔校正，又增之者。鍇字楚金。加其缺字。又南唐徐鍇撰《説文解字繫傳》四十卷。昔人稱其援引精博，小學家未能及騎省之弟也。

錢曾《讀書敏求記・字學》 《説文解字》三十卷《標目》一卷。

于敏中等《天禄琳琅書目・元版經部》 《説文解字》一函六册。漢許慎撰，宋徐鉉校定，三十卷，前《標目》一卷。

《四庫提要・小學類二》 《説文解字》三十卷。通行本。漢許慎撰。慎字叔重，汝南人，官至太尉南閤祭酒。是書成於和帝永元十二年，凡十四篇，合《目録》一篇爲十五篇。分五百四十部，爲文九千三百五十三，重文一千一百六十三，註十三萬三千四百四十字。推究六書之義，分部類從，至爲精密。而訓詁簡質，猝不易通。又音韻改移，古今異讀，諧聲諸字，亦每難明，故傳本往往譌異。宋雍熙三年，詔徐鉉、葛湍、王惟恭、句中正等重加刊定。凡字爲《説文》註義、序例所載，而諸部不見者，悉爲補録。又有經典相承，時俗要用，而《説文》不載者，亦皆增加，别題之曰「新附字」。其本有正體，而俗書譌變者，則辨於註中。其違戾六書者，則别列卷末，或註義未備，更爲補釋。亦題「臣鉉等案」以别之。音切則一以孫愐《唐韻》爲定。以篇帙繁重，每卷各分上、下，即今所行毛晉刊本是也。明萬曆中，宫氏刻李燾《説文五音韻譜》，陳大科序之，誤以爲即鉉校本。陳啓源作《毛詩稽古編》，顧炎武作《日知録》，並沿其謬。豈毛氏所刊，國初猶未盛行歟？書中古文、籀文，李燾據唐林罕之説，以爲晉幍令吕忱所增。考愼《自序》云「今序篆文，合以古籀」，其語甚明。所記重文之數，亦復相應。又《法書要録》載後魏江式《論書表》曰：「晉世義陽王典祠令任城吕忱，表上《字林》六卷。尋其況趣，附託許愼《説文》，而按偶章句，隱別古籀奇惑之字，文得正隸，不差篆意。」則忱書並不用古籀，亦有顯證。如罕之所云：「吕忱《字林》，多補許愼遺闕者，特廣《説文》未收字耳。」其書今雖不傳，然如《廣韻・一東部》烔字、谾字，《四江部》噥字之類，云出《字林》者，皆《説文》所無，亦大略可見。燾以《説文》古籀爲忱所增，誤之甚矣。自魏晉以來言小學者，皆祖愼。至李陽冰始曲相排斥，未協至公。然愼書以小篆爲宗，至於隸書、行書、草書，則各爲一體。孳生轉變，時有異同，不悉以小篆相律。故顔元孫《干祿字書》曰：「自改篆行隸，漸失其眞。若總據《説文》，便下筆多礙，當去泰去甚，使輕重合宜。」徐鉉進《説文表》亦曰：「高文大冊，則宜以篆籀著之金石。至於常行簡牘，則草隸足矣。」二人皆精通小學，而持論如是。明黄諫作《从古正文》，一切以篆改隸，豈識六書之旨哉。至其所引五經文字，與今本多不相同，或往往自相違異。顧炎武《日知録》嘗摭其「汜」下作「江有汜」，「洍」下又作「江有洍」，「卺」下作「赤舄巳巳」，「掔」下又作「赤舄掔掔」，是所云「《詩》用毛氏」者，亦與今本不同。蓋雖一家之學，而支派既別，亦各不相合。好奇者或據之以改經，則謬戾殊甚。能通其意而又能不泥其迹，庶乎爲善讀《説文》矣。案：愼《序》自稱《易》孟氏，《書》孔氏，《詩》毛氏，《禮》《周官》，《春秋》左氏，《論語》、《孝經》皆古文。考劉知幾《史通》，稱：《古文尚書》得之壁中，博士孔安國以校，伏生所誦，增多二十五篇。案此亦據梅賾古文而言，實則孔氏原本僅增多十六篇。更以隸古字寫之，編爲四十六卷。司馬遷屢採其事，故遷多有古説。至於後漢孔氏之本遂絶。其有見於經典者，諸儒皆謂之逸《書》。」是孔氏壁中之《書》，愼不得見，《説文》末載愼子沖上書，稱愼古學受之賈逵。而《後漢書・儒林傳》又稱扶風杜林傳《古文尚書》，林同郡賈逵爲之作訓，馬融作傳，鄭玄註解。由是《古文尚書》遂顯於世。是愼所謂孔氏《書》者，即杜林之本。顧《隋志》稱杜林《古文尚書》所傳，僅二十九篇。又雜以今文，非孔舊本。案古文除去無師説者十六篇，正得伏生二十九篇之數。非雜以今文。《隋志》此文，亦據梅賾古文，未及與《漢書》互校。自餘絶無師説。陸德明《經典釋文》採馬融註甚多，皆《今文尚書》，無《古文》一語。即《説文》註中所引，亦皆在今文二十八篇之中。朱彝尊《經義考》辨之甚明。案彝尊又謂惟「若藥不瞑眩」一句，出古文《説命》，殆因《孟子》所引而及之。然此句乃徐鍇《説文繫傳》之語，非許愼之原註。彝尊偶爾誤記，移甲爲乙。故今不取其説。則愼所謂孔氏本者，非今五十八篇本矣。以意推求，《漢書・藝文志》稱：「劉向以中古文校歐陽、大小夏侯三家經文，《酒誥》脱簡一、《召誥》脱簡二、文字異者七百有餘，脱字數十」云云。所謂中古文，即孔氏所上之古文存於中祕者。是三家之本立在博士者，皆經劉向以古文勘定，改其譌脱其書巳皆與古文同。儒者據其訓詁言之，則曰「大小夏侯、歐陽《尚書》」。據其經文言之，則亦可曰孔氏《古文尚書》。第三家解説，祇有伏生二十八篇遞相授受。餘所增十六篇不能詮釋，遂置不言。故馬融《書序》稱逸十六篇絶無師説也。案融序今不傳，此語見孔穎達《尚書正義》中。使賈逵所傳杜林之本即今五十八篇之本，則融嘗因之作傳矣，安有是語哉。又《後漢書・杜林傳》稱「林前於西州得漆書《古文尚書》，嘗寶愛之，雖遭艱困，握持不離身」云云，是林所傳者乃古文字體，故謂之「漆書」。是必劉向校正三家之時，隨二十八篇傳出。以字非隸古，世不行用。林偶得之以授逵，逵得之以授愼，故愼稱爲孔氏本，而亦止二十八篇。非眞見安國舊本也。論《尚書》者，惟《説文》此句最爲疑竇。閻若璩《尚書古文疏證》牽於此句，遂誤以馬、鄭所註爲孔氏原本，亦千慮之一失，故附考其源流於此。

黄丕烈《蕘圃藏書題識・經類》 《説文》十五卷。校本。

黄丕烈《百宋一廛書録》 《説文》。此宋刻小字本。《説文解字》相傳以爲麻沙刻者，即此也。

顧廣圻《思適齋書跋・經部》 《説文解字》十五卷。毛斧季校本。

姚振宗《後漢藝文志・小學類》 許愼《説文解字》十五卷。

飛龍篇

《隋書・經籍志・小學》 梁有崔瑗《飛龍篇》一卷。亡。

姚振宗《後漢藝文志・小學類》 崔瑗《飛龍篇》一卷。

飛龍篇篆草勢合

《舊唐書・經籍志・小學》 《飛龍篇篆草勢》合三卷。崔瑗撰。

《新唐書・藝文志・小學類》 崔瑗《飛龍篇篆草勢合》三卷。

鄭樵《通志・藝文略・小學類》 《飛龍篇篆草勢合》三卷。崔瑗。

雜字指

《隋書・經籍志・小學》 《雜字指》一卷。後漢太子中庶子郭顯卿撰。

鄭樵《通志・藝文略・小學類》 《雜字指》一卷。後漢郭顯卿。

姚振宗《後漢藝文志・小學類》 郭訓《雜字指》一卷。

古今奇字

《隋書・經籍志・小學》 《古今奇字》一卷。郭顯卿撰。

古文奇字

鄭樵《通志・藝文略・小學類》 《古文奇字》二卷。郭顯卿集。

聖皇篇

《隋書・經籍志・小學》 梁有蔡邕《聖皇篇》一卷。亡。

姚振宗《後漢藝文志・小學類》 蔡邕《聖皇篇》一卷。

聖草章

《舊唐書・經籍志・小學》 《聖草章》一卷。蔡邕撰。

《新唐書・藝文志・小學類》 蔡邕《聖草章》一卷。

鄭樵《通志・藝文略・小學類》 《聖章草》一卷。蔡邕。

勸學篇

《隋書・經籍志・小學》 《勸學》一卷。蔡邕撰。

《舊唐書・經籍志・小學》 《勸學篇》一卷。蔡邕撰。

《新唐書・藝文志・小學類》 蔡邕《勸學篇》一卷。

鄭樵《通志・藝文略・小學類》 《勸學》一卷。蔡邕。

姚振宗《後漢藝文志・小學類》 蔡邕《勸學篇》一卷。

黃初篇

《隋書・經籍志・小學》 梁有《黃初篇》一卷。亡。

《舊唐書・經籍志・小學》 《黃初章》一卷。

《新唐書・藝文志・小學類》 《黃初篇》一卷。

鄭樵《通志・藝文略・小學類》 《黃初篇》一卷。

姚振宗《三國藝文志・小學類》 魏人《黃初篇》一卷。

通俗文

《隋書・經籍志・小學》《通俗文》一卷。服虔撰。

姚振宗《後漢藝文志・小學類》服虔《通俗文》一卷。

鄺篇　州篇

姚振宗《後漢藝文志・小學類》鄺炎《鄺篇》。鄺炎《州篇》。

皇羲篇

姚振宗《後漢藝文志・小學類》孝靈皇帝《皇羲篇》五十章。

埤　蒼

《隋書・經籍志・小學》《埤蒼》三卷。張揖撰。

《舊唐書・經籍志・小學》《埤蒼》三卷。張揖撰。

《新唐書・藝文志・小學類》張揖《埤蒼》三卷。

鄭樵《通志・藝文略・小學類》《埤蒼》三卷。張揖。

姚振宗《三國藝文志・小學類》張揖《埤倉》二卷。

雜　字

《隋書・經籍志・小學》梁有《難字》一卷。張揖撰。亡。

《新唐書・藝文志・小學類》張揖《雜字》一卷。

姚振宗《三國藝文志・小學類》張揖《雜字》一卷。

三蒼訓詁

《舊唐書・經籍志・小學》《三蒼訓詁》二卷。張揖撰。

《新唐書・藝文志・小學類》張揖《三蒼訓詁》三卷。

鄭樵《通志・藝文略・小學類》《三蒼訓詁》三卷。張揖。

姚振宗《三國藝文志・小學類》張揖《三倉訓詁》三卷。

古文字詁

《舊唐書・經籍志・小學》《古文字詁》二卷。張揖撰。

《新唐書・藝文志・小學類》張揖《古文字訓》二卷。

鄭樵《通志・藝文略・小學類》《古文字訓》二卷。張揖。

古今字詁

《隋書・經籍志・小學》《古今字詁》三卷。張揖撰。

鄭樵《通志・藝文略・小學類》《古今字詁》三卷。張揖。

姚振宗《三國藝文志・小學類》張揖《古今字詁》三卷。張揖《古今字詁》三卷。

錯誤字

《隋書・經籍志・小學》梁有《錯誤字》一卷。張揖撰。亡。

姚振宗《三國藝文志・小學類》 張揖《錯誤字》一卷。疑本名《錯誤字諟》。 張揖《錯誤字》一卷。疑本《錯誤字諟》。

集古文

鄭樵《通志・藝文略・小學類》 《集古文》。張揖。

姚振宗《三國藝文志・小學類》 張揖《集古文》。

幼學

《隋書・經籍志・小學》 梁又有《幼學》二卷。朱育撰。

《新唐書・藝文志・小學類》 朱嗣卿《幼學篇》一卷。

鄭樵《通志・藝文略・小學類》 《幼學篇》一卷。朱嗣卿。

姚振宗《三國藝文志・小學類》 朱育《幼學篇》二卷。

異字

《隋書・經籍志・小學》 梁有《異字》二卷。朱育撰。亡。

姚振宗《三國藝文志・小學類》 朱育《異字苑》二卷。

初學篇

《舊唐書・經籍志・小學》 《初學篇》一卷。朱嗣卿撰。

古文奇字

《舊唐書・經籍志・小學》 《古文奇字》二卷。郭訓撰。

《新唐書・藝文志・小學類》 《古文奇字》二卷。

姚振宗《後漢藝文志・小學類》 郭訓《古文奇字》二卷。

字旨篇

《舊唐書・經籍志・小學》 《字旨篇》一卷。郭訓撰。

《新唐書・藝文志・小學類》 郭訓《字旨篇》一卷。

鄭樵《通志・藝文略・小學類》 《字旨篇》一卷。郭訓。

始學

《隋書・經籍志・小學》 梁又有《始學》十二卷。吳郎中項峻撰。

《舊唐書・經籍志・小學》 《始學篇》十二卷。項峻撰。

《新唐書・藝文志・小學類》 項峻《始學篇》十二卷。

鄭樵《通志・藝文略・小學類》 《始學篇》十二篇。項峻。

姚振宗《三國藝文志・小學類》 項峻《始學篇》十二卷。

四體書勢

《隋書・經籍志・小學》 《四體書勢》一卷。晉長水校尉衛恒撰。

《舊唐書・經籍志・小學》 《四體書勢》一卷。衛恒撰。

《新唐書・藝文志・小學類》 衛恒《四體書勢》一卷。

鄭樵《通志・藝文略・小學類》　《四體書勢》一卷。晉衛恆。

纂　文

《隋書・經籍志・小學》　梁有《纂文》三卷。亡。

文廷式《補晉書藝文志・小學類》　王延《纂文》三卷。

雜文字音

《舊唐書・經籍志・小學》　《雜文字音》七卷。王延撰。

《新唐書・藝文志・小學類》　王延《雜文字音》七卷。

鄭樵《通志・藝文略・小學類》　《雜文字音》七卷。王延。

釋字同音

《隋書・經籍志・小學》　梁有《釋字同音》三卷，宋散騎常侍吉文甫撰。亡。

字　林

《隋書・經籍志・小學》　《字林》七卷。晉弦令呂忱撰。

《舊唐書・經籍志・小學》　《字林》十卷。呂忱撰。

《新唐書・藝文志・小學類》　呂忱《字林》七卷。

鄭樵《通志・藝文略・小學類》　《字林》七卷。晉弦令呂忱。

尤袤《遂初堂書目・小學類》　呂忱《字林》。

陳振孫《直齋書録解題・小學類》　《字林》五卷。晉幋令呂忱撰。太乙山僧雲勝注。案隋、唐《志》皆七卷，《三朝國史志》惟一卷，董氏《藏書志》三卷。其書集《說文》之漏略者凡五篇，然雜揉錯亂，未必完書也。

馬端臨《文獻通考・經籍考・小學》　《字林》五卷。

《宋史・藝文志・小學類》　呂忱《字林》五卷。

文廷式《補晉書藝文志・小學類》　呂忱《字林》七卷。惤令。

吴　章

《隋書・經籍志・小學》　《吴章》二卷。陸機撰。

鄭樵《通志・藝文略・小學類》　《吴章》二卷。陸機。

文廷式《補晉書藝文志・小學類》　陸機《吴章》二卷。

吴　章

《隋書・經籍志・小學》　梁有《吴章篇》一卷。亡。

《舊唐書・經籍志・小學》　《吴章》一卷。

《新唐書・藝文志・小學類》　《吴章篇》一卷。

發蒙記

《隋書・經籍志・小學》　《發蒙記》一卷。晉著作郎束皙撰。

鄭樵《通志・藝文略・小學類》　《發蒙記》一卷。晉著作郎束皙。

文廷式《補晉書藝文志・小學類》　束皙《發蒙記》一卷。著作郎。

三　蒼

《隋書・經籍志・小學》　《三蒼》三卷。郭璞注。秦相李斯作《蒼頡篇》，漢揚雄作《訓纂篇》，後漢郎中賈魴作《滂喜篇》，故曰《三蒼》。

《舊唐書・經籍志・小學》《三蒼》三卷。李斯等撰，郭璞解。

《新唐書・藝文志・小學類》李斯等《三蒼》三卷。郭璞解。

鄭樵《通志・藝文略・小學類》《三蒼》三卷。郭璞撰。秦相李斯作《蒼頡》篇，漢揚雄作《訓纂》篇，後漢郎中賈魴作《滂喜》篇，故曰《三蒼》。

文廷式《補晉書藝文志・小學類》郭璞注《三蒼》三卷。秦相李斯作《蒼頡》篇，漢揚雄作《訓纂》篇，後漢郎中賈魴作《滂喜》篇，故曰《三蒼》。

少學

《隋書・經籍志・小學》《少學》九卷。楊方撰。

《舊唐書・經籍志・小學》《少學集》十卷。楊方撰。

《新唐書・藝文志・小學類》楊方《少學集》十卷。

鄭樵《通志・藝文略・小學類》《少學篇》九卷。楊方。

方廷式《補晉書藝文志・小學類》楊方《小學》九卷。

要用字苑

《舊唐書・經籍志・小學》《要用字苑》一卷。葛洪撰。

《新唐書・藝文志・小學類》葛洪《要用字苑》一卷。

鄭樵《通志・藝文略・小學類》《要用字苑》一卷。葛洪。

文廷式《補晉書藝文志・小學類》葛洪《要用字苑》一卷。

太上章

文廷式《補晉書藝文志・小學類》慕容皝《太上章》。

始學

《隋書・經籍志・小學》《始學》一卷。

鄭樵《通志・藝文略・小學類》《始學》一卷。

汲冢書名

文廷式《補晉書藝文志・小學類》《汲冢書名》三篇。似《禮記》，又似《爾雅》、《論語》。

小學篇

《舊唐書・經籍志・小學》《小學篇》一卷。王羲之撰。

《新唐書・藝文志・小學類》王羲之《小學篇》一卷。

鄭樵《通志・藝文略・小學類》《小學篇》一卷。王羲之。

常用字訓

《隋書・經籍志・小學》梁有《常用字訓》一卷。殷仲堪撰。亡。

鄭樵《通志藝文略・小學類》《常用字訓》一卷。殷仲堪。

文廷式《補晉書藝文志・小學類》殷仲堪《常用字訓》一卷。

集古文

文廷式《補晉書藝文志・小學類》 徐邈《集古文》。

啓蒙記

《隋書・經籍志・小學》 《啓蒙記》三卷。晉散騎常侍顧愷之撰。

鄭樵《通志・藝文略・小學類》 《啓蒙記》三卷。晉顧愷之。

劉若愚《内板經書紀略》 《啓蒙集》。一本，四十葉。

啓疑記

《隋書・經籍志・小學》 《啓疑記》三卷。顧愷之撰。

《舊唐書・經籍志・小學》 《啓疑》三卷。顧凱之撰。

《新唐書・藝文志・小學類》 顧凱之《啓疑》三卷。

鄭樵《通志・藝文略・小學類》 《啓疑記》三卷。顧愷之。

鄭樵《通志藝文略・小學類》 《啓疑》三卷。顧愷之。

續通俗文

《舊唐書・經籍志・小學》 《續通俗文》二卷。李虔撰。

《新唐書・藝文志・小學類》 李虔《續通俗文》二卷。

字書

《隋書・經籍志・小學》 《字書》三卷。

單行字

《隋書・經籍志・小學》 梁有《單行字》四卷。李彤撰。亡。

文廷式《補晉書藝文志・小學類》 李彤《單行字》四卷。

字指

《隋書・經籍志・小學》 《字指》二卷。晉朝議大夫李彤撰。

鄭樵《通志・藝文略・小學類》 《字指》二卷。晉李彤。

文廷式《補晉書藝文志・小學類》 李彤《字指》二卷。朝議大夫。

字偶

《隋書・經籍志・小學》 梁又有《字偶》五卷。亡。

文廷式《補晉書藝文志・小學類》 李彤《字偶》五卷。

四部

文廷式《補晉書藝文志・小學類》 李彤《四部》。

纂文

《隋書・經籍志・小學》 梁有《纂文》三卷。亡。

《舊唐書・經籍志・小學》 《纂文》三卷。何承天撰。

《新唐書・藝文志・小學類》 何承天《纂文》三卷。

鄭樵《通志・藝文略・小學類》 《纂文》三卷。何承天。

釋文

鄭樵《通志・藝文略・小學類》 《釋文》十卷。江邃。

急就章

《隋書・經籍志・小學》 《急就章》二卷。崔浩撰。

鄭樵《通志・藝文略・小學類》 《急就章》二卷。崔浩注。

詁幼

《隋書・經籍志・小學》 梁有《詁幼》二卷，顔延之撰。亡。

《舊唐書・經籍志・小學》 《詁幼文》三卷。顔延之撰。

《新唐書・藝文志・小學類》 顔延之《詁幼文》三卷。

鄭樵《通志・藝文略・小學類》 《詁幼文》三卷。顔延之。

纂要

《舊唐書・經籍志・小學》 《纂要》六卷。顔延之撰。

《新唐書・藝文志・小學類》 顔延之《纂要》六卷。

鄭樵《通志・藝文略・小學類》 《纂要》六卷。顔延之。

廣詁幼

《隋書・經籍志・小學》 梁有《廣詁幼》一卷，宋給事中荀楷撰。亡。

要字苑

《隋書・經籍志・小學》 《要字苑》一卷。宋豫章太守謝康樂撰。

鄭樵《通志・藝文略・小學類》 《要字苑》一卷。宋豫章太守謝康樂。

悟蒙章

張鵬一《隋書經籍志補・小學》 《悟蒙章》。後魏代人陸暐。

字宗

《隋書・經籍志・小學》 《字宗》三卷。薛立撰。

鄭樵《通志・藝文略・小學類》 《字宗》三卷。薛立。

演說文

《隋書・經籍志・小學》　梁有《演說文》一卷。庾儼默注。亡。

文廷式《補晉書藝文志・小學類》　庾儼默《演說文》一卷。

說文音隱

《隋書・經籍志・小學》　《說文音隱》四卷。

《舊唐書・經籍志・小學》　《說文音隱》四卷。

鄭樵《通志・藝文略・小學類》　《說文音隱》四卷。

字書

《隋書・經籍志・小學》　《字書》十卷。

《舊唐書・經籍志・小學》　《字書》十卷。

《新唐書・藝文志・小學類》　《字書》十卷。

鄭樵《通志・藝文略・小學類》　《字書》十卷。

古今八體六文書法

《隋書・經籍志・小學》　《古今八體六文書法》一卷。

《舊唐書・經籍志・小學》　《古今八體六文書法》一卷。

《新唐書・藝文志・小學類》　《古今八體六文書法》一卷。

鄭樵《通志・藝文略・小學類》　《古今八體六文書法》一卷。

篆隸雜體書

《隋書・經籍志・小學》　《篆隸雜體書》二卷。

鄭樵《通志・藝文略・小學類》　《篆隸雜體書》二卷。

字林音義

《隋書・經籍志・小學》　《字林音義》五卷。宋揚州督護吳恭撰。

鄭樵《通志・藝文略・小學類》　《字林音義》五卷。宋揚州督護吳恭。

文字釋訓

《舊唐書・經籍志・小學》　《文字釋訓》三十卷。釋寶誌撰。

《新唐書・藝文志・小學類》　僧寶誌《文字釋訓》三十卷。

鄭樵《通志・藝文略・小學類》　《文字釋訓》三十卷。梁僧寶誌。

文字圖

《隋書・經籍志・小學》　《文字圖》二卷。

鄭樵《通志・藝文略・小學類》　《文字圖》二卷。

六文書

《隋書・經籍志・小學》　《六文書》一卷。

鄭樵《通志・藝文略・小學類》《六文書》一卷。

急就章

《隋書・經籍志・小學》《急就章》三卷。豆盧氏撰。

鄭樵《通志・藝文略・小學類》《急就章》三卷。豆盧氏撰。

解文字

《隋書・經籍志・小學》梁有《解文字》七卷。周成撰。亡。

《舊唐書・經籍志・小學》《解字文》七卷。周成撰。

《新唐書・藝文志・小學類》周成《解文字》七卷。

鄭樵《通志・藝文略・小學類》《解文字》七卷。周成。

姚振宗《三國藝文志・小學類》周成《解文字》七卷。疑本名《解字文》。

雜字解詁

《隋書・經籍志・小學》《雜字解詁》四卷。魏掖庭右丞周氏撰。

姚振宗《三國藝文志・小學類》周氏《雜字解詁》四卷。

雜字音

《隋書・經籍志・小學》《雜字音》一卷。

急就篇續注音義證

張鵬一《隋書經籍志補・小學》《急就篇續注音義證》三卷。劉芳。

要用字對誤

《隋書・經籍志・小學》梁有《要用字對誤》四卷，梁輕車參軍鄒誕生撰。亡。

千字文

《隋書・經籍志・小學》《千字文》一卷。梁給事郎周興嗣撰。

《舊唐書・經籍志・小學》《千字文》一卷。周興嗣撰。

錢東垣等輯《崇文總目・小學類》《千字文》一卷。周興嗣撰。

《新唐書・藝文志・小學類》周興嗣《次韻千字文》一卷。

鄭樵《通志・藝文略・小學類》《次韻千字文》一卷。梁周興嗣。

《宋史・藝文志・小學類》《千字文》一卷。梁周興嗣次韻。

劉若愚《内板經書紀略》《千字文》。一本，十七葉。

字統

《隋書・經籍志・小學》《字統》二十一卷。陽承慶撰。

《舊唐書・經籍志・小學》《字統》二十卷。楊承慶撰。

《新唐書・藝文志・小學類》楊承慶《字統》二十卷。

鄭樵《通志・藝文略・小學類》《字統》二十一卷。楊承慶。

括字苑

《舊唐書・經籍志・小學》《括字苑》十三卷。馮幹撰。

《新唐書・藝文志・小學類》馮幹《括字苑》十三卷。

鄭樵《通志・藝文略・小學類》《括字苑》十三卷。馮幹。

古今文等書

《隋書・經籍志・小學》《古今文等書》一卷。

鄭樵《通志・藝文略・小學類》《古今文等書》一卷。

古今字書

《隋書・經籍志・小學》《古今字書》十卷。

鄭樵《通志藝文略・小學類》《古（令）［今］字書》十卷。

文字集略

《隋書・經籍志・小學》《文字集略》六卷。梁文貞處士阮孝緒撰。

《舊唐書・經籍志・小學》《文字集略》一卷。阮孝緒撰。

《新唐書・藝文志・小學類》阮孝緒《文字集略》一卷。

鄭樵《通志藝・文略・小學類》《文字集略》六卷。梁阮孝緒。

古文三皇書

錢謙益等《絳雲樓書目・小學類》《古文三皇書》一冊。

小學篇

《隋書・經籍志・小學》《小學篇》一卷。晉下邳內史王義撰。

鄭樵《通志・藝文略・小學類》《小學篇》一卷。晉下邳內史王義。

文廷式《補晉書藝文志・小學類》王義《小學篇》一卷。下邳內史。

文字要記

《隋書・經籍志・小學》梁有《文字要記》三卷，王義撰。亡。

鄭樵《通志・藝文略・小學類》《文字要記》三卷。王義

文廷式《補晉書藝文志・小學類》王義《文字要記》三卷。

千字文

《舊唐書・經籍志・小學》《千字文》一卷。蕭子範撰。

《新唐書・藝文志・小學類》蕭子範《千字文》一卷。

千字文

《隋書・經籍志・小學》《千字文》一卷。梁國子祭酒蕭子雲注。

鄭樵《通志·藝文略·小學類》　《千字文》一卷。蕭子雲。

五十二體書

《舊唐書·經籍志·小學》　《五十二體書》一卷。蕭子雲撰。

《新唐書·藝文志·小學類》　蕭子雲《五十二體書》一卷。

鄭樵《通志·藝文略·小學類》　《五十二體書》一卷。蕭子雲。

字義訓音

《隋書·經籍志·小學》　梁有《字義訓音》六卷。曹侯彦撰。亡。

姚振宗《三國藝文志·小學類》　曹侯彦《字義訓音》六卷。

古今字苑

《隋書·經籍志·小學》　梁有《古今字苑》十卷。曹侯彦撰。亡。

姚振宗《三國藝文志·小學類》　曹侯彦《古今字苑》十卷。

文廷式《補晉書藝文志·小學類》　曹侯彦《古今字苑》十卷。

古今文字序

《隋書·經籍志·小學》　梁有《古今文字序》一卷。劉歆撰。亡。

文字統略

《隋書·經籍志·小學》　梁有《文字統略》一卷。焦子明撰。亡。

古今篆隸雜字體

《隋書·經籍志·小學》　《古今篆隸雜字體》一卷。蕭子政撰。

鄭樵《通志·藝文略·小學類》　《古今篆隸雜字體》一卷。蕭子政。

雜體書

《隋書·經籍志·小學》　《雜體書》九卷。釋正度撰。

鄭樵《通志·藝文略·小學類》　《雜體書》九卷。釋正度。

雜字書

《舊唐書·經籍志·小學》　《雜字書》八卷。釋正度作。

《新唐書·藝文志·小學類》　僧正度《雜字書》八卷。

鄭樵《通志·藝文略·小學類》　《雜字書》八卷。僧正度。

字辯

張鵬一《隋書經籍志補·小學》　《字辯》。李鉉。

字略

張鵬一《隋書經籍志補・小學》 《字略》五卷。北齊廣平宋世良。

廣蒼

《隋書・經籍志・小學》 梁有《廣蒼》一卷，樊恭撰。亡。

《舊唐書・經籍志・小學》 《廣蒼》一卷。樊恭撰。

《新唐書・藝文志・小學類》 樊恭《廣蒼》一卷。

鄭樵《通志・藝文略・小學類》 《廣蒼》一卷。樊恭。

千字文

《隋書・經籍志・小學》 《千字文》一卷。胡肅注。

借音字

《隋書・經籍志・小學》 《借音字》一卷。

鼎録

《宋史・藝文志・小學類》 《虞荔鼎録》一卷。

辯字

《隋書・經籍志・小學》 《辯字》一卷。戴規撰。

《舊唐書・經籍志・小學》 《辯字》一卷。戴規撰。

《新唐書・藝文志・小學類》 戴規《辨字》一卷。

文字要説

《舊唐書・經籍志・小學》 《文字要説》一卷。王氏注。

《新唐書・藝文志・小學類》 王氏《文字要説》一卷。

鄭樵《通志・藝文略・小學類》 《文字要説》一卷。王氏。

正名

《隋書・經籍志・小學》 《正名》一卷。

鄭樵《通志・藝文略・小學類》 《正名》一卷。

要用雜字

《隋書・經籍志・小學》 《要用雜字》三卷。鄒里撰。

鄭樵《通志・藝文略・小學類》 《要用雜字》三卷。鄒里。

字類叙評

《隋書・經籍志・小學》 《字類叙評》三卷。侯洪伯撰。

鄭樵《通志・藝文略・小學類》 《字類叙評》三卷。侯洪伯。

文字譜

《隋書・經籍志・小學》 《文字譜》一卷。

鄭樵《通志・藝文略・小學類》 《文字譜》一卷。

字書音同異

《隋書・經籍志・小學》 《字書音同異》一卷。

叙同音義

《隋書・經籍志・小學》 《叙同音義》三卷。

刊定六體書

張鵬一《隋書經籍志補・小學》 《刊定六體書》。後周南陽趙文深等。

玉篇

《隋書・經籍志・小學》 《玉篇》三十一卷。陳左衛將軍顧野王撰。

《舊唐書・經籍志・小學》 《玉篇》三十卷。顧野王撰。

錢東垣等輯《崇文總目・小學類》 《玉篇》三十卷。顧野王撰。

《新唐書・藝文志・小學類》 顧野王《玉篇》三十卷。

鄭樵《通志・藝文略・小學類》 《玉篇》三十一卷。陳左將軍顧野王。

晁公武《郡齋讀書志・小學類》 《玉篇》三十卷。右梁顧野王撰。唐孫彊又嘗增字，僧神珙《反紐圖》附於後。

尤袤《遂初堂書目・小學類》 《玉篇》。

陳振孫《直齋書録解題・小學類》 《玉篇》三十卷。梁黃門侍郎吳興郡顧野王希馮撰。唐處士富春孫彊增加，大約本《說文》，以後漢反切音未備，但云「讀若某」，其反切皆後人所加，多疏樸脱誤。至梁時，四聲之學盛行，故此書不復用直音矣。其文字雖增多，然雅俗雜居，非若《說文》之精覈也。又以今文易篆字，易以舛訛。世人以篆體難通，今文易曉，故《說文》遂罕習。要當求其本源可也。

馬端臨《文獻通考・經籍考・小學》 《玉篇》三十卷。

胡師安等《元西湖書院重整書目》 《玉篇》。

《宋史・藝文志・小學類》 顧野王《玉篇》三十卷。

楊士奇等《文淵閣書目・韻書》 《玉篇》一部，一冊。闕。　《玉篇》一部，五冊。闕。　《玉篇》一部，二冊。殘缺。　《玉篇》一部，三冊。闕。　《玉篇》一部，二冊。完全。　《玉篇》一部，二冊。闕。

張萱等《内閣藏書目録・字學部》 《玉篇》二冊。不全。六朝顧野王著。以偏傍爲類，凡三十卷。闕第一至第九卷。

異字同音

《隋書·經籍志·小學》 《異字同音》一卷。

鄭樵《通志·藝文略·小學類》 《異字同音》一卷。

智永千字文

晁公武《郡齋讀書志·小學類》 《智永千字文》一卷。右梁周興嗣撰，釋智永所書。

馬端臨《文獻通考·經籍考·小學》 《智永千字文》一卷。

演千字文

《隋書·經籍志·小學》 《演千字文》五卷。

《舊唐書·經籍志·小學》 《演千字文》五卷。

《新唐書·藝文志·小學類》 《演千字文》五卷。

鄭樵《通志·藝文略·小學類》 《演千字文》五卷。

訓俗文字略

《隋書·經籍志·小學》 《訓俗文字略》一卷。後齊黄門郎顔之推撰。

急就章注

《舊唐書·經籍志·小學》 《急就章注》一卷。顔之推撰。

《新唐書·藝文志·小學類》 顔之推《注》一卷。

鄭樵《通志·藝文略·小學類》 《急就章》一卷。顔之推注。

正俗音字

錢東垣等輯《崇文總目·小學類》 《正俗音字》四卷。［原釋］齊黄門侍郎顔之推撰。正時俗文字之謬，援諸書爲據，凡三十五目。見《文獻通考》。

尤袤《遂初堂書目·小學類》 顔之推《正俗音字》。

馬端臨《文獻通考·經籍考·小學》 《證俗音字》四卷。

《宋史·藝文志·小學類》 顔之推《證俗音字》四卷。

字始

《宋史·藝文志·小學類》 顔之推《字始》三卷。

證俗音字略

《隋書·經籍志·小學》 《證俗音字略》六卷。

篆書千字文

《隋書・經籍志・小學》《篆書千字文》一卷。
《舊唐書・經籍志・小學》《篆書千字文》一卷。
《新唐書・藝文志・小學類》《篆書千字文》一卷。

草書千字文

《隋書・經籍志・小學》《草書千字文》一卷。

今字辯疑

《隋書・經籍志・小學》《今字辯疑》三卷。李少通撰。
鄭樵《通志・藝文略・小學類》《今字辨疑》三卷。李少通。

俗語難字

《舊唐書・經籍志・小學》《俗語難字》一卷。李少通撰。
《新唐書・藝文志・小學類》李少通《俗語難字》一卷。

雜字要

《隋書・經籍志・小學》《雜字要》三卷。密州行參軍李少通撰。
鄭樵《通志・藝文略・小學類》《雜字要》三卷。隋李少通。

桂苑珠叢

《舊唐書・經籍志・小學》《桂苑珠叢》一百卷。諸葛穎撰。
《新唐書・藝文志・小學類》諸葛穎《桂苑珠叢》一百卷。
鄭樵《通志・藝文略・小學類》《桂苑珠叢》一百卷。諸葛穎。

桂苑珠叢略要

《舊唐書・經籍志・小學》《桂苑珠叢略要》二十卷。
《新唐書・藝文志・小學類》《桂苑珠叢略要》二十卷。
鄭樵《通志・藝文略・小學類》《桂苑珠叢略要》二十卷。

俗語難字

《隋書・經籍志・小學》《俗語難字》一卷。祕書少監王劭撰。
鄭樵《通志・藝文略・小學類》《俗語難字》一卷。隋王劭。

古今字圖雜録

《隋書・經籍志・小學》《古今字圖雜録》一卷。祕書學士曹憲撰。
鄭樵《通志・藝文略・小學類》《古今字圖雜録》一卷。隋曹憲。

文字指歸

《舊唐書·經籍志·小學》　《文字指歸》四卷。曹憲撰。

《新唐書·藝文志·小學類》　《文字指歸》四卷。

鄭樵《通志·藝文略·小學類》　《文字指歸》四卷。

急就章

《舊唐書·經籍志·小學》　《急就章》一卷。史游撰，曹壽解。

《新唐書·藝文志·小學類》　史游《急就章》一卷。曹壽解。

姚振宗《後漢藝文志·小學類》　曹壽《急就篇解》一卷。

小學總録

鄭樵《通志·藝文略·小學類》　《小學總録》二卷。

《宋史·藝文志·小學類》　《諸家小學總録》二卷。

覽字知源

《舊唐書·經籍志·小學》　《覽字知源》三卷。

《新唐書·藝文志·小學類》　《覽字知源》三卷。

鄭樵《通志·藝文略·小學類》　《覽字知源》三卷。

文字辯嫌

《隋書·經籍志·小學》　《文字辯嫌》一卷。彭立撰。

《舊唐書·經籍志·小學》　《文字辯嫌》一卷。彭立撰。

《新唐書·藝文志·小學類》　彭立《文字辨嫌》一卷。

文字整疑

《隋書·經籍志·小學》　《文字整疑》一卷。

鄭樵《通志·藝文略·小學類》　《文字整疑》一卷。

匡謬正俗

《舊唐書·經籍志·經解》　《匡謬正俗》八卷。顔師古撰。

錢東垣等輯《崇文總目·論語類》　《刊謬正俗》八卷。［原釋］唐秘書監顔師古撰。采先儒及當世之言，參質譌謬而矯正之。未終篇而師古歿，其子始上之。詔録藏秘閣。見《文獻通考》。

《新唐書·藝文志·經解類》　顔師古《匡謬正俗》八卷。

鄭樵《通志·藝文略·經解》　《刊謬正俗》八卷。顔師古。

晁公武《郡齋讀書志·經解類》　《匡謬正俗》八卷。右唐顔籀師古撰。以世俗之言多謬誤，質諸經史，刊而正之。永徽中，其子揚庭上之。

馬端臨《文獻通考·經籍考·經解》　《匡繆正俗》八卷。《崇文總目》：唐祕書監顔師古撰。

《宋史·藝文志·經解類》　顔師古《刊謬正俗》八卷。

錢謙益等《絳雲樓書目·經解類》　顔師古《匡謬正俗》一冊。八卷。先是顔介有《證俗音字》四卷。明末浙西沈士龍家有刻本。

《四庫提要・小學類》《匡謬正俗》八卷。安徽巡撫採進本。唐顔師古撰。師古名籀，以字行，雍州萬年人。歷官祕書監。事蹟具《唐書》本傳。是書永徽二年其子符璽郎揚庭表上於朝，高宗敕録本付祕閣。卷首載揚庭表，稱「稿草纔半，部帙未終」。蓋猶未竟之本。又稱「謹遵先範，分爲八卷，勒成一部」，則今本乃揚庭所編。宋人諸家書目多作《刋謬正俗》，或作《糾謬正俗》，蓋避太祖之諱。錢曾《讀書敏求記》作《列謬正俗》，則刻本偶誤也。前四卷凡五十五條，皆論諸經訓詁、音釋。後四卷凡一百二十七條，皆論諸書字義、字音及俗語相承之異。考據極爲精密，惟拘於習俗，不能知音有古今。其註《漢書》，動以合聲爲言，遂與沈重之音《毛詩》，同開後來叶音之説。故此書謂葬音臧，誼、議音宜，反音扶萬反，歌音古賀反，彜音上聲，怒有上、去二聲，壽有授、受二音，縣有平、去二聲，迴音戸鎣反，皆誤以今韻讀古音。謂穰音而成反上，音盛，又音市郢反；先音西；逢音如字，不讀龎。皆誤以古音讀今韻，均未免千慮之一失。然古人考辨小學之書，今皆失傳。自顔之推《家訓》音、證篇外，實莫古於是書。其丘區禹宇之論，韓愈《諱辨》引之，知唐人已絶重之矣。戒山堂《讀史漫筆》解都、鄙二字，詫爲獨解，不知爲此書所已駁。毛奇齡引《書序》「俘厥寶玉」解《春秋》「衛俘」，詫爲特見，不知爲此書所已引。洵後人證據，終不及古人有根柢也。鄭樵《通志・校讎略》曰：「《刋謬正俗》乃雜記經史，惟第一卷起《論語》，而《崇文總目》以爲『《論語》類』，知《崇文》所釋，只看帙前數行，率意以釋之耳。」今檢《崇文總目》，樵説信然。當時館閣諸人不應荒謬至此。檢是類所列，以《論語》三種、《家語》一種居前，次爲《白虎通》，次爲《五經鉤沈》，次即此書，次爲《六説》，次爲《經史釋題》，次爲《授經圖》，次爲《九經餘義》，次爲《演聖通論》，皆統解羣經之文。蓋當時仿《隋志》之例，以《五經總義》附之「《論語》類」中。雖不甚允，要不可謂之無據。樵不考舊文而務爲苛論，遽以「只看數行」詆之，失其旨矣。

錢曾《讀書敏求記・經》《列謬正俗》八卷。

張之洞《書目答問・小學》《匡謬正俗》八卷。唐顔師古。雅雨堂本。《小學彙函》重刻盧本。《珠塵》本。

急就章注

《舊唐書・經籍志・小學》《急就章注》一卷。顔師古撰。

《新唐書・藝文志・小學類》顔師古注《急就章》一卷。

鄭樵《通志藝文略・小學類》《急就章》一卷。顔師古注。

晁公武《郡齋讀書志・小學類》《急就章》一卷。右漢史游撰，唐顔師古注。游，元帝時爲黄門令。書凡三十二章，雜記姓名、諸物、五官等字，以教童蒙。「急就」者，謂字之難知者，緩急可就而求焉。自昔善小學者多書此，故有皇象、鍾繇、衛夫人、王羲之所書傳於世。

尤袤《遂初堂書目・小學類》《急就章》注。

陳振孫《直齋書録解題・小學類》《急就章》一卷。漢黄門令史游撰。唐祕書監顔師古注。其文多古語、古字、古韻，有足觀者。

馬端臨《文獻通考・經籍考・小學》《急就章》一卷。

《宋史・藝文志・小學類》顔師古《急就篇注》一卷。

范邦甸等《天一閣書目・小學類》《急就篇》四卷。刊本。唐顔師古注。

錢謙益等《絳雲樓書目・小學類》《急就篇》二冊。

黄丕烈《蕘圃藏書題識續録・經類》《急就篇》一卷。舊鈔本此舊鈔本《急就篇》，顔氏注本也。

顧廣圻《思適齋書跋・經部》《急就篇》一卷。校本宋淳熙十年，趙汝誼校刻顔師古注《急就篇》。

字　海

《舊唐書・經籍志・小學》《字海》一百卷。大聖天后撰。

《新唐書・藝文志・小學類》《武后字海》一百卷。凡武后所著書，皆元萬頃、范履冰、苗神客、周思茂、胡楚賓、衛業等撰。

鄭樵《通志·藝文略·小學類》　《字海》一百卷。唐武后。

文字志

《舊唐書·經籍志·小學》　《文字志》三卷。王愔撰。

《新唐書·藝文志·小學類》　王愔《文字志》三卷。

鄭樵《通志·藝文略·小學類》　《文字志》三卷。王愔。

干禄字書

錢東垣等輯《崇文總目·小學類》　《干祿字書》一卷。顔元孫撰。

《新唐書·藝文志·小學類》　顔元孫《干祿字書》一卷。

鄭樵《通志·藝文略·小學類》　《干祿字書》一卷。顔元孫。

晁公武《郡齋讀書志·小學類》　《干祿字書》一卷。右唐顔元孫纂。以經史所用爲「正」，世所行爲「俗」，二者之間爲「通」，凡三體。

尤袤《遂初堂書目·小學類》　《干祿字書》。

馬端臨《文獻通考·經籍考·小學》　《干祿字書》一卷。

《宋史·藝文志·小學類》　顔元孫《干祿字書》一卷。

徐𤊹《徐氏家藏書目·字類》　《干祿字書》一卷。顔眞卿。

錢謙益等《絳雲樓書目·小學類》　《干祿字書》。一卷。唐顔元孫撰。此書辨正、通、俗三體。目以「干祿」，謂舉子所資也。其姪眞卿爲書之，刻石於吳興。歐公跋顔魯公《干祿字書》云：「大曆九年刻石，至開成中，遽已缺誤。蓋由公筆法爲世楷模，而字書辨正譌謬，尤爲學者所資耳。」婁機著《廣干祿字書》及《漢隸字原》。《漢隸字原》勝《漢隸分韻》，此鈍吟老人之言也。

《四庫提要·小學類》　《干祿字書》一卷。兩淮馬裕家藏本。唐顔元孫撰。元孫，杲卿之父，眞卿之諸父也。官至滁、沂、濠三州刺史，贈祕書監。大曆九年，眞卿官湖州時，嘗書是編勒石。開成四年，楊漢公復摹刻於蜀中。今湖本已泐闕，蜀本僅存。宋寶祐丁巳，衡陽陳蘭孫始以湖本鋟木，國朝揚州馬曰璐得宋槧翻刻之，即此本也。然證以蜀本，率多謬誤。如卷首序文本元孫作，所謂「伯祖故祕書監」，乃師古也。蘭孫以元孫亦贈祕書監，遂誤以爲眞卿稱元孫，而以序中「元孫」二字改爲「眞卿」以就之。曰璐亦承其譌，殊爲失考。其他闕誤，亦處處有之。今以蜀本互校，補闕文八十五字，改譌體十六字，刪衍文二字，始稍還顔氏之舊。是書爲章表書判而作，故曰「干祿」。其例以四聲隸字，又以二百六部排比字之後先。每字分俗、通、正三體，頗爲詳核。其中如虫蟲、啚圖、商啇、凍涑，截然兩字，而以爲上俗下正。又如皃，古貌字，而云「貌正、皃通」。韭之作韮，芻之作蒭，菫直是俗字，而以爲通用。雖皆不免千慮之失，然其書酌古準今，實可行用。非詭稱復古，以奇怪釣名。言字體者，當以是爲酌中焉。至二百六部之次序，與《廣韻》間有不同，或元孫所用乃陸法言之舊第，而《廣韻》次序乃宋人所改歟？

別本干禄字書

《四庫提要·小學類》　《別本干祿字書》二卷。直隸總督採進本。唐顔元孫撰。其原本已著録。此本乃柏鄉魏裔介所刊。卷端加以考證，其題「炎武按」者，當爲顧炎武語。亦有不標姓名者，不知出於誰手。或即裔介所加歟。元孫是書，本依韻編次，而不標韻部之目，石本可據。此依《廣韻》加之。然原本與《廣韻》次序實不相同。如覃、談列陽、唐之前，蒸列鹽之後，仄聲亦並相應。考夏竦《古文四聲韻》，稱用《唐韻》部分者，其次序亦與此同，知非謬誤。蓋當時韻書非一本，炎武議其顚倒，亦非通論也。

經典分毫正字

錢東垣等輯《崇文總目·小學類》　《經典分毫正字》一卷。［原釋］唐太學博士歐陽融撰。辨正經典字文，使不得相亂。篇帙今闕，全篇止《春秋》中帙，餘篇悉亡。見《文獻通考》。

《新唐書・藝文志・小學類》　歐陽融《經典分毫正字》一卷。

鄭樵《通志・藝文略・小學類》　《經典分毫正字》一卷。唐歐陽融。

馬端臨《文獻通考・經籍考・經解》　《經典分毫正字》一卷。《崇文總目》：唐太學博士歐陽融撰。

《宋史・藝文志・小學類》　歐陽融《經典分毫正字》一卷。

像文玉篇

錢東垣等輯《崇文總目・小學類》　《像文玉篇》二十卷。［原釋］唐釋慧力撰。據顧野王之書裒益衆説，皆標文示象。見《文獻通考》。闕。見天一閣鈔本。

《新唐書・藝文志・小學類》　僧慧力《像文玉篇》三十卷。

鄭樵《通志・藝文略・小學類》　《像文玉篇》三十卷。唐釋慧力。

馬端臨《文獻通考・經籍考・小學》　《像文玉篇》二十卷。

《宋史・藝文志・小學類》　《象文玉篇》二十卷。

玉篇解疑

錢東垣等輯《崇文總目・小學類》　《玉篇解疑》三十卷。［原釋］道士趙利貞撰。刪略野王之説以解字文。見《文獻通考》。闕。見天一閣鈔本。

鄭樵《通志・藝文略・小學類》　《玉篇解疑》三十卷。道士趙利正。

馬端臨《文獻通考・經籍考・小學》　《玉篇解疑》三十卷。

《宋史・藝文志・小學類》　道士謝利貞《玉篇解疑》三十卷。

開元文字音義

《新唐書・藝文志・小學類》　玄宗《開元文字音義》三十卷。

鄭樵《通志・藝文略・小學類》　《開元文字音義》三十卷。唐明皇。

尤袤《遂初堂書目・小學類》　《開元文字音義》。

《宋史・藝文志・小學類》　唐玄宗《開元文字音義》二十五卷。

六説

錢東垣等輯《崇文總目・論語類》　《六説》五卷。［原釋］唐右補闕劉迅作《六書》以繼《六經》，故標概作書之誼而著其目。惟《易》闕而不叙，故止五卷。見《經義考擬經類》。《通考》引無末句。

《新唐書・藝文志・經解類》　劉迅《六説》五卷。

鄭樵《通志・藝文略・經解》　《六説》五卷。劉迅。

晁公武《郡齋讀書志・經解類》　《六説》五卷。右唐劉迅撰。迅著書以擬《六經》，此乃其叙篇。惟《易》闕而不言，故止五卷云。

馬端臨《文獻通考・經籍考・經解》　《六説》五卷。

集天名稱

《舊唐書・經籍志・經解》　《集天名稱》三卷。

《新唐書・藝文志・經解類》　《集天名稱》三卷。

難要字

《舊唐書・經籍志・小學》　《難要字》三卷。

《新唐書・藝文志・小學類》　《難要字》三卷。

鄭樵《通志藝文略・小學類》　《難字要》三卷。

五經文字

錢東垣等輯《崇文總目・小學類》　《五經文字》三卷。［原釋］初，張參拜詔與儒官校正經典，乃取漢蔡邕石經、許慎《說文》、呂忱《字林》、陸德明《釋文》，命孝廉生顏傳鈔撮疑互，取定儒師，部爲一百六十，非緣經見者皆略而不集。見《文獻通考》。

《新唐書・藝文志・小學類》　張參《五經文字》三卷。

鄭樵《通志・藝文略・小學類》　《五經文字》三卷。唐張參。

尤袤《遂初堂書目・小學類》　《五經文字》。

陳振孫《直齋書録解題・經解類》　《五經文字》三卷。唐國子司業張參撰。大曆中刻石長安太學。

馬端臨《文獻通考・經籍考・經解》　《五經文字》三卷。陳氏曰：唐國子司業張參撰。

《宋史・藝文志・小學類》　張參《五經文字》五卷。

楊士奇等《文淵閣書目・諸經總類》　張參《五經文字》。一部，三冊。闕。

毛晉《汲古閣書跋》　影宋精鈔本《五經文字》。

《四庫提要・小學類》　《五經文字》三卷。兩淮馬裕家藏本。唐張參撰。參里貫未詳。《自序》題「大曆十一年六月七日」，結銜稱「司業」，蓋代宗時人。《唐書・儒學傳序》稱：「文宗定五經，鑱之石，張參等是正譌文。」誤也。考《後漢書》，熹平四年春三月，詔諸儒正五經文字，刻石立於太學門外。參書立名，蓋取諸此。凡三千二百三十五字，依偏旁爲百六十部。劉禹錫《國學新修五經壁記》云：「大曆中名儒張參，爲國子司業，始詳定五經，書於講論堂東西廂之壁。積六十餘載，祭酒皞博士公肅再新壁書，乃析堅木負墉而比之。其製如版牘而高廣，背施陰關，使衆如一。」觀此言，可以知《五經文字》初書於屋壁，其後易以木版，至開成間乃易以石刻也。朱彝尊跋云：「《五經文字》獨無雕本爲一闕事。」考《冊府元龜》，稱周顯德二年尚書左丞兼判國子監事田敏獻印版書《五經文字》，奏稱：「臣等自長興三年校勘雕印九經書籍。」然則此書刻本在印版書甫創之初已有之，特其本不傳耳。今馬曰璐新刻版本跋云：「舊購宋拓石經中有此，因舊樣繕寫，雕版於家塾。」然曰璐雖稱摹宋拓本，今以石刻校之，有字畫尚存而其本改易者。又下卷《幸部》脫去睪字註十九字、盩字併註凡八字。今悉依石刻補正，俾不失其眞焉。

張之洞《書目答問・列朝經注經說經本考證》　《五經文字》一卷。附《五經文字疑》一卷。唐張參。微波榭本。馬曰璐《小玲瓏山館叢書》本。廣州刻《小學彙函》即馬本。西安石本。

古來篆隸詁訓名録

《舊唐書・經籍志・小學》　《古來篆隸詁訓名録》一卷。

《新唐書・藝文志・小學類》　《古來篆隸詁訓名録》一卷。

鄭樵《通志・藝文略・小學類》　《古今篆隸訓詁名録》一卷。

說文字原

錢東垣等輯《崇文總目・小學類》　《說文字原》一卷。［原釋］唐李騰集。初，李陽冰爲滑州節度使，李勉篆《新驛記》。賈耽鎮滑州，見陽冰書，歎其精絶，因命陽冰姪騰集許慎《說文》目録五百餘字，刊於石，以爲世法云。見《文獻通考》。毛扆《說文》附録引。「李騰集」下多「李陽冰篆書」五字。「侄騰集」下多「其篆書以」四字。

《新唐書・藝文志・小學類》　李騰《說文字源》一卷。陽冰從子。

鄭樵《通志・藝文略・小學類》　《說文字源》一卷。唐李騰集。

馬端臨《文獻通考・經籍考・小學》　《說文字源》一卷。

楊士奇等《文淵閣書目・韻書》　《說文字原》。一部一冊。闕。《說文字原》。一部一冊。闕。

徐𤊟《徐氏家藏書目・字類》　《說文字源》一卷。唐李騰集，元周伯琦訂正。

錢謙益等《**絳雲樓書目・小學類**》《説文字原》二冊。李陽冰撰。又元末周伯琦亦著《説文字原》。賈耽爲李騰序《説文字原》，見歐公《滑州新驛記》。騰陽冰之姪也。又有小字《説文字原》。郭忠恕書也，亦見歐公《跋》。明初熊公武著《説文字章句》。

漢隸釋文

《**宋史・藝文志・小學類**》楊師復《漢隸釋文》二卷。

範金録

《**宋史・藝文志・小學類**》李訓《範金録》一卷。

九經字樣

錢東垣等輯《**崇文總目・小學類**》《九經字樣》一卷。［原釋］唐翰林待制唐玄度撰。開成中玄度奉詔覆定太學石經字文，以來補張參之闕。更作《九經字樣》爲七十六。見《文獻通考》。

《**新唐書・藝文志・小學類**》唐玄度《九經字樣》一卷。文宗時待詔。

鄭樵《**通志・藝文略・小學類**》《九經字樣》一卷。唐玄度。

尤袤《**遂初堂書目・小學類**》《九經字樣》。

陳振孫《**直齋書録解題・經解類**》《九經字樣》一卷。唐沔王友翰林待詔唐玄度撰。補張參之所不載，開成中上之。二書卻當在小學類，以其專爲經設，故亦附見於此。往宰南城出謁，有持故紙鬻於道者，得此書，乃古京本，五代開運丙午所刻也。遂爲家藏書籍之最古者。

馬端臨《**文獻通考・經籍考・經解**》《九經字樣》一卷。《崇文總目》：唐翰林待制唐玄度撰。

《**宋史・藝文志・小學類**》唐玄度《九經字樣》一卷。

楊士奇等《**文淵閣書目・諸經總類**》唐玄度《九經字樣》。一部，一冊。闕。

毛晉《**汲古閣書跋**》影宋精鈔《九經字樣》。

《**四庫提要・小學類二**》《九經字樣》一卷。兩淮馬裕家藏本。唐唐玄度撰。玄度里籍未詳，惟據此書知其開成中官翰林待詔。考《唐會要》，稱：「大和七年二月，敕唐玄度覆定石經字體。十二月，敕於國子監講論堂兩廊創立石九經。」玄度《字樣》，蓋作於是時。凡四百二十一字，依倣《五經文字》爲七十六部。前載開成二年八月牒云：「准大和七年十二月敕覆九經字體者，今所詳覆，多依司業張參《五經文字》。爲准諸經之中，別有疑闕。古今體異，隸變不同。如總據《説文》，即古體驚俗。若依近代文字，或傳寫乖謬。今與校勘官同商較是非，取其適中。纂録《新加九經字樣》一卷，請附於《五經文字》之末。」蓋二書相輔而行，當時即列石壁九經之後。明嘉靖乙卯地震，二書同石經並損闕焉。近時馬曰璐得宋拓本而刊之，猶屬完善。其間傳寫失眞，及校者意改，往往不免。今更依石刻殘碑，詳加覆訂，各以案語附之下方。《五經文字》音訓多本陸德明《經典釋文》，或註某反，或註音某。玄度時避言「反」字，無同音字可註者，則云某平、某上，就四聲之轉以表其音。是又二書義例之異云爾。

張之洞《**書目答問・列朝經注經説經本考證**》《九經字樣》一卷，附《九經字樣疑》一卷。唐唐玄度。微波榭本。小玲瓏山館本。《小學彙函》刻馬本。西安石本。

五經字樣

馬端臨《**文獻通考・經籍考・經解**》《五經字樣》一卷。陳氏曰：唐沔王友翰林待制唐玄度撰。

十體論

《宋史・藝文志・小學類》 玄度《十體書》一卷。

古字略

鄭樵《通志・藝文略・小學類》 《古字略》。李商隱。

集綴古文

鄭樵《通志・藝文略・小學類》 《集綴古文》。裴光遠。

刊誤

《宋史・藝文志・經解類》 李涪《刊誤》二卷。

補說文解字

鄭樵《通志・藝文略・小學類》 《補說文字解》三十卷。僧曇域。

《宋史・藝文志・小學類》 僧曇棫《補說文解字》三十卷。

顧櫰三《補五代史藝文志・小學類》 《補說文解字》三十卷。僧曇域撰。

續古闕文

顧櫰三《補五代史藝文志・小學類》 《續古闕文》一卷。孫晟撰。

字源偏傍小說

《宋史・藝文志・小學類》 林罕《字源偏傍小說》三卷。

顧櫰三《補五代史藝文志・小學類》 《偏旁小說》一卷。林罕撰。

林氏小說

晁公武《郡齋讀書志・小學類》 《林氏小說》三卷。右唐林罕撰。凡五百四十一字。其說頗與許愼不同，而互有得失。邵必緣進《禮記石經》陛對，仁宗顧問：「罕之書如何？」必曰：「雖有所長，而微好怪。《說文》歸字從堆、從止、從帚，以堆爲聲，罕云從追，於聲爲近。此長於許氏矣。《說文》哭從吅、從獄省，罕乃云象犬嗥，此怪也。」有石刻在成都，公武嘗從數友就觀之，其解字殊可駭笑者，不疑好怪之論誠然。

馬端臨《文獻通考・經籍考・小學》 《林氏小說》三卷。

林氏字說

顧櫰三《補五代史藝文志・小學類》 《林氏字說》二十篇。

正俗字

《宋史・藝文志・小學類》《正俗字》十卷。

辨字圖

鄭樵《通志・圖譜略・小學》《辨字圖》。

《宋史・藝文志・小學類》《辨字圖》四卷。

顧櫰三《補五代史藝文志・小學類》《辨字圖》四卷。

纂古

鄭樵《通志・藝文略・小學類》《纂古》一卷。崔希裕集。

九經文字

顧櫰三《補五代史藝文志・經部》《九經文字》一卷。張昭遠撰。

義雲章

鄭樵《通志・藝文略・小學類》《義雲章》。

汗簡集

顧櫰三《補五代史藝文志・小學類》《汗簡集》二卷。

汗簡

鄭樵《通志・藝文略・小學類》《汗簡》八卷。郭忠恕。

《宋史・藝文志・小學類》郭忠恕《汗簡集》七卷。

錢曾《讀書敏求記・字學》郭忠恕《汗簡》七卷。

王士禛《漁洋書跋》《汗簡》。郭忠恕著《佩觿》、《汗簡》二書，並載《宋史・藝文志》。

《四庫提要・小學類二》《汗簡》三卷。《目録敘略》一卷。兩淮馬裕家藏本。宋郭忠恕撰。忠恕字恕先，洛陽人。是書首有李建中題字，後有附題兩行，稱忠恕仕周朝，爲朝散大夫、宗正丞、兼國子書學博士，疑亦建中所記。然據郭若虛《圖畫見聞志》及《蘇軾集》所載忠恕小傳，並稱宋太宗時召忠恕爲國子監主簿，後流登州，道卒。則不得爲周人。又陶岳《五代史補》載周祖入京師時，忠恕爲湘陰公推官，面責馮道之賣國。則先已仕漢，題周更誤矣。《宋史・藝文志》以此書與《佩觿》並載。而晁、陳諸家書目皆不著録，則在宋代亦罕見。此本乃宋李建中得之祕府。大中祥符五年，李直方得之建中。初無撰人名字，建中以字下註文有「臣忠恕」字，證以徐鉉所言，定爲忠恕所作。其分部從《説文》之舊，所徵引古文凡七十一家。前列其目，字下各分註之。時王球、呂大臨、薛尚功之書皆未出，故鍾鼎闕焉。其分隸諸字，即用古文之偏旁，與後人以眞書分部、案韻繫字者不同。《鈍吟雜録》載馮舒嘗論此書，以沔、汸、腈、駛諸字援文就部爲疑。然古文部類，不能盡繩以隸楷。猶之隸楷轉變，不能盡繩以古文。舒之所疑，蓋不足爲累。且所徵七十一家，存於今者不及二十分之一，後來談古文者，輒轉援據，大抵從此書相販鬻。則忠恕所編，實爲諸書之根柢，尤未可以忘所自來矣。

黃丕烈《蕘圃藏書題識・經類》　《汗簡》三卷，《目録》、《叙略》一卷。舊鈔本。

張金吾《愛日精廬藏書志・小學類》　《汗簡》七卷。馮氏己蒼手抄本。宋郭忠恕撰。　《汗簡》七卷。孫氏木芝抄本。宋郭忠恕撰。

張之洞《書目答問・小學》　《汗簡》三卷，《目録》、《叙略》一卷。宋郭忠恕。汪啓淑刻本。汪立名一隅草堂本。此書多沿誤，鄭珍《汗簡箋正》七卷極精，未刊。

佩觿

錢東垣等輯《崇文總目・小學類》　《佩觿》三卷。［原釋］郭忠恕上卷列三科：一曰造字，二曰四聲，三曰傳寫。中、下以四聲分十條。見《玉海・藝文類》。

鄭樵《通志・藝文略・小學類》　《佩觿》三卷。郭忠恕。

晁公武《郡齋讀書志・小學類》　《佩觿》三卷。右皇朝郭忠恕撰。上篇論古今傳記、小學異同，極爲詳博。

尤袤《遂初堂書目・小學類》　郭氏《佩觿》。

陳振孫《直齋書録解題・小學類》　《佩觿》三卷。國子《周易》博士洛陽郭忠恕恕先撰。「觿」者，所以解結也。忠恕嗜酒狂縱，數犯法忤物得罪，其死時頗異，世傳以尸解。

馬端臨《文獻通考・經籍考・小學》　《佩觿》三卷。

《宋史・藝文志・小學類》　郭忠恕《佩觿》三卷。

高儒《百川書志・小學》　《佩觿》二卷。

徐𤊹《徐氏家藏書目・字類》　《佩觿》三卷。宋郭忠恕。

錢謙益等《絳雲樓書目・小學類》　《佩觿》三卷。郭忠恕撰。

《四庫提要・小學類二》　《佩觿》三卷。兩淮馬裕家藏本。宋郭忠恕撰。

此書上卷備論形聲譌變之由，分爲三科：一曰造字，二曰四聲，三曰傳寫。中、下二卷則取字畫疑似者，以四聲分十段：曰平聲自相對，曰平聲上聲相對，曰平聲去聲相對，曰平聲入聲相對，曰上聲自相對，曰上聲去聲相對，曰上聲入聲相對，曰去聲自相對，曰去聲入聲相對，曰入聲自相對。末附與《篇》、《韻》音義異者十五字，又附辨證舛誤者一百十九字。不署名字，不知何人所加。以其可資考證，仍並存之。惠棟《九經古義》嘗駁忠恕以「示」字爲「視」，而反以「視」爲俗字。今考其中如謂「車」字音尺遮反，本無居音，蓋因韋昭《辨釋名》之說，未免失於考訂。又書號八分，久有舊訓，蔡文姬述其父語，自必無譌。乃以爲八體之外別分此體，強爲穿鑿，亦屬支離。至於以天承口爲吳，已見《越絶書》，而引《三國志》爲徵。「景」爲古「影」字，已見高誘《淮南子註》而云葛洪《字苑》加「彡」。案此沿《顏氏家訓》之誤。又陶侃本字士行，而誤作士衡。東方朔以來來爲棗，本約略近似，而遂造棗字，均病微疎。然忠恕洞解六書，故所言具中條理。如辨逄姓之「逄」音皮江反，不得讀如逢遇本字。證之《漢隸字源》，逢字下引《逄盛碑》通作逄。則姓氏之逄雖通作「逢」，亦仍作皮江反，可證顏師古之譌。又若辨「甪里」本作「角里」，與「角亢」字無異，亦不用顏師古恐人誤讀，故加一拂之說。證之漢四老神位神胙几石刻，「甪里」實作「角里」，與此書合。則知忠恕所論，較他家精確多矣。

彭元瑞等《天禄琳琅書目後編・宋版經部》　《佩觿》。一函，二冊。

顧櫰三《補五代史藝文志・小學類》　《佩觿》三卷。郭忠恕撰。

吳壽暘《拜經樓藏書題跋記》　《佩觿》三卷。張氏澤存堂重刻本。

張之洞《書目答問・小學》　《佩觿》三卷。宋郭忠恕。澤存堂本。又單行本。

辨證

高儒《百川書志・小學》　《辨證》一卷。宋國子《周易》博士郭忠恕記。

古文雜字

鄭樵《通志・藝文略・小學類》　《古文雜字》一卷。

正字賦

《宋史・藝文志・小學類》　《正字賦》一卷。

顧櫰三《補五代史藝文志・小學類》　《正字賦》一卷。

說文解字通釋

《宋史・藝文志・小學類》　《說文解字通釋》四十卷。

錢謙益等《絳雲樓書目・小學類》　《說文解字通釋》一冊。

張之洞《書目答問・小學》　《說文字通通釋》　卷。刻本。

說文解字繫傳

錢東垣等輯《崇文總目・小學類》　《說文解字繫傳》三十八卷。［原釋］徐鍇。見天一閣鈔本。鍇以許氏學廢，推源析流，演究其文，作四十篇。近世言小學惟鍇名家。見《玉海・藝文類》。

鄭樵《通志・藝文略・小學類》　《說文解字繫傳》三十八卷。徐鍇。

尤袤《遂初堂書目・小學類》　徐鍇《說文》。

陳振孫《直齋書録解題・小學類》　《說文解字繫傳》四十卷。南唐校書郎廣陵徐鍇楚金撰。爲《通釋》三十篇，《部敘》二篇，《通論》三篇，《祛妄》、《類聚》、《錯綜》、《疑義》、《系述》各一篇。鍇至集賢學士、右內史舍人，不及歸朝而卒。鍇與兄鉉齊名，或且過之。而鉉歸朝通顯，故名出鍇上。此書援引精博，小學家未有能及之者。

馬端臨《文獻通考・經籍考・小學》　《說文解字繫傳》四十卷。

《宋史・藝文志・小學類》　《徐鍇說文解字繫傳》四十卷。

張萱等《内閣藏書目録・字學部》　《說文解字》一冊。不全。南唐徐鍇博釋，朱翺反切，爲書莫詳卷數。

錢曾《讀書敏求記・字學》　徐鍇《說文解字繫傳》四十卷。

黄丕烈《百宋一廛書録》　《說文繫傳》。

顧廣圻《思適齋書跋・經部》　《說文繫傳》四十卷。校本。

《四庫提要・小學類二》　《說文繫傳》四十卷。兵部侍郎紀昀家藏本。南唐徐鍇撰。鍇字楚金，廣陵人。官至右内史舍人。宋兵下江南，卒於圍城之中。事蹟具《南唐書》本傳。是書凡八篇，首《通釋》三十卷，以許慎《說文解字》十五篇，篇析爲二。凡鍇所發明及徵引經傳者，悉加「臣鍇曰」及「臣鍇案」字以別之。繼以《部敘》二卷、《通論》三卷、《祛妄》、《類聚》、《錯綜》、《疑義》、《系述》各一卷。《祛妄》斥李陽冰臆説。《疑義》舉《說文》偏旁所有而闕其字及篆體筆畫相承小異者。《部敘》擬《易序卦傳》，以明《說文》五百四十部先後之次。《類聚》則舉字之相比爲義者，如一、二、三、四之類。《錯綜》則旁推六書之旨，通諸人事，以盡其意。終以《系述》，則猶《史記》之《自叙》也。鍇嘗別作《說文篆韻譜》五卷。宋孝宗時李燾因之作《說文解字五音譜》。燾《自序》有曰：「《韻譜》當與《繫傳》並行。今《韻譜》或刻諸學官，而《繫傳》迄莫光顯。余蒐訪歲久，僅得其七八闕卷。誤字無所是正，每用太息。」則《繫傳》在宋時已殘闕不完矣。今相傳僅有鈔本。錢曾《讀書敏求記》至詫爲「驚人祕笈」，然脱誤特甚。卷末有熙寧中蘇頌記云：「舊闕二十五、三十共二卷，俟別求補寫。」此本卷三十不闕，或續得之以補入。卷二十五則直録其兄鉉所校之本，而去其新附之字。殆後人求其原書不獲，因摭鉉書以足之。猶之《魏書》佚《天文志》，以張太素書補之也。其餘各部闕文，亦多取鉉書竄入。考鉉書用孫愐《唐韻》，而鍇書則朝散大夫行祕書省校書郎朱翺別爲反切。鉉書稱「某某切」，而鍇書稱「反」。今書内音切與鉉書無異者，其訓釋亦必無異。其移掇之迹，顯然可見。至《示部》竄入鉉新附之「祧」、「祆」、「祚」三字，尤鑿鑿可證者。錯編篇末，其文亦似未完。無可採補，則竟闕之矣。此書成於鉉書之前，故鉉書多引其說，然亦時有同異。如鉉本「福，祐也」，此作「備也」。鉉本「茱，耕多艸」，此作「耕名」。鉉本「迹，前頡也」，此作「前頓也」。鉉本「鶟，大鷚也」，此從《爾雅》作「天鸙也」。又鉉本「禜」字下引《禮記》、「禂」字下引《詩》之類，此作「臣鍇案《禮記》曰」、「臣鍇案《詩》曰」，則鍇所引，而鉉本淆入許氏者甚多。又如「巹」字下云「闕」，此作「家本無注，臣鍇案」，疑許慎子許沖所言也。」是鉉直刪去「家本無注」四字，改用一「闕」字矣。其憑臆刪改，非賴此書之存，何以證之哉。此書本出蘇頌所傳篆文，爲監察王聖美、翰林祗候劉允恭所書。卷末題「子容」者，即頌字也。乾道癸巳，尤袤得於葉夢得家，寫以與李燾。詳見袤跋。書中有稱「臣次立案」者，張次立也。次立官至殿中丞，嘗與寫《嘉祐二字石經》，陶宗儀《書史會要》載其始末云。案是書在徐鉉校《說文》之前，而列其後者，鉉校許慎之原本，以慎爲主，而鉉附之。此書鍇所論著，以鍇爲主，故不得而先慎也。

顧櫰三《補五代史藝文志·小學類》 《說文解字繫傳》四十卷。

張之洞《書目答問·小學》 《說文繫傳》四十卷，附《校勘記》三卷。南唐徐鍇，苗夔校。壽陽祁氏刻本。歸安姚氏繙祁本。《小學彙函》重刻祁本。汪本、馬本不善。

說文解字韻譜

錢東垣等輯《崇文總目·小學類》 《說文解字韻譜》十卷。徐鍇撰。

鄭樵《通志·藝文略·小學類》 《說文韻譜》十卷。徐鍇。

晁公武《郡齋讀書志·小學類》 《說文解字韻譜》十卷。右南唐徐鍇撰。鍇以許慎學絕，取其字分譜四聲，殊便檢閱，然不具載其解爲可恨，頗有意再編之。

陳振孫《直齋書録解題·小學類》 《說文韻譜》十卷。徐鍇撰。又取《說文》以聲韻次之，便于檢討。鉉爲作序。

馬端臨《文獻通考·經籍考·小學》 《說文解字韻譜》十卷。

《宋史·藝文志·小學類》 徐鍇《說文解字韻譜》十卷。

高儒《百川書志·小學》 許氏《說文解字五音韻譜》十二卷。漢許慎撰。

彭元瑞等《天禄琳琅書目後編·宋版經部》 《說文解字韻譜》。一函五冊。南唐徐鍇撰。

顧櫰三《補五代史藝文志·小學類》 《說文解字韻譜》十卷。徐鍇撰。

說文篆韻譜

尤袤《遂初堂書目·小學類》 徐鍇《說文篆韻》。

范邦甸等《天一閣書目·小學類》 《說文解字篆韻譜》五卷刊本。南唐徐鉉序。

《四庫提要·小學類二》 《說文解字篆韻譜》五卷。兩江總督採進本。南唐徐鍇撰。其書取許慎《說文解字》以四聲部分，編次成書。凡小篆皆有音訓，其無音訓者，皆慎書所附之重文。註「史」字者籀書，註「古」字者古文也。所註頗爲簡略，蓋六書之義已具於《說文繫傳》中，此特取便檢閱，故不更複贅耳。據李燾《說文五音韻譜序》，此書篆字皆其兄鉉所書。鉉集載有此書序二篇，後篇稱「《韻譜》既成，廣求餘本，孜孜讎校，頗有刊正。今承詔校定《說文》，更與諸儒精加研覈。又得李舟所著《切韻》，殊有補益。其間有《說文》不載而見於《序例》、註義者，必知脫漏，並從編録。疑者則以李氏《切韻》」爲正。是此書鉉又更定，不僅出鍇一手。其以《序例》、註義中字添入，亦鉉所爲也。《前序》稱「命鍇取叔重所記，以《切韻》次之。聲韻區分，開卷可睹」云云。考《後序》稱「又得李舟《切韻》」，則所謂《切韻》次之者，當即陸法言書，即《唐韻》、《廣韻》所因也。然鍇所編部分，與《廣韻》稍異。又上平聲內《痕部》併入《魂部》，下平聲內《一先》、《二仙》後別出《三宣》一部。然《魂部》之下註《痕部》附字，而《宣部》則不著別分。似乎《切韻》原有此部，殆不可曉。或此書部分，鉉亦以李舟《切韻》定之，非陸法言之《切韻》，故分合不同歟？是書傳本甚少，此爲明巡撫李顯所刻。《寒部》籣、瀾、漣、灡、闌五字，當在乾、灡、讕、譋四字之後。《豪部》高、皋、菒、羔、膏五字，當在獆、諕、號、荒、咢五字之後。皆譌前一行。《痲部》媧、譁、諸、觰、䕅五字當在秅、庛、誇、侉、夸、家、加、茄、葭九字之前，譌後二行。蓋刻其書者失於校覈。其《後序》一篇亦佚去不載。今從鉉《騎省集》録出補入，以成完帙焉。

張之洞《書目答問・小學》《篆韻譜》五卷。南唐徐鍇。蘇州馮氏刻本。《小學彙函》本。《函海》本不善。王筠說文韻譜校五卷甚精核未刊。

通輯五音

顧櫰三《補五代史藝文志・小學類》《通輯五音》一千卷。徐鍇撰。

玉璽譜

《宋史・藝文志・小學類》崔逄《玉璽譜》一卷。嚴士元重修，宋魏損潤色。

英公字源

晁公武《郡齋讀書志・小學類》《英公字源》一卷。右皇朝釋夢英撰。夢英通篆籀之學，書偏傍五百三十九字。郭忠恕云：按《說文字源》惟有五百四十部，子字合收在子部，今目録妄有更改；又《集解》中誤收去部在注中；今點檢偏傍，少晶、惢、至、龜、弦五字，故知林氏虚誕誤後進，其《小說》可焚。夢英因書此以正之，柴禹錫爲立石。

馬端臨《文獻通考・經籍考・小學》《英公字源》一卷。

字源偏旁小說

錢東垣等輯《崇文總目・小學類》《字源偏旁小說》三卷。東林生解。

鄭樵《通志・藝文略・小學類》《字源偏旁小說》三卷。東林生解。

玉璽記

《宋史・藝文志・小學類》鄭文寶《玉璽記》一卷。

集古四聲韻

鄭樵《通志・藝文略・小學類》《集古四聲韻》五卷。夏竦。

晁公武《郡齋讀書志・小學類》《古文四聲》五卷。右皇朝夏竦撰。博采古文奇字，分四聲編次，以便檢尋。

尤袤《遂初堂書目・小學類》夏英公《古文韻》。

馬端臨《文獻通考・經籍考・小學》《古文四聲》五卷。

《宋史・藝文志・小學類》夏竦《重校古文四聲韻》五卷。

錢謙益等《絳雲樓書目・小學類》夏英公《古文四聲韻》一冊。五卷。

錢曾《讀書敏求記・韻書》《古文四聲韻》五卷。

于敏中等《天禄琳琅書目・宋鈔經部》《新集古文四聲韻》。一函，五冊。宋夏竦撰，五卷。

《四庫提要・小學類二》《古文四聲韻》五卷。刑部郎中汪啓淑家刊本。宋夏竦撰。竦字子喬，江州德安人。景德三年舉賢良方正，官至武寧軍節度使，謚文莊。事蹟具《宋史》本傳。據吾衍《學古編》稱：「夏竦《古文四聲韻》五卷，前有序并全銜者好，別有僧翻本不可用。」又據全祖望《鮚埼亭集》，有是書跋，稱借鈔於范氏天一閣，爲紹興乙丑浮屠寶達重刊。蓋即吾衍所謂僧翻本也。此本從汲古閣影寫宋刻翻雕，有慶曆四年竦《自序》。卷首題「開府儀同三司、行吏部尙書、知亳州軍州事夏竦集」。是吾衍所謂「前有序及全銜者」矣。其書以四聲分隸古篆。全祖望跋稱「所引遺書八十八家，以校郭氏《汗簡》未嘗多一種。實即取《汗簡》而分韻録之，絕無增減異同，雖不作可也」。其說固是。然《汗簡》以偏旁分部，而偏旁又全用古文，不從隸體，猝不易尋。此書以韻分字，而以隸領篆，較易於檢閱。此如既有《說文》，而徐鍇復作《篆韻譜》，相輔而行，固未可廢其一也。惟其書由雜綴而成，多不究六書之根柢。如「窺」即古「親」字也，「親」字下既云古《尙書》作「□」，又別出一「窺」字，謁從宀爲從穴。「云」即古「雲」字也。「雲」字既云《說文》作「□」，「云」字下又云王存乂《切韻》作「□」。「□」即古「瞿」字也，「䀠」字下引《汗簡》作「□」，「瞿」字下又引崔希裕《纂古》作「畀」。以及朝、鼂，聞、闅，協、叶之類，不可殫數。「𪓐」字引古《尙書》是西伯戡黎之「戡」，古字通也。乃不併於「戡」字，而自爲一條，是由不知古文誤以一字爲二也。「澄」即「澂」字之別體，「澄」字下引《雲臺碑》作「□」。「澂」字下引《王庶子碑》作「□」。「彩」即「采」字之別體。「采」字下引《雲臺碑》作「□」，「彩」字下引《義雲章》作「□」。以及桐㮚、崇峹、窺闚、蓍謨、仙僊、員圓、熙煕、奉捧、准準、帽冒、竟競之類，不可殫數。是又由不辨俗書，誤以一字爲二也。覃韻之「函」，乃「函蓋」字。咸韻之「函」，乃「函谷」字。而並引《南岳碑》作「□」。仙韻之「鮮」，乃「腥鮮」字。於古當從三魚。獮韻之「鮮」，乃「鮮少」字，於古當從是從少。乃並云古《老子》作「□」，顏黃門說作「□」，古《尙書》作「□」。《說文》訓「㫄」爲「大」，訓「荒」爲「荒蕪」。本爲兩字，而以古《尙書》之「荒」字籀韻之「㫄」字並列「荒」字下。是不辨音義，以二字合爲一也。□、□、□三字並出《說文》，乃惟云「□」字出《說文》，「□」、「□」字則云出《貝邱長碑》。古《老子》「三」字則云出《天台經幢》。「□」字出《石鼓文》，乃云出王存又《切韻》。「鎦」字出《說文》、「庿」字出《儀禮》。灋字、𣪺字、飌字、簮字、出《周禮》，乃並云出崔希裕《纂古》。「洍」字出《荀子》、《公羊傳》，乃云出古文。是不求出典，隨所見而捃摭也。「簣」字《說文》本作「𡿺」，乃云出《唐韻》。「夢」字《說文》本作「□」，乃云出《汗簡》。「燒」字《說文》本作「燒」，乃云出崔希裕《纂古》。以及兮、回、冰、井、丑、志之類，全與《說文》相同者，亦不可殫數。是併不辨小篆也。至於「室」字，云《季札墓銘》作「□」，《季札墓銘》無「室」字。「怕」字，云古《孝經》作「□」，古《孝經》無「怕」字，益杜撰矣。他如□、□、□、鉠、□、□之類，相連並立，猶云一篆文一改篆爲隸也。至「保」字下云：「崔希裕《纂古》作『保』」。鴈字下云：「《籀韻》作『鴈』」。則全作隸書，點畫不異，更不解其何故。讀是書者亦未可全據爲典要也。所列韻目，據《自序》云：「本唐《切韻》。仙韻下增一宣韻。與徐鍇《韻譜》同。覃、談二韻列於厤後陽前。蒸、登二韻列於添後咸前，與顏元孫《干祿字書》同。蓋唐制如是。至齊韻之後佳韻之前增一栘韻，與二書又不同。殆《唐韻》亦非一本歟？是則不可考矣。

重修玉篇

錢東垣等輯《崇文總目・小學類》 《重修玉篇》三十卷。［原釋］皇朝詔翰林學士陳彭年與史館校勘吴鋭、直賢院丘雍等重加刊定。見《文獻通考》。

馬端臨《文獻通考・經籍考・小學》 《重修玉篇》三卷。

高儒《百川書志・小學》 《大廣益會玉篇》三十卷。梁大同九年黃門侍郎顧野王撰本。唐上元元年南國處士富春孫強增加。一本此下云，凡五百四十二部，新舊總二十萬九千七百七十言。

錢謙益等《絳雲樓書目・小學類》 《大廣益會玉篇》六冊。三十二卷。

于敏中等《天禄琳琅書目・宋版經部》 《大廣益會玉篇》一函，六冊。梁顧野王撰。

又《元版經部》 《大廣益會玉篇》一函，十二冊。梁顧野王撰，唐孫強增。三十卷。

《四庫提要・小學類二》 《重修玉篇》三十卷。兵部侍郎紀昀家藏本。梁大同九年黃門侍郎兼太學博士顧野王撰，唐上元元年富春孫強增加字，宋大中祥符六年陳彭年、吳鋭、丘雍等重修。凡五百四十二部。今世所行凡三本：一爲張士俊所刊。前有野王序一篇，啓一篇，後有神珙《反紐圖》及《分毫字様》，朱彝尊序之，稱「上元本」；一爲曹寅所刊。與張本一字無異，惟前多大中祥符敕牒一道。稱「重修本」；一爲明內府所刊。字數與二本同，而每部之中，次序不同，註文稍略。亦稱「大中祥符重修本」。案《文獻通考》載《玉篇》三十卷，引晁公武《讀書志》曰：「梁顧野王撰，唐孫強又嘗增字，釋神珙《反紐圖》附於後。」又載《重修玉篇》三十卷，引《崇文總目》曰：「翰林學士陳彭年與史館校刊吳鋭、直集賢院邱雍等重加刊定。」是宋時《玉篇》，原有二本。彭年等《進書表》稱：「肅奉詔條，俾從詳閲，譌謬者悉加刊定，敷淺者仍事討論。」其敕牒後所列字數，稱：「舊一十五萬八千六百四十一言，新五萬一千一百二十九言。新舊總二十萬九千七百七十言。註四十萬七千五百有三十字。」是彭年等大有增刪，已非孫強之舊。故明內府本及曹本均稱重修張本。既與曹本同，則亦重修本矣。乃刪去重修之牒，詭稱「上元本」。而大中祥符所改「大廣益會」之名及卷首所列字數，仍未及削改。可謂拙於作僞。彝尊序乃謂勝於今行大廣益本，殆亦未見所刊，而以意漫書歟。元陸友《研北雜志》稱：「顧野王《玉篇》惟越本最善，末題『會稽吳氏三一孃寫』，楷法殊精。」又考《永樂大典》，每字之下皆引「顧野王《玉篇》」云云，又引《宋重修玉篇》云云，二書並列。是明初上元本猶在，而其「篇」字韻中所載《玉篇》全部，乃仍收大廣益會本，而不收上元舊本。顧、孫原帙，遂不可考。殆以重修本註文較繁，故以多爲貴耶。當時編纂之無識，此亦一端矣。卷末所附沙門神珙《五音聲論》及《四聲五音九弄反紐圖》，爲言等韻者所祖。近時休寧戴氏作《聲韻考》，力辯反切始魏孫炎，不始神珙，其説良是。至謂唐以前無字母之説，神珙字母乃剽竊儒書而託詞出於西域，則殊不然。考《隋書・經籍志》稱婆羅門書以十四音貫一切字，漢明帝時與佛經同入中國，則遠在孫炎前。又釋藏譯經字母，自晉僧伽婆羅以下，可考者尚十二家，亦遠在神珙前。蓋反切生於雙聲，雙聲生於字母，此同出於喉吻之自然，華不異梵，梵不異華者也。中國以雙聲取反切，西域以字母統雙聲，此各得於聰明之自悟。華不襲梵，梵不襲華者也。稽其源流，具有端緒，特神珙以前，自行於彼教。華不神珙以後，始流入中國之韻書。亦如利瑪竇後，推步測驗參用西法耳。豈可謂歐羅巴書全剽竊洛下、鮮于之舊術哉。戴氏不究其本，徒知神珙在唐元和以後，遂據其末而與之爭，欲以求勝於彼教。不知聲音之學，西域實爲專門。儒之勝於釋者，別自有在，不必爭之於此也。

彭元瑞等《天禄琳琅書目後編・宋版經部》　《大廣益會玉篇》。一函，八冊。梁顧野王撰，唐孫強增，宋陳彭年、吳鋭、丘雍等重修。書三十卷。

《大廣益會玉篇》。一函，六冊。　《大廣益會玉篇》。一函，二冊。

又《元版經部》　《大廣益會玉篇》一函，二冊。　《大廣益會玉篇》一函，八冊。

吳壽暘《拜經樓藏書題跋記》　《大廣益會玉篇》，右三十卷。元刻本。

張之洞《書目答問・小學》　《玉篇》三十卷。梁顧野王元本。唐孫強增字，宋陳彭年等重修。澤存堂本。《小學彙函》重刻張本。鄧顯鶴重刻張本附札記。《楝亭五種》本。又明經廠大字本。

文字釋疑

鄭樵《通志藝文略・小學類》　《文字釋疑》一卷。

稽正辨訛

鄭樵《通志・藝文略・小學類》　《稽正辨訛》一卷。

《宋史・藝文志・小學類》　沈立《稽正辨訛》一卷。

集古録跋尾

《宋史・藝文志・小學類》　歐陽修《集古録跋尾》六卷。又二卷。

集古目録

錢曾《讀書敏求記・書》 《集古目録》三卷。

禮部玉篇

楊士奇等《文淵閣書目・韻書》 《禮部玉篇》。一部，一冊。闕。

吴國山天篆

鄭樵《通志・藝文略・小學類》 《吴國山天篆》一卷。

崆峒山石文

鄭樵《通志・藝文略・小學類》 《崆峒山石文》一卷。

蜀川鐵鑑子

鄭樵《通志・藝文略・小學類》 《蜀川鐵鑑子》一卷。

尚書古字

鄭樵《通志・藝文略・小學類》 《尚書古字》一卷。

類篇

鄭樵《通志・藝文略・小學類》 《類篇》四十五卷。司馬光等。

晁公武《郡齋讀書志・小學類》 《類篇》四十九卷。右皇朝景祐中，丁度受詔修《類篇》，至熙寧中，司馬光始奏書。文三萬一千三百一十九，重音二萬一千八百四十六，以《說文》爲本。

尤袤《遂初堂書目・小學類》 《類篇》。

陳振孫《直齋書録解題・小學類》 《類篇》四十五卷。丁度等既修《集韻》，奏言今添字多與顧野王《玉篇》不相參協，乞委修韻官別爲《類篇》，與《集韻》並行。自寶元迄治平迺成書，歷王洙、胡宿、范鎮、司馬光始上之，熙寧中頒行。凡十五篇，各分上、中、下，以《說文》爲本，而例有九云。只十四篇，四十二卷。言稱十五篇，恐是目録三卷亦與。隨齋批注。

馬端臨《文獻通考・經籍考・小學》 《類篇》四十九卷。

《宋史・藝文志・小學類》 《類編》四十四卷。

楊士奇等《文淵閣書目・韻書》 《類篇》。一部，四十三冊。完全。

張萱等《内閣藏書目録・字學部》 《類篇》四十三冊。全。

《四庫提要・小學類二》 《類篇》四十五卷。兩淮馬裕家藏本。舊本題司馬光撰。景定癸亥，董南一作光《切韻指掌圖序》，亦稱光嘗被命修纂《類篇》，古文奇字，蒐獵殆盡。然書後有《附記》曰：「寶元二年十一月，翰林院學士丁度等奏：今修《集韻》，添字既多，與顧野王《玉篇》不相參協。欲乞委修韻官將新韻添入，別爲《類篇》，與《集韻》相副施行。時修韻官獨有史館檢討王洙在職，詔洙修纂。久之洙卒，嘉祐二年九月，以翰林學士胡宿代之。三年四月，宿奏乞光祿卿直祕閣掌禹錫大理寺丞張次立同加校正。六年九月宿遷樞密副使，又以翰林學士范鎮代之。治平三年二月，范鎮出鎮陳州，又以龍圖閣直學士司馬光代之。時已成書，繕寫未畢，至四年十二月上之。」然則光於是書，特繕寫奏進而已。傳爲光修，非其實也。書凡十五卷，每卷各分上、中、下，故稱四十五卷。末一卷爲《目録》，用《說文解字》例也。凡分部五百四十四。其編纂之例有九：一曰同音而異形者皆兩見；二曰同意而異聲者皆一見；三曰古意之不可知者皆從其故；四曰變古而有異義者皆從今；五曰變古而失眞者皆從古；六曰字之後出而無據者皆不特見；七曰字之失故而遂然者皆明其由；八曰《集韻》之所遺者皆載；九曰字之無部分者皆以類相聚。考《集韻》所收，併重文爲五萬三千五百二十五字。此書凡文三萬一千三百一十九，重音二萬一千八百四十六，僅五萬三千一百六十五字。較《集韻》所收尚少三百六十字。而例云《集韻》所遺皆載者，蓋《集韻》重文頗爲雜濫，此書凡字之後出而無據者皆不特見，故所删之數多於所增之數也。其所編録，雖不及《説文》、《玉篇》之謹嚴，然字者孳也，輾轉相生，有非九千舊數所能盡者。《玉篇》已增於《説文》，此書又增於《玉篇》。時會所趨，久則爲律。有不知其然而然者，固難以一格拘矣。

張之洞《書目答問・小學》 《類篇》四十五卷。宋司馬光等。《楝亭五種》本。姚氏咫進齋本。

名苑

馬端臨《文獻通考・經籍考・小學》 《名苑》。丞相溫文正公司馬光撰。

分韻玉篇

尤袤《遂初堂書目・小學類》 《分韻玉篇》。

字傍辨誤

《宋史・藝文志・小學類》 燕誨《字傍辨誤》一卷。

字説

晁公武《郡齋讀書志・小學類》 《字説》二十卷。右皇朝王安石介甫撰。蔡卞謂介甫晚年閒居金陵，以天地萬物之理，著於此書，與《易》相表裏，而元祐中言者指其揉雜釋、老，穿鑿破碎，聾瞽學者，特禁絶之。

馬端臨《文獻通考・經籍考・小學》 《字説》二十卷。

《宋史・藝文志・小學類》 王安石《字説》二十四卷。

王氏引經字説

尤袤《遂初堂書目・小學類》 王氏《引經字説》。

字説分門

尤袤《遂初堂書目・小學類》 《字説分門》。

法帖釋文

晁公武《郡齋讀書志・小學類》 《法帖釋文》十卷。右《淳化法帖》既已焚板，元祐中，有劉次莊者模刻之石，復取帖中草書世所病讀者，爲《釋文》行於世。

馬端臨《文獻通考・經籍考・小學》 《法帖釋文》十卷。

說文引經字源

《宋史・藝文志・小學類》　李行中《引經字源》二卷。

考古圖

鄭樵《通志・圖譜略》　《考古圖》。

晁公武《郡齋讀書志・小學類》　《考古圖》十卷。右皇朝呂大臨與叔撰。裒諸家所藏三代、秦、漢尊彝鼎敦之屬，繪之於幅而辨論形制文字。

馬端臨《文獻通考・經籍考・儀注》　《考古圖》十卷。

《宋史・藝文志・小學類》　呂大臨《考古圖》十卷。

張萱等《内閣藏書目録・圖經部》　《考古圖》六冊。全。宋元祐間汲郡呂大臨著。

唐氏字說解

晁公武《郡齋讀書志・小學類》　《唐氏字說解》一百二十卷。右皇朝唐耜撰。紹聖以來，用《字說》程試諸生，解者甚衆。耜集成此書，頗注其用事所出書，一時稱之。耜知邛州日奏御。

尤袤《遂初堂書目・小學類》　《字說解》。

馬端臨《文獻通考・經籍考・小學》　《唐氏字說解》一百二十卷。

《宋史・藝文志・小學類》　唐耜《字說集解》三十冊。卷亡。

字學新書摘抄

錢謙益等《絳雲樓書目・小學類》　劉惟忠《字學新書摘抄》。一冊。一卷。

籀史

馬端臨《文獻通考・經籍考・小學》　《籀史》二卷。

《宋史・藝文志・小學類》　翟伯壽《籀史》二卷。

復古編

晁公武《郡齋讀書志・小學類》　《復古編》三卷。右皇朝張有謙中撰。有，自幼喜小篆，年六十成此書，三千言。據古《說文》以爲正，其點畫之微，轉側縱横，高下曲直，毫髮有差，則形聲頓異，自陽冰前後名人，格以古文，往往而失。其精且博如此。

尤袤《遂初堂書目・小學類》　張有《復古編》。

陳振孫《直齋書録解題・小學類》　《復古編》二卷。吳興道士張有謙中撰。有工篆書，專本許氏《說文》，一點畫不妄錯。林中書攄母《魏國夫人墓道碑》，有書之，「魏」字從「山」。攄以爲非，有曰：「世俗以從『山』者爲『巍』，不從『山』者爲『魏』，非也。其實二字皆當從『山』，蓋一字而二音爾。《說文》所無，手可斷，字不可易也。」攄不能彊。晚著此書，專辨俗體之訛，手自書之。陳了齋爲之序。

馬端臨《文獻通考・經籍考・小學》　《復古編》二卷。

《宋史・藝文志・小學類》　張有《復古編》二卷。

楊士奇等《文淵閣書目・韻書》　《復古編》。一部，二冊。闕。

《四庫提要・小學類二》　《復古編》二卷。兵部侍郎紀昀家藏本。宋張有撰。有字謙中，湖州人，張先之孫。出家爲道士。是書根據《説文解字》，以辨俗體之譌。以四聲分隸諸字，於正體用篆書，而别體、俗體則附載註中。猶顔元孫《干禄字書》分正、俗、通三體之例。下卷入聲之後附録《辨證》六篇：一曰聯緜字、二曰形聲相類、三曰形相類、四曰聲相類、五曰筆迹小異、六曰上正下譌。皆剖析毫釐，至爲精密。然惟以《説文》正小篆，而不以小篆改隸書。故小篆之不可通於隸者，則曰「隸作某」。亦顔元孫所謂「總據《説文》則下筆多礙，當去泰去甚，使輕重合宜」者也。《樓鑰集》有此書序，稱其嘗篆楊時《踵息菴記》，以小篆無菴字，竟作隸體書之。知其第不以俗體入篆爾，作隸則未嘗不諧俗。鑰序又記其爲林攄母撰墓碑，書魏字作巍，終不肯去山字。陳振孫所記亦同。然考此書巍字下註曰：「今人省山以爲魏國之魏。」不以爲俗體別字。是其説復古而不戾今，所以爲通人之論。視魏校等之詭僻盜名，强以篆籀入隸者，其識趣相去遠矣。此本爲明萬曆中黎民表所刊，字畫頗爲清析，惟不載鑰序。然鑰所云陳瓘、程俱前後序，則皆相符，蓋猶從舊本傳刻者也。

張之洞《書目答問・小學》　《復古編》二卷。宋張有。張氏刻本。安邑葛鳴陽刻本。

重編韻譜

尤袤《遂初堂書目・小學類》　張有《重編韻譜》。

政和甲午祭禮器款識

《宋史・藝文志・小學類》　張有《政和甲午祭禮器款識》一卷。

切字佩觿録

楊士奇等《文淵閣書目・韻書》　《切字佩觿録》一部，一冊。闕。

説文正隸

《宋史・藝文志・小學類》　錢承志《説文正隸》三十卷。

博古圖

鄭樵《通志・圖譜略》　《博古圖》。

晁公武《郡齋讀書志・經解類》　《博古圖》二十卷。右皇朝王楚集三代、秦、漢彝器，繪其形範，辨其款識，增多吕氏《考古》十倍矣。

馬端臨《文獻通考・經籍考・儀注》　《宣和博古圖》三十卷。

胡師安等《元西湖書院重整書目》　《博古圖》。

《宋史・藝文志・小學類》　《宣和重修博古圖録》三十卷。

張萱等《内閣藏書目録・圖經部》　《博古圖》三十冊。全。宣和舊本。元至大間重修，凡三十卷。　又《博古圖》二十四冊。不全。　又十六冊，不全。　又一冊，殘闕不全。

鍾鼎篆韻

鄭樵《通志・藝文略・小學類》　《鍾鼎篆韻》三卷。王楚。

《宋史・藝文志・小學類》　王楚《鍾鼎篆韻》二卷。

集篆古文韻海

孫星衍《平津館鑒藏書籍記・元版》 《集篆古文韻海》五卷。前有宣和元年杜從古自序。

阮元《四庫未收書目提要・小學類》 《集篆古文韻海》五卷。宋杜從古撰。從古字唐稽，里居未詳。

續千文

趙希弁《讀書附志・小學類》 《續千文》一卷。右左朝散大夫、知池州軍州事、賜紫金魚袋侍其瑗字良器所著也。昔周興嗣次王逸少所書千字爲韻語，以便觀省，後世謂之《千文》。良器遷避興嗣所用字，別製千言以續之。山谷嘗抵以書曰：「引辭連類，使不相觝觸，甚有功。當與《凡將》、《急就》並行也。」葛文康公勝仲爲之序。

《四庫提要・小學類存目一》 《續千文》一卷。通行本。宋侍其［瑗］良器撰。良器里貫未詳。官左朝散大夫，知池州軍事。是編皆摭周興嗣《千字文》所遺之字，仍仿其體製，編爲四言韻語，詞采亦頗可觀。其孫嘗刻石浯溪。後有乾道乙酉鄉貢進士謝褒跋。

敘古千文

趙希弁《讀書附志・小學類》 《敘古千文》一卷。右致堂先生胡寅明仲所作也。南康黃西坡灝商伯爲之傳，晦庵朱文公題其後，曰：「敘事立言，昭陳法式，實有《春秋》經世之志。至於發明道統，開示德門，又於卒章深致意焉。新學小童朝夕誦之而諷其義，亦足以養正於蒙矣。」

《宋史・藝文志・小學類》 胡寅《注敘古千文》一卷。

字說疊解備檢

晁公武《郡齋讀書志・小學類》 《字說疊解備檢》一卷。

馬端臨《文獻通考・經籍考・小學》 《字說疊解備檢》一卷。

前漢古字韻編

陳振孫《直齋書録解題・小學類》 《前漢古字韻編》五卷。侍郎宣城陳天麟季陵撰。取《漢書》所用古字，以今韻編入之。

馬端臨《文獻通考・經籍考・小學》 《前漢古字韻編》五卷。

《宋史・藝文志・小學類》 陳天麟《前漢通用古字韻編》五卷。

字說偏傍音釋

晁公武《郡齋讀書志・小學類》 《字說偏傍音釋》一卷。右不見撰人姓名。

馬端臨《文獻通考・經籍考・小學》 《字說偏旁音釋》一卷。

集古韻

楊士奇等《文淵閣書目・韻書》 《集古韻》一部，一冊。闕。

草書千文

張萱等《内閣藏書目録・字學部》 《草書千文》一冊。不全。烏絹地金書，今已剥落，莫詳時代、姓氏。

通志六書略

《宋史・藝文志・小學類》 《通志六書略》五卷。

楊士奇等《文淵閣書目・韻書》 《六書略》一部，二冊。闕。

徐𤊹《徐氏家藏書目・字類》 《六書略》五卷。鄭樵。

象類書

馬端臨《文獻通考・經籍考・小學》 《象類書》十一卷。

《宋史・藝文志・小學類》 《象類書》十一卷。

字始連環

陳振孫《直齋書録解題・小學類》 《字始連環》二卷。鄭樵撰。大略謂六書惟類聲之生無窮，音切之學，自西域流入中國，而古人取音制字，乃與《韻圖》脗合。

馬端臨《文獻通考・經籍考・小學》 《字始連環》二卷。

《宋史・藝文志・小學類》 鄭樵《字始連環》二卷。

石鼓文考

陳振孫《直齋書録解題・小學類》 《石鼓文考》三卷。鄭樵撰。其説以爲石鼓出于秦，其文有與秦斤、秦權合者。樵以本文「丞」、「殹」兩字，秦斤、秦權有之，遂以石鼓爲秦物，先文簡論而非之，其説甚博。

馬端臨《文獻通考・經籍考・小學》 《石鼓文考》三卷。

《宋史・藝文志・小學類》 鄭樵《石鼓文考》一卷。

論梵書

陳振孫《直齋書録解題・小學類》 《論梵書》一卷。鄭樵撰。

馬端臨《文獻通考・經籍考・小學》 《論梵書》一卷。

《宋史・藝文志・小學類》 《論梵書》三卷。

書考

《宋史・藝文志・小學類》 鄭樵《書考》六卷。

集古系時

《宋史・藝文志・小學類》 《集古系時》十卷。

叙古蒙求

晁公武《郡齋讀書志・小學類》　《叙古蒙求》一卷。右五峰先生胡宏所著也。自羲、農至于五代周，凡三十一章。毛以謨爲之序，先生之子大壯書而刻之。

鐘鼎千文

尤袤《遂初堂書目・小學類》　《鐘鼎千文》。

鐘鼎款識

晁公武《郡齋讀書志・小學類》　《鐘鼎款識》二十卷。右皇朝薛尚功編。《考古》、《博古圖》之類，然尤爲詳備。

馬端臨《文獻通考・經籍考・儀注》　《鐘鼎款識》二十卷。

《宋史・藝文志・小學類》　《歷代鐘鼎彝器款識法帖》二十卷。

《四庫提要・小學類二》　《歷代鐘鼎彝器款識法帖》二十卷。兩江總督採進本。宋薛尚功撰。尚功字用敏，錢塘人。紹興中以通直郎僉定江軍節度判官廳事。是書見於晁公武《讀書志》、《宋史・藝文志》，均作二十卷，與今本同。惟陳振孫《書録解題》作「《鐘鼎法帖》十卷」。卷數互異，似傳寫脱「二」字。然吾丘衍《學古編》亦作十卷，所云「刻於江州」，與振孫之説亦符。蓋當時原有二本也。所録篆文，雖大抵以《考古》、《博古》二圖爲本，而蒐輯較廣，實多出於兩書之外。其中如十六卷中載《比干墓銅槃》銘之類，未免眞僞雜糅，然大致可稱博洽。即以卷首商鼎一類考之，若《箕鼎》及《維揚石刻》之出於古器物銘，《濟南鼎》之出於向滱刻本，皆非舊圖之所有。至其箋釋名義，考據尤精。如《考古圖》釋《蠆鼎》云：「周景王十三年，鄭獻公蠆立。」此書獨從《博古圖》，以爲商鼎。《夔鼎》銘五字，《博古圖》云：「上一字未詳。」此書以上一字爲「夔」字。《父乙鼎》銘亦五字，《博古圖》云：「末一字未詳。」此書以末一字爲「彝」字。又如《博古圖》釋《召夫鼎》銘詞有「午刊」二字，此書作「家刊」。《博古圖》釋《父甲鼎》銘作「立戈父甲」，此書作「子父甲」。又凡《博古圖》所云「立戈」、「横戈」形者，此書多釋爲「子」字，其立説並有依據。蓋尚功嗜古好奇，又深通篆籀之學，能集諸家所長而比其同異，頗有訂譌刊誤之功，非鈔撮蹈襲者比也。尚功所著，別有《鍾鼎篆韻》七卷，蓋即本此書而部分之。今其本不傳，然梗概已具於此矣。舊刻久佚，此本爲明崇禎中朱謀垔所刊，《自序》稱購得尚功手書本。雖果否眞蹟，無可證明。然鈎勒特爲精審，較世傳寫本爲善云。案此書雖以《鐘鼎款識》爲名，然所釋者諸器之文字，非諸器之體製。改隸字書，從其實也。至《博古圖》中之因器及銘者則宜入《譜録》，不在此例。《隋志》併石經入小學，以刻文同異可資參考之故。然萬斯大《石經考》之類，皆但溯源流，不陳字體，與小學無涉，今仍附之《金石》焉。

彭元瑞等《天禄琳琅書目後編・宋鈔諸部》　《歷代鍾鼎彝器款識》一函，四冊。宋薛尚功撰。

又《元版經部》　《歷代鐘鼎彝器款識》。一函，八冊。　《歷代鐘鼎彝器款識》。一函，六冊。

又《明版經部》　《歷代鍾鼎彝器款識》一函，八冊。

孫星衍《平津館鑒藏書籍記・明版》　《歷代鐘鼎彝器款識法帖》廿卷。目録前有崇禎癸酉朱謀垔序。稱得山陰錢德平所藏尚功手書本。

黄丕烈《蕘圃藏書題識・經類》　《歷代鐘鼎彝器款識法帖》二十卷。舊鈔本。

張之洞《書目答問・小學》　薛氏《鐘鼎款識》二十卷。宋薛尚功。阮刻本。

鐘鼎篆韻

晁公武《郡齋讀書志・小學類》　《鍾鼎篆韻》七卷。右皇朝薛尚功集。元祐中，呂大臨所載，僅數百字。政和中王楚所傳，亦不過數千字。今是書所録，凡一萬一百二十有五。

馬端臨《文獻通考・經籍考・小學》　《鐘鼎篆韻》七卷。

《宋史・藝文志・小學類》　薛尚功《重廣鍾鼎篆韻》七卷。

楊士奇等《文淵閣書目・韻書》　《鐘鼎篆韻》一部，一冊。闕。

錢曾《讀書敏求記・字學》　《增廣鐘鼎篆韻》七卷。政和中王楚作《鐘鼎篆韻》，薛尚功重廣之。

鐘鼎篆韻

陳振孫《直齋書録解題・小學類》　《鍾鼎篆韻》一卷。不著名氏。案《館閣書目》此書有二家，其一七卷，其一一卷。七卷者，紹興中通直郎薛尚功所廣；一卷者，政和中主管衡州露仙觀王楚也。則未知此書之爲王楚否？尚功有《鍾鼎法帖》十卷，刻于江州。當是其《篆韻》之所本也。

續古文韻

尤袤《遂初堂書目・小學類》　王氏《續古文韻》。

說文解字五音韻譜

嵇璜等《續通志・圖譜略・小學》　宋李燾《說文解字五音韻譜》。

《四庫提要・小學類存目一》　《說文解字五音韻譜》十卷。通行本。宋孝燾撰。燾字仁父，《桯史》云「一字子眞」，號巽巖，丹稜人。紹興八年進士。官至敷文閣學士，贈光祿大夫，謚文簡。按《文獻通考》作謚文定。事蹟具《宋史》本傳。初，徐鍇作《說文韻譜》十卷，音訓簡略，粗便檢閱而已。非改許愼本書也。燾乃取《說文》而顛倒之。其初稿以《類篇》次序，於每部之中易其字數之先後，而部分未移。後復改從《集韻》，移自「一」至「亥」之部爲自「東」至「甲」。《說文》舊第，遂蕩然無遺。考徐鍇《說文繫傳》仿《易序卦傳》例，作《部敘》二篇，述五百四十部以次相承之故。雖不免有所牽合，而古人學有淵源，要必有說，未可以臆見紛更。又徐鉉新附之字，本非許愼原文，一概混淆，亦乖體例。後人援引，往往以「鉉說」爲「愼說」，實燾之由。其中惟《手部》「撝」字，徐鉉作「許歸切」一條，能糾本書之謬。其餘如「䀠」字本作「似醉切」，乃改爲「房九切」。「苜」字本「模結切」，乃改爲「徒結切」。又「臤」字本「苦閑切」，乃改爲「丘耕切」。則多所竄亂。《說文・西部》有「酓」字，音咽嗛切。而燾刪去不載，則有所遺漏。甚至「犛」字本「里之切」，而誤作「莫交切」。「氂」字本「莫交切」，而誤作「里之切」。顛倒錯亂，全乖其本義本音，尤爲疎舛。顧其書易於省覽，故流俗盛行。明人刊《文獻通考》，又偶佚此書標題，而連綴其前、後序文於徐鍇《繫傳》條下，世遂不知燾有此書。明陳大科作序，竟誤以爲許愼舊本。茅溱作《韻譜本義》，遂推闡許愼《說文》所以始於東字之意，殊爲附會。顧炎武博極羣書，而所作《日知録》，亦曰「《說文》原本次第不可見，今以四聲列者，徐鉉等所定也。」是雖知非許愼書，而又以燾之所編誤歸徐鉉。信乎，考古之難矣！

彭元瑞等《天禄琳琅書目後編・宋版經部》　重刊許氏《說文五音韻譜》二函，十二冊。漢許愼撰，宋徐鉉校定，李燾改編。

又《元版經部》　重刊許氏《說文五音韻譜》。四函，二十四冊。

隸釋

尤袤《遂初堂書目・小學類》　《隸釋》。

馬端臨《文獻通考・經籍考・小學》　《隸釋》二十七卷。

《宋史・藝文志・小學類》　洪适《隸釋》二十七卷。

楊士奇等《文淵閣書目・韻書》　《隸釋》一部，二冊。殘缺。《隸釋》一部，十冊。完全。《隸釋》一部，八冊。闕。塾本一冊。

錢曾《讀書敏求記・書》 《隸釋》二十七卷。

《四庫提要・目録類二》 《隸釋》二十七卷。兩淮鹽政採進本。宋洪适撰。适初名造，後更今名，字景伯，饒州鄱陽人，皓之長子也。紹興壬戌中博學鴻詞科，官至尚書左僕射、同中書門下平章事。謚文惠，事蹟具《宋史》本傳。是書成於乾道二年丙戌，适以觀文殿學士知紹興府，安撫浙東時也。明年正月，序而刻之。周必大誌其墓道云「耽嗜隸古，爲纂釋二十七卷」者，即指此書。其弟邁序婁機《漢隸字原》云：「吾兄文惠公，區別漢隸爲五種書，曰釋，曰纘，曰韻，曰圖，曰續，四者備矣，惟韻書不成。」又适自跋《隸續》云：「《隸釋》有續，凡漢隸碑碣二百八十有五。」又跋《淳熙隸釋》後云：「《淳熙隸釋》目録五十卷，乾道中書始萌芽。十餘年間，拾遺補闕，一再添刻，凡碑版二百五十有八。」然乾道三年洪邁跋云：「所藏碑一百八十九，譯其文，又述其所以然，爲二十七卷。」又淳熙六年喻良能跋云：「公頃帥越，嘗薈稡漢隸一百八十九，爲二十七卷。」是二跋皆與是書符合，則其自題曰《淳熙隸釋》者，乃兼後所續得合爲一編。今其本不傳，傳者乃《隸釋》、《隸續》各自爲書。此本爲萬曆戊子王鷺所刻，凡漢魏碑十九卷，《水經注》碑目一卷，歐陽修《集古録》二卷，歐陽棐《集古目録》一卷，趙明誠《金石録》三卷，無名氏《天下碑録》一卷，與二十七卷之數合。每碑標目之下，具載酈、歐、趙三書之有無。歐、趙之書第撮其目，不録其文。而是書爲考隸而作，故每篇皆依其文字寫之。其以某字爲某字，則具疏其下，兼核著其關切史事者，爲之論證。自有碑刻以來，推是書爲最精博。其中偶有遺漏者，如衛尉卿《衡方碑》，以「寬懔」爲「寬慄」，以「聲香」爲「馨香」，以「邵虎」爲「召虎」，以「疣」爲「瘀」、「詘」爲「謚」，以「剋長剋君」爲「克長克君」，以「謇謇」爲「蹇蹇」，以「樂旨」爲「樂只」。《白石神君碑》以「幽讚」爲「幽贊」，以「無畺」爲「無疆」。《潛研堂金石文》跋、尾均舉其疎。又其小有紕繆者，如《鄭固碑》「逡遁退讓」，适引《秦紀》「逡巡遁逃」釋之。按《管子》「桓子蹵然逡遁」，《漢書・平當傳贊》「逡遁有恥」，蓋巡與循同，而循轉爲遁。《集古録》云遁當爲循，其説最協。适訓爲遁逃，殊誤。武梁祠堂畫像，武氏不著名字，适因《武梁碑》有「後建祠堂雕文刻畫」之語，遂定爲武梁祠堂。案：梁卒於桓帝元嘉元年，而畫像文中有「魯莊公字不諱改嚴」，則當是明帝以前所作。《金石録》作武氏石室畫像，較爲詳審。适未免牽合其詞，至「唐扶頌分郟之治」語，案《公羊傳》，自陝而東者，周公主之。陸德明《釋文》曰：「陝一云當作郟，古洽反。王城郟鄏，則古有以分陝爲郟者。」适以爲用字之異，非也。《李翊夫人碑》「三五枈兮哀左姬」，據《山海經》「剛山多柒木」，《水經注》「漆水下有柒縣、柒水、柒渠」，字皆作柒。隸從柒省，去水爲枈。适以爲即末字者，亦非也。然百醇一駁，究不害其宏旨。他如《楊君石門頌》，楊慎譏其不識遝字。考之碑文，正作鑿石，別無遝字。是則慎杜撰之文，又不足以爲适病矣。

彭元瑞等《天禄琳琅書目後編・明版經部》 《隸釋》。一函，四冊。宋洪适撰。

吴壽暘《拜經樓藏書題跋記》 《隸釋》。明時仿宋刻本。

張之洞《書目答問・小學》 《隸釋》二十七卷。宋洪适。汪刻本。江寧洪刻附正誤本。又單刻《隸續》二十一卷。曹寅揚州詩局本。

嘯堂集古録

陳振孫《直齋書録解題・小學類》 《嘯堂集古録》二卷。王俅子弁撰。李邴漢老序之，稱故人長孺之子，未詳何王氏也。皆録古彝器款識，自商迄秦凡數百章，以今文釋之，疑者闕焉。

馬端臨《文獻通考・經籍考・小學》 《嘯臺集古録》二卷。

錢謙益等《絳雲樓書目・小學類》 《嘯堂集古録》一冊。二卷。宋王俅著。俅字子弁，其書皆録古彝器款識。李邴漢老作序。

吴壽暘《拜經樓藏書題跋記》 《歗堂集古録》。

字學摭要

《宋史・藝文志・小學類》 劉紹祐《字學摭要》二卷。

增修累音引證羣籍玉篇

潘祖蔭《滂喜齋藏書記・經部》 金刻《增修累音引證羣籍玉篇》三十卷。二函，十二冊。金滄州清池縣邢準編。

叙古千文

《宋史・藝文志・小學類》 呂氏《叙古千文》一卷。

百體書千文

趙希弁《讀書附志・小學類》 《百體書千文》一卷。右艮齋謝公諤題其後曰：神剜天畫，千類萬狀，豈止汲冢、魯壁、周鼓、秦碑耶。

隸韻

尤袤《遂初堂書目・小學類》 《隸韻》。

楊士奇等《文淵閣書目・韻書》 《隸韻》。一部，一冊。闕。《隸韻》。一部，一冊。闕。

阮元《四庫未收書目提要・小學類》 《隸韻》十卷。宋劉球撰。

張之洞《書目答問・小學》 《隸韻》十卷，《考證》二卷，《碑目考證》一卷。宋劉球。翁方綱考證。秦恩復刻本。

隸韻略

《宋史・藝文志・小學類》 劉球《隸韻略》七卷。

隸續

尤袤《遂初堂書目・小學類》 《隸續》。

馬端臨《文獻通考・經籍考・小學》 《隸續》二十一卷。

《宋史・藝文志・小學類》 《隸續》二十一卷。

楊士奇等《文淵閣書目・韻書》 《隸續》一部，二冊。殘缺。

錢曾《讀書敏求記・書》 《隸續》二十卷。

吴壽暘《拜經樓藏書題跋記》 《隸續》十九卷，竹垞先生舊藏。

張之洞《書目答問・小學》 《隸續》二十一卷。

西漢字類

《宋史・藝文志・小學類》 胡元質《西漢字類》五卷。

班馬字類

陳振孫《直齋書録解題・小學類》 《班馬字類》二卷。參政嘉禾婁機彦發撰。取二史所用古字及假借通用者，以韻類之。洪邁景盧作序。

馬端臨《文獻通考・經籍考・小學》 《班馬字類》二卷。

《宋史・藝文志・小學類》 婁機《班馬字類》二卷。

楊士奇等《文淵閣書目・韻書》 《班馬字類》一部，二冊。殘缺。《班馬字類》。一部，二冊。殘缺。

錢謙益等《絳雲樓書目·小學類》 《班馬字類》一冊。梁阮孝緒撰。孝緒又撰《古今文字》三卷。唐人稱之。

《四庫提要·小學類二》 《班馬字類》五卷。内府藏本。宋婁機撰。前有樓鑰序，稱爲《史漢字類》。案：司馬在前，班固在後，倒稱「班馬」，起於杜牧之詩。於義未合，似宜從鑰序之名。然機跋實自稱「班馬」，今姑仍之。其書採《史記》、《漢書》所載古字、僻字，以四聲部分編次。雖與《文選雙字》、《兩漢博聞》、《漢雋》諸書大概略同，而考證訓詁，辨别音聲，於假借通用諸字，臚列頗詳。實有裨於小學，非僅供詞藻之撏撦。末有機《自跋》二則，辨論字義，亦極明析。其中有如「降」古音「洪」，「眉」古作「睂」之類。可以不載者亦有，如「璇璣玉衡」本《尚書》，「袀服振振」本《左傳》之類，不得以《史》、《漢》爲出典者。與「幾致刑措」之「幾」、「不茹園葵」之「茹」，音義與今並同者，一概捃拾，未免小失簡汰。又袁文《甕牖閒評》糾其引《史記·禮書》「不稟京師」之「稟」當從「示」，不當從「禾」。《漢書·西域傳》「須諸國稟食」之「稟」當從「禾」，不當從「示」，二字交誤，亦中其失。然古今世異，往往訓詁難通。有是一編，區分類聚，雖間有出入，固不失爲考古之津梁也。

彭元瑞等《天祿琳琅書目後編·宋版經部》 《班馬字類》。一函，五冊。見前首部。此未經李曾伯補遺本。 《班馬字類》一函，五冊。同前。 《班馬字類》一函，五冊。 《班馬字類》一函，五冊。

又《宋鈔諸部》 《班馬字類》一函，二冊。見前宋版經部。後多淳熙甲辰舒光跋。

顧廣圻《思適齋書跋·經部》 《班馬字類》五卷。景宋鈔本。《字類》有繁簡二本，此繁本也。

顧櫰三《補五代史藝文志·小學類》 《班馬字類》五卷，附《補遺》。抄本。從吳門黃氏藏舊抄本傳録。宋婁機撰。《補遺》宋李曾伯撰。

漢隸字源

陳振孫《直齋書録解題·小學類》 《漢隸字源》六卷。婁機撰。以世所存漢碑三百有九韻類其字，魏碑附焉者僅三十之一。首爲《碑目》一卷，每字先載經文，而以漢字著其下，一字數體者並列之。皆以《碑目》之次第，著其所從出。亦洪邁序。序謂洪文惠公作五種書，《釋》、《纘》、《圖》、《續》皆成，唯《韻》書未就，而婁忠簡繼爲之。隨齋批注。

馬端臨《文獻通考·經籍考·小學》 《漢隸字源》六卷。

《宋史·藝文志·小學類》 《漢隸字源》六卷。

楊士奇等《文淵閣書目·韻書》 《漢隸字原》一部，六冊。闕。

《四庫提要·小學類二》 《漢隸字源》六卷。内府藏本。宋婁機撰。機字彦發，嘉興人。乾道二年進士，寧宗朝累官禮部尚書，兼給事中，權知樞密院事，兼太子賓客，進參知政事，提舉洞霄宮。事蹟具《宋史》本傳。其書前列考碑、分韻、辨字三例。次《碑目》一卷，凡漢碑三百有九，魏晉碑三十有一。各紀其年月地里、書人姓名，以次編列。即以其所編之數註卷中「碑」字之下，以省繁文。次以《禮部韻略》二百六部分爲五卷，皆以眞書標目，而以隸文排比其下。韻不能載者十四字，附五卷之末終焉。其文字異同，亦隨字附註。如《後漢修孔子廟禮器碑》内韓明府名勑字叔節。歐陽修謂前世見於史傳，未有名勑者。而此書引《繁陽令楊君碑》陰亦有程勑，以證《集古録》考核之疎。又若「曲江」之爲「曲紅」，引《周憬碑》。「遭罹」之爲「遭離」，引《馬江碑》。「陂障」之爲「波障」，引《孫叔敖碑》。「委蛇」之爲「禕隋」，引《衡方碑》。於古音古字，亦多存梗概，皆足爲考證之資。不但以點畫波磔爲書家模範已也。

彭元瑞等《天祿琳琅書目後編·明版經部》 《漢隸字源》。一函，六冊。宋婁機撰書六卷。

張金吾《愛日精廬藏書志·小學類》 《漢隸字源》六卷。舊抄本。汲古閣藏書。宋婁機撰。

張之洞《書目答問·小學》 《漢隸字原》六卷。宋婁機。汲古閣本。

廣干禄字書

陳振孫《直齋書録解題·小學類》 《廣干祿字書》五卷。婁機撰。唐顔元孫爲《干祿字書》，其姪眞卿書之，刻石吳興，爲世所寶。辨正、通、俗三體，目以「干祿」，謂舉子所資也。機熟于小學，嘉泰中教授資善堂，景獻時爲惠國公，數問字畫之異，因爲此書。續唐之舊，故仍「干祿」之名。既而悟其非所以施於朱邸也，則以「干祿百福」之義傅會焉。

馬端臨《文獻通考・經籍考・小學》《廣干祿字書》五卷。

《宋史・藝文志・小學類》《廣干祿字書》五卷。

楊士奇等《文淵閣書目・韻書》《廣干祿字書》一部，五冊。闕。

正字韻類

馬端臨《文獻通考・經籍考・小學》《正字韻類》謝季澤撰。

小學字訓

《宋史・藝文志・小學類》程端蒙《小學字訓》一卷。

韻略分毫補注字譜

陳振孫《直齋書録解題・小學類》《韻略分毫補注字譜》一卷。進士耒陽秦昌朝撰。附前《韻略》之後，皆永嘉教授臨安錢厚所刻也。竊謂小學當論偏傍尚矣，許叔重以來諸書是也。韻以略稱，止施於禮部貢舉，本非小學全書，於此而校其偏傍，既不足以盡天下之字，而欲使科舉士子盡用篆籀點畫於試卷，不幾於迂而可笑矣哉！進退皆無據，謂之贅可也。

馬端臨《文獻通考・經籍考・小學》《韻略分毫補注字譜》一卷。

回文類聚

胡師安等《元西湖書院重整書目》《回文類聚》。

西漢字類

《宋史・藝文志・小學類》《西漢字類》一卷。

法帖字證

《宋史・藝文志・小學類》《法帖字證》十卷。

大觀法帖總釋

《宋史・藝文志・小學類》施宿《大觀法帖總釋》二卷。

石鼓音

《宋史・藝文志・小學類》施宿《石鼓音》一卷。

漢隸分韻

《宋史・藝文志・小學類》馬居易《漢隸分韻》七卷。

楊士奇等《文淵閣書目・韻書》　《漢隸分韻》。一部，二冊。闕。

《漢隸分韻》。一部，一冊。闕。

高儒《百川書志・小學》　《漢隸分韻》五卷。俱失輯人名氏。「氏」原作「字」，從瞿校鈔本改。

徐𤊹《徐氏家藏書目・字類》　《漢隸分韻》五卷。

倪燦等《補遼金元藝文志・小學類》　《漢隸分韻》七卷。失名。

《四庫提要・小學類二》　《漢隸分韻》七卷。江蘇巡撫採進本。不著撰人名氏，亦無時代。考其分韻，以一東二冬三江等標目，是元韻非宋韻矣。其書取洪适等所集漢隸，依次編纂。又以各碑字迹異同，縷列辨析。考吾丘衍《學古編》有「合用文集品目」一門，其第七條「隸書品」中列有《隸韻》兩冊，「麻沙本，與《隸韻》爲一副刊。案此《隸韻》爲劉球碑本《隸韻》十卷。字體不好，以其冊數少，乃可常用之。故列目於此」云云，疑即此本。顧藹吉《隸辨序》，稱別有《漢隸分韻》，字既乖離，迹復醜惡。其詆譏此書，與吾丘衍略同。然二人第以書迹筆法論耳。要其比校點畫，訂正舛互，亦有足資考證者。前人舊本，寸有所長要未可竟從屏斥也。

吳壽暘《拜經樓藏書題跋記》卷一　《漢隸分韻》。宋本《漢隸分韻》七卷。又元刻《漢隸分韻》，三冊。又右七卷，寫本。

字通

陳振孫《直齋書録解題・小學類》　《字通》一卷。彭山李從周肩吾撰。

馬端臨《文獻通考・經籍考・小學》　《字通》一卷。

《宋史・藝文志・小學類》　李從周《字通》一卷。

楊士奇等《文淵閣書目・韻書》　《字通》一部，一冊。殘缺。

錢曾《讀書敏求記・字學》　李從舟《字通》一卷。

《四庫提要・小學類二》　《字通》一卷。兩淮鹽政採進本。宋李從周撰。從周始末未詳。據嘉定十三年魏了翁序，但稱爲彭山人，字曰肩吾。末有寶祐甲寅虞兟刻書跋，亦但稱得本於了翁，均不及從周之仕履，莫能考也。是書以《說文》校隸書之偏旁，凡分八十九部，爲字六百有一。其分部不用《說文》門類，而分以隸書之點畫。既乖古法。又既據隸書分部，乃仍以篆文大書，隸書夾註，於體例亦頗不協。且如「水」字、「火」字既入上兩點類，而下三點內又出「水」字、「火」字。旁三點示字類又再出「水」字，下四點內又出「火」字、「水」字。如此之類，凡一百二十三字。破碎冗雜，殊無端緒。至於「干」字收於上兩點類，獨從篆而不從隸，既自亂其例。「回」字收於中日字類，臣字、巨字、𦣞字收於自字類，「東」字收於里字類，併隸書亦不相合，均爲乖剌。然其大旨主於明隸書之源流，而非欲以篆文改隸。猶顏元孫所謂「去泰去甚，使輕重合宜」者。宋人舊帙，流傳已久，存之亦可備檢閱也。卷末別附糾正俗書八十二字，其中如「壅塞」必作「邕塞」、「芝草」必作「之草」、「衣裳」必作「衣常」、「添減」必作「沾減」、「規矩」必作「規巨」、「心膂」必作「心呂」、「鐙炷」必作「鐙主」、「袒裼」必作「但裼」、「負荷」必作「負何」、「巾帨」必作「巾帥」、「竭力」必作「渴力」、「肘腋」必作「肘亦」，是雖於古有據，而今斷斷不能行。其前《題詞》，有「《復古編》、《字通》尚未及之，略具如左文」云云，似非從周之語。又虍字類「虛」字條下，既稱「今別作『墟』，非是」，而又出「虛作墟非」一條，指爲《字通》所未及。使出從周，不應牴牾如此。其或後人所竄入歟？

吳壽暘《拜經樓藏書題跋記》卷一　《字通》一卷，宋李從周撰。

張之洞《書目答問・小學》　《字通》一卷。宋李從周。《珠塵》本。知不足齋本。

奇字指迷

錢謙益等《絳雲樓書目・小學類》　《奇字指迷》一冊。

北溪字義辯正

王圻《續文獻通考・經籍考・小學》　《北溪字義辯正》。戴亨著。

龍龕手鑑

鄭樵《通志・藝文略・小學類》 《龍龕手鑑》四卷。燕僧智光。

晁公武《郡齋讀書志・小學類》 《龍龕手鏡》三卷。右契丹僧行均撰。凡二萬六千四百三十字，注十六萬三千一百餘字。僧智光爲之序，後題云「統和十五年丁酉」。按《紀年通譜》：邪律隆緒嘗改元統和；丁酉，至道三年也。沈存中言：「契丹書禁甚嚴，傳入中國者法皆死。熙寧中，有人自虜中得此書，入傅欽之家。蒲傳正帥浙西，取以刻板，其末舊題云『重熙二年序』，蒲公削去之。」今本乃云統和，非重熙，豈存中不見舊題，妄記之耶？

尤袤《遂初堂書目・小學類》 《龍龕手鑑》。

馬端臨《文獻通考・經籍考・小學》 《龍龕手鏡》三卷。

《宋史・藝文志・小學類》 遼僧行均《龍龕手鑑》四卷。

徐𤊹《徐氏家藏書目・字類》 《龍龕手鑑》四卷。契丹。

錢謙益等《絳雲樓書目・小學類》 《龍龕手鑒》三冊。四卷。幽州僧行均撰。見《夢溪筆談》。熙寧中流入中國，蒲傳正爲刊行，僧智光後序。題統和十五年，耶律氏年號也。

倪燦等《補遼金元藝文志・小學類》 ［遼］僧行均《龍龕手鏡》四卷。

錢曾《讀書敏求記・字學》 《龍龕手鑑》四卷。

《四庫提要・小學類三》 《龍龕手鑑》四卷。浙江吳玉墀家藏本。遼僧行均撰。行均字廣濟，俗姓于氏。晁公武《讀書志》謂此書卷首僧智光序，題云「統和十五年丁酉七月一日」。沈括《夢溪筆談》乃謂「熙寧中，有人自契丹得此書，入傅欽之家，蒲傳正取以刻版。其序末舊云『重熙二年五月序』，蒲公削去之」云云。今案此本爲影鈔遼刻。卷首智光原序尚存，其紀年實作「統和」，不作重熙，與晁公武所說相合。知沈括誤記。又《文獻通考》載此書三卷，而此本實作四卷。智光原序亦稱四卷，則《通考》所載，顯然誤四爲三。殆皆隔越封疆，傳聞紀載，故不免失實歟。其書凡部首之字以平、上、去、入爲序，各部之字復用四聲列之。後南宋李燾作《說文五音韻譜》，實用其例而小變之。每字之下必詳列正、俗、今、古及或作諸體，則又行均因唐顔元孫《干祿字書》之例而小變之者也。所録凡二萬六千四百三十餘字，註一十六萬三千一百七十餘字，并註總一十八萬九千六百一十餘字。於《說文》、《玉篇》之外多所搜輯。雖行均尊其本教，每引《中阿含經》、《賢愚經》中諸字以補六書所未備，然不專以釋典爲主。沈括謂其集佛書中字爲切韻訓詁，殊屬不然。不知括何以云爾也。括又謂契丹書禁至嚴，傳入別國者法皆死。故有遼一代之遺編，諸家著録者頗罕。此書雖頗參俗體，亦間有舛譌。然吉光片羽，幸而得存，固小學家所宜寶貴也。

彭元瑞等《天禄琳琅書目後編・遼版經部》 《龍龕手鑑》。一函，六冊。遼僧行均集。

又《影遼鈔經部》 《龍龕手鑑》。一函，四冊。同前。間有缺文譌字。

錢大昕《補元史藝文志・小學類》 僧行均《龍龕手鑑》四卷。遼。

黄丕烈《百宋一廛書録》 《龍龕手鑑》。

張金吾《愛日精廬藏書志・小學類》 《龍龕手鑑》四卷。先君子影寫宋刊本。遼釋行均字廣濟集。

張之洞《書目答問・小學》 《龍龕手鑑》四卷。遼僧行均。張丹鳴刻本。《釋》藏本。多佛書俗字。

說　文

黄虞稷《千頃堂書目・小學類・補元》 梁有寅《說文》□卷。

倪燦等《補遼金元藝文志・小學類》 梁有演《說文》。

大定重校類篇

楊士奇等《文淵閣書目・韻書》 《大定重校類篇》。一部，十五冊。完全。

張萱等《內閣藏書目録·字學部》　《大定重校類篇》十五册。全。

錢大昕《補元史藝文志·小學類》　《大定重較類篇》十五册。

龔顯曾《金藝文志補録·小學類》　《大定重較類篇》十五册。

篆法偏旁點畫辨

倪燦《補遼金元藝文志·小學類》　《篆法偏旁點畫辨》一卷。失名。

字學新書　摘鈔

黄虞稷《千頃堂書目·小學類·補元》　劉維忠《字學新書》七卷。又《摘鈔》一卷。

六書故

楊士奇等《文淵閣書目·韻書》　《六書故》一部，二十册。完全。　《六書故》一部，二十一册。殘缺。　《六書故》一部，二十一册。殘缺。　《六書故》一部，二十一册。闕。

張萱等《內閣藏書目録·字學部》　《六書故》二十册。全。宋永嘉戴侗著。凡三十三卷。　又三十三册。不全。

錢謙益等《絳雲樓書目·小學類》　《六書故》五册。二十二卷，戴侗。

黄虞稷《千頃堂書目·小學類·補元》　戴侗《六書故》三十六卷。延祐七年趙鳳儀序。

倪燦等《補遼金元藝文志·小學類》　戴侗《六書故》三十三卷。

《四庫提要·小學類二》　《六書故》三十三卷。兩江總督採進本。元戴侗撰。考《姓譜》，侗字仲達，永嘉人。淳祐中登進士第，由國子監簿守台州。德祐初，由祕書郎遷軍器少監，辭疾不起。其所終則莫之詳矣。是編大旨主於以六書明字義，謂字義明則貫通羣籍，理無不明。凡分九部：一曰數，二曰天文，三曰地理，四曰人，五曰動物，六曰植物，七曰工事，八曰雜，九曰疑。盡變《說文》之部分，實自侗始。其論假借之義，謂前人以「令」、「長」爲假借，不知二字皆從本義而生，非由外假。若「韋」本爲韋背，借爲韋革之韋。「豆」本爲俎豆借爲豆麥之豆。凡義無所因，特借其聲者，然後謂之假借。說亦頗辯，惟其文皆從鐘鼎，其註既用隸書，又皆改從篆體。非今非古，頗礙施行。元吾邱衍《學古編》曰：「侗以鐘鼎文編此書，不知者多以爲好，以其字字皆有，不若《說文》與今不同者多也。形古字今，雜亂無法。鐘鼎偏旁，不能全有，卻只以小篆足之。或一字兩法，人多不知。如毌本音貫，加宀不過爲寰字，乃音作官府之官。邨字不從寸、木，乃書爲村，引杜詩『無村眺望賒』爲證，甚誤學者。許氏解字引經，漢時有篆隸，乃得其宜。今侗亦引經而不能精究經典古字，反以近世差誤等字引作證據。鎊、鍾、黎、鋸、尿、屎等字，以世俗字作鐘鼎文。卵字解尤爲不典。六書到此，爲一厄矣」云云。其詆諆甚至，雖不爲不中其病，然其苦心考據，亦有不可盡泯者。略其紕繆而取其精要，於六書亦未嘗無所發明也。

錢大昕《補元史藝文志·小學類》　戴侗《六書故》三十三卷。

張之洞《書目答問·小學》　《六書故》三十三卷。元戴侗。明刻本。《小學彙函》本。

六書通釋

錢大昕《補元史藝文志·小學類》　戴侗《六書通釋》一卷。

隸分辨

楊士奇等《文淵閣書目·韻書》　《隸分辨》。一部，一册。闕。

隷疑韻寶

楊士奇等《文淵閣書目・韻書》 《隷疑韻寶》。一部，一册。闕。

字濴博義

楊士奇等《文淵閣書目・韻書》 《字濴博義》。一部，十四册。完全。

張萱等《内閣藏書目録・字學部》 《字濴博義》十四册。全。鈔本無序，莫詳姓氏。亦字書也。

黄虞稷《千頃堂書目・小學類・補元》 《字濴博義》二十六卷。不知撰人。濴，綺拳切，水深滿貌。

補注急就篇

《宋史・藝文志・小學類》 王應麟《補注急就篇》六卷。

王圻《續文獻通考經籍考・小學》 《補註急就章》。王應麟著。

張之洞《書目答問・小學》 《急就篇》四卷。漢史游。唐顔師古注，宋王應麟補注。陳氏獨抱廬本。《津逮》本。《學津》本。《玉海》附刻本。

六書統

楊士奇等《文淵閣書目・韻書》 《六書統》。一部，十册。闕。 《六書統》。一部，二十一册。闕。

范邦甸等《天一閣書目・小學類》 《六書統》二十卷。刊本。元楊桓撰。

王圻《續文獻通考經籍考・小學》 《六書統》。楊桓著。桓，兖州人。成宗時官至秘書少監。又奉敕撰《儀表録》、《暦日序》。

錢謙益等《絳雲樓書目・小學類》 《六書統》八册。楊桓，字武子。

黄虞稷《千頃堂書目・小學類・補元》 楊桓《六書統》二十卷。至大元年，倪堅叙《六書統》。

倪燦等《補遼金元藝文志・小學類》 楊桓《六書統》二十卷。

《四庫提要・小學類二》 《六書統》二十卷。浙江汪啓淑家藏本。元楊桓撰。桓字武子，號辛泉，兖州人。中統四年以郡諸生補濟州教授，累官太史院校書，監察御史，終國子監司業。事蹟具《元史》本傳。是書至大丙申其子守義進於朝，詔下江浙鏤版。前有翰林直學士倪堅序，又有國子博士劉泰後序。而桓《自序》爲尤詳。大旨以六書統諸字，故名曰「統」。凡象形之例十，會意之例十有六，指事之例九，轉注之例十有八，形聲之例十有八，案《周禮注》作「諧聲」，此作形聲，蓋從許慎《説文》。假借之例十有四。其象形、會意、轉注、形聲四例，大致因戴侗《六書故》門目而衍之。指事、假借二例，則桓以意鉤稽，自生分別。所列先古文、大篆，次鐘鼎文，次小篆，其説謂「文簡意足，莫善於古文、大篆。惜其數少，不足於用。文字備用者莫過小篆，而譌謬於後人之傳寫者，亦所不免。今以古文證之，悉復其舊」。蓋桓之自命在是，然桓之紕繆亦即在於是。故其説至於不可通，則變一例。所變之例復不通，則不得不又變一例。數變之後，紛如亂絲，於是一指事也，有直指其事，有以形指形，有以意指意，有以形指意，有以意指形，有以注指形，有以注指意，有以聲指形，有以聲指意。一假借也，有聲義兼借，有借聲不借意，有借意不借聲，有借諧聲兼義，有借諧聲，有借近聲兼義，有借近聲，有借諧近聲，有因借而借，有因省而借，有借同形，有借同體，有非借而借。輾轉迷瞀，幾於不可究詰。蓋許慎《説文》爲六書之祖，如作分、隷、行、草，必以篆法繩之，則字各有體，勢必格閡而難行。如作篆書，則九千字者爲高曾之矩矱矣。桓必欲偭而改錯，其支離破碎，不足怪也。以六書論之，其書本不足取，惟是變亂古文，始於戴侗，而成於桓。侗則小有出入，桓乃至於横決而不顧。後來魏校諸人隨心造字，其弊實濫觴於此。置之不録，則桓穿鑿之失不彰。故於所著三書之中，録此一編，以著變法所自始。朱子所謂

「存之正以廢之者」，玆其義矣。

錢大昕《補元史藝文志・小學類》 楊桓《六書統》二十卷。

張金吾《愛日精廬藏書志・小學類》 《六書統》二十卷。元刊本。元奉直大夫國子司業楊桓考集。

六書溯原

楊士奇等《文淵閣書目・韻書》 《六書統溯原》。一部，十三冊。殘缺。

錢謙益等《絳雲樓書目・小學類》 《六書泝源》六冊。楊桓《六書統》二十卷，《六書溯源》十三卷。史言桓精篆隸之學，所著書大抵推明許氏之說，而意加深。

黃虞稷《千頃堂書目・小學類・補元》 楊桓《六書溯源》十三卷。

倪燦等《補遼金元藝文志・小學類》 楊桓《六書溯源》十三卷。

《四庫提要・小學類存目一》 《六書溯源》十二卷。江蘇巡撫採進本。元楊桓撰。桓有《六書統》，已著録。《六書統》備列古文、篆、籀。此書則專取《說文》所無，或附見於重文者録之。《六書統》所載古文，自憑胸臆，增損改易，其字已多不足信。至於此書，皆《說文》不載之字，本無篆體，乃因後世增益之譌文，爲之推原作篆。卷一以會意起，僅一十一字。次指事，僅十四字。合轉注爲兩卷。其卷三至十二皆諧聲字，獨闕象形一門。名曰六書，實止五也。桓好講六書而不能深通其意，所說皆妄生穿鑿，不足爲憑。其論指事、轉注，尤爲乖異。大抵從會意、形聲之內以己見強爲分別。故其指事有以形指形、以注指形、以意指形、以聲指形、以聲指意之屬。其轉注有從二文、三文、四文，及從一文一字、從二文一字、從一文二字之屬。蓋字學至元、明諸人，多改漢以來所傳篆書，使就己見，幾於人人可以造字。戴侗導其流，周伯琦揚其波，猶間有可採，未爲太甚。至桓與魏校而横溢旁決，矯誣尤甚。是固宜宣諸戒律，以杜變亂之源者矣。

錢大昕《補元史藝文志・小學類》 楊桓《六書泝源》十三卷。

顧廣圻《思適齋書跋・經部》 《六書統溯源》十三卷。元刻本。

六書析源

王圻《續文獻通考經籍考・小學》 《六書析源》。楊桓著。

小學語録

孫德謙《金史藝文略・小學》 《小學語録》。劉因撰。

雪菴字要

錢曾《讀書敏求記・書》 《雪菴字要》一卷。

六書類釋

楊士奇等《文淵閣書目・韻書》 《六書類釋》。一部，四冊。闕。《六書類釋》。一部，十五冊。闕。

都穆《南濠居士文跋・六書類釋》 右《六書類釋》三十六卷，元鄱陽倪鏜撰。

黃虞稷《千頃堂書目・小學類・補元》 倪鏜《六書類釋》三十卷。安仁人，晉寧州知州。

倪燦等《補遼金元藝文志・小學類》 倪鏜《六書類釋》三十卷。安仁人，晉寧州知州。

錢大昕《補元史藝文志・小學類》 倪鏜《六書類釋》三十卷。

漢隸例

高儒《百川書志・小學》《漢隸例》一卷。

漢隸精華

高儒《百川書志・小學》《漢隸精華》一卷。

古文韻選

楊士奇等《文淵閣書目・韻書》《古文韻選》。一部，二冊。闕。

石鼓文

徐𤊹《徐氏家藏書目・字類》《石鼓文》一卷。

六書通正

黄虞稷《千頃堂書目・小學類・補元》吳正道《六書通正》。字岫雲，餘干人。吳澄爲序。

倪燦等《補遼金元藝文志・小學類》吳正道《六書通正》。字岫雲，餘干人。

六書源流偏旁證譌

黄虞稷《千頃堂書目・小學類・補元》吳正道《六書源流偏旁證譌》

倪燦《補遼金元藝文志・小學類》吳正道《六書源流偏旁證譌》。

錢大昕《補元史藝文志・小學類》吳正道《六書淵源字旁辨誤》一卷。番陽人。

六書淵源圖

黄虞稷《千頃堂書目・小學類・補元》吳正道《六書淵源圖》。

倪燦等《補遼金元藝文志・小學類》吳正道《六書淵源圖》。

嵇璜等《續通志・圖譜略・小學》元吳正道《六書淵源圖》。

六書存古辨誤韻譜

錢大昕《補元史藝文志・小學類》吳正道《六書存古辨誤韻譜》。

六書綱領

黄虞稷《千頃堂書目・小學類・補元》何中《六書綱領》□卷。

倪燦等《補遼金元藝文志・小學類》何中《六書綱領》一卷。

錢大昕《補元史藝文志・小學類》何中《六書綱領》一卷。

補六書故

錢大昕《補元史藝文志・小學類》　何中《補六書故》三十二卷。

假借論

黃虞稷《千頃堂書目・小學類・補元》　許謙《假借論》一卷。

倪燦等《補遼金元藝文志・小學類》　許謙《假借論》一卷。

錢大昕《補元史藝文志・小學類》　許謙《假借論》一卷。

復古糾繆編

錢大昕《補元史藝文志・小學類》　劉致《復古糾繆編》。

增廣字訓

張萱等《内閣藏書目録・字學部》　《增廣字訓》二冊。全。元延祐間程若庸著。

說文解字補義

黃虞稷《千頃堂書目・小學類・補元》　包希曾《說文解字補義》十二卷。字魯伯，進賢人。從吳澄學。

倪燦等《補遼金元藝文志・小學類》　包希曾《說文解字補義》十二卷。字魯伯，進賢人。

錢大昕《補元史藝文志・小學類》　包希魯《說文解字補義》十二卷。

阮元《四庫未收書目提要・小學類》　《說文解字補義》十二卷。元至正刊本元包希魯撰。

張金吾《愛日精廬藏書志・小學類》　《說文解字補義》十二卷。元刊本元包希魯撰。

字綜

王圻《續文獻通考經籍考・小學》　《字綜》二卷。浦江柳貫著。貫善楷法，工篆籀，京兆杜公本謂其妙處不減李陽冰。所著又有文集若干卷、金石竹帛遺文若干卷。

字系

王圻《續文獻通考經籍考・小學》　《字系》。浦陽柳貫著。

黃虞稷《千頃堂書目・小學類・補元》　柳貫《字系》二卷。

倪燦等《補遼金元藝文志・小學類》　柳貫《字系》二卷。

錢大昕《補元史藝文志・小學類》　柳貫《字系》二卷。

周秦刻石釋音

黃虞稷《千頃堂書目・小學類・補元》　吾衍《周秦刻石釋音》一卷。

倪燦等《補遼金元藝文志・小學類》　吾衍《周秦刻石釋音》一卷。

《四庫提要・小學類二》　《周秦刻石釋音》一卷。編修汪如藻家藏本。元吾丘衍撰。衍字子行，錢塘人。初宋淳熙間有楊文昺者，著《周秦刻石釋音》一書，載《石鼓文》、《詛楚文》、《泰山嶧山碑》。至是衍以所取《琅邪碑》不類秦碑，不應收入，因重加刪定，以成是書。前有至大元年衍《自序》，謂石鼓以所藏《甲秀堂圖譜》爲之，而削去鄭樵音訓。又正《詛楚文》二字、合泰山、嶧山石刻字其爲一卷，而仍其書名。又列諸家音注書評於後。其叙石鼓次第，與薛尚功、楊愼本合，而與今本異。其曰文幾行，行幾字，重文、闕文幾字者，即朱彝尊據以編《石鼓考》者也。然其所謂「闕文幾字」者，仍第執一時所見之本而言。即潘迪《音訓》與衍是書同作於元時，其音釋亦不盡同。蓋金石之文，摹搨有明晦，裝潢有移掇，言人人殊，不足異也。至所正《詛楚文》二字：「絆」之爲「縫」，其説於古無所據。以文義字體按之，皆未可信。「遝」之爲「遂」，則「遝」、「遂」二字，《詛楚文》石本、版本皆無其文，不知衍所據何本。然衍距今四百年，其所見之本或有異同，未可執今本相詰難。録備一説，要亦足廣異聞耳。

錢大昕《補元史藝文志・小學類》 吾衍《周秦刻石釋音》一卷。

説文俗解　説文續解

王圻《續文獻通考經籍考・小學》 《説文俗解》，吾衍著。

黃虞稷《千頃堂書目・小學類・補元》 吾衍《説文續解》。

倪燦等《補遼金元藝文志・小學類》 吾衍《説文續解》。

錢大昕《補元史藝文志・小學類》 吾衍《説文續解》。字子行，錢唐人。

學古編

錢謙益等《絳雲樓書目・小學類》 吾子行《學古編》一冊。二卷。錢受之、馮定遠兩先生皆深貶此書。

黃虞稷《千頃堂書目・小學類・補元》 吾衍《學古編》二卷。

倪燦等《補遼金元藝文志・小學類》 吾衍《學古編》二卷。

錢曾《讀書敏求記・字學》 吾衍《學古編》一卷。

錢大昕《補元史藝文志・小學類》 吾衍《學古編》。字子行，錢唐人。

續古篆韻

錢曾《讀書敏求記・字學》 吾衍《續古篆韻》六卷。

錢大昕《補元史藝文志・小學類》 吾衍《續古篆韻》一卷。

孫星衍《平津館鑒藏書籍記・元版》 《續古篆韻》六卷，題魯郡吾衍編集。

阮元《四庫未收書目提要・小學類》 《續古篆韻》六卷。江寧陳氏刊本。元吾衍編。

鐘鼎韻

黃虞稷《千頃堂書目・小學類・補元》 吾衍《鐘鼎韻》一卷。

錢大昕《補元史藝文志・小學類》 吾衍《鐘鼎韻》一卷。

石鼓詛楚文音釋

錢大昕《補元史藝文志・小學類》 《石鼓詛楚文音釋》一卷。

考得不從字類歌訣

錢謙益等《絳雲樓書目・小學類》 《考得不從字類歌訣》一冊。

六藝綱目　字原

黃虞稷《千頃堂書目・小學類・附補元》　舒天民《六藝綱目》二卷。附《字原》一卷。

倪燦《補遼金元藝文志・小學類》　舒天民《六藝綱目》二卷。

《四庫提要・小學類三》　《六藝綱目》二卷。兵部侍郎紀昀家藏本。元舒天民撰。天民字埶風，鄞縣人。是書取《周禮・保氏》六藝之文，因鄭玄之註，標爲條目，各以四字韻語括之。其子恭爲之註，同郡趙宜中爲之附註，均能考證精核，於小學頗有發明。惟其中論六書「轉注」一門，以爲轉注者，乃轉形互用，有倒有側、有反有背。今求其說，若云「倒𦣻爲県」、「反正爲乏」，雖本傳記，然究屬會意字。至謂「尸爲側人」、「匚爲側凵」，則誤從周伯琦《說文字原》之論，於制字之意反乖耳。至其「九數」一門，以密術推鄭註，頗爲詳至。以之補正賈疏，亦考禮之一助也。恭字自謙，號說齋。宜中字彥夫。其書刊於至正甲辰，前有張翥、胡世佐、揭汯、劉仁本四《序》，皆未言及宜中附註事。末有舒睿《後序》，題「戊申歲」，已爲洪武元年。亦不及宜中。則宜中疑爲明人，其始末則不可考矣。案六藝皆古之小學，而自《漢志》以後，小學一類惟收聲音、訓詁之文。此書轉無類可歸，今附録於小學之末，存古義也。

張之洞《書目答問・羣書讀本》　《六藝綱目》。元舒天民。嘉蔭簃本。《指海》本。

古字便覽

劉若愚《内板經書紀略》　《古字便覽》。一本，五十二葉。

六書通編

黃虞稷《千頃堂書目・小學類・補元》　杜本《六書通編》十卷。

倪燦等《補遼金元藝文志・小學類》　杜本《六書通編》十卷。

錢大昕《補元史藝文志・小學類》　杜本《六書通編》十卷。

字鑑

楊士奇等《文淵閣書目・韻書》　《字鑑》。一部，一冊。闕。

錢謙益等《絳雲樓書目・小學類》　李文仲《字鑒》五冊。五篇。于文傳、黃溍序。元至治間，長洲李世英輯《類韻》一書，其從子文仲復輯《字鑒》，仍依韻編之。元末，李文仲本《說文》作《字鑒》。辨點畫，刊舛謬，以備一家之書。《字鑒》一冊。重出。

黃虞稷《千頃堂書目・小學類・補元》　李文仲《字鑑》五卷。世英從子。

倪燦等《補遼金元藝文志・小學類》　李文仲《字鑑》五卷。世英從子。

《四庫提要・小學類二》　《字鑑》五卷。兩淮馬裕家藏本。元李文仲撰。文仲，長洲人。自署吳郡學生，其始末則無考也。文仲從父世英，以六書惟假借難名，因輯《類韻》二十卷。以字爲本，音爲榦，義訓爲枝葉，自一而二，井然不紊。凡十年始成。而韻内字畫，尚有未正者，文仲因續爲是書，依二百六部之韻編次之。辨正點畫，刊除俗謬，於諸家皆有所駁正。中間如「稾」从禾高聲，而誤作「稟」。「隙」从阜从㡭，而誤作「隟」。則糾《干祿字書》之失。如「肇」、「肈」原有二字，而止收肈字，反以肇爲俗。豎字誤从立作「竪」。徹字誤从去作「徹」。析字誤从片作「析」。則糾《五經文字》之失。如「屯」本訓難，借爲屯聚字，而郭忠恕以屯音迍，別出屯爲屯聚字。於假借之義不合。則糾《佩觿》之失。他若《增韻》、《韻會》諸本，則舉正之處尤多。大旨悉本《說文》，以訂後來沿襲之謬。於小學深爲有裨，至若叏字變爲「㚔」，㒸字變爲

「隨」，陸字變爲「隮」之類，則以爲承譌既久，難於遽改，而但於本字下剖析其所當然。深得變通之宜，亦非泥古駭俗者所可比也。其書久無傳本，康熙中朱彝尊從古林曹氏鈔得，始付長洲張士俊刊行之云。

錢大昕《補三史藝文志・小學類》 李文仲《字鑑》五卷。

吴壽暘《拜經樓藏書題跋記・字鑑》 《字鑑》二冊，錢綠窗處士校本。

張之洞《書目答問・小學》 《字鑑》五卷。元李文仲。澤存堂本。

後復古編

錢大昕《補元史藝文志・小學類》 戚崇僧《後復古編》一卷。

集鐘鼎篆韻

錢謙益等《絳雲樓書目・小學類》 楊鉤《集鐘鼎篆韻》二冊。五卷。紹興中，薛尚功集《鐘鼎篆韻》七卷。

彭元瑞等《天禄琳琅書目後編・明鈔諸部》 《增廣鐘鼎篆韻》。一函，二冊。元楊鉤撰。

錢大昕《補元史藝文志・小學類》 楊信父《鐘鼎篆韻》五卷。名鉤，以字行，臨江人。

阮元《四庫未收書目提要・小學類》 《增廣鐘鼎篆韻》七卷。元楊鉤撰。鉤字信文，臨江人。

張金吾《愛日精廬藏書志・小學類》 《增廣鐘鼎篆韻》七卷。舊抄本。元臨江楊鉤信文甫集。

六書内外篇

王圻《續文獻通考經籍考・小學》 《六書内外篇》。季守鏞著。

九書辯

王圻《續文獻通考經籍考・小學》 《九書辯》。牟楷著。

字　録

黄虞稷《千頃堂書目・小學類・補元》 周才《字録》□卷。

説文續釋

楊士奇等《文淵閣書目・韻書》 《説文續釋》。一部，二冊。闕。

錢大昕《補元史藝文志・小學類》 吴叡《説文續釋》。字孟思，濮陽人。

增修復古編

《四庫提要・小學類存目一》 《增修復古編》四卷。浙江汪啓淑家藏本。

舊本題吴均撰。但自署其字曰仲平。不著爵里，亦不著時代。其《凡例》稱「註釋用黄氏《韻會》」，而書中分部全從周德清《中原音韻》，則元以後人也。初，張有作《復古編》。辨别篆隸之譌異，持論甚平。又惟主辨正字畫，而不復泛引訓詁，其説亦頗簡要。均乃病其太略，補輯是編。所分諸部，皆以俗音變古法。而所載諸字，又皆以古文繩今體。其拘者，如「童子」必從人作「僮」之類，率滯礙而不可行。其濫者，如仝字之類引及道書，又蕪雜而不盡確。所分六書尤多舛誤。如艘字爲國名、孫字爲人姓、階字訓等差、賓字訓客、環字訓繞之類，皆謂之假借，則天下幾無正字矣。其書自平聲至入聲，首尾完具，而每韻皆題曰「上卷」。殆尚有下卷而佚之。然其佚亦無足惜也。

張金吾《愛日精廬藏書志・小學類》 《增修復古編》二卷。明初刊本吳方山藏書。宋吳興張有謙中編。元後學吳均仲平增補。

吳壽暘《拜經樓藏書題跋記・增修復古編》 《增修復古編》二卷。汲古閣鈔本。

經史字源

張萱等《內閣藏書目録・字學部》 《經史字源》二冊。不全。即沈約韻也。元張子敬訓釋，以四聲分卷，入聲闕數帙。

黃虞稷《千頃堂書目・小學類・補元》 張子敬《經史字源》。

倪燦等《補遼金元藝文志・小學類》 張子敬《經史字源》。

錢大昕《補元史藝文志・小學類》 張子敬《經史字源》。

說文字原　六書正譌

楊士奇等《文淵閣書目・韻書》 《六書正譌》一部，二冊。闕。《六書正譌》。一部，一冊。闕。

徐𤊹《徐氏家藏書目・字類》 《六書正譌》五卷。周伯琦。

錢謙益等《絳雲樓書目・小學類》 周伯琦《六書正譌》二冊。四卷，馮定翁不取此書。

黃虞稷《千頃堂書目・小學類・補元》 周伯琦《說文字原》一卷。至正元年己丑序。又《六書正譌》五卷。

倪燦等《補遼金元藝文志・小學類》 周伯琦《說文字原》一卷。又《六書正譌》五卷。

《四庫提要・小學類二》 《說文字原》一卷。《六書正譌》五卷。大學士于敏中家藏本。元周伯琦撰。伯琦字伯溫，饒州人。官至兵部侍郎。明郎瑛《七修類稿》載其降於張士誠。士誠破後，爲明太祖所誅。謂《元史》稱其後歸鄱陽病卒爲誤。考徐禎卿《翦勝野聞》，先有此說。然宋濂修史在太祖時，使伯琦果與士誠之黨同誅，濂等不容不知。至《翦勝野聞》本出依託，不足爲據。瑛所言殆傳聞失實也。是二書前有至正乙未國子監丞宇文公諒《總序》。《說文字原》之首有伯琦《自序》，題「至正己丑」。而《六書正譌》則無序，意其佚脫也。明嘉靖元年，滁陽于器之重刊於浙中，瓊州黃芳爲序。崇禎甲戌，胡正言又重刊之。正言字曰從，海陽人。官中書舍人。工於鐫篆，有《十竹齋印譜》兩集。此二書篆文，即所手書也。昔許慎《說文》凡分五百四十部，其先後之序，或有義或無義，不盡可考。徐鍇作《說文繫傳》，仿《周易・序卦》之例，一一明其次第連屬之故，未免失之牽合。伯琦是書又以愼之部分增廿、丣、㠯、亍、丰、卌、爿、㕓、朩、岦、廾、㚔、ʃ、冂、毋、尢、冃一十七部。又改「皕」爲「百」，改「箕」爲「其」，改「危」爲「厃」，改「雲」爲「云」。變其字者四部。刪其飛、儿、雩、凶、卤、矛、辛、豈、鼓、白、有、丂、𠷎、㓞、酓、亐、亣十七部。移其原第，使以類相從，以明輾轉孳生之義，分爲一十二部。如秃字，《說文》「从人在禾中」，伯琦則謂从木諧聲，从禾爲謬。尸字，小篆一筆三折，屈曲相連，伯琦則謂爲傳寫之誤，當从臥人之形作二筆書之，與愼亦頗有異同。至於以側山爲𠂤，倒㞢爲帀之類，訓爲轉注，則仍與會意無分，未免自我作古耳。其《六書正譌》，以《禮部韻略》部分，分隸諸字。列小篆爲主，先註制字之義，而以隸作某某，俗作某某，辨別於下，略如張有《復古編》之意。其間如芙蓉之「蓉」必書爲「頌」，枝幹之「幹」必書爲「干」，多牽強而不可行。且全書皆用今韻，而宜字則以篆文從多諧聲，移於歌韻。全書皆用小篆，而香字仍從古文作「皀」，別註小篆作「𪏽」。如斯之類，尤未免爲例不純。大抵伯琦此二書，推衍《說文》者半，參以己見者亦半。瑕瑜互見，通蔽相仿，不及張有《復古編》之精密，而亦不至如楊桓《六書統》之糅雜。「采葑采菲，無以下體」，姑存以備一解。亦兼收並蓄之意云爾。

于敏中等《天禄琳琅書目・元版經部》《六書正譌》一函五册。元周伯琦撰。五卷。

彭元瑞等《天禄琳琅書目後編・明版經部》《説文字原》。《六書正譌》。一函三册。元周伯琦撰。

錢大昕《補元史藝文志・小學類》周伯琦《六書正譌》五卷。又《説文字原》一卷。

張金吾《愛日精廬藏書志・小學類》《六書正譌》五卷。元刊本。元鄱陽周伯琦編注。《説文字原》一卷。影寫元刊本。元鄱陽周伯琦編注。

學童識字

黄虞稷《千頃堂書目・小學類・補元》樓有成《學童識字》。義烏人。

倪燦等《補遼金元藝文志・小學類》樓有成《學童識字》。義烏人。

錢大昕《補元史藝文志・小學類》樓有成《學童識字》。字玉汝，義烏人。授無爲路學録，不赴。

玉篇廣韻指南

高儒《百川書志・小學》《玉篇廣韻指南》一卷。

兩漢字統

楊士奇等《文淵閣書目・韻書》《兩漢字統》。一部，一册。闕。

兩漢字類

楊士奇等《文淵閣書目・韻書》《兩漢字類》。一部，一册。闕。

書同文

楊士奇等《文淵閣書目・韻書》《書同文》。一部，一册。闕。

六書序目

徐𤊹《徐氏家藏書目・字類》《六書序目》一卷。

説文始一終亥

錢謙益等《絳雲樓書目・小學類》《説文始一終亥》八册。

續復古編

阮元《四庫未收書目提要・小學類》《續復古編》四卷，元曹本撰。本，字子學，大名人。

六書本義

黃虞稷《千頃堂書目・小學類》　汪克寬《六書本義》。

考定石鼓文音訓

黃虞稷《千頃堂書目・小學類・又補元》　潘迪《考定石鼓文音訓》一卷。

錢大昕《補元史藝文志・小學類》　潘迪《考定石鼓文音訓》一卷。

正字訓綱

張萱等《内閣藏書目録・字學部》　《正字訓綱》五冊。全。元廣東僉憲魏溫甫著。

偏旁辯證

黃虞稷《千頃堂書目・小學類》　馬琬《偏旁辯證》。字文璧，紹興人。從楊維楨學《春秋》。官撫州知府。貝瓊爲《序》。

重類復古編

黃虞稷《千頃堂書目・小學類・補元》　秦不華《重類復古編》十卷。

倪燦等《補遼金元藝文志・小學類》　泰不華《重類復古編》十卷。

錢大昕《補元史藝文志・小學類》　泰不華《重類復古編》十卷。

字學源委

黃虞稷《千頃堂書目・小學類》　謝林《字學源委》五卷。毘陵謝應芳子。洪武中，官新鄭教諭。

《明史・藝文志・小學類》　謝林《字學源委》五卷。

文字譜系

黃虞稷《千頃堂書目・小學類》　穆正《文字譜系》十二卷。字景中，四明人。明初，靈璧知縣。

《明史・藝文志・小學類》　穆正《文字譜系》十二卷。

嵇璜等《續通志・圖譜略・小學》　穆正《文字譜系》。

法書通釋

徐𤊹《徐氏家藏書目・字類》　《法書通釋》一卷。張紳。

篇海類編

《四庫提要・小學類存目一》　《篇海類編》二十卷。江蘇周厚堉家藏本。

舊本題明宋濂撰，屠隆訂正。濂字景濂，浦江人。元至正末召爲國史院編修官，不就。洪武中，官至翰林學士承旨。事蹟具《明史》本傳。隆字長卿，鄞縣人。萬曆丁丑進士，官至禮部主事。《明史・文苑傳》附見《徐渭傳》中。其書取韓道昭《五音篇海》，以部首之字分類編次，舛陋萬狀。無論宋濂本無此書，即以所引之書而論，如田汝耔、都俞、李登、湯顯祖、趙銘、章黼、楊時喬、劉孔當、趙宧光，皆明正德至萬曆時人，濂何從見之？至於以趙撝謙列林罕、李陽冰間，既有一鄭樵，註曰：著《六書略》。又有一鄭漁，註曰：字仲明，夾漈人。他如以《玉篇》爲陳新作，以《韻會箋》爲黄紹作，以「高似孫」爲「高衍孫」，以《洪武正韻》爲毛晃作，以《古文字號》爲馬融作、鄭玄注，以《五聲韻》爲張有作，以《別字》十三篇爲孫强作，以《六書精蘊》爲孫愐作。殆於醉夢顛倒，病狂譫語。屠隆雖不甚讀書，亦不至此，殆謬妄坊賈所託名也。

性理千字文

黄虞稷《千頃堂書目・小學類》 夏太和《性理千字文》一卷。福清人。洪武中，國子監助教。

篆法偏旁點畫辨

張金吾《愛日精廬藏書志・小學類》 應子《篆法偏旁點畫辨》一卷。元應在撰。《篆法偏旁點畫辨》一卷。舊抄本。元應在撰。

辨釋篆法辨

張金吾《愛日精廬藏書志・小學類》 《辨釋篆法辨》一卷。明刊本。應在撰。

古字

高儒《百川書志・小學》 《古字》一卷。皇明華亭沈麟輯。

說文字原章句

黄虞稷《千頃堂書目・小學類》 盧熊《說文字原章句》。

急就章注

黄虞稷《千頃堂書目・小學類》 李本《急就章注》。字孝謙，明初鄞縣人。

六書本義

楊士奇等《文淵閣書目・韻書》 《六書本義》。一部，一冊。闕。

高儒《百川書志・小學》 《六書本義》十二卷。《論圖》二卷。皇明餘姚趙古則編註。

徐𤊹《徐氏家藏書目・字類》 《六書本義》三卷。

錢謙益等《絳雲樓書目・小學類》 趙古則《六書本義》一冊。附《童蒙習句》一卷。洪武中，歷瓊山教諭，卒於官。後更名謙，字撝謙。趙古則，餘姚人。洪武中，徵《修正韻》，以與衆議不合，罷歸。宋景濂嘗遣子仲珩受業其門。趙歸後，仲珩校《正韻》，多用趙說。蓋趙於六書之學最深也。又嘗著《聲音文字通》，朱謀㙔亦撰《六書本義》。

黄虞稷《千頃堂書目・小學類》 趙古則《六書本義》十二卷。

《明史・藝文志・小學類》　趙古則《六書本義》十二卷。

《四庫提要・小學類二》　《六書本義》十二卷。江蘇巡撫採進本。明趙撝謙撰。撝謙原名古則，餘姚人。宋秦悼惠王之後。明初徵修《洪武正韻》，持議不協，出爲中都國子監典簿，罷歸。尋以薦爲瓊山縣教諭。事蹟具《明史・文苑傳》。焦竑《筆乘》稱其字學最精，行世者惟《六書本義》及《學範》六篇。《學範》蕪雜，殊無可取。是編《六書論》及《六書相生》諸圖》，大抵祖述鄭樵之說。其《凡例》有曰：「《說文》原作五百四十部，今定爲三百六十部，不能生者附各類後。」今以其說考之，若《說文》畕字爲一部，以畺字爲子，而撝謙則併入田部。《說文》包字爲一部，以胞、匏字爲子，而撝謙則併入《勹部》。《說文》𢆶字爲一部，以幾、幽字爲子，而撝謙則併入《幺部》。凡若此類，以母生子，雖不過一二，而未嘗無所生之子。與《凡例》所云不能生者不同。乃一概併之，似爲未當。又若《說文・儿部》「儿」讀若人，充、兖諸字從之，與人字異體，而撝謙則併入《人部》。《說文・本部》皋字從本從白，而撝謙誤以從白爲從自，附入《自部》。則於字體尤舛。第於各部之下辨別六書之體頗爲詳晰，其研索亦具有苦心。故録而存之，以不沒所長焉。

孫星衍《平津館鑒藏書籍記・元版》　《六書本義》十二卷。題餘姚趙古則編注。

又《明版》　《六書本義》十二卷。題餘姚趙古則編注。

童蒙習句

《四庫提要・小學類存目一》　《童蒙習句》一卷。通行本。明趙撝謙撰。撝謙有《六書本義》，已著録。焦竑《筆乘》載「撝謙著書十種」。此書居第八，惟《六書本義》及《學範》行世。餘書則丘濬、李東陽、謝遷先後訪於嶺南不獲。則此書爲明人所未見，亦僅存之本矣。其例凡列一字，必載篆、隸、眞、草四體。然小篆及眞書各有定格，而隸、草變體至多，不能賅備，姑見崖略而已。撝謙本以小學名，此則鄉塾訓課之作，非其精義之所在也。

文字考證辨譌

黄虞稷《千頃堂書目・小學類》　王仲芳《文字考證辨譌》。寧海人。方正學序。

叙古千字文集解

黄虞稷《千頃堂書目・小學類》　解延年《叙古千字文集解》。棲霞人。正統癸未進士，四川順慶知府。

從古正文

徐𤊹《徐氏家藏書目・字類》　《從古正文》二卷。黄諫。

錢謙益等《絳雲樓書目・小學類》　《從正古文》一冊。

黄虞稷《千頃堂書目・小學類》　黄諫《從古正文》六卷。天順己卯序。

錢曾《讀書敏求記・字學》　《从古正文》一卷。

《明史・藝文志・小學類》　黄諫《從古正文》六卷。

《四庫提要・小學類存目一》　《從古正文》五卷。禮部尚書曹秀先家藏本。明黄諫撰。諫字世臣，蘭州人。天順壬戌進士，官至翰林院侍講學士。後坐與石亨交，謫廣州府通判。其書考正字畫之譌，以《洪武正韻》隸字。每字大書正文，而分疏訓詁，註「作某某非」於其下。所推論六書之義，未嘗不確。而篆變八分，八分變楷，相沿既久，勢不能同。故楷之不可繩以小篆，猶小篆之不可繩以籀文。諫乃一一以小篆作楷，奇形怪態，重譯乃通。而究其底蘊，實止人人習見之《說文》九千字非僻書也。無裨義理，而有妨施用。所謂其言成理，而其事必不可行者，此類是矣。

吴壽暘《拜經樓藏書題跋記・从古正文》　右六卷，舊刻本。

六書補義

黄虞稷《千頃堂書目・小學類》 包宏《六書補義》。

六書音義

黄虞稷《千頃堂書目・小學類》 涂觀《六書音義》十八卷。豐城人。天順庚辰進士，官寧國知府。弘治十八年辛亥徐竑序。

《明史・藝文志・小學類》 涂觀《六書音義》十八卷。

集鐘鼎古文韻選

高儒《百川書志・小學》 《集鐘鼎古文韻選》五卷。吴陵釋道泰來峰集。

錢謙益等《絳雲樓書目・小學類》 《鐘鼎古文韻選》五冊。

黄虞稷《千頃堂書目・小學類》 釋道泰《集鐘鼎古文韻逸》一卷。號來峰。泰州僧。

《四庫提要・小學類存目一》 《集鐘鼎古文韻選》五卷。通行本。明釋道泰撰。黄虞稷《千頃堂書目》載此名，註曰：「字來峰，泰州人。」其書分韻集鐘鼎古文，然所收頗雜。秦權、漢鑑與三代之文並載之，殊乖條貫。他如《滕公石槨銘》本屬僞迹，收之已失別裁。又鉤摹全非其本狀，則傳寫失眞者多矣。其分韻改咍爲開，改添爲凡，上平有元、魂而無痕，下平多「三宣」一部，皆與《廣韻》不同。蓋從徐鍇《篆韻譜》也。

書纂　音釋

黄虞稷《千頃堂書目・小學類》 周瑛《書纂》五卷。

《明史・藝文志・小學類》 周瑛《書纂》五卷。《音釋》一卷。

字書啓鑰

黄虞稷《千頃堂書目・小學類》 周瑛《字書啓鑰》。

六書考

黄虞稷《千頃堂書目・小學類》 伊乘《六書考》。字德載。吴縣人，籍應天。成化戊戌進士，歷官按察司僉事。

古文小學

高儒《百川書志・總經》 《古文小學》九卷。國朝甘泉湛若水輯。幷集訓測，凡七類。

古今小學

《明史・藝文志・小學類》 湛若水《古今小學》六卷。

小學撮要

高儒《百川書志・總經》《小學撮要》一卷。皇明惠州同知莆田林仲璧選次。

古文字考

徐𤊹《徐氏家藏書目・字類》《古文字考》五卷。

千字文音韻　附百家姓

徐𤊹《徐氏家藏書目・韻類》《千字文音韻》二卷。《百家姓》附。

真篆千字文百家姓

徐𤊹《徐氏家藏書目・字類》《眞篆千字文百家姓》二卷。

四體千文

徐𤊹《徐氏家藏書目・字類》《四體千文》一卷。

六書考正

徐𤊹《徐氏家藏書目・字類》《六書考正》。詹玉鉉。

字林纂要

黃虞稷《千頃堂書目・小學類》劉孟《字林纂要》。安福人。成化丁未進士，延綏巡撫，都御史。

字義博考

黃虞稷《千頃堂書目・小學類》朱嘉楨《字義博考》。濟寧州人。弘正間隱士。

彙堂摘奇

徐𤊹《徐氏家藏書目・字類》《彙堂摘奇》一卷。王佐。

古　篆

范邦甸等《天一閣書目・小學類》《古篆》一卷。明田不欲翁纂。

字學集要

黄虞稷《千頃堂書目・小學類》 朱翬《字學集要》四卷。

集古隸韻

《四庫提要・小學類存目一》 《集古隸韻》五卷。兩淮馬裕家藏本。明方仕撰。案是時有二方仕：一爲固始人，正德戊辰進士。一即此方仕，字伯行，寧波人也。其書以漢碑隸書分四聲編次，全襲宋婁機《漢隸字源》而變其一、二、三、四等目。以《千字文》「天地玄黄」諸字編之，體例甚陋。又摹刻拙謬，多失本形。前有嘉靖丙戌市舶太監賴恩序。蓋仕爲恩題射廳榜，恩因爲損貲刻之。又有浙江進士章滔序，亦頌恩之功，蓋均不足道云。

六書精藴　音釋

王圻《續文獻通考・經籍考・小學》 《六書精藴》。魏校著。校，崑山人。

徐𤊹《徐氏家藏書目・字類》 《六書精藴》六卷。魏校。

錢謙益等《絳雲樓書目・小學類》 《六書精藴》。許謙撰。一作魏校。

《六書精藴音釋》一册。

黄虞稷《千頃堂書目・小學類》 魏校《六書精藴》六卷，又《音釋》一卷。字子才，太常卿。《音釋》乃門人徐官所作。

錢曾《讀書敏求記・字學》 魏莊渠《六書精藴音釋》一卷。

《四庫提要・小學類存目一》 《六書精藴》六卷、《音釋》一卷。兩淮馬裕家藏本。明魏校撰。校有《周禮沿革傳》，已著録。是書《自序》謂「因古文正小篆之譌，擇小篆補古文之闕」。又謂「惟祖頡而參諸籀斯篆，可者取之，其不可者釐正之」云云。然字者滋也，輾轉滋生如子孫之於祖父，血脈相通而面目各別，校必以古文正小篆，是子孫之貌有不似祖父者，即謂非其子孫也。又擇小篆以補古文，是子孫之貌有偶似其祖父者，即躋之於祖父之列，以補其世系之闕也。元以來好異之流，以篆入隸，如熊忠《韻會舉要》所譏者，已爲駭俗。校更層累而高，求出其上。以籀改小篆之文，而所用籀書都無依據。名曰「復古」，實則師心。其說恐不可訓也。末附《音釋》一卷，乃其門人徐官所作，以釋註中奇字者。書有難解，假註以明。而其註先需重譯，則乖僻無用可知矣。

石鼓文正誤

黄虞稷《千頃堂書目・小學類・又補》 陶滋《石鼓文正誤》四卷。

《四庫提要・小學類存目一》 《石鼓文正誤》二卷。兩淮馬裕家藏本。明陶滋撰。滋字時雨，絳州人。正德甲戌進士。是編以薛尚功、鄭樵、施宿等石鼓訓釋不免舛譌，因親至太學石鼓旁，抉剔刻文，一一校定。然年深闕畫，仍多影響揣摩。其《後序》踵楊慎之說，謂曾見蘇軾摹本六百一十一字，亦失考也。

經子難字

徐𤊹《徐氏家藏書目・字類》 《經子難字》二卷。楊慎。

黄虞稷《千頃堂書目・三禮類》 楊慎《經子難字》一卷。

《四庫提要・小學類存目一》 《經子難字》二卷。浙江吳玉墀家藏本。明楊慎撰。上卷乃讀諸經義疏所記。凡《易》、《詩》、《書》、三《傳》、《三禮》、《爾雅》十書。下卷乃讀諸子所記。凡《老子》、《莊子》、《列子》、《荀子》、《法言》、《中說》、《管子》、《十洲記》、《戰國策》、《太玄經》、《逸周書》、《楚詞》、《文選》十三書。或摘其字音，或摘其文句，絶無異聞。蓋隨手雜録之文，本非著書。其孫宗吾過珍手澤，編輯成帙。而王尚修序刻之，均失慎本意也。

古音駢字　續編

王圻《續文獻通考・經籍考・小學》　《古音駢字》。楊用修著。

徐㶿《徐氏家藏書目・韻類》　《古音駢字》五卷。楊慎。

黃虞稷《千頃堂書目・小學類》　楊慎《古音駢字》一卷。一作五卷。

《四庫提要・小學類二》　《古音駢字》一卷。《續編》五卷。江蘇巡撫採進本。《古音駢字》一卷，明楊慎撰。《續編》五卷，國朝莊履豐、莊鼎鉉仝撰。古人字少而韻寬，故用字往往假借。是書取古字通用者以韻分之，各註引用書名於其下。由字體之通，求字音之通。於秦漢以前古音，頗有考證。但遺闕過多，牽合亦復時有。即以開卷東、冬韻論之，如《荀子・議兵》篇云「案角鹿埵隴種，東籠而退耳」，註曰：「隴種，《新序》作龍鍾。」《禮論》篇曰「彌龍」，註曰：「彌，如字。又讀爲弭。」《楚辭・九章》曰「蓀詳聾而不聞」，補註云：「詳與佯同。」《九歎》云「登逢龍而下隕兮，違故都之漫漫」，註云：「逢，一作逄，古本作蓬。」《吳越春秋・越王無餘外傳》曰「大夫曳庸」，註曰：「《左傳》作后庸，《國語》舌庸。」《史記・五帝本紀》曰「其後有劉累擾龍」，應劭曰：「擾音柔。」故《五帝本紀》又曰「擾而毅」，徐廣曰：「擾，一作柔。則擾柔字通。」《倉公列傳》曰「臣意胗其脈曰迵風」，註曰：「迵音洞，言洞入四肢。」《漢書・地理志》曰「都龐」，應劭曰：「龐音龍」，師古曰：「音聾。」《揚雄傳》曰「奮六經以攄頌」，師古曰：「頌讀若容。」《大戴禮・衛將軍文子》篇曰：「《詩》云受小共大共，爲下國恂蒙」，註曰：「今《詩》爲駿龐。」《五帝德》篇曰：「鳥獸昆虫。」考《說文》以虫爲虺，然漢代碑刻即用虫爲蟲，則虫蟲通。此書原本、續本均未舉及，則採摭之未備也。又如原本於「逢門」二字註出《荀子》，而《史記・龜策列傳》亦作「蠭門」，乃不註。續本於「虋冬」、「滿冬」、「門冬」引《爾雅》註，而《山海經》曰「其草多芍藥、虋冬」，乃不註。又引《廣雅》「膺匈」二字，謂「匈胷通」，而《管子・內政》篇曰「平正擅匈」，註曰：「和氣獨擅匈中。」亦古胷字，乃亦不註。則訓釋之未詳也。他如圜鍾、函鍾是黃鍾、林鍾別名，非黃通爲圜，林通爲函。其「浸盧維」讀作「盧灘」，恐亦鄭玄之改字，未可盡概以古音，乃一例定爲通用，未免附會。然大勢徵引賅洽，足資考證。古字之見於載籍者十已得其四五，亦可云小學之善本矣。

六書索隱

王圻《續文獻通考・經籍考・小學》　《六書索隱》。楊用修著。

錢謙益等《絳雲樓書目・小學類》　《六書索隱》一冊。楊慎。

黃虞稷《千頃堂書目・小學類》　楊慎《六書索隱》五卷。

《四庫提要・小學類存目一》　《六書索隱》五卷。江蘇巡撫採進本。明楊慎撰。《自序》謂：取《說文》所遺，彙萃成編。以古文籀書爲主，若小篆則舊籍已著，予得而略云云。蓋專爲古文篆字之學者。然其中所載古文籀書，實多略而未備。即以首卷而論，如東韻工字考之鐘鼎釋文，若《乙酉父丁彝》、《穆公鼎》、《彪敦》、《九工鑑》之類，各體不同，而是書均未載及。又如共字止載《汾陰鼎》，而《好畤鼎》、《上林鼎》、《綏和鼎》之類，亦均不取。且古文罕見者，必著所自來乃可傳信。而是書不註所出者十之四五，使考古者將何所據依乎？

《明史・藝文志・小學類》　《六書索隱》五卷。

石鼓文音釋

黃虞稷《千頃堂書目・小學類・又補》　楊慎《石鼓文音釋》一卷。

錢曾《讀書敏求記・書》　《石鼓文音釋》一卷。

《四庫提要・小學類存目一》　《石鼓文音釋》三卷，附録一卷。浙江范懋柱家天一閣藏本。明楊慎撰。慎有《檀弓叢訓》，已著録。是編第一卷爲石鼓古文。第二卷爲《音釋》。第三卷爲今文。《附録》則自唐韋應物至明李東陽所作《石鼓詩》，凡五篇。前有正德辛巳慎《自序》，稱：東陽嘗語慎，及見東坡之本，篆籀特全，將爲手書上石，未竟而卒。慎因以東陽舊本録而藏之。《金石古文》亦言升菴得唐人拓本，凡七百二字，乃其全文。馮惟訥《詩紀》亦據以載入《古逸詩》中。當時蓋頗有信之者。後陸深作《金臺紀聞》，始疑其以補綴爲奇。至朱彝尊《日下舊聞》考證古本以「六轡」下「沃若」二字，「靈雨」上「我來自東」四字，皆慎所強增。第六鼓、第七鼓多所附益，咸與《小雅》同文。又鼓有臭文，郭氏云「恐是臭字，白澤也」。慎遂以惡獸白澤入正文中，尤爲欺人明證。且東陽《石鼓歌》云「拾殘補闕能幾何」，若本有七百餘字，東陽不應爲是言云云。其辨託名東陽之僞，更無疑義。今考蘇軾《石鼓歌》自註，稱可辨者僅「維鱮貫柳」數句。則稱全本出於軾者妄。又韓愈《石鼓歌》有「年深闕畫」之語。則稱全本出唐人者亦妄。即眞出東陽之家，亦不足據，況東陽亦僞託歟？

六書練證

王圻《續文獻通考・經籍考・小學》　《六書練證》。楊用修著。

黄虞稷《千頃堂書目・小學類》　楊慎《六書練證》五卷。

《明史・藝文志・小學類》　《六書練證》五卷。

說文先訓

王圻《續文獻通考・經籍考・小學》　《說文先訓》。楊用修著。

黄虞稷《千頃堂書目・小學類》　楊慎《說文先訓》□卷。

讀史難字

徐𤊹《徐氏家藏書目・字類》　《讀史難字》□卷。

金石韻府

黄虞稷《千頃堂書目・小學類・又補元》　《金石韻府》五卷。不知撰人。

孫星衍《平津館鑒藏書籍記・明版》　《金石韻府》五卷。題毗陵朱雲時望輯。

古器銘釋

黄虞稷《千頃堂書目・小學類・又補》　卞蓘《古器銘釋》十卷。

《四庫提要・小學類存目一》　《古器銘釋》十卷。浙江巡撫採進本。明卞蓘撰。蓘，揚州人。是書成於嘉靖中，皆鈔襲《博古圖》及薛尚功《鐘鼎款識》之文。前後失次，摹刻舛譌，殊不足依據。

同文備考　附聲韻會通韻要粗釋

范邦甸等《天一閣書目・小學類》　《同文備考》八卷。刊本缺卷八下幷附録。明崑山王應電字昭明號明齋著。

錢謙益等《絳雲樓書目・小學類》　《同文備考》九冊。王應電撰。字昭明，崑山人也。魏莊渠門人。應電又著《周禮傳詁》。嘉靖中，江西巡撫胡松刊行於世。

黄虞稷《千頃堂書目・小學類》　王應電《同文備考》九卷。嘉靖十八年乙亥序。《書法指南》一卷、《翻楷舉要》一卷、《字聲定母》一卷、《經傳正譌》一卷、《音韻會通》一卷、《韻要辨識》四卷。

《明史・藝文志・小學類》　王應電《同文備考》九卷。

《四庫提要・小學類存目一》　《同文備考》八卷，附《聲韻會通韻要粗釋》二卷。浙江范懋柱家天一閣藏本。明王應電撰。應電有《周禮傳》，已著錄。是編考辨文字聲音，其學出於魏校，而乖僻又過其師。前有《自序》，謂《洪武正韻》間以小篆正楷書之譌，而未嘗以古文正小篆之謬。於是著爲是書，取古文篆書而修定之。並欲以定正許慎《說文》之失。襲戴侗之遺法，分爲八類：曰天文、曰地理、曰人容、曰人道、曰人體、曰動物、曰植物、曰用物。舉是八綱，以領其目。又舉諸目以附綴偏傍，系屬諸字。考書有古文，有大篆，有小篆。三代以下，得以考見六書大略者，惟賴小篆之存。得以考見小篆本旨者，惟賴《說文》始一終亥之目。州居部次，不相凌亂。是以上通古籀，下貫隸楷，猶可知其異同因革之由。若大篆則見於《說文》者不及二百字，即岐陽石鼓傳爲籀書，尚不能盡目爲大篆。況古文見於《說文》，與出於鐘鼎者已自不同，必欲併合論之，名爲復古，實則鑿空。遂至杜撰字體，臆造偏傍，竟於千百世後，重出一製字之倉頡，不亦異乎。且既不信《說文》矣，而於《說文》引述諸經文句互異者，乃反據以駁正經文。不知漢代經師，多由口授。被諸竹帛，往往異文，馬鄭以來諸儒，商搉折衷，乃定爲今本。慎書所據，如《易》用孟喜之類。其序本有明文，不過當時一家之學。應電乃執爲古經，拘泥殊甚。至所附《聲韻會通韻要粗釋》二卷，改字母爲二十八，改韻類爲四十五，爲橫圖以推衍之。其於古今異宜、南北異讀，皆所不考。合其所不當合，分其所不當分，又每字合以篆體，端緒叢雜，如治亂絲。亦可云勞而鮮功矣。

金石遺文

《四庫提要・小學類存目一》 《金石遺文》五卷。兩淮鹽政採進本。明豐道生撰。道生即豐坊所更名也。所著《古易世學》，已著錄。坊頗能篆籀書，其諸經僞本多以古文書之，至今爲世所詬厲。此書雜采奇字，分韻編次。但以眞書一字，直音於下，無所考證，亦不註所出。體例略近李登《摭古遺文》。雖未必全出依託，然以道生好撰僞書，凡所論撰，遂無不可疑。故世無遵而用之者。此本又傳寫失眞，益不足據矣。

僮學書程

徐𤊹《徐氏家藏書目・字類》 《僮學書程》一卷。豐道生。

辯疑碑

黃虞稷《千頃堂書目・小學類・又補》 朱宇洓《辯疑碑》一卷。□府輔國將軍。

楷隸正譌

徐𤊹《徐氏家藏書目・字類》 《楷隸正譌》一卷。

玉鍵

徐𤊹《徐氏家藏書目・字類》 《玉鍵》五卷。

問奇初編

徐𤊹《徐氏家藏書目・字類》 《問奇初編》一卷。古堇楊秉錡。

史漢古字

黃虞稷《千頃堂書目・小學類》 朱睦㮮《史漢古字》二卷。

古俗字略

黃虞稷《千頃堂書目・小學類》 陳士元《古俗字略》七卷。

《明史・藝文志・小學類》 陳士元《古俗字略》七卷。

《四庫提要・小學類存目一》 《古俗字略》七卷。兩江總督採進本。明陳士元撰。士元有《易象鉤解》，已著録。是編標題之下題曰《歸雲別集》，與所著《周易》同。蓋亦其別集之一種也。其例仿顔元孫《干祿字書》，而小增損之。亦以韻分字。所列首一字即元孫所謂正也。所列古體及漢碑借用字，即元孫所謂通也。所列俗用雜字，即元孫所謂俗也。古字多以鐘鼎之文改爲隸體，已失其眞，又不註所出，彌爲難據。他如窗之爲牕、薔之爲嗇，則周伯琦之譌文。𠑹之爲天，卍之爲萬，則釋典之謬體。一概濫收，殊乏考正。其有已見經典者，如《左傳》「民生敦厖」、《毛詩》「民之方殿屎」等字，皆斥爲俗字。而徐鉉校正《説文》所云「俗書」，如亹、个等二十八字，反未刊正。棄取亦殊失倫。士元撰述之富，幾與楊慎、朱謀㙔相埒。而是編疎舛不一而足，亦貪奇愛博之過歟。

譚字

黃虞稷《千頃堂書目・小學類》 馬樸《譚字》九卷。

玉篇鑑磻

黃虞稷《千頃堂書目・小學類》 龔時憲《玉篇鑑磻》四十卷。

《明史・藝文志・小學類》 龔時憲《玉篇鑑磻》四十卷。

字考啓蒙

黃虞稷《千頃堂書目・小學類》 周宇《字考啓蒙》十六卷。關中人，戶部郎。

《明史・藝文志・小學類》 周宇《字考啓蒙》十六卷。

《四庫提要・小學類存目一》 《字考啓蒙》十六卷。浙江巡撫採進本。明周宇撰。宇字必大，自署關中人。前有萬曆十一年《自序》。考太學進士題名碑，萬曆癸丑科有周宇，崇禎初所定逆案中亦有其名。然碑稱「四川成都人」與自題「關中」不合。《序》作於萬曆十一年，已自稱「老且疾」，則不應尙及媚魏忠賢。惟《咸寧縣志》載「周宇西安左衛人，嘉靖己酉舉人，官戶部主事。精識古文奇字」云云，當即其人也。是編辨字學之譌，分爲四考：曰正形、曰殊音、曰辨似、曰通用。前三門俱以《洪武正韻》分部編次，惟通用一門分實名、虛聲、疊字三篇，別爲一例。其正形多以篆繩隸，如東字、同字皆以起鉤爲譌體字。如其所説，必八法全廢，殊拘礙難通。殊音即韻書之互註，然辨古音、今音及雙聲轉讀，均不甚精核。辨似一門尤爲瑣屑，如壺之與壼、傅之與傳，稍把筆者皆知之，何必縷縷乎。通用一門雜取假借之字，既多挂漏，又頗泛濫，均不足以言小學也。

認字測

徐𤊹《徐氏家藏書目・字類》 《認字測》三卷。關中周宇著。

黃虞稷《千頃堂書目·小學類》　周宇《認字測》三卷。

《明史·藝文志·小學類》　周宇《認字測》三卷。

名義考

黃虞稷《千頃堂書目·小學類·補元》　周祈《名義考》十二卷。

倪燦等《補遼金元藝文志·小學類》　周祈《名義考》十二卷。不知時代。

蟫史集

黃虞稷《千頃堂書目·小學類》　穆希文《蟫史集》十一卷。

《明史·藝文志·小學類》　穆希文《蟫史集》十一卷。

四廣千文

黃虞稷《千頃堂書目·小學類》　周履靖《四廣千文》四卷。

大明同文集

黃虞稷《千頃堂書目·小學類》　田藝蘅《大明同文集》五十卷。

《明史·藝文志·小學類》　田藝蘅《大明同文集》五十卷。

《四庫提要·小學類存目一》　《大明同文集》五十卷。浙江巡撫採進本。

明田藝蘅撰。藝蘅字子藝，錢塘人。以歲貢生官休寧縣學訓導。《明史·文苑傳》附見其父汝成傳中。是編割裂《説文》部分，而以其諧聲之字爲部母。如東字爲部母，即以棟、涷之屬從之。顛倒本末，務與古人相反。又自造篆文，詭形怪態，更在魏校《六書精蘊》之上。考沈括《夢溪筆談》曰：「王聖美治字學，演其義以爲右文，如水類其左皆從水。所謂右文者，如戔，小也。水之小者曰淺，金之小者曰錢，貝之小者曰賤。如斯之類，皆以戔爲義也」云云。《夢溪筆談》非僻書，藝蘅不應不見。殆剿襲其説而諱所自來，不知王聖美之説，先不可通也。

義學正字

黃虞稷《千頃堂書目·小學類》　沈鯉《義學正字》十卷。含經堂一作三卷。

字類辨疑

徐𤊹《徐氏家藏書目·字類》　《字類辨疑》五卷。

黃虞稷《千頃堂書目·小學類》　顧充《字類辨疑》二卷。上虞人。

《明史·藝文志·小學類》　顧充《字類辨疑》二卷。

字義考略

黃虞稷《千頃堂書目·小學類》　顧充《字義考略》。

字義總略

《四庫提要·小學類存目一》　《字義總略》四卷。浙江巡撫採進本。

明顧充撰。充字回瀾，上虞人。隆慶丁卯舉人，官至南京工部都水司郎中。是書辨諸字音義點畫，分四十四門。體例最爲冗碎，又不明六書本旨與古字假借之例。如「字始門」註景字云：「即影字，葛洪《字苑》始加彡。」是誤採《顔氏家訓》之説，不知漢高誘註《淮南子》已云「景，古影字也」。註「爾朱」字云：百千家姓皆無，始見唐神仙爾朱洞。是併《魏書》亦未考矣。「避忌門」註鹵字云：張萬歲牧馬，衆以張諱，因以馬歲爲鹵。是併《公羊傳》、《禮記》亦未考矣。甚至「字始門」註「回文」字云「始於温嶠」。註雲土字云：「雲土夢作乂，舊誤作雲夢土。宋太宗得古本，始詔改正。」已與字義無涉。至「避忌門」註「海棠」字云：「杜子美母名海棠，故集中無詩。」註「道」字云：「師道淵避蕭道成諱，稱師淵。」註「崇」字云：「姚元之避開元年號，改名崇。」是與字義不更風馬牛乎！「半字通用門」中如廋、庱、獼弥、瀰灖、污汙、幬幰之類，本一字而體分今古，乃區別爲二，强指曰通。「各音門」中如庚桑作亢倉、裂繻作履綸，本音之轉，非庚桑即音亢倉、裂繻即音履綸。俠累作韓傀，本名之譌，更非俠累即音韓傀。乃又混合爲一，謂上字即讀下音。凡斯之類，不可縷數。他若「二字分書門」，既收旱旴、星甠諸字，而别卷又以愈愉、怠怡等字立心、小，各開一門，則互相重複矣。「正音門」積字註，既云「音恣非」。「動静門」中積字註又云：「凡指所聚之物音恣，取物而積聚之音迹。」「字始門」車字註云：「尺遮切。自漢以來。始有居音。」「正音門」下字註又云：「古音虎。魏了翁云：六經凡下皆音戶。故下皆音虎。」則自相矛盾。其餘如俎豆當作俎斗、周人避文王諱，讀昌爲去聲者，更不知其何據矣。

六書正義

徐𤊹《徐氏家藏書目・字類》 《六書正義》一卷。吳元滿。

錢謙益等《絳雲樓書目・小學類》 《六書正義》六册。

黄虞稷《千頃堂書目・小學類》 吳元滿《六書正義》二卷。字敬甫，歙縣人。

《四庫提要・小學類存目一》 《六書正義》十二卷。江蘇巡撫採進本。明吳元滿撰。元滿字敬甫，歙縣人。萬曆中布衣。焦竑《筆乘》曰：「新安吳敬甫，博雅士也。精意字學，所著有《六書正義》十二卷。」今觀是書，大抵指摘許愼而推崇戴侗、楊桓，根本先已顛倒。又體例冗瑣，既略仿《六書故》，分數位、天文、地理、人倫、身體、飲食、衣服、宫室、器用、鳥獸、蟲魚、草木十二門，分隸五百三十四部。又略仿《六書統》而蔓延之，象形、指事、會意、諧聲廣爲二十九體，轉注、假借敷衍爲一十四門，殆於紛若亂絲。其附會、存疑、闕疑、備考、楷書備用、俗借、俗轉諸條，亦多舛漏。所論轉注，以曲逆讀去遇之類當之。所論假借，以一本數名，借爲太一貴神。九本數名，借爲陽九。眞本僞之對，借爲眞州、眞姓之類當之。尤爲不確。至於以帝爲帝、以卍爲萬、昴字上加三圜、火字直排四畫，或誤採梵書，或造作僞體。乃動輒云「《説文》篆譌」，尤可異矣。

六書總要

黄虞稷《千頃堂書目・小學類》 吳元滿《六書總要》五卷。

《四庫提要・小學類存目一》 《六書總要》五卷。江蘇巡撫採進本。明吳元滿撰。是書亦分數位、天文、地理、人倫、身體、飲食、衣服、宫室、器用、鳥獸、蟲魚、草木十二部。蓋承戴侗、楊桓之緒論，而變本加厲。所分部首，皆以象形爲主，謂之正生。而指事、會意以下，則有正生、變生、兼生之别，不取許愼《説文》。概爲諧聲之説，其字皆以柳葉篆寫之，謂其有鳥跡遺意，足排斥小篆方整姸媚之態。然所謂古文，大抵出於杜撰，又往往自相矛盾。如於「三」字下注云：「俗作叁、弎。」是以《説文》之弎爲俗字矣。於「一」字下云：「或加弋作弌」，又用《説文》之説。豈三從弋則俗，一從弋則不俗乎？至所引經傳諸文，率以意改。如二字下引《詩》「衣服不二」，《論語》「不二過」，釆字下引《左傳》「不釆菽麥」之類，尤爲疎舛矣。

六書泝原直音

《四庫提要・小學類存目一》 《六書泝原直音》二卷。江蘇周厚堉家藏本。明吳元滿撰。是書主於辨别字體。所分十二門，亦與《六書正義》同，其龐雜瞀亂亦同。所用直音尤多舛誤，如凡音煩、千音籤、必音碧、禛音眞，皆參雜方言，有乖舊讀。至於士、是本皆上聲，既注士音「是」矣，又注叶上聲，尤自相牴牾也。

諧聲指南

《四庫提要・小學類存目二》 《諧聲指南》一卷。浙江汪啓家藏本。明吳元滿撰。其說六書，以諧聲爲多，而古有數字同從一字諧聲，而數字之讀乃迥異者，於是爲之說，曰諧本聲、諧叶聲、諧本音、諧叶音、諧轉聲、諧轉叶聲、諧轉音、諧轉叶音。有是八者之別，夫古字本止一聲，所從諧聲之字，其讀要不相遠。後人讀字，自與古殊。乃謂古作字時有所謂諧叶諧轉之聲，祇憑臆說，故設多歧，實非六書之本旨也。

問奇集

徐𤊹《徐氏家藏書目・字類》 《問奇集》一卷。張位。

張萱等《內閣藏書目録・字學部》 《問奇集》二冊。全。萬曆間大學士張公位著。

黃虞稷《千頃堂書目・小學類》 張位《問奇集》二卷。

《四庫提要・小學類存目一》 《問奇集》一卷。兩江總督採進本。明張位撰。位字明成，新建人。隆慶戊辰進士，官至吏部尚書，武英殿大學士。事蹟具《明史》本傳。是書考論諸字形聲訓詁，分十九門：一六書大義，一三十六字母，一早梅詩切字例，一好雨詩切字例，一辨聲音要訣，一辨五音訣，一四聲三聲例，一分毫字辨，一誤讀諸字，一奇字考，一假借圈發字音，一畫同音異舊不旁發諸字，一音義同而書畫異諸字，一音義異而可通用諸字，一一字數音例，一誤習已久難改字音併正韻不載諸字，一相近字音，一各地鄉音。辨論頗詳，而不免舛陋。如合併字母，已非古法。所用直音，如龜音圭、冰音兵之類，併部分不辨。又如倒景之景即影本字，而誤云「音影」。𧈡即虹之別體，而誤云「音虹」。李陽冰之名出木華《海賦》，而泥於所篆之碑自書爲炪，誤云「音佞」。甚至「臺駘」誤音胡苔，而註曰「《左傳》人名」。考《左傳》子產稱臺駘汾神，《註》無胡苔之音。又「臧之狐裘敗我于孤駘」，註云「駘音詒」，亦無苔音。惟《檀弓》引之，作「敗于臺駘」，雖註云「臺音壺」，又非《左傳》人名，殊爲剌謬。如此之類，不可毛舉，不足以言小學也。

奇書訓釋

錢謙益等《絳雲樓書目・小學類》 《奇書訓釋》一冊。

摭古遺文　補遺

黃虞稷《千頃堂書目・小學類》 李登《摭古遺文》一卷。

《四庫提要・小學類存目一》 《摭古遺文》二卷。補遺一卷。浙江巡撫採進本。明李登撰。是書本夏竦《篆韻》之體，取鐘鼎古文以韻分編。其韻併東於冬，併江於陽，併侵於眞，併肴於蕭，分齊、微二韻之字於支、灰，分覃、咸、鹽三韻之字於寒、先，分蒸韻之字於青、庚。而從《廣韻》分眞、諄、桓、寒各爲二。大抵皆以意杜撰，所列古文，亦皆不著所出，未可執爲依據。又出《金石韻府》之下矣。

六書指南

《四庫全書總目・小學類存目一》 《六書指南》二卷。浙江巡撫採進本。明李登撰。登字士龍，自號如眞生，上元人。官新野縣縣丞。是書成於萬曆壬辰。用《千字文》體，以四字爲句。辨俗傳譌體之字，以誨童蒙。亦顏氏《干祿字書》之類。然俗字頗多，書中不能該載。又不爲剖析其義，於初學仍無所啓發也。

正字千文

黄虞稷《千頃堂書目・小學類》　李登《正字千文》二卷。字士龍，上元人。萬曆初貢士，崇仁教諭。

難字直音

黄虞稷《千頃堂書目・小學類》　李登《難字直音》一卷。

讎刻篇海

黄虞稷《千頃堂書目・小學類》　李登《讎刻篇海》五卷。

字學正譌

黄虞稷《千頃堂書目・小學類》　李登《字學正譌》一卷。

字學正譌

黄虞稷《千頃堂書目・小學類》　索當泰《字學正譌》二卷。

《四庫提要・小學類存目一》　《字學訂譌》二卷。浙江巡撫採進本。明李當泰撰。當泰字元祉，泗州人。是書乃萬曆丁未殷城黄吉士督學江南，命當泰合張位《問奇集》、焦竑《字學》二書纂爲一編。首六書大略，而終以俗用雜字，共二十四門。義例殊爲錯雜，至《分門訂譌》内所載，若甘露名天酒、酒名紅友之類，直是類書，豈復小學訓詁乎？

問奇集

黄虞稷《千頃堂書目・小學類》　李本固《問奇集》。

詩學字類

黄虞稷《千頃堂書目・小學類》　胡文煥《詩學字類》二十四卷。

韻學字類

黄虞稷《千頃堂書目・小學類》　胡文煥《韻學字類》十二卷。

字義切略

黄虞稷《千頃堂書目・小學類》　周伯殷《字義切略》二卷。

《明史・藝文志・小學類》　周伯殷《字義切略》二卷。

字　考

黄虞稷《千頃堂書目・小學類》　夏宏《字考》二卷。休寧人。

《四庫提要・小學類存目一》　《字考》二卷。浙江汪啓淑家藏本。明夏宏撰。宏字用德，號銘乾，海陽人。是書上卷凡三類：曰誤寫字，曰疑似字，曰誤讀字。下卷凡二類：曰通用古字，曰通用聯字。意在訂六書之譌而不能深研古義，但裨販於近代韻書、字書之間。如說雞字必從隹，不知古文實從鳥，見於《說文》。謂豸字連獬則稱砦，不知本字實作廌，其豸乃蟲豸字，亦見於《說文》，頗爲失考。些字於「誤寫字」條下注音「梭，楚歌聲」。於「通用聯字」條下以「楚些」標目，而注曰「梭去聲」。亦自相矛盾。又不通翻切，多用直音。如欃槍之「槍」云「音當」，臨邛之「邛」云音「穹」者，尤不一而足。其去《佩觿》、《字鑑》諸書，蓋不可以道里計矣。

俗書刊誤

黃虞稷《千頃堂書目·小學類》 焦竑《俗書刊誤》十二卷。

《明史·藝文志·小學類》 焦竑《俗書刊誤》十二卷。

《四庫提要·小學類二》 《俗書刊誤》十二卷。江蘇巡撫採進本。明焦竑撰。竑有《易筌》已著録。是書第一卷至第四卷類分四聲，刊正譌字。若芈之非丰、容不從谷是也。第五卷考字義，若赤之通尺、䶒之同猶是也。第六卷考駢字，若句婁之不當作岣嶁、辟歷之不當作霹靂是也。第七卷考字始，若對之改口從士，本於漢文，曡之改晶從畾，本於新莽是也。第八、第九卷考音同字異，若庖犧之爲炮羲、神農之爲神由是也。第十卷考字同音異，若敦有九音、苴凡兩讀是也。第十一卷考俗用雜字，若山岐曰岔、水岐曰汊是也。第十二卷考字形疑似，若禾之與禾、支之與攴是也。其辨最詳，而又非不可施用之僻論，愈於拘泥篆文，不分字體者多矣。

篆韻

《四庫提要·小學類存目一》 《篆韻》五十卷。江蘇巡撫採進本。不著撰人名氏。其書每頁右側印「欽賜商河王勉學書樓之記」十一篆字，上下與朱絲闌齊。考《明史·諸王表》，衡王祐楎之孫載埱，於嘉靖三十五年襲封商河王。萬曆二十五年，其長子翊鏝襲封。至四十四年薨。無子，國除。書無序跋。不知爲載埱所鈔，翊鏝所鈔也。首題「篆書正韻」四字，而考其部分乃用《壬子新刊禮部韻》，與《洪武正韻》截然不同。書中別無考證，惟據周伯琦《六書正譌》註「俗作某某非」而已。蓋藩邸偶録以備檢閱，非著書也。

古文考

黃虞稷《千頃堂書目·小學類》 李舜臣《古文考》。

籀文考

黃虞稷《千頃堂書目·小學類》 李舜臣《籀文考》。

類纂古文字考

黃虞稷《千頃堂書目·小學類》 都俞《類纂古文字考》五卷。

《四庫提要·小學類存目一》 《類纂古文字考》五卷。安徽巡撫採進本。明都俞撰。俞字仲良，錢塘人。仕履未詳。考其序跋，蓋萬曆間人也。是書以古文爲名，而實則取《洪武正韻》之字，以偏旁分類編之。凡爲部三百一十有四，冠以《辨疑》一篇、《切字》一篇，而末附以《雜字》。其字皆用直音，直音不得，則用四聲。四聲不得，乃用翻切。如鈞音君、銘音明，全乖沈、陸之舊。又分部別月於舟、別灬於火，揆之六書，亦多失許、顧之本義。惟其每部之中，以字畫多少分前後，較《說文》、《玉篇》、《類篇》頗易檢尋。故後來字書，皆用其體例云。

五侯鯖字海　附五經難字

《四庫提要・小學類存目一》　《五侯鯖字海》二十卷。安徽巡撫採進本。不著撰人名氏。題曰「湯海若訂正」。考湯顯祖號曰若士，亦曰海若，臨川人。萬曆辛丑進士，官至禮部主事，終於遂昌縣知縣。《明史》有傳，則當爲顯祖所作矣。前有陳繼儒序云：「取《海篇》原本，遵依《洪武正韻》，參合成書。」然其註釋極爲簡略，體例亦頗蕪雜。每字皆用直音，尤多譌謬。至卷首以《四書五經難字》別爲一篇，則弇陋彌甚。顯祖猶當日勝流，何至於此。蓋明末坊賈所依託也。

彭元瑞等《天禄琳琅書目後編・明版經部》　《五侯鯖字海》，附《五經難字》。一函，八册。不著撰人姓名。　《五侯鯖字海》二十一卷。

字學指南

黄虞稷《千頃堂書目・小學類・補元》　《字學指南》十卷。疑即朱應奎，廣溪人。

字學指南

《四庫提要・小學類存目一》　《字學指南》十卷。浙江巡撫採進本。明朱光家撰。光家字謙甫，上海人。是書成於萬曆辛丑。首二卷：一曰辨體辨音，次曰同音異義，三曰古今變體，四曰同音互體，五曰駢奇解義，六曰同體異義，七曰正誤舉例，八曰假借從譯。自三卷以下，則以韻隸字，併爲二十二部。每一部以一字調四聲。如東、董、凍、篤之類。各標一字爲綱，而同音之字列於其下。如崠從東、僮從董、棟從凍、督從篤之類。蓋本諸章黼《韻學集成》。惟黼聚四聲於一韻，仍各自爲部。此則四聲參差聯貫，併爲一部，爲小變其例耳。其前二卷所列，大抵漫無考證。如斷断、燈灯、來来，皆上正下俗。而此書斷音「短」，断音「段」，燈爲「燈籠」，灯爲「灯火」，來爲「往來」，来爲「来牟」。均以臆自爲分別，非有根據也。

諸書字考略

徐𤊹《徐氏家藏書目・字類》　《諸書字考略》二卷。林茂槐。

黄虞稷《千頃堂書目・小學類》　林茂槐《諸書字考略》四卷。

《明史・藝文志・小學類》　林茂槐《讀書字考略》四卷。

《四庫提要・小學類存目一》　《諸書字考》二卷。江蘇周厚堉家藏本。明林茂槐撰。茂槐字穉虛，福清人。萬曆乙未進士，官至吏部郎中。是編辨別字音，分四十四類。其例有八：一字有異音而讀譌者，如格澤音鶴鐸之類。一偏旁譌者，如沴音戾之類。一假借通用者，如霸本音魄之類。一音同可通用者，如辟歷爲霹靂之類。一以譌書而讀譌者，如颶音貝之類。一字有動靜二音，如解音蟹、壞音怪之類。一二音通用，如孛有佩音之類。一古今音異，如鴻臚音盧、太守音狩之類。然於古字、古音皆未明其根柢，故捃摭成編，頗傷疎略。如《詩》南音尼心反、風音孚金反、天音汀因反。此自古今韻異，非關字有重音。若斯之類，浩如煙海，何爲僅收三五字？又如擁篲之「擁」音湧、北邙之「邙」音茫，此自人人能曉，何必作音。至於謂張翰之名當作平聲，是未見李商隱詩「越桂留烹張翰膾」也。謂寧馨之「寧」當音甯，是未見劉禹錫詩「幾人雄猛得寧馨」也。觀其訓「哉」爲始，不引《爾雅》而引《韻會》。讀煙煴曰氤氳，不引班固賦而引《周易註》，知其爲餖飣之學，未能悉考源流矣。

六書賦音義

黄虞稷《千頃堂書目・小學類》　張士佩《六書賦音義》二十卷。字玫甫，萬曆壬寅序。

《四庫提要・小學類存目一》《六書賦音義》三卷。兩江總督採進本。

明張士佩撰。士佩號濂濱，韓城人。嘉靖丙辰進士，官至南京戶部尚書。《明史・鄒元標傳》載其與禮部尚書徐學謨俱爲元標劾罷。其事蹟始末，則史未詳也。是書取《洪武正韻》所收諸字，依偏旁分爲八十五部。每部之字皆仿周興嗣《千字文》體，以四言韻語聯貫之。文義或屬或不屬，取便誦讀而已。每字皆粗具訓詁，疏明大義。凡字有數體者，惟載一體，而各體皆附於後。有數音者亦然。蓋專爲初學而設。然其所分諸部，不遵《說文》、《玉篇》之舊。如月字入《肉部》、戶字入《戶部》、支字入《支部》之類皆與六書不合。又如源字音于權切、江字音居良切、沂字音延知切之類，亦皆沿《正韻》之誤。於聲音多乖，其註釋亦多譌舛，無足觀也。

篆文纂要

《四庫提要・小學類存目一》《篆文纂要》四卷。浙江汪啓淑家藏本。

國朝陳策撰。策字嘉謀，錢塘人。其書亦依韻分編。每字下首列《說文》，次大篆，次鐘鼎文。然不載所引書名，註亦率略。於字體無所辨證，殆僅爲鐫刻印章之用也。

印譜釋考

黃虞稷《千頃堂書目・小學類・又補》 孫禎《印譜釋考》三卷。

正字千文

黃虞稷《千頃堂書目・小學類》 瞿九思《正字千文》一卷。

重集字學集要

黃虞稷《千頃堂書目・小學類》 朱錦《重集字學集要》四卷。天啓乙丑序。

古文奇字

黃虞稷《千頃堂書目・小學類》 張萱《古文奇字》。

古文奇字

黃虞稷《千頃堂書目・小學類》 龔黃《古文奇字》二冊。自號潭叟，邑里未詳。

合并字學集篇集韻　附拾遺

《四庫提要・小學類存目一》《合并字學集篇集韻》二十三卷。內府藏本。明徐孝編，張元善校。孝，順天布衣。元善，永城人，彭城伯麒之後，襲封惠安伯。是書凡集篇十卷，分二百部，附《拾遺》一卷。皆不究《說文》、《玉篇》之旨，偏旁多誤。若稽、穊二字从禾。禾讀若稽，木曲頭也。與禾稼之「禾」迥異，而乃幷稽穊入禾部，則於六書本義茫無考據可知。又《集韻》十卷，分一百部，附《四聲類率譜》一卷，《等韻》一卷。亦不究陸法言、孫愐舊法。如幷扃、登等字於東韻，合箴、簪與眞、臻同入根韻之類，皆乖舛殊甚。又刪十六攝爲十四攝，改三十六母爲二十二母。且改濁平、濁入爲如聲。事事皆出創造，較《篇海正韻》等書，變亂又加甚焉。

秦漢印統

孫星衍《平津館鑒藏書籍記・明版》　《秦漢印統》八卷。題鄣郡羅王常延年編。

悉曇經傳

徐𤊹《徐氏家藏書目・字類》　《悉曇經傳》二卷。趙宧光。

黄虞稷《千頃堂書目・小學類》　趙宧光《悉曇經傳》二卷。

說文長箋

黄虞稷《千頃堂書目・小學類》　趙宧光《說文長箋》七十二卷。

《明史・藝文志・小學類》　趙宧光《說文長箋》七十二卷。

《四庫提要・小學類存目一》　《說文長箋》一百四卷。安徽巡撫採進本。明趙宧光撰。宧光字凡夫，吴縣人。是書前列《解題》一卷，載其平生所著字學之書七十餘種。其虛實存佚，皆不可考。次列《凡例》一卷，次列《說文》原序、宋初官牒，附以自撰《通誤釋文》及徐鍇《部叙》二篇。合爲卷首上。次列其少時所撰《子母原》一篇，泛論字學大意。又取《說文》五百四十部原目，竄亂易置，區分門類，撰《說文表》一卷。合爲卷首下。其書用李燾《五音韻譜》之本，而凡例乃稱爲徐鍇、徐鉉奉南唐敕定，殊爲昧於源流。所列諸字，於原書多所增刪。增者加方圍於字外，刪者加圓圍於字外。其字下之註，謂之「長語」。所附論辨，謂之「箋文」，故以「長箋」爲名。然所增之字，往往失晝方圍，與原書淆亂。所註所論，亦疎舛百出。顧炎武《日知録》摘其以《論語》「虎兕出於柙」，誤稱《孟子》，爲《四書》亦未嘗觀。雖詆之太甚，然炎武所指摘者，如《詩》「錦衾爛兮」，本有衾

字，乃以爲「青青子衿」之衿，即衾字。瓜分字見《史記・虞卿傳》及《漢書・賈誼傳》，乃以爲瓜當作「爪」。竄突字見《漢書・霍光傳》，乃以爲突當作「窴」。「民愁則墊隘」見《左傳》。「鶂，鶂醜，其飛也翪」，「驍馬，白州也」，並見《爾雅》，而以爲未詳。顧野王，陳人也，而以爲晉之虎頭。陸龜蒙，唐人也，而以爲宋之象山。王筠，梁人也，而以爲晉。王禹偁，宋人也，而以爲南朝。防風氏身横九畝，本《穀梁傳》之文，而引於野字註下，誤以爲「身横九野」，又誤以爲《左傳》。《後漢書・劉虞傳》「故吏尾敦，於路刼虞首，歸葬之」，而以爲後漢尾敦路刼劉虞首歸之葬。《晉書・虞嘯父傳》「爲孝武帝所親愛，侍飲大醉，拜不能起，帝顧曰：扶虞侍中」，而以爲晉獻帝醉，虞侍中命扶之。漢宣帝諱詢，乃以爲諱恂。漢平帝諱衎，乃以爲諱衍。以至「簿正祭器」見《孟子》，而以爲唐中晚詩文始見簿字，前此無之。夏州至唐始置，而以爲中國稱華夏從此起。叩地在京兆藍田，而以爲地近京口，故從「口」。禰衡《漁陽三摻》，本音七紺反，而以爲當作「操」。凡十餘條，皆深中其失。然則炎武以宧光爲好行小慧，不學牆面，不爲太過矣。

六書長箋

黄虞稷《千頃堂書目・小學類》　趙宧光《六書長箋》十三卷。

《明史・藝文志・小學類》　趙宧光《六書長箋》十三卷。

《四庫提要・小學類存目一》　《六書長箋》七卷。安徽巡撫採進本。明趙宧光撰。此書與《說文長箋》合刻，本一書也。以許氏叙內釋六書之義者，分爲前六卷之首。又備列班固、衛恆、賈公彥、徐鍇、張有、鄭樵、戴侗、楊桓、劉秦、余謙、周伯琦、趙古則、王應電、王鏊、僧眞空、朱謀㙔、張位、熊朋來、吳元滿十九家之說。逐條辨論，更以己說列於後。其中轉注一條，許氏引考、老二字證之，裴務齊《切韻》謬言考字左迴，老字右轉，本非許氏之旨。宧光乃誤以左迴右轉爲許氏之說，譏其自相矛盾，殊爲疎舛。末又列《六書餘論》一卷，亦支離敷衍，於制字之精意，皆無當也。

長箋解題　凡例

徐𤊹《徐氏家藏書目・字類》　《長箋解題》、《凡例》二卷。趙宧光。

黃虞稷《千頃堂書目・小學類》　趙宧光《解題》一卷，《凡例》一卷。

帚　談

徐𤊹《徐氏家藏書目・字類》　趙凡夫《帚談》八卷。

黃虞稷《千頃堂書目・小學類》　趙宧光《帚談》八卷。

說文表

徐𤊹《徐氏家藏書目・字類》　《說文表》一卷。趙宧光。

子母原

徐𤊹《徐氏家藏書目・字類》　《子母原》一卷。趙宧光。

黃虞稷《千頃堂書目・小學類》　趙宧光《子母原》一卷。

字　彙

范邦甸等《天一閣書目・小學類》　《字彙》十卷。梅膺祚音釋。

黃虞稷《千頃堂書目・小學類》　梅膺祚《字彙》十二卷，又首末二卷。

《明史・藝文志・小學類》　梅膺祚《字彙》十二卷。

分毫字辨

黃虞稷《千頃堂書目・小學類》　李行志《分毫字辨》一卷。

古文奇字

徐𤊹《徐氏家藏書目・字類》　《古文奇字》十二卷。朱謀煒。

錢謙益等《絳雲樓書目・小學類》　朱謀㙔解《古文奇字》二册。

黃虞稷《千頃堂書目・小學類》　朱謀㙔《古文奇字輯解》十二卷。

六書本原

錢謙益等《降雲樓書目・小學類》　朱謀㙔《六書本原》一册。

黃虞稷《千頃堂書目・小學類》　朱謀㙔《六書原本》一卷。

說文舉要

黃虞稷《千頃堂書目・小學類》　朱謀㙔《說文舉要》□卷。

說文質疑

黃虞稷《千頃堂書目・小學類》　朱謀㙔《說文質疑》。

字原表微

黄虞稷《千頃堂書目·小學類》 朱謀㙔《字原表微》。

六書緒論

黄虞稷《千頃堂書目·小學類》 朱謀㙔《六書緒論》。

六書貫玉

黄虞稷《千頃堂書目·小學類》 朱謀㙔《六書貫玉》。

字孿

黄虞稷《千頃堂書目·小學類》 葉秉敬《字孿》四卷。西安人。

《四庫提要·小學類二》 《字孿》四卷。江蘇巡撫採進本。明葉秉敬撰。秉敬字敬君，衢州西安人。萬曆辛丑進士，官至荆西道布政司參議，尋移南瑞，未行而卒。秉敬學頗淹通，著書四十餘種。是編取字形似而義殊者，分類詁之。與郭忠恕《佩觿》旨略同。每字綴以四言歌訣，則秉敬自創之體。《凡例》謂孿子眉目髮膚雖無別，而伯仲先後弗淆。當察乎子母相生之微，引伸觸類。故其說悉根柢《說文》，毫釐辨析。於偏傍點畫，分別了然。又該以韻語，便於記誦，亦小學之津筏也。其書爲杭人潘之淙所刻，前有《篆體辨訣》一篇，乃以七言歌括辨篆文偏傍之同異，不知何人所撰，由來已久。之淙以其與此書可互相參究，故附刊以行。其區別形體，亦頗有資於六書。惟其末比舊本增多一百二十四句，則紕繆杜撰，不一而足。如謂抽字不當從由、咽字不當從因，已顯與《說文》相背，甚且臆造篆文，如「琴」上加一、對內從千，均極譌誤。至「勇」本從甬，而云角力爲勇。稷，古文省作「畟」，而云與槐柳同。此類尤爲乖舛。蓋無識者所竄入，不足依據。今姑從原本録之，而糾正其失於此，庶不疑誤後學焉。

四書字詁

黄虞稷《千頃堂書目·小學類》 李宗延《四書字詁》十卷。

四書正字

黄虞稷《千頃堂書目·小學類》 張曰熠《四書正字》一卷。同州人。

字學原始

黄虞稷《千頃堂書目·小學類》 徐與參《字學原始》。

石倉字說

徐𤊹《徐氏家藏書目·字類》 《石倉字說》。曹學佺。

西峰字說

黄虞稷《千頃堂書目·小學類》 曹學佺《西峰字說》。

字原

黃虞稷《千頃堂書目·小學類》 陸增曄《字原》。

六書通

《四庫提要·小學類存目一》 《六書通》十卷。江蘇巡撫採進本。國朝閔齊伋撰。齊伋字寓五，烏程人。世所傳朱墨字版、五色字版謂之閔本者，多其所刻。是書成於順治辛丑，齊伋年八十二矣。大致仿《金石韻府》之例，以《洪武正韻》部分編次《説文》，而以篆文別體之字類從於下。其但有小篆而無別體者，則謂之「附通」，亦併列之。不收鐘鼎文，而兼采印譜。自稱通許慎之執，不知所病正在以許慎爲執也。

同文鐸

黃虞稷《千頃堂書目·小學類》 呂維祺《同文鐸》三十卷。

説文解字韻譜

黃虞稷《千頃堂書目·小學類》 陳鉅《説文解字韻譜》二卷。餘姚人。

六書微

黃虞稷《千頃堂書目·小學類》 朱統鍇《六書微》。字時卿。南昌奉國中尉。

正字訓蒙

黃虞稷《千頃堂書目·小學類》 姜玉潔《正字訓蒙》。劍州人。

字韻合璧

《四庫提要·小學類存目一》 《字韻合璧》二十卷。內府藏本。不著撰人名氏。但題「明鄱東朱孔陽訂正刊行」。篇中分上、下二層：上辨音韻，下別偏旁。而謬悠舛誤，不可枚舉。如天音添，則以兩韻爲一聲。吳作吴，則以俗字爲正體。分韻則從《洪武》併合之本，分部則紊許慎《説文》之例。蓋於六書之義，茫乎未窺者也。

廣金石韻府

《四庫提要·小學類存目一》 《廣金石韻府》五卷。浙江汪啓淑家藏本。國朝林尚葵、李根同撰。尚葵字朱臣，莆田人。根字阿靈，一字雲根，晉江人。是書用朱、墨二色校，以四聲部次，朱書古文籀篆之字，墨書楷字領之，亦各註其所出。乃因明朱時望《金石韻府》而作，故名曰「廣」。然所引諸書，今已什九不著録，尚葵等何自得觀。今核之所列之目，實即夏竦《四聲韻》而稍摭郭忠恕、薛尚功之書以附益之。觀其備陳羣籍而獨遺竦書之名，則諱所自來，故滅其迹可知矣。

字辨

《四庫提要·小學類存目一》 《字辨》七卷。安徽巡撫採進本。國朝熊文登撰。文登字于岸，南昌人。是書詳辨字音、字義、字形，分爲十門：一曰誤寫辨，二曰誤讀辨，三曰一字數音數義辨，四曰宜寫古文奇文辨，五曰宜讀經史眞字辨，六曰形相類字辨，七曰聲相類字辨，八曰形聲相類字辨，九曰從今從古辨，十曰楷篆異體辨。皆從梅膺祚《字彙》分部。大意在糾俗學之誤，反之於古。然不知古文，亦不知古音，遂至不古不今，進退無據。如謂冋本作回，不知篆文作囘，本一筆旋轉。若變而五筆，已非本義。謂册本作冊，不知篆文作𠕋，本象以韋貫簡，僅縮其一畫，彌失眞形。又如謂洚音降，又音紅，不知東、江古本一音也。謂彭音朋，又音滂，不知庚、陽古亦一音也。至謂逍遙必當作「消搖」，伏羲必當作「虙戲」，渤海必當作「勃澥」，躊躇必當作「䇾著」，皆見一古字之省文，遂謂凡書是字者無不當省。見一古字之假借，遂謂凡用是字者無不當借。所謂知其一，不知其二者也。殆愈辨而愈遠矣。

字學正本

《四庫提要・小學類存目一》 《字學正本》五卷。江蘇巡撫採進本。國朝李京撰。京字元伯，高陽人。是書《凡例》謂以小篆爲本，而正偏旁之不正者，故名正本。凡所根據，多得之周伯琦《六書正譌》、張有《復古編》。如《復古編》「崇」字下註云：「別作密，俗。」不知《漢郊祀志》曰「封密山」，又曰「莽遂密淫鬼神祀」，又《漢隸字源》載《韓良碑》亦有密字，未可云俗。是書能引《郊祀志》以證其誤，頗爲近古。又於周伯琦杜撰之說時爲駁正，亦間有可採。然如東韻戜字，《復古編》謂「隸作戎」，而此書乃謂「俗作戎」，不知《泰山都尉孔宙碑》「戜」已作「戎」，與《復古編》所云「隸作戎」合。京謂之俗字，則考之不審矣。又於周氏書採摭頗備，而張氏書反多挂漏。即以東之一韻考之，《復古編》載「襱」誤作「𥦗」，「櫳」誤作「𩏎」，「𨣝」誤作「𧱓」，「埈」，誤作「稯」，「濛」誤作「靀」，「襛」誤作「穠」，「功」誤作「切」。此書均逸不載，亦殊疎略。且誤依《中原音韻》分部，全乖唐、宋之舊法，既有變古之嫌。而以《說文》篆體盡改隸字，或窒礙而不可行，又不免泥古之過，均不可以爲訓者也。

正字通

《四庫提要・小學類存目一》 《正字通》十二卷。通行本。舊本或題明張自烈撰，或題國朝廖文英撰，或題自烈、文英仝撰。考鈕琇《觚賸・粵觚》，下篇載此書本自烈作，文英以金購得之，因掩爲己有，叙其始末甚詳。然其前列國書十二字母，則自烈之時所未有，殆文英續加也。裘君宏《妙貫堂餘談》，又稱文英歿後，其子售版於連帥劉炳。有海幢寺僧阿字，知本爲自烈書，爲炳言之，炳乃改刻自烈之名。諸本互異，蓋以此也。其書視梅膺祚《字彙》，考據稍博。然徵引繁蕪，頗多舛駁。又喜排斥許慎《說文》，尤不免穿鑿附會，非善本也。自烈字爾公，南昌人。文英字百子，連州人，康熙中官南康府知府，故得鬻自烈之書云。

黃公說字

《四庫提要・小學類存目一》 《黃公說字》無卷數。湖北巡撫採進本。國朝顧景星撰。景星字黃公，蘄州人。康熙己未薦舉博學鴻詞。其說自稱推本許慎，而大抵以梅膺祚《字彙》、廖文英《正字通》爲稿本，仍以楷字分編。如丑字从𠃌从丨，象手有所執也，而列之一部。於六書之義，未免有乖。至於西域梵文，尤自別爲一體。儒書所載，已改爲楷畫，非其本眞。一概收載，亦爲泛濫。其註皆雜採諸書，不由根柢。所列各書，《唐說文》、《蜀說文》、葛洪《字苑》、何承天《纂文》、呂靜《韻集》、李啓《聲韻》、呂忱《字林》、陽休之、夏侯該《韻略》、孟昶《書林韻會》、林罕《字源》等目，不知何從見之。又以李燾《說文五音譜》爲徐鉉，以楊桓《六書溯源》爲吳元滿，以趙明誠《金石録》爲歐陽修，以張守節《史記正義》爲《六書正義》，以司馬貞《史記索隱》爲《六書索隱》，舛誤不一而足。至於司馬光《集韻解》，諸家目録未著斯名。米芾《大宋五音正韻》，僅名見所著畫史中。蓋欲爲之而未成，亦非眞有其書也。

石鼓文定本

《四庫提要・小學類存目一》　《石鼓文定本》二卷。兩江總督採進本。國朝劉凝撰。是書上卷爲石鼓音訓釋文，下卷爲附録古今人辨説及詩歌石鼓刻文。且以殘闕榻本漸不可辨，惟以摹本及釋文相傳。釋文之中，潘迪最著。摹本之中，薛尚功、楊慎最著。案宋、金以前爭石鼓之時代，斷斷不休。元以來眞僞論定矣，而爭文字者又鬨而聚訟。凝作此書，既不以今日所存之三百二十餘字以考定其眞，又不詳列諸家之本以糾其異。徒以楊慎僞本猶屬全文，而據以爲主。根本先謬，又加以意爲增減，彌起糾紛。如第四鼓「其寫」上之吾字、第五鼓「霝雨」下之淒字，爲各本所無，莫知何以增入。至於後卷辨説第一條，即載「薛尚功」云云，而薛尚功跋語内亦無其文，皆不可解。又以石鼓之文強合於《説文》之籀體。案趙師尹《石鼓文考註》所摭《説文》與石鼓相同之字，員、辝、皮、樹、西、則、旁、中、囿九字而已。然「旁」字石鼓無之，乃楊慎以壬鼓「辝其用導」用字妄改爲「旁」。其餘諸字亦均有同異。凝必欲附會其文，亦鄭樵以秦權一二字之合，定爲秦鼓之類矣。

韻原表

嵇璜等《清通志圖譜略・經學》　劉凝《韻原表》。

《四庫提要・小學類存目一》　《韻原表》一卷。兩淮馬裕家藏本。國朝劉凝撰。凝有《稽禮辨論》，已著録。凝初作《文字韻原》一編。謂《説文》以形相次，《韻原》以聲相從。又以《韻原》限於篇幅，其層次排列，未免間斷，而生生之序不見。乃倣《史記》諸表之例，從各字偏旁，序其世系，分其支派，以濟韻原之窮。然篆隸屢更，變化不定，必一一謂某生於某，終未免失於穿鑿也。

篆字彙

《四庫提要・小學類存目一》　《篆字彙》十二卷。通行本。國朝佟世男編。世男，滿洲鑲黄旗人。康熙中官知縣。其書本梅膺祚《字彙》，各繫以篆文。篆文所無之字，則依楷書字畫以意造之。不可以爲典據也。

康熙字典

《四庫提要・小學類二》　《康熙字典》四十二卷。康熙五十五年，聖祖仁皇帝御定。古小學存於今者，惟《説文》、《玉篇》爲最舊。《説文》體皆篆籀，不便施行。《玉篇》字無次序，亦難檢閲。《類篇》以下諸書，則惟好古者藏弆之，世弗通用。所通用者，率梅膺祚之《字彙》、張自烈之《正字通》。然《字彙》疎舛，《正字通》尤爲蕪雜，均不足依據。康熙四十九年，乃諭大學士陳廷敬等刪繁補漏，辨疑訂譌，勒爲此書。仍兩家舊目，以十二辰紀十二集，而每集分三子卷，凡一百一十九部。冠以《總目》、《檢字》、《辨似》、《等韻》各一卷，殿以《補遺》、《備考》各一卷。部首之字，以畫之多寡爲序，部中之字亦然。每字之下，則先列《唐韻》、《廣韻》、《集韻》、《韻會》、《正韻》之音。《唐韻》久佚，今能一一徵引者，徐鉉校《説文》所用即《唐韻》之翻切也。次訓釋其義，次列别音别義，次列古音，均引證舊典詳其始末，不使一語無稽。有所考辨，即附於註末。又每字必載古體，用《説文》例；改從隸書，用《集韻》例；兼載重文、别體、俗書、譌字，用《干祿字書》例；皆綴於註後，用《復古編》例；仍從其字之偏旁，别出於諸部，用《廣韻》互見例。至於增入之字，各依字畫多寡，列於其數之末，則《説文》之新附、《禮部韻略》之續降例也。其《補遺》一卷，收稍僻之字。《備考》一卷，收不可施用之字。凡古籍所載，務使包括無遺。蓋拘泥古義者，自《説文》九千字外，皆斥爲僞體。遂至音韻必作音均、衣裳必作衣常、韓愈書爲韓瘉、諸葛亮書爲諸葛諒，動生滯礙，於事理難通，固爲不可。若夫孫休之所自造、王起之所未識、傳奕之稱遥人、段成式之作䩞字，皆考之古而無徵，用之今而多駭，存而並列，則通儒病其荒唐。削之不登，則淺儒疑其挂漏。别爲附録，等諸外篇，尤所謂去取得中，權衡盡善者矣。御製《序》文謂：「古今形體之辨，方言聲氣之殊，部分班列，開卷了然，無一義之不詳，無一音之不備。」信乎！六書之淵海，七音之準繩也。

篆隸考異

《四庫提要・小學類二》　《篆隸考異》二卷。兩淮鹽政採進本。國朝周靖撰。靖字枚寧，吴縣人。明吏部文選司郎中周順昌之曾孫也。是書辨别篆隸同異，用意與張有《復古編》相類。其小異者，有書以篆文爲綱，而附列隸字之正俗。此則以隸字爲綱，於合六書者註曰隸，不合六書者註曰俗。於隸相通而篆則不相假借者註曰别，如隸字好醜之「好」與好惡之「好」爲一字，篆則分好、玫二字之類。而各列篆文於其下。又《説文》分部五百四十，此則以隸字點畫多少爲次，分部二百五十有七。俾讀者以所共知通其所未知，較易於尋檢。大旨斟酌於古今之間，盡斥鄙俚杜撰之文，而亦不爲怪僻難行之論。其《凡例》有曰：「庖犧畫卦，已開書契之宗。降至小篆，無慮幾變。然許叔重以前，雖有周鼓、秦碑，究無成書可據。故鄭樵曰：『六書無傳，惟藉《説文》。』此考以《説文》爲主，鐘鼎款識，一概不録。」又曰：「如犅、苖等字，止載《説文》，而剛、曲見於經史，反覺簡易。此考寧取其簡，不取其繁。故去『牛』與『艸』，是非悖謬《説文》，實欲羽翼經史，閲者可舉一以例百」云云。汪琬作是書《序》亦以泥古、變古二者交譏，而稱是書「上引六經，旁及子史，究其本末，析其是非，至詳至悉，而未嘗有詭異之説」。其論允矣。其書未有刊版，此本爲康熙丙辰長洲文倉所手録。篆文頗爲工整，迥非鈔胥所能。驗其私印，有「小停雲」字。蓋文徵明之裔，故筆法猶有家傳歟。今録存其書，以著顔元孫去泰去甚之義，俾從俗而戾古，與從古而不可行於今者，均知所别擇焉。

字學同文

《四庫提要・小學類存目一》　《字學同文》四卷。江蘇巡撫採進本。國朝衛執穀撰。執穀字子觀，韓城人。是書凡分十三目：曰上類、下類、上下中類、上下左右類、上下左類、上下右類、上左類、下左類、上右類、下右類、左類、右類、左右類，類各統部，皆從古未有之例。其中又多所謬誤。如「元」在一部，从一，兀聲。今入兀部。「夐」在目部，从目支，在穴上。今入文部。南字本在𣎵部，从𣎵，羊聲。今入十部。壹字本爲部首，从壺，从吉。今入士部。今字本在亼部，从亼，从丁。今入人部。吴字本在矢部，从矢，从口。今入口部。知於六書偏旁未之深講也。

文字審

《四庫提要・小學類存目一》　《文字審》一卷。浙江巡撫採進本。不著撰人名氏，亦無序跋。中間頗有塗乙。相其紙墨，蓋近人手稾也。其書取李燾《説文五音譜》，鈔其大略，仍以燾之部分爲序，而不標部分之名。篆文筆意頗圓潤。字下隸書，字字皆從古體。蓋亦留心六書者，特偶然鈔録，自備檢核。非欲著書問世，故漫無體例耳。

六書準

《四庫提要・小學類存目一》　《六書準》四卷。内府藏本。國朝馮調鼎撰。調鼎字雪鷗，華亭人。其書分象形、指事、會意、諧聲四類。每類分平、上、去、入，而假借、轉注即見於四類之中。然其書雖力闡古義，而於六書本旨多所未明。如社之一字，《説文繫傳》：「从示，土聲。」此書不見《繫傳》，乃以「社」爲會意字。又如風之一字，《説文》：「从虫，凡聲。」

此書不知風之古音，而以爲「从蟲，省聲」。則其他概可知矣。

六書分類

《四庫提要・小學類存目一》《六書分類》十二卷。兩江總督採進本。國朝傅世垚撰。世垚字賓石，歸德人。其書分部，一依梅膺祚《字彙》之例。每字以小篆、古文次於楷書之後。古文之學，漢、魏後久已失傳。後人所譯鐘鼎之文，什九出於臆度，確然可信者無幾。況古器或出剝爛之餘，或出僞作，尤不足爲依據。謂之好古則可，謂有當於古義，則未然也。

新刊大廣益會玉篇

孫星衍《平津館鑒藏書籍記・明版》《新刊大廣益會玉篇》三十卷。前有總目。第三十卷，張士俊本，凡四十七部，此本增一雜字部。如一部，張本九字，此本十二字。上部，張本九字，此本十二字。示部，張本一百四十五字，此本一百六十五字。又每字之下，添注其韻，用小方圈以別之。考其部分，倶依《洪武正韻》，其爲明人更改刊刻無疑。黑口版。每葉十八行，行大字約十五字。

說文廣義

《四庫提要・小學類存目一》《說文廣義》十二卷。浙江巡撫採進本。國朝程德洽撰。德洽字學瀾，長洲人。是書本許氏《說文》而旁採諸家篆文，並列於下，然不著出處。蓋李登《摭古遺文》之流。又不及《金石韻府》尚云「某字本某書」矣。

天然窮源字韻

《四庫提要・小學類存目一》《天然窮源字韻》九卷。兩江總督採進本。國朝姜日章撰。日章字旦童，如皐人。是編成於康熙丁酉。分日、月、水、火、木、金、土七部，又冠以首部曰「字說」，綴以末部曰「韻說」，《詩》、《易》二叶。日、月二部爲字書，不以偏旁分部，而以筆畫多寡分部，自一畫至四十八畫止。水、火、木、金四部爲韻書，併爲天、星、風、山、官、上、地、支、郊、階、州、波、夫、下十四韻，每韻分爲中、平、上、去、入五音。土部則古文奇字也。自明以來字書莫陋於《字彙》、《正字通》，而日章遵以講字畫。韻書莫乖於《洪武正韻》，而日章執以分韻等。收字之妄濫無稽莫甚於《篇海》，而日章據以談奇字。其餘偶有援引，不過從此四書採出而已，宜其不合於古義也。

六經字便

《四庫提要・小學類存目一》《六經字便》無卷數。江蘇巡撫採進本。國朝劉臣敬撰。臣敬字恭邵，江陰人。是書載六經字體，自一畫至二十九畫，頗能辨正偏旁點畫。又於諸字之轉音不轉音者分類釐訂，亦易於省覽。特所見古籍無多，故舛誤時復不免。如謂《易》亢龍之「亢」音剛，非康去聲。不知《說文》人頸之「亢」及角亢、龍亢、亢父固均音剛，而亢龍之亢見於《經典釋文》者止苦浪切一讀。又謂《易・觀卦》之「觀」，《正韻》附去聲爲非。《解卦》之「解」，《正韻》讀音蟹爲非。然《經典釋文》載「觀，官喚反，示也。」「解音蟹，緩也。」先儒授受，於二卦各止一讀，迄今未改。《正韻》收之附音，猶爲近古。臣敬皆以爲非，是未考古之失也。至謂「陰疑於陽」，疑字不當轉「擬」。考《禮記》「前疑後丞」，或作「擬」。《周官・司服》云「大夫疑衰」，鄭玄註云：「疑之言擬也。」又《漢書・食貨志》「遠方之能疑者」，顏師古註云：「疑讀爲擬。」則「疑」之轉爲「擬」顯有義例。又謂社字不當有「杜」音。考《史記・秦本紀》，「蕩社」明作「蕩杜」。社、杜字通，其爲一音可知。而以爲社無「杜」音，尤誤。蓋自漢以後，經史各有專家，即各分音讀，遞稟師傳，不能偏廢。臣敬以啓迪蒙穉難於博引繁徵，固不妨止取一音。其所不取，則置之不論可矣；槪斥爲誤，豈通方之論乎？

鐘鼎字源

《四庫提要・小學類存目一》 《鐘鼎字源》五卷。河南巡撫採進本。國朝汪立名編。立名號西亭，婺源人。官工部主事。是編成於康熙丙申。《自序》稱：「金石雖皆傳自三代，而銘器與篆碑之文不容強同，乃專採鐘鼎文，依今韻編次爲五卷。其石刻之類於銘款者，惟附録《石鼓文》，其他碑篆則皆不收。」然立名知鑄金刻石古文體制有殊，而不知鐘鼎之中又有時代之分、音釋之異與眞僞之別。三代固均爲古文矣，至秦權、秦斤，如斯字、詻字，㫖字、鬲字之類，已頗近小篆。漢鐙、漢壺，如《綏和壺》之供字，《汾陰宮鼎》之共字、汾字，《首山宮鐙》之年字，併時參隸體。一概目爲鐘鼎之文，混淆殊甚。又如歐陽修《集古録》所載《晉姜》、《毛伯》諸鼎，楊南仲、劉攽訓釋互異者，不一而足，既莫能考定是非。《嘯堂集古録》所載《比干銅槃銘》，宋人顯斥其僞託，亦不免併載。且卷末列二合、三合、四合之字，並不註出典，尤無根據。蓋僅以《金石韻府》爲主，而取《博古》、《考古》諸圖參校之，故不免瑕纇耳。

隸　辨

《四庫提要・小學類二》 《隸辨》八卷。內府藏本。國朝顧藹吉撰。藹吉號南原，長洲人。是書鉤摹漢隸之文，以宋《禮部韻》編次。每字下分註碑名，并引碑語。其《自序》云：「鋭志精思，採摭漢碑所有字，以爲解經之助。有不備者求之《漢隸字源》。」又云：「《字源》多錯謬，舩船、爯再，體或不分；血皿朋多，形常莫别。悉從《隸釋》、《隸續》，詳碑定字，指摘無餘。」今考此書，字形廣狹，與世所刻婁機《漢隸字源》相同，是陰以機書爲稿本。且漢碑之出於機後者，僅《魯孝王刻石》、《太室》、《少室》、《開母》諸石闕，及《尹宙》、《孔褒》、《曹全》、《張遷》、《韓仁》數種。視機書所列，不過百分之一二。機所見三百九種，其存於今者，不過《景君》、《孔和》、《史晨》、《韓勑》、《孔謙》、《孔宏》、《魯峻》、《鄭固》、《孔宙》、《蒼頡》、《衡方》、《張壽》、《孔彪》、《潘乾》、《武榮》、《王渙》、《鄭季宣》、《白石神君》、《西狹頌》、《郙閣頌》二十餘種。較其碑目所列，已不及十分之一。此二十餘種之外，縱舊拓流傳，亦斷璧零璣，偶然一遇，決不能如是之多。藹吉何由得見原碑，一一手摹其字？則所云「不備之字，始求之《字源》」，殆不足憑。又每字下所引碑語，亦多舛錯。如忠字下引《孔宙碑》「躬忠恕以及人」，誤去躬字。宿字下引《孔䨣碑》「諾則不宿」，誤連上文「如毛」二字爲句。奎字下引《史晨前碑》「得在奎婁」句，誤以爲《後碑》。秦字下引《華山碑》「改秦淫祀」句，誤以爲《韓勑碑》。此或讀碑時偶不及檢，至通字下引《唐扶頌》「通天之祐」，而《唐扶頌》實無此語。蓋以《隸釋》所載「受天之祐」句與前行「通天三統」句適相齊，而誤寫之。是尤僅據《隸釋》未見原碑之一證。洪适之書具在，安得諱所自來乎？即以原碑尚存者而論，如《韓勑造孔廟禮器碑》，并碑陰、碑兩側，字數較多，文義尚大概可考。碑云：「莫不𪗊思，歎卬師鏡。」而師字下引之，誤截「師鏡」二字連下文「顔氏」二字爲句。碑云：「更作二輿，朝車威熹」，而車字下引之，誤以「作二輿朝車」爲句。碑云：「仁聞君風，燿敬咏其德。」而聞字下引之，誤以「聞君風燿」爲句。其君字下所引亦然。碑云：「長期蕩蕩於盛。」而長字下引之，誤截去「於盛」二字。碑云：「於是四方士。」而方字下引之，誤連下文仁字爲句。碑陰有「陳國苦虞崇」之文，苦者，縣名。虞崇者，人姓名也。而虞字下引之，誤作「陳國苦虞」。碑陰有「雒陽李申伯」之文，而申字下引之，誤截去伯字。又有「蕃加進子高」之文，而進字下引之，誤截去蕃字。碑側有「河南匽師度徵漢賢」之文，其旁别有「河南匽師」胃鄰、通國一人，顯然可證，乃匽字泐痕似厚字，遂誤以爲厚。又不知匽、偃通用，復贅辨河南有「偃師」無「厚師」。至於鄉字下引碑側題名「金鄉師耀」，不知此乃碑陰小字，後人所加，非漢字亦非碑側。又於率字下引碑陰「魯孔方廣率」，不知碑文明是「廣平」。惟明王雲鷺刊《隸釋》，始誤爲廣率。是併現存之碑亦僅沿襲舊刻，未及詳考。乃云「採摭漢碑」，其亦誣矣。惟其於婁機以後續出之碑，盡爲摹入，修短肥瘠，不失本眞，則實足補《字源》之闕。所纂偏旁一卷，五百四十部能依《說文》次第，辨證精核。又附《碑考》二卷，碑之存者，註今在某處。亡者引某書云在某處。具有引證，以年代先後爲次，條理頗爲秩然，則較《字源》碑目爲詳核。後附《隸八分考》、《筆法》二篇，採輯舊說，亦均有裨後學。與婁氏書相輔而行，固亦不必盡以重儓譏也。

張之洞《書目答問・小學》 《隸辨》八卷。顧藹吉。通行本。

六書例解　附六書雜說　八分書辨

《四庫提要・小學類存目一》 《六書例解》一卷，附《六書雜說》一卷，《八分書辨》一卷。浙江巡撫採進本。國朝楊錫觀撰。是書首冠黃之雋《篆學三書序》。蓋錫觀嘗作《秦篆韻編》、《正字啓蒙短箋》二書。與此書爲三也。書凡六篇，分論六書。以鄭玄註《周禮》六書以象形爲首，失制字之序，改從許慎《說文》之次，首以指事。其論指事，謂有籠統言之者，有指其一點一畫言之者。其論象形，謂小篆日月作⊖☽，已不知古文之作☉☽。又謂凡字之从舟旁者，皆當改爲月旁，以象倉限。其論形聲，謂爲因形而附聲，不取《周禮註》諧聲之說。併謂《三百篇》之韻，皆不足據。其論會意，列字至三百之多。至謂「冥」下从六，乃取六爲老陰。名上从夕，爲陰晦之義。其論轉注，則從許慎之說而廣之。一爲意可相通，老字轉爲耆、壽之類。一爲兩字相反，如可轉爲叵、正轉爲乏，與爿木爲片，連水爲川之類。一爲展轉注釋而後可通，如元轉爲仁，仄轉爲丸之類。其論假借，極論隸書之非。併經典通用之字如恭作共，齋作齊、而作如者，皆斥爲乖謬。大抵陽尊許慎《說文》，而陰以魏校《六書精蘊》爲藍本。故於制字之義多所未明。其《六書雜記》，論六書分界亦多強生辨別。至《八分書說》一卷，申歐陽修、洪适之說，以八分爲隸，而謂今之楷書爲八分。引據牽合，亦失於考證也。

六書辨通　辨補　續補

《四庫提要・小學類存目一》 《六書辨通》五卷。浙江巡撫採進本。國朝楊錫觀撰。錫觀字容若，無錫人。是書大旨謂六書假借，於義可通，爲變而不失其正。其不可通者，即不得不著辨以明之。因分韻編次於每字之下，各標出處，幷著本字之義。而於其誤通者則一一辨正。然古人假借，多取音同，不求義合。若是書所載漢《孟郁碑》借舟爲周，《堯廟碑》云「委曲舟帀」，亦借舟爲周，是其例也。而錫觀謂「周」借「舟」於義不通，漢碑舟字當⿹勹舟字之誤。⿹勹舟音周，帀徧也。不知《經典釋文》鶻鵃之「鵃」與雕字通，《類篇》五月鳴蜩之「蜩」一作「⿰虫舟」，則周、舟二字本通，是其顯證。鵃、⿰虫舟非有周帀之義，豈亦得指爲從⿹勹舟耶。又如《家語》「望羊」，《左傳注》作「望陽」，《漢書》「歐陽」，《漢碑》則作「歐羊」之類。近在耳目之前，乃多失載，亦未爲賅備也。

兩漢書蒙拾

張之洞《書目答問・羣書讀本》 《兩漢書蒙拾》。杭世駿。《杭氏七種》。

惠氏讀說文記

張之洞《書目答問・小學》 《惠氏讀說文記》十四卷。惠棟。借月山房本。《指海》本。

說文引經考

張之洞《書目答問・小學》　《說文引經考》二卷。吴玉搢。姚氏咫進齋本。

五經字學考

《四庫提要・小學類存目一》　《五經字學考》五卷。山西巡撫採進本。國朝成端人撰。端人字友端，陽城人。此書分五經各一卷。每字先以訓詁，並及形聲，兼辨俗寫之譌。然引據未能淹博，考證亦未能精密。如《春秋・隱公》之彄字，此爲公子彄名訓也，而註曰：「從弓，區聲，音摳。又人名，公子彄。」《文公》之頵字，此爲楚成王名訓也，而註曰：「從頁，君聲。徐曰：頭大也。又楚成王名。」此反以本義爲旁義也。又如《易・坤卦》馴字註曰：「音同旬，《字彙》引徐邈讀作訓，蛇足。」案徐邈之說出陸德明《經典釋文》，以爲出自《字彙》，已不求其本。至經師異讀，自古並存，乃以爲蛇足，更不確矣。

他山字學

《四庫提要・小學類存目一》　《他山字學》二卷。安徽巡撫採進本。國朝錢邦芑撰。邦芑字開少，丹徒人。晚爲僧，號大錯。其書辨正字畫及音讀之誤，凡四十三目。大抵本於郭忠恕《佩觿》及李文仲《字鑑》諸書，而蒐輯未廣。如一字數音考內，亘字載至十五音，爲書中極多之數。而《韻會小補》載此字實有十八音。他若《廣韻》、《集韻》所載重音，開卷可見者，亦百不得其一二。

六書說

顧廣圻《思適齋書跋・經部》　《六書說》一卷。刻本。補遺。

張之洞《書目答問・小學》　《六書說》一卷。江聲。琳琅秘室本。

說文繫傳考異

《四庫提要・小學類二》　《說文繫傳考異》四卷，附録一卷。浙江巡撫採進本。國朝汪憲撰。憲號魚亭，仁和人。乾隆乙丑進士，候選主事，未就銓而卒。南唐徐鍇作《說文繫傳》四十卷，歲久散佚。自明以來，方以智號精於小學，而《通雅》稱「楚金所繫，今皆遺失」，則世罕傳本，已非一日。好事者祕相傳寫，魚魯滋多，或至於不可句讀。憲所見者，猶屬影宋鈔本，然已譌不勝乙。因參以今本《說文》，旁參所引諸書，證其同異，以成是編。譌者正之，其不可解者則並存以俟核定焉。考洪适《隸釋》，載漢《石經論語碑》，末有「而在於蕭牆之內，盍、毛、包、周無於」一行，是則考異之鼻祖。《經典釋文》以下，沿流而作者頗衆。惟韻書、字書節目繁碎，從未有縷析舊文，徹首徹末，訂舛互而彙爲一編者。憲作是書，亦可云留心小學者矣。末有附録二卷，乃朱文藻所編。上卷爲諸家評論《繫傳》之辭，下卷載鍇詩五首及其兄弟軼事，亦頗費蒐羅。然所收李燾序一篇，採自《文獻通考》，本燾之《說文五音韻譜序》。因《通考》刻本誤脱標題一行，遂聯屬於《說文繫傳》下。乃不辨而收之，殊失考訂。至於二徐瑣記，於《繫傳》更爲無關。以是爲例，將郭璞《爾雅》、《方言》註末亦附載《游仙詩》乎？今存其上卷，以資考核。其下卷則竟從刪汰，庶不以貪博嗜奇，破著書之體例焉。

說文解字疏

張之洞《書目答問・小學》　宋鑒《說文解字疏》。未見傳本。

說文舊音

張之洞《書目答問・小學》　《說文舊音》一卷。畢沅輯。經訓堂本。

轉注古義考

張之洞《書目答問・小學》　《轉注古義考》一卷。曹仁虎。《珠塵》本。

說文疑疑

張之洞《書目答問・小學》　《說文疑疑》二卷。孔廣居。家刻本。

汲古閣說文訂

張之洞《書目答問・小學》　《汲古閣說文訂》一卷。段玉裁。袁廷檮刻本。武昌局刻附段注《說文》後。

說文解字段氏注　六書音韻表

張之洞《書目答問・小學》　《說文解字段氏注》三十卷。段玉裁。原刻本。蘇州重刻本。學海堂本。武昌局本附段氏汲古閣《說文訂》一卷。《六書音韻表》二卷。段玉裁。附段注《說文》後。

說文義證

張之洞《書目答問・小學》　《說文義證》五十卷。桂馥。楊氏原刻本。武昌局繙本。

繆篆分韻

張之洞《書目答問・小學》　《繆篆分韻》五卷。桂馥。自刻本。

小學考

張之洞《書目答問・小學》　《小學考》五十卷。謝啓昆。嘉慶丙子刻本。

小學鉤沈

張之洞《書目答問・小學》　《小學鉤沈》二十卷。任大椿。山陽汪氏刻本。

字林考逸

張之洞《書目答問・小學》 《字林考逸》八卷。任大椿。燕禧堂本。

説文羣經正字

張之洞《書目答問・小學》 《説文羣經正字》二十八卷。邵瑛。嘉慶丙子刻本。

説文古語考

張之洞《書目答問・小學》 《説文古語考》二卷。程際盛。刻本。錢繹《説文解字讀若考》三卷、《説文解字闕疑補》一卷、錢侗《説文重文小箋》二卷，未刊。

説文斠詮

張之洞《書目答問・小學》 《説文斠詮》十四卷。錢坫。家刻本。

十經文字通正書

張之洞《書目答問・列朝經注經説經本考證》 《十經文字通正書》十四卷。錢坫。原刻本。間有誤處。

説文聲系

張之洞《書目答問・小學》 錢塘《説文聲系》二十卷。未刊。

漢學諧聲　古音論　諧聲補證

張之洞《書目答問・小學》 《漢學諧聲》二十卷。《古音論》一卷。附録一卷。戚學標。原刻本。范希曾補：《漢學諧聲》凡二十四卷，此云二十卷，誤。

急就章考異

張之洞《書目答問・小學》 《急就章考異》一卷。孫星衍。岱南閣別刻行本。《小學彙函》本。

説文拈字　補遺

張之洞《書目答問・小學》 《説文拈字》四卷。王玉樹。原刻本。

説文解字考異

張之洞《書目答問・小學》 《説文解字考異》二十九卷。姚文田。姚氏咫進齋家刻本未畢工。

說文聲系

張之洞《書目答問・小學》《說文聲系》十四卷。姚文田。家刻本。吳刻本。粵雅堂本。

邃雅堂學古録

張之洞《書目答問・正經正注》《邃雅堂學古録》七卷。姚文田。家刻本。

說文校議

張之洞《書目答問・小學》《說文校議》三十卷。姚文田、嚴可均同撰。原刻本。歸安姚氏咫進齋重刻本。李氏《半畝園叢書》本。

席氏讀說文記

張之洞《書目答問・小學》《席氏讀說文記》十五卷。席世昌。借月山房本。《指海》本。

說文新附考　續考

張之洞《書目答問・小學》《說文新附考》六卷，《續考》一卷。鈕樹玉。原刻本。武昌局本。

說文段注訂

張之洞《書目答問・小學》《說文段注訂》八卷。鈕樹玉。原刻本。武昌局本。

說文考異

張之洞《書目答問・小學》鈕樹玉《說文考異》三十卷。未見傳本。

說文聲類

張之洞《書目答問・小學》《說文聲類》二卷。嚴可均。四録堂本。

說文翼

張之洞《書目答問・小學》《說文翼》十卷。嚴可均。姚氏咫進齋本，未畢工。

說文訂訂

張之洞《書目答問・小學》嚴可均《段氏說文訂訂》一卷。未刊。

說文段注匡謬

張之洞《書目答問·小學》《說文段注匡謬》八卷。徐承慶。姚氏咫進齋刻本，未畢工。

說文諧聲譜

張之洞《書目答問·小學》《說文諧聲譜》□卷。張惠言。

說文字原韻表

張之洞《書目答問·小學》《說文字原韻表》□卷。胡重。金刻本。

汪本隸釋刊誤序

黄丕烈《蕘圃刻書題識·汪本隸釋刊誤序》《隸釋刊誤後序》。

說文正俗辨字

張之洞《書目答問·小學》《說文正俗辨字》八卷。李富孫。新刻本。

積古齋鐘鼎款識

張之洞《書目答問·小學》《積古齋鐘鼎款識》十卷。阮行。通行本。學海堂本未摹篆文，不便學者。

說文管見

張之洞《書目答問·小學》《說文管見》三卷。胡秉虔。家刻本。滂喜齋本。

筠清館金文

張之洞《書目答問·小學》《筠清館金文》□卷。吳榮光。自刻本。

隸篇 續 再續

張之洞《書目答問·小學》《隸篇》十五卷，《續》十五卷，《再續》十五卷。翟云升。自刻本。

說文音韻表

張之洞《書目答問·小學》錢侗《說文音韻表》五卷。未刊。

説文孳乳表

張之洞《書目答問・小學》錢侗《説文孳乳表》二卷。未刊。

説文重文小篆

張之洞《書目答問・小學》錢侗《説文重文小篆》二卷。未刊。

説文解字讀若考

張之洞《書目答問・小學》錢繹《説文解字讀若考》三卷。未刊。

説文解字闕疑補

張之洞《書目答問・小學》錢繹《説文解字闕疑補》一卷。未刊。

許氏説音

張之洞《書目答問・小學》許桂林《許氏説音》十二卷。未刊。

説文聲訂

張之洞《書目答問・小學》《説文聲訂》二卷。苗夔。自刻本。

説文聲讀表　説文聲讀考

張之洞《書目答問・小學》《説文聲讀表》七卷。苗夔。自刻本。苗夔《説文聲讀考》，未刊。

説文繫傳校録

張之洞《書目答問・小學》《説文繫傳校録》三十卷。王筠。自刻本。

説文句讀

張之洞《書目答問・小學》《説文句讀》三十卷。王筠。自刻本。

説文釋例

張之洞《書目答問・小學》《説文釋例》二十卷。王筠。自刻本。

説文韻譜校

張之洞《書目答問・小學》王筠《説文韻譜校》五卷。甚精核。未刊。

文字蒙求

張之洞《書目答問・小學》　《文字蒙求》一卷。王筠。自刻本。

説文通訓定聲　補遺　柬韻

張之洞《書目答問・小學》　《説文通訓定聲》十八卷，《柬韻》一卷。朱駿聲。附《説雅》十九篇。《古今韻準》一卷。道光戊申刻本，甚便學者。

説文答問疏證

張之洞《書目答問・小學》　《説文答問疏證》一卷。錢大昕答，薛傳均疏證。原刻本。姚氏咫進齋重刻本。巾箱本。

六書轉注説

張之洞《書目答問・小學》　《六書轉注説》一卷。夏炘。景紫堂本。

説文錦字

張之洞《書目答問・羣書讀本》　《説文錦字》近人。

説文逸字　附録　補遺

張之洞《書目答問・小學》　《説文逸字》二卷。鄭珍。附録一卷。《補遺》一卷。今人。家刻本。

説文新附考

張之洞《書目答問・小學》　鄭珍《説文新附考》四卷。尤精核，未刊。

汗簡箋正

張之洞《書目答問・小學》　《汗簡箋正》七卷。鄭珍撰。

説文引經考證

張之洞《書目答問・小學》　《説文引經考證》八卷。陳瑑。武昌局本。臧禮堂《説文引經考》二卷。張澍《説文引經考證》，未見傳本。

説文通檢

張之洞《書目答問・小學》　《説文通檢》十四卷。今人。同治十二年廣州新刻本，附《説文》後。此書爲繙檢《説文》而設，極便。毛謨《説文檢字》二卷，止可檢汲古本，原刻、重刻兩本，皆在成都。

音韻分部

聲類

《隋書・經籍志・小學》　《聲類》十卷。魏左校令李登撰。

《舊唐書・經籍志・小學》　《聲類》十卷。李登撰。

《新唐書・藝文志・小學類》　李登《聲類》十卷。

鄭樵《通志・藝文略・小學類》　《聲類》十卷。魏左校令李登。

姚振宗《三國藝文志・小學類》　李登《聲類》十卷。

韻集

《隋書・經籍志・小學》　《韻集》十卷。

鄭樵《通志・藝文略・小學類》　《韻集》十卷。

韻集

《隋書・經籍志・小學》　《韻集》六卷。晉安復令呂靜撰。

《舊唐書・經籍志・小學》　《韻集》五卷。呂靜撰。

《新唐書・藝文志・小學類》　呂靜《韻集》五卷。

鄭樵《通志・藝文略・小學類》　《韻集》六卷。晉安復令呂靜。

文廷式《補晉書藝文志・小學類》　呂靜《韻集》六卷。安復令。

文字音

《隋書・經籍志・小學》　《文字音》七卷。晉蕩昌長王延撰。

文廷式《補晉書藝文志・小學類》　王延《文字音》四卷。蕩昌長。

四聲

《隋書・經籍志・小學》　《四聲》一卷。梁太子少傅沈約撰。

鄭樵《通志・藝文略・小學類》　《四聲》一卷。沈約。

音書考源

《隋書・經籍志・小學》　《音書考源》一卷。

鄭樵《通志・藝文略・小學類》　《音書考源》一卷。

聲韻

《隋書・經籍志・小學》　《聲韻》四十一卷。周研撰。

鄭樵《通志・藝文略・小學類》　《聲韻》四十一卷。周研。

四聲韻林

《隋書・經籍志・小學》　《四聲韻林》二十八卷。張諒撰。

鄭樵《通志・藝文略・小學類》　《四聲韻林》二十八卷。張諒。

四聲部

《舊唐書・經籍志・小學》《四聲部》三十卷。張諒撰。

《新唐書・藝文志・小學類》張諒《四聲部》三十卷。

韻集

《隋書・經籍志・小學》《韻集》八卷。段弘撰。

鄭樵《通志・藝文略・小學類》《韻集》八卷。段弘。

羣玉典韻

《隋書・經籍志・小學》《羣玉典韻》五卷。

鄭樵《通志・藝文略・小學類》《羣玉典韻》五卷。

文章音韻

《隋書・經籍志・小學》梁有《文章音韻》二卷。王該撰，【略】亡。

鄭樵《通志・藝文略・小學類》《文章音韻》二卷。王該。

五音韻

《隋書・經籍志・小學》梁有《五音韻》五卷。亡。

韻略

《隋書・經籍志・小學》《韻略》一卷。陽休之撰。

《舊唐書・經籍志・小學》《韻略》一卷。楊休之撰。

《新唐書・藝文志・小學類》陽休之《韻略》一卷。

鄭樵《通志・藝文略・小學類》《韻略》一卷。陽休之。

辯嫌音

《舊唐書・經籍志・小學》《辯嫌音》二卷。楊休之撰。

《新唐書・藝文志・小學類》陽休之《辨嫌音》二卷。

鄭樵《通志・藝文略・小學類》《辨嫌音》一卷。陽休之。

修續音韻決疑

《隋書・經籍志・小學》《修續音韻決疑》十四卷。李槩撰。

鄭樵《通志・藝文略・小學類》《修續音韻決疑》十四卷。李槩。

音譜

《隋書・經籍志・小學》《音譜》四卷。李槩撰。

鄭樵《通志・藝文略・小學類》《音譜》四卷。李槩。

纂韻鈔

《隋書・經籍志・小學》《纂韻鈔》十卷。

鄭樵《通志・藝文略・小學類》《纂韻抄》十卷。

四聲指歸

《隋書・經籍志・小學》《四聲指歸》一卷。劉善經撰。

鄭樵《通志・藝文略・小學類》《四聲指歸》一卷。劉善經。

四聲韻略

《隋書・經籍志・小學》《四聲韻略》十三卷。夏侯詠撰。

《舊唐書・經籍志・小學》《四聲韻略》十三卷。夏侯詠撰。

《新唐書・藝文志・小學類》夏侯詠《四聲韻略》十三卷。

鄭樵《通志・藝文略・小學類》《四聲韻略》十三卷。夏侯詠。

韻英

《隋書・經籍志・小學》《韻英》三卷。釋靜洪撰。

鄭樵《通志・藝文略・小學類》《韻英》三卷。釋靜洪。

韻纂

張鵬一《隋書經籍志補・小學》《韻纂》三十卷。隋吳郡潘徽。

韻篇

《舊唐書・經籍志・小學》《韻篇》十二卷。趙氏撰。

《新唐書・藝文志・小學類》趙氏《韻篇》十二卷。

鄭樵《通志・藝文略・小學類》《韻篇》十三卷。趙氏。

切韻

《舊唐書・經籍志・小學》《切韻》五卷。陸慈撰。

錢東垣等輯《崇文總目・小學類》《切韻》五卷。陸慈撰。

《新唐書・藝文志・小學類》陸慈《切韻》五卷。

鄭樵《通志・藝文略・小學類》《切韻》五卷。陸慈。

切韻

錢東垣等輯《崇文總目・小學類》《切韻》十卷。李舟撰。[原釋]闕。見天一閣鈔本。

《新唐書・藝文志・小學類》李舟《切韻》十卷。

鄭樵《通志・藝文略・小學類》《切韻》十卷。唐李舟。

《宋史・藝文志・小學類》李舟《切韻》五卷。

證俗音

《新唐書・藝文志・小學類》　張推《證俗音》三卷。
鄭樵《通志・藝文略・小學類》　《證俗音》三卷。張推。

證俗音略

《舊唐書・經籍志・小學》　《證俗音略》二卷。顔愍楚撰。
《新唐書・藝文志・小學類》　顔愍楚《證俗音略》一卷。
鄭樵《通志・藝文略・小學類》　《證俗音略》一卷。顔愍楚。

叙同音

《舊唐書・經籍志・小學》　《叙同音》三卷。
《新唐書・藝文志・小學類》　《叙同音》三卷。
鄭樵《通志・藝文略・小學類》　《叙同音》三卷。

韻海鑑源

錢東垣等輯《崇文總目・小學類》　《韻海鑑源》十六卷。顔眞卿撰。
［原釋］闕。見天一閣鈔本。
《新唐書・藝文志・小學類》　顔眞卿《韻海鏡源》三百六十卷。
鄭樵《通志・藝文略・小學類》　《韻海鑑源》三百六十卷。顔眞卿。
《宋史・藝文志・小學類》　顔眞卿《韻海鑑源》十六卷。

韻音

《新唐書・藝文志・小學類》　蕭鈞《韻音》二十卷。
鄭樵《通志・藝文略・小學類》　《音韻》二十卷。蕭鈞。

韻銓

錢東垣等輯《崇文總目・小學類》　《韻銓》十五卷。武元之撰。
［原釋］闕。見天一閣鈔本。
《新唐書・藝文志・小學類》　武元之《韻銓》十五卷。
鄭樵《通志・藝文略・小學類》　《韻銓》十五卷。唐武元之。
《宋史・藝文志・小學類》　《韻詮》十四卷。

唐韻要略

鄭樵《通志・藝文略・小學類》　《唐韻要略》一卷。李邕。

唐韻

錢東垣等輯《崇文總目・小學類》　《唐韻》五卷。孫愐撰。
《新唐書・藝文志・小學類》　孫愐《唐韻》五卷。
鄭樵《通志・藝文略・小學類》　《唐韻》五卷。孫愐。
晁公武《郡齋讀書志・小學類》　《廣韻》五卷。右隋陸法言撰。其後唐孫愐加字，凡四萬二千三百八十三。前有法言、長孫訥言、孫愐三序。
《宋史・藝文志・小學類》　孫愐《唐韻》五卷。

高儒《百川書志・小學》　《廣韻》五卷。隋陸法言撰。其後唐孫愐加字四萬二千三百八十三，今目爲《廣韻》。「今」原作「本」，從瞿校鈔本改。

韻　英

《新唐書・藝文志・小學類》　玄宗《韻英》五卷。天寶十四載撰，詔集賢院寫付諸道採訪使，傳布天下。

鄭樵《通志・藝文略・小學類》　《韻英》五卷。明皇。

唐切韻

鄭樵《通志・藝文略・小學類》　《唐切韻》五卷。

唐廣韻

錢東垣等輯《崇文總目・小學類》　《唐廣韻》五卷。張參撰。

鄭樵《通志・藝文略・小學類》　《唐廣韻》五卷。張參。

辨體補修加字切韻

錢東垣等輯《崇文總目・小學類》　《辨體補修加字切韻》五卷。僧猷智撰。［原釋］見天一閣鈔本。

《新唐書・藝文志・小學類》　僧猷智《辨體補修加字切韻》五卷。

鄭樵《通志・藝文略・小學類》　《辨體補修加字切韻》五卷。唐僧猷智。

《宋史・藝文志・小學類》　釋猷智《辨體補修加字切韻》五卷。

天寶元年集切韻

《宋史・藝文志・小學類》　《天寶元年集切韻》五卷。

廣　韻

《宋史・藝文志・小學類》　陸法言《廣韻》五卷。

錢謙益等《絳雲樓書目・爾雅類》　《廣韻》五冊。五卷。前有孫愐《唐韻序》。

《四庫提要・小學類》　《廣韻》五卷。內府藏本。不著撰人名氏。考世行《廣韻》凡二本：一爲宋陳彭年、丘雍等所重修；一爲此本。前有孫愐《唐韻序》，註文比重修本頗簡。朱彝尊作《重修本序》，謂明代內府刊版，中涓欲均其字數，取而刪之。然《永樂大典》引此本，皆曰陸法言《廣韻》。引重修本，皆曰《宋重修廣韻》。世尚有麻沙小字一本，與明內府版同題曰「乙未歲明德堂刊」。內「匡」字紐下十三字皆闕一筆，避太祖諱，其他宋諱則不避。邵長蘅《古今韻略》指爲宋槧，雖未必然，而平聲「東」字註中引東不訾事，重修本作「舜七友」，此本譌作「舜之後」。熊忠《韻會舉要》已引此本，則當爲元刻矣，非明中涓所刪也。又宋人諱殷，故重修本改「二十一殷」爲「欣」，此尚作「殷」，知非作於宋代。且唐人諸集，以殷韻字少，難於成詩，閒或附入眞、諄、臻韻。如杜甫東山草堂詩、李商隱五松驛詩、不一而足。《說文》所載《唐韻》翻切，殷字作「於身切」，欣字作「許巾切」，亦借眞韻中字取音，並無一字通文。此本註殷「獨用」，重修本始註「欣與文通」，尤確非宋韻之一徵。考《唐志》、《宋志》皆載陸法言《廣韻》五卷，則法言《切韻》亦兼《唐韻》之名。又孫愐以後，陳彭年等以前，修《廣韻》者尚有嚴寶文、裴務齊、陳道固三家，重修本中皆列其名氏。郭忠恕《佩觿》上篇尚引裴務齊《切韻序》，辨其老、考二字左回右轉之譌。知三家之書，宋初尚存，此本蓋即三家之一。故彭年等所定之本不曰「新修」，而曰「重修」，明先有此《廣韻》。又景德四年《敕牒》，稱舊本註解未備，明先有此註文簡約之《廣韻》也。彝尊精於考證，乃以此本爲在後，不免千慮之一失矣。惟新舊《廣韻》皆在《集韻》之前而上、去二聲乃皆用《集韻》移併之部分，平、入二聲又不從《集韻》移併。疑賈昌朝奏併十三部以後，校刻《廣韻》者以豏、檻、儼、陷、鑑、釅六部字數太窄，改從《集韻》以便用。咸、銜、嚴、洽、狎、業六部字數稍寬，則仍其舊而未改。觀徐鍇《說文韻譜》，上聲以湛、檻、儼相次，去聲以陷、鑑、醶相次，則唐人舊第可知也。此於四聲次序，前後乖違，殊非體例。以宋槧如是，今姑仍舊本録之，而訂其誤如右。

經典集音

《新唐書・藝文志・經解類》 劉氏《經典集音》三十卷。鎔，字正範，絳州正平人。咸通晉州長史。

鄭樵《通志・藝文略・小學類》 《經典集音》三十卷。劉鎔。

音隱

《新唐書・藝文志・小學類》 《音隱》四卷。

切韻拾玉

《宋史・藝文志・小學類》 劉熙古《切韻拾玉》五卷。

顧櫰三《補五代史藝文志・小學類》 《切韻搜玉》二卷。劉熙古撰。

切韻搜隱

《宋史・藝文志・小學類》 丘世隆《切韻搜隱》五卷。

三十六字母圖

鄭樵《通志・藝文略・小學類》 《三十六字母圖》一卷。僧守溫。

又《圖譜略》 僧守溫《三十六字母圖》。

馬端臨《文獻通考・經籍考・小學》 《三十六字母圖》一卷。

清濁韻鈐

《宋史・藝文志・小學類》 僧守溫《清濁韻鈐》一卷。

書林韻會

顧櫰三《補五代史藝文志・小學類》 《書林韻會》一百卷。蜀孟昶撰。

雍熙廣韻

錢東垣等輯《崇文總目・小學類》 《雍熙廣韻》一百卷。句中正等詳定。[原釋]闕。見天一閣鈔本。

鄭樵《通志・藝文略・小學類》 《雍熙廣韻》一百卷。宋朝句中正等詳定。

《宋史・藝文志・小學類》　句中正《雍熙廣韻》一百卷，《序例》一卷。

聲韻譜

顧懷三《補五代史藝文志・聲樂類》　《聲韻譜》一卷。句中正撰。

五音廣韻

鄭樵《通志・藝文略・小學類》　《五音廣韻》五卷。吴鉉。

韻　略

錢東垣等輯《崇文總目・小學類》　《韻略》五卷。丘雍撰。［原釋］略取《切韻》要字備禮部科試。見《玉海・藝文類》。

《宋史・藝文志・小學類》　丘雍《校定韻略》五卷。

大宋重修廣韻

錢東垣等輯《崇文總目・小學類》　《大宋重修廣韻》五卷。陳彭年等撰。

鄭樵《通志・藝文略・小學類》　《宋朝重修廣韻》五卷。陳彭年。

尤袤《遂初堂書目・小學類》　《廣韻》。

陳振孫《直齋書録解題・小學類》　《廣韻》五卷。隋陸法言撰。開皇初，有劉臻等八人同詣法言，共爲撰集，長孫訥言爲之箋注。唐朝轉有增加。至開元中，陳州司法孫愐著成《唐韻》，本朝陳彭年等重修，《中興書目》云不知作者。案《國史志》有《重修廣韻》，題皇朝陳彭年等。《景祐集韻》亦稱眞宗令陳彭年、丘雍等因陸法言《韻》就爲刊益。今此書首載景德、祥符敕牒，以《大宋重修廣韻》爲名，然則即彭年所修也。

馬端臨《文獻通考・經籍考・小學》　《廣韻》五卷。

胡師安等《元西湖書院重整書目》　《廣韻》。

《宋史・藝文志・小學類》　陳彭年等《重修廣韻》五卷。

楊士奇等《文淵閣書目・韻書》　《廣韻》。一部，一冊。殘缺。《廣韻》。一部，二冊。闕。　《廣韻》。一部，一冊。闕。　《廣韻》。一部，一冊。闕。　《廣韻》。一部，一冊。闕。　《廣韻》。一部，一冊。闕。　《廣韻》。一部，三冊。闕。　《廣韻》。一部，五冊。闕。　《廣韻》。一部，五冊。闕。

張萱等《内閣藏書目録・字學部》　《廣韻》四冊。不全。原五冊，闕第一冊。

劉若愚《内板經書紀略》　《廣韻》。二本。二百五十五葉。

錢謙益等《絳雲樓書目・爾雅類》　《重修廣韻》五冊。五卷，陳彭年景德祥符間修。

《四庫提要・小學類》　《重修廣韻》五卷。兩淮馬裕家藏本。宋陳彭年、丘雍等奉勅撰。初，隋陸法言以吕靜等六家韻書各有乖互，因與劉臻、顔之推、魏淵、盧思道、李若、蕭該、辛德源、薛道衡八人撰爲《切韻》五卷。書成於仁壽元年，唐儀鳳二年，長孫訥言爲之註。後郭知元、關亮、薛峋、王仁煦、祝尚丘遞有增加。天寶十載，陳州司法孫愐重爲刊定，改名《唐韻》。後嚴寶文、裴務齊、陳道固又各有添字。宋景德四年，以舊本偏旁差譌，傳寫漏落，又註解未備，乃命重修。大中祥符四年書成，賜名《大宋重修廣韻》，即是書也。舊本不題撰人，以丁度《集韻》考之，知爲彭年、雍等爾。其書二百六韻，仍陸氏之舊，所收凡二萬六千一百九十四字。考唐封演《聞見記》，載陸法言韻凡一萬二千一百五十八字，則所增凡一萬四千三十六字矣。此本爲蘇州張士俊從宋槧翻雕，中間已闕欽宗諱，蓋建炎以後重刊。朱彝尊序之，力斥劉淵韻合殷於文、合隱於吻、合焮於問之非。然此本實合殷、隱、焮於文、吻問，彝尊未及檢也。註文凡一十九萬一千六百九十二字，較舊本爲詳，而冗漫頗甚。如公字之下載姓氏至千餘言，殊乏翦裁。東字之下稱東宮得臣爲齊大夫，亦多紕繆。考孫愐《唐韻序》，稱異聞、奇怪、傳說、姓氏、原由、土地、物產、山河、草木、禽獸、蟲魚備載其間，已極蔓引。彭年等又從而益之，宜爲丁度之所譏。潘耒《序》乃以註文繁複爲可貴，是將以韻書爲類書也。著書各有體例，豈可以便於剽剟，遂推爲善本哉。流傳既久，存以備韻書之源流可矣。

彭元瑞等《天禄琳琅書目後編・宋版經部》 《廣韻》。一函。五册。不著撰人姓氏。書五卷，前孫愐《廣韻序》。

孫星衍《平津館鑒藏書籍記・明版》 《廣韻》五卷。不題撰人名氏。前有天寶十載孫愐《唐韻序》。

黄丕烈《蕘圃藏書題識・經類》 《廣韻》五卷。校本。是書爲段若膺先生校本，有朱墨兩筆。

黄丕烈《蕘圃藏書題識再續録・經類》 《廣韻》五卷。校本。

顧廣圻《思適齋書跋・經部》 《廣韻》五卷。宋刻本。 《廣韻》五卷。元刻本。 《廣韻》五卷。校本。

顧廣圻《思適齋集外書跋輯存・經類》 《廣韻》五卷。澤存堂本。

吴壽暘《拜經樓藏書題跋記》 《廣韻》。

張之洞《書目答問・小學》 《廣韻》五卷。隋陸法言《切韻》元本。唐孫愐、宋陳彭年等重修。澤存堂本。鄧顯鶴重刻張本。曹寅《楝亭五種》本。又明經廠大字本。《小學彙函》重刻張本、明本兩本。張本較勝。

潘祖蔭《滂喜齋藏書記・小學》 北宋刻《廣韻》五卷。一函，五册。

景德韻略

《宋史・藝文志・小學類》 《景德韻略》一卷。戚倫等詳定。

景祐韻略

鄭樵《通志・藝文略・小學類》 《景祐韻》五卷。

楊士奇等《文淵閣書目・韻書》 《禮部韻》。一部，一册。闕。

又 《禮部韻》。一部，五册。闕。

集韻

錢東垣等輯《崇文總目・小學類》 《集韻》十卷。丁度等撰。

鄭樵《通志・藝文略・小學類》 《集韻》十卷。丁度等修。

晁公武《郡齋讀書志・小學類》 《集韻》十卷。右皇朝丁度等撰。度與李淑、宋祁、鄭戩、王洙、賈昌朝同定，字五萬三千五百二十五，比舊增二萬七千三百三十一。

陳振孫《直齋書録解題・小學類》 《景祐集韻》十卷。直史館宋祁、鄭戩等修定，學士丁度、李淑典領。字訓皆本《説文》，餘凡例詳見於序。《説文》所無，則引他書爲解。字五萬三千五百二十五，比舊增二萬七千三百三十一。

馬端臨《文獻通考・經籍考・小學》 《景祐集韻》十卷。

《宋史・藝文志・小學類》 丁度《集韻》十卷。

楊士奇等《文淵閣書目・韻書》 丁度《集韻》。一部，五册。殘缺。

張萱等《内閣藏書目録・字學部》 《集韻》。四册。不全。宋學士丁度等奉敕修定。分四聲，與沈韻異，每字詳著古俗重文。

錢謙益等《絳雲樓書目・小學類》 《五音集韻》。十二册。十卷。宋景祐間宋祁、鄭戩、王洙奉敕修。前有韻例，無序。

《四庫提要・小學類》 《集韻》十卷。兩淮馬裕家藏本。舊本題宋丁度等奉敕撰。前有《韻例》，稱景祐四年太常博士直史館宋祁、太常丞直史館鄭戩等建言，陳彭年、丘雍等所定《廣韻》，多用舊文，繁略失當，因詔祁、戩與國子監直講賈昌朝、王洙同加修定。刑部郎中知制誥丁度、禮部員外郎知制誥李淑爲之典領。晁公武《讀書志》亦同。然考司馬光《切韻指掌圖序》，稱「仁宗皇帝詔翰林學士丁公度、李公淑增崇韻學，自許叔重而降凡數十家，總爲《集韻》。而以賈公昌朝、王公洙爲之屬。治平四年，余得旨繼纂其職，書成上之，有詔頒焉。嘗因討究之暇，科別清濁爲二十圖」云云。則此書奏於英宗時，非仁宗時。成於司馬光之手，非盡出丁度等也。其書凡平聲四卷，上聲、去聲、入聲各二卷，共五萬三千五百二十五字。視

《廣韻》增二萬七千三百三十一字。案《廣韻》凡二萬六千一百九十四字，應增二萬七千三百三十一字，於數乃合。原本誤以二萬爲一萬，今改正。熊忠《韻會舉要》稱「舊韻但作平聲一、二、三、四，《集韻》乃改爲上、下平」。今檢其篇目，乃舊韻作上下平，此書改爲平聲一、二、三、四。忠之所言，殊爲倒置。惟《廣韻》所註「通用」、「獨用」，封演《聞見記》稱爲唐許敬宗定者，改併移易其舊部則實自此書始。《東齋記事》稱「景祐初，以崇政殿説書賈昌朝言，詔度等改定韻窄者十三處。許令附近通用」，是其事也。今以《廣韻》互校，平聲併殷於文，併嚴於鹽、添，併凡於咸、銜。上聲併隱於吻，去聲併廢於隊、代，併焮於問。入聲併迄於物，併業於葉、帖，併乏於洽、狎。凡得九韻，不足十三。然《廣韻》平聲鹽、添、咸、銜、嚴、凡與入聲葉、帖、洽、狎、業、乏皆與本書部分相應，而與《集韻》互異。惟上聲併儼於琰、忝，併范於豏、檻，去聲併釅於豔，㮇併梵於陷、鑑，皆與本書部分不應，而乃與《集韻》相同。知此四韻亦《集韻》所併，而重刊《廣韻》者誤據《集韻》以校之，遂移其舊第耳。其駁《廣韻》註，凡姓望之出，廣陳名系，既乖字訓，復類譜牒，誠爲允協。至謂兼載他切，徒釀細文，因併删其字下之互註，則音義俱別，與義同音異之字難以遽明。殊爲省所不當省。又韻主審音，不主辨體，乃篆籀兼登，雅俗並列，重文複見，有類字書，亦爲繁所不當繁。其於《廣韻》，蓋亦互有得失，故至今二書並行，莫能偏廢焉。

彭元瑞等《天禄琳琅書目後編・宋版經部》 《集韻》。二函，十册。宋丁度等修。

顧廣圻《思適齋書跋・經部》 《集韻》十卷。校本。

張金吾《愛日精廬藏書志・小學類》 《集韻》十卷。宋翰林學士兼侍讀學士朝請大夫尚書左司郎中知制誥判祕閣兼判太常禮院羣牧使柱國濟陽郡開國侯食邑一千二百戶賜紫金魚袋臣丁度等奉敕修定。

張之洞《書目答問・小學》 《集韻》十卷。宋丁度等。《楝亭五種》本。姚氏咫進齋本。

禮部韻略

晁公武《郡齋讀書志・小學類》 《禮部韻略》五卷。右皇朝丁度撰。元祐中，孫諤、蘇軾再加詳定。

陳振孫《直齋書録解題・小學類》 《禮部韻略》五卷，《條式》一卷。雍熙殿中丞丘雍、景德龍圖閣待制戚綸所定，景祐知制誥丁度重修，元祐太學博士增補。其曰「略」者，舉子詩賦所常用，蓋字書聲韻之略也。

馬端臨《文獻通考・經籍考・小學》 《禮部韻略》五卷。

胡師安等《元西湖書院重整書目》 《禮部韻略》。

《宋史・藝文志・小學類》 丁度《景祐禮部韻略》五卷。

楊士奇等《文淵閣書目・韻書》 《禮部韻略》。一部，二册。闕。　《禮部韻略》。一部，五册。完全。　《禮部韻略》。一部，二册。闕。　《禮部韻略》。一部，五册。完全。　《禮部韻略》。一部，五册。闕。　《禮部韻略》。一部，五册。闕。

張之洞《書目答問・小學》 《禮部韻略》五卷。宋丁度等。《楝亭五種》本。姚氏咫進齋重刻曹本。錢孫保影宋鈔足本，未刊。此書不合於古，不行於今，特藉以考見當時程試之。

聲韻圖

錢東垣等輯《崇文總目・小學類》 《聲韻圖》一卷。夏竦撰。[原釋]闕。見天一閣鈔本。

鄭樵《通志・藝文略・小學類》 《聲韻圖》一卷。

鄭樵《通志・圖譜略》 《聲韻圖》。

《宋史・藝文志・小學類》 夏竦《聲韻圖》一卷。

五音切韻樞

鄭樵《通志・藝文略・小學類》《五音切韻樞》三卷。柳曜。

禮部韻略

鄭樵《通志・藝文略・小學類》《禮部韻略》五卷。王洙等修。

釋鑒聿韻總

馬端臨《文獻通考・經籍考・小學》《釋鑒聿韻總》五篇。

韻源

《宋史・藝文志・小學類》《韻源》一卷。

韻關

《宋史・藝文志・小學類》僧師悦《韻關》一卷。

韻選

《宋史・藝文志・小學類》《韻選》五卷。

新編分類增注正誤決疑韻式殘本

張金吾《愛日精廬藏書續志・小學類》《新編分類增注正誤決疑韻式殘本》一卷。宋巾箱本。不著撰人名氏。

韻類

王圻《續文獻通考・經籍考・小學》《韻類》。周弁著。

切韻指掌圖 附檢例

《宋史・藝文志・小學類》司馬光《切韻指掌圖》一卷。

楊士奇等《文淵閣書目・韻書》《切韻指掌圖》。一部，一冊。闕。《切韻指掌圖》。一部，一冊。闕。《切韻指掌圖》。一部，一冊。闕。《切韻指掌圖》。一部，一冊。闕。《切韻指掌圖》。一部，一冊。闕。

高儒《百川書志・小學》《切韻指掌圖》一卷。宋涑水司馬光編集。增崇韻學，討究之暇，科別清濁，爲二十圖。以三十六字母列其上，推四聲相生之法，縱橫上下，旁通曲暢，律度精密，最爲捷徑。是迨天造神授，以便學者。

錢曾《讀書敏求記・韻書》司馬溫公《切韻指掌圖》一卷。

《四庫提要・小學類》《切韻指掌圖》二卷。附《檢例》一卷。永樂大典本。宋司馬光撰。其《檢例》一卷，則邵光祖所補正。光有《溫公易說》，已著録。光祖字宏道，自稱洛邑人。其始末未詳。考《江南通志・儒林傳》，載「元邵光祖字宏道，吳人。研精經傳，講習垂三十年。通三經，所著有《尙書集義》」。當即其人。洛邑或其祖籍歟？據王行《後序》作於洪武二十三年，稱其歿已數年，則元之遺民，入明尙在者也。光書以三十六字母科別清濁，爲二十圖。首獨韻，次開合韻。每類之中，又以四等字多寡爲次，故高爲獨韻之首，干官爲開合韻之首。舊有《檢例》一卷，光祖以爲全背圖旨，斷非光作。因自撰爲檢圖之例，附於其後。考光《自序》，實因《集韻》而成是圖。光祖乃云：「《廣韻》凡二萬五千三百字，其中有《切韻》者三千八百九十文。止取其三千一百三十定爲二十圖。餘七百六十字應檢而不在圖者，則以在圖同母同音之字備用而求其音。」則是據《廣韻》也。然光祖據光之圖以作例，則其例仍與圖合。所註七百六十字之代字及字母，亦足補原圖所未備。光例既佚，即代以光祖之例，亦無不可矣。光書反切之法，據景定癸刻董南一《序》云，遞用則名「音和」，傍求則名「類隔」。同歸一母則爲「雙聲」，同出一韻則爲「疊韻」。同韻而分兩切者謂之「憑切」，同音而分兩韻者謂之「憑韻」。無字則點窠以足之，謂之「寄聲」，韻闕則引鄰以寓之，謂之「寄韻」。所謂雙聲疊韻諸法，與今世所傳劉鑑《指南》諸門法並同。惟音和、類隔二門則大相懸絕。《檢例》云：取同音、同母、同韻、同等四者皆同，謂之音和。取脣重脣輕、舌頭舌上、齒頭正齒三音中清濁同者，謂之類隔。是音和統三十六母，類隔統脣、舌、齒等二十六母也。劉鑑法則音和專以見、溪、羣、疑爲說，而又別立爲一四音和、四一音和兩門。類隔專以端、知八母爲說。又別出輕重重輕交互、照精精照互用四門。似乎推而益密。然以兩法互校，實不如原法之簡該也。其《廣韻》類隔，今更音和一條，皆直以本母字出切同等字取韻，取字於音和之理，至爲明了。獨其辨來、日二母云：「日字與泥、孃二字母下字相通。」辨匣、喻二字母云：「匣闕三四喻中覓，喻虧一二匣中窮。」即透切之法，一名野馬跳澗者，其法殊爲牽強。又其法兼疑、泥、娘、明等十母，此獨舉日、泥、娘、匣、喻五母，亦爲不備。是則原法之疎，不可以立制者矣。等韻之說，自後漢與佛經俱來，然《隋書》僅有十四音之說，而不明其例。華嚴四十二字母，亦自爲梵音，不隸以中國之字。《玉篇》後載神珙二圖，《廣韻》後列一圖不著名氏，均粗舉大綱，不及縷舉節目。其有成書傳世者，惟光此書爲最古。孫奕《示兒編》辨不字作逋骨切，惟據光說。知宋人用爲定韻之祖矣。第光《傳家集》中，下至《投壺新格》之類，無不具載。惟不載此書，故傳本久絕。今惟《永樂大典》尚有完本，謹詳爲校正，俾復見於世。以著等韻之舊譜，其例不過如此。且以見立法之初，實因《集韻》而有是書，非因是書而有《集韻》。凡後來紛紜轇轕，均好異者之所爲焉。

張金吾《愛日精廬藏書志・小學類》《切韻指掌圖》一卷。抄本。宋司馬溫公撰。

韻類題選

胡師安等《元西湖書院重整書目》《韻類題選》。

韻　海

《宋史・藝文志・小學類》許冠《韻海》五十卷。

洪韻海源

《宋史・藝文志・小學類》《洪韻海源》二卷。

切韻義

陳振孫《直齋書録解題・小學類》《切韻義》一卷。汴陽謝暉撰。紹興十年序。

馬端臨《文獻通考・經籍考・小學》《切韻義》一卷。

纂要圖例

陳振孫《直齋書録解題・小學類》 《纂要圖例》一卷。汴陽謝暉撰。

馬端臨《文獻通考・經籍考・小學》 《纂要圖例》一卷。

互注集韻

《宋史・藝文志・小學類》 僧妙華《互注集韻》二十五卷。

韻補

尤袤《遂初堂書目・小學類》 吴棫《韻補》。

陳振孫《直齋書録解題・小學類》 《韻補》五卷。吴棫撰。取古書自《易》、《書》、《詩》而下，以及本朝歐、蘇凡五十種，其聲韻與今不同者皆入焉。朱侍講多用其説於《詩傳》、《楚辭注》，其爲書詳且博矣。又有《毛詩補音》一書，別見《詩》類，大歸亦若此。以愚考之，古今世殊，南北俗異，語言音聲，誠有不得盡合者。古之爲《詩》學者，多以諷誦，不專在竹帛，竹帛所傳不過文字，而聲音不可得而傳也。又，漢以前未有反切之學，許氏《説文》、鄭氏《箋注》但曰「讀若某」而已，其于後世四聲七音，又豈能盡合哉？反切之學，自西域入中國，至齊、梁間盛行，然後聲病之説詳焉。韻書肇于陸法言，于是有音同韻異，若東、冬、鍾，魚、虞，模，庚、耕，清、青，登、蒸之類，斷斷乎不可以相雜，若此者豈惟古書未之有，漢、魏以前亦未之有也。陸德明于《燕燕》詩，以「南」韻「心」，有讀「南」作尼心切者，陸以爲古人韻緩，不煩改字。此誠名言。今之讀古書古韻者，但當隨其聲之叶而讀之。若「來」之爲「釐」，「慶」之爲「羌」，「馬」之爲「姥」，聲韻全別，不容不改。其聲韻苟相近，可以叶讀，則何必改字？如「燔」字必欲作汾沿反，「官」字必欲作俱員反，「天」字必欲作鐵因反之類，則贅矣。

范邦甸等《天一閣書目・經籍考・小學類》 《韻補》五卷。刊本。宋吴棫撰。

王圻《續文獻通考・經籍考・小學》 《韻補》一部。吴棫患字學訛誤作此。朱文公據其説以協《三百篇》之音。

馬端臨《文獻通考・經籍考・小學》 《韻補》五卷。

《宋史・藝文志・小學類》 吴棫《韻補》五卷。

楊士奇等《文淵閣書目・韻書》 《韻補》。一部，二冊。闕。

高儒《百川書志・小學》 《韻補》五卷。宋吴棫才老編。書五十種，專輯古韻。

徐𤊹《徐氏家藏書目・韻類》 《韻補》五卷。宋吴棫著。

錢謙益等《絳雲樓書目・小學類》 吴棫《韻補》二冊。五卷。棫字才老，舒州人。最深於音韻之學，朱子極稱之。才老晚丞太常，因代人作謝表，忤秦檜之，廢斥以終。有《毛詩叶韻十卷》行世。

《四庫提要・小學類》 《韻補》五卷。兩淮鹽政採進本。宋吴棫撰。棫字才老。武夷徐蕆爲是書序，稱與蕆本同里，而其祖後家同安。王明清《揮麈三録》則以爲舒州人。疑明清誤也。宣和六年第進士，召試館職，不就。紹興中，爲太常丞，以爲孟仁仲草表忤秦檜，出爲泉州通判以終。蕆序稱所著有《書裨傳》、《詩補音》、《論語指掌考異續解》、《楚辭釋音》、《韻補》凡五種。陳振孫《書録解題・詩類》載棫《毛詩補音》十卷，註曰：「棫又別有《韻補》一書，不專爲《詩》作。」《小學類》載棫《韻補》五卷，註曰：「棫又有《毛詩補音》一書，別見《詩類》。」今《補音》已亡，惟此書存。自振孫謂朱子註《詩》用棫之説，朱彝尊作《經義考》未究此書僅五卷，於《補音》十卷條下誤註「存」字。世遂謂朱子所據即此書，莫敢異議。考《詩集傳》如《行露篇》二家字：一音谷，一音各空反。《騶虞篇》二虞字：一音身，一音五紅反。《漢廣篇》「廣」音古曠反，「泳」音于誑反。《綠衣篇》「風」音孚愔反之類，爲此書所無者，不可殫舉。《兔罝篇》「仇」音渠之反，以與逵叶。此書乃據《韓詩》「逵」作「馗」，音渠尤反，以與仇叶，顯相背者亦不一。又《朱子語録》稱棫音「務」爲「蒙」、音「嚴」爲「莊」，此書有「務」而無「嚴」。周密《齊東野語》稱朱子用棫之説，以

「艱」音「巾」、「替」音「天」。此書有「艱」而無「替」，則朱子所據，非此書明甚。蓋棫音《詩》、音《楚辭》，皆據其本文，推求古讀，尚能互相比較，粗得大凡，故朱子有取焉。此書則泛取旁搜，無所持擇，所引書五十種中，下逮歐陽修、蘇軾、蘇轍諸作，與張商英之僞《三墳》，旁及《黄庭經》、《道藏》諸歌。故參錯冗雜，漫無體例。至於韻部之上平註：「文、殷、元、魂、痕通眞，寒、桓、刪、山通先。」下平忽註：「侵通眞，覃、談、咸、銜通刪，鹽、沾、嚴凡通先。」上聲又註：「梗、耿、靜、迥、拯等六韻通軫。寑亦通軫。感、敢、琰、忝、豏、檻、儼、范通銑。」去聲又註：「問、焮通震，而願、慁、恨自爲一部。諫、襇通霰，而翰、換自爲一部。勘、闞通翰，豔、㮇、斂通霰，陷、覽、梵通諫，割爲三部。」入聲又註：「勿、迄、職、德、緝通質，爲一部。曷、末、黠、戛、屑、薛、葉、帖、業、乏通月，爲一部。」顛倒錯亂，皆亘古所無之臆說。世儒不察，乃執此書以詆朱子，其傎殊甚。然自宋以來，著一書以明古音者，實自棫始。而程迥之《音式》繼之。迥書以三聲通用，雙聲互轉爲說，所見較棫差的，今已不傳。棫書雖牴牾百端，而後來言古音者皆從此而推闡加密，故闕其謬而仍存之，以不沒篳路藍縷之功焉。

彭元瑞等《天祿琳琅書目後編・宋版經部》　《韻補》。一函，五冊。宋吳棫撰。

又《元版經部》　《韻補》。一函，五冊。宋吳棫撰。

孫星衍《平津館鑒藏書籍記・明版》　《韻補》五卷。

張之洞《書目答問・小學》　《韻補》五卷。宋吳棫。《連筠簃叢書》校本。

重刊韻補

范邦甸等《天一閣書目・小學類》　《重刊韻補》上下二卷。宋吳棫才老著。

毛詩補音

陳振孫《直齋書録解題・詩類》　《毛詩補音》十卷。吳棫撰。其説以《詩》韻無不叶者，如「來」之爲「釐」，「慶」之爲「羌」，「馬」之爲「姥」之類。《詩音》舊有九家，唐陸德明始定爲《釋文》。《燕燕》以「南」韻「心」，沈重讀「南」作尼心切。德明則謂古人韻緩，不煩改字。《揚之水》以「沃」韻「樂」，徐邈讀「沃」鬱縛切，德明亦所不載。顔氏《糾謬正俗》以傳毅《郊祀賦》「禳」作而成切，張衡《東京賦》「激」作吉躍切。今之所作大略倣此，其援據精博，信而有證。朱晦翁注《楚辭》亦用棫例，皆叶其韻。棫又有《韻補》一書，不專爲《詩》作也。要之古人韻緩之説，最爲確論，不必一一改字，詳見《韻補》。

《宋史・藝文志・詩類》　吳棫《毛詩叶韻補音》十卷。

禮部疑韻

鄭樵《通志・藝文略・小學類》　《禮部疑韻》二十卷。

四聲韻類

尤袤《遂初堂書目・小學類》　《四聲韻類》。

《宋史・藝文志・小學類》　郟升卿《四聲類韻》二卷。

聲韻類例

尤袤《遂初堂書目・小學類》　《聲韻類例》。

《宋史・藝文志・小學類》　鄭升卿《聲韻類例》一卷。

增註禮部監韻

王圻《續文獻通考・經籍考・小學》　《增註禮部監韻》。毛晃著。晃，江山人。宋時閉門著書，留意字學，增註《禮部監韻》傳世。

增修互注禮部韻略

胡師安等《元西湖書院重整書目》　《毛氏增韻》。

范邦甸等《天一閣書目・小學類》　《禮部韻略》五卷。刊本殘。明毛晃增註。

張萱等《内閣藏書目録・字學部》　毛氏《韻略》。五册。全。宋紹興閒衢州進士毛晃增修互注《禮部韻略》，總平、上、去、入四聲，爲五卷。又五册。全。又五册。全。

錢謙益等《絳雲樓書目・小學類》　《禮部韻略》。毛晃《增修互注禮部韻略》五卷。前有晃進表，無序。晃南宋紹興末衢州免解進士。有言「一生精力，盡在此書」。又《宋史・藝文志》：《景祐禮部韻略》五卷。又淳熙監本《禮部韻略》五卷。又淳祐間，劉淵增修《韻略》五卷，號《壬子韻略》。

黄虞稷《千頃堂書目・小學類・補宋》　毛晃《禮部韻略》五卷。

《四庫提要・小學類》　《增修互註禮部韻略》五卷。江蘇巡撫採進本。宋毛晃增註，其子居正校勘重增。諸家所稱《增韻》，即此書也。晃嘗作《禹貢指南》，居正嘗作《六經正誤》，皆別著録。是書因《禮部韻略》收字太狹，乃蒐採典籍，依韻增附。又《韻略》之例，凡字有別體別音者，皆以墨闌圈其四圍，亦往往舛漏。晃併爲釐定，於音義字畫之誤，皆一一辨證。凡增二千六百五十五字，增圈一千六百九十一字，訂正四百八十五字。居正續拾所遺，復增一千四百二字，各標總數於每卷之末，而每字之下又皆分註。其曰增入、曰今圈、曰今正者，皆晃所加。曰重增者，皆居正所加。其辨論考證之語，則各署名以別之。父子相繼以成一書，用力頗爲勤摯。其每字疊收重文，用《集韻》之例。每字別出重音，用《廣韻》之例。然不知古今文字之別，又不知古今聲韻之殊。如《東部》通字紐下據漢樂府增一桐字，是以假借爲本文。同字紐下據《豳風》增一重字，是以省文爲正體。又如《先部》先字紐下據漢樂府增一西字，是以古音入律詩。煙字紐下據杜預《左傳註》增一殷字，是以借聲爲本讀。皆所謂引漢律斷唐獄者，不古不今，殊難依據。較歐陽德隆互註之本，殆不止上下牀之別。特其辨正訓詁，考正點畫，亦頗有資於小學。故後來字書韻書多所徵引，而《洪武正韻》之註，據是書者尤多焉。録而存之，亦足以備簡擇也。明代刊版，頗多譌舛。此本凡宋代年號皆空一格，猶存舊式。末題「太歲丙辰仲夏，秀巖山堂重刊」。蓋理宗寶祐四年蜀中所刻，視近本特爲精善云。

彭元瑞等《天禄琳琅書目後編・元版經部》　《增修互註禮部韻略》一函，五册。宋毛晃增註，男居正校勘重增。

張金吾《愛日精廬藏書志・小學類》　《增修互注禮部韻略》五卷。宋衢州免解進士毛晃增注，男進士居正校勘重增。

潘祖蔭《滂喜齋藏書記・經部》　元刻《增修互注禮部韻略》五卷。一函，六册。

毛　韻

張萱等《内閣藏書目録・字學部》　《毛韻》二册。不全。即毛晃《禮部韻略》小板。

淳熙禮部韻略

《宋史・藝文志・小學類》　《淳熙監本禮部韻略》五卷。

纂注韻略

《宋史・藝文志・小學類》 《纂注禮部韻略》五卷。

尤袤《遂初堂書目・小學類》 《纂注韻》。

切韻指玄論

鄭樵《通志・藝文略・小學類》 《切韻指玄論》三卷。

晁公武《郡齋讀書志・小學類》 《切韻指玄論》三卷。右皇朝王宗道撰。論切韻之學。切韻者，上字爲切，下字爲韻，其學本出西域。今其法類本韻字，各歸於母。幫、滂、並、明、非、敷、奉、微，脣音也；端、透、定、泥、知、徹、澄、娘，齒音也；見、溪、羣、疑，喉音也；照、穿、牀、審、禪、精、清、從、心、邪，舌音也；曉、匣、影、喻，牙音也；來、日，半齒半舌也。凡三十六，分爲五音，天下之聲，總於是矣。切歸本母、韻歸本等者，謂之「音和」，常也；本等聲盡、汎入別等者，謂之「類隔」，變也。中國自齊、梁以前，此學未傳，至沈約以後，始以之爲文章。至於近時，始有專門者矣。

馬端臨《文獻通考・經籍考・小學》 《切韻指玄論》三卷。

四聲等第圖

晁公武《郡齋讀書志・小學類》 《四聲等第圖》一卷。王宗道撰。

馬端臨《文獻通考・經籍考・小學》 《四聲等第圖》一卷。

嵇璜等《續通志・圖譜略・小學》 宋王宗道《四聲等第圖》。

切韻指玄疏

鄭樵《通志・藝文略・小學類》 《切韻指玄疏》五卷。僧鑑言。

歸字圖

鄭樵《通志・藝文略・小學類》 《歸字圖》一卷。劉守錫。

鄭樵《通志・圖譜略》 《內外轉歸字圖》。

《宋史・藝文志・小學類》 《歸字圖》一卷。

顧懷三《補五代史藝文志・小學類》 《歸字圖》一卷。

附釋文互注韻略

陳振孫《直齋書録解題・小學類》 《附釋文互注韻略》五卷。以監本增注而釋之。

馬端臨《文獻通考・經籍考・小學》 《附釋文互注韻略》五卷。

《四庫提要・小學類》 《附釋文互註禮部韻略》五卷。附《貢舉條式》一卷。兵部侍郎紀昀家藏本。《禮部韻略》，舊本不題撰人。晁公武《讀書志》云「丁度撰」。今考所併舊韻十三部，與度所作《集韻》合，當出度手。其上平聲三十六桓作「歡」，則南宋重刊所改。觀卷首載郭守正《重修條例》，稱紹興本尚作「桓」，是其證也。考曾慥《類説》引《古今詞話》曰：「眞宗朝試《天德清明賦》，有閩士破題云：『天道如何，仰之彌高。』會試官亦閩人，遂中選。」是宋初程試，用韻尚漫無章程。自景祐以後，敕撰此書，始著爲令式，迄南宋之末不改。然收字頗狹，如歡韻漏判字，添韻漏尖字之類，嘗爲俞文豹《吹劍録》所議。故元祐中博士孫諤、紹興中朝散大夫黃積厚、福州進士黃啓宗、淳熙中吳縣主簿張貴謨、嘉定中嘉定府教授吳桂，皆屢請增收。而楊伯喦亦作《九經補韻》以拾其遺。然每有陳奏，必下國子監看詳，再三審定，而後附刊韻末。其間或有未允者，如黃啓宗所增「躋，一作齊」，「鰥，一作矜」之類，趙彥衛《雲麓漫鈔》尚駁詰之。蓋既經廷評，又經公論，故較他韻書特爲謹嚴。然當時官本已不可見，其傳於今者題曰《附釋文互註禮部韻略》。每字之下皆列官註於前，其所附互註則題一「釋」字別之。凡有二本：一本爲康熙丙戌曹寅所刻，冠以余文焴所作歐陽德隆《押韻釋疑序》一篇，郭守正《重修序》一篇，《重修條例》十則，淳熙《文書式》一道。考守正所重修者名《紫雲韻》，今尚有傳本，已別著録。則此本非守正書。又守正《條例》稱德隆註疴僂其㧓之辨，似失之拘。今此本無此註，則亦非德隆書。觀守正《序》稱「書肆版行，漫者凡幾。一漫則一新，必增數註釋，易一標題」。然則當日《韻略》非一本，此不知誰氏所刻，而仍冠以舊序及《條例》。其《條例》與書不相應，而淳熙文書式中乃有理宗御名，是則移掇添補之明證也。一本爲常熟錢孫保家影鈔宋刻。前五卷與曹本同，但首無序文、條例，而末附《貢舉條式》一卷，凡五十三頁。所載上起元祐五年，下至紹熙五年，凡一切增刪韻字、廟諱、祧諱、書寫試卷格式以及考校章程，無不具載。多史志之所未備，猶可考見一代典制。視曹本特爲精善，惟每卷之末各以當時避諱不收之字附録一頁，據《跋》乃孫保所加，非原書所有。今削去不載，以存其舊。至曹寅所刻不完之本則附見於此，不別著録焉。

定清濁韻鈐

鄭樵《通志·藝文略·小學類》《定清濁韻鈐》一卷。僧行慶。

鄭樵《通志·圖譜略》《定韻清濁鈐》。

切韻內外轉鈐

鄭樵《通志·藝文略·小學類》《切韻內外轉鈐》一卷。

內外轉歸字

鄭樵《通志·藝文略·小學類》《內外轉歸字》一卷。

音訣

鄭樵《通志·藝文略·小學類》《音訣》八卷。郭逸。

古篆禮部韻

鄭樵《通志·藝文略·小學類》《古篆禮部韻》五卷。釋守隆。

古篆韻

尤袤《遂初堂書目·小學類》《古篆韻》。

切韻法

楊士奇等《文淵閣書目·韻書》《切韻法》。一部，一冊。闕。

高宗草韻

楊士奇等《文淵閣書目·韻書》《高宗草韻》。一部，一冊。闕。

張萱等《内閣藏書目録・字學部》　《草書韻略》五冊。不全。宋高宗御書也。一名《草書禮部韻實》，分四聲。

詩宗集韻

楊士奇等《文淵閣書目・韻書》　《詩宗集韻》。一部，七冊。闕。

通鑑韻語

趙希弁《讀書附志・小學類》　《通鑑韻語》九卷。右黄日新齊賢所著也。大略如李瀚《蒙求》四言體，而列其事於左方。周平園、朱晦翁、洪容齋、謝艮齋、楊誠齋、樓攻媿諸老先生皆爲之序。齊賢，臨川人。

史韻

趙希弁《讀書附志・小學類》　《史韻》四十九卷。右回谿錢諷正初所編也。依《唐韻》分四聲，而以十一史之句註于下。諷，錢塘人。鄭僑、錢文子爲之序。

楊士奇等《文淵閣書目・韻書》　《回溪史韻》。一部，二十冊。殘缺。《回溪史韻》。一部，二十五冊。闕。

經史海篇直音

高儒《百川書志・小學》　《經史海篇直音》五卷。

范邦甸等《天一閣書目・小學類》　《經史海編直音》五卷。刊本。不著撰人姓名。

徐𤊹《徐氏家藏書目・字類》　《海篇直音》。

劉若愚《内板經書紀略》　《經史海篇直音》。五本，五百十二葉。

孫星衍《平津館鑒藏書籍記・明版》　《新校經史海篇直音》五卷。不題撰人名氏。

押韻

《宋史・藝文志・小學類》　張孟《押韻》十卷。

班書韻編

尤袤《遂初堂書目・小學類》　《班書韻編》。

《宋史・藝文志・小學類》　黄瓌《班書韻編》五卷。

韻譜

楊士奇等《文淵閣書目・韻書》　《韻譜》。一部，二冊。闕。　《韻譜》。一部，二冊。闕。　《韻譜》。一部，二冊。闕。　《韻譜》。一部，二冊。闕。　《韻譜》。一部，二冊。闕。　《韻譜》。一部，二冊。闕。

張萱等《内閣藏書目録・字學部》　《韻譜》四冊。全。宋淳熙間代郡楊倓著。　又二冊。不全。

黄虞稷《千頃堂書目・小學類・補宋》　楊（俊）［倓］《韻譜》三卷。

切韻心鑑

楊士奇等《文淵閣書目・韻書》　《切韻心鑑》。一部，一冊。闕。

韻譜

錢謙益等《絳雲樓書目・小學類》 《韻譜》二冊。張九齡撰。見《通考・氏族志》。徐鍇，字楚金。撰《説文解字韻譜》十卷。西亭王孫合沈約、吳棫舉正謬誤，撰《韻譜》五卷。

詩古音辨

陳振孫《直齋書録解題・詩類》 《詩古音辨》一卷。從政郎信安鄭庠撰。

馬端臨《文獻通考・經籍志・詩》 《詩古音辨》二卷。陳氏曰：從政郎信安鄭（犀）［庠］撰。

《宋史・藝文志・詩類》 鄭庠《詩古音辨》一卷。

國語補音

陳振孫《直齋書録解題・春秋類》 《國語補音》三卷。丞相安陸宋庠公序撰。以先儒未有爲《國語》音者，近世傳舊《音》一卷，不著撰人名氏，蓋唐人也。簡陋不足名書，因而廣之。悉以陸德明《釋文》爲主，陸所不載，則附益之。

文選韻粹

楊士奇等《文淵閣書目・韻書》 《文選韻粹》。一部，十冊。闕。

五音韻總

黃虞稷《千頃堂書目・小學類・補元》 高衍孫《五音韻總》。《學古編》：衍孫，四明人。憲敏孫。按：宋嘉定時分崑山海壖爲縣，即名嘉定。衍孫首知縣，遂居焉。今子孫爲嘉定人。詳《敬止録》。

修校韻略

陳振孫《直齋書録解題・小學類》 《修校韻略》五卷。祕書省正字莆田劉孟容以《説文》、《字林》、《干祿書》、《五經文字》、《九經字樣》、《佩觿》、《復古編》等書修校。

馬端臨《文獻通考・經籍考・小學》 《修校韻略》五卷。

九經補韻

高儒《百川書志・小學》 《九經補韻》一卷。宋代郡楊伯嵒彦章集。

徐𤊹《徐氏家藏書目・總經類》 《九經補韻》一卷。宋楊伯嵒。

錢謙益等《絳雲樓書目・小學類》 楊伯嵒《九經補韻》一冊。一卷。南宋人。

《四庫提要・小學類》 《九經補韻》一卷。兩江總督採進本。宋楊伯嵒撰。伯嵒字彦思，號泳齋，自稱代郡人。然南宋時代郡已屬金，蓋署郡望也。淳祐間以工部郎守衢州。周密《雲烟過眼録》載伯嵒家所見古器，列高克恭、胡泳之後，似入元尚在矣。宋《禮部韻略》，自景祐中丁度修定頒行，與《九經》同列學官，莫敢出入。其有增加之字，必奏請詳定而後入。然所載續降六十三字，補遺六十一字，猶各於字下註明。其音義弗順及喪制所出者，仍不得奏請入韻。故校以《廣韻》、《集韻》，所遺之字頗多。伯嵒是書，蓋因官韻漏略，擬摭《九經》之字以補之。《周易》、《尙書》各一字，《毛詩》六字，《周禮》、《禮記》各三十一字，《左傳》五字，《公羊傳》、《孟子》各二字，凡七十九字。各註合添入某韻內或某字下。又附載音義弗順、喪制所出者八十八字。蓋當時於喪制一條，拘忌過甚。如《檀弓》何居之「居」本爲語詞，亦以爲涉於凶事，不敢入韻，故附載之。然《自序》稱非敢上於官以求增補，則幷所列應補之字亦未行用也。其書考據經義，精確者頗多。惟其中如《周禮・司尊彝》「修爵」之「修」音滌，《禮記・聘義》「孚尹」之「孚」音浮之類，乃古字假借，不可施於今韻。又如《詩・泮水》之「䵷」字、《周禮・占人》之「⿱咎口」字、《公羊傳・成五年》之「沶」字，乃重文別體，與韻無關，一概擬補，未免少失斷限耳。

張之洞《書目答問・列朝經注經說經本考證》　《九經補韻》，附《考證》一卷。宋楊伯喦。錢侗考證。汗筠齋本。粵雅堂本。《學津》本。

押韻釋疑

陳振孫《直齋書録解題・小學類》　《押韻釋疑》五卷。進士盧陵歐陽德隆、易有開撰。凡字同義異、字異義同者皆辨之，尤便於場屋。

馬端臨《文獻通考・經籍考・小學》　《押韻釋疑》五卷。

楊士奇等《文淵閣書目・韻書》　《押韻釋疑》。一部，五册。完全。

張萱等《內閣藏書目録・字學部》　《押韻釋疑》，五册。全。宋歐陽氏爲宋場屋詩賦押韻著。

黄虞稷《千頃堂書目・小學類・補宋》　歐陽德宏《押韻釋疑》五卷。

增修校正押韻釋疑

《四庫提要・小學類》　《增修校正押韻釋疑》五卷。江蘇巡撫採進本。《押韻釋疑》，宋紹定庚寅盧陵進士歐陽德隆撰。景定甲子郭守正增修。守正字正己，自號紫雲山民。《永樂大典》所引《紫雲韻》，即此書也。初，德隆以《禮部韻略》有字同義異、義同字異者，與其友易有開因監本各爲互註，以便程試之用。辰陽袁文焴爲之序。後書肆屢爲刊刻，多所竄亂，守正因取德隆之書，參以諸本，爲刪削增益各十餘條，以成此書。前載文焴《序》，次守正《自序》，次《重修條例》，次《紹興新制》，次《韻字沿革》，次《前代名姓有無音釋之疑》，次《韻略音釋與經史子音釋異同之疑》，次《韻略字義與經史子字義異同之疑》，次《經史子訓釋音義異同之疑》，次《本韻字異義異經史子合而一之之疑》，次《兩韻字同義異而無通押明文者》，次《出處連文兩音之疑》，次《押韻經前史後之疑》，次《經史用古字今字之疑》，次《有司去取之疑》，次《世俗相傳之誤》，次《賦家用韻之疑》，次《疑字》，次《字同義異》，次《正誤》，次《俗字》，皆列卷首。其每字之下，先列監註，次列補釋。次列他韻他紐互見之字。詳其音義點畫之同異，而辨其可以重押通用與否。多引當時程試詩賦、某年某人某篇曾押用某字、考官看詳故事以證之。每韻之末，列紹興中黄啓宗、淳熙中張貴謨等奏添之字。或常用之字而官韻不收者，如𢢍㠎之幪諸字，則註曰「官韻不收，宜知。」考證頗爲詳密。但孰爲德隆原註，孰爲守正之所加，不復分別，未免體例混淆耳。別本《禮部韻略》註文甚簡，與此不同。而亦載文焴、守正二序及《重修條例》十則。然其書與條例絕不相應，疑本佚其原序而後人移掇此書以補之也。別本首載淳熙文書式數條，列當時避諱之例甚詳，此本無之。然如慶元中議宏字、殷字已祧不諱，可押韻，不可命題。紹興中指揮以威字代桓字，如齊威、魯威之類可用，不可押。丁丑福州補試士人押齊威字見黜諸條，又較淳熙諸式爲詳備。名曰《釋疑》，可謂不忝其名矣。其書久無刊版，此本猶從宋槧鈔出。曹寅所刻別本序中闕六字，《條例》中闕二字，此本皆完。知寅未見此本也。

潘祖蔭《滂喜齋藏書記・經部》　宋刻《增修校正押韻釋疑》五卷。一函，十册。宋歐陽德隆撰，紫雲山民郭正己增修。

五音韻鏡

《宋史・藝文志・小學類》　釋元沖《五音韻鏡》一卷。

五音切韻法

楊士奇等《文淵閣書目・韻書》 《五音切韻法》。一部，一冊。闕。

正始之音

楊士奇等《文淵閣書目・韻書》 《正始之音》。一部，二冊。闕。

王圻《續文獻通考・經籍考・小學》 《正始之音》。王柏著。

詩　韻

楊士奇等《文淵閣書目・韻書》 《詩韻》。一部，二冊。闕。

精明韻

楊士奇等《文淵閣書目・韻書》 《精明韻》。一部，一冊。闕。

四聲等子

楊士奇等《文淵閣書目・韻書》 《四聲等字》。一部，一冊。闕。

錢曾《讀書敏求記・韻書》 《古四聲等子》一卷。

《四庫提要・小學類》 《四聲等子》一卷。浙江范懋柱家天一閣藏本。

不著撰人名氏。錢曾《讀書敏求記》謂即劉鑑所作之《切韻指南》。曾一經翻刻，特易其名。今以二書校之，若辨音和、類隔、廣通、侷狹、內

外、轉攝、振救、正音憑切、寄韻憑切、喻下憑切、日寄憑切及雙聲疊韻之例，雖全具於《指南》門法玉鑰匙內。然詞義詳略顯晦，迥然不侔。至內攝之通、止、遇、果、宕、曾、流、深，外攝之江、蟹、臻、山、效、假、梗、咸十六攝圖，雖亦與《指南》同。然此書曾攝作內八，而《指南》作內六。流攝，此書作內六，而《指南》作內七。深攝，此書作內七，《指南》作內八。皆小有不同。至以江攝外一附宕攝內五下，梗攝外七附曾攝內六下，與《指南》之各自爲圖，則爲例迥殊。雖《指南》假攝外六附果攝內四之下，亦閒併二攝。然假攝統歌、麻二韻，歌、麻本通，故「假」得「附」果。若此書之以「江」附「宕」，則不知江諧東、冬，不通陽、唐。以「梗」附「曾」，則又誤通庚、蒸爲一韻，似不出於一手矣。又此書《七音綱目》，以幫、滂、並、明、非、敷、奉、微、之脣音爲宮，影、曉、匣、喻之喉音爲羽，頗變《玉篇》五音之舊。《指南・五音訣》具在，未嘗以脣爲宮，以喉爲羽，亦不得混爲一書。《切韻指南》卷首有後至元丙子熊澤民《序》，稱古有《四聲等子》，爲傳流之正宗。然而中間分析，尚有未明。關西劉士明著書曰《經史正音切韻指南》，則劉鑑之《指南》十六攝圖，乃因此書而革其宕攝附江、曾攝附梗之誤，此書實非鑑作也。以字學中論等韻者，司馬光《指掌圖》外，惟此書頗古。故並録存之，以備一家之學焉。

平水新刊韻略

張金吾《愛日精廬藏書志・小學類》 《新刊韻略》五卷。元大德刊本。

金王文郁撰。

龔顯曾《金藝文志補録・小學類》 《平水新刊韻略》五卷。王文郁。《愛日精廬藏書志》作《新刊韻略》。

五音篇

黃虞稷《千頃堂書目・小學類・補金》　韓孝彥《五音篇》十五卷。字允中，道昭父。

倪燦等《補遼金元藝文志・小學類》　金韓孝彥《五音篇》十五卷。字允中。

錢大昕《補元史藝文志・小學類》　韓孝彥《五音篇》十五卷。

龔顯曾《金藝文志補録・小學類》　《五音篇》十五卷。韓孝彥。依錢倪兩《志》録補。

四聲篇海

《四庫提要・小學類》　《四聲篇海》十五卷。通行本。金韓孝彥撰。孝彥字允中，眞定松水人。是編以《玉篇》五百四十二部依三十六字母次之。更取《類篇》及《龍龕手鏡》等書增雜部三十有七，共五百七十九部。凡同母之部，各辨其四聲爲先後。每部之內，又計其字畫之多寡爲先後，以便於檢尋。其書成於明昌、承安間。迨泰和戊辰，孝彥之子道昭改併爲四百四十四部，韓道昇爲之序。殊體僻字，靡不悉載。然舛謬實多，徒增繁碎。道昇《序》稱「泰和八年，歲在強圉單閼」。考泰和八年乃戊辰，而曰強圉單閼，則丁卯矣。刻是書者又記其後云：「崇慶己丑，新集雜部，至今成化辛卯，刪補重編。」考崇慶元年壬申，明年即改元至寧，曰己丑者亦誤。道昭又因《廣韻》改其編次爲《五音集韻》十五卷。明成化丁亥僧文儒等校刊二書，合稱《篇韻類聚》。「篇」謂孝彥所編，以《玉篇》爲本。「韻」謂道昭所編，以《廣韻》爲本。二書共三十卷，較之他本多《五音類聚徑指目録》，餘無所增損云。

龔顯曾《金藝文志補録・小學類》　《四聲篇海》十五卷。韓孝彥字允中。

五音韻譜

楊士奇等《文淵閣書目・韻書》　《五音韻譜》。一部，七冊。闕。

五音集韻

楊士奇等《文淵閣書目・韻書》　《五音集韻》。一部，二冊。闕。　《五音集韻》。一部，五冊。完全。　《五音集韻》。一部，五冊。完全。　《五音集韻》。一部，十冊。完全。　《五音集韻》。一部，二冊。闕。　《五音集韻》一部，十五冊。闕。

高儒《百川書志・小學》　《五音集韻》十五卷。金崇慶年，昌黎郡韓道昭改併重編。新舊八萬八百五十五言。

張萱等《內閣藏書目録・字學部》　《五音集韻》十冊。全。韓道昭分四聲，每韻之中，仍分三十六母。　又五冊。全。　又五冊。全。　又五冊。全。　又五冊。全。

錢謙益等《絳雲樓書目・小學類》　《五音集韻》。

黃虞稷《千頃堂書目・小學類・補金》　韓道昭《五音集韻》十五卷。字伯輝。《集韻》，崇慶元年壬申序。重爲編其父書，泰和八年丁卯韓道昇序。

倪燦等《補遼金元藝文志・小學類》　韓道昭《五音集韻》十五卷。字伯暉，孝彥子。

《四庫提要・小學類》　《五音集韻》十五卷。內府藏本。金韓道昭撰。道昭字伯暉，眞定松水人。世稱以等韻顛倒字紐始於元熊忠《韻會舉要》，然是書以三十六母各分四等排比諸字之先後，已在其前。所收之字，大抵以《廣韻》爲藍本，而增入之字則以《集韻》爲藍本。考《廣韻》卷首云：「凡二萬六千一百九十四言。」《集韻・條例》云：「凡五萬三千五百二十五言，新增二萬七千三百三十一言。」是書亦云「凡五萬三千五百二十五言，新增二萬七千三百三十言」。合計其數，較《集韻》僅少一字，殆傳寫偶脫。《廣韻》註十九萬一千六百九十二字，是書云：「註三十三萬五千八百四十言，新增十四萬四千一百四十八言。」其增多之數，則適相符合。是其依據二書，足爲明證。又《廣韻》註「獨用」、「同用」，實仍唐人之舊。封演《聞見記》言許敬宗奏定者是也。終唐之世，下迄宋景祐四年，功令之所遵用，未嘗或改。及丁度編定《集韻》，始因賈昌朝請改併窄韻十有三處。今《廣韻》各本，儼移豏、檻之前，釅移陷、鑑之前。獨用、同用之註，如通殷於文、通隱於吻，皆因《集韻》頒行後竄改致舛。是書改二百六韻爲百六十，而併忝於琰、併檻於豏、併儼於范、併㮇於豔、併鑑於陷、併釅於梵，足證《廣韻》原本上、去聲末六韻之通爲二，與平聲、入聲不殊。其餘如廢不與隊、代通，殷、隱、焮迄不與文、吻、問、物通，尚仍《唐韻》之舊，未嘗與《集韻》錯互。故十三處犂然可考，尤足訂《重刊廣韻》之譌。其等韻之學，亦深究要渺。雖用以顚倒音紐，有乖古例，然較諸不知而妄作者，則尚有間矣。

彭元瑞等《天禄琳琅書目後編・明版經部》 《重刊改併五音集韻》。二函，十冊。即韓道昭《改併五音類聚四聲篇》。

錢大昕《補元史藝文志・小學類》 韓道昭《改併五音集韻》十五卷。字伯暉，眞定人。

孫星衍《平津館鑒藏書籍記・明版》 大明正德乙亥重刊《改併五音集韻》十五卷。題滹陽松水昌黎郡韓道昭改併重編。

張之洞《書目答問・小學》 《五音集韻》十五卷。金韓道昭。明刻本。

龔顯曾《金藝文志補録・小學類》 《五音集韻》十五卷。韓道昭字伯暉，孝彥子。

五音篇海

楊士奇等《文淵閣書目・韻書》 《五音類聚》。一部，五冊。完全。 《五音篇海》。一部，三冊。闕。 《五音篇海》。一部，八冊。闕。 《五音篇海》。一部，十五冊。闕。

高儒《百川書志・小學》 《五音類聚四聲篇海》十五卷。金泰和八年，眞定府昌黎郡韓孝彥男韓道昭改併重修。瞿校：「修」鈔本作「編」。凡四百四十四部，增字一萬二千三百四十五言。

范邦甸等《天一閣書目・小學類》 《五音類聚》十五卷。

張萱等《内閣藏書目録・字學部》 《五音類聚》五冊。全。泰和間，昌黎韓道昭編，男德恩姪德惠詳定。 又五冊。全。 《重編改併五音篇海》四冊。不全。亦韓道昭著。

黄虞稷《千頃堂書目・小學類・補金》 韓道昭《五音增定并類聚四聲篇》十五卷。

倪燦等《補遼金元藝文志・小學類》 韓道昭《五音增定并類聚四聲篇》十五卷。

彭元瑞等《天禄琳琅書目後編・元版經部》 《改併五音類聚四聲篇》四函，十六冊。金韓孝彥撰，男道昭重編，書十五卷。 《改併五音類聚四聲篇》四函，十六冊。

孫星衍《平津館鑒藏書籍記・明版》 大明正德乙亥重刊《改併五音類聚四聲篇》十五卷。題滹陽松水昌黎郡韓孝彥次男韓道昭改併重編。

龔顯曾《金藝文志補録・小學類》 《五音增定并類聚四聲篇》十五卷。韓道昭，依倪氏《補志》録入。

五韻類聚篇徑指目録

錢謙益等《絳雲樓書目・小學類》 《五韻類聚篇徑指目録》。一冊。

御製五音篇海

錢謙益等《絳雲樓書目・小學類》 《御製五音篇海》。五冊。

五音篇海韻海

徐𤊹《徐氏家藏書目・韻類》 《五音篇海韻海》三十卷。

平水韻

龔顯曾《金藝文志補録・小學類》 《平水韻》。毛扆。

韻類節事

錢大昕《補元史藝文志・小學類》 鄭昌時《韻類節事》。字仲康，洪洞人。汾州教授。

龔顯曾《金藝文志補録・小學類》 《韻類節事》。鄭昌時字仲康。洪洞人。依錢氏《補志》録入。

釋疑韻寶

潘祖蔭《滂喜齋藏書記・經部》 元刻《釋疑韻寶》五卷。一函，三冊。不題撰人。按：上平聲一東「洪」字注云「弘字，廟諱」，則宋人所編也。

書學正韻

楊士奇等《文淵閣書目・韻書》 《書學正韻》。一部，三十五冊。闕。

《書學正韻》。一部，三十六冊。完全。

范邦甸等《天一閣書目・小學類》 《書學正韻》三十六卷。刊本。元奉直大夫國子司業楊恆撰。

王圻《續文獻通考經籍考・小學》 《書學正韻》。楊桓著。

張萱等《内閣藏書目録・字學部》 《書學正韻》二十三冊。不全。又十七冊，不全。宋司業楊桓著。

錢謙益等《絳雲樓書目・小學類》 《書學正韻》十五冊。元楊桓著。兖州人。

黃虞稷《千頃堂書目・小學類・補元》 楊桓《書學正韻》三十六卷。

倪燦等《補遼金元藝文志・小學類》 楊桓《書學正韻》三十六卷。

《四庫提要・小學類》 《書學正韻》三十六卷。安徽巡撫採進本。元楊桓撰。桓既著《六書統》、《六書泝原》，又依韻編次是書。兼以字母等韻各分標一、二、三、四，以辨其聲之高下。然或有或闕，體例不一。所列之字，兼存篆、隸二體。逐字之下註云統指、統形、統聲、統意、統注者，見於《六書統》者也。註云原指、原形、原聲、原意、原注者，見於《六書泝原》者也。指即指事，形即象形，聲即諧聲，意即會意，注即轉注，省其文耳。其所分韻目，大概因《集韻》之舊而稍有訂改。如眞韻三等合口呼麕、囷、麏、鈞等字，移入於諄。諄韻四等開口呼逡字，移入於眞。則眞與諄一爲開口呼，一爲合口呼，兩不相雜。陸法言以魂、痕次元後，許敬宗等遂註三韻同用。是書移魂、痕於前，與眞、諄、文、欣爲一類。移元於後，與寒、桓、刪、山、先、僊爲一類。於古音以侈，斂分二部者，亦各從其類。然一以今讀移舊部，一以古音移今韻。雖言之有故，執之成理，究不免變亂之嫌。至於平聲併臻於眞少一韻目，而入聲不併櫛於質。且隱韻、焮韻内二等開口呼[illegible]、齔等字，不知其即臻、櫛之上去聲。是四聲一貫之故猶未盡知。其亦好爲解事矣。

錢大昕《補元史藝文志・小學類》 楊桓《書學正韻》三十六卷。

蒙古書韻

楊士奇等《文淵閣書目·韻書》 《蒙古書韻》。一部，一冊。闕。

押韻淵海

楊士奇等《文淵閣書目·韻書》 《押韻淵海》。一部，十冊。闕。

錢大昕《補元史藝文志·小學類》 嚴毅《押韻淵海》二十卷。字子仁，建安人。

押韻集成

楊士奇等《文淵閣書目·韻書》 《押韻集成》。一部，三冊。闕。

古今韻會舉要

楊士奇等《文淵閣書目·韻書》 《韻會舉要》。一部，十二冊。闕。　《韻會舉要》。一部，六冊。闕。　《韻會舉要》。一部，十二冊。殘缺。　《韻會舉要》。一部，五冊。闕。　《韻會舉要》。一部，五冊。闕。　《韻會舉要》。一部，十冊。闕。　《韻會舉要》。一部，五冊。闕。

范邦甸等《天一閣書目·小學類》 《古今韻會》三十卷。元熊忠子忠舉要，元昭武黄公紹直翁編輯。

王圻《續文獻通考·經籍考·小學》 《韻會》。黄公紹著。公紹字直翁，號在軒，邵武人，大昌之子。

錢謙益等《絳雲樓書目·小學類》 《古文韻會舉要》八冊。三十卷。黄公紹直翁，昭武人，元初。

黄虞稷《千頃堂書目·小學類·補宋》 黄公紹《古今韻會舉要》三十卷。一作熊忠，字子中。

《四庫提要·小學類》 《古今韻會舉要》三十卷。浙江巡撫採進本。元熊忠撰。忠字子中，昭武人。案楊慎《丹鉛録》，謂蜀孟昶有《書林韻會》，元黄公紹舉其大要而成書，故以爲名。然此書以《禮部韻略》爲主，而佐以毛晃、劉淵所增併，與孟昶書實不相關。舊本《凡例》首題「黄公紹編輯，熊忠舉要」，而第一條即云：「今以《韻會》補收闕遺，增添註釋。」是《韻會》別爲一書明矣。其前載劉辰翁《韻會序》，正如《廣韻》之首載陸法言、孫愐《序》耳。亦不得指《舉要》爲公紹作也。自金韓道昭《五音集韻》始以七音、四等、三十六母顛倒唐宋之字紐，而韻書一變。南宋劉淵淳祐壬子《新刊禮部韻略》，始合併通用之部分，而韻書又一變。忠此書字紐遵韓氏法，部分從劉氏例，兼二家所變而用之。而韻書舊第，至是盡變無遺。其《字母通考》之首，拾李涪之餘論，力排江左吳音。《洪武正韻》之鹵莽，此已肸其兆矣。又其中今韻、古韻，漫無分別。如《東韻》收窗字、《先韻》收西字之類。雖舊典有徵，而施行頗駭。子註文繁例雜，亦病榛蕪。惟其援引浩博，足資考證。而一字一句，必舉所本，無臆斷僞撰之處。較後來明人韻譜，則尚有典型焉。

彭元瑞等《天禄琳琅書目後編·明版經部》 《古今韻會舉要》。四函，三十二冊。元黄公紹編輯熊忠舉要。

錢大昕《補元史藝文志·小學類》 黄公紹、熊忠《古今韻會舉要》三十卷。公紹字直翁，忠字子中，皆昭武人。

孫星衍《平津館鑒藏書籍記·元版》 《古今韻會舉要》三十卷。

張金吾《愛日精廬藏書志·小學類》 《古今韻會舉要》三十卷。元刊本。元昭武黄公紹直翁編輯，昭武熊忠子中舉要。

張之洞《書目答問·小學》 《韻會舉要》三十卷。元黄公紹原本，熊忠刪。元刻明補本。注所引有古書。

韻會定正

楊士奇等《文淵閣書目・韻書》　《韻會定正》。一部，二冊。闕。

《韻會定正》。一部，二冊。完全。

王圻《續文獻通考・經籍考・小學》　《韻會定正》。前太常博士孫吾與著。

張萱等《内閣藏書目録・字學部》　《韻會定正》二冊。全。宋豐城孫吾與著。又二冊。全。

錢謙益等《絳雲樓書目・小學類》　孫吾與《韻會定正》。一冊。

黃虞稷《千頃堂書目・小學類》　孫吾與《韻會訂正》四卷。《洪武正韻》既行，太祖以其字義音切，未能盡當，命翰林院重加校正。學士劉三吾言前太常寺博士孫吾與編定。本宋儒黃公紹《古今韻會》。凡字切必祖《三十六母音韻歸一圖》。以其書進，帝賢而善之，賜名曰《韻會訂正》。洪武二十三年十月刊成，頒行之。吾與字子初，豐城人。前元翰林待制。歸明，授太常博士，隨靖寧侯葉昇征南，歸卒。

錢曾《讀書敏求記・韻書》　孫吾與《韻會定正》四卷。

《明史・藝文志・小學類》　孫吾與《韻會訂正》四卷。

經世書聲音既濟圖

嵇璜等《續通志・圖譜略・小學》　丘葵《經世書聲音既濟圖》。

韻補疑

黃虞稷《千頃堂書目・小學類・補元》　何中《韻補疑》一卷。

倪燦等《補遼金元藝文志・小學類》　何中《韻補疑》一卷。

錢大昕《補元史藝文志・小學類》　何中《叶韻補疑》一卷。

紫雲韻

楊士奇等《文淵閣書目・韻書》　《紫雲韻》。一部，四冊。闕。

總韻

楊士奇等《文淵閣書目・韻書》　《總韻》。一部，一冊。闕。

字原韻略

楊士奇等《文淵閣書目・韻書》　《字原韻略》。一部，二冊。闕。

集韻淵藪

楊士奇等《文淵閣書目・韻書》　《集韻淵藪》。一部，五十冊。闕。

孔氏增韻

胡師安等《元西湖書院重整書目》　《孔氏增韻》。

禮部韻略通考

錢謙益等《絳雲樓書目・小學類》　《禮部韻略通考》一冊。

韻海

王圻《續文獻通考經籍考・小學》《韻海》。鄭介夫著。介夫，開化人，號鐵柱。性剛直敢言，至大間嘗獻策于朝，頗行其言。仕終金谿縣丞。

黄虞稷《千頃堂書目・小學類・補元》鄭介夫《韻海》。

倪燦等《補遼金元藝文志・小學類》鄭介夫《韻海》。

禮部韻切

楊士奇等《文淵閣書目・韻書》《禮部韻切》。一部，一冊。闕。

韻府羣玉

楊士奇等《文淵閣書目・韻書》《韻府羣玉》。一部，十冊。闕。《韻府羣玉》。一部，五冊。闕。《韻府羣玉》。一部，五冊。闕。《韻府羣玉》。一部，十冊。闕。《韻府羣玉》。一部，十冊。闕。《韻府羣玉》。一部，五冊。闕。

王圻《續文獻通考・經籍志・小學》《韻府羣玉》。陰幼遇集。

徐𤊹《徐氏家藏書目・韻類》《韻府羣玉》二十卷。

劉若愚《内板經書紀略》《韻府羣玉》。十本，一千四十葉。

錢大昕《補元史藝文志・小學類》陰時夫《韻府羣玉》二十卷。字勁弦，奉新人。弟中夫復春編注。

孫星衍《平津館鑒藏書籍記・元版》《新增說文韻府羣玉》二十卷。題晚學陰時夫勁弦編輯。

又《明版》《新增直音說文韻府羣玉》廿卷。題晚學陰時夫勁弦編輯。新吳陰中夫復春編注。

草韻

楊士奇等《文淵閣書目・韻書》《草韻》。一部，四冊。闕。《草韻》。一部，二冊。闕。

錢大昕《補元史藝文志・小學類》《草韻》十冊。張天錫、趙昌世撰。

龔顯曾《金藝文志補録・小學類》《草韻》十冊。張天錫、趙昌世同撰。

韻府羣玉掇遺

王圻《續文獻通考・經籍志・小學》《韻府羣玉掇遺》。華亭錢全袞著。

錢大昕《補元史藝文志・小學類》錢全袞《韻府羣玉掇遺》十卷。字慶餘，華亭人。

書學正韻

范邦甸等《天一閣書目・小學類》《書學正韻》八本。刊本。江浙提學余謙補修。

韻府輯略

楊士奇等《文淵閣書目・韻書》《韻府輯略》。一部，一冊。闕。

纂韻録

王圻《續文獻通考・經籍志・小學》 《纂韻録》。黄玠著。玠字伯成，定海人。

中原音韻

高儒《百川書志・小學》 《中原音韻》九卷。元高安挺齋周德清輯。

徐𤊹《徐氏家藏書目・韻類》 《中原音韻》一卷。周德清。

黄虞稷《千頃堂書目・小學類・補元》 周德清《中原音韻》一卷。號挺齊，高安人。

倪燦等《補遼金元藝文志・小學類》 周德清《中原音韻》一卷。號挺齋，高安人。

切韻指南

楊士奇等《文淵閣書目・韻書》 《切韻指南》。一部，一冊。闕。

高儒《百川書志・小學》 《經史正音切韻指南》一卷。「韻」原作「音」，從瞿校鈔本改。《千頃堂目》亦作「韻」。元關中劉鑑士明編《指掌圖》，次成十六通攝，作玉鑰匙檢韻之法。又述玄關六段，總括諸門，盡其藴奥。

徐𤊹《徐氏家藏書目・韻類》 《切韻指南》一卷。

黄虞稷《千頃堂書目・小學類・補元》 劉鑑《切韻指南》一卷。字士明。後至元丙子序。

倪燦等《補遼金元藝文志・小學類》 劉鑑《切韻指南》一卷。先是有亡名氏《四聲等子》一卷，鑑書因是而作。字士明，關中人。

錢曾《讀書敏求記・韻書》 《經史正音初韻指南》一卷。

《四庫提要・小學類三》 《經史正音切韻指南》一卷。浙江汪啓淑家藏本。元劉鑑撰。鑑字士明，自署關中人。關中地廣，不知隸籍何郡縣也。切韻必宗《等子》，司馬光作《指掌圖》，等韻之法，於是始詳。鑑作是書，即以《指掌圖》爲粉本，而參用《四聲等子》，增以格子門法，於出切、行韻、取字，乃始分明。故學者便之。至於開合二十四攝，內外八轉，及通廣、侷狹之異，則鑑皆略而不言。殆立法之初，已多挂礙糾紛，故姑置之耶。然言等韻者，至今多稱《切韻指南》。今姑録之，用備彼法沿革之由。原本末附明釋真空《直指玉鑰匙》一卷，驗之即真空《編韻貫珠集》中之第一門、第二門。不知何人割裂其文，綴於此書之後。又附《若愚直指法門》一卷，詞指拙澀，與《貫珠集》相等，亦無可采，今並刪不録焉。

錢大昕《補元史藝文志・小學類》 劉鑑《經史正音切韻指南》一卷。一名《四聲等子》。字士明。陝西人。

經史動靜字音

高儒《百川書志・小學》 《經史動靜字音》一卷。

倪燦等《補遼金元藝文志・小學類》 ［劉鑑］《經史動靜字音》一卷。

韻史

錢大昕《補元史藝文志・小學類》 陳仁子《韻史》三百卷。字同倩，茶陵人。

韻海

錢大昕《補元史藝文志・小學類》 陳元吉《韻海》。眉山人。

免疑字韻

高儒《百川書志・小學》　《兎疑字韻》四卷。元李士謙集。

黃虞稷《千頃堂書目・小學類・補元》　李士濂《兎疑字韻》四卷。

倪燦等《補遼金元藝文志・小學類》　李士濂《兎疑字韻》四卷。

錢大昕《補元史藝文志・小學類》　李士濂《兎疑字韻》四卷。

韻書羣玉

錢大昕《補元史藝文志・小學類》　盛輿《韻書羣玉》。字敬之，吳江人。崇德州判官。

竹山上人集韻

王圻《續文獻通考・經籍志・小學》　《竹山上人集韻》。

錢大昕《補元史藝文志・小學類》　《竹川上人集韻》。祥符戒壇寺僧。

韻原

王圻《續文獻通考・經籍志・小學》　《韻原》六十卷。東陽貞節處士蔣玄著。

黃虞稷《千頃堂書目・小學類・補元》　蔣元《韻原》六十卷。字于晦，別字若晦，東陽人。許文懿弟子。學者私謚曰貞節。

倪燦等《補遼金元藝文志・小學類》　蔣元《韻原》六十卷。字子晦，東陽人。

錢大昕《補元史藝文志・小學類》　蔣子晦《韻原》六十卷。

文韻考衷

徐𤊹《徐氏家藏書目・韻類》　《文韻考衷》十二卷。葉學夔。

黃虞稷《千頃堂書目・小學類》　葉學夔《文韻考衷》十二卷。

切韻圖譜

徐𤊹《徐氏家藏書目・韻類》　《切韻圖譜》五卷。葉學夔。

黃虞稷《千頃堂書目・小學類》　葉學夔《切韻圖譜》五卷。

韻會定正字切

楊士奇等《文淵閣書目・韻書》　《韻會定正字切》。一部，一冊。闕。

正字韻綱

楊士奇等《文淵閣書目・韻書》　《正字韻綱》。一部，五冊。完全。

黃虞稷《千頃堂書目・小學類・補元》　魏溫甫《正字韻綱》四卷。官廣東僉憲。凡字之譌謬者，以小篆古體正之。

倪燦等《補遼金元藝文志・小學類》　魏溫甫《正字韻綱》四卷。

錢大昕《補元史藝文志・小學類》　魏溫甫《正字韻綱》四卷。廣東廉訪僉事。

草書集韻

楊士奇等《文淵閣書目・韻書》 《草書集韻》。一部，二冊。闕。《草書集韻》。一部，一冊。闕。

范邦甸等《天一閣書目・小學類》 《草書集韻》四卷。刊本。首卷缺數頁。撰書人姓名無考。

黃虞稷《千頃堂書目・小學類》 蜀□王《草書集韻》五卷。成化十年刊。

學書韻總

楊士奇等《文淵閣書目・韻書》 《學書韻總》。一部，四冊。闕。

草書韻略

楊士奇等《文淵閣書目・韻書》 《草書韻略》。一部，五冊。完全。

韻　書

黃虞稷《千頃堂書目・小學類・補元》 邵光祖《韻書》四卷。字弘道，吳縣人。

倪燦等《補遼金元藝文志・小學類》 邵光祖《韻書》四卷。字宏道，吳人。

錢大昕《補元史藝文志・小學類》 邵光祖《韻書》四卷。

洪武正韻

楊士奇等《文淵閣書目・韻書》 《洪武正韻》。一部，五冊。闕。《洪武正韻》。一部，五冊。闕。《洪武正韻》。一部，五冊。闕。《洪武正韻》。一部，一冊。闕。《洪武正韻》。一部，五冊。闕。《洪武正韻》。一部，八冊。闕。《洪武正韻》。一部，四冊。闕。《洪武正韻》。一部，八冊。闕。

高儒《百川書志・小學》 《洪武正韻》十六卷。皇明翰林學士樂韶鳳、宋濂等奉敕刊定。

范邦甸等《天一閣書目・小學類》 《洪武正韻》十六卷。刊。洪武八年宋濂序。

王圻《續文獻通考・經籍志・小學》 《洪武正韻》。洪武八年命學士樂韶鳳等校正。

徐𤊹《徐氏家藏書目・韻類》 《洪武正韻》十卷。

劉若愚《内板經書紀略》 《洪武正韻》。五本，五百葉。

錢謙益等《絳雲樓書目・小學類》 《洪武正韻》五冊。十六卷，宋濂等編。卷首有濂《序》。程克勤言，《正韻》以吳沈《序》者爲佳。

黃虞稷《千頃堂書目・小學類》 《洪武正韻》十六卷。太祖以舊韻起於江左，多失正音。乃命翰林侍講學士樂韶鳳與諸廷臣以中原雅音校之，洪武七年三月書成。詔頒行天下。

《明史・藝文志・小學類》 《洪武正韻》十六卷。

《四庫提要・小學類三》 《洪武正韻》十六卷。江蘇周厚堉家藏本。明洪武中奉敕撰。時預纂修者爲翰林侍講學士樂韶鳳、宋濂，待制王僎、修撰李淑允，編修朱右、趙壎、朱廉，典簿瞿莊、鄒孟達，典籍孫蕡、荅祿與權，預評定者爲左御史大夫汪廣洋、右御史大夫陳寧、御史中丞劉基、湖廣行省參知政事陶凱。書成於洪武八年，濂奉敕爲之序。大旨斥沈約爲吳音，一以中原之韻更正其失。併平、上、去三聲各爲二十二部，入聲爲十部。於是古來相傳之二百六部，併爲七十有六。其註釋一以毛晃《增韻》爲稿本，而稍以他書損益之。蓋歷代韻書，自是而一大變。考《隋志》載沈約《四聲》一卷。新、舊《唐書》皆不著録，是其書至唐已佚。陸法言《切韻序》作於隋文帝仁壽元年，而其著書則在開皇初。所述韻書，惟有吕靜、夏侯該、陽休之、周思言、李季節、杜臺卿六家，絶不及約，是其書隋時已不行於北方。今以約集詩賦考之，上、下平五十七部之中，以東、冬、鍾三部通，魚、虞、模三部通，庚、耕、清、青四部通，蒸部、登部各獨用，與今韻分合皆殊。此十二部之仄韻，亦皆相應。他如《八詠詩》押葦字入微韻，與《經典釋文》陳謝嶠讀合。梁《大壯舞歌》押震字入真韻，與《漢書・叙傳》合。《早發定山詩》押山字入先韻，《君子有所思行》押軒字入先韻，與梁武帝、江淹詩合。《冠子祝文》押化字入麻韻，與《後漢書・馮衍傳》合，與今韻收字亦頗異。濂《序》乃以陸法言以來之韻指爲沈約，其謬殊甚。法言《切韻序》又曰：「昔開皇初有儀同劉臻等八人，同詣法言門宿，論及音韻，以今聲調既自有别，諸家取捨亦復不同。吴楚則時傷輕淺，燕趙則多傷重濁，秦隴則去聲爲入，梁益則平聲似去，江東取韻與河北復殊。因論南北是非，古今通塞，欲更捃選精切，除削疏緩。蕭顔多所決定，魏著作謂法言曰：『向來論難疑處，悉盡我輩數人，定則定矣。』法言即燭下握筆略記綱紀。」今《廣韻》之首，列同定八人姓名，曰劉臻、顔之推、魏淵、盧思道、李若、蕭該、辛德源、薛道衡。則非惟韻不定於吴人，且《序》中「江左取韻」諸語，已深斥吴音之失，安得復指爲吴音。至唐李涪，不加深考，所作《刊誤》，横肆譏訶，其誣實甚。濂在明初，號爲宿學，不應沿譌踵謬至此。蓋明太祖既欲重造此書，以更古法，如不誣古人以罪，則改之無名。濂亦曲學阿世，强爲舞文耳。然源流本末，古籍昭然，天下後世何可盡掩其目乎？觀《廣韻》平聲三鍾部恭字下註曰：「陸以恭、蜙、縱等入冬韻，非也。」蓋一紐之失，古人業已改定。又上聲二腫部湩字下註曰：「冬字上聲。」蓋冬部上聲惟此一字，不能立部，附入腫部之中。亦必註明，不使相亂。古人分析不苟，至於如此。濂乃以私臆妄改，悍然不顧，不亦傎乎。李東陽《懷麓堂詩話》曰：「國初顧祿爲宫詞，有以爲言者，朝廷欲治之，及觀其詩集，乃用《洪武正韻》，遂釋之。此書初出，亟欲行之故也。然終明之世，竟不能行於天下。則是非之心，終有所不可奪也。」又周賓所《識小編》曰：「洪武二十三年，《正韻》頒行已久，上以字義音切，尚多未當，命詞臣再校之。學士劉三吾言，前後韻書惟元國子監生孫吾與所纂《韻會定正》，音韻歸一，應可流傳，遂以其書進。上覽而善之，更名《洪武通韻》，命刊行焉。今其書不傳」云云。是太祖亦心知其未善矣，其書本不足録，以其爲有明一代同文之治，削而不載，則韻學之沿革不備。猶之記前代典制者，雖其法極爲不善，亦必録諸史册，固不能泯滅其迹，使後世無考耳。

孫星衍《平津館鑒藏書籍記・明版》 《洪武正韻》十六卷。

增補廣韻

黄虞稷《千頃堂書目・小學類》 沈宗學《增補廣韻》。吴縣人，與王賓善，詹孟舉稱其正書爲明第一人。

七音字母

黄虞稷《千頃堂書目・小學類》 [沈宗學]《七音字母》。

篇韻重數字令

高儒《百川書志・小學》 《篇韻重數字令》一卷。

纂韻集鈔

黄虞稷《千頃堂書目・小學類》 劉彦振《纂韻集鈔》。鄱陽劉彦昺弟。洪武中薦舉，官知縣。

韻類

黃虞稷《千頃堂書目・小學類・補元》 李士英《韻類》三十卷。字伯英，長洲人。

倪燦等《補遼金元藝文志・小學類》 李世英《韻類》三十卷。字伯英，長洲人。

錢大昕《補元史藝文志・小學類》 李世英《類韻》二十卷。

詩韻釋義

高儒《百川書志・小學》 《詩韻釋義》五卷。江東雪崖老人輯，關西修髯子釋義，今人。

范邦甸等《天一閣書目・小學類》 《詩韻釋義》四卷。刊本。明江東雲厓老人集。

徐𤊹《徐氏家藏書目・韻類》 《詩韻釋義》五卷。

劉若愚《内板經書紀略》 《詩韻釋義》。二本，一百五十八葉。

錢謙益等《絳雲樓書目・小學類》 雪崖老人《詩韻釋義》一冊。

黃虞稷《千頃堂書目・小學類》 李泰江東雪崖老人《詩韻釋義》五卷。鹿邑人。洪武丁丑進士。

添補改正韻書

楊士奇等《文淵閣書目・韻書》 《添補改正韻書》。一部，八冊。闕。

聲音文字通

楊士奇等《文淵閣書目・韻書》 《聲音文字通》。一部，十二冊。闕。

黃虞稷《千頃堂書目・小學類》 趙古則《聲音文字通》一百卷。名謙，餘姚人。瓊山教諭。洪武十一年戊午序。

《明史・藝文志・小學類》 趙古則《聲音文字通》一百卷。

《四庫提要・小學類存目二》 《聲音文字通》三十二卷。浙江范懋柱家天一閣藏本。明趙撝謙撰。撝謙有《六書本義》，已著録。是書乃所定韻譜也。考《皇極經世聲音唱和圖》，日、月、星、辰凡一百六十聲爲體數，去太陰、少陰、太柔、少柔之體數四十八，得一百一十二爲日、月、星、辰之用數。水、火、土、石凡一百九十二音爲體數，去太陽、少陽、太剛、少剛之體數四十，得一百五十二爲水、火、土、石之用數。撝謙此書則取音爲字母，聲爲切韻，各自相配，而註所切之字於上。凡有一音，和以十聲。蓋因邵子之《圖》而錯綜引伸之。然以一卦配一音，又以一卦配十聲，使音與聲爲唱和，卦與卦爲唱和，欲於邵子《經世圖》之外增成新義，而不知於聲音之道，彌滋穿鑿，殊無足取。焦竑《筆乘》載撝謙歿後，其門人柴廣敬以是書進於朝，未及版行。《明史・藝文志》載是書爲一百卷。此本尚存三十二卷，蓋別本之流傳者。然卷首起自一之四，亦殘闕之書，不足取證。以敗楮視之可矣。

韻字

楊士奇等《文淵閣書目・韻書》 《韻字》。一部，一冊。闕。

韻圖

楊士奇等《文淵閣書目・韻書》 《韻圖》。一部，一冊。闕。

韻目

楊士奇等《文淵閣書目・韻書》 《韻目》。一部，一册。闕。

韻寶

楊士奇等《文淵閣書目・韻書》 《韻寶》。一部，一册。闕。

瓊林雅韻

楊士奇等《文淵閣書目・韻書》 《瓊林雅韻》。一部，一册。闕。

高儒《百川書志・小學》 《瓊林雅韻》十九卷。國朝臞仙編。

黃虞稷《千頃堂書目・小學類》 寧獻王權《瓊林雅韻》一卷。

大雅詩韻

黃虞稷《千頃堂書目・小學類》 寧獻王權《大雅詩韻》七卷。正統辛酉序。

直音篇

王圻《續文獻通考・經籍志・小學》 《直音篇》。正統間嘉定章道常本《正韻》編習。

徐𤊹《徐氏家藏書目・韻類》 《直音編》七卷。

黃虞稷《千頃堂書目・小學類》 章黼《直音篇》七卷。字道常，嘉定縣人。隱居不仕，以博聞稱。

《明史・藝文志・小學類》 章黼《直音篇》七卷。

韻學集成

王圻《續文獻通考・經籍志・小學》 〔章黼〕又著《韻學集成》。

錢謙益《絳雲樓書目・小學類》 《韻書集成》七册。明章黼著。

黃虞稷《千頃堂書目・小學類》 章黼《韻學集成》十三卷。

《明史・藝文志・小學類》 章黼《韻學集成》十二卷。

《四庫提要・小學類存目二》 《韻學集成》十三卷。浙江鮑士恭家藏本。

明章黼撰。黼字道常，嘉定人。是書分部，一準《洪武正韻》。每部之中，以平仄相從，四聲具者九部，三聲無入者十一部。其隸字先後則從《韻會舉要》之例，以字母爲序。其分配五音，以影、曉二母從《玉篇》舊圖屬宮，不從《韻會》屬羽。匣、喻二母從《韻會》屬羽，不從《玉篇》圖屬宮。幫、滂、並、明四母從《玉篇》屬宮，不從《韻會》屬羽。非、敷二母則以舊譜均誤屬宮，而改爲屬徵。其字多收《篇海》、《龍龕手鑑》之怪體。其音兼載《中原音韻》之北聲。凡四萬三千餘字。《自記》稱始於宣德壬子，成於天順庚辰。計其用力凡二十九年，可謂專精於是。然以《正韻》爲主，根本先謬，其他不足言矣。

十書直音

楊士奇等《文淵閣書目・韻書》 《十書直音》。一部，一册。闕。

詩韻會覽

高儒《百川書志・小學》 《詩韻會覽》五卷。

韻略易通

錢謙益等《絳雲樓書目・小學類》 《韻略易通》一冊。

黃虞稷《千頃堂書目・小學類》 蘭廷秀《韻略易通》二卷。字正庵。正統壬戌序。

錢曾《讀書敏求記・韻書》 《韻略易通》一卷。

《明史・藝文志・小學類》 蘭廷秀《韻略易通》二卷。

《四庫提要・小學類存目二》 《韻略易通》二卷。兩淮馬裕家藏本。明蘭廷秀撰。廷秀字止菴，正統中人。爵里未詳。其書併平聲爲二十部，三聲隨而隸之。以東洪、江陽、眞文、山寒、端桓、先全、庚晴、侵尋、緘咸、廉纖有入聲者十部爲上卷。以支辭、西微、居魚、呼模、皆來、蕭豪、戈何、家麻、遮蛇、幽樓無入聲者十部爲下卷。又併字母爲二十攝，以「東風破早梅，向暖一枝開，冰雪無人見，春從天上來」二十字，盡變古法以就方音。其《凡例》稱，惟以應用便俗字樣收入，讀經史者當取正於本文音釋，不可泥此。則亦自知其陋矣。

類聚古今韻府續編

范邦甸等《天一閣書目・小學類》 《類聚古今韻府續編》四十卷。刊。明青田包瑜編。

《四庫提要・類書類存目一》 《韻府續編》四十卷。內府藏本。舊本題元青田包瑜撰。考《括蒼彙編》，包瑜字希賢，青田人。景泰庚午舉人，官教諭。著有《周易衍義》。黃虞稷《千頃堂書目》載包瑜《周易衍義》，註曰「成化中浮梁知縣」，則瑜實明人。觀書中所列部分，已用《洪武正韻》，是其明證。蓋鬻書者以其版似麻沙，故割去原序，僞爲元刻耳。其書補陰氏《韻府羣玉》之遺，叢脞龐雜，殊無可採。惟間附考證案語，與《韻府羣玉》體例小有不同。

孫星衍《平津館鑒藏書籍記・明版》 《類聚古今韻府續編》四十卷。題後學青田包瑜編輯。

詩　韻

高儒《百川書志・小學》 永壽王《詩韻》一卷。皇明秦藩永壽王註，與釋義相類。

吟押易覽

高儒《百川書志・小學》 《吟押易覽》二卷。皇明秦藩宗室青陽子編釋。

書韻會通

黃虞稷《千頃堂書目・小學類》 童俊《書韻會通》。字邦英，蘭谿人。天順己卯舉人，趙州知州。

韻書正誤

黃虞稷《千頃堂書目・小學類》 彭時《韻書正誤》。

詩壇叢韻

黄虞稷《千頃堂書目・小學類》 吳綬《詩壇叢韻》二十八卷。

音韻指掌

黄虞稷《千頃堂書目・小學類》 伊乘《音韻指掌》。

詞林要韻

黄虞稷《千頃堂書目・小學類》 陳鐸《詞林要韻》一卷。字大聲，號七一居士。成化癸卯序。

聲韻會通

范邦甸等《天一閣書目・小學類》 《聲韻會通》一卷。刊本。王應電著。

黄虞稷《千頃堂書目・小學類》 王應電《聲韻會通》一冊。

韻要麤識

黄虞稷《千頃堂書目・小學類》 王應電《韻要麤識》一冊。

六義音切貫珠圖

嵇璜等《續通志・圖譜略・小學》 明王應電《六義音切貫珠圖》。

九經韻覽

范邦甸等《天一閣書目・小學類》 《九經韻覽》十四卷。不著撰書人姓名。

吟韻詳注

黄虞稷《千頃堂書目・小學類》 永興王音□《吟韻詳注》五卷。

中原音韻注釋

黄虞稷《千頃堂書目・小學類》 徐霖《中原音韻注釋》。

直指玉鑰匙門法

高儒《百川書志・小學》 《直指玉鑰匙門法》一卷。皇明大慈仁寺沙門清泉眞空編，爲檢篇《切韻》之捷徑也。門法則續安西劉士明之法，爲二十門。

黄虞稷《千頃堂書目・小學類》 釋眞宣《直指玉鑰匙門法》一卷。

錢曾《讀書敏求記・韻書》 《直指玉鑰匙門法》一卷。

奇字音釋

黃虞稷《千頃堂書目·小學類》　戴冠《奇字音釋》。長洲人。

稽古叶聲

黃虞稷《千頃堂書目·小學類》　梁倫《稽古叶聲》二卷。曲沃人。正德癸丑舉人，隆慶州知州。

《明史·藝文志·小學類》　梁倫《稽古葉聲》二卷。

聲音經緯書

黃虞稷《千頃堂書目·小學類》　張芝《聲音經緯書》。字庭毓，歙縣人。正德中進士，湖廣荆南道副使。

韻學集要

黃虞稷《千頃堂書目·小學類》　陶承學《韻學集要》四卷。同邑貢士毛曾同訂。

韻　要

高儒《百川書志·小學》　《韻要》五卷。皇明崑山李元壽編。凡一百五韻，八千九百五字。

范邦甸等《天一閣書目·小學類》　《韻要》五卷。刊本。不著撰人姓名。

《韻要》二卷。刊本。

錢謙益等《絳雲樓書目·小學類》　《韻要》二冊。

古篆分韻

黃虞稷《千頃堂書目·小學類》　劉隅《古篆分韻》五卷。

《明史·藝文志·小學類》　劉隅《古篆分韻》五卷。

古今韻

黃虞稷《千頃堂書目·小學類》　許宗魯《古今韻》五卷。

古今韻釋

高儒《百川書志·小學》　《古今韻釋》五卷。皇明古黃張穎校輯。

黃虞稷《千頃堂書目·小學類》　張穎《古今韻釋》五卷。黃州人。嘉靖甲午溥頤序。

《明史·藝文志·小學類》　張穎《古今韻釋》五卷。

詩韻要釋

徐𤊹《徐氏家藏書目·韻類》　《詩韻要釋》五卷。沈伯成。

平聲近體詩韻

徐𤊹《徐氏家藏書目・韻類》　《平聲近體詩韻》二卷。

草韻辨體　附草訣百韻後讀

劉若愚《内板經書紀略》　《草韻辨體》。六本，二百七十葉。

黄虞稷《千頃堂書目・小學類》　郭諶《草韻辨體》五卷。附《草訣百韻後讀》。

古音叢目　古音獵要　古音餘　古音附録

范邦甸等《天一閣書目・小學類》　《古音獵要》一卷。刊本。明楊慎著。《古音餘》五卷，附《古音餘後語》一卷。刊本。明楊慎升菴著。

王圻《續文獻通考・經籍志・小學》　《古音叢目》。《古音獵要》。《古音附録》。

徐𤊹《徐氏家藏書目・韻類》　《古音叢目》五卷。楊慎。《古音獵要》五卷。楊慎。

張萱等《内閣藏書目録・字學部》　《古音附録》，一冊，全。嘉靖間，楊慎以韻分爲五卷。即慎所著《古音略》，《古音餘》之未盡者。

黄虞稷《千頃堂書目・小學類》　楊慎《古音叢目》五卷。又《古音獵要》五卷。又《古音附録》五卷。又《古音餘》五卷。

《明史・藝文志・小學類》　楊慎《古音叢目》五卷，《古音獵要》五卷，《古音附録》五卷，《古音餘》五卷。

《四庫提要・小學類三》　《古音叢目》五卷。《古音獵要》五卷。《古音餘》五卷。《古音附録》一卷。浙江巡撫採進本。明楊慎撰。慎有《檀弓叢訓》，已著録。是四書雖各爲卷帙，而核其體例，實本一書，特以陸續而成，不及待其完備，每得數卷，即出問世，故標目各別耳。觀其《古音獵要》，東、冬二韻共標鞠、朋、衆、務、調、夢、窗、誦、雙、明、萌、用、江十三字，與《古音叢目》東、冬二韻所標者全複。與《古音餘》東、冬二韻所標亦複五字。是即隨所記憶，觸手成編，參差互出，未歸畫一之明證矣。其書皆仿吴棫《韻補》之例，以今韻分部，而以古音之相協者分隸之。然條理多不精密，如《周易・渙》六四「渙有丘，匪夷所思」，「丘」與「思」爲韻。《无妄》六三「无妄之災，或繫之牛，行人之得，邑人之災」，「災」古音菑，「牛」古音尼，與「災」爲韻。《繫辭》「乾以易知，坤以簡能」，「能」，古音奴來反，與「知」爲韻。慎於《古音叢目》支韻内「丘」字下但註云「《詩》」，「牛」字下但註云「《楚詞》」，「能」字下則並不註出典。又《繫辭》「神而化之，使民宜之」，慎於《古音叢目》五歌韻内知宜字之爲牛何切，下註云：「《易》神而化之」爲毁禾切，則但註云「見《楚詞》」。又《易・彖傳》「父父、子子、兄兄、弟弟、夫夫、婦婦」，「婦」與「子」及「弟」字爲韻。慎於《古音叢目》四紙韻内「婦」字下，但引《西京賦》作房詭切。《豐》六二「豐其蔀，日中見斗」。「蔀」古音蒲五切，「斗」古音滴主切，故九四蔀、斗二字與主爲韻。又《繫辭傳》「叶有師保，如臨父母」。母字與上度、懼、故爲韻。慎於《古音叢目》語虞韻内「斗」字下但註云「《毛詩》」。母字下但註云「《易林》」。凡此皆不求其本，隨意捃摭。又古音皆其本讀，非可隨意諧聲，輾轉分隸。如江韻之江、窗、雙、椌四字，《古音獵要》皆收入冬韻是也。而《古音叢目》又以東韻之紅、冬韻之封、龍三字收入江韻。考《〈易・説卦〉傳》「震爲雷爲龍」，虞翻、干寶並作「駹」。《周禮・巾車》「革路龍勒」，註：「駹也。」「駹車」，故書作「龍車」。《犬人》「凡幾珥沈辜用駹可也」，註：「故書作『龍』。」則「駹」本音龍，以在東韻爲本音，不容改「龍」以叶「駹」。封與邦通，邦之古音諧丰聲。紅與江通，江之古音諧工聲，亦以東、冬爲本韻，不得改封、紅以入江也。蓋慎博洽過陳第，而洞曉古音之根柢則不及之。故蒐輯秦漢古書，頗爲該備，而置之不得其所，遂往往舛漏牴牾。以其援據繁富，究非明人空疎者所及，故仍録其書，以備節取焉。

轉註古音略

王圻《續文獻通考・經籍考・小學》　《轉註音略》。楊用修著。

錢謙益等《絳雲樓書目・小學類》　楊愼《轉註古音略》八册。五卷。

此書蓋本之趙撝謙《六書本義》。

黃虞稷《千頃堂書目・小學類》　楊愼《轉注古音略》五卷。

《明史・藝文志・小學類》　楊愼《轉注古音略》五卷。

《四庫提要・小學類三》　《轉注古音略》五卷。江蘇巡撫採進本。明楊愼撰。是書前有《自序》，大旨謂《毛詩》、《楚詞》有叶韻，其實不越《保氏》轉注之法。《易經》疏云「賁有七音」，始發其例。宋吳才老作《韻補》，始有成編。學者知叶韻自叶韻，轉注自轉注，是猶知二五而不知十也。考叶韻之說始於沈重《毛詩音義》，見《經典釋文》。後顏師古註《漢書》、李善註《文選》，並襲用之。後人之稱叶韻，自此而誤。然與六書之轉注，則渺不相涉。愼書仍用葉叶之說，而移易其名於轉注，是朝三暮四改爲朝四暮三也。如四江之釭字，《說文》云：「從金，工聲。」窻字，《說文》云：「从穴，悤聲。」則釭讀工，窻讀悤，皆其本音，無所謂轉，亦安所用其注乎？姑即就愼書論之，所注轉音，亦多舛誤。如二冬之龍字，引《周禮》「龍勒雜色」，謂當轉入三江，不知《玉人》「上公用龍」，鄭司農云「龍當爲尨」。而《左傳》「狐裘尨茸」，即《詩》之「狐裘蒙戎」。則尨當從龍轉，龍不當作「莫江反」也。又如蒸韻之「朋」字，愼引《逸詩》：「翹翹車乘，招我以弓。豈不欲往，畏我友朋。」謂當轉入一東，不知弓古音肱，有《小戎》「采緑閟宮」及《楚詞・九歌》諸條可證。則弓當從朋轉，朋不當讀爲蓬也。如此之類，皆昧於古音之本。以其引證頗博，亦有足供考證者，故顧炎武作《唐韻正》猶有取焉。

轉注古音

徐𤊹《徐氏家藏書目・韻類》　《古音轉注》五卷。楊愼。

古韻詩略

王圻《續文獻通考・經籍志・小學》　《古韻詩略》。楊用修著。

古音複字

王圻《續文獻通考・經籍志・小學》　《古音複字》。楊用修著。

徐𤊹《徐氏家藏書目・韻類》　《古音複字》五卷。楊愼。

黃虞稷《千頃堂書目・小學類》　楊愼《古音複字》五卷。

古音略例

徐𤊹《徐氏家藏書目・韻類》　《古音略例》一卷。楊愼。

錢謙益等《絳雲樓書目・小學類》　楊愼《古韻略例》一册。

黃虞稷《千頃堂書目・小學類》　楊愼《古音略例》一卷。

《明史・藝文志・小學類》　楊愼《古音略例》一卷。

《四庫提要・小學類三》　《古音略例》一卷。兩江總督採進本。明楊愼撰。是書取《易》、《詩》、《禮記》、《楚詞》、《老》、《莊》、《荀》、《管》諸子有韻之詞，標爲略例。若《易例》「日昃之離」，離音羅，與歌、嗟爲韻。「三歲不覿」，覿音徒谷切，與木、谷爲韻。「並受其福」，福音偪，與食、汲爲韻。「吾與爾靡」之靡音磨，與和爲韻。頗與古音相合。他如「嘒彼小星，維參與昴」，舊叶力求切，慎據《史記・天官書》徐邈音昴爲旄。下文「抱衾與裯」之裯音調，「寔命不猶」之猶音搖，今考郭璞註《方言》：裯，丁牢反。《檀弓》「咏斯猶」，鄭註「猶當作搖」，則二音實有所據。慎又謂：吳棫於《詩》「棘心夭夭，母氏劬勞」，勞必叶音僚。「我思肥泉，茲之永嘆」，歎必叶他涓切。「出自北門，憂心殷殷」，門必叶眉貧切。「四牡有驕，朱幩鑣鑣」，驕必叶音高。不思古韻寬緩，如字讀自可叶，何必勞脣齒。費簡冊。其論亦頗爲得要。至如《老子》：「朝甚除，田甚蕪，倉甚虛，服文彩，帶利劍，厭飲食，資財有餘，是謂盜夸。」慎據《韓非・解老》篇，改「夸」爲「竽」，謂竽方與餘字叶，柳子厚詩仍押「盜夸」均誤。今考《說文》，夸「从大，于聲」，則夸之本音不作「枯瓜切」明矣。故《楚詞・大招》：「朱脣皓齒，嫭以姱只。比德好閑，習以都只。」《集韻》：「姱或作夸。」又《吳都賦》：「列寺七里，俠棟楊路。屯營櫛比，廨署棊布。橫塘查下，邑屋隆夸。長千延屬，飛甍舛互。」是夸與餘爲韻，正得古音。而慎反斥之，殊爲失考。又《易》：「《晉》晝也。《明夷》誅也。」慎謂古誅字亦有「之由切」，與「晝」爲韻。孫奕改誅爲昧，昧叶音暮，殊誤。今考《周禮・甸祝》「禂牲禂馬」，亦如之。鄭讀禂爲誅，則慎說似有所據。但晝字古音讀如註，張衡《西京賦》：「徼道外周，千廬內附。衛尉八屯，警夜巡晝。」又《易林井之復》「晝」，與「據」爲韻。《井之渙》「晝」，與「故」爲韻。《渙之蠱》「晝」，與「懼」爲韻。則古韻「晝」不作「陟救切」可知。何得舍其本音而反取誅之別音爲叶。他若《莊子》「竊鉤者誅，竊國者爲諸侯」，慎讀誅爲之由切而不知侯之古音胡，正與「誅」爲韻。又《易林》「蜘蛛之務不如蠶之緰」，慎讀務爲蝥、緰爲鉤。不知緰古音俞，正與「務」爲韻。蓋其文由掇拾而成，故其說或離或合，不及後來顧炎武、江永諸人能本末融貫也。

古音拾遺

徐𤊹《徐氏家藏書目・韻類》　《古音拾遺》五卷。楊慎。

黃虞稷《千頃堂書目・小學類》　楊慎《古音拾遺》五卷。

韻經

錢謙益等《絳雲樓書目・小學類》　楊慎《韻經》一冊。

韻藻

王圻《續文獻通考・經籍志・小學》　《韻藻》。楊用修著。

黃虞稷《千頃堂書目・小學類》　楊慎《韻藻》四卷。

《明史・藝文志・小學類》　楊慎《韻藻》四卷。

韻林原訓

張萱等《內閣藏書目録・字學部》　《韻林原訓》二冊，全。嘉靖間楊慎輯。

錢謙益等《絳雲樓書目・小學類》　《韻林原韻》。二卷，楊慎。

黃虞稷《千頃堂書目・小學類》　楊慎《韻林原訓》五卷。

《明史・藝文志・小學類》　《韻林原訓》五卷。

奇字韻

黃虞稷《千頃堂書目・小學類》　楊慎《奇字韻》五卷。

《明史・藝文志・小學類》　楊慎《奇字韻》五卷。

《四庫提要・小學類三》　《奇字韻》五卷。浙江巡撫採進本。明楊慎撰。慎有《檀弓叢訓》，已著録。是編標字體之稍異者，類以四聲，故曰「奇字」。考六書以《說文》所載小篆爲正，若衛宏、揚雄所學，則別有古文奇字，以非六書偏旁所可推也。此書以「奇字」標名，而若《說文》引經「寷其屋」，「豐」作「寷」；「克岐克嶷」，「嶷」作「㘈」；「靜女其姝」，「姝」作「娖」；「庶草繁廡」，「廡」作「無」；「天地絪縕」，作「壹壺」；「營營青蠅，止于樊」，「樊」作「楙」；「故源源而來」，「源源」作「謜謜」；「泣血漣如」，「漣」作「慸」之類，雖與今經文異，而皆有六書偏旁可求，則正體而非奇字。且此類甚多，不勝載。如《說文》引《尚書》「嵎夷」作「堣夷」。引《論語》「友便佞」，「便」作「諞」。引《詩》「赫兮咺兮」，「咺」作「愃」。引《周禮》「膳膏臊」，「臊」作「鱢」。「孤乘夏篆」，「篆」作「軕」。引《易》「包荒用馮河」，「荒」作「巟」。引《詩》「在河之洲」，「洲」作「州」。引《易》「服牛乘馬」，「服」作「犕」。引《書》「濬畎澮距川」，「畎澮」作「巜」。引《春秋傳》「翫歲而愒日」，「翫」作「忨」，「愒」作「𢡱」。引《易》「夫乾確然」，「確」作「隺」。引《春秋傳》「執玉惰」，「惰」作「憜」。引《詩》「納于凌陰」，「凌」作「滕」。又引《詩》「白圭之玷」，「玷」作「刮」。引《書》「闢四門」，「闢」作「壀」。異同之處，不可殫數。此書所載，殊不及十之二三。至於「岷」之作「汶」，「禱」之作「禂」，皆假借字。而亦概列爲奇字，尤屬不倫。又如「薔」字下但註一「災」字，而不云本《鹽鐵論》「罕被寇薔」「薔」音「災」。「廧」字下但註一「牆」字，而不云本《管子・地員》篇「行廧落」，房玄齡註爲「行廧及籬落」。閿字下但註一「開」字，而不云本《漢書・匈奴傳》「乃遣閿陵侯將兵別圍車師」，及「今欲與漢閿大關」，顏師古註：「閿與開同。」茬字下但註一「槎」字，而不云本《漢書・貨殖傳》「然猶云山不茬蘖」，師古註：「茬，古槎字。」「闉」字下但註一「闇」字，而不云本《漢書・揚雄傳》「東鄰昆侖，西馳闉闔」，師古註：「闉與闇同。」則全迷其所出。萁字下註「音該」，但引曹植詩，而不知《淮南子》「爨萁燧火」，高誘註「萁音該」。「泒」字下註「音流」，但引《賈誼傳》「朝廷之視端泒平衡」，而不知考《荀子・榮辱》篇「其泒長矣」，楊倞註「泒，古流字」，則不溯其所始。又如冬韻載「窗」字，引《說文》而不知《漢書・地理志》「蒼松」，師古曰：「松，古松字」，與「窗」同一古今字。「賁」字下註云「古文斑」，而不知《荀子・彊國》篇曰：「如此下比周，賁潰以離上矣」，楊倞註：「賁讀如墳」。《漢書・翟方進傳》「賁麗善爲星」，師古曰：「賁音肥。」「蝯」字下註「與猨同」，而不知《漢書・李廣傳》又作「爰臂」，如淳曰：「臂如猨臂。」其闕佚又不可枚舉。蓋慎充於腹笥，特就所記憶者録之，故於諸書不暇詳考。然於秦漢載籍，亦已十得三四。講六書者去其疵而録其醇，或亦不無所助焉。

雜字韻實

徐𤊹《徐氏家藏書目・字類》《雜字韻實》五卷。楊愼。

黄虞稷《千頃堂書目・小學類》楊愼《雜字韻實》七卷。

古文韻語

王圻《續文獻通考・經籍考・小學》《古文韻語》。楊用修著。

徐𤊹《徐氏家藏書目・韻類》《古文韻語》三卷。楊愼。

黄虞稷《千頃堂書目・小學類》楊愼《古文韻語》二卷。

《明史・藝文志・小學類》楊愼《古文韻語》二卷。

古文韻語別録

黄虞稷《千頃堂書目・小學類》楊愼《古文韻語別録》□卷。

續韻府羣玉

徐𤊹《徐氏家藏書目・韻類》《續韻府羣玉》四十卷。

奚囊韻海

徐𤊹《徐氏家藏書目·韻類》　《奚囊韻海》五卷。

四聲韻補

黄虞稷《千頃堂書目·小學類》　張之象《四聲韻補》五卷。
《明史·藝文志·小學類》　張之象《四聲韻補》五卷。

轉注古音

錢謙益等《絳雲樓書目·小學類》　《轉注古音》二册。

中原雅音

錢謙益等《絳雲樓書目·小學類》　《中原雅音》一册。

中原七音類韻

錢謙益等《絳雲樓書目·小學類》　《中原七音類韻》一册。

中原音韻

錢謙益等《絳雲樓書目·小學類》　王文璧《中原音韻》一册。

中原音韻

錢謙益等《絳雲樓書目·小學類》　卓從之《中原音韻》一册。

詩韻輯略

范邦甸等《天一閣書目·小學類》　《詩韻輯略》二卷。刊本。明上海潘恩著。　《詩韻輯略》五卷。刊本。明隆慶己巳上海潘恩著。
徐𤊹《徐氏家藏書目·韻類》　《詩韻集略》五卷。上海潘恩刻。
黄虞稷《千頃堂書目·小學類》　潘恩《詩韻輯略》五卷。
《明史·藝文志·小學類》　潘恩《詩韻輯略》五卷。

五經難字音釋

徐𤊹《徐氏家藏書目·總經類》　《五經難字音釋》一卷。
黄虞稷《千頃堂書目·經解類》　《五經難字直音》五卷。
倪燦等《補遼金元藝文志·經解類》　《五經難字直音》五卷。

詩韻纂註

徐𤊹《徐氏家藏書目・韻類》　《詩韻纂註》。汪其俊。

古今韻分註撮要

徐𤊹《徐氏家藏書目・韻類》　《古今韻註撮要》五卷。甘雨。

黃虞稷《千頃堂書目・小學類》　甘雨《古今韻分注撮要》五卷。

《四庫提要・小學類存目二》　《古今韻分註撮要》五卷。江蘇巡撫採進本。明甘雨撰，陳士元註。雨字子開，永新人。萬曆丁丑進士，由翰林院檢討謫德安府推官，遷南京刑部郎中。士元有《易象鉤解》，已著録。是書首列今韻，而以古韻附後。今韻誤稱沈約，足見其茫無根據。古韻又誤執通轉之説。既云東通冬轉江陽，則四韻爲一部矣。而東韻後所列之古韻與冬韻、江韻、陽韻後所列之古韻乃各有其字。是其隨叶取讀，知有通而不知所以通。徵引愈繁愈亂，似治絲而棼之矣。

彭元瑞等《天禄琳琅書目後編・明版經部》　《古今韻分注撮要》。一函，五冊。明甘雨撰，陳士元注。

直韻篇

錢謙益等《絳雲樓書目・小學類》　《直韻篇》。

詞韻合併

錢謙益等《絳雲樓書目・小學類》　《詞韻合併》一冊。

切韻考定

錢謙益等《絳雲樓書目・小學類》　《切韻考定》一冊。

韻　經

黃虞稷《千頃堂書目・小學類》　武惟揚《韻經》四卷。同州人。

正韻統宗

錢謙益等《絳雲樓書目・小學類》　《正韻統宗》二冊。

黃虞稷《千頃堂書目・小學類》　任世鏜《正韻統宗》四卷。一作「任鏜」。

彭元瑞等《天禄琳琅書目後編・明版經部》　《正韻統宗》。一函，五冊。明任世鏜撰。

訂訛音韻

黃虞稷《千頃堂書目・小學類》　林茂槐《訂訛音韻》。

押韻便覽

黃虞稷《千頃堂書目・小學類》　錢藻《押韻便覽》五卷。

正韻便覽

黄虞稷《千頃堂書目・小學類》　童漢臣《正韻便覽》四卷。

經書音釋

劉若愚《内板經書紀略》　《經書音釋》。二本，一百七葉。

黄虞稷《千頃堂書目・小學類》　馮保《經書音釋》二卷。字永亭，鎮陽人。翰林。隆慶辛未序。

讀易韻考

《四庫提要・小學類存目二》　《讀易韻考》七卷。浙江吴玉墀家藏本。

明張獻翼撰。獻翼有《讀易紀聞》，已著録。此書專考《易》中之韻。案《易・象傳》實有韻，至於《彖詞》、《繫詞》之類，則無常格。亦如《淮南子》諸書偶然叶讀耳。獻翼一舉而韻之，非惟漢、魏以下之音雜然並陳，甚至釋氏之偈言、道家之章咒，亦泛引以證聖經，殊傷蕪雜。即如爻詞「潛龍」龍字，忽以爲「勿用」之用，音庸，是從本音也。《文言傳》則謂龍當音「性」，與「遯世無悶」叶。又曰「龍當音龐，與『不成乎名』叶」。顛倒瞀亂，豈復有體例乎？此眞不知而作也。

併音連聲字學集要

范邦甸等《天一閣書目・小學類》　《併音連聲字學集要》四卷。刊本。

不著撰人名氏。

《四庫提要・小學類存目二》　《併音連聲字學集要》四卷。浙江巡撫採進本。不著撰人名氏。明萬曆二年會稽陶承學得此書於吴中，屬其同邑毛曾刪除繁冗，以成是編。承學自爲之序。其書併上下平爲二十二部，以上、去、入三聲分隸平聲之下，併略爲箋釋字義。前列《切字要法》，刪去羣、疑、透、牀、禪、知、徹、孃、邪、非、微、匣十二母。又增入勤、逸、歎三母。蓋以勤當羣、以逸當疑、以歎當透，而省併其九母，又無説以申明之，殊爲師心自用。承學序乃擬爲徐鍇《説文韻譜》與李燾《説文五音譜》。作者、刪者與刻者，均可謂漫無考證矣。

洪武正韻玉鍵

劉若愚《内板經書紀略》　《洪武正韻玉鍵》。二本，一百三十葉。

黄虞稷《千頃堂書目・小學類》　張士珮《洪武正韻玉鍵》一卷。萬曆甲戌敘。不知撰人。

洪武正韻玉鍵釋義

黄虞稷《千頃堂書目・小學類》　李鐖《洪武正韻玉鍵釋義》二卷。

洪武正韻注疏

黄虞稷《千頃堂書目・小學類》　龔時憲《洪武正韻注疏》□卷。大倉州人。

元聲韻學大成

黄虞稷《千頃堂書目・小學類》　濮陽淶《元聲韻學大成》四卷。號眞庵。萬曆戊寅序。

《四庫提要・小學類存目二》　《韻學大成》四卷。江蘇巡撫採進本。明濮陽淶撰。淶字貞菴，廣德人。嘉靖丁酉舉人，官南昌府通判。是書大抵本之《中原音韻》，而不取其入聲隸三聲之説。又廣其十九部爲二十，如魚模之分爲須魚、蘇模，江陽之分爲江黃、姜陽是也。其字母則專以新鮮、仁然等立法，稍增益之爲三十母，而不用見、溪、羣、疑四等門法，意在簡捷。然新鮮等母仍即字母之變，不識字母，又烏從而識之。其所分各部，亦無義例。既云「宏萠」不宜入東鐘，又不附之庚青，且分京青爲庚生、京青二部，眞所謂進退失據者也。

韻譜

黃虞稷《千頃堂書目・小學類》　朱睦㮮《韻譜》二卷。一作五卷。

正韻邊旁

黃虞稷《千頃堂書目・小學類》　朱睦㮮《正韻邊旁》一卷。

韻苑考遺

黃虞稷《千頃堂書目・小學類》　陳士元《韻苑考遺》四卷。

《明史・藝文志・小學類》　陳士元《韻苑考遺》四卷。

彭元瑞等《天禄琳琅書目後編・明版經部》　《韻苑考遺》。二函，十二冊。明陳士元撰。

五音字書辨譌

黃虞稷《千頃堂書目・小學類》　莫藏《五音字書辨譌》。字用行，海鹽人。有孝行。

萬籟中聲

徐𤇍《徐氏家藏書目・韻類》　《萬籟中聲》二十卷。吳元滿。

黃虞稷《千頃堂書目・小學類》　吳元滿《萬籟中聲》二十卷。

諧聲指南

徐𤇍《徐氏家藏書目・韻類》　《諧聲指南》一卷。吳元滿。

黃虞稷《千頃堂書目・小學類》　吳元滿《諧聲指南》一卷。

韻學大全

黃虞稷《千頃堂書目・小學類》　胡繼宗《韻學大全》二卷。

玉門重譯

徐𤇍《徐氏家藏書目・韻類》　《玉門重譯》一卷。

黃虞稷《千頃堂書目・小學類》　《玉門重譯》二卷。

古今字韻全書

錢謙益等《絳雲樓書目・小學類》　《古今字韻全書》十冊。

黄虞稷《千頃堂書目・小學類》　楊時喬《古今字韻全書》十五卷。

韻譜

黄虞稷《千頃堂書目・小學類》　方豪《韻譜》五卷。

《明史・藝文志・小學類》　方豪《韻補》五卷。

韻學新説

黄虞稷《千頃堂書目・小學類》　鄭世子載堉《韻學新説》三卷。

古今韻學得失論

黄虞稷《千頃堂書目・小學類》　朱載堉《古今韻學得失論》一卷。

交泰韻

黄虞稷《千頃堂書目・小學類》　呂坤《交泰韻》一卷。

《四庫提要・小學類存目二》　《交泰韻》一卷。左都御史張若溎家藏本。明呂坤撰。坤有《四禮疑》，已著録。是編乃所立切韻簡要之法，僅有序文、凡例、總目，而未及成書，然書之體要則已具括於是。其法於平聲之字各以陰陽相切。如同字舊用徒紅切，通字舊用他紅切。坤則以爲他紅二字仍切同字，不切通字。改通字爲他翁切。又上、去二聲各以本聲爲母。如龍字用楚隴切，送字用素瓮切之類。平、入二聲則互相爲母。如空字用酷翁切，酷字用空屋切之類。其《交泰韻》之名，即以平、入互爲終始之義也。蓋因古來合聲之法，更加以辨別。故不用字母攝法，而於字母攝法相輔而不相礙。其論定「首領」一條，謂東、董、凍、篤，何等明白。乃舊譜相沿，領韻則以東、董、送、屋，領聲則以公、孔、貢、穀，殊爲淆亂。其説亦極有理。惟其分部純用河南土音，併鹽於先、併侵於眞、併覃於山、支、微、齊、佳、灰五部俱割裂分隸，則太趨簡易。於無入之部强配入聲，復以强配之入聲轉而離合平聲之字，則太涉糾纏。未免變亂古法，不足立訓矣。

韻學大成

黄虞稷《千頃堂書目・小學類》　吳瑞穀《韻學大成》。字子玉，休寧人。萬曆初貢士，官應天府學訓導。

韻會小補

徐𤊹《徐氏家藏書目・韻類》　《韻會小補》二十卷。李登。

書文音義便考私編　附難字直音

黄虞稷《千頃堂書目・小學類》　李登《書文音義便考私編》五卷。上元人。

《四庫提要・小學類存目二》　《書文音義便考私編》五卷。附《難字直音》一卷。浙江巡撫採進本。明李登撰。登有《六書指南》，已著録。此書刻於萬曆丁亥，前有姚汝循、焦竑、王兆雲序，并登《自序》及《例論》。

其部分既不合於古法，又不盡合於《洪武正韻》。如灰、皆既分，支、微、齊反不分。庚、青既分，江、陽反不分。而且眞之兼侵，寒之兼覃，咸、先之兼鹽，尤錯亂無緒矣。至於三十六母中，知、徹、澄、孃、非五母之複出，前人亦有疑之者。然竟去之，而又改並母爲平母、定母爲廷母，則未免勇於師心。若如其說，則敷、奉二母，端、定、穹、牀四母，心、邪二母，亦皆歸併矣，而何以仍不併乎？又字之平仄雖分，而紐之從來無二。入聲部分雖少，而上去轉軸則同。今謂平則三十一母，仄則二十一母。以臆改創，誰其信之。其謂仄聲純用清母，似爲直截。然清濁相配，猶陰陽律呂之義。六律可該六呂，而不容盡删六呂之名。如平聲之清濁既分，則四聲依轉，自可從流溯源。如葉從枝，枝從榦，不可以平聲而廢仄也。所論殊爲偏枯。又其每韻所收古字，多沿篆籀之體。雖其例創自《集韻》，然亦不怪僻至此。登嘗作《摭古遺文》，捃摭龐雜，加以杜撰。以爲字書尚不可，以爲韻書益以傎矣。其難字直音，尤爲舛漏。如佟音同、偵音稱之類，皆參雜方言，豈可以註韻書乎。

韻經

《四庫提要·小學類存目二》　《韻經》五卷。安徽巡撫採進本。舊本題梁吳興沈約撰類，宋會稽夏竦集古，明弘農楊愼轉注，江夏郭正域校。前有正域《自序》曰：「近體詩惟宗沈韻，今所傳韻非沈也，唐禮部韻也，故唐詩宗之。沈韻上平有九咍、十八痕，下平有二十二凡，上有十六混、十九蹥，去有八祭、十代、十七焮，入有十六昔。而今韻無之。」其《凡例》又稱家藏有《四聲韻》及約故本。案《梁書》、《南史·沈約傳》並載約撰《四聲譜》。《隋志》載其書一卷，而《唐志》已不著録。觀陸法言《切韻序》，歷述呂靜、夏侯該、陽休之、周思言、李季節、杜臺卿六家之韻，獨不及約書。是隋開皇時其書已不顯。唐李涪作《刊誤》，但詆陸韻而不及沈書，則僖宗時已佚矣。正域何由於數百年後得其故本。且沈韻雖不可見，而其集猶存。今以所用之韻一一排比鉤稽之，惟東、冬、鐘三韻同用，魚、虞、模三韻同用，庚、耕、清、青四韻同用，而蒸、登兩韻各獨用，與《廣韻》異。餘則四聲並同，又安得如正域所云「九咍」之類。其爲贋託，殆不足辨。至夏竦《古文四聲》五卷，本採鐘鼎奇字分韻編次，以便檢尋。乃字書，非韻書。乃古文，非今文。正域乃稱夏竦集合，尤爲乖迕。觀其首列徐蒧所作吳棫《韻補序》、楊愼《轉注古音略自序》，而不及竦《序》，知並未見其書，而但以名剿說也。王宏撰《山志》乃指此爲沈約眞本，譏屠隆未見《韻經》，誤指《平水韻》爲約書，不亦傎乎。又朱彝尊《重刊廣韻序》曰：「近有嶺外妄男子，僞撰沈約之書，信而不疑者有焉。」考王士禎《居易録》，記康熙庚午，廣東香山縣監生楊錫震自言，得沈約《四聲譜》古本於廬山僧今嵋。因合吳棫《韻補》而詳考音義，博徵載籍，爲《古今詩韻註》凡二百六十一卷，赴通政司疏上之。奉旨付內閣，與毛奇齡所進《古今通韻》訂其同異。」彝尊所指，當即其人。今內府書目但有奇齡之書，而錫震之書不録，未知其門目何如。疑其所據，即正域此本也。

林朴齋韻考

徐𤊹《徐氏家藏書目·韻類》　《林朴齋韻考》三十卷。

毛詩古音考

徐𤊹《徐氏家藏書目·韻類》　《毛詩古音考》四卷。陳第。

《四庫提要·小學類三》　《毛詩古音考》四卷。福建巡撫採進本。明陳第撰。第有《伏羲圖贊》，已著録。言古韻者自吳棫。然《韻補》一書，厖雜割裂，謬種流傳，古韻乃以益亂。國朝顧炎武作《詩本音》，江永作《古韻標準》，以經證經，始廓清妄論。而開除先路，則此書實爲首功。大旨以爲古人之音，原與今異。凡今所稱叶韻，皆即古人之本音。非隨意改讀，輾轉牽就。如母必讀米，馬必讀姥，京必讀疆，福必讀偪之類。歷考諸篇，悉截然不紊。又《左》、《國》、《易象》、《離騷》、《楚詞》、秦碑、漢賦以至上古歌、謠、箴、銘、頌、贊，往往多與《詩》合，可以互證。

於是排比經文，參以羣籍，定爲本證、旁證二條。本證者，《詩》自相證，以探古音之源。旁證者，他經所載，以及秦、漢以下去《風》、《雅》未遠者，以竟古音之委。鉤稽參驗，本末秩然。其用力可謂篤至。雖其中如素音爲蘇之類，不知古無四聲，不必又分平仄。家又音歌、華又音和之類，不知爲漢、魏以下之轉韻，不可以通《三百篇》。皆爲未密。然所列四百四十四字，言必有徵，典必探本。視他家執今韻部分，妄以通轉古音者，相去蓋萬萬矣。初，第作此書，自焦竑以外，無人能通其說，故刊版旋佚。此本及《屈宋古音義》皆建寧徐時作購得舊刻，復爲刊傳。雖卷帙無多，然欲求古韻之津梁，舍是無由也。

彭元瑞等《天禄琳琅書目後編・明版經部》 《毛詩古音考》。一函，二冊。明陳第撰。

張之洞《書目答問・列朝經注經説經本考證》 《毛詩古音考》六卷。明陳第。《學津》本。

屈宋古音義

《四庫提要・小學類三》 《屈宋古音義》三卷。福建巡撫採進本。明陳第撰。第既撰《毛詩古音考》，復以《楚詞》去風人未遠，亦古音之遺，乃取屈原所著《離騷》等二十五篇，除其《天問》一篇，得二十四篇。又取宋玉《九辯》九篇、《招魂》一篇，益以《文選》所載《高唐賦》、《神女賦》、《風賦》、《登徒子好色賦》四篇，得十四篇。共三十八篇。其中韻與今殊者二百三十四字，各推其本音，與《毛詩古音考》互相發明。惟每字列本證，其旁證則間附字下，不另爲條。體例小異，以前書已明故也。書本一卷，其後二卷則舉三十八篇各爲箋註，而音仍分見諸句下。蓋以參考古音，因及訓詁，遂附録其後。兼以音義爲名，實則卷帙相連，非別爲一書。故不析置集部，仍與《毛詩古音考》入小學類焉。

青郊雜著　文韻考衷　六聲會編

《四庫提要・小學類存目二》 《青郊雜著》一卷、《文韻考衷》、《六聲會編》十二卷。湖南巡撫採進本。明桑紹良撰。紹良字遂叔，零陵人。是編前列《青郊雜著》一卷，發凡起例，併舊韻爲東、江、侵、覃、庚、陽、眞、元、歌、麻、遮、皆、灰、支、模、魚、尤、蕭十八部。又以重、次重、輕、次輕分爲四科。以喉、舌、齶、齒、脣分爲五位。以啓、承、進、止、衍分爲五品。以浮平、沈平、上仄、去仄、淺入、深入分爲六聲。以「國開王向德，天乃賚禎昌，仁壽增千歲，苞盤民弗忘」分爲二十母。又衍爲三十母、七十二母之説。皆支離破碎，憑臆而談。觀其尊蘭廷秀《韻略易通》，而詆徐鉉兄弟爲《説文》之蟊賊、韓道昭父子爲《集韻》之蟲蠹，既是非顛倒，輕肆譏彈。又稱《廣韻》每聲分五十餘部，《唐韻》約爲三十，則於韻書沿革，尚未詳考矣。

聲韻雜注

黄虞稷《千頃堂書目・小學類》 桑良《聲韻雜注》一卷。

海篇心鏡

徐𤊹《徐氏家藏書目・字類》 《海篇心鏡》。

黄虞稷《千頃堂書目・小學類》 蕭良有《海篇心鏡》二十卷。

海篇大成

徐𤊹《徐氏家藏書目・字類》　《海篇大成》。

韻叶考

黃虞稷《千頃堂書目・小學類》　余信《韻叶考》五卷。一作《集古韻考》。

對偶叶音

黃虞稷《千頃堂書目・小學類》　黎士貞《對偶叶音》一卷。

篇韻貫珠集

高儒《百川書志・小學》　《篇韻貫珠集》八卷。

黃虞稷《千頃堂書目・小學類》　釋眞空《貫珠集》八卷。

《四庫提要・小學類存目二》　《篇韻貫珠集》一卷。兩淮馬裕家藏本。

明釋眞空撰。眞空號清泉，萬曆中京師慈仁寺僧也。是書分爲八門，編成歌訣：一曰五音篇首歌訣，二曰五音借部免疑海底金，三曰檢五音篇海捷法總目，四曰貼五音類聚四聲篇海捷法，五曰訂四聲集韻卷數並韻頭總例，六曰貼五音四聲集韻捷法總目，七曰創安玉鑰匙捷徑門法歌訣，八曰類聚雜法歌訣。大旨以《五音集韻》、《篇海》爲本。二書卷帙稍繁，門目亦碎。故立捷法檢尋之，無所發明考證。又俗僧不知文義，而強作韻語，讀之十九不可曉。註中語助之詞亦多誤用，其難通更甚於《篇》、《韻》也。

貫珠集

徐𤊹《徐氏家藏書目・韻類》　《貫珠集》一卷。

類聚音韻

黃虞稷《千頃堂書目・小學類》　熊晦《類聚音韻》三十卷。

《明史・藝文志・小學類》　熊晦《類聚音韻》三十卷。

古今韻

徐𤊹《徐氏家藏書目・韻類》　《古今韻》一卷。

古今韻括

徐𤊹《徐氏家藏書目・韻類》　《古今韻括》五卷。吳汝紀刊。

黃虞稷《千頃堂書目・小學類》　吳汝紀《古今韻括》五卷。

《明史・藝文志・小學類》　吳汝紀《古今韻括》五卷。

五經詞賦叶韻統宗

黃虞稷《千頃堂書目・小學類》　程元初《五經詞賦叶韻統宗》二十四卷。

《明史・藝文志・小學類》　程元初《五經詞賦叶韻統宗》二十四卷。

律古詞曲賦叶韻

《四庫提要・小學類存目二》 《律古詞曲賦叶韻》十二卷。江蘇周厚堉家藏本。明程元初撰。元初字全之，歙縣人。是編成於萬曆甲寅，前有《自序》及《凡例》。大旨以古韻、律韻、詞韻、曲韻、賦韻、叶韻合爲一書。其例每部以四聲相從而緯以三十六母，諸通轉之法則冠於各部之首。體例冗雜，持論亦無根據。其《凡例》稱「沈休文因律詩分四聲作詩韻」，夫齊梁時安有律詩，又安有詩韻乎？

黄鍾音韻通括

黄虞稷《千頃堂書目・小學類》 程元初《黄鍾音韻通括》二卷。

《明史・藝文志・小學類》 《黄鍾音韻通括》二卷。

五車韻瑞

范邦甸等《天一閣書目・小學類》 《五車韻瑞》一百六十卷。刊本。明凌以棟撰。

徐𤊹《徐氏家藏書目・韻類》 《五車韻瑞》。

韻法二筌

徐𤊹《徐氏家藏書目・韻類》 《韻法二筌》二卷。白下李世澤著。

韻會增注

黄虞稷《千頃堂書目・小學類》 釋信受《韻會增注》。嘉定縣人。爲常州都綱。

正韻彙編

黄虞稷《千頃堂書目・小學類》 周家棟《正韻彙編》四卷。

《四庫提要・小學類存目一》 《正韻彙編》四卷。浙江巡撫採進本。明周嘉棟撰。嘉棟字隆之，黄州人。萬曆己丑進士，官至監察御史。其書取《洪武正韻》以偏傍分八十部。所分之部與部中所列之字，皆以字畫多少爲序。每字之下仍各註曰「某韻」。特因韻書之本文編爲字書，以便檢尋，無所損益。其分部頗多乖迕。至於乃字、丹字之類，以爲無偏旁之可歸，編爲雜部，附於末，尤不考古義矣。

韻譜本義

黄虞稷《千頃堂書目・小學類》 茅溱《韻譜本義》十六卷。字平伯，丹徒人。萬曆甲辰序。

《明史・藝文志・小學類》 茅溱《韻譜本義》十六卷。

《四庫提要・小學類存目二》 《韻譜本義》十卷。江蘇巡撫採進本。明茅溱撰。溱字平甫，丹徒人。其書成於萬曆間。就世所通行韻書每字下作一篆文，略採《説文》原註列於其下，故云本義。然《説文》所有之篆文，此書或取或否，皆無義例。又每韻後附以通叶，不標出典，亦茫無根據也。

彭元瑞等《天禄琳琅書目後編・明版經部》 《韻譜本義》。一函，五冊。明茅溱撰，范科校。

韻補本義

黃虞稷《千頃堂書目・小學類》 范科《韻補本義》十卷。

古今韻會小補

黃虞稷《千頃堂書目・小學類》 方日升《古今韻會小補》三十卷。字子謙，永嘉人。萬曆甲辰李維楨等序。

《明史・藝文志・小學類》 方日升《古今韻會小補》三十卷。

《四庫提要・小學類存目二》 《韻會小補》三十卷。江蘇巡撫採進本。明方日升撰。日升字子謙，永嘉人。萬曆間館於京山李維楨家，成此書。維楨門人周士顯令建陽時刻之。《韻會》原收一萬二千六百五十二字，是書一從其舊，無所增減。惟每字考其某音爲本音，某義爲本義。其餘音義，次第附後。註文多所增益。凡一字有數音者列於前，如止有一音者則云「獨音」列於後。若字在他韻而可讀入此韻者則云「古讀」。可叶入此韻者則云「古叶」，亦並附於後。其搜討頗勤，於原書之外多有援引辯正。然亦時有譌誤。如一東曈字、憧字、曨字之類，皆引《說文》，不知爲徐鉉新附字，實《說文》本書所無。又如《韻會》稯字註引《周禮註》：「四秉曰筥，十筥曰稯，十稯曰秅。」不知此《儀禮聘禮》之文。鍐字註引《後漢・輿服志》「金鍐」，不知《輿服志》本作「錽」，音亡范切。凡此之類，多未能駁正。其他古音、古讀，舛謬尤多。顧炎武《音論》詆其勞脣吻，費簡冊，有甚於前人者，亦非無故云然矣。

洪武正韻箋

黃虞稷《千頃堂書目・小學類》 楊時偉《洪武正韻箋》十六卷。

《四庫提要・小學類存目二》 《正韻箋》四卷。江西巡撫採進本。明楊時偉撰。時偉有《春秋編年舉要》，已著録。是書前有崇禎辛未《自序》，大旨以《洪武正韻》不行於當代，故因其原本，增註於下，謂之「補箋」。又取吳棫《韻補》、陳第《古音考》諸書所據古書之音，附於各韻之後，謂之「古音」。又取熊忠《韻會舉要》、楊慎《丹鉛録》諸書所收字，增附於韻後，謂之「逸字」。其用意頗勤。然《洪武正韻》分合舛誤，窒礙難通。雖以天子之尊，傳國十餘世，懸是書爲令甲，而終不能使行於天下。二百六七十年之中，若存若亡，無人置議。時偉乃於舉世不用之中，出奇立異，冀以匹夫之力顛倒千古之是非，抑亦難矣。且所註古音，雜取吳棫、陳第二家，不知其體例各別。所收逸字，不能究《廣韻》、《集韻》之源，僅據楊慎等之書，尤爲疎略。所補箋亦皆輾轉裨販，如日在木中爲東，此許慎所引官溥說，明載於《說文》。而乃引鄭樵《通志》，足知非根本之學矣。

古叶讀

《四庫提要・小學類存目二》 《古叶讀》**五卷。**通行本。明龔黃撰。黃爵里無考。是書考究古韻，自屈原《離騷》及漢、晉以後詞賦，皆徵引參證，而大抵以吳棫《韻補》爲指歸。其紕繆在於根柢，其餘不必深詰矣。

四聲等子刊定

徐𤊹《徐氏家藏書目・韻類》 《四聲等子刊定》一卷。趙宧光。

黃虞稷《千頃堂書目・小學類》 趙宧光《四聲等子刊定》一卷。

四聲表

徐𤊹《徐氏家藏書目・韻類》 《四聲表》一卷。趙宧光。

黄虞稷《千頃堂書目・小學類》　趙宧光《四聲表》一卷。

五聲表

徐𤊹《徐氏家藏書目・韻類》　《五聲表》一卷。趙宧光。

黄虞稷《千頃堂書目・小學類》　趙宧光《五聲表》一卷。

古音考

黄虞稷《千頃堂書目・小學類》　朱謀㙔《古音考》。

七音通軌

黄虞稷《千頃堂書目・小學類》　朱謀㙔《七音通軌》。

字音彙

黄虞稷《千頃堂書目・小學類》　李行志《字音彙》四卷。字升仲。萬曆丁巳序。

字學元元

《四庫提要・小學類存目二》　《字學元元》十卷。內府藏本。明袁子讓撰。子讓字仔肩，郴州人。萬曆辛丑進士，官眉州知州。是編因劉鑑《切韻指南》所載音和、類隔二十門，出切行韻，參差不一，其取字有憑切者，有憑韻者，學者多所轇轕。因爲疏明，使有條理。又廣等子門法爲四十八類，較《玉鑰匙》、《貫珠集》諸書頗爲分明。名曰元元，蓋取班固「元元本本」語也。然惟憑脣吻，未見古書。至謂《禮部韻略》爲陸德明作，故分元魂爲二，而合東冬、清青爲一。又忽論七音，忽論六書，體例糅雜，茫無端緒。所論六書，亦純以臆測，不考許、顧以來之舊義。所謂聰明過於學問者，其子讓之謂乎？

音聲紀元

黄虞稷《千頃堂書目・小學類》　吳繼仕《音聲紀元》六卷。字公信。萬曆辛亥序。

《明史・藝文志・小學類》　吳繼仕《音聲紀元》六卷。

《四庫提要・小學類存目二》　《音聲紀元》六卷。通行本。明吳繼仕撰。繼仕有《六經圖》，已著録。是書大旨以沈約以來諸韻書但論四聲七音，而不以律呂風氣爲本未爲盡善。惟邵子《皇極經世書》、李文利《律呂元聲》爲能窮天地之原而正律呂之誤。於是根據二家，作爲此書。綜以五音，合以八風，加以十二律，應以二十四氣，有圖有表，有論有述，而以《風》《雅》十二詩附焉。然所見未精，得失參半。如八風之配八卦，本之服虔《左傳注》。十二律之配十二支，八風之分爲十二風以及十二支、十二律之配二十四氣，本之鄭康成《周禮注》。其説尚有根據。至於黄鍾律長九寸，歷代相傳，初無異説。惟李文利獨據《呂氏春秋》謂黄鐘之長三寸九分，而以司馬遷九寸之説爲誤。又即其三寸九分之説推之，以爲黄鐘極清，而以宮聲極濁之説爲誤。單文孤證，乖謬難憑。而此書獨以之爲本，遂致宮羽舛錯，清濁逆施。以是審音，未睹其可。又《論》與《表》自相矛盾，亦爲例不純。他如以《風雅十二詩譜》爲傳自漢儒，以《禮部韻》爲毛晃作，以《平水韻》爲《韻會》，以《禮部韻略》爲《唐韻》。又云是今所傳詩韻，失於考據之處，不一而足，更不必論矣。

聲表

黃虞稷《千頃堂書目・小學類》 葉秉敬《聲表》三十卷。

韻表

黃虞稷《千頃堂書目・小學類》 葉秉敬《韻表》三十卷。

《四庫提要・小學類存目二》 《韻表》無卷數。浙江鮑士恭家藏本。明葉秉敬撰。秉敬有《字孿》，已著録。是編凡韻表三十，又聲表三十。其韻表用劉淵舊部，而以東、冬、江、陽、魚、虞、佳、灰、支、微、齊、寒、刪、先、蕭、有、豪、歌、麻、尤二十部爲居中開口音，謂之中韻，以庚、青、蒸三部爲向内開口音，謂之内韻。以眞、文、元三部爲向外開口音，謂之外韻。以侵、覃、鹽、咸四部爲向外合口音，謂之合韻。故顛倒其次序，不與舊同。其聲表於三十六字母中刪除知、徹、澄、孃、敷、疑六母，僅存三十。其法以輕清爲陰，重濁爲陽，以齶、舌、脣、齒、喉、半舌、半齒七音爲經，以納口、出口、平出口三陰聲，半出口、出口、半納口三陽聲爲緯改舊譜四等爲二等，而以麤大、細尖、圓滿、圓尖分庚干、經堅、觥官、扃涓四紐爲四派祖宗以莞攝之。又以眞、文、元諸部向外之韻非四祖宗所能統，又於庚干派中附以根干一派，經堅派中附以巾堅一派，觥官派中附以昆官一派，扃涓派中附以君涓一派。其用法不爲不密，然亦自爲葉氏之法而已。乃自云聖人復起，不易吾言。談何容易乎。舊稱無入十三部，分配入聲自章黼始，然考黼《韻學集成》皆仍舊譜，共以意分配實始自秉敬此書，説者誤以爲黼也。

蘇氏韻輯

黃虞稷《千頃堂書目・小學類》 蘇茂相《蘇氏韻輯》四卷。

字母詮略

徐𤊹《徐氏家藏書目・韻類》 《字母詮略》一卷。新安楊貞一。

詩韻辯略

《四庫提要・小學類存目二》 《詩韻辯略》二卷。編修汪如藻家藏本。明楊貞一撰。貞一字孟公，新都人。是書以朱子《毛詩叶韻》未爲盡善，因取吳棫《韻補》、熊忠《韻會舉要》之説，參考成書。其實皆以《洪武正韻》爲準，於音韻源流，固未能博考也。

韻學考古音釋

徐𤊹《徐氏家藏書目・韻類》 《韻學考古音釋》五卷。建陽袁中道。

韻總持

黃虞稷《千頃堂書目・小學類》 朱簡《韻總持》三冊。休寧人。

《四庫提要・小學類存目二》 《韻總持》三卷。浙江汪啓淑家藏本。明朱簡撰。簡字修能，萬曆中人。其書一卷爲古韻。以干、葛、該等十四字標全韻，使各歸其類。又取安、干、十等三十八字爲陰陽平之準，分注於各類中。與陳第、顧炎武所考古韻未嘗有一字之合。不知其何以稱古韻也。二卷爲唐韻。乃世傳平水韻本，以爲《唐韻》尤誤。三卷爲元韻，即周德清《中原音韻》也。其前例謂古人有上平、入、下平三聲，而無上、去，舉《詩》、《離騷》上去之讀爲平者作證，不知此乃四聲通用，非必無上、去二音也。《釋文》一字數讀，多兼四聲。《類篇》、《集韻》亦同，簡未之詳考耳。

西儒耳目資

《四庫提要・小學類存目二》《西儒耳目資》無卷數。兩江總督採進本。明金尼閣撰。金尼閣字四表，西洋人。其書作於天啓乙丑，成於丙寅。以西洋之音通中國之音。中分三譜：一曰譯引首譜，二曰列音韻譜。皆因聲以隸形。三曰列邊正譜。則因形以求聲。其説謂元音有二十九。自鳴者五，曰丫、額、依、阿、午。同鳴者二十，曰則、測、者、撦、格、克、百、魄、德、忒、日、物、弗、額、勒、麥、搦、色、石、黑。無字者四。自鳴者爲萬音之始，無字者爲中國所不用也。故惟以則、測至石、黑二十字爲字父。其列音分一丫、二額、三衣、四阿、五午、六愛、七澳、八盎、九安、十歐、十一硬、十二恩、十三鴉、十四葉、十五藥、十六魚、十七應、十八音、十九阿答切、二十阿德切、二十一瓦、二十二五石切、二十三尾、二十四屋、二十五而、二十六翁。二十七至二十九非中國所有之聲，皆標西字而無切。三十隘、三十一堯、三十二陽、三十三有、三十四烟、三十五月、三十六用、三十七雲、三十八阿蓋切、三十九無切、四十阿剛切、四十一阿干切、四十二阿根切、四十三歪、四十四威、四十五王、四十六彎、四十七五庚切、四十八溫、四十九碗、五十遠，皆謂之字母。其輾轉切出之字則曰子、曰孫、曰曾孫。皆分清、濁、上、去、入五聲，而五聲又各有甚次與本聲爲三。大抵所謂字父，即中國之字母，所謂字母，即中國之韻部。所謂清、濁，即中國之陰平、陽平。所謂甚次，即中國之輕重等子。其三合、四合、五合成音者，則西域之法，非中國韻書所有矣。考句瀆爲穀、丁寧爲鉦，見《左氏傳》。彌牟爲木，見於《檀弓》。相切成音，蓋聲氣自然之理。故華嚴字母出自梵經，而其法普行於中國。後來雖小有增損，而大端終不可易。由文字異而聲氣同也。鄭樵《七音略》稱七音之韻出自西域。雖重百譯之遠，一字不通之處，而音義可傳。所以瞿曇之書能入諸夏，而宣尼之書不能至跋提河，聲音之道有障礙耳。是或一説歟。歐邏巴地接西荒，故亦講於聲音之學。其國俗好語精微，凡事皆刻意研求，故體例頗涉繁碎，然亦自成其一家之學。我皇上耆定成功，拓地葱嶺，《欽定西域同文志》，兼括諸體，巨細兼收。歐邏巴驗海占風，久修職貢，固應存録是書，以備象胥之掌。惟此本殘闕頗多，《列音韻譜》惟存第一攝至十七攝，自十八攝至五十攝皆佚。已非完書，故附存其目焉。

音韻啓鑰

黄虞稷《千頃堂書目・小學類》徐守綱《音韻啓鑰》。號觀瀾，烏程人。

皇極圖韻

黄虞稷《千頃堂書目・小學類》陳益謙《皇極圖韻》一卷。名藎謨，嘉興人。崇禎壬申序。

嵇璜等《續通志・圖譜略・小學》陳藎謨《皇極圖韻》。

《四庫提要・小學類存目二》《皇極圖韻》一卷。江西巡撫採進本。明陳藎謨撰。藎謨字獻可，嘉興人。黄道周之門人也。是書本邵子《皇極經世》聲音倡和之説，而推衍之。專以經緯子母爲説，實即邵子之言陰陽剛柔也。其説以爲天數九，地數十二。平上去入爲四聲，每聲各有闢闢、翕翕翕、闢之翕、翕之闢四等。每等九聲，得三十六聲，則四天九也。開、發、收、閉爲四音，每音有純清、次清、純濁、次濁四等。每等十二音，共得四十八音。則四地十二也。又推其數合於九宮、八卦、九疇，雖理有相通，然聲氣之原實不在於是也。

元音韻統

黃虞稷《千頃堂書目・小學類》 《元音韻統》二十二卷。

元音統韻

《四庫提要・小學類存目二》 《元音統韻》二十八卷。浙江巡撫採進本。

明陳藎謨撰，其門人胡邵瑛增修。凡《通釋》二卷，《類音》六卷，《統韻》十卷，《古韻疏》二卷，《唐韻疏》二卷，共二十二卷。其後六卷爲《字彙補》。則國朝吳任臣所撰，范廷瑚補入者也。其《通釋》，詳論七音三十六母，本邵子《皇極經世》天聲地音之法，推爲《四聲經緯圖》，以標舉條貫。其《類音》，取梅膺祚《字彙》諸部，刪其訓釋而各註以韻部音紐，以便檢核。其《統韻》，平上去三聲各分三十六部，入聲分二十部，每部之字各以三十六母爲序。其部母改用一弓、二椤、三乩、四居之屬，分合易置，全改《廣韻》以來之舊。其《古韻疏》，用吳棫叶音之說，實非古韻。《唐韻疏》，用近韻一東、二冬、三江之部，而以字母顛倒之，亦非《唐韻》。蓋於辨別等韻，或偶有所得，而於音學源流則未之有考也。其《字彙補》六卷，多收俗字，未爲精核。既附此書以見，今亦不別著録焉。

元韻譜

黃虞稷《千頃堂書目・小學類》 喬中和《元韻譜》五十四卷。內丘人。

嵇璜等《續通志・圖譜略・小學》 明喬中和《元韻譜》。

《四庫提要・小學類存目二》 《元韻譜》五十四卷。浙江巡撫採進本。

明喬中和撰。中和有《說易》，已著録。是書以上平爲陽，下平爲陰。上聲爲陰，去聲爲陽，入聲則陰極而陽生。刪三十六母爲十有九，四重之爲七十六。去蒙音四，得七十有二。而七十二母之中又析之爲柔律、柔呂、剛律、剛呂。又據律法十二宮分十有二佸，以佸統母，以母統各韻之字。凡始「英」終「穀」五十有四韻，條分縷析，似乎窮極要眇，而實則純用俗音。沈陸以來之舊法，蕩然俱盡。如以東冬併入英韻，岑林併入寅韻之類，雖《洪武正韻》之乖謬，尚未至是也。

詩韻釋略

黃虞稷《千頃堂書目・小學類》 梁應圻《詩韻釋略》五卷。字君土。崇禎丙子序。

篆韻正義

黃虞稷《千頃堂書目・小學類》 楊昌文《篆韻正義》五卷。字憲卿，自稱三鱣堂主人。崇禎庚辰黃士俊序。

《明史・藝文志・小學類》 楊昌文《篆韻正義》五卷。

音韻類編

黃虞稷《千頃堂書目・小學類》 劉同升《音韻類編》。

音韻日月鐙

黃虞稷《千頃堂書目・小學類》 呂維祺《音韻日月鐙》六十卷。崇禎癸酉序。

《明史・藝文志・小學類》 呂維祺《音韻日月燈》六十卷。

《四庫提要・小學類存目二》 《音韻日月燈》七十卷。河南巡撫採進本。明吕維祺撰。維祺有《四禮約言》，已著録。是書凡《韻母》五卷，《同文鐸》三十卷，《韻鑰》三十五卷。其說譏沈約知縱有四聲而不知衡有七音，司馬光知衡有七音而不知縱有四等，故作此三書以正其謬，總名《音韻日月燈》。象三光也，亦名《正韻通》，以遵用《洪武正韻》及《續刊洪武通韻》二書也。其韻母以一百六韻爲經，以三十六母四等爲緯，而以開口、合口標於部上，獨音、衆音註於字旁。其《同文鐸舉》一百六部之字，以三十六母易其先後。大致本之《韻會》，而註則稍減。蓋《通韻》即孫吾與《韻會定正》之改名也。所註《古韻通轉》，則吴棫《韻補》之緒餘耳。其《韻鑰》則仍以《同文鐸》所收之字，刪其細註，但互註其字共幾音幾叶，以便檢尋。故名曰「鑰」。《自序》稱《同文鐸》如編年，此如紀傳是也。維祺於等韻之學頗有所見，而今韻、古韻之源流未能深考。觀其稱古韻二百六部沈約併爲一百六部，則其他可知矣。

彭元瑞等《天禄琳琅書目後編・明版經部》 《音韻日月燈》四函，二十二册。明吕維祺撰。

韻母

黄虞稷《千頃堂書目・小學類》 吕維祺《韻母》五卷。

韻鑰

黄虞稷《千頃堂書目・小學類》 吕維祺《韻鑰》二十五卷。

天籟圖

黄虞稷《千頃堂書目・小學類》 潘之章《天籟圖》三卷。

音韻通括

黄虞稷《千頃堂書目・小學類・補元》 《音韻通括》四卷。

崇古韻證

黄虞稷《千頃堂書目・小學類》 張四知《崇古韻證》。

五方元音

《四庫提要・小學類存目二》 《五方元音》二卷。浙江巡撫採進本。國朝樊騰鳳撰。騰鳳字凌虚，堯山人。是書論切字之法，以陰平、陽平析四聲爲五，猶屬舊例。其部分則併爲十二：曰一天、二人、三龍、四羊、五牛、六獒、七虎、八駝、九蛇、十馬、十一豺、十二地。字母則併爲二十：曰梆、匏、木、風、斗、土、鳥、雷、竹、蟲、石、日、翦、鵲、系、雲、金、橋、火、蛙。皆純用方音，不究古義。如覃、鹽、咸之併入天，庚、青、蒸之併入龍。其變亂韻部，又甚於《洪武正韻》矣。

韻蕞

《四庫提要・小學類存目二》 《韻蕞》一卷。江蘇巡撫採進本。國朝徐世溥撰。世溥有《夏小正解》，已著録。此其所著韻書，前有《自序》，其所謂華嚴字母，如曲澗泉行，諸韻遞及，如九歷重階。四聲順次，如司天刻漏，經世交切，如機中織錦。後復爲圖以釋之，所見未嘗不合。至其論韻，則以《洪武正韻》爲主，而於《廣韻》似未寓目。第執今所行平水韻以上下古今之韻學，隘矣。又欲於三十六母影、喩之外增以烏、汪等母，與其辨上下平之說，大抵皆師心自用之學也。

切韻聲原

黃虞稷《千頃堂書目・小學類》 方以智《切韻聲原》二卷。

正叶韻

黃虞稷《千頃堂書目・小學類》 方以智《正叶韻》四卷。

音論

《四庫提要・小學類三》 《音論》三卷。安徽巡撫採進本。國朝顧炎武撰。炎武有《左傳杜解補正》，已著録。自陳第作《毛詩古音考》、《屈宋古音義》，而古音之門徑始明。然創闢榛蕪，猶未及研求邃密。至炎武乃探討本原，推尋經傳，作《音學五書》以正之。此其五書之一也。上卷分三篇：一古曰音、今曰韻，二韻書之始，三唐宋韻譜異同。中卷分六篇：一古人韻緩不煩改字，二古詩無叶音，三四聲之始，四古人四聲一貫，五入爲閏聲，六近代入聲之誤。下卷分六篇：一六書轉注之解，二先儒兩聲各義之說不盡然，三反切之始，四南北朝反語，五反切之名，六讀若某。共十五篇。皆引據古人之說以相證驗。中惟所論入聲變亂舊法，未爲甚確。餘皆元元本本，足以訂俗學之譌，蓋五書之綱領也。書成於崇禎癸未，其時舊本《集韻》與別本《廣韻》皆尙未出，故不知唐、宋部分之異同由於陳彭年、十度。又唐封演《聞見記》其時亦未刊行，故亦不知唐人官韻定自許敬宗。然全書持論精博，百餘年來，言韻學者雖愈闡愈密，或出於炎武所論之外。而發明古義，則陳第之後炎武屹爲正宗。陳萬策《近道齋集》有《李光地小傳》，稱光地音學受之炎武。又萬策作《李光地詩集後序》，稱光地推炎武音學，妙契古先。故所註古音不用吳棫《韻補》而用炎武《詩本音》，則是書之爲善本，可概見矣。

張之洞《書目答問・小學》 《音論》一卷。顧炎武。顧氏《音學五書》本。學海堂本止摘中卷。

詩本音

《四庫提要・小學類三》 《詩本音》十卷。安徽巡撫採進本。國朝顧炎武撰。《音學五書》之二也。其書主陳第「詩無叶韻」之說，不與吳棫《補音》爭，而亦全不用棫之例。但即本經所用之音互相參考，證以他書，明古音原作是讀，非由遷就，故曰「本音」。每詩皆全列經文，而註其音於句下。與今韻合者註曰「《廣韻》某部」，與今韻異者即註曰「古音某」。大抵密於陳第而疏於江永。故永作《古韻標準》，駁正此書者頗多。然合者十九，不合者十一。南宋以來，隨意叶讀之謬論，至此始一一廓清，厥功甚鉅。當以永書輔此書，不能以永書廢此書也。若毛奇齡之逞博爭勝，務與炎武相詰難，則文人相輕之習，益不足爲定論矣。

張之洞《書目答問・列朝經注經説經本考證》 《詩本音》十卷。顧炎武。《音學五書》本。學海堂本。

唐韻正

《四庫提要・小學類三》 《唐韻正》二十卷。安徽巡撫採進本。國朝顧炎武撰。《音學五書》之四也。其書以古音正《唐韻》之譌。書首有《凡例》曰：「凡韻中之字，今音與古音同者，即不註。其不同者，乃韻譜相傳之誤，則註云『古音某』，並引經傳之文以證之。其一韻皆同而中有數字之誤，則止就數字註之，一東是也。一韻皆誤，則每字註之，四江是也。同者半則同者註其略，不同者註其詳。且明其本二韻而誤併爲一，五支是也。一韻皆同，無誤則不註，二冬、三鍾是也。」蓋逐字以求古音，當移出者移而出，當移入者移而入。視他家謬執今韻言古音，但知有字之當入，而不知有字之當出，以至今古糾牽，不可究詰者，其體例特爲明晰。與所作《韻補正》皆爲善本。然《韻補》誤叶古音，可謂之正。至《唐韻》則本爲四聲而設，非言古韻之書。聲隨世移，是變非誤，概名曰「正」，於義未協。是則炎武泥古之過，其偏亦不可不知也。

張之洞《書目答問·小學》 《唐韻正》二十卷。顧炎武。

易音

《四庫提要·小學類三》 《易音》三卷。安徽巡撫採進本。國朝顧炎武撰。《音學五書》之三也。其書即《周易》以求古音。上卷爲《彖辭》、《爻辭》。中卷爲《彖傳》、《象傳》。下卷爲《繫辭》、《文言》、《説卦》、《雜卦》。其音往往與《詩》不同，又或往往不韻。故炎武所註，凡與《詩》音不同者，皆以爲偶用方音，而不韻者則闕焉。考《春秋傳》所載繇詞，無不有韻。説者以爲《連山》、《歸藏》之文。然漢儒所傳，不過《周易》，而《史記》載大横之兆，其繇亦然。意卜筮家别有其書，如焦贛《易林》之類，非《易》之本書。而《易》之本書則如周秦諸子之書，或韻或不韻，本無定體。其韻或雜方音，亦不能盡求其讀。故《彖辭》、《爻辭》不韻者多，韻者亦閒有。《十翼》則韻者固多，而不韻者亦錯出其閒。非如《詩》三百篇協詠歌、被管弦，非韻不可以成章也。炎武於不可韻者，如《乾》之九二、九四中隔一爻，謂義相承則韻亦相承之類，未免穿鑿。又如六十四卦《彖辭》，惟四卦有韻，殆出偶合。標以爲例，亦未免附會。然其考核精確者，則於古音亦多有裨，固可存爲旁證焉。

韻補正

《四庫提要·小學類三》 《韻補正》一卷。安徽巡撫採進本。國朝顧炎

武撰。案《宋志》，吳棫有《毛詩叶韻補音》十卷，又《韻補》五卷。自朱子作《詩集傳》用其《毛詩叶韻補音》，儒者因朱子而不敢議棫。又因《毛詩叶韻補音》，併不敢議其《韻補》。炎武此書，於棫雖亦委曲迴護，有「安得如才老者與之論韻」之言。然所作《詩本音》已不從棫説。至於此書，則更一一糾彈，不少假借。蓋攻《韻補》者其本旨，推棫者其巽詞也。案《朱子語録》，稱吳才老《補音》甚詳，然亦有推不去者。則朱子於棫之書原不謂盡無遺議。馬端臨《經籍考》特録朱子此條於《毛詩叶韻補音》之下，亦具有深心。炎武此書，絶不爲叫囂攻擊之詞。但於古音叶讀之舛誤，今韻通用之乖方，各爲别白註之，而得失自見，可謂不悖是非之正，亦不涉門戶之爭者矣。

張之洞《書目答問·小學》 《韻補正》一卷。顧炎武。《亭林遺書》本。借月山房本。《指海》本。連筠簃本，苗夔《韻補正》未刊。

古音表

嵇璜等《清通志·圖譜略·經學》 顧炎武《古音表》。

《四庫提要·小學類三》 《古音表》二卷。安徽巡撫採進本。國朝顧炎武撰。《音學五書》之五也。凡分十部，以東、冬、鍾、江爲第一。支、脂、之、微、齊、佳、皆、灰、咍爲第二。魚、虞、模、侯爲第三。眞、諄、臻、文、殷、元、魂、痕、寒、桓、删、山、先、仙爲第四。蕭、宵、肴、豪、幽爲第五。歌、戈、麻爲第六。陽、唐爲第七。耕、清、青爲第八。蒸、登爲第九。侵、覃、談、鹽、添、咸、銜、嚴、凡爲第十。皆以平聲爲部首，而三聲隨之。其移入之字與割併之部，即附見其中。考以古法，多相脗合。惟入聲割裂分配，其説甚辨。然變亂舊部，論者多有異同。其門人潘耒作《類音》八卷，深爲李光地《榕村語録》所詬厲。其濫觴即從此書也。以與所著五書共爲卷帙，當並存以具一家之言。且其配隸古音，實有足糾吳棫以來之謬者，故仍録備參考焉。

張之洞《書目答問·小學》 《古音表》二卷。顧炎武。苗夔《經韻鉤沈》未刊。

古韻通

《四庫提要・小學類存目二》《古韻通》八卷。兩淮馬裕家藏本。國朝柴紹炳撰。紹炳字虎臣，仁和人。其書大旨，即今韻部分立三法以求古韻之通。一曰全通，東、冬、江之類是也。二曰半通，元入寒、刪、先，魂、痕入眞、文之類是也。三曰旁通，則俗所謂叶韻是也。分平、上、去爲十一部，分入聲爲七部。其引據甚繁，其考證亦甚辨。然今韻以今音讀之，則一部之内字字相諧。如以古音讀之，則字字各歸本音，難復齊以今部。如支部之儀字，古實音俄。齊部之西字，古實音先。概曰支與齊通，是已使俄與先叶。則紹炳所謂全通、半通者，與古韻皆不免牴牾。又今韻固與古殊，古韻亦自與古別。如東、冬、江自爲部，至漢而東已通陽。魚、虞、尤自爲部，至魏晉而虞兼通灰。輾轉漸移，各隨時代。紹炳乃上薄《風》《雅》，下迄晉宋，凡未定四聲以前，總名之曰古韻，雜然並編。此讀甫諧，彼音已礙。條例益廣，蹊徑滋繁。所謂旁通者，淆亂古音尤甚。至於以許敬宗之所定指爲沈約，以陳彭年之所音指爲孫愐，又其小節矣。

古韻叶音

《四庫提要・小學類存目二》《古韻叶音》六卷。陝西巡撫採進本。國朝楊慶撰。慶字憲伯，泰州人。前明諸生。是書首爲類從，詮部分之通轉。次爲審音，列每部相叶之字。次爲集引，則雜採古書以證之。其《凡例》稱「類從」，仿之焦弱侯、陳季立、吳才老、周伯溫。不知四家之中，惟焦竑、陳第其論相合。餘則南轅北轍。慶合而一之，自不得不棼如亂絲。又分上平「東」至「山」二十三部，下平「仙」至「嚴」二十三部，上聲「董」至「范」四十四部，去聲「送」至「梵」四十八部，入聲「屋」至「乏」二十六部，共一百六十四部，與《廣韻》之二百六部，《壬子禮部韻略》之一百七部，俱不相符。亦不知其所據也。

佐同録

《四庫提要・小學類存目二》《佐同録》五卷。陝西巡撫採進本。國朝楊慶撰。是編據其《自序》，當有四集，共百餘卷。此本題曰《潛齋更刪補釋佐同録類要集》。冠以五音圖，次爲更刪補釋舉要，則皆論六書偏旁，欲改隸從篆。次爲釋略，次爲發例，次爲俚噡，體例龐雜，無自尋其端緒。次乃爲新定等韻，考原等子舊法，自果字至流字十六攝，分開合爲二十四。有通、廣、狹、侷、內、外六門，各有四聲。每等分四層，秩然不紊。慶則統以如是觀三字，分爲前後六攝。其字母敷、奉二字改爲凡、弦二字，凡敷母諸字歸之非母，而以奉母諸字收入凡母。弦母下止收弦、威、磈、籃、碗、汪、盎七字。至《分韻輯呼合圖》共分四十三轉，前二十八轉皆平、上、去三聲，後十五轉皆入聲。未免好事新奇，反滋淆亂。蓋有志於小學，而既無師授，又未多見古書，徒率臆以爲之者也。

聲韻叢說　韻問

《四庫提要・小學類存目二》《聲韻叢説》一卷。《韻問》一卷。浙江巡撫採進本。國朝毛先舒撰。先舒字稚黄，一名騤，字馳黄，仁和人。是編雜論《三百篇》及古來有韻之文凡四十條，所見略與柴紹炳《古韻通》同。其《韻問》一卷，則設爲問答以自暢其説也。

韻白

《四庫提要・小學類存目二》《韻白》一卷。浙江汪汝瑮家藏本。國朝毛先舒撰。皆雜論古韻、今韻、詞韻、曲韻，蓋其《韻學通指》之緒餘也。

其中駁古詩三聲相通一條，最爲失考。古無四聲，聲近者即可諧讀。諸書不一而足，即以習見者而論，古詩《上山採蘼蕪》一首，素、餘同押；劉琨《握中有元璧》一首，璆、叟並用：豈亦未檢耶？駁蘇軾《屈原廟賦》，謂東部本不與「陽」合，此拘於《三百篇》之例。不知《易・象傳》固「中」諧「當」，《老子》固「盲」諧「聾」也。又謂宋人塡詞韻，始江與陽合，是又泥魏、晉以前之例。不知沈演之《嘉禾頌》、徐陵《鴛鴦賦》，「江」已通「陽」久矣。大抵審定今韻之功多，而考證古韻之力少，故往往知其一，不知其二焉。

韻學通指

《四庫提要・小學類存目二》　《韻學通指》一卷。浙江汪汝瑮家藏本。國朝毛先舒撰。是編與柴紹炳《古韻通》、沈謙《詞韻》同時而出。三人本相友善，故兼舉二家之説。其得失離合亦略相等。如謂風字可以入侵韻，非東韻之字全可入侵。舒字可以入支韻，非魚韻之字全可入支。謂古韻之差等有三，今韻之差等有四。所見皆視前人爲確。惟所稱沈約韻、孫愐韻及唐人韻、入聲表、孫愐二百六部、唐人一百七部之説，則多無依據，以意爲之。夫沈約四聲久佚，不必言矣。語詳《韻經》條下。孫愐《唐韻》惟《廣韻》之首僅存其《序》。徐鉉校正《説文》，僅存其反切。書則久佚，又安得以宋人韻目爲司法本書。且二百六部之分，據其末則陳彭年等之書，有《廣韻》可考。原其初則沈約之舊，有約集諸詩賦可考。孫愐但增加其字，補綴其註，並無分部之説。忽舉而歸之於愐，古無典記也。至其同用、獨用之註，在唐則許敬宗所定，見封演《聞見記》。在宋則賈昌朝移併窄韻十三部，見《東齋記事》，亦見《玉海》。自昌朝以前，無一百七部之説也。又唐人程試則用官韻，自爲詠歌則多用私韻。如東與冬、鍾爲二部，官韻也。其他如孟浩然《田家元日》詩、杜甫《雨晴》詩、魏兼恕《送張兵曹赴營田》詩之類，皆近體律詩，以東、冬、鍾通押，則私韻也。蕭、宵、肴、豪爲三部，官韻也。李商隱《送從翁赴東川尙書幕》詩之類，亦五言長律，以蕭、宵、肴、豪通押，則私韻也。畫字在卦部，官韻也。李商隱《無題》詩與「衩」同押。婦字在有部，官韻也。白居易《琵琶行》與故同押，亦皆私韻也。是其時自程試以外，韻原不一，安有所謂偏考唐人無不合於一百七部者哉。尤可異者，上下平聲五十七部，有入者三十四，無入者二十三，自唐以來，絕無異説。至明葉秉敬作《韻表》，始以後世方音割裂分配，使部部有入。先舒祖其説而小損益之，乃標曰《唐人韻》、《入聲表》。則不但考之不詳，併依託古人如郭正域之沈約《韻經》矣。

詩韻更定

《四庫提要・小學類存目二》　《詩韻更定》五卷。内府藏本。國朝吳國縉編。國縉字玉林，全椒人。順治壬辰進士。韻書之作，所以辨别聲音，不專爲詩而設。流俗名曰《詩韻》，莫知所本。毛奇齡《古今通韻》，以爲《詩韻》者，「試韻」之譌。爲唐、宋以來，並無「試韻」之名，奇齡不免於臆説。考吳澄《支言集》，有張壽翁《事韻擷英序》曰：「荆國、東坡、山谷，始以用韻奇險爲工。蓋其胸中蟠萬卷書，隨取隨有。儻記覽之博不及前賢，則不能免於檢閲。於是乎有《詩韻》等書。然其中往往陳腐，用之不能起人意」云云。然則其始以《韻府》之類便於作詩押用，遂謂之《詩韻》。其後但收韻字，不載詞藻者，亦遂沿用其名耳。國縉此本，以「詩韻」爲名，已失於不考。又每部之字分一選、二選、三選、汰字四類。大抵以最熟易押者爲上選，稍難用者次之，不常用者則汰除。如一東汰潼字，二冬汰淞字。是併臨潼、吳淞亦爲僻字禁用也，其詩當作何等語耶！

易韻

《四庫提要・小學類三》　《易韻》四卷。浙江巡撫採進本。國朝毛奇齡撰。古人繇詞，多諧音韻。《周易》爻象，亦大抵有韻而往往不拘。故吳棫作《韻補》，引《易》絕少。至明張獻翼始作《讀易韻考》七卷。然獻翼不知古音，或隨口取讀，或牽引附會。殊龐雜無緒。奇齡此書，與顧炎武《易本音》皆置其無韻之文，而論其有韻之文，故所言皆有條理。兩家所撰韻書，互有出入，故其《論易韻》亦時有異同。大抵引證之博，辨析之詳，則奇齡過於炎武。至於通其可通，而闕其所不可通，則奇齡之書又不及炎武之詳慎。如《乾卦》上九「用九」爲一節，本奇齡臆說。而此併牽古韻以實之，則尤爲穿鑿。且所謂兩界、兩合蠹韻者，其中皆自申其古今通韻之例，亦不及炎武偶雜方言之說爲通達而無弊。然炎武書太簡略，而奇齡則徵引賅洽，亦頗足互證。以韻讀《易》者，以炎武書爲主，而參之是書以通其變，略短取長，未始不可相輔而行也。

古今通韻

《四庫提要・小學類三》 《古今通韻》十二卷。江蘇巡撫採進本。國朝毛奇齡撰。奇齡有《仲氏易》，已著録。是書爲排斥顧炎武《音學五書》而作。創爲五部、三聲、兩界、兩合之說。五部者，東、冬、江、陽、庚、青、蒸爲一部。支、微、齊、佳、灰爲一部。魚、虞、歌、麻、蕭、肴、豪、尤爲一部。眞、文、元、寒、刪、先爲一部。侵、覃、鹽、咸爲一部。三聲者，平、上、去三聲相通而不與入通。其與入通者謂之叶。兩界者，以有入聲之東、冬、江、陽、庚、青、蒸、眞、文、元、寒、刪、先、侵、覃、鹽、咸十七韻爲一部。無入聲之支、微、齊、佳、灰、魚、虞、歌、麻、蕭、肴、豪、尤十三韻爲一部。兩不相通，其相通者謂之叶。兩合者，以無入十三韻之去聲與有入十七韻之入聲通用。而不與平上通。其與平上通者謂之叶。案奇齡論例，既云所列五部，分配五音，雖欲增一減一而有所不可。及又分爲兩界，則五音之例亂矣。既分兩界，又以無入十三韻之去聲與有入十七韻之入聲同用，則兩界之例又亂矣。至三聲之例，本云平上去通而不與入通，而兩合之例又云去入通而不與平上通，則三聲、兩合不又自相亂乎。蓋其病在不以古音求古音，而執今韻部分以求古音。又不知古人之音亦隨世變，而一概比而合之。故徵引愈博，異同愈出。不得不多設條例以該之。迨至條例彌多，矛盾彌甚，遂不得不遁辭自解。而叶之一說生矣。皆逞博好勝之念，牽率以至於是也。然其援據浩博，頗有足資考證者。存備一家之學，亦無不可，故已黜而終存之焉。

韻學要指

《四庫提要・小學類存目三》 《韻學要指》十一卷。浙江巡撫採進本。國朝毛奇齡撰。奇齡有《仲氏易》，已著録。先是奇齡撰《古今通韻》十二卷，進呈御覽，久經刊版單行。因其卷帙繁重，乃檃括其議論之尤要者，以爲此書。李天馥序之。然較《通韻》，特刪去各部所收之字，而存其條例及考證耳。意在簡徑易明，而韻字不存，等於有斷而無案。欲究其說，彌費檢閱。編《西河合集》者，廢《通韻》而存此書，非其韻學之全矣。

諧聲品字箋

《四庫提要・小學類存目二》 《諧聲品字箋》無卷數。内府藏本。國朝虞德升撰。德升字聞子，錢塘人。其書以字韻之學向來每分爲二，不相統攝，因取六書諧聲之義品列字數，其法總五十七聲，分三十九字，合九十六音，共千六百母，而六萬有奇之字畢歸之。使學者可因聲以檢字。蓋本其父咸熙草創之本，而復爲續成之者也。不知諧聲僅六書之一，不能綜括其全。故自來字書、韻書，截然兩途。德升必強合而一之，其破碎支離，固亦宜矣。

韻統圖説

嵇璜等《清通志・圖譜略・經學》 耿人龍《韻統圖説》。

《四庫提要・小學類存目二》 《韻統圖説》無卷數。兩江總督採進本。國朝耿人龍撰。人龍字書升，號岵雲，江陰人。是書於三十六母刪知、徹、澄、娘、敷、微六母，定爲三十位。以呼、呵、嘻、嘘四聲分配宮、商、角、羽。一聲之中，兼攝平、上、去、入，而又分清針、濁針，別爲十二通，析爲四十八韻。又於十二通之中別爲三轉。其圖有橫、直二母。以直母統三十位，橫母統四十八韻，故名《韻統》。其苦思密審，亦竭一生之功。然千古之音，隨時而異。一時之音，隨地而異。一地之音，隨人而異。一人之音，隨年而異。故周公以聖人之才，行天子之事，而《周禮》「保氏以六書教國子」，「小史掌達書名於四方」，皆以同天下之文，而不能同天下之音。《三百篇》中，今有不能得其韻者，非本無韻，韻不同也。歷代韻書，大抵守其大綱以存古，通其小節以隨時。以漸而變，莫知其然。未有能毅然決裂，盡改前代舊法者。知聲音萬變，不可以一人之私意定也。人龍乃欲以一人之口吻，強天下萬世而從我。其自謂窮極精妙者，以叩他人則扞格矣。豈能行之事乎？其不用見、溪、羣、疑等字爲字母，而以一英軒、二英烟至三十焚煩爲聲母，不過改頭換面，其用實同。其所論反切之法，以爲切密於反，切可通反，而反不可通切。反爲翻讀，其途易泛。切爲疾讀，其用尤的。不知自孫炎以來，但稱某字某反，唐人諱反，乃皆稱切。唐玄度《九經字樣》，具有明文。其後乃兼稱反切，不必穿鑿字義，橫生分別。其謂徵音不立專部，寄之角部轉音唏韻之中，而宮、商各部皆雜入正徵、變徵諸音。此即徵音爲事，散見於君臣民物之理，亦殊爲附會。至論今韻無八十三部，古皆有入，今韻有入之部，古皆無入，此即回互通轉之所由生。則又故示顛倒，冀聳俗聽者矣。

聲韻源流考

《四庫提要·小學類存目二》

《聲韻源流考》無卷數。浙江巡撫採進本。

國朝萬斯同撰。斯同有《廟制圖考》，已著録。其作此編，蓋欲詳考聲韻之沿革。首列歷代韻書之可考者，次列歷代韻書之無考者，而採摭其序文、《凡例》、《目録》，以存梗概。上起魏李登《聲類》，下迄國朝顧炎武、毛奇齡、邵長蘅之書，無不採録。而草創未終，略無端緒。匡廓粗具，挂漏宏多。如首列李登、呂靜、周容、沈約、蕭該、陽休之、陸法言、唐玄宗、孫愐、顏元孫、顏眞卿、季舟、李涪、徐鍇、陳彭年、丁度、吳棫、毛晃、劉淵、周德清、韓道昭、黃公紹、陰時夫、宋濂案此書以樂韶鳳爲首，其序則濂所撰，專歸之濂，殊誤。孫吾與、楊黼案《韻學集成》，著者章黼，此楊黼亦誤。張之象、潘恩之書，已爲不備。而李涪《刊誤》不過偶論韻一條，並非韻書，尤爲循名失實。續列歷代韻書總目，自周研至張貴謨，凡三十二家，皆宋以前人。註云「已見前篇者不録」。然其中有名可考者，如唐僧智猷《辨體加字切韻》五卷，見於《唐志》、《宋志》。宋僧鑒聿《韻總》五篇，見於歐陽修集。皆前篇所遺，竟漏不載。又載李啓《聲類》十卷，注曰「魏校書令」。隋、唐二《志》俱無，不知斯同何所本。殆輾轉裨販，誤「左校令」爲「校書令」，誤「李登」爲「李啓」而未能考正耶。所列諸韻目録，僅《廣韻》、《平水韻》、《韻會》、《正韻》、《韻經》五家，其他即姑勿論。《廣韻》繁簡二本，有殷文獨用、欣文同用之分。《集韻》與《唐韻》有改併窄韻十二部之別。乃韻書沿革之大者，亦竟遺之。至於論古韻，則吳棫、陳第、顧炎武、毛奇齡、邵長蘅諸説，南轅北轍，互相攻擊，而並全録其文，無一字之考訂。知爲雜鈔之本，不過儲著書之材，而尚未能著書。後人以其名重，遂録傳之，故觸處罅漏如是也。

讀書正音

《四庫提要·小學類存目一》

《讀書正音》四卷。浙江巡撫採進本。國朝吳震方撰。震方字青壇，石門人。康熙己未進士，官至監察御史。是書卷一，以一音異讀者分門編輯。其無類可歸者，附以「通用」一門。卷二別爲六類：曰字音清濁辨、曰同音借義、曰借同音不借義、曰因義借音、曰音借而借、曰語詞之借。卷三以四聲編録僻字。卷四則各依部分編習見字樣，以正時師誤讀。前有毛奇齡序，頗稱其精審。然實於六書音韻源流多所舛漏。其謂本字不讀本音者，如隨，隋時去「辵」爲「隋」，本文帝之臆造。在《説文》：「隋，裂肉也。」徐鉉音徒果切，乃其本音。他如在支韻者，作旬爲切，順裂肉也。又翾規切，《周禮·大祝》「隋釁」通作「綏」是也。在歌韻者，作土禾切。《集韻》「中高四下」是也。在眞韻者，作呼恚切。《周禮·守祧》「既祭則藏其隋」是也。此所謂本字不讀本音者也。今震方誤以隋、隨爲一音，反以音「妥」者爲非本音，而在支、歌、寘三韻者乃不見録，未免失考。又如厪之爲僅、厸之爲鄰、豩之爲攀，俱列在本字不讀本音卷內。考《漢書·賈誼傳》曰「其次厪得舍人」，註曰：「厪與僅同。」《揚雄傳》曰「纍既豩夫傅說兮，奚不信而遂行」，註曰：「豩，古攀字。」《叙傳》曰「東厸虐而殲仁兮，王合位乎三五」，註：「厸，古鄰字。」震方概附諸同字異讀，亦未悉今字古字之殊。至於景爲影之本字、暒爲晴之本字、丣丣爲卯酉之本字，顯著《説文》。震方亦與本字不讀本音者一例列之，益乖迕矣。若此類者，不一而足。其餘耳目之前，亦多遺失。《漢·地理志》曰「屯留」，師古：屯音純。「朁亭」，師古：朁音潛。「修亭」，應劭：修音條。「計斤」，師古：音介。「根句氏道」，李奇：句音臏。「卑水」，孟康：卑音班。「樸劉」，孟康：音蒲環。「澤索」，師古：澤音鐸。「驪靬」，李奇：音遲虔。「祖厲」，師古：音罝賴。「莫魁」，師古：音忉怛。「遼隊」，師古：隊音遂。「黏蟬」，服虔：蟬音提。「巖泠」，孟康：音螟蛉，師古：音麋零。「芀陂」，師古：芀音鵲。凡此皆字同音異之顯然者，震方俱弗收輯，則僻書概可知也。蓋以正塾師之謬讀，則所得爲多。以言古人之小學，則又當別論耳。

欽定音韻闡微

《四庫提要·小學類三》

《欽定音韻闡微》十八卷。康熙五十四年奉敕撰，雍正四年告成。世宗憲皇帝御製序文，具述聖祖仁皇帝指授編纂之旨，刊刻頒行。自漢明帝時西域切韻之學與佛經同入中國，所謂以十四音貫切字是也。然其書不行於世。至漢魏之間，孫炎創爲翻切，齊、梁之際，王融乃賦雙聲。等韻漸萌，實闇合其遺法。迨神珙以後，其學大行。傳於今者，有司馬光《指掌圖》、鄭樵《七音略》、無名氏《四聲等子》、劉鑑《切韻指南》。條例日密，而格礙亦日多。惟我國書十二字頭，用合聲相切，緩讀則爲二字，急讀則爲一音，悉本乎人聲之自然。證以《左傳》之丁寧爲鉦、句瀆爲穀，《國語》之勃鞮爲披、《戰國策》之勃蘇爲胥，於三代古法，亦復相協。是以特詔儒臣，以斯立準。首列韻譜，定四等之輕重。每部皆從今韻之目，而附載《廣韻》之子部，以存舊制。因以考其當合當分。其字以三十六母爲次，用韓道昭《五音集韻》、熊忠《韻會舉要》之例。字下之音則備載諸家之異同，協者從之，不有心以立異。不協者改用合聲，亦不遷就以求同。大抵以上字定母，皆取於支、微、魚、虞、歌、麻數韻。以此數韻能生諸音，即國書之第一部也。以下字定韻，清聲皆取於影母，濁聲皆取於喻母。以此二母乃本韻之喉音，凡音皆出於喉而收於喉也。其或有音無字者，則借他韻他母之字相近者代之。有今用、協用、借用三例，使宛轉互求，委曲旁證。亦即漢儒訓詁「某讀如某」、「某音近某」之意。惟辨別毫芒，巧於比擬，非古人所及耳。自有韻書以來，無更捷徑於此法者，亦更無精密於此書者矣。

類音

《四庫提要·小學類存目二》

《類音》八卷。編修汪如藻家藏本。國朝潘耒撰。耒字次耕，號稼堂，吳江人。康熙己未召試博學鴻詞，授翰林院檢討。耒受業於顧炎武。炎武之韻學，欲復古人之遺。耒之韻學，則務窮後世之變。其法增三十六母爲五十母，每母之字橫播爲開口、齊齒、合口、撮口四呼。四呼之字各縱轉爲平、上、去、入四聲，四聲之中各以四呼分之。惟入聲十類，餘三聲皆二十四類。凡有字之類二十二，有聲無字之類二。以有字者排爲韻譜，平聲得四十九部，上聲得三十四部，去聲得三十八部，入聲得二十六部，共爲一百四十七部。蓋因等韻之法而又推求以己意。於古不必合，於今不必可施用，亦獨成一家之言而已。李光地《榕村語録》曰：「潘次耕若肯將其師所著《音學五書》撮總纂訂，令其精當，豈不大快？卻自出意見，欲駕亭林之上，反成破綻。以自己土音，影響意揣，便欲武斷從來相傳之緒言，豈可乎？」是亦此書之定評也。

韻雅　雜論　識餘

《四庫提要・小學類存目二》　《韻雅》五卷。兩淮馬裕家藏本。國朝施何牧撰。何牧，蘇州人。康熙戊辰進士。其書仍用劉淵之部分，以收字必從經典，故以「雅」爲名。所載古通，不甚謬誤，而引據皆非其根柢。其《雜論》十條，則語多影響。至謂元之取士，不以詩而以曲，無稽實甚。又末附《識餘》數十條，每韻下雜採古事，挂一漏萬。似乎欲爲韻府而不成者，益無體例矣。

古音正義

《四庫提要・小學類存目二》　《古音正義》一卷。江西巡撫採進本。國朝熊士伯撰。士伯字西牧，南昌人。官廣昌縣教諭。是書成於康熙丙子，又重訂於戊寅。版心、書首皆題「卷一」，似乎尚有別卷。而核其目録，已首尾完具，且附録三篇亦在焉，則刊版誤也。是書所論，大抵以《說文》諧聲爲古音之原，以後世方言爲古音之轉，而以等韻經緯於其間。言之似乎成理，而其實不然。夫韻始諧聲，其來古矣。然許愼《說文》主於解字，不主於辨聲。所謂「某字某聲」，不過約略近似。如秊，今音奴顚切，而云「讀若寧」，寧、年雙聲之轉也。虔，今音渠焉切，而云「讀若矜」，矜、鰥古字之通也。此本不可據以定韻。且以今韻古韻互相參考，其間有可解者，有不可解者。如江、杠，工聲。此諧聲之字已變，而所諧之字未變者也。龞、龜聲，波，皮聲。此諧聲之字未變，而所諧之字已變者也。龜，古音丘。皮，古音婆。儀、議，義聲。此諧聲之字與所諧之字俱變者也。義、儀、議，古並音俄。祖，且聲。姐亦且聲。此諧聲之字與所諧之字俱半變半不變者也。且字入虞韻，又入馬韻。諸、渚，者聲。奢亦者聲。此所諧之字全變，而諧聲之字半變半不變者也。者，古音主，今韻諸、渚諧此聲，而奢字則入麻韻。風、鳳，凡聲。汎亦凡聲。此所諧之字不變，而諧聲之字半變半不變者也。皆與今說古韻者絕不相異。又如梏，咎聲，讀若皓。此蕭、肴、豪、尤之通用也。魔，麻聲。此歌、麻之通用也。哇，圭聲，讀若醫。此支、佳、齊之通用也。魂，云聲，此文、元之通用也。茜，西聲。移，多聲。此古今音別一字之通用者也。西，古音先。多，古音夷。槐，鬼聲。遺，貴聲。此古無平仄三聲之通用者也。亦與今說古韻者絕不相異。凡此可以解者，何必待《說文》諧聲而後知。若夫衮，公聲。輅、賂、路，各聲。訏，于聲。莙，君聲，而云「讀若威」。摯，執聲，而云「讀若晉」。此已難解。至如熊爲炎省聲，匌爲勺省聲，杏爲可省聲，更茫不知其所云。甚至如莗、椑，卑聲。卑又甲聲，則莗、椑皆當讀若甲。䰲，需聲，需又而聲，則䰲當讀若而。䰲，奴豆切，去而音絕遠。更輾轉至於不可通。凡此不可解者，或爲傳寫譌誤，或爲漢時方音，均不可知，又豈可據以定古音哉？況經典初皆古文，許愼所說乃小篆，字體轉變，或相同或不相同。如愼，眞聲，而古文作㫳。津，𦘕聲，而古文作𦨈。續，賣聲，而古文作賡。虹，工聲，而古文作蚺。囿，有聲，而古文作𡈀。皆無可諧之聲。即《說文》所載，已不可枚舉，而欲據小篆偏旁以究三代之音，其亦左矣。至方言則脣吻之間，隨時漸變，亦隨地頓殊。其時同者其地未必同。劉熙《釋名》所載天坦、天顯之別，五方異呼之證也。其地同者其時又未必同，《左傳》稱楚謂乳曰穀，謂虎曰於菟。《穀梁傳》稱吳謂善[曰]伊，謂稻曰緩；狄謂賁泉曰失台。今驗諸土俗，皆無一合。是古今異語之證也。偶執其一字二字援以爲證，則曾慥《類說》載眞宗時閩人作賦，以何、高相叶，嶺南人作詩，以先、添並押者，亦將曰宋韻如是乎？若夫等韻之辨，尤似是而非。考《隋書・經籍志》曰：「自後漢佛法行於中國，又得西域書，能以十四字貫一切音。文省而義廣，謂之婆羅門書，與八體六字之義殊別。」是等韻久入中國，而審音者弗之用，唐以前無取以定韻者。自宋以後，其說漸行，乃以字母入韻書。實因韻而分等，非因等而定韻。古書所載，源委甚明。以等韻核今韻，已言人人殊。至以等韻定古韻，益本末倒置，全迷端緒矣。乃詆陳第《古音考》不知等韻，是猶怪斷漢獄者不能引唐律也。大抵三代去今數千年，當日音聲，但可以據經典有韻之文，約其大略。猶之考地理者，可以據名山大川知某省當爲古冀州、某省當爲古揚州耳。必以今之州縣村堡犬牙相錯之處定古某州之疆界，則萬無是事矣。故士伯此書，引證愈博，辨駁愈巧，而不合於古法乃愈甚。總由於不揣其本故也。至謂經典皆北人所作，即屈宋亦北學於中國，是以古無入聲，如周德清之《中原音韻》攤入三聲。則益爲臆斷之談矣。

等切元聲

《四庫提要・小學類存目二》　《等切元聲》十卷。江西巡撫採進本。國朝熊士伯撰。是編成於康熙癸未。又其講明今韻之書也。案等韻之法，約三十六母爲二十三行，排端、精於一四，知、照於二三。是以出切行韻，彼此轇轕。元劉鑑以類隔，交互等二十門法取字，後人咸遵其說。是書於等子門法頗有駁正。至內外八轉、通廣、侷狹之類，辨論尤爲詳悉。然等韻之學，唯憑脣吻，雖精究此事者，不能不雜以方音。故彼亦是非，此亦一是非。左右佩劍，相笑不休。自以爲豪髮無憾，而聽之又未嘗不別有說也。即如此書，內外以照二爲限。內門二等，惟照有字，俱切入三等，所謂內轉切三也。外門則牙、舌、脣、齒、喉二等俱有字，仍切二等，所謂外轉切二也。內三、外二門法，不過如此。然臻之開合二攝二等，止照有字，何以謂之外轉耶。通廣、侷狹等子，明列四門，而切法以三等切及第四爲通廣一門，四等切及第三爲侷狹一門。此外又有小通廣侷狹門，又有通廣侷狹不定門。是門法與等子互異也。又謂知、徹、澄同照、穿床，泥同孃，敷同非，皆可省。按照、穿、床係齒音，知、徹澄係舌音。士伯云莊之與章，是照與照別，非與知有異。不知章與張自別，惟《中原音韻》中鐘、追、錐之類，皆不分別，不可以律等子也。然則泥、孃以上下等爲別，非、敷以清濁之次爲別，又安可廢乎。獨其於雙聲、疊韻及《五音九弄反紐圖》，剖析微至，足證前人之誤，爲不可沒耳。

欽定叶韻彙輯

《四庫提要・小學類三》　《欽定叶韻彙輯》五十八卷。乾隆十五年奉敕撰。字數、部分皆仍《佩文詩韻》。惟以今韻之離合，別古韻之異同。如江韻獨用則一韻爲一部，東、冬兩韻同用，則兩韻爲一部。支、微、齊三韻同用，則三韻爲一部是也。每部皆附叶韻，略如吳棫《韻補》。惟《韻補》於今韻每部各載叶韻，此則一部獨用者附本部末，諸部同用者即總附諸部末。如蒙字叶莫邦切，則獨附江部後。江字叶戶公切，則總附東、冬二部後。魚字叶魚羈切，則總附支、微、齊三部後是也。夫古今聲音之遞變，亦如大小篆、隸、八分之遞變。或相因，或迥不相近。以迥不相近之音施於歌詠，於古雖有徵，而於今不能悉協。唐人古詩，大抵皆相近之音，故東、冬、江古音雖同，而此書東、冬自爲部，江自爲部。支、微、齊、佳、灰、古音雖同，而此書支、微、齊自爲部，佳、灰自爲部。皆取不戾於古而可行於今也。至於叶韻之說，宋以來糾紛彌甚。謂庚收穿鼻，真收舐齶，兩不相叶。然「嘉名」、「靈均」，乃見於屈原之《騷》。謂江本通東，陽本通庚，兩不相叶。然「成雙」、「鴛鴦」，乃見於徐陵之賦。此異而彼同，此通而彼礙，各執一理，勝負互形，所謂愈治而愈棼也。此書所録，惟據古書註有是音者，使以類相從。明前有所承即後有所本，不復旁牽博辨，致枝蔓橫生。解結釋紛，尤爲得要。於數百年講古韻者，誠爲獨酌其中矣。

詩傳叶音考

《四庫提要・小學類存目二》　《詩傳叶音考》三卷。江蘇巡撫採進本。國朝吳起元撰。起元字復一，震澤人。是書專論《三百篇》叶音，如《關雎》「服」古音匐，引《禮記》「扶服救之」爲證，亦間有可采。至如「吁嗟乎騶虞」，不知爲無韻之句，乃謂虞、乎相叶。然則《周南》之「吁嗟麟兮」、《鄭風》之「狂童之狂也且」，又以何法叶之乎。大抵其病由於不知古音自有部分，惟以今韻部分取讀。又不知古無四聲，更以華嚴字母分等。故愈辨而愈遠也。

重訂馬氏等音

《四庫提要・小學類存目二》　《重訂馬氏等音》外集一卷，内集一卷。江蘇巡撫採進本。此本爲康熙戊子宣城梅建所刊。内自稱「槃什馬氏自援」。建序惟稱得自霑益州明經張聖功，亦不知自援何許人。今考其書，引梅膺祚《字彙》，則當在明末。又自稱籍本秦而生於滇，則雲南人。得自霑益，蓋其鄉里也。又稱所學得自江右楊夫子、嘉興李夫子，不著名字，則莫知爲誰矣。其書自立新意，併三十六母爲見、溪、疑、端、透、泥、邦、滂、明、精、清、心、照、穿、審、曉、影、非、微、來、日二十一母，而緯以光、官、公、裩、□、垂、□、規、戈、國、孤、骨、瓜十三韻。以舊譜四聲爲未備，增爲五聲，曰平、上、去、入、全。又謂舊譜有無入之韻，皆爲錯誤。立借入之法以通之。其刪併字母，即蘭廷秀《韻略易通》括以《早梅詩》之説也。其四聲外增一全聲，即周德清《中原音韻》陰平、陽平之説也。其借用入聲，即葉秉敬《韻表》之説也。其末附《傳響射字法》，矜爲神妙者，即宋趙與旹《賓退録》「擊鼓射字法」也。而實皆未見諸書。觀其謂《禮部韻》爲沈約作，其陋可想。檢所引證，不過據《洪武正韻》及《字彙》韻法橫直二圖，私心揣測，以成是編。其中惟平分陰陽，稍合古法。米芾《畫史》嘗明此義，而晉李登《聲類》以宮、商、角、徵、羽各爲一篇，當即其源。然以全聲列入聲後，如通、桶、痛、突、同，灘、坦、炭、忒、壇，則究非先發後斂之序。總之，一知半解，自生妄見而已矣。

本韻一得

《四庫提要・小學類存目二》　《本韻一得》二十卷。浙江巡撫採進本。國朝龍爲霖撰。爲霖字雨蒼，成都人。由拔貢生官至潮州府知府。是書爲所定新韻。卷首載《答趙國麟論韻書》，有「此道自漢以後，如漆室長夜，千數百年於兹」之語。其自命甚高，故歷代相傳之舊法，無一不遭詆斥，亦無一不遭變亂。大意以十二律分平聲，以七音分入聲，又以四聲不備五音分陽平、陰平爲二，以合五聲之數。驟而觀之，以樂律定聲音，以聲音定部分，端緒井然，言之成理，似乎得聲氣之自然。其附會不能遽見，亦不能遽攻。然探其本而論之。律之作也，應陰陽之氣而寫之以音。此由乎天者也。至於文字之作，其始用以記載，別而爲形，因而宣諸語言，別而爲聲，其聲由點畫而起，不由律呂而起。此定於人者也。故古人律呂之妙，窮析毫芒，而音則並無平仄。此韻不與律俱生之明證矣。顔之推《家訓・音辭》篇曰：「鄭玄註六經，高誘解《呂覽》、《淮南》，許慎造《説文》，劉熙製《釋名》，始有譬況、假借以證音字，而古語與今殊別。其間輕重、清濁，猶未可曉。孫叔然創《爾雅音義》，是漢末人獨知反語。」此韻之始萌，不言配律也。封演《聞見記》曰：「魏時有李登者，撰《聲類》十卷，凡一萬一千五百二十字，以五聲命字。」此乃漸配五聲，然每聲之中，尚未析平仄也。《南齊書・陸厥傳》曰：「沈約等文，皆用宮商，以平、上、去、入爲四聲，以此制韻。」《梁書・沈約傳》曰：「撰《四聲譜》自謂入神之作。」此今韻平仄之始，亦不言叶樂也。自釋神珙始作《等韻》，其圖今載《宋本玉篇》之末，相傳爲北魏人。而其《自序》中乃稱昔梁沈約創紐字之圖。又有南陽釋處忠撰《元和韻譜》，元和爲唐憲宗年號，則當爲晚唐時人。故唐一代詩人未言字母，至宋而其説乃大行。以韻配律，漸起於是矣。然沈括《夢溪筆談》曰：「樂家所用，隨律命之，本無定音。常以濁者爲宮，稍清爲商，最清爲角，清濁不常爲徵、羽。切韻家則定脣、齒、牙、舌、喉爲宮、商、角、徵、羽，其間又有半徵、半商者，如來、日二字是也。」是盛談等韻之時，尚以韻與樂律截然分爲兩事。今爲霖乃因字母有七音之例，遂更廣其例，以十二律爲斷。舉隋陸法言以來，上、下平聲五十七部併爲十二部。夫樂之有十二律，不猶天之有十二宮乎？古聖人畫地分州，建侯樹國，各因其山川之勢，初不取象於天。迨其後測驗之術興，乃以列宿分野隸十二宮之次。聲韻之始，隨呼吸取讀，亦猶分州建國也。及其配以音律，亦猶列宿分野也。其理不必不相通，而其勢不能以彼改此。今以韻通於律，遂併爲一十二部以應律，亦將以地理通於星野，而合併天下之千百郡縣，割裂天下之疆界，合爲十二州以應天乎？況自漢以來，有韻之書不一，有韻之文亦不一，一旦盡舉而廢之，獨標一爲霖之書爲千古韻學之聖，即其説果通，亦斷斷難行於天下。況倒置本末，併其理亦牽合乎？至於入聲併十二爲七，尤爲乖理。聲生於口，一呼皆備四聲。字生於六書，非有所取義，則無其字。故二百六部之中無入聲者二十七。此二十七部無平、上二聲者又四。非無其聲，無其字也。爲霖必一一配合，使無入者皆有入，亦誤以字生於聲，而不知聲生於字，復倒置其本末也。今撮其大概，略爲駁正如右，庶講韻學者不至以新説改古法焉。

類字本意

《四庫提要・小學類存目二》

《類字本意》無卷數。浙江巡撫採進本。

國朝莫宏勳撰。宏勳字誠齋，錢塘人。前有康熙庚子《自序》。其書取梅膺祚《字彙》之字，依其卷末所列《韻法横直二圖》，一一分隸。平、上、去三聲爲一類，入聲自爲一類。盡改古來韻部之舊，並盡乖古來等韻之舊，不足據爲典要也。

音韻清濁鑑

《四庫提要・小學類存目二》

《音韻清濁鑑》三卷。江蘇巡撫採進本。

國朝王祚禎撰。祚禎字楚珍，大興人。是書以金韓道昭《五音集韻》、元劉鑑《切字玉鑰匙》與周德清《中原音韻》合爲一書，而以己意竄改之。夫道昭書配三十六母，鑑書配内外十六攝，德清書則北曲之譜以入聲配入三聲。祚禎既狃於方音，併四聲爲三，混淆古法，而乃屑屑然區分門目，辨別等次。非今非古，非曲譜，非等韻，莫喻其意將安取。其《序》自稱博極諸家，如揚雄《訓纂》、許愼《説文》、《玉篇》、《唐韻》、《廣韻》、《韻會》、《篇海》、《集韻》、《正韻》、呂氏《同文鐸》、《日月燈》，無不繹其論説，證其異同。《説文》、《玉篇》以下，其書具在，不知揚雄《訓纂》、孫愐《唐韻》，祚禎何從見之？又稱隱侯《四聲》、宣城《字彙》、《正字通》，戶誦家吟，更不知祚禎何由見沈約書也。

八矢注字圖説

嵇璜等《清通志・圖譜略・經學》

《八矢注字圖説》顧陳垿《八矢注字圖説》。

《四庫提要・小學類存目二》

《八矢注字圖説》一卷。兩江總督採進本。

國朝顧陳垿撰。陳垿有《鐘律陳數》，已著録。是編乃其所定韻書。八矢者，譬字爲的，以八矢注之。一分四聲，二經聲，三定清濁之界，四審五音，五分陰陽，六分正變，七分輕重，八分留送，凡八門也。經聲分先天九聲，後天九聲。凡四聲直下爲先天，其二九並入圖，枯、苦、庫、酷，伊、倚、意、乙之類是也。四聲旁轉爲後天。空、恐、控、酷，因、引、印、一之類是也。四聲之外又增一下聲，則亘古之所未聞矣。其《緯音清濁正變陰陽輕重留送圖》，分宮爲濁，商爲清，實皆喉音。角徵羽皆分清濁，而清、濁二徵之外，又增淺、中、深三徵音，其外又有清閏、濁閏二音，實即非、敷二母之輕脣音也。其所謂正變音，正即開口呼，變即合口呼。又分輕重、留送爲三成，皆變幻面目，別立名字。而反謂三十六母爲亂道，過矣。

音韻源流

《四庫提要・小學類存目二》

《音韻源流》五十卷。河南巡撫採進本。

國朝潘咸撰。咸有《易蓍圖説》，已著録。是書分三部：一曰《倉沮元韻》，凡三十六卷。分翁、鴦、罌、安、阿、丫、衣、埃、烏、隈、謳、爊、諳、屋、堊、搕、遏、亞一十八韻，而以其翕音、闢音謂之諧字，以其本音、轉音謂之分音。一曰《詩騷通韻》，一曰《中都雅韻》，各十卷。亦以十八韻分合之。《元韻》又有《卷首》二卷，《通韻》、《雅韻》亦各有《卷首》一卷。大抵皆以意杜撰，戾於古而乖於今。其叙述古韻源流，如魏李登《聲類》、周顒《四聲》，《隋志》僅列其名，《唐志》已不著録。而咸云「獨得見之」，其書皆分東、陽、耕、眞、寒、侵、覃、支、佳、魚、蕭、歌、尤十三類。陸法言之《切韻》、孫愐之《唐韻》，今皆不傳，惟愐之音切尚散見徐鉉所校

《說文》中，而咸亦云「獨得見之」，其二百六部，爲法言所分，其獨用、通用爲恤所定，多與今不同。韓愈著作，班班可考，獨不聞其有何韻書。而咸云：「獨見韓愈《唐韻》，其同用、獨用與今《廣韻》同。」又列《禮部韻略》、毛晃《增韻》、劉淵《平水韻》於陳彭年《廣韻》之前，而謂《廣韻》比《禮部韻略》多數部。又謂丁度《集韻》分七音，東部首「公」不首「東」。核以諸書，亦不相合。蓋鄉曲之士，不知古書之存亡，姑以意說之而已。

四聲切韻表

嵇璜等《清通志・圖譜略・經學》　江永《四聲切韻表》。

《四庫提要・小學類存目二》　《四聲切韻表》一卷。兵部侍郎紀昀家藏本。國朝江永撰。永有《周禮疑義舉要》，已著録。是書前列《凡例》六十二條，備論分析考定之意，而列表於後。其論古法七音三十六母不可增減移易，凡更定者皆妄作，最爲有見。其論入聲尤詳。大旨謂顧炎武《古音表》務反舊說之非。然永亦不遵古法，頗以臆見改變。夫字有數而音無窮，故無無音之字而有無字之音。永既知冬韻無上聲字，臻韻無上、去二聲字，祭、泰、夬、廢四韻無平、上二聲字，而入聲乃必使之備。或一部之字使分入於數部，或數部之字使合入於一部。自謂窮極精微，其用心不爲不至。然如「伐」之一字，《公羊》自有兩呼。「天」之一字，《釋名》亦復異讀。陸法言亦云「吳、楚時患輕浮，燕趙多傷重濁」。顧炎武至謂「孔子傳《易》，亦不免於方音」。其說永亦深取之而乃欲以一人一地之音，改古來入聲之部分。豈沈、陸諸人惟能辨三聲，不能辨四聲乎？至其雜引偏旁諧聲以申交互之說，雖有理可通，而牽合亦甚。永作《古韻標準》，知不以今韻定古韻，獨於此書乃以古韻定今韻，亦可謂不充其類矣。

張之洞《書目答問・小學》　《四聲切韻表》四卷。江永。

古韻標準

《四庫提要・小學類三》　《古韻標準》四卷。桂林府同知李文藻刊本。國朝江永撰。永有《周禮疑義舉要》，已著録。自昔論古音者不一家，惟宋吳棫、明楊慎、陳第、國朝顧炎武、柴紹炳、毛奇齡之書最行於世。其學各有所得。而或失於以今韻部分求古韻，或失於以漢、魏以下隋、陳以前隨時遞變之音均謂之古韻。故拘者至格閡而不通，泛者至叢脞而無緒。永是書惟以《詩》三百篇爲主，謂之《詩》韻。而以周秦以下音之近古者附之，謂之補韻。視諸家界限較明，其韻分平、上、去聲各十三部，入聲八部。每部之首先列韻目，其一韻岐分兩部者，曰分某韻。韻本不通而有字當入此部者，曰別收某韻。四聲異者，曰別收某聲某韻。較諸家體例亦最善。每字下各爲之註，而每部末又爲之總論。書首復冠以《例言》及《詩韻舉例》一卷。大旨於明取陳第，於國朝取顧炎武，而復補正其譌闕。吳棫、楊慎、毛奇齡之書，間有駁詰。柴紹炳以下，則自鄶無譏焉。古韻之有條理者，當以是編爲最，未可以晚出而輕之也。

張之洞《書目答問・小學》　《古韻標準》四卷。江永。《貸園叢書》本。粵雅堂本。守山閣本。借月山房本。《指海》本。合前二種沔陽陸氏刻本。

音學辨微

張之洞《書目答問・小學》　《音學辨微》一卷。江永。

韻學臆說

《四庫提要・小學類存目二》　《韻學臆說》一卷。直隸總督採進本。國朝王植撰。植有《四書參註》，已著録。此書前列唐韻目、吳棫古韻目及所爲臆說十條。次列光、官、公、昆、高、乘、鉤、規、過、皆、孤、基、瓜等十三字首羣字譜。大抵不知韻學因革源流，而惟恃脣吻之間，以等韻辨別。猶之以近日詞曲之工尺而評定夔、曠之樂章。其辨愈精，其說愈密，而愈南轅北轍，畢世不得其所適。其所引據，不過宋吳棫、近時毛奇齡、馬自援之說。而抗詞以攻顧炎武，所見左矣。

韻學

《四庫提要・小學類存目二》 《韻學》五卷。直隸總督採進本。國朝王植撰。音韻之學，自古迄今，變而不常，亦推而愈密。古音數變而爲今韻，歷代各殊，此變而不恆者也。今韻既定，又剖析而爲等韻，此推而益密者也。古韻與今韻音讀各異，部分亦殊。吳棫不知其故，而以音讀之異名爲叶，部分之殊注爲通轉，而古韻遂亂。今韻之定在前，等韻之分在後，實因韻字而分等，非因韻等而分字。韓道昭、熊忠不知其故，於是以字母顛倒韻字，而今韻又亂。自明以來，惟陳第、顧炎武及近日之江永識其源流。他若馬自援之講今韻，愈細而舊法愈失。毛奇齡之講古韻，愈辨而端緒愈淆矣。植作是書，不能從源而分流，而乃執末以議本。攻所必不能攻，而遵所必不可遵。故用力彌勤，而彌於古法未合也。

唐韻考

《四庫提要・小學類三》 《唐韻考》五卷。兵部侍郎紀昀家藏本。國朝紀容舒撰。容舒字遲叟，號竹厓，獻縣人。康熙癸巳舉人。官至姚安府知府。初，隋陸法言作《切韻》，唐禮部用以試士。天寶中，孫愐增定其書，名曰《唐韻》。後宋陳彭年等重修《廣韻》，丁度等又作《禮部韻略》，爲一代場屋程式。而孫氏之書漸佚，唐代舊韻，遂無復完帙。惟雍熙三年徐鉉校定許慎《說文》，在大中祥符重修《廣韻》以前。所用翻切，一從《唐韻》，見於鉉等進書表。容舒以爲翻切之法，其上字必同母，其下字必同部，謂之音和。間有用類隔法者，亦僅假借其上字而不假借其下字。因其翻切下一字，參互鉤稽，輾轉相證，猶可以得其部分。乃取《說文》所載《唐韻》翻切，排比分析，各歸其類，以成此書。始知《廣韻》部分，仍如《唐韻》。但所收之字不同，有《唐韻》收而《廣韻》不收者。如東部詷字、見字、快字之類是也。有《唐韻》在此部而《廣韻》在彼部者。如賨字，《廣韻》作藏宗切，在冬部。《唐韻》作徂紅切，則在東部。瓏字，《廣韻》作盧紅切，在東部。《唐韻》作力鍾切，則在鍾部之類是也。有《唐韻》兩部兼收，而《廣韻》止存其一者。如虞部苴字，《廣韻》註「又子余切」，與《唐韻》合。而魚部子余切乃不收苴字之類是也。有《廣韻》移其部分而失於改其翻切。如諄部麕、菌、囷、磒四字移入眞部，而仍用《唐韻》諄部翻切。删部鰥字移入山部，仍用删部翻切之類是也。有《唐韻》本有重音而徐鉉祗取其一者。如規字作居追切，宜在脂部。而證以隓字作許規切、闚字作去隓切，知規字當有居隨一切，兼入支韻之類是也。其推尋考校，具有條理。《廣韻》分合之例，與宋韻改併之迹，均可由是得其大凡。亦小學家所當參證者矣。

張之洞《書目答問・小學》 《唐韻考》五卷。紀容舒。守山閣本。

古今韻表新編　後編

《四庫提要・小學類存目二》 《古今韻表新編》五卷。兩淮鹽政採進本。國朝仇廷模撰。廷模字季亭，寧波人。康熙辛卯舉人，官知縣。其書每韻分舌、齒、喉、脣、牙聲。至其末卷論古韻，則多遵毛奇齡「兩界五通」之說。奇齡《古今通韻》，欲以博辨勝顧炎武，已不免汗漫支離。廷模沿其緒論，又造爲經通、緯通、變通、正叶、變叶、外叶諸例，尤爲支蔓。古人用韻之法，軌轍可尋，又安有是紛紛也。

聲韻圖譜

嵇璜等《清通志圖譜略・經學》 錢人麟《聲韻圖譜》。

《四庫提要・小學類存目二》　《聲韻圖譜》無卷數。浙江巡撫採進本。國朝錢人麟撰。人麟字鑄菴，武進人。康熙庚子舉人，官蕭山縣知縣。是書即等韻舊法而變通之。以三十五母定聲，删徵音四、輕脣音一，析齒頭音五母。以十四攝定韻，併江於宕，併曾於梗，剔蟹之三等入正。以四十五韻爲圖譜，併榛於光，併黔於兼，併肱於觥，併諸字四等於三等。首列諸母陰陽均變之圖，及諸韻正閏内外等第之圖。末爲韻法八條，叢論十八條。附《翻切古韻轉音例》及《詞曲韻通轉例》。

詩經叶音辨譌

《四庫提要・小學類存目二》　《詩經葉音辨譌》八卷。通行本。國朝劉維謙撰。維謙字讓宗，自號雙虹半士，松江人。是書首列等子圖，次爲分隸字母總音，次爲音叶互異彙辨，次爲疊韻雙聲，次爲辨論顧炎武《音學五書》、毛奇齡《古今通韻》，次發明《康熙字典》。其三百五篇之叶音，則一一逐句詳註，考論頗勤。然古音之學，自宋吳棫而晦，自明陳第乃漸明。國朝顧炎武諸家，闡發其旨，久有定論。維謙欲創爲異説以駕乎前人之上，反以吳棫爲是、陳第爲非，業已黑白倒置。而又以等韻三十六母牽合古音。夫等韻所別爲今音，而詩三百篇則古音。音隨世變，截然不同。維謙乃執後以繩前，是何異以行艸之偏旁而釋《倉頡》、《史籀》之篆文哉！至於雙聲疊韻，乃永明以來之法，古人或偶爾相合，實非有意。維謙之牽合經文，亦多附會。充其量之所至，將覯閔既多，受侮不少，亦且謂古詩有對偶乎？

聲音發源圖解

嵇璜等《清通志・圖譜略・經學》　潘遂先《聲音發源圖解》。

《四庫提要・小學類存目二》　《聲音發源圖解》一卷。江蘇巡撫採進本。國朝潘遂先撰。遂先，句容人。是書爲遂先草創，其子命世續成之。分四聲爲六聲，曰初平、次平、終平、初仄、次仄、終仄。初平屬少陽，出舌根。次平屬陽明，出舌後。終平屬太陽，出舌中。初仄屬少陰，居舌前。次仄屬太陰，屬舌稍。終仄屬厥陰，出舌尖。謂五音羽出在下之門牙，徵出在上之門牙，角出上下之槽牙，商出上下之盡牙，宮出上下之虎牙，而皆通於舌，以成五音。又分舌根、舌後、舌中、舌前、舌稍、舌尖六舌爲十二舌。以黃鍾、大呂爲一舌、二舌，則舌根之一後一前也，主冬至以後。太簇、夾鍾爲三舌、四舌，則舌後之一後一前也，主雨水以後。以姑洗、仲呂爲五舌、六舌，則舌中之一後一前也，主穀雨以後。以蕤賓、林鍾爲七舌、八舌，則舌前之一後一前也，主夏至以後。以夷則、南呂爲九舌、十舌，則舌稍之一後一前也，主處暑以後。以無射、應鍾爲十一舌、十二舌，則舌尖之一後一前也，主霜降以後。又以宮分五音，音分五位，則二十五位。以韻五乘之，則一百二十五位。位具六聲，則七百五十聲。商分五音，音繞九位，則四十五位。以韻四乘之，則百八十位。位具六聲，則千有八十聲。角分五音，音繞八位。以韻三乘之，則百有二十位。位具六聲，則七百二十聲。徵分五音，音繞七位，以韻七乘之，爲二百四十五位。位具六聲，爲千四百七十聲。羽分五音，音繞六位。以韻六乘之，爲百有八十位。位具六聲，爲千有八十聲。總計五音之韻，共二十有五。分音百二十有五，位凡八百五十，聲凡五千一百，而皆統之於元宗。今考遂先所稱初平，以上聲之濁音當之。不知《指南》謂濁上當讀如去，實而有徵。即如止攝羣母，奇上爲技。蟹攝匣母，孩上爲亥。遇攝旁母，蒲上爲部。咸攝奉母，凡上爲范。果攝從母，矬上爲坐。效攝澄母，鼂上爲肇。上音皆別作去，今讀之實有此音。而遂先乃指以爲初平，未見其能合也。惟《皇極經世》多以上爲平，如通攝泥母，農上爲䵜。邵以䵜爲平，入乃母。蟹攝來母，雷上爲磊。邵以磊爲平，入呂母。臻攝微母，文上爲吻。邵以吻爲平，入武母。宕攝來母，良上爲兩。邵讀兩爲平，入呂母。今遂先以舌根爲初平，而上之爲平，不必皆舌根，則亦不得據以爲初平明矣。自六聲之説既誤而支離穿鑿，盡廢齒、牙、腭、脣、舌而專以牙之一音定宮、商、角、徵、羽。又盡廢齒、牙、腭、脣而以十二舌定平仄六聲。至以雨水後立夏前中商音，立夏後大暑前中角音，與《月令》、《管子》、《逸周書》全反，尤無據也。

韻岐

《四庫提要・小學類存目二》 《韻岐》四卷。編修程晉芳家藏本。國朝江昱撰。昱有《尚書私學》，已著録。是編於官韻之中，擇其一字數音者，各分別字義異同。蓋亦宋人《押韻釋疑》之類。

聲韻考

張之洞《書目答問・小學》 《聲韻考》四卷。戴震。《戴氏遺書》本。《貸園叢書》本。經韻樓本。

聲類表

張之洞《書目答問・小學》 《聲類表》十卷。戴震。《戴氏遺書》本。

聲　類

張之洞《書目答問・小學》 《聲類》四卷。錢大昕。集外單行本。粵雅堂本。

佩文詩韻

張之洞《書目答問・小學》 《佩文詩韻》五卷。禮部官本。吳省欽。

官韻考異

張之洞《書目答問・小學》 《官韻考異》一卷。吳省欽。《珠塵》本。

詩音表

張之洞《書目答問・列朝經注經説經本考證》 《詩音表》一卷。錢坫。《錢氏四種》本。

四聲韻和表

張之洞《書目答問・小學》 《四聲韻和表》五卷。洪榜。刻本。

漢魏音

張之洞《書目答問・列朝經注經説經本考證》 《漢魏音》四卷。洪亮吉。卷施閣本。

詩聲類　詩聲分例

張之洞《書目答問・列朝經注經説經本考證》 《詩聲類》十二卷，《分例》一卷。孔廣森。《顨軒所著書》本。

古音諧

張之洞《書目答問・小學》　《古音諧》八卷。姚文田。姚氏咫進齋本。簡明易曉。

古韻論

張之洞《書目答問・小學》　《古韻論》一卷。胡秉虔。滂喜齋本。

音韻述微

《四庫提要・小學類三》　《欽定音韻述微》三十卷。乾隆三十八年奉敕撰。其合聲切字，一本《欽定音韻闡微》。其稍變者，《闡微》以三十六母爲字紐之次序，故東韻首公字之類，與部首標目或相應或不相應，在所不拘。今則部首一字屬何母，即以其母爲首，其下諸母所領字，以次相從，使歸於畫一。其部分仍從《御定佩文詩韻》。其稍變者，從《音韻闡微》分文、殷爲兩部，而以殷部附眞部不附文部。其字數自《佩文詩韻》所收一萬二百五十二字外，凡所續，收每紐之下。以據《音韻闡微》增者在前，據《廣韻》增者次之，據《集韻》增者又次之。或有點畫小異，音訓微殊，舊韻兩收而實不可複押者，則刪不録。至於舊韻所無而今所恆用者，如阿字，舊惟作陵阿之義，收入歌韻。今爲國書十二字頭之首，則收入麻韻。鎗字，舊訓爲酒器，收入庚韻。今則酒器無此名，而軍器有此字，則增入陽韻。又如「查」本浮木，而今訓察核。「參」本稽考，而今訓糾彈。「礮」本飛石，而今訓火器。「埽」本氾除，而今訓楗茭。既已萬口同音，即屬勢不可廢。此如麻韻之字，古音皆與魚、虞相從。自字母入中國，始有麻韻一呼，遂不能不增此一韻。姬本周姓，自戰國以後始以爲妾御之名，亦遂不能不增此一解。蓋從宜從俗，義各有當，又不可以古法拘也。其互註之例：凡一字兩部皆收，義同者註曰「又某韻」，義異者註曰「與某韻義異」。體例與《禮部韻略》同。其與他韻一同一異者，註曰「又某韻，與某韻音異」。或字有數訓而僅一解可通者，則註曰「惟某義與某韻同，餘異」。則較《韻略》爲加密。其詮釋之例：凡《説文》、《玉篇》、《廣韻》、《集韻》所有者，書非稀覯，無庸贅著篇名。其他則一字一句，必著所出。以明有據，亦諸韻書之所無。蓋《音韻闡微》所重在字音，故訓詁不欲求詳。此書所重在字義，故考據務期核實。兩書相輔而並行，小學之藴奧眞毫髮無遺憾矣。

毛詩韻訂

張之洞《書目答問・列朝經注經説經本考證》　《毛詩韻訂》十卷。苗夔。自刻本。

詩經廿二部古音表集説

張之洞《書目答問・列朝經注經説經本考證》　《詩經廿二部古音表集説》[二]卷。夏炘。自著《景紫堂全書》本。

訓詁分部

爾雅

《漢書・藝文志・孝經》　《爾雅》，三卷二十篇。

錢東垣等輯《崇文總目・小學類》　《爾雅》三卷。

張萱等《内閣藏書目録・經部》　《爾雅》一冊，全。又一冊，全。

姚振宗《漢書藝文志條理・孝經》　《爾雅》三卷，二十篇。

小爾雅

《漢書・藝文志・孝經》　《小爾雅》一篇。

錢東垣等輯《崇文總目・小學類》　《小爾雅》一卷。孔鮒撰。陳詩庭云：《文選注》引皆作《小雅》。

晁公武《郡齋讀書志・小學類》　《小爾雅》一卷。右孔氏古文也。見於孔鮒書。

尤袤《遂初堂書目・小學類》　孔鮒《小爾雅》。

陳振孫《直齋書録解題・小學類》　《小爾雅》一卷。《漢志》有此書，亦不著名氏。《唐志》有李軌《解》一卷，今《館閣書目》云孔鮒撰。蓋即《孔叢子》第十一篇也。曰《廣詁》、《廣言》、《廣訓》、《廣義》、《廣名》、《廣服》、《廣器》、《廣物》、《廣鳥》、《廣獸》凡十章，又《廣量衡》爲十三章。當時好事者抄出別行。

馬端臨《文獻通考・經籍考・小學》　《小爾雅》一卷。

《宋史・藝文志・小學類》　孔鮒《小爾雅》一卷。

高儒《百川書志・小學》　《小爾雅》一卷。孔鮒著。廣十三事。

徐𤊹《徐氏家藏書目・爾雅類》　《小爾雅》一卷。楚孔鮒撰。

錢謙益等《絳雲樓書目・爾雅類》　孔鮒《小爾雅》一卷。

《四庫提要・小學類存目》　《小爾雅》一卷。通行本。案《漢書・藝文志》有《小爾雅》一篇，無撰人名氏。《隋書・經籍志》、《唐書・藝文志》並載李軌註《小爾雅》一卷，其書久佚。今所傳本則《孔叢子》第十一篇鈔出別行者也。分《廣詁》、《廣言》、《廣訓》、《廣義》、《廣名》、《廣服》、《廣器》、《廣物》、《廣鳥》、《廣獸》十章，而益以度、量、衡爲十三章，頗可以資考據。然亦時有舛迕。如《廣量》云：豆四謂之區，區四謂之釜。本諸《春秋傳》「四升爲豆，各自其四以登於釜」之文。下云：釜二有半謂之藪，與《儀禮》十六斗曰藪合。其下又云：藪二有半謂之缶，缶二謂之鍾，則實八斛。乃《春秋傳》所謂陳氏新量，非齊舊量六斛四斗之鍾。是豆、釜、區用舊量，鍾則用新量也。《廣衡》曰：兩有半曰捷，倍捷曰舉，倍舉曰鋝。《公羊傳疏》引賈逵稱俗儒以鋝重六兩者，蓋即指此。使漢代小學遺書，果有此語。逵必不以俗儒目之矣。他如謂「鵠中者謂之正」，則併正鵠之名不辨。謂「四尺謂之仞」，則《考工記》澮深二仞，與洫深八尺無異矣。漢儒說經，皆不援及，迨杜預註《左傳》，始稍見徵引。明是書漢末晚出，至晉始行，非《漢志》所稱之舊本。晁公武《讀書志》以爲孔子古文，殆循名而失之。相傳已久，姑存其目。若其文則已見《孔叢子》，不復録焉。

姚振宗《漢書藝文志條理・孝經》　《小雅》一篇。宋祁曰：小字下邵本有「爾」字。

爾雅犍爲注

陸德明《經典釋文序録・注解傳述人》　犍爲文學《注》三卷。一云犍爲郡文學卒史臣舍人，漢武帝時待詔。闕中卷。

《隋書・經籍志・論語》　梁有漢犍爲文學《爾雅注》三卷。亡。

姚振宗《漢書藝文志拾補・孝經》　《爾雅犍爲文學注》三卷。

爾雅劉歆注

陸德明《經典釋文序録・注解傳述人》　劉歆《注》三卷。與李巡《注》正同，疑非歆《注》。

《隋書・經籍志・論語》　梁有漢劉歆《爾雅注》三卷。亡。

鄭樵《通志・藝文略・爾雅》　《爾雅》三卷。劉歆。

姚振宗《漢書藝文志拾補・孝經》　《爾雅劉歆注》三卷。

爾雅樊光注

陸德明《經典釋文序録・注解傳述人》　樊光《注》六卷。京兆人，後漢中散大夫。沈旋疑非光注。

《隋書・經籍志・論語》　《爾雅》三卷。漢中散大夫樊光注。

《舊唐書・經籍志・小學》　《爾雅》六卷。樊光注。

《新唐書・藝文志・小學類》　樊光《注》六卷。

鄭樵《通志・藝文略・爾雅》　《爾雅》三卷。漢中散大夫樊光。

姚振宗《後漢藝文志・小學類》　樊光《爾雅注》六卷。

爾雅李巡注

陸德明《經典釋文序録・注解傳述人》　李巡《注》三卷。汝南人，後漢中黄門。

《隋書・經籍志・論語》　梁有漢中黄門李巡《爾雅注》三卷。亡。

《舊唐書・經籍志・小學》　《爾雅》三卷。李巡注。

《新唐書・藝文志・小學類》　《爾雅》李巡《注》三卷。

鄭樵《通志・藝文略・爾雅》　《爾雅》三卷。漢犍爲文學中黄門李巡。

姚振宗《後漢藝文志・小學類》　李巡《爾雅注》三卷。

爾雅漢注

張之洞《書目答問・列朝經注經説經本考證》　《爾雅漢注》三卷。臧庸輯。明經堂本。

劉珍釋名

姚振宗《後漢藝文志・小學類》　劉珍《釋名》三十篇。

釋名

《隋書・經籍志・論語》　《釋名》八卷。劉熙撰。

《舊唐書・經籍志・小學》　《釋名》八卷。劉熙撰。

錢東垣等輯《崇文總目・小學類》　《釋名》八卷。［原釋］劉熙即物名以釋義，凡二十七目。見《玉海・藝文類》及陳道人《刻釋名跋》。

《新唐書・藝文志・小學類》　劉熙《釋名》八卷。

鄭樵《通志・藝文略・爾雅》　《釋名》八卷。劉熙。

尤袤《遂初堂書目・小學類》　劉熙《釋名》。

陳振孫《直齋書録解題・小學類》　《釋名》八卷。漢徵士北海劉熙成國撰。序云：「名之於實，各有類義，百姓日稱，而不知其所以然之意，故撰天地、陰陽、四時、邦國、都鄙、車服、喪紀，下及民庶應用之器，即物名以釋義。凡二十七篇。」

馬端臨《文獻通考・經籍考・小學》　《釋名》八卷。

《宋史・藝文志・小學類》　劉熙《釋名》八卷。

高儒《百川書志・小學》　《釋名》八卷。漢徵士北海劉熙成國撰。

范邦甸等《天一閣書目・小學類》　《釋名》一卷。刊本。漢劉熙著。

徐𤊹《徐氏家藏書目・爾雅類》　《釋名》八卷。漢劉熙。

錢謙益等《絳雲樓書目・爾雅類》　劉熙《釋名》八卷。凡二十七篇。漢明郎奎金撰《五雅》，以劉熙《釋名》爲《逸雅》，以足五數，識者非之。

《四庫提要・小學類》　《釋名》八卷。內府藏本。漢劉熙撰。熙字成國，北海人。其書二十篇，以同聲相諧推論稱名辨物之意，中間頗傷於穿鑿，然可因以考見古音。又去古未遠，所釋器物，亦可因以推求古人制度之遺。如《楚辭・九歌》「薜荔拍兮蕙綢」，王逸註云：「拍，搏壁也。」「搏壁」二字，今莫知爲何物。觀是書《釋牀帳》篇，乃知以席搏著壁上謂之「搏辟」。孔穎達《禮記正義》以深衣十二幅皆交裁謂之衽，是書《釋衣服》篇云：「衽，襜也，在旁襜襜然也。」則與《玉藻》言「衽當旁」者可以互證。《釋兵》篇云：「刀室曰削，室口之飾曰琫，下末之飾曰琕。」又足證《毛詩詁訓傳》之譌。其有資考證不一而足。吳韋昭嘗作《辨釋名》一卷，糾熙之誤，其書不傳。然如《經典釋文》引其一條曰：《釋名》云古者車音如居，所以居人也。今曰車，音尺遮反，舍也。案《釋名》本作「古者曰車，聲如居，言行所以居人也。今曰車，車，舍也，行者所處若居舍也。」此蓋陸德明約舉其文，又取文義顯明，增入「音尺遮反」四字耳。韋昭云：車古皆音尺奢反，後漢以來始有居音。案《何彼襛矣》之詩，以「車」韻「華」。《桃夭》之詩，以「華」韻「家」。「家」古音姑，「華」古音敷，則「車」古音居，更無疑義。熙所説者不謬，昭之所辨亦未必盡中其失也。別本或題曰：《逸雅》，蓋明郎奎金取是書與《爾雅》、《小爾雅》、《廣雅》、《埤雅》合刻，名曰「五雅」。以四書皆有雅名，遂改題《逸雅》以從類，非其本目，今不從之。又《後漢書・劉珍傳》稱「珍撰《釋名》五十篇，以辨萬物之稱號」。其書名相同，姓又相同。鄭明選作《秕言》頗以爲疑。然歷代相傳，無引劉珍《釋名》者，則珍書久佚，不得以此書當之也。明選又稱此書爲二十七篇，與今本不合。明選萬曆中人，不應別見古本，殆一時失記，誤以二十爲二十七歟？

孫星衍《平津館鑒藏書籍記・宋版》 《釋名》八卷。題劉熙字成國撰。

張金吾《愛日精廬藏書志・小學類》 《釋名》殘本四卷。宋刊本。漢劉熙字成國撰。

姚振宗《後漢藝文志・小學類》 劉熙《釋名》二十七篇。

爾雅孫炎注

陸德明《經典釋文序録・注解傳述人》 孫炎《注》三卷。《音》一卷。

《隋書・經籍志・論語》 《爾雅》七卷。孫炎注。

《舊唐書・經籍志・小學》 《爾雅》六卷。孫炎注。

《新唐書・藝文志・小學類》 孫炎《注》六卷。

鄭樵《通志・藝文略・爾雅》 《爾雅》七卷。孫炎。

尤袤《遂初堂書目・小學類》 孫炎注《爾雅》。

《宋史・藝文志・小學類》 孫炎《爾雅疏》十卷。

姚振宗《三國藝文志・小學類》 孫炎《爾雅注》六卷。

爾雅音

《隋書・經籍志・論語》 梁有《爾雅音》一卷。孫炎撰。亡。

鄭樵《通志・藝文略・爾雅》 《爾雅音》一卷。孫炎。

姚振宗《三國藝文志・小學類》 孫炎《爾雅音》一卷。

爾雅劉邵注

姚振宗《三國藝文志・小學類》 劉邵《爾雅注》。

廣雅

《隋書・經籍志・論語》 《廣雅》三卷。魏博士張揖撰。梁有四卷。

《舊唐書・經籍志・小學》 《廣雅》四卷。張揖撰。

尤袤《遂初堂書目・小學類》 晉張揖《博雅》。

錢東垣等輯《崇文總目・小學類》 《博雅》十卷。張揖撰。

《新唐書・藝文志・小學類》 張揖《廣雅》四卷。

鄭樵《通志・藝文略・爾雅》 《廣雅》四卷。魏博士張揖。

陳振孫《直齋書録解題・小學類》 《廣雅》十卷。魏博士張揖撰。凡不在《爾雅》者著於篇，仍用《爾雅》舊目。《館閣書目》云今逸，但存

《音》三卷。今書十卷，而《音》附逐篇句下，不别行。《隋志》稱《博雅》，避逆煬名也。揖又有《埤蒼》、《三蒼》、《訓詁雜字》、《古文字訓》凡四書，見《唐志》，今皆不傳。　《博雅》乃隋曹憲撰。憲因揖之説，附以音解，避煬帝名，更之以爲「博」焉。隨齋批注。

錢謙益等《絳雲樓書目·爾雅類》　張楫《博雅》十卷。魏博士皇甫氏板佳。楫又嘗著《埤蒼》、《古今字詁》。楫，清河人。與邯鄲淳同時，以小學稱。

錢曾《讀書敏求記·小學》　《博雅》十卷。

《四庫提要·小學類一》　《廣雅》十卷。内府藏本。魏張揖撰。揖字稚讓，清河人。太和中官博士。其名或從木作楫，然證以稚讓之字，則爲揖讓之揖審矣。後魏江式《論書表》曰：魏初博士清河張揖，著《埤倉》、《廣雅》、《古今字詁》，究諸《埤》、《廣》，增長事類，抑亦於文爲益者也。然其《字詁》，方之許篇，或得或失矣。是式謂《埤倉》、《廣雅》勝於《字詁》。今《埤倉》、《字詁》皆久佚，惟《廣雅》存。其書因《爾雅》舊目，博採漢儒箋註及《三蒼》、《説文》諸書以增廣之，於揚雄《方言》亦備載無遺。隋祕書學士曹憲爲之音釋，避煬帝諱，改名《博雅》。故至今二名並稱，實一書也。前有揖《進表》，稱凡萬八千一百五十文，分爲上、中、下。《隋書·經籍志》亦作三卷，與《表》所言合。然註曰：梁有四卷。《唐志》亦作四卷，《館閣書目》又云：今逸，但存《音》三卷。憲所註本，《隋志》作四卷，《唐志》則作十卷，卷數各參錯不同。蓋揖書本三卷，《七録》作四卷者，由後來傳寫，析其篇目。憲《註》四卷，即因梁代之本，後以文句稍繁，析爲十卷。又嫌十卷煩碎，復併爲三卷。觀諸家所引《廣雅》之文皆具在，今本無所佚脱，知卷數異而書不異矣。然則《館閣書目》所謂逸者，乃逸其無註之本，所謂「存《音》三卷」者，即憲所註之本。揖原文實附《註》以存，未嘗逸，亦未嘗闕。惟今本仍爲十卷，則又後人析之以合《唐志》耳。考唐玄度《九經字樣序》，稱「音字改反爲切，實始於唐開成間。憲雖自隋入唐，至貞觀時尚在，然遠在開成以前，今本乃往往云『某字某切』，頗爲疑竇。」殆傳刻臆改，又非憲本之舊歟。

姚振宗《三國藝文志·小學類》　張揖《廣雅》三卷。

彭元瑞等《天禄琳琅書目後編·明版經部》　《博雅》。一函，四冊。魏張揖撰。

張金吾《愛日精廬藏書志·小學類》　《博雅》十卷。舊抄本。魏張揖撰。

黄丕烈《蕘圃藏書題識續録·經類》　《博雅》十卷。明刻本。

黄丕烈《蕘圃藏書題識再續録·經類》　《博雅》十卷。明刻本。高郵王懷祖先生著《廣雅疏證》，其所據各本有影宋本、皇甫本、畢本、吴本。所云影宋本者，蓋即余家藏《敏求記》中正德乙亥支硎山人手跋本也。

顧廣圻《思適齋書跋·經部》　《博雅》十卷景宋鈔本，此正德乙亥支硎山人跋本。　《廣雅》十卷。明刻校景宋本。

顧廣圻《思適齋集外書跋輯存·經類》　《廣雅》十卷。明刊本。

辯釋名

《隋書·經籍志·論語》　《辯釋名》一卷。韋昭撰。

錢東垣等輯《崇文總目·小學類》　《辨釋名》一卷。韋昭撰。

《新唐書·藝文志·小學類》　韋昭《辨釋名》一卷。

鄭樵《通志·藝文略·爾雅》　《辨釋名》一卷。韋昭。

尤袤《遂初堂書目·小學類》　韋昭《辨釋名》。

《宋史·藝文志·小學類》　韋昭《辨釋名》一卷。

姚振宗《三國藝文志·小學類》　韋昭《辯釋名》一卷。

爾雅郭璞注

陸德明《經典釋文序録·注解傳述人》　郭璞《注》三卷。字景純，河東人，東晉弘農太守，著作郎。《音》一卷，《圖贊》二卷。

《隋書·經籍志·論語》　《爾雅》五卷。郭璞注。

《舊唐書·經籍志·小學》　《爾雅》三卷。郭璞注。

《新唐書·藝文志·小學類》　郭璞《注》一卷。

鄭樵《通志·藝文略·爾雅》　《爾雅》五卷。郭璞。

晁公武《郡齋讀書志・小學類》　《爾雅》三卷。右世傳《釋詁》，周公書也。仲尼、子夏、叔孫通、梁文增補之，晉郭璞注。

尤袤《遂初堂書目・小學類》　郭璞注《爾雅》。

陳振孫《直齋書録解題・小學類》　《爾雅》三卷。晉弘農太守河東郭璞景純注。按《漢志》、《爾雅》二十篇，今書惟十九篇。《志》初不著撰人名氏。璞序亦但稱興於中古，隆於漢氏而已。至陸氏《釋文》始謂《釋詁》爲周公所作，其説蓋本於魏張揖所上《廣雅表》，言：周公制禮以道天下，著《爾雅》一篇，以釋其義；今俗所傳三篇，或言仲尼所增，或言子夏所益，或言叔孫通所補，或言沛郡梁文所考，皆解家所説，先師口傳，疑莫能明也。

馬端臨《文獻通考・經籍考・小學》　《爾雅》三卷。

《宋史・藝文志・小學類》　《爾雅》三卷。郭璞注。

楊士奇等《文淵閣書目・詩經總類》　《爾雅郭璞注》。一部，一冊。闕。

高儒《百川書志・小學》　郭璞註《爾雅》三卷。晉郭璞註。古文，世傳周、孔所作，未詳。

范邦甸等《天一閣書目・小學類》　《爾雅》三卷。刊本。晉郭璞註。自序，明嘉靖許宗魯校刊并序。

徐𤊹《徐氏家藏書目・爾雅類》　《爾雅注》三卷。晉郭璞注。

錢曾《讀書敏求記・小學》　郭璞注《爾雅》三卷。

顧廣圻《思適齋書跋・經部》　《爾雅》三卷宋刻本。

顧廣圻《思適齋集外書跋輯存・經類》　《爾雅》三卷宋刊本。

張金吾《愛日精廬藏書志・小學類》　《爾雅》三卷。元雪窗書院刊本。晉郭璞注。

張之洞《書目答問・正經正注》　《爾雅》十卷。

又《列朝經注經説經本考證》　《附釋文爾雅》單注本十卷。清芬閣校郭注。

文廷式《補晉書藝文志・小學類》　郭璞《爾雅注》五卷。

爾雅音義　圖　圖讚

《隋書・經籍志・論語》　梁有《爾雅音》一卷。郭璞撰。亡。《爾雅圖》十卷。郭璞撰。梁有《爾雅圖讚》二卷。郭璞撰。亡。

《舊唐書・經籍志・小學》　《爾雅音義》一卷，郭璞注。《爾雅圖》一卷。郭璞注。

《新唐書・藝文志・小學類》　郭璞《爾雅音義》一卷。又《圖》一卷。

鄭樵《通志・藝文略・爾雅》　《爾雅音義》一卷。《爾雅圖》十卷。郭璞。

又《通志・圖譜略・小學》　郭璞《爾雅圖》。

文廷式《補晉書藝文志・小學類》　郭璞《爾雅音義》二卷。《爾雅圖》十卷。《爾雅圖讚》二卷。

方言

《隋書・經籍志・論語》　《方言》十三卷。漢揚雄撰，郭璞注。

《舊唐書・經籍志・小學》　《別國方言》十三卷。楊雄撰。

錢東垣等輯《崇文總目・小學類》　《方言》十三卷。［原釋］漢揚雄子雲撰，晉郭璞注。今世所傳文或繆缺，與先儒所引時有差云。見《文獻通考》。

《新唐書・藝文志・小學類》　楊雄《別國方言》十三卷。

鄭樵《通志・藝文略・爾雅》　《方言》十三卷。揚雄撰，郭璞注。

晁公武《郡齋讀書志・小學類》　《方言》十三卷。右漢揚雄子雲撰，晉郭璞注。雄齎油素，問上計孝廉，異語悉集之，題其首曰：《輶軒使者絕代語釋別國方言》。予傳本於蜀中，後用國子監刊行本校之，多所是正，其疑者兩存之。然監本以「鵥」爲「秋侯」，以「叜」爲「更」，引《傳》「餬其口於四方」作「餬予口」，未必盡得也。

洪邁《容齋題跋》　跋《方言》。今世所傳揚子雲《輶軒使者絶域語釋別國方言》，凡十三卷。郭璞序而解之。其末又有漢成帝時劉子駿《與雄書從取〈方言〉》及雄答書。以予考之，殆非也。雄自序所爲文，漢史本傳但云：「經莫大於《易》，故作《太玄》。傳莫大於《論語》，作《法言》。史篇莫善於《蒼頡》，作《訓纂》。箴莫善於《虞箴》，作《州箴》。賦莫深於《離騷》，反而廣之。辭莫麗於相如，作四賦。」雄平生所爲文盡於是矣。初無所謂《方言》。《漢・藝文志》小學有《訓纂》一篇，儒家有雄所序三十八篇，註云：《太玄》十九，《法言》十三，《樂》四，《箴》二。雜賦有雄賦十二篇，亦不載《方言》。觀其答《劉子駿書》稱「蜀人嚴君平」，按君平本姓莊，漢顯宗諱莊改曰嚴。《法言》所稱，蜀莊沈冥，蜀莊之才之珍，吾珍莊也，皆本字，何獨至此書而曰嚴？又子駿只從之求書，而答云「必欲脅之以威，陵之以武，則縊死以從命也」，何至是哉。既云成帝時子駿與雄書，而其中乃云孝成皇帝，反覆牴牾。又書稱「汝、穎之間」，先漢人無此語也，必漢、魏之際好事者爲之云。

尤袤《遂初堂書目・小學類》　揚雄《方言》。

陳振孫《直齋書録解題・小學類》　《方言》十四卷。漢黃門郎成都揚雄子雲撰。晉郭璞注。首題《輶軒使者絶代語》，末載《答劉歆書》，具詳著書本末。其略云：天下上計、孝廉及内郡衛卒會者，雄常抱三寸弱翰，齎素油四尺，以問其異語，歸即以鉛摘次之於槧。葛洪《西京雜記》言子雲好事，常懷鉛提槧，從諸計訪殊方絶域之語。蓋本雄書所云也。

馬端臨《文獻通考・經籍考・小學》　《方言》十三卷。

《宋史・藝文志・小學類》　揚雄《方言》十四卷。

高儒《百川書志・小學》　《輶軒使者絶代語釋別國方言》十三卷。漢揚雄子雲著。

徐𤊹《徐氏家藏書目・爾雅類》　《方言》十三卷。漢揚雄。

錢謙益等《絳雲樓書目・爾雅類》　宋板《方言》十三卷。郭璞序而解之。其末又有劉子駿《與雄書從取〈方言〉》及雄答書。

錢曾《讀書敏求記・小學》　《方言》十三卷。

《四庫提要・小學類一》　《方言》十三卷。《永樂大典》本。舊本題「漢揚雄撰，晉郭璞註」。考《晉書・郭璞傳》有註《方言》之文，而《漢書・揚雄傳》備列所著之書，不及《方言》一字，《藝文志》亦惟小學有雄《訓纂》一篇，儒家有雄所序三十八篇，註云「《太玄》十九、《法言》十三、《樂》四、《箴》二」。雜賦有雄賦十二篇，皆無《方言》。東漢一百九十年中，亦無稱雄作《方言》者。至漢末應劭《〈風俗通義〉序》始稱：「周秦常以歲八月遣輶軒之使求異代方言，還奏籍之，藏於祕室。及嬴氏之亡，遺棄脱漏無見之者。蜀人嚴君平有千餘言，林閭翁孺才有梗概之法，揚雄好之。天下孝廉、衛卒交會，周章質問，以次注續，二十七年爾乃治正，凡九千字。」又劭注《漢書》亦引揚雄《方言》一條，是稱雄作《方言》，實自劭始。魏晉以後，諸儒轉相沿述，皆無異詞。惟宋洪邁《容齋隨筆》始考證《漢書》，斷非雄作。然邁所摘劉歆與雄往返書中，既稱在成帝時，不應稱孝成皇帝一條，及東漢明帝始諱莊，不應西漢之末即稱莊遵爲嚴君平一條，則未深中其要領。考書首「成帝時」云云，乃後人題下標注之文，傳寫舛譌，致與書連爲一，實非歆之本詞，文義尚釐然可辨。書中載揚莊之名，不作嚴字，實未嘗預爲明帝諱，其嚴君平字，或後人傳寫追改，亦未可知，皆不足斷是書之僞。惟後漢許慎《説文解字》多引雄説，而其文皆不見於《方言》。又慎所注字義，與今《方言》相同者不一而足，而皆不標揚雄《方言》字。知當慎之時，此書尚不名《方言》，亦尚不以《方言》爲雄作，故馬、鄭諸儒未嘗稱述。至東漢之末，應劭始有是説，魏孫炎註《爾雅》「莫貈、螳螂、蛑」字，晉杜預註《左傳》「授師孑焉」句，始遞相徵引，沿及東晉，郭璞遂註其書。後儒稱揚雄《方言》，蓋由於是。然劭《序》稱《方言》九千字，而今本乃一萬一千九百餘字，則字數較原本幾溢三千。雄與劉歆往返書，皆稱《方言》十五卷，郭璞《序》亦稱三五之篇。而《隋志》、《唐志》乃並載揚雄《方言》十三卷，與今本同，則卷數較原本闕其二，均爲牴牾不合。考雄《答歆書》，稱「語言或交錯相反，方復論思詳悉集之。如可寬假延期，必不敢有愛」云云。疑雄本有此未成之書，歆借觀而未得，故《七略》不載，《漢志》亦不著録。後或侯芭之流收其殘稿，私相傳述。閲時既久，不免於輾轉附益，如徐鉉之增《説文》，故字多於前。厥後傳其學者，以《漢志》無《方言》之名，恐滋疑實。而《小學家》有《別字》十三篇，不著撰人名氏，可以假借影附，證其實出於雄。遂併爲一十三卷，以就其數。故卷減於昔歟？反覆推求，其眞僞皆無顯據，姑從舊本，仍題雄名，亦疑以傳疑之義也。雄及劉歆二書，據李善《文選注》引「懸諸日月不刊之書」句，已稱《方言》。則自隋、唐以來，原附卷末，今亦仍之。其書世有刊本，然文字古奥，訓義深隱，校讎者猝不易詳，故斷爛譌脱，幾不可讀。錢曾《讀書敏求記》嘗據宋槧駁正其誤。然曾家宋槧，今亦不傳。惟《永樂大典》所收猶爲完善。檢其中「秦有榛娥之臺」一條與錢曾所舉相符，知即從宋本録入。今取與近本相校，始知明人妄行改竄，顛倒錯落，全失其初，不止錢曾所舉之一處。是書雖存而實亡，不可不亟爲釐正。謹參互考訂，凡改正二百八十一字，刪衍文十七字，補脱文二十七字。神明煥然，頓還舊觀，併逐條援引諸書一一疏通證明，具列案語。庶小學訓詁之傳，尚可以具見崖略，併以糾坊刻之謬，俾無迷誤後來。舊本題曰《輶軒使者絶代語釋别國方言》，其文冗贅，故諸家援引及史志著録皆省文謂之《方言》。《舊唐書・經籍志》則謂之《别國方言》，實即一書。又《容齋隨筆》稱此書爲《輶軒使者絶域語釋别國方言》，以代爲域，其文獨異。然諸本並作「絶代」，書中所載亦無「絶域重譯」之語。洪邁所云，蓋偶然誤記，今不取其説焉。

黄丕烈《蕘圃藏書題識・經類》　《輶軒使者絶代語釋别國方言》十三卷。舊鈔本。

張金吾《愛日精廬藏書志・小學類》　《輶軒使者絶代語釋别國方言》十三卷。影寫宋刊本。漢楊雄撰。

吴壽暘《拜經樓藏書題跋記・方言》　《方言》十三卷，抱經堂刻本。

張之洞《書目答問・小學》　《方言注》十三卷。漢揚雄，晉郭璞注，丁杰校。抱經堂本。聚珍本福本。《小學彙函》本。《方言》、《釋名》、《小爾雅》、《廣雅》四種，明郎奎金刻《五雅》、《漢魏叢書》、《古今逸史》，皆幷有之，但無校注。不善。

姚振宗《漢書藝文志拾補・小學》　揚雄《輶軒使者絶代語釋别國方言》。十五篇。

文廷式《補晉書藝文志・小學類》　郭璞《楊雄方言注》十三卷。

爾雅音略

鄭樵《通志・藝文略・爾雅》　《爾雅音略》二卷。郭璞。

小爾雅注

《隋書・經籍志・論語》　《小爾雅》一卷。李軌略解。

《舊唐書・經籍志・小學》　《小爾雅》一卷。李軌撰。

《新唐書・藝文志・小學類》　李軌解《小爾雅》一卷。

鄭樵《通志・藝文略・爾雅》　《小爾雅》一卷。楚孔鮒撰，李軌注。

文廷式《補晉書藝文志・小學類》　李軌《小爾雅略解》一卷。

爾雅圖贊

《舊唐書・經籍志・小學》　《爾雅圖贊》二卷。江灌注。

《新唐書・藝文志・小學類》　江灌《圖贊》一卷。

鄭樵《通志・藝文略・爾雅》　《爾雅圖贊》二卷。江灌。

爾雅音

《隋書・經籍志・論語》　《爾雅音》八卷。祕書學士江灌撰。

《舊唐書・經籍志・小學》　《爾雅音》六卷。江灌注。

《新唐書・藝文志・小學類》　江灌《音》六卷。

鄭樵《通志・藝文略・爾雅》　《爾雅音》八卷。江灌。

俗説

鄭樵《通志・藝文略・爾雅》　《俗説》三卷。沈約。

釋俗語

《舊唐書・經籍志・小説家》　《釋俗語》八卷。劉霽撰。

鄭樵《通志・藝文略・爾雅》　《釋俗語》八卷。劉霽。

集注爾雅

《隋書・經籍志・論語》　《集注爾雅》十卷。梁黄門郎沈琁注。

《舊唐書・經籍志・小學》　《集注爾雅》十卷。沈璇注。

《新唐書・藝文志・小學類》　沈琁《集注》十卷。

鄭樵《通志・藝文略・爾雅》　《集註爾雅》十卷。梁黄門沈璇。

稱謂

鄭樵《通志・藝文略・爾雅》　《稱謂》五卷。後周盧辨。

爾雅注

《宋史・藝文志・小學類》　裴瑜《爾雅注》五卷。

河洛語音

《隋書・經籍志・小學》　《河洛語音》一卷。王長孫撰。

鄭樵《通志・藝文略・爾雅》　《河洛語音》一卷。王長孫。

廣雅音

《隋書・經籍志・論語》　《廣雅音》四卷。祕書學士曹憲撰。

《舊唐書・經籍志・小學》　《博雅》十卷。曹憲撰。

錢東垣等輯《崇文總目・小學類》　《廣雅音》一卷。曹憲撰。

《新唐書・藝文志・小學類》　曹憲《博雅》十卷。

鄭樵《通志・藝文略・爾雅》　《廣雅音》四卷。隋祕書學士曹憲。

又　《博雅》十卷。曹憲撰。避煬帝諱改曰「博」。

馬端臨《文獻通考・經籍考・小學》　《博雅》十卷。

晁公武《郡齋讀書志・小學類》　《博雅》十卷。右隋曹憲撰。魏張揖嘗采《蒼》、《雅》遺文爲書，名曰《廣雅》。憲因揖之説，附以《音解》，避煬帝諱，更之爲「博」云。後有張揖《表》。憲後事唐，太宗嘗讀書，有奇難字，輒遣使問憲，憲具爲音注，援驗詳復，帝歎賞之。

《宋史・藝文志・小學類》　張揖《廣雅音》三卷。

楊士奇等《文淵閣書目・詩經總類》　隋曹憲《博雅》一部，二冊。闕。

又　曹憲《博雅》十卷。

隋曹憲《博雅》一部，一冊。闕。

徐𤊹《徐氏家藏書目・爾雅類》　《廣雅》四卷。魏張揖，隋曹憲音解。

張萱等《内閣藏書目録・經部》　《博雅》二冊。不全。

黄丕烈《蕘圃藏書題識・經類》　《博雅》十卷。校本。　《博雅》十卷。校宋本。　《博雅》十卷。影宋本。　《博雅》十卷，隋曹憲撰。

張之洞《書目答問・小學》　《博雅音》十卷。魏張揖，隋曹憲音。高郵王氏刻本。明畢效欽原刻本。《小學彙函》校本即《廣雅》。

爾雅音義

《舊唐書・經籍志・小學》　《爾雅音義》二卷。曹憲撰。

《新唐書·藝文志·小學類》　曹憲《爾雅音義》二卷。

經典釋文

錢東垣等輯《崇文總目·小學類》　《經典釋文》三十卷。［原釋］唐陸德明撰。德明爲國子博士，以先儒作經典音訓，不列注傳，全録文，頗乖詳略。又南北異區，音讀罕同。乃集諸家之讀九經、《論語》、《老》、《莊》、《爾雅》者，皆注其翻語，以增益之。見《文獻通考》。

晁公武《郡齋讀書志·小學類》　《經典釋文》三十卷。右唐陸德明撰。德明名元朗，以字行。釋《易》、《書》、《詩》、《三禮》、三《傳》、《孝經》、《論語》、《爾雅》、《老》、《莊》，頗載古文及諸家同異。德明蓋博極羣書者也。

尤袤《遂初堂書目·小學類》　陸德明《經典釋文》。

馬端臨《文獻通考·經籍考·小學》　《經典釋文》三十卷。

胡師安等《元西湖書院重整書目》　《經典釋文》。

《宋史·藝文志·小學類》　陸德明《經典釋文》三十卷。

又《經解類》　陸德明《經典釋文》三十卷。

楊士奇等《文淵閣書目·詩經總類》　陸德明《經典釋文》。一部，二十冊。完全。　《經典釋文》。一部，二十冊。完全。　《經典釋文》。一部，二十冊。闕。　《經典釋文》。一部，十五冊。完全。　《經典釋文》。一部，十六冊。完全。

錢曾《讀書敏求記·小學》　陸德明《經典釋文》三十卷。

《四庫提要·五經總義類》　《經典釋文》三十卷。內府藏本。唐陸元朗撰。元朗字德明，以字行，吳人。貞觀中，官國子博士，兼太子中允。事蹟具《唐書》本傳。此書前有《自序》云：癸卯之歲，承乏上庠，因撰集《五典》、《孝經》、《論語》及《老》、《莊》、《爾雅》等音。古今並録，經註畢詳，訓義兼辯，示傳一家之學。考癸卯爲陳後主至德元年，豈德明年甫弱冠即能如是淹博耶？或積久成書之後追紀其草創之始也。首爲《序録》一卷，次《周易》一卷、《古文尚書》二卷、《毛詩》三卷、《周禮》二卷、《儀禮》一卷、《禮記》四卷、《春秋左氏》六卷、《公羊》一卷、《穀梁》一卷、《孝經》一卷、《論語》一卷、《老子》一卷、《莊子》三卷、《爾雅》二卷。其列《老》、《莊》於經典而不取《孟子》，頗不可解。蓋北宋以前，《孟子》不列於經，而《老》、《莊》則自西晉以來爲士大夫所推尚。德明生於陳季，猶沿六代之餘波也。其例，諸經皆摘字爲音，惟《孝經》以童蒙始學、《老子》以衆本多乖，各摘全句原本。音經者用墨書，音註者用朱書，以示分別。今本則經、註通爲一例，蓋刊版不能備朱墨。又文句繁夥，不能如《本草》之作陰陽字，自宋以來已混而併之矣。所採漢、魏、六朝音切，凡二百三十餘家。又兼載諸儒之訓詁證各本之異同。後來得以考見古義者，注疏以外，惟賴此書之存。眞所謂殘膏賸馥沾溉無窮者也。自宋代監本注疏，即析附諸經之末。故《文獻通考》分見各門後，又散附注疏之中，往往與注相淆，不可辨別。此爲通志堂刻本，猶其原帙。何焯《點校經解目録》，頗嗤顧湄校勘之疏。然字句偶譌，規模自在，研經之士終以是爲考證之根柢焉。

彭元瑞等《天禄琳琅書目後編·元版經部》　《經典釋文》。四函，二十四冊。唐陸元朗撰。

顧廣圻《思適齋書跋·經部》　《經典釋文》三十卷。校本。　《經典釋文》三十卷。校本。

顧廣圻《思適齋集外書跋輯存·經部》　《經典釋文》三十卷。段若膺校本。　《經典釋文》三十卷。通志堂本。

張金吾《愛日精廬藏書志·小學類》　《經典釋文》殘本一卷。宋刊本。元崇文閣官書。唐國子博士兼太子中允贈齊州刺史吳縣開國男陸德明撰。

張之洞《書目答問·列朝經注經說經本考證》　《經典釋文》三十卷。《考證》三十卷。唐陸德明《釋文》。盧文弨《考證》。抱經堂本。武昌局繙本。成都局繙本附《孟子音義》。通志堂本未善。

爾雅釋文

陳振孫《直齋書録解題·小學類》　《爾雅釋文》一卷。唐陸德明撰。

馬端臨《文獻通考・經籍考・小學》　《爾雅釋文》一卷。

《宋史・藝文志・小學類》　《爾雅音義》二卷。

高儒《百川書志・小學》　《爾雅釋文》三卷。

張萱等《内閣藏書目録・經部》　《爾雅音義》一冊。陸德明著。

博雅志

《新唐書・藝文志・雜家類》　李文成《博雅志》十三卷。安國公輿貴子。

黃虞稷《千頃堂書目・小學類》　李文成《博雅志》十三卷。

《明史・藝文志・小學類》　李文成《博雅志》十三卷。

續爾雅

《舊唐書・經籍志・小學》　《續爾雅》一卷。劉伯莊撰。

《新唐書・藝文志・小學類》　劉伯莊《續爾雅》一卷。

鄭樵《通志・藝文略・爾雅》　《續爾雅》一卷。劉伯莊。

蜀爾雅

鄭樵《通志・藝文略・爾雅》　《蜀爾雅》三卷。李商隱。

陳振孫《直齋書録解題・小學類》　《蜀爾雅》三卷，不著名氏。

馬端臨《文獻通考・經籍考・小學》　《蜀爾雅》三卷。

《宋史・藝文志・小學類》　李商隱《蜀爾雅》三卷。

爾雅音略

晁公武《郡齋讀書志・小學類》　《爾雅音略》三卷。右僞蜀毋昭裔撰。《爾雅》舊有釋智騫及陸元朗釋文，昭裔以一字有兩音，有或音，後生疑於呼讀，今釋其文義最明者爲定。

馬端臨《文獻通考・經籍考・小學》　《爾雅音略》三卷。

顧櫰三《補五代史藝文志・經部》　《爾雅音略》三卷。毋昭裔撰。

爾雅疏

《宋史・藝文志・小學類》　高璉《爾雅疏》七卷。

金華苑

《宋史・藝文志・小學類》　《金華苑》二十卷。

經典釋文

顧櫰三《補五代史藝文志・經部》　《經典釋文》十卷。張昭遠撰。

爾雅音訓

錢東垣等輯《崇文總目・小學類》　《爾雅音訓》二卷。［原釋］不著撰人名氏。以孫炎、郭璞二家音訓爲尚狹，頗益增之。見《文獻通考》。

鄭樵《通志・藝文略・爾雅》　《音訓》二卷。

馬端臨《文獻通考・經籍考・小學》　《爾雅音訓》二卷。

義訓

錢東垣等輯《崇文總目・小學類》　《義訓》十卷。竇儼撰。

《宋史・藝文志・小學類》　竇儼《義訓》十卷。

張金吾《愛日精廬藏書志・小學類》　《義訓》十卷。竇儼撰。

爾雅正義

錢東垣等輯《崇文總目・小學類》　《爾雅正義》十卷。邢昺撰。

鄭樵《通志・藝文略・爾雅》　《爾雅正義》十卷。邢昺。

晁公武《郡齋讀書志・小學類》　《爾雅疏》十卷。右舊有孫炎、高璉疏。皇朝以其淺略，命邢昺、杜鎬等別著此書。

尤袤《遂初堂書目・小學類》　《爾雅正義》。

陳振孫《直齋書録解題・小學類》　《爾雅疏》十卷。邢昺等撰。其叙云：爲注者劉歆、樊光、李巡、孫炎，雖各名家，猶未詳備，惟郭景純最爲稱首。【略】共其事者杜鎬而下八人。

馬端臨《文獻通考・經籍考・小學》　《爾雅疏》十卷。

胡師安等《元西湖書院重整書目》　《爾雅注疏》。

《宋史・藝文志・小學類》　邢昺《爾雅疏》十卷。

楊士奇等《文淵閣書目・詩經總類》　宋儒邢昺等《爾雅疏》。一部，一冊。闕。　《爾雅疏》一部，五冊。闕。　《爾雅疏》一部，二冊。完全。　《爾雅疏》一部，三冊。闕。　《爾雅疏》一部，二冊。闕。　《爾雅疏》一部，二冊。闕。

高儒《百川書志・小學》　《爾雅註疏》十一卷。郭璞註，邢昺疏。

范邦甸等《天一閣書目・小學類》　《爾雅註疏》十一卷。晉郭璞註，宋邢昺疏。

徐𤏸《徐氏家藏書目・爾雅類》　《爾雅注疏》十一卷。晉郭璞注，宋邢昺疏。

張萱等《內閣藏書目録・經部》　邢昺《爾雅疏》。二冊，全。　《爾雅疏》。三冊，不全。　《爾雅正義》。二冊，不全，同前人。　《十三經・爾雅注疏》。三冊，全。邢昺疏。

錢謙益等《絳雲樓書目・爾雅類》　《爾雅註疏》郭璞注。外又有《鄭樵注》三卷。

《四庫提要・小學類一》　《爾雅註疏》十一卷。內府藏本。晉郭璞註，宋邢昺疏。璞字景純，河東聞喜人。官至弘農太守，事蹟具《晉書》本傳。昺有《孝經疏》，已著録。案《大戴禮・孔子三朝記》稱「孔子教魯哀公學《爾雅》」，則《爾雅》之來遠矣，然不云《爾雅》爲誰作。據張揖《進廣雅表》稱「周公著《爾雅》一篇」，案《經典釋文》以揖所稱一篇爲《釋詁》。今俗所傳三篇，案《漢志》：《爾雅》三卷。此三篇謂三卷也。或言仲尼所增，或言子夏所益，或言叔孫通所補，或言沛郡梁文所考，皆解家所說，疑莫能明也。於作書之人，亦無確指。其餘諸家所說，小異大同。今參互而考之，郭璞《爾雅註序》稱「豹鼠既辨，其業亦顯」，邢昺《疏》以爲漢武帝時終軍事。《七録》載犍爲文學《爾雅註》三卷。案《七録》久佚，此據《隋志》所稱「梁有某書亡」，知爲《七録》所載。陸德明《經典釋文》以爲漢武帝時人，則其書在武帝以前。曹粹中《放齋詩說》曰：案此書今未見傳本，此據《永樂大典》所引。《爾雅》，毛公以前，其文猶略。至鄭康成時則加詳。如「學有緝熙于光明」，毛公云：「光，廣也。」康成則以爲學於有光明者，而《爾雅》曰：「緝熙，光明也。」又「齊子豈弟」，康成以爲猶言「發夕」也。而《爾雅》曰：「豈弟，發也。」薄言觀者，毛公無訓。「振古如茲」，毛公云：「振，自也。」康成則以「觀」爲「多」、以「振」爲「古」。其說皆本於《爾雅》。使《爾雅》成書在毛公之前，顧得爲異哉？則其書在毛亨以後，案《詩傳》乃毛亨作，非毛萇作，語詳《詩正義》條下。大抵小學家綴緝舊文，遞相增益。周公、孔子，皆依託之詞。觀《釋地》有「鶼鶼」，《釋鳥》又有「鶼鶼」，同文複出，知非纂自一手也。其書，歐陽修《詩本義》以爲學《詩》者纂集博士解詁，高承《事物紀原》亦以爲大抵解詁詩人之旨。然釋《詩》者不及十之一，非專爲《詩》作。揚雄《方言》以爲孔子門徒解釋六藝，王充《論衡》亦以爲五經之訓故。然釋五經者不及十之三四，更非專爲五經作。今觀其文，大抵採諸書訓詁名物之同異以廣見聞，實自爲一書，不附經義。如《釋天》云「暴雨謂之涷」，《釋艸》云「卷施艸，拔心不死」，此取《楚辭》之文也。《釋天》云「扶搖謂之猋」，《釋蟲》云「蒺藜，蝍蛆」，此取《莊子》之文也。《釋詁》云「嫁，往也」，《釋水》云「瀵大出尾下」，此取《列子》之文也。《釋地・四極》云「西王母」，《釋畜》云「小領盜驪」，此取《穆天子傳》之文也。《釋地》云：「東方有比目魚焉，不比不行，其名謂之鰈。南方有比翼鳥焉，不比不飛，其名謂之鶼鶼。」此取《管子》之文也。又云：「邛邛岠虛，負而走，其名謂之蟨。」此取《呂氏春秋》之文也。又云：「北方有比肩民焉，迭食而迭望。」《釋地》云「河出崑崙虛」。此取《山海經》之文也。《釋詁》云：「天、帝、皇、王、后、辟、公、侯。」又云：「洪、廓、宏、溥、介、純、夏、幠。」《釋天》云「春爲青陽」至「謂之醴泉」，此取《尸子》之文也。《釋鳥》曰「爰居雜縣」，此取《國語》之文也。如是之類，不可殫數。蓋亦《方言》、《急就》之流，特說經之家多資以證古義，故從其所重，列之經部耳。璞時去漢未遠，如「遂幠大東」稱《詩》，「釗我周王」稱《逸書》，所見尚多古本，故所註多可據。後人雖迭爲補正，然宏綱大旨，終不出其範圍。昺《疏》亦多能引證，如《尸子・廣澤》篇、《仁意》篇，皆非今人所及睹。其犍爲文學、樊光、李巡之註，見於陸氏《釋文》者雖多所遺漏，然疏家之體，惟明本註。註所未及，不復旁搜。此亦唐以來之通弊，不能獨責於昺。惟既列註文而疏中時複述其文，但曰「郭註」云云，不異一字，亦更不別下一語，殆不可解。豈其初疏與註別行歟？今未見原刻，不可復考矣。

彭元瑞等《天禄琳琅書目後編・元版經部》　《爾雅註疏》。一函，十冊。

《爾雅註疏》。一函，十冊。

孫星衍《平津館鑒藏書籍記・明版》　《爾雅注疏》十一卷。題晉郭璞注、宋邢昺疏。

黄丕烈《百宋一廛書録》　《爾雅疏》。此《爾雅疏》十卷，前結銜云：翰林侍講學士朝請大夫守國子祭酒上柱國賜紫金魚袋臣邢昺等奉敕校定。

張金吾《愛日精廬藏書志・小學類》　《爾雅注疏》十一卷。元刊本。汲古閣藏書。晉郭璞注、宋邢昺疏。

張之洞《書目答問・正經正注》　《爾雅注疏》十卷。晉郭璞注，宋邢昺疏。

爾雅發題

鄭樵《通志・藝文略・爾雅》　《爾雅發題》一卷。

摘粹

《宋史・藝文志・小學類》　宋祁《摘粹》一卷。

羣經音辨

尤袤《遂初堂書目・小學類》　《羣經音辨》。

陳振孫《直齋書録解題・經解類》　《羣經音辨》七卷。丞相眞定賈昌朝子明撰。康定中侍講天章閣所上，凡五門，題曰「羣經」，亦不當在小學類。

馬端臨《文獻通考・經籍考・經解》　《羣經音辯》七卷。

又《小學》　《羣經音辨》七卷。

胡師安等《元西湖書院重整書目》　《羣經音辨》。

《宋史・藝文志・小學類》　賈昌朝《羣經音辨》三卷。

楊士奇《文淵閣書目・詩經總類》　賈昌朝《羣經音辨》。一部，二冊。闕。

《羣經音辨》。一部，二冊。完全。

《羣經音辨》。一部，一冊。闕。

張萱等《內閣藏書目録・字學部》　《羣經音辨》。二冊。全。宋賈昌朝著。

錢謙益等《絳雲樓書目・小學類》　賈昌朝《羣經音辨》一冊。

《四庫提要・小學類一》 《羣經音辨》七卷。通行本。宋賈昌朝撰。昌朝字子明，獲鹿人。天禧初賜同進士出身，慶曆中同中書門下平章事。英宗初加左僕射，封魏國公。謚文元。事蹟具《宋史》本傳。此書其侍講天章閣時所上。凡羣經之中一字異訓，音從而異者，彙集爲四門。卷一至卷五曰《辨字同音異》，仿唐張守節《史記正義》發字例，依許慎《説文解字》部目次之。卷六曰《辨字音清濁》、曰《辨彼此異音》、曰《辨字音疑混》，皆即《經典釋文序録》所舉，分立名目。卷七附《辨字訓得失》一門，所辨論者僅九字。書中沿襲舊文，不免謬誤者，如卷一《言部》「謙，慊也」下云：「鄭康成説謙爲慊。慊，厭也。厭謂閉藏貌。」據《禮記註》曰：「謙讀爲慊。慊，厭也。」此解正文「自謙」。《註》又曰：「厭讀爲黶。黶，閉藏貌也。」此解正文「厭然」，與上註「厭足」之「厭」絶不相蒙。昌朝混而一之，殊爲失考。又卷二《丌部》：「典，堅刃貌也。」據《考工記》「輈欲頎典」註曰：「頎典，堅刃貌。」以「頎典」爲形容之辭，不得單舉一「典」字。卷三《巾部》：「幓頭，括髮也。」「幓」本幧字之譌。據《儀禮註》：「一以解婦人之髽以麻申之，曰以麻者，如著幓頭焉。一以解括髮以麻免而以布申之，曰此用麻布爲之，狀如今著幓頭矣。」是括髮、免髽皆如著幓頭，幓頭自是吉服。揚雄《方言》：「帞頭，自河以北趙、魏之間曰幧頭。」劉熙《釋名》作「綃頭」。又有「鬢帶」、「髤帶」等名，豈可以括髮釋之。是皆疎於考證之故。然《釋文》散見各經，頗難檢核。昌朝會集其音義，絲牽繩貫，同異粲然，俾學者易於尋省，不爲無益。小學家至今不廢，亦有以也。《自序》云：「編成七卷，凡五門。」紹興中王觀國《後序》亦云：「凡五門七卷。」惟《宋史・藝文志》作三卷。此本爲康熙中蘇州張士俊從宋槧翻雕，實爲七卷。則《宋史》所載爲字畫之誤，明矣。

張之洞《書目答問・列朝經注經説經本考證》 《羣經音辨》七卷。宋賈昌朝。張士俊刻《澤存堂四種》本。粵雅堂本。

義訓

尤袤《遂初堂書目・小學類》 吳頜夷《義訓》。

爾雅兼義

鄭樵《通志・藝文略・爾雅》 《爾雅兼義》十卷。

羌爾雅

鄭樵《通志・藝文略・爾雅》 《羌爾雅》一卷。

《宋史・藝文志・小學類》 劉温潤《羌爾雅》一卷。

昆蟲草木略

徐𤊹《徐氏家藏書目・爾雅類》 《昆蟲草木略》二卷。宋鄭樵。

埤雅

晁公武《郡齋讀書志・小學類》 陸氏《埤雅》二十卷。右皇朝陸佃農師撰。書載蟲魚鳥獸草木名物，喜采俗説。然佃，王安石客也，而其學不專主王氏，亦似特立者。

尤袤《遂初堂書目・小學類》 陸佃《埤雅》。

陳振孫《直齋書録解題・小學類》 《埤雅》二十卷。陸佃撰。曰《釋魚》、《釋獸》，以及於《鳥》、《蟲》、《馬》、《草》、《木》，而終之以《釋天》，所以爲《爾雅》之輔也。此書本號「物性門類」，其初嘗以《釋魚》、《釋木》二篇上之朝，編纂將就，而永裕上賓，不及再上，既注《爾雅》，遂成此書。其於物性精詳，所援引甚博，而亦多用《字説》。

馬端臨《文獻通考・經籍考・小學》 《埤雅》二十卷。

胡師安等《元西湖書院重整書目》　《埤雅》。

《宋史・藝文志・小學類》　《埤雅》二十卷。

楊士奇等《文淵閣書目・詩經總類》　陸佃《埤雅》一部，五册。完全。　《埤雅》一部，四册。完全。　《埤雅》一部，四册。完全。　《埤雅》一部，四册。闕。

高儒《百川書志・小學》　《埤雅》二十卷。宋尚書左丞陸佃撰。

范邦甸等《天一閣書目・小學類》　《埤雅》二十卷。宋陸佃撰。

徐𤊹《徐氏家藏書目・爾雅類》　《埤雅》二十卷。唐陸佃。

張萱等《内閣藏書目録・經部》　《埤雅》。四册。全。宋神宗朝陸佃著。又四册。全。又五册。全。

劉若愚《内板經書紀略》　《爾雅埤雅》。四本，三百九十七葉。

錢謙益等《絳雲樓書目・爾雅類》　陸佃《埤雅》。楚公又嘗著《爾雅新義》二十卷。

《四庫提要・小學類一》　《埤雅》二十卷。浙江巡撫採進本。宋陸佃撰。佃字農師，越州山陰人。少從學於王安石。熙寧三年擢進士甲科，授蔡州推官，選爲鄆州教授，召補國子監直講，歷轉至左丞。未幾罷爲中大夫，出知亳州，卒於官。事蹟具《宋史》本傳。史稱其精於禮家名數之學。所著《埤雅》、《禮象》、《春秋後傳》之類，凡二百四十二卷。王應麟《玉海》又記其修《説文解字》。其子宰作此書序，又稱其有《詩講義》、《爾雅註》，今諸書並佚。其《爾雅新義》僅散見《永樂大典》中，文句譌闕，亦不能排纂成帙。傳於世者惟此書而已。凡《釋魚》二卷、《釋獸》三卷、《釋鳥》四卷、《釋蟲》二卷、《釋馬》一卷、《釋木》二卷、《釋草》四卷、《釋天》二卷。刊本《釋天》之末註「後闕」字，然則併此書亦有佚脱，非完本矣。宰序稱佃於神宗時召對，言及物性，因進《説魚》、《説木》二篇。後乃並加筆削，初名《物性門類》。後註《爾雅》畢，更修此書，易名《埤雅》，言爲《爾雅》之輔也。其説諸物，大抵略於形狀而詳於名義，尋究偏旁，比附形聲，務求其得名之所以然。又推而通貫諸經，曲證旁稽，假物理以明其義。中多引王安石《字説》。蓋佃以不附安石行新法，故後入元祐黨籍，其學問淵源則實出安石。晁公武《讀書志》謂其説不專主王氏，亦似特立。殆未詳檢是編，誤以論其人者論其書歟？觀其開卷「説龍」一條，至於謂曾公亮得龍之脊，王安石得龍之睛，是豈不尊安石者耶。然其詮釋諸經，頗據古義。其所援引，多今所未見之書。其推闡名理，亦往往精鑿。謂之駁雜則可，要不能不謂之博奥也。

彭元瑞等《天禄琳琅書目後編・明版經部》　《埤雅》。一函，二册。宋陸佃撰。

孫星衍《平津館鑒藏書籍記・明版》　《埤雅》廿卷。題中大夫守尚書左丞上柱國吳郡開國公賜紫金魚袋陸佃撰。

張之洞《書目答問・小學》　《埤雅》二十卷。宋陸佃。顧棫校刻本。明郎氏《五雅》本多駁雜，不盡關經義。

爾雅新義

陳振孫《直齋書録解題・小學類》　《爾雅新義》二十卷。陸佃撰。其於是書，用力勤矣。自序以爲雖使郭璞擁篲清道，跂望塵躅可也。以愚觀之，大率不出王氏之學，與劉貢父所謂不徹薑食、三牛三鹿戲笑之語，殆無以大相過也。《書》云玩物喪志，斯其爲喪志也宏矣。頃在南城傳寫凡十八卷，其曾孫子遹刻於嚴州爲二十卷。

馬端臨《文獻通考・經籍考・小學》　《爾雅新義》二十卷。

《宋史・藝文志・小學類》　陸佃《爾雅新義》二十卷。

楊士奇等《文淵閣書目・詩經總類》　陸佃《爾雅新義》。一部，五册。殘缺。　陸佃《爾雅新義》。一部，三册。殘缺。

張萱等《内閣藏書目録・字學部》　《爾雅新義》。三册。全。宋陸佃注，鈔本。

阮元《四庫未收書目提要・小學類》　《爾雅新義》二十卷。宋陸佃撰。

張金吾《愛日精廬藏書志・小學類》　《爾雅新義》二十卷。抄本。宋陸氏佃撰。

爾雅古注

胡師安等《元西湖書院重整書目》《爾雅古注》。

爾雅白文

徐𤊹《徐氏家藏書目・爾雅類》《爾雅》白文。歐體書。

方言

鄭樵《通志・藝文略・爾雅》《方言》十四卷。王浩撰。

諸經爾雅

尤袤《遂初堂書目・小學類》王元澤《諸經爾雅》。

馬端臨《文獻通考・經籍考・小學》王元澤《爾雅》。王雱撰，項平甫跋。

方言釋音

鄭樵《通志・藝文略・爾雅》《方言釋音》一卷。吳良輔撰。

唐藏經音義

晁公武《郡齋讀書志・小學類》《唐藏經音義》四卷。未詳撰人。分四聲，以類相從。蜀中印本也。

馬端臨《文獻通考・經籍考・小學》《唐藏經音義》四卷。

列郡雅言

鄭樵《通志・藝文略・經類》《列郡雅言》一卷。

爾雅經解

張萱等《内閣藏書目録・經部》《爾雅經解》一冊。不全。鄭樵著。

爾雅注

陳振孫《直齋書録解題・小學類》《注爾雅》三卷。鄭樵撰。其言《爾雅》出自漢代箋注未行之前，蓋憑《詩》、《書》以作，《爾雅》明則百家箋注皆可廢。《爾雅》，應釋者也，箋注，不應釋者也。言語、稱謂、宮室、器服、草木、蟲魚、鳥獸之所命不同，人所不能識者，故爲之訓釋。義理人之本有，無待注釋。注釋則人必生疑，反舍經之言，而泥注解之言。或者復舍注解之意，而泥己之意以爲經意。此其爲説雖偏，而論注釋之害，則名言也。

馬端臨《文獻通考・經籍考・小學》《注爾雅》三卷。

《宋史・藝文志・小學類》《爾雅註》三卷。

楊士奇等《文淵閣書目・詩經總類》 鄭樵《爾雅注》。一部。闕。

毛晉《汲古閣書跋》 《鄭註爾雅》。

《四庫提要・小學類一》 《爾雅註》三卷。兩淮鹽政採進本。宋鄭樵撰。樵字漁仲，莆田人。居夾漈山中，因以爲號。又自稱「西溪逸民」。紹興間以薦召對，授右迪功郎、兵部架閣。尋改監潭州南嶽廟，給札歸鈔所撰《通志》。書成，入爲樞密院編修。事蹟具《宋史・儒林傳》。南宋諸儒，大抵崇義理而疎考證，故樵以博洽傲睨一時，遂至肆作聰明，詆諆毛、鄭。其《詩辨妄》一書，開數百年杜撰說經之捷徑，爲通儒之所深非。惟作是書，乃通其所可通，闕其所不可通，文似簡略而絕無穿鑿附會之失，於說《爾雅》家爲善本。中間駁正舊文，如《後序》中所列饘餬、訊言、襭袍、衮黻四條，峨峨、丁丁、嚶嚶三條，註中所列《釋詁》「台、朕、陽之予爲我，賚、畀、卜之予爲與」一條，闗闗、噰噰當入《釋訓》一條，《釋親》據《左傳》辨正娣姒一條，《釋天》「謂之景風上脫文一條」，星名脫實沈、鶉首、鶉尾三次一條，《釋水》「天子造舟」一條，《釋蟲》「食根，蟊」一條，《釋魚》「鯉鱣」一條，「蝮虺，首大如臂」一條，皆極精確。惟「魚枕謂之丁」一條，牽引假借，以就其《六書略》之說。又堅執作《爾雅》者江南人，凡郭璞所云「蜀語」、「河中語」者，悉駁辨之。是則偏僻之過，習氣猶未盡除。又《汪師韓集》有書此書後一篇，駁其誤改郭註者：以「劉」、「劉杙」爲安石榴，以「蘱離蓬」爲其米雕胡二條。補郭註而未確者：孟，勉也，以爲「孟」即「曶」，「於，代也」以爲更詞二條。仍郭註之誤未改者：訓「郵，過也」，爲道路所經過，不知郵古字同尤，訓「比目魚」爲王餘，不知《吳都賦》「雙則比目，片則王餘」二條，亦頗中其失。至於議其《釋言》篇內經文脫「弇，同也」三字，《釋水》篇內經文脫「水之由膝以下爲揭」至「爲厲」十八字，《釋草》篇內經文脫「葦醜，芀」三字，《釋魚》篇內經文脫「蛭蟣」二字，《釋鳥》篇內脫「倉庚，鵹黃也」五字，皆當爲毛氏刊本之誤，併以詆樵則過矣。

決疑賦

《宋史・藝文志・小學類》 孫季昭《決疑賦》二卷。

爾雅翼

范邦甸等《天一閣書目・小學類》 《爾雅翼》三十二卷。宋新安羅願著。

徐𤊹《徐氏家藏書目・爾雅類》 《爾雅翼》三十二卷。宋羅願。

張萱等《內閣藏書目録・經部》 《爾雅翼》，二冊，不全。宋羅願著。又五冊，不全。

錢謙益等《絳雲樓書目・爾雅類》 羅願《爾雅翼》三十二卷。

錢曾《讀書敏求記・小學》 羅願《爾雅翼》三十二卷。

《四庫提要・小學類一》 《爾雅翼》三十二卷。浙江巡撫採進本。宋羅願撰，元洪焱祖音釋。願字端良，號存齋，歙縣人。以蔭補承務郎。乾道二年登進士第，通判贛州。淳熙中知南劍州事，遷知鄂州，卒於官。事蹟附載《宋史・羅汝楫傳》。焱祖字潛夫，亦歙縣人。天曆中官遂昌縣主簿，以休寧縣尹致仕。是書卷端有願《自序》，又有王應麟《後序》、方回《跋》及焱祖《自跋》。應麟《後序》稱以咸淳庚午刻此書郡齋，而《玉海》所列《爾雅》諸本乃不著於録。據方回《跋》稱，《序》見《鄂州小集》，世未見其書。回訪得副本於其從孫裳。蓋其出在《玉海》後也。越五十年爲元延祐庚申，郡守朱霽重刻，乃屬焱祖爲之音釋，而願《序》及應麟《後序》隸事稍僻者亦併註焉。焱祖《跋》稱「《釋草》八卷，凡一百二十名。《釋木》四卷，凡六十名。《釋鳥》五卷，凡五十八名。《釋獸》六卷，凡七十四名。《釋蟲》四卷，凡四十名。《釋魚》五卷，凡五十五名。」今勘驗此本，名數皆合。惟《釋獸》七十四名，此本內有八十五名，與原《跋》互異。豈字畫傳寫有誤歟？其書考據精博而體例謹嚴，在陸佃《埤雅》之上。應麟《後序》稱其

「即物精思，體用相涵，本末靡遺」，殆非溢美。後陳櫟刪削其書，別爲節本，謂「其好處可以廣人之識見處儘多；可恨處牽引失其精當者不少，內引《三百篇》之詩處多不是」云云。案櫟著作傳於今者有《尙書集傳纂疏》、《歷朝通略》、《定宇集》三書，核所聞見，曾不能望願之項背。遽糾其失，似不自量。至願書成於淳熙元年甲午，朱子《詩集傳》作於淳熙四年丁酉，在願書後三年。而櫟乃執續出新説繩願所引據之古義，尤屬拘墟。今願書流傳不朽，而櫟之節本片字無存，則其曲肆詆諆，無人肯信而傳之，略可見矣。

張之洞《書目答問・小學》 《爾雅翼》三十二卷。宋羅願。《學津》本。《格致叢書》本。不盡可據。

埤雅廣要

黃虞稷《千頃堂書目・小學類》 《埤雅廣要》四十二卷。不知撰人。

奇字訓釋

錢曾《讀書敏求記・小學》 《奇字訓釋》一卷。

大爾雅

楊士奇等《文淵閣書目・詩經總類》 程端明《大爾雅》。一部，一冊。闕。

黃虞稷《千頃堂書目・小學類・補元》 程端蒙《大爾雅》。

倪燦等《補遼金元藝文志・小學類》 程端蒙《大爾雅》。

互注爾雅貫類

《宋史・藝文志・小學類》 《互注爾雅貫類》一卷。

爾雅六義　闔學

王圻《續文獻通考・經籍考・小學》 《爾雅六義》。《闔學》。俱王柏著。

埤雅釋文

高儒《百川書志・小學》 《埤雅釋文》三卷。

小學紺珠

《宋史・藝文志・小學類》 王應麟《小學紺珠》十卷。

蒙訓小學紺珠

王圻《續文獻通考・經籍考・小學》 《蒙訓小學紺珠》，王應麟著。

爾雅翼節本

錢大昕《補元史藝文志・小學類》 陳櫟《爾雅翼節本》。

爾雅翼音釋

楊士奇等《文淵閣書目・詩經總類》 洪焱祖《爾雅翼》一部，七冊。闕。

《爾雅翼》一部，二冊。完全。

黄虞稷《千頃堂書目・小學類・補元》 洪炎祖《爾雅翼音釋》三十二卷。字潛夫。仕元爲徽州路休寧縣尹。

倪燦等《補遼金元藝文志・小學類》 元洪焱祖《爾雅翼音注》三十二卷。字潛夫，休寧縣尹。

錢大昕《補元史藝文志・小學類》 洪焱祖《爾雅翼音釋》三十二卷。字彦實。徽州人，休寧縣尹。

爾雅略義

楊士奇等《文淵閣書目・詩經總類》 危素《爾雅略義》。一部，五冊。闕。

張萱等《内閣藏書目録・經部》 《爾雅略義》。五冊。全。元至正初檢討危素節略郭、邢二家注疏，進御鈔本。

黄虞稷《千頃堂書目・小學類》 危素《爾雅略義》十九卷。

《明史・藝文志・小學類》 危素《爾雅略義》十九卷。

爾雅韻語

黄虞稷《千頃堂書目・小學類・補元》 胡炳文《爾雅韻語》五卷。

倪燦等《補遼金元藝文志・小學類》 胡炳文《爾雅韻語》。

錢大昕《補元史藝文志・小學類》 胡炳文《爾雅韻語》。

增修埤雅

張萱等《内閣藏書目録・經部》 《增修埤雅》五冊。全。天順間蜀府護衛百戶牛充奉敕撰。

埤雅廣要

彭元瑞等《天禄琳琅書目後編・明版經部》 《埤雅廣要》。一函，七冊。明牛衷撰。

爾雅便音

黄虞稷《千頃堂書目・小學類》 薛敬之《爾雅便音》。字顯思，渭南人。成化中貢士，應州知州，周蕙門人。

崔氏小爾雅

《四庫提要・小學類存目一》 《崔氏小爾雅》一卷。戶部尚書王際華家藏本。舊本題明崔銑撰。銑有《讀易餘言》，已著録。此書凡分十篇。核檢其文，實即《孔叢子》中之《小爾雅》也。閔元衢《歐餘漫録》曰：《小爾雅》，漢孔鮒撰。汝郡袁氏《金聲玉振集》誤爲崔仲凫撰，收入撰述部。以漢爲本朝，以「崔」易「孔」，豈其不詳考耶？抑以世可欺也？則是僞題姓名，明人已言之矣。

訓　林

黄虞稷《千頃堂書目・小學類》　朱睦㮮《訓林》十二卷。

《明史・藝文志・小學類》　朱睦㮮《訓林》十二卷。

俚言解

黄虞稷《千頃堂書目・小學類》　陳士元《俚言解》二卷。

諸史裔語音義

黄虞稷《千頃堂書目・小學類》　[陳士元]《諸史裔語音義》四卷。

雅　餘

徐𤊹《徐氏家藏書目・爾雅類》　《雅餘》八卷。羅曰褧。

黄虞稷《千頃堂書目・小學類》　羅曰褧《雅餘》八卷。

《明史・藝文志・小學類》　羅曰褧《雅餘》八卷。

方言類聚

《四庫提要・小學類存目一》　《方言類聚》四卷。浙江巡撫採進本。明陳與郊撰。與郊有《檀弓集註》，已著録。是編取揚雄原本，依《爾雅》篇目分爲《釋詁》、《釋言》等十六門，別爲編次，使以類相聚。如原本第三卷「氓，民也」至「棖，隨也」數語，移入卷首爲《釋詁》。其原本卷首「黨，曉也」兩節則列爲《釋言》，反載於「敦、豐、龎、夰」一節之後。郭璞原註則總附每節後，低一格以別之。閒有雙行夾註，爲與郊所考訂者，僅略及音切、字畫之異同而已。

方言據

《四庫提要・小學類存目一》　《方言據》二卷。福建巡撫採進本。明魏濬撰。濬有《易象古義通》，已著録。是書乃紀四方言語之異而求其可據者凡二百餘條，多見考據。然其中亦有字出經史，本非方言。如張口笑曰哆，頤下曰頬，足背曰跗，毛多曰[illegible]之類。小學諸書義訓甚明，毋煩更爲索解。又如畔牢之與畔愁，兒良之爲郎，皆聲音之轉，亦非因方域而殊，乃一概闌入於輶軒絶代語，體例頗不類也。

小學書纂疏

錢曾《讀書敏求記・小學》　李成巳《小學書纂疏》四卷。

彙　雅

黃虞稷《千頃堂書目・小學類》　張萱《彙雅前編》二十卷，又《後編》二十卷。

《明史・藝文志・小學類》　張萱《彙雅前編》二十卷，《後編》二十卷。

《四庫提要・小學類存目一》　《彙雅》二十卷，續編二十八卷。兩淮馬裕家藏本。明張萱撰。萱字孟奇，博羅人。萬曆壬午舉人，由中書舍人官至戶部郎中。此書每篇皆列《爾雅》，次以《小爾雅》、《廣雅》、《方言》之屬。下載註疏，附以萱所自釋。亦頗有發明。然如《釋詁》「肅、延、誘、薦、餤、晉、寅、藎，進也」，郭註：「寅，未詳。」萱於他註義未詳者無所證據，而晉之爲進，人皆解者，乃反詳之，殊失體要。又若《釋詁》「祪，祖也」，萱釋之曰：「祪，遠祖也，親在高曾之上危矣。」此義尤爲未安。蓋明人不尚確據，而好作新論，其流弊往往如此也。《續編》二十八卷，則皆割裂陸佃《埤雅》、羅願《爾雅翼》，合爲一集。每條以佃、願之名別之。惟第一卷《說鳳》一門有一條題「張萱曰」爲所自釋耳。蓋未成之本，後人不察而誤刊之。陸氏、羅氏原書具在，亦安用此鈔胥爲哉？是尤畫蛇之足矣。

駢　雅

徐𤊹《徐氏家藏書目・爾雅類》　《駢雅》七卷。朱謀㙔。

錢謙益等《絳雲樓書目・爾雅類》　朱謀㙔《駢雅》七卷。

黃虞稷《千頃堂書目・小學類》　朱謀㙔《駢雅》七卷。又《宏雅》□卷。

《明史・藝文志・小學類》　朱謀㙔《駢雅》七卷。

《四庫提要・小學類一》　《駢雅》七卷。浙江巡撫採進本。明朱謀㙔撰。謀㙔有《周易象通》，已著録。此書皆刺取古書文句典奧者，依《爾雅》體例分章訓釋。自《釋詁》、《釋訓》，以至《蟲》、《魚》、《鳥》、《獸》，凡二十篇。其說以爲聯二爲一，駢異爲同，故名曰《駢雅》。謀㙔淹通典籍，其《一齋書目》所載，往往爲諸家所未窺。故徵引詳博，頗具條理，非鄉塾陋儒捃拾殘剩者可比。中間如「藻井」乃屋上方井，刻爲藻文，《西京賦註》引《風俗通》訓義甚明，而謀㙔以爲刻扉之屬，改易舊文，殊爲未確。又謂「都御史」爲大司憲、「詹事」爲端尹，乃流俗之稱，亦乏典據。至如《釋天》內之歲陽月名，《釋地》內之五丘、四荒、太平、太蒙、丹穴、空桐之類，皆《爾雅》所已具更爲複引，尤病冗蕪。然奇文僻字，搜輯良多，擷其膏腴，於詞章要不爲無補也。

方國殊語

黃虞稷《千頃堂書目・小學類》　朱謀㙔《方國殊語》□卷。

演爾雅

黃虞稷《千頃堂書目・小學類》　《演爾雅》□卷。

全　雅

錢謙益等《絳雲樓書目・爾雅類》　《全雅》。

通　雅

黃虞稷《千頃堂書目・小學類》　方以智《通雅》五十二卷。

《四庫提要・雜家類三》　《通雅》五十二卷。左都御史張若桂家藏本。明方以智撰。以智字密之，桐城人。崇禎庚辰進士，官翰林院檢討。是書皆考證名物、象數、訓詁、音聲。首三卷分五子目，曰音義雜論，曰讀書類略，曰小學大略，曰詩說，曰文章薪火，皆不入卷數。書中分四十四門，曰疑始，專論古篆古音，凡二卷。曰釋詁，分綴集、古雋、謰語、重言四子目，凡七卷。曰天文，分釋天、曆測、陰陽、月令、農時五子目，凡二卷，曰地輿，分方域、水注、地名、異音、九州建都考、釋地五子目，凡五卷。曰身體，曰稱謂，各一卷。曰姓名，分姓氏、人名、同姓名、鬼神四子目，凡二卷。曰官制，分仕進、爵祿、文職、武職、兵政五子目，凡四卷。曰事制，分田賦、貨賄、刑法三子目，凡二卷。曰禮儀，曰樂曲樂舞，附以樂器，共三卷。曰器用，分書札、碑帖、金石、書法、裝潢、紙墨、筆硯、印章、古器、雜器、鹵簿、戎器、車類、戲具十三子目，凡五卷。曰衣服，分彩服、佩飾、布帛、彩色四子目，凡二卷。曰宮室，曰飲食，曰算數，各一卷。曰植物，分草竹、葦木、穀、蔬四子目，凡三卷。曰動物，分鳥、獸、蟲三子目，凡三卷。曰金石，曰諺原，曰切韻聲原，曰脈考，曰古方解，各一卷。明之中葉，以博洽著者稱楊慎，而陳耀文起而與爭，然慎好僞說以售欺，耀文好蔓引以求勝。次則焦竑，亦喜考證而習與李贄游，動輒牽綴佛書，傷於蕪雜。惟以智崛起崇禎中，考據精核，迥出其上。風氣既開，國初顧炎武、閻若璩、朱彝尊等沿波而起，始一掃懸揣之空談。雖其中千慮一失，或所不免，而窮源遡委，詞必有徵，在明代考證家中，可謂卓然獨立矣。

九經誤字

張之洞《書目答問・列朝經注經說經本考證》　《九經誤字》一卷。顧炎武。《亭林遺書》本。《指海》本。借月山房本。錢大昕《經典文字考異》三卷未刊。

字　詁

《四庫提要・小學類二》　《字詁》一卷。安徽巡撫採進本。國朝黃生撰。生字扶孟，歙縣人。前明諸生。是編取魏張揖《字詁》以名其書，於六書多所發明。每字皆有新義，而根據博奧，與穿鑿者有殊。間有數字未安者，如謂「靃」，《說文》「呼郭切，飛聲也」。而諸書用「靃靡」處又音髓。今書地名、人姓之類多用霍，獨《樊噲傳》之「霍人」，《正義》註「先累」、「蘇果」、「山寡」三反。「先累反」即髓音也。《韻會》諸家紙、藥二韻兼收靃，而霍則止一音。蓋霍從隹，其音當爲髓。靃本飛鳥聲，借爲地名，因又借爲人姓，後省便作霍。既爲借義所奪，其本音本訓遂失。而於字之當用霍音髓者，反作靃，此霍之所以轉爲呼郭切，而靃之所以轉爲先累反也。據其所說，則霍但有先累反之本音，靃但有呼郭反之本音矣。今考音切之古，莫過《玉篇》、《廣韻》。《玉篇》靃字下註云：「息委切，露也。」「呼郭切，飛聲。」《廣韻》於四紙靃字下註云：「靃，靡草。」於十九鐸靃字下註云：「地名。《說文》：『飛聲也。』」則是靃本有髓之一讀，並不因省借爲霍始音髓也。又《玉篇》霍字下註云：「呼郭切，揮霍。」《廣韻》霍字下註云：「虛郭切，揮霍。」《爾雅》：「霍山爲南岳。又姓。」則是霍之一字，在《玉篇》、《廣韻》原止有「呼郭反」一音，並無髓音。惟《史記正義》註有息累反，而要不得爲止有「息累反」一音也。況《白虎通》曰：「南方霍山者，霍之爲言護也。」「護」乃「呼郭反」之轉音，非「先累反」之轉音。然則班固讀「霍」已爲呼郭反矣，豈漢音猶不足據乎？生又謂打字始於六朝，今考後漢王延壽《夢賦》曰：「捎魍魎，拂諸渠，撞縱目，打三顱。」又《易林》曰：「口饑打手。」則打字不始於六朝明矣。此類殊爲失考。其他若謂大鼏，七个之「鼏」，當從冂諧聲，與從冖者不同；似蛇之鱓，既借徒何切之鱓，又借張演切之鱣，而皆轉爲常演切，《漢書註》誤以「張連切」之「鱣」爲釋。又謂《周禮玉人註》「瓚讀爲⿱衍食⿸尸食之⿸尸食。」《說文》：「饡，以羹澆飯。」《釋文》「膏⿸尸食」作「膏饡」。故《篇海》「⿸尸食」即饡字。《內則》，《釋文》：酏，讀爲⿱衍食，之然反。⿸尸食本又作⿱衍食，並之然反。此蓋明酏、⿸尸食當並讀爲⿱衍食，非謂「⿸尸食」即⿱衍食字。若以諸延切⿸尸食，何以處《玉人註》之「⿱衍食⿸尸食」乎？又謂干、乾字通，引《後漢書・獨行傳》云：明堂之奠，干飯寒水。又在晉帖所云「淡悶干嘔」之前。此類則最爲精核，其他條似此者不可枚舉。蓋生致力漢學，而於六書訓詁尤爲專長，故不同明人之剿說也。

張之洞《書目答問・小學》 《字詁》一卷。黄生。《指海》本。家刻本。

錢繹《字詁類纂》一百六卷未刊。

越語肯綮録

《四庫提要・小學類存目一》 《越語肯綮録》一卷。浙江巡撫採進本。國朝毛奇齡撰。奇齡有《仲氏易》，已著録。是編皆記其鄉之方言，而證以古音、古訓，以爲與陸法言韻多相合。因宋趙叔向有《肯綮録》，故襲其名。然叔向書多述朝制，此則但一隅之里諺耳。昔揚雄《方言》多闕訓詁，歷代史志及諸家書目均入之經部小學類中。是編皆里巷常談，似未可遽廁六經之末。然《舊唐書・經籍志》載李少通《俗語難字》，《新唐書・藝文志》載張推《證俗音》、顔慜楚《證俗音略》、李虔《續通俗文》，皆在小學類中。以類相從，古有此例，故今仍列之小學焉。

連文釋義

《四庫提要・小學類存目一》 《連文釋義》一卷。通行本。國朝王言撰。言字慎旃，仁和人。是編凡二字連文及一名而兼兩義與兩字各爲一義者，均分別訓釋，釐爲十門。詞頗淺近，蓋爲課蒙而作。視方以智《通雅》所載，相去遠矣。

助字辨略

張之洞《書目答問・列朝經注經説經本考證》 《助字辨略》五卷。劉淇。康熙五十年刻本。聊城楊氏刻本。

爾雅補注

《四庫提要・小學類存目一》 《爾雅補註》六卷。江蘇巡撫採進本。國朝姜兆錫撰。兆錫有《周易本義述藴》，已著録。是註多以後世文義推測古人之訓詁。如《釋詁》：「在，終也。」則註曰：「凡物有定在，亦有終竟之意。今人云不知所在，亦云不知所終。」又好以意斷制。如《釋訓》「子子孫孫」三十二句，則註曰：「每語皆以三字約舉其義，與經書《小序》略相似，而又皆以韻叶之。此等文疑先賢卜氏受《詩》於聖人而因爲之也」云云。蓋因《詩序》首句之文而推求及於子夏。然考《周易》象傳全爲此體，王逸注《楚詞》抽思諸篇亦用此體，是又安足爲出自子夏之證乎？

釋骨

張之洞《書目答問・列朝經注經説經本考證》 《釋骨》一卷。沈彤。《果堂集》本。

續方言

《四庫提要・小學類一》 《續方言》二卷。浙江巡撫採進本。國朝杭世駿撰。世駿字大宗，號堇浦，仁和人。乾隆丙辰召試博學鴻詞，授翰林院編修。是書採《十三經註疏》、《説文》、《釋名》諸書，以補揚雄《方言》之遺。前後類次，一依《爾雅》，但不明標其目耳。蒐羅古義，頗有裨於訓詁。惟是所引之書，往往耳目之前顯然遺漏。如《玉篇》引《倉頡篇》云：「楚人呼竈曰竈。」《列子・黄帝篇》註引何承天《纂文》云：「吴人呼瞬目爲眴目。」《古今韻會》引魏李登《聲類》云：「江南曰辣，中國曰辛。」《爾雅・釋草釋文》、宋庠《國語補音》引晉吕忱《字林》云：「楚人名蔆曰芰。」

鶩，秦名雅烏。鯷，青州人呼鮎鯷。《初學記》及《太平御覽》引《纂文》云：梁州以豕爲豨，河南謂之彘，漁陽以豬爲豝，齊、徐以小豬爲豨。《太平御覽》又引《纂文》云：秦以鈷鏻爲銼鑹。《爾雅·釋親釋文》引《纂文》云：妹，媦也。《初學記》引服虔《通俗文》曰：南楚以美色爲娃。《初學記》及《山堂考索》又引《通俗文》云：晉船曰舶。《埤雅》引《廣志·小學篇》云：螻蛄，會稽謂之蟠蛄。《北戶録》引顔之推《證俗音》云：南人謂凝牛、羊、鹿血爲衉。⿺麥粦⿺麥婁，內國呼爲糫餅，亦呼寒具。粰⿰米㐬，今江南呼曰⿰食戠飦。蝘蜓，山東謂之蝀蜆。鰿，吳人呼爲鯽魚也。凡此諸條，皆六朝以前方言，正可以續揚雄之著，而俱佚之。豈舉遠者反略近歟？又如書中引《說文》「秦晉聽而不聞，聞而不達謂之聹」，引《史記集解》「齊人謂之顙，汝南、淮泗之間曰顔」諸條，本爲揚雄《方言》所有，而複載之，亦爲失檢。然大致引據典核，在近時小學家猶最有根柢者也。

張之洞《書目答問·小學》 《續方言》二卷。杭世駿。《杭氏七種》本。《珠塵》本。

別 雅

《四庫提要·小學類一》 《別雅》五卷。江蘇巡撫採進本。國朝吳玉搢撰。玉搢字山夫，山陽人。廩貢生，官鳳陽府訓導。是書取字體之假借通用者，依韻編之，各註所出而爲之辨證，於考古深爲有功。惟是古人用字，有同聲假借，有轉音變異，有別體重文。同聲轉音，均宜入之此書。至於「⿰支阝酆」一作「岐豐」之類，則⿰支阝乃岐之本字，《說文》明云：⿰支阝，一作岐。實屬重文，偶然別體。《說文》、《玉篇》以後累千盈百，何可勝收，未免自亂其例。又徵引雖博，而挂漏亦夥。即以開卷東、冬二韻覈之，若《大戴禮》「一室而有四戶八牕」，牕即窗。《楚辭·九歎》「登逢龍而下隕兮」，註：古本逢作蓬。《荀子·榮辱》篇引《詩》「下國駿蒙」，註：今《詩》作駿龐。《莊子·盜跖》篇「士皆蓬頭突鬢」，註：蓬本作鏠。《吳越春秋·吳王壽夢傳》「使公子蓋餘燭傭」，註：《左傳》傭作庸。《史記·秦始皇本紀》「秦王爲人蜂準」，徐廣曰：蜂，一作隆。《龜策傳》「雄渠蠭門」，註：《新序》有熊渠子。《漢書·古今人表》「鬼臾區」，師古註云：即鬼容區。「陳豐」，師古註云：即陳鋒。《衛青傳》「青至籠城」，師古註云：籠讀爲龍。皆目前習見者，乃佚而不載。則推之《儀禮》之古文、《周禮》之故書及漢人箋註「某讀作某」之類，一一考之，所漏多矣。然就所徵引，足以通古籍之異同，疏後學之疑滯，猶可以考見漢魏以前聲音文字之概。是固小學之資糧，藝林之津筏，非俗儒剽竊之書所能彷彿也。

張之洞《書目答問·小學》 《別雅》五卷。吳玉搢。刻本。

毛詩名物圖説

張之洞《書目答問·列朝經注經說經本考證》 《毛詩名物圖說》九卷。徐鼎。乾隆三十六年刻本。

釋名疏證　補遺

顧廣圻《思適齋書跋·經部》 《釋名疏證》十卷。經訓堂刻本。

顧廣圻《思適齋集外書跋輯存·經類》 《釋名疏證》十卷。江刊本。

張之洞《書目答問·小學》 《釋名疏證》八卷，《補遺》一卷。漢劉熙。江聲疏補。經訓堂篆書、正書兩本。又璜川書屋本、《小學彙函》本無疏證。

續釋名

張之洞《書目答問·小學》 《續釋名》一卷。江聲。經訓堂本。

方言疏證

張之洞《書目答問・小學》《方言疏證》十三卷。戴震。《戴氏遺書》本。錢繹《方言箋疏》十三卷。錢侗《方言義證》六卷未刊。

釋宫小記

張之洞《書目答問・列朝經注經説經本考證》《釋宫小記》一卷。程瑶田。《通藝録》内學海堂本。

釋蟲小記

張之洞《書目答問・列朝經注經説經本考證》《釋蟲小記》一卷。

釋草小記

張之洞《書目答問・列朝經注經説經本考證》《釋草小記》一卷。

經典文字辨證

張之洞《書目答問・列朝經注經説經本考證》《經典文字辨證》五卷。畢沅。經訓堂本。

釋繒

張之洞《書目答問・列朝經注經説經本考證》《釋繒》一卷。任大椿。燕禧堂本。學海堂本。

爾雅補郭

張之洞《書目答問・列朝經注經説經本考證》《爾雅補郭》二卷。翟灝。自刻本。戴鎣《爾雅郭注補正》卷未見傳本。

續方言補正

張之洞《書目答問・小學》《續方言補正》一卷。程際盛。《珠塵》本。

駢字分箋

張之洞《書目答問・小學》《駢字分箋》二卷。程際盛。《珠塵》本。

爾雅釋義　釋地以下四篇注

張之洞《書目答問・列朝經注經説經本考證》《爾雅釋義》十卷，《釋地以下四篇注》四卷。錢坫。《錢氏四種》本。錢大昭《爾雅釋文補》三卷、錢繹《爾雅疏證》十九卷未刊。

爾雅正義

張之洞《書目答問・列朝經注經説經本考證》 《爾雅正義》二十卷。邵晉涵。原刻重刻通行本。學海堂本。

廣雅疏證 廣雅疏證補正

張之洞《書目答問・小學》 《廣雅疏證》十卷。王念孫疏證。家刻本。學海堂本。

拾雅

張之洞《書目答問・小學》 《拾雅》二十卷。夏味堂。原刻本。劉際清刻《青照堂叢書》本。

釋舟

張之洞《書目答問・列朝經注經説經本考證》 《釋舟》一卷。洪亮吉。《卷施閣集》本。

爾雅義疏

張之洞《書目答問・列朝經注經説經本考證》 《爾雅義疏》二十卷。郝懿行。孫郝聯薇校刻足本。沔陽陸氏刻本、學海堂本皆未足。郝勝於邵。

經籍纂詁 附補遺

張之洞《書目答問・列朝經注經説經本考證》 《經籍籑詁》二百一十六卷，附《補遺》。阮元。

經義述聞

張之洞《書目答問・列朝經注經説經本考證》 《經義述聞》三十二卷。王引之。自刻本。江西刻本。學海堂本止二十八卷。

經傳釋詞

張之洞《書目答問・列朝經注經説經本考證》 《經傳釋詞》十卷。王引之。家刻本。守山閣本。學海堂本。馮登府《十四經詁答問》十卷未刊。

駢雅訓纂

張之洞《書目答問・小學》 《駢雅訓纂》十六卷。明朱謀㙔。魏茂林訓纂。通行大字、小字兩本。借月山房本原書七卷。

小爾雅訓纂

張之洞《書目答問・小學》 《小爾雅訓纂》六卷。宋翔鳳。浮溪精舍本。

釋服

張之洞《書目答問·列朝經注經説經本考證》　《釋服》□卷。宋翔鳳。浮溪精舍本。

小爾雅義證

張之洞《書目答問·小學》　《小爾雅義證》十三卷。胡承珙。

釋祀

張之洞《書目答問·列朝經注經説經本考證》　《釋祀》一卷。董蠡舟。

小爾雅疏

張之洞《書目答問·小學》　《小爾雅疏》八卷。舊題漢孔鮒。晉李軌解。王煦疏。

爾雅古義

張之洞《書目答問·列朝經注經説經本考證》　《爾雅古義》十二卷。黄奭輯。

羣經平議

張之洞《書目答問·列朝經注經説經本考證》　《羣經平議》十卷。今人。《俞氏叢書》本。

譯語分部

鮮卑語國語孝經

《隋書·經籍志·孝經》　《國語孝經》一卷。

鄭樵《通志·藝文略·孝經》　《國語孝經》一卷。魏氏遷洛，未達華語，孝文命侯伏侯可悉陵，以夷言譯《孝經》之旨教國人。

翻真語

《隋書·經籍志·小學》　《翻眞語》一卷。王延撰。

文廷式《補晉書藝文志·小學類》　王延《翻眞語》一卷。

真言鑒誡

《隋書·經籍志·小學》　《眞言鑒誡》一卷。

鮮卑語國語

《隋書・經籍志・小學》《國語》十五卷。

鄭樵《通志・藝文略・爾雅》《國語》十五卷。

鮮卑語國語

《隋書・經籍志・小學》《國語》十卷。

鮮卑語

《隋書・經籍志・小學》《鮮卑語》五卷。

鄭樵《通志・藝文略・經類》《鮮卑語》五卷。

鮮卑語國語真歌

《隋書・經籍志・小學》《國語眞歌》十卷。

鄭樵《通志・藝文略・爾雅》《國語眞歌》十卷。

鮮卑語國語物名

《隋書・經籍志・小學》《國語物名》四卷。後魏侯伏侯可悉陵撰。

鄭樵《通志・藝文略・爾雅》《國語物名》四卷。後魏侯伏侯可悉陵。

鮮卑語國語雜物名

《隋書・經籍志・小學》《國語雜物名》三卷。侯伏侯可悉陵撰。

鄭樵《通志・藝文略・爾雅》《國語雜物名》三卷。侯伏侯可悉陵。

鮮卑語國語十八傳

《隋書・經籍志・小學》《國語十八傳》一卷。

鄭樵《通志・藝文略・爾雅》《國語十八傳》一卷。

鮮卑語國語御歌

《隋書・經籍志・小學》《國語御歌》十一卷。

鄭樵《通志・藝文略・爾雅》《國語御歌》十一卷。

鮮卑語

《隋書・經籍志・小學》《鮮卑語》十卷。

鄭樵《通志・藝文略・經類》《鮮卑語》十卷。

鮮卑語國語號令

《隋書・經籍志・小學》《國語號令》四卷。

鄭樵《通志・藝文略・爾雅》《國語號令》四卷。

鮮卑語國語雜文

《隋書・經籍志・小學》《國語雜文》十五卷。

鄭樵《通志・藝文略・爾雅》《國語雜文》十五卷。

鮮卑號令

《隋書・經籍志・小學》《鮮卑號令》一卷。周武帝撰。

鄭樵《通志・藝文略・爾雅》《鮮卑號令》一卷。周武帝。

鮮卑語雜號令

《隋書・經籍志・小學》《雜號令》一卷。

鄭樵《通志・藝文略・爾雅》《雜號令》一卷。

婆羅門書

《隋書・經籍志・小學》《婆羅門書》一卷。

鄭樵《通志・藝文略・小學類》《婆羅門書》四卷。《隋志》一卷。

姚振宗《後漢藝文志・小學類》《婆羅門書》一卷。

南胡書

《隋書・經籍志・小學》梁有《扶南胡書》一卷。亡。

外國書

《隋書・經籍志・小學》《外國書》四卷。

鄭樵《通志・藝文略・小學類》《外國書》四卷。

林邑國語

鄭樵《通志・藝文略・經類》《林邑國語》一卷。

辨鳩録

鄭樵《通志・藝文略・經類》《辨鳩録》一卷。

西蕃譯語

鄭樵《通志・藝文略・經類》《西蕃譯語》一卷。

釋梵語

鄭樵《通志・藝文略・經類》《釋梵語》一卷。

譯夷語録

鄭樵《通志・藝文略・經類》　《譯夷語録》一卷。僧惟古。

蕃爾雅

鄭樵《通志・藝文略・經類》　《蕃爾雅》一卷。

蕃漢語

《宋史・藝文志・小學類》　《蕃漢語》一卷。並不知作者。

契丹語陰符經

王仁俊《遼史藝文志補證・譯語類》　《陰符經》。義宗譯。

契丹語五代史

錢大昕《補元史藝文志・譯語類》　《遼譯五代史》。重熙中，翰林都林牙蕭韓家奴譯。

王仁俊《遼史藝文志補證・譯語類》　《五代史》。重熙十五年，蕭韓家奴奉詔譯。

契丹語貞觀政要

錢大昕《補元史藝文志・譯語類》　《遼譯貞觀政要》。重熙中，蕭韓家奴譯。

王仁俊《遼史藝文志補證・譯語類》　《貞觀政要》。蕭韓家奴譯。

契丹語通曆

錢大昕《補元史藝文志・譯語類》　《遼譯通曆》。重熙中，蕭韓家奴譯。

王仁俊《遼史藝文志補證・譯語類》　《通曆》。蕭韓家奴譯。

西夏文孝經

王仁俊《西夏藝文志・經部》　《景宗譯孝經》。

西夏文爾雅

王仁俊《西夏藝文志・經部》　《景宗譯爾雅》。

西夏文蕃書

王仁俊《西夏藝文志・小學類》　景宗《蕃書》十二卷。

契丹語契丹大字

王仁俊《遼史藝文志補證・小學類》　太祖《契丹大字》。耶律庶成制。金有。按本傳：幼好學，善遼、漢文字。

遼譯方脈書

錢大昕《補元史藝文志・譯語類》　《遼譯方脈書》。耶律庶成。

女真字女直大字

龔顯曾《金藝文志補録・小學類》　《太祖女直大字》。完顏師尹。一作希尹。

女真字女直小字

龔顯曾《金藝文志補録・小學類》　《熙宗女直小字》。完顏希尹。

女真字五經譯解

龔顯曾《金藝文志補録・經解類》　《五經譯解》大定年，詔溫迪罕締達宗璧阿魯楊克忠譯解。移剌傑移剌履講究其義。

女真字四書譯解

龔顯曾《金藝文志補録・四書類》　《四書譯解》。溫迪罕締達宗璧阿魯張克宗等譯。一作楊克忠。　錢《志》歸入譯語類，作《國語論語》、《國語孟子》。

西夏文周易卜筮斷

王仁俊《西夏藝文志・經部》　斡道沖《周易卜筮斷》。

西夏文論語小義

王仁俊《西夏藝文志・經部》　斡道沖《論語小義》二十卷。

女直字盤古書

楊士奇等《文淵閣書目・古今志》　《女直字盤古書》。一册。

錢大昕《補元史藝文志・譯語類》　《女直字盤古書》。

龔顯曾《金藝文志補録・譯語類》　《女直字盤古書》。

女直字孔夫子書

楊士奇等《文淵閣書目・古今志》　《女直字孔夫子書》。一册。

女直字孔夫子遊國章

楊士奇等《文淵閣書目・古今志》　《女直字孔夫子遊國章》。一冊。

女直字家語

楊士奇等《文淵閣書目・古今志》　《女直字家語》。一冊。

錢大昕《補元史藝文志・譯語類》　《女直字家語》。

龔顯曾《金藝文志補録・譯語類》　《女直字家語》。

女直字孝經

龔顯曾《金藝文志補録・孝經類》　《女直字孝經》。大定間譯。錢氏《補志》歸《譯語類》，題作《國語孝經》。附唐玄宗《孝經注》。天德三年國子監印定。

女直字家語賢能言語傳

楊士奇等《文淵閣書目・古今志》　《女直字家語賢能言語傳》。一冊。

女直字姜太公書

楊士奇等《文淵閣書目・古今志》　《女直字姜太公書》。一冊。《女直字姜太公書》。一冊。

錢大昕《補元史藝文志・譯語類》　《女直字大公書》。

龔顯曾《金藝文志補録・譯語類》　《女直字太公書》。

女直字伍子胥書

楊士奇等《文淵閣書目・古今志》　《女直字伍子胥書》。一冊。

錢大昕《補元史藝文志・譯語類》　《女直字伍子胥書》。

龔顯曾《金藝文志補録・譯語類》　《女直字伍子胥書》。

女直字十八國鬬寶傳

楊士奇等《文淵閣書目・古今志》　《女直字十八國鬬寶傳》。一冊。

女直字孫臏書

楊士奇等《文淵閣書目・古今志》　《女直字孫臏書》。一冊。

錢大昕《補元史藝文志・譯語類》　《女直字孫臏書》。

龔顯曾《金藝文志補録・譯語類》　《女直字孫臏書》。

女直字善御書

楊士奇等《文淵閣書目・古今志》　《女直字善御書》。一冊。

女直字海錢公書

楊士奇等《文淵閣書目・古今志》　《女直字海錢公書》。一冊。

女真字伍子受書

楊士奇等《文淵閣書目・古今志》　《伍子受書》。一冊。

女直字黃氏女書

楊士奇等《文淵閣書目・古今志》　《女直字黃氏女書》。一冊。《女直字黃氏女書》。一冊。

錢大昕《補元史藝文志・譯語類》　《女直字黃氏女書》。

龔顯曾《金藝文志補録・譯語類》　《女直字黃氏女書》。

女直字百家姓

楊士奇等《文淵閣書目・古今志》　《女直字百家姓》。一冊。

錢大昕《補元史藝文志・譯語類》　《女直字百家姓》。

龔顯曾《金藝文志補録・譯語類》　《女直字百家姓》。

女直字哈答咩兒干

楊士奇等《文淵閣書目・古今志》　《女直字哈答咩兒干》。一冊。

女直字母

楊士奇等《文淵閣書目・古今志》　《女直字母》。一冊。

錢大昕《補元史藝文志・譯語類》　《女直字母》。

龔顯曾《金藝文志補録・譯語類》　《女直字母》。

女真字金國語易經

錢大昕《補元史藝文志・譯語類》　《金國語易經》。

女直字譯尚書

錢大昕《補元史藝文志・譯語類》　《金國語書經》。

龔顯曾《金藝文志補録・書經類》　《女直字譯尚書》。大定二十三年譯經所進。

女直字孝經

錢大昕《補元史藝文志・譯語類》　《金國語孝經》。

龔顯曾《金藝文志補録・孝經類》　《女直字孝經》。大定間譯。錢氏《補志》歸譯語類，題作《國語孝經》。

女真字金國語論語

錢大昕《補元史藝文志・譯語類》　《金國語論語》。

女真字金國語孟子

錢大昕《補元史藝文志・譯語類》《金國語孟子》。

女真字金國語老子

錢大昕《補元史藝文志・譯語類》《金國語老子》。
龔顯曾《金藝文志補録・譯語類》《國語老子》。大定中譯。

女真字揚子

錢大昕《補元史藝文志・譯語類》《揚子》。
龔顯曾《金藝文志補録・譯語類》《揚子》。大定中譯。

女真字文中子

錢大昕《補元史藝文志・譯語類》《文中子》。
龔顯曾《金藝文志補録・譯語類》《文中子》。大定中譯。

女真字劉子

錢大昕《補元史藝文志・譯語類》《劉子》。

女真字列子

龔顯曾《金藝文志補録・譯語類》《列子》。大定中譯。

女真字金國語新唐書

錢大昕《補元史藝文志・譯語類》《金國語新唐書》。大定中譯。
龔顯曾《金藝文志補録・譯語類》《新唐書》。大定中譯。

蒙古字朵目

錢大昕《補元史藝文志・譯語類》鮑完澤《朵目》。

蒙古字貫通集

錢大昕《補元史藝文志・譯語類》鮑完澤《貫通集》。

蒙古字聯珠集

錢大昕《補元史藝文志・譯語類》鮑完澤《聯珠集》。

蒙古字選玉集

錢大昕《補元史藝文志·譯語類》 鮑完澤《選玉集》。蒙古言語。字信卿，杭州人。

蒙古字尚書節文

錢大昕《補元史藝文志·譯語類》 《尚書節文》。翰林學士元明善等譯進。

蒙古字韻

《四庫提要·小學類存目二》 《蒙古字韻》二卷。兩淮鹽政採進本。元朱宗文撰。宗文字彦章，信安人。前有劉更《序》，又稱爲朱巴顔。蓋宗文嘗充蒙古字學弟子，故別以蒙古語命名也。案《元史·釋老傳》，元初本用威烏爾字，案「威烏爾」原作「畏吾兒」，今改正。以達國言。至世祖中統元年，始命帝師製蒙古新字。其字僅千餘，其母凡四十有一。其相關紐而成字者，則有韻關之法。其以二合、三合、四合而成字者，則有語韻之法。而大要以諧聲爲宗。字成，詔頒行天下。又於州縣各設蒙古字學教授，以教習之。故當時頗有知其義者。宗文以蒙古字韻字與聲合，而諸家漢韻率多譌誤，莫知取舍，因重爲校正。首列各本誤字及重入漢字，次列總括變化之圖，次字母三十六字，次篆字母九十八字，次則以各蒙古字分韻排列，始一東，迄十五麻。皆上冠蒙古文，下註漢文對音，先平聲而附以上去十聲。每一蒙古字，以漢字音註，自四五字至二三十字，末附《迴避字樣》一百六十餘字。蓋文移案牘通行備檢之本也。元代國書、國語音譯久已傳譌，宗文生於至正閒，雖自謂能通音譯，而以南人隔膜之見，比附推尋，實多不能脗合。即如陶宗儀《輟耕録》載：「元國字以可侯字爲首，而是書又依《韻會》以見、經、堅、訇字爲首，其字母已不相合。而《元史》既稱首有二合、三合、四合之法，而此書乃用直對，而不用切音。甚至累數字以釋一音，清濁重輕，毫無分別。又字皆對音，而不能翻譯成語。」觀《元史》及諸書所載蒙古字詔旨行移，皆能以國語聯屬成文，是當日必別有翻譯之法，而是書概未之及，遂致湮沒而不可復考。蓋其時朝廷既無頒行定式，官司胥吏，輾轉傳習，舛謬相仍。觀於國姓之卻特而譌作奇渥溫，載之史冊。則其他錯互，大概可知。且刊本久佚，今所存者惟寫本。其點畫既非鈔胥所能知，其舛誤亦非文士所能校，不過彷彿鉤摹，依稀形似，尤不可據爲典要。我國家同文盛治，邁越古今，欽定《元史蒙古國語解》，考訂精確，凡相沿之踳謬，盡已闡剔無遺。傳譌之本，竟付覆瓿可矣。

蒙古字大學衍義節文

錢大昕《補元史藝文志·譯語類》 《大學衍義節文》。延祐四年，翰林學士承旨忽都魯都兒迷失等譯。

蒙古字貞觀政要

錢大昕《補元史藝文志·譯語類》 《貞觀政要》。天曆中，中書平章政事察罕譯。

蒙古字帝範

錢大昕《補元史藝文志·譯語類》 《帝範》四卷。察罕譯。

蒙古字皇圖大訓

錢大昕《補元史藝文志・譯語類》 《皇圖大訓》。天曆中翰林奎章閣臣譯。

蒙古字母百家姓

錢大昕《補元史藝文志・譯語類》 《蒙古字母百家姓》一卷。

蒙古譯語

《四庫提要・小學類存目一》 《蒙古譯語》一卷。《永樂大典》本。不著撰人名氏。前有《自序》，稱「言語不通，非譯者無以達其志。今詳定《譯語》一卷，好事者熟之。則問答之間，隨叩隨應，而無鯁喉之患」云云。似乎元代南人所記。然其書分類編輯，簡略殊甚。對音尤似是而非，殊無足取。

蒙古字訓

楊士奇等《文淵閣書目・古今志》 《蒙古字訓》。一冊。

錢大昕《補元史藝文志・譯語類》 《蒙古字訓》。一冊。

達達字母

楊士奇等《文淵閣書目・古今志》 《達達字母》一冊。《達達字母》一冊。《達達字母》一冊。《達達字母》一冊。《達達字母》一冊。《達達字母》一冊。

錢大昕《補元史藝文志・譯語類》 《達達字母》一冊。

達達字孝經

楊士奇等《文淵閣書目・古今志》 《達達字孝經》。一冊。

劉若愚《內板經書紀略》 《達達字孝經》。一本。四十二葉。

錢大昕《補元史藝文志・譯語類》 《蒙古字孝經》。大德十一年，中書右丞孛羅鐵木兒譯進。

達達字忠經

楊士奇等《文淵閣書目・古今志》 《達達字忠經》。一冊。

錢大昕《補元史藝文志・譯語類》 《忠經》。

達達字書

楊士奇等《文淵閣書目・古今志》 《達達字書》一冊。《達達字書》一冊。

達達字佛經

楊士奇等《文淵閣書目・古今志》 《達達字佛經》。一冊。

譯番中書語

楊士奇等《文淵閣書目・古今志》 《譯番中書語》。一冊。

華夷譯語

楊士奇等《文淵閣書目・國朝》 《華夷譯語》。一部，二冊。闕。 《華夷譯語》。一部，一冊。闕。 《華夷譯語》。一部，一冊。闕。 《華夷譯語》。一部，一冊。闕。 《華夷譯語》。一部，一冊。闕。

劉若愚《内板經書紀略》 《華夷譯語》。一本，八十八葉。

黄虞稷《千頃堂書目・小學類》 《華裔譯語》九卷。太祖以前元素無文字，發號施令，惟借高昌之書制爲蒙古字以通天下之言。洪武十五年正月丙戌，命翰林侍講火原潔與編修馬沙亦黑等 以華文譯其語。復取元祕史參考紐切其字，以諧其聲。書成，詔刊行之。

《四庫提要・小學類存目一》 《華夷譯語》一卷。《永樂大典》本。明洪武二十二年，翰林侍講火源潔奉敕撰。錢曾《讀書敏求記》作「史源潔」，字之譌也。前有劉三吾序，稱元初未制文字，借高昌之書，後命番僧造蒙古字，反復紐切，然後成文，繁複爲甚。翰林侍講火源潔乃朔漠之族，遂命以華文譯之，聲音諧和，隨用各足」云云。其分類編輯，與《蒙古譯語》略同，而差爲詳備。然粗具梗概，譌漏孔多。《欽定元國語解》已有成書，源潔此編，直付之覆瓿可矣。《讀書敏求記》又別載《華夷譯語》二卷，云爲回回館所增定。今雖未見其本，然明人於翻譯之學，依稀影響，十不得一。其書亦可想像而知也。

華夏同音

王圻《續文獻通考・經籍考・小學》 《華夏同音》。杜本字伯原，所編《五聲韻》，自大小篆分隸眞草及外番書、蒙古新字，靡不收録。所著又有《六書通編》。

黄虞稷《千頃堂書目・小學類・補元》 杜本《華夏同音》。

倪燦等《補遼金元藝文志・小學類》 杜本《華夏同音》。

錢大昕《補元史藝文志・小學類》 杜本《華夏同音》。

大藏真音

高儒《百川書志・小學》 《大藏眞音》一卷。

韃靼譯音字譜

高儒《百川書志・小學》 《韃靼譯音字譜》一卷。自天文至通用二十一門，音詳文下，字列文傍。

增定華夷譯語

劉若愚《内板經書紀略》 《增定華夷譯語》。十一本，一千七百八葉。

黄虞稷《千頃堂書目・小學類》 《增訂華裔譯語》二卷。

清漢文孝經

清敕撰《國朝宮史・書籍門》　《清漢文孝經》一部。世宗憲皇帝命繙譯諸臣用國語繙譯，親定成書，凡一卷。雍正五年校刊。世宗憲皇帝御製序：《孝經》者，聖人所以彰明彝訓，覺悟生民。溯天地之性，則知人爲萬物之靈；叙家國之倫，則知孝爲百行之始。人能孝於其親，處稱惇實之士，出成忠順之臣。下以此爲立身之要，上以此爲立教之原，故謂之至德要道。自昔聖帝哲王，宰世經物，未有不以孝治爲先務者也。恭惟聖祖仁皇帝纘述，世祖章皇帝遺緒，詔命儒臣編輯《孝經衍義》一百卷，刊行海內，垂示永久。顧以篇帙繁多，慮讀者未能周徧，朕乃命專譯經文，以便誦習。夫《孝經》一書，詞簡義暢，可不煩註解而自明，誠使內外臣庶，父以教其子，師以教其徒，口諷其文，心知其理，身踐其事。爲士大夫者能資孝作忠，揚名顯親，爲庶人者能謹身節用，竭力致養家庭，務敦於本，行閭里胥，嚮於淳風，如此則親遜成化，和氣薰蒸，躋比戶可封之俗，是朕之所厚望也夫。

同文韻統

《四庫提要・小學類三》　《欽定同文韻統》六卷。乾隆十五年奉敕撰。以西番字母參考天竺字母，貫合其異同，而各以漢字譯其音。首爲天竺字母譜，凡音韻十六字，翻切三十四字。次爲天竺音韻翻切配合十二譜，以字母、音韻十六字，翻切三十四字，錯綜相配，成一千二百一十二字。次爲西番字母配合十四譜，其字母凡三十，天竺所有者二十四，天竺所無西番所有者六。除與天竺同者所生之字亦同外，其六母所生之字，凡四百三十有四。蓋佛經諸咒，皆天竺之音，惟佛號、地名多用西番之語，故別出以備用也。次爲天竺西番陰陽字二譜，各分陰字、陽字、可陰可陽字、可陽可陰字四例。次大藏字母同異譜，以欽定天竺字母爲經，而以僧伽波羅等十二家所譯字母爲緯，以互證其分合增減。次爲華梵字母合璧譜。則中西諸音新舊諸法，一一條貫，集厥大成焉。其西域有是音，中國無是字者，悉以合聲之法取之。二合者即以二字並書，三合者即以三字並書。前有發聲，後有餘聲者，即以其字疊書。其中音有輕重者，則重者大書，輕者細書。併詳註翻切及喉、牙、齒、脣、舌諸音於下。皆辯別分寸，窮極毫芒。考聲韻之學，實肇於西域。自漢明帝時與佛書同入中國，以文字互異，故中國不行。其緣起僅見諸《隋書・經籍志》。所謂十四聲貫一切字者，其法已不可詳。晉太始初，沙門竺曇摩羅察譯《光讚般若經》，始傳四十一字母。其後諸僧所譯，互有異同。然皆自行於彼教。唐貞觀中，吐蕃宰相阿努始以西番字譯天竺五十字母，亦自行於彼土。自沙門神珙作《四聲五音九弄反紐圖》，收於《大廣益會玉篇》之末，始流入儒書。自鄭樵得西域僧《七音韻鑑》，始大行於中國。然西域之音無窮，而中國之字有數，其有音而無字者十之六七。等韻諸圖或記以虛圈，或竟爲空格，使人自其上下左右連類排比而求之，非心悟者弗能得也。故鄭樵《六書略》謂華有二合之音，無二合之字。梵有二合、三合、四合之音，亦有其字。因舉娑縛之二合、囉馱曩之三合、悉底哩野之四合爲證。沈括《夢溪筆談》亦謂梵語薩嚩訶三字，合言之即楚詞之「些」字。然括無成書。樵所作《七音略》，於無字之音仍爲空格，豈非知其法而不充其類哉？我皇上天聲遐播，紺園龍象，慕德東來，梵筴唄音，得諸親譯，既能不失其眞。至編校此書，又以國書十二字頭之法補所未備。而發凡起例，更屢經聖裁，改定而後成。故古所重譯而不通者，今一展卷而心契。聲聞韻通，歌頌同文之盛，眞亘古之所無矣。

繙譯書經

清敕撰《國朝宮史・書籍門》　《繙譯書經》一部。皇上命在館諸臣以國語繙譯，親定成書，凡六卷。乾隆二十五年校刊。皇上御製序：《尚書》五十八篇，古帝王心法治法之全皆在焉。自精一著訓，而後一推降衷，再闡陰隲，莫不本天命原物，則上之人非是無以爲敷錫，下之人非是無以爲會歸，所由日星明而江河流，爲經世大訓也。我朝以國書繙譯，嚮有繕本，朕幾餘披覽，務益研精，雖隻字單言，抑揚抗墜間，期於比擬脗合，不留餘憾。爰命在館諸臣，於《四子書》訖事，取是編重加參訂。每分帙進呈丹毫，塗乙不憚往復者，積有歲時，完書始就。夫《書》之教以疏通知遠爲要，然揚雄稱唐虞之書「渾渾噩噩」。韓愈亦云：「周《誥》殷《盤》，詰屈聱牙。」朱子又謂：「今文多艱澀，不可句讀。」於此推倅衡権，索解乎銖纍苗髮，而莫之或爽，譬操黍律，求太古元音，非可以矜躁參矣。且古人以精義發爲微言，豈徒章句飣飣之謂？要使當日都俞吁咈諄懇誥誡之聲情，千載下如相質對，然後神明默契，倍覺親切有味，而渾噩者約以達，聱牙者雅以馴，艱澀者明以鬯，於以折衷。夫天德王道監往憲，質方來，不啻登唐、虞之廷，親聆其搏拊戛擊。所以釋躁平矜，資疏通知遠之益者何如哉？尤望讀是編者，勿僅略記鏗鏘鼓舞，貽譏如魯制氏也可。

西域同文志

《四庫提要·小學類二》 《欽定西域同文志》二十四卷。乾隆二十八年奉敕撰。先是乾隆二十年威弧遙指，戡定伊犁，續又剷平諸回部，崑崙月窟，咸隸黃圖。琛賮旅來，狄鞮重譯。乃命考校諸番文字，定著是編。其部族之別，曰天山北路、曰天山南路、曰青海、曰西番。其門目之別，曰地、曰山、曰水、曰人。其文字之別，首列國書，以爲樞紐；次以漢書，詳註其名義；次以三合切音曲取其音聲；次列蒙古字、西番字、托忒字、回字，排比連綴，各註其譯語對音，使綱舉目張，絲連珠貫。考譯語之法，其來已久。然國語謂之舌人，特通其音聲而已，不能究其文字。《左傳》稱楚人謂乳爲穀，謂虎爲於菟。《穀梁傳》稱吳人謂善爲伊，謂稻爲緩，亦於附近中國者通其聲音之異，非於遐荒絶域識其書體，辨其音讀也。惟《隋志》載有《蕃爾雅》，其書不傳。度其所載，亦不過天曰撐犁、子曰孤塗之類，未必能知旁行右引之文。且書止一卷，疏略尤可想見。又《輟耕録》載元杜本編《五聲韻》，自大、小篆、分隸、眞、草以至外蕃書、蒙古新字，靡不收録，題曰《華夷同音》。然統以五聲，則但能載其單字，不能聯貫以成文。且外國之音多中國所不具，而本以中國之字領韻，乖舛必多。蓋前代帝王，聲教未能遠播。山川阸邈，輾轉傳聞，自不免於譌漏。有元雖混一輿圖，而未遑考正其文字。杜本以山林之士，區區掇拾，亦未能通其語言。我國家重熙累洽，含識知歸，我皇上又神武奮揚，濛汜以東，皆爲屬國，雁臣星使，來往駢闐。既一一諳其字形，悉其文義，迨編摩奏進，又一一親御丹毫，指示改正。故能同條共貫，和會諸方，一展卷而異俗殊音皆如面語，非惟功烈之盛爲千古帝王所未有，即此一編，亦千古帝王所不能作矣。

張之洞《書目答問·小學》 《欽定西域同文志》二十四卷。乾隆二十八年敕撰。殿本。國書。漢字。蒙古字。西番字。托忒字。回字。

清文鑑 補編 總綱 補總綱

《四庫提要·小學類二》 《御定清文鑑》三十二卷，《補編》四卷，《總綱》八卷，《補總綱》二卷。乾隆三十六年奉敕撰。我國家發祥長白，實金源之舊疆。《金史·章宗本紀》載：「明昌五年，以葉魯谷神始製國字。詔依倉頡立廟例，祀於上京。」又《選舉志》稱：「進士科以策論試國人，用國字爲程文。」陶宗儀《書史會要》則稱金太祖命完顔希尹撰國字，其後熙宗亦製字並行。希尹所製謂之大字，熙宗所製謂之小字。其字體波磔繁密，頗類籀文。當時必有字書，今已無考。惟趙崡《石墨鐫華》所載天會十二年《都統經略郎君行記》一篇，僅存其形製而已。蓋有元一統之後，其法漸不傳也。我太祖高皇帝肇建丕基，命巴克什額爾德尼以蒙古字聯綴國語成句，尚未別爲書體。太宗文皇帝始命巴克什庫爾纏創造國書。以十二字頭貫一切音，因音而立字，合字而成語。今內閣所貯舊籍，今謂之老檔。即其初體。厥後增加圈點，音義益詳，亦如籀變小篆，隸變八分，踵事而增，以日趨於精密。我聖祖仁皇帝慮口傳筆授，或有異同，乃命別類分門，一一排纂，勒爲《清文鑑》一書，以昭法守，惟未及音譯其文。皇上復指授館臣，詳加增定，爲部三十有五，子目二百九十有二。每條皆左爲國書，右爲漢語。國書之左，譯以漢音，用三合切韻。漢書之右，譯以國書，惟取對音。以國書之聲，多漢字所無，故三合以取之。漢字之聲，則國書所具，故惟用直音也。至於欽定新語，一一載入，尤爲詳備。蓋字者孳也，許愼《說文》

九千餘字，李登《聲類》已增至一萬一千五百二十字。案《聲類》，今無其書。此據封演《聞見記》。陸法言《切韻》一萬二千五十六字，陳彭年等重修《廣韻》已增至二萬六千一百九十四字，呂忱《字林》、丁度《集韻》以下，更莫能殫記。是由名物日繁，記載遂不能不備。聖人制作，亦因乎勢之自然，爲事之當然而已。伏而讀之，因漢文可以通國書，因國書可以通漢文。形聲訓詁，無所不具，亦可云包羅巨細，辯別精微者矣。書中體例，兼列字體、字音，宜入訓詁類中。然譯語得音，駢音爲字，與訓詁之但解音義者不同，故仍列諸字書類焉。

滿洲蒙古漢字三合切音清文鑑

《四庫提要·小學類二》 《御定滿洲蒙古漢字三合切音清文鑑》三十三卷。乾隆四十四年奉敕撰。初聖祖仁皇帝敕撰《清文鑑》，皇上既命補註漢字，各具翻切、釋文。嗣以蒙古字尚未備列，因再命詳加考校，續定是編。以國書爲主，而貫通於蒙古書、漢書。每國語一句，必兼列蒙古語一句、漢語一句，以明其義。又以蒙古字、漢字各對國語之音以定其聲。漢字之音不具，則三合以取之。蒙古字之音不具，則分各種讀法、寫法、收法以取之。經緯貫穿，至精密而至明顯。循文伏讀，無不一覽了然。考《遼史·太祖本紀》稱「神冊五年始製契丹大字，天贊三年詔礲闢遏可汗故碑，以契丹、突厥、漢字紀其功」云云。然則三體互通，使彼此共喻，實本古義。許慎作《說文》，小篆之下兼列籀文、古文，以互證其字。揚雄作《方言》，每一語一物，亦具載某地謂之某，以互證其語。則三體彙爲一編，使彼此相釋，亦因古例用達書名於四方。雖成周大同之盛，亦無以逾於斯矣。

張之洞《書目答問·小學》 《欽定滿洲蒙古漢字三合切音清文鑑》三十三卷。乾隆四十四年敕撰。殿本。

石經部

論述

《隋書·經籍志·小學類序》 後漢鐫刻七經，著於石碑，皆蔡邕所書。魏正始中，又立《三字石經》，相承以爲七經正字。後魏之末，齊神武執政，自洛陽徙于鄴都，行至河陽，値岸崩，遂沒于水。其得至鄴者，不盈太半。至隋開皇六年，又自鄴京載入長安，置于祕書內省，議欲補緝，立于國學。尋屬隋亂，事遂寢廢，營造之司，因用爲柱礎。貞觀初，祕書監臣魏徵始收聚之，十不存一。其相承傳拓之本，猶在祕府，幷秦帝刻石，附於此篇，以備小學。

方以智《通雅·小學大略》 漢石經，靈帝熹平四年所立。《洛陽記》曰：太學在洛陽城南，開陽門外。講堂長十丈，廣二丈。堂前石經四部。木碑凡四十六枚：西行，《尙書》、《周易》、《公羊傳》，十六碑存，十二碑毁；南行，《禮記》十五碑，悉崩壞；東行，《論語》三碑毁。《禮記》碑上有諫議大夫馬日磾、議郎蔡邕名。爲古文科斗、小篆、八分書。《隋志》：三字石經：《尙書》九卷，又五卷，《春秋》三卷。《唐志》：三字石經：《尙書古篆》三卷，《左傳古篆書》十二卷，又蔡邕《今字石經論語》二卷。《水經注》曰：「漢光和六年，刻石鏤碑，載《五經》，立大學講堂東側。」又蔡邕熹平二年，自書丹于碑，使工鐫之，豈兩刻邪？智以爲范《史》之「熹平」，其經始也；《水經》之「光和」，其告成也。魏陳留邯鄲淳，特善《蒼》、《雅》、《說文》。衛恆曰：「正始中，又建三字石經于漢碑西，即淳所書。」又言：《左傳正義》石經，古文「虞」作「烾」、「魯」作「炗」。趙明誠《金石録》曰：「石經字，蔡邕小字八分書。《後漢書·儒林傳叙》云爲古文、篆、隸三體者，非也。蓋邕所書乃八分，而三體石經乃魏時所建也。」洪适《隸續》曰：「石經見于范史《帝紀》及《儒林》、《宦者傳》，皆云五經，蔡邕《張馴傳》則曰六經；惟《儒林傳》云：爲古文、篆、隸三體書法。」三字石經，《唐志》所載古篆兩種，與《隋志》所書異同其目。又有一字石經，相承以爲七經正字。東魏末武定四年，自洛陽徙于鄴，至河陽沒于水，至鄴者不滿大半。此高澄遷洛陽漢魏石經五十二碑于鄴，齊皇建元年列學館，周大象元年徙洛陽。隋開皇六年，又自鄴載入長安，置于秘書內省，議欲補緝，立于國學。隋亂，事寢，營建之司，用爲柱礎。貞觀初，魏徵始收聚之，十不存一矣。一字石經者：《易》一卷，《尙書》六卷，《魯詩》六卷，《儀禮》九卷，《春秋》九卷，《公羊傳》九卷，《論語》一卷，《典論》一卷。魏明帝有詔：先帝《典論》刊石，與石經幷以永示來世。晉裴頠轉祭酒，奏修國學，刻石寫經。《世說新語》注：嵇康寫石經古文于太學。後魏孝文太和十七年九月幸太學，觀石經。神龜元年，祭酒崔光，請命博士李郁等補漢所立石經之殘缺。唐開元著録所載今字石經：《易》篆三卷，《書》五卷，鄭玄《書》八卷，《毛詩》三卷，《儀禮》四卷，《左傳經》十卷，《公羊傳》九卷，蔡邕《今字論語》二卷，三字石經《尙書古義》三卷，《左傳古義》十二卷，合五十九卷。由此觀之，則所稱一字石經者，皆補立今字也。《字說》曰：「天寶中，刻九經于長安，《禮記》以《月令》爲首，從李林甫請也。」此其命衛包改古文之時乎？大曆十一年，司業張參承詔定諸經鑱石。文宗太和七年，鄭覃以宰相領祭酒，建言準漢舊事，鏤石太學；乃表周墀、崔球、張次宗、孔溫業等，是正其文，刻于石，唐玄度覆定。開成二年冬，石經成。其曰《九經字樣》，則唐玄度請附以通古文者也。後唐長興三年，令以西京石經本，抄寫刻板，頒天下；命馬鎬、陳觀、田敏詳勘。後周廣順三年，《字樣》版成，田敏上之。蜀相毋昭裔，取唐太和本，琢石于成都學宮，與後唐本不無小異。乾道晁公武參二本，著《考異》，亦刻于石。張㒹又爲注文考異焉。宋石經七十五卷，楊南仲書，具眞、篆二體。石室《十三經》，即孟蜀所鐫者，故《周易》後書「廣政辛亥」。惟《三傳》至皇祐方畢，故《公羊傳》後書「大宋皇祐元年己丑九月工畢」。《周易》，孫逢吉書；《尙書》，周德正書；《周禮》，孫明吉書；《毛詩》、《儀禮》、《禮記》，張紹文書；《論語》、《爾雅》，張德釗書；《春秋經傳》、《公》、《穀》、《孝經》、《孟子》，不書題人。至和石經者：至和元年，命皇姪右屯衛大將軍克繼書國子監石經。以上所寫石經《論語》書石，帝從其請。嘉祐石經者：仁宗命國監取《易》、《詩》、《書》、《周禮》、《禮記》、《春秋》、《孝經》爲篆隸二體，刻石兩楹。嘉祐三年，王洙薦大理丞楊南仲石經有勞，草澤章友直篆石經畢，詔補將作監，友直不願仕，賜銀絹；同篆殿中丞張次立與堂除。紹興御書石經者，紹興十三年，內出御書《左氏》及《史記》列傳，宣示館職，又內出御書《周易》、《尙書》、《毛詩》，上又書《論語》、《孟子》，皆刊石立太學首善閣及大成殿後之廊廡。淳熙四年，詔知臨安府趙𥟤老，於太學建閣，置碑閣下，墨本閣上，以「光堯石經之閣」爲名。是則石經本，固已多矣。胡三省曰：「既已七經爲蔡邕書矣，又云魏立一字石經，乃其誤也。」范曄時，三體石經與熹平所鐫，並列于學宮，故史筆誤書。其後人襲其僞錯，或不見石刻，無以考正。趙氏雖以一字爲中郎所書，而未見三體者；歐陽氏以三體爲漢碑，而未嘗見一字者。近世方勺作《泊宅編》，載其弟匋所跋石經，亦爲范《史》、《隋志》所惑，指三體爲漢字。至《公羊》碑有馬日磾等名，乃云「世用其所正定之本，因存其名」，豈非謬論？《北史》江式云：魏邯鄲淳以書教皇子，建三字石經于漢碑西。按此碑，以正始年中立，《漢書》云：「元嘉元年，度尙命邯鄲淳作《曹娥碑》，時淳已弱冠。」自元嘉至正始，亦九十餘年，式以三字爲魏碑，則是。謂之邯鄲淳所書，非也。智按：式依衛恆說耳。今在陝西搨來者，動即一車，且經向拱、韓縝之厄，或有補者，總非其舊。嗟乎，是又何可據乎？《筆麈》曰：「唐文宗以宰相鄭覃判國子祭酒，創立石壁九經，即今陝西石經也。孟蜀毋昭裔刻石經有注，故知今是鄭書。」升菴曰：「朱子《論語注》引石經者，謂孟蜀石經也。宋淳化刻于汴京。」然亦有掘碑舊搨如長睿、彥遠、伯厚所載「毋劮毋兄」之殘文者，亦有如賈虞石經《大學》，東溟信之、汝稷駁之者。中履曰：溫陵、黃虞稷、俞邰有《石經考》，言張孟奇以熹平四年爲謝承書石經，則誤矣。承，三國人，嘗著《後漢書》也。西安石經，金至大中省幕王公琛、元駱天驤兩修立之。

顧炎武《石經考・總序》　《困學紀聞》：石經有七，漢熹平則蔡邕，魏正始則邯鄲淳，晉裴頠，唐開成，中唐玄度，後蜀孫逢吉等，本朝嘉祐中楊南仲等，中興高廟御書。

雜録

王應麟《玉海・藝文・雝正五經石經》　荀悅《申鑒》：仲尼作經，本一而已，古今文不同而皆自謂眞本經。古今先師，義一而已，異家別說不同，皆自謂眞古今。秦之滅學也，書藏於屋壁，義絶於朝野，漢興，收摭散滯，固已無全學矣。文有磨滅，言有楚夏，出有先後，或學者先意有所借定，後進相放彌以滋蔓，故一原十流。

杭世駿《石經考異・引言》　《石經考異》者何？以補亭林顧氏之考也。蓋衆說之齟齬者，莫石經若矣。史傳異、地志異、碑刻異、唐宋元明諸家之辨證異，顧氏述矣而不詳，詳矣而不辨。予特引而疏通之。又自唐開成以後，其事少略，予特取而補綴之。文雖近創而義則實因汲古之士，其不以予爲剿說也夫。雍正十三年太歲在乙卯二月朔仁和杭世駿書。

桂馥《歷代石經略》　吳重熹《序》曰：經傳刻石自東漢始，魏繼之，唐爲醇備。以其取法漢魏又遵毛、鄭諸儒之本，參以《說文》、《字林》之字，其本雖奉當時公令，不盡合古，而後代刻石鐫本皆遵用之，故歸安丁氏溶《唐石經校議叙》云：「今人所讀者，毋論非漢魏六朝之舊，亦非陸、孔所據之本矣。句皆石經之句，字皆石經之字，讀經而不讀石經，飲水而忘其原，可乎？」桂未谷先生此書乃據《石經考》、《金石文字記》及《經義考》諸書，附以當時儒者之說而論次之，上下七代，爲書二卷，學者即不得見石經各本，讀此亦能洞徹根由，而識三代經傳流傳之故，實事求是，豈小補哉！

又　丁艮善《跋》曰：石經始於漢。蓋據竹簡漆書也。夫漢之視周，猶今之視元、明也。其視竹簡漆書，猶今之視元、明寫本及印本也。唯中遭秦亂，又以隸變古文，後世取法，不無微誤。《詩・文王》「亹亹文王」，《鳧鷖》「鳧鷖在亹」，「亹」古文本作「釁」，象形，三代鐘鼎文凡「眉壽」字不作「釁」，則作「麋」，蓋「亹」爲本字，「麋」爲借字，「眉」爲後起字也。《詩》則《文王》及《鳧鷖》作「亹」，《巧言》作「麋」，《蒹葭》作「湄」，「湄」又「眉」之分別字也。古人或一字數用，或數字一用，極形音通假之變，此類是也。此字既變爲隸，後人多闕疑，大徐《說文》作「亹」，爲二十八字之一，然不謂其爲「眉」之古文也。魏《三體石經》既無可考，宋《二體石經》恐已從大徐之說，而篆「亹」作「娓」矣。近人乃以「舋」字當之，音同而形不類，或「舋」即「釁」之誤歟。魏作三體，意在存古，然當時或譏其失。是二者久無完本，唯《開成石刻》爲至今所遵守，以其取法漢魏，用毛、鄭諸儒之本也。惜其奉當時詔令，未盡合古書，則信僞孔本而廢今文。《禮》則用明皇所改《月令》，而亂古本之舊，開後世改經之漸，此其弊也。

張之洞《書目答問・列朝經注經説經本考證》　以上石經之屬。此乃經文本原，故別爲類。杭考原流，馮考文字。

綜　述

一字石經周易

《隋書・經籍志・小學》　《一字石經周易》一卷。梁有三卷。

《舊唐書・經籍志・小學》　《今字石經易篆》三卷。

《新唐書・藝文志・小學類》　《今字石經易篆》三卷。

鄭樵《通志・藝文略・經》　《一字石經周易》一卷。　《今字石經易篆》三卷。

姚振宗《隋書經籍志考證・小學類》　《一字石經周易》一卷，梁有三卷。《唐書・經籍》、《藝文志》：《今字石經易篆》三卷。「篆」字似誤。

一字石經尚書

《隋書・經籍志・小學》　《一字石經尚書》六卷。亡。

《舊唐書・經籍志・小學》　《今字石經尚書》五卷。

《新唐書・藝文志・小學類》　《今字石經尚書本》五卷。

鄭樵《通志・藝文略・經》　《今字石經尚書本》五卷。　《一字石經尚書》六卷。見《隋志》。

姚振宗《隋書經籍志考證・小學類》　《一字石經尚書》六卷。《唐志》云：《今字石經尚書》五卷。《新志》「尚書」下有「本」字，疑「十」字之誤。

今字石經鄭氏尚書

《隋書・經籍志・小學》　梁有《今字石經鄭氏尚書》八卷。亡。

《舊唐書・經籍志・小學》　《今字石經鄭玄尚書》八卷。

《新唐書・藝文志・小學類》　《今字石經鄭玄尚書》八卷。

鄭樵《通志・藝文略・經》　《今字石經鄭玄尚書》八卷。

姚振宗《隋書經籍志考證・小學類》　梁有《今字石經鄭氏尚書》八卷。亡。

一字石經魯詩

《隋書・經籍志・小學》　《一字石經魯詩》六卷。梁有《毛詩》二卷，亡。

鄭樵《通志・藝文略・經》　《一字石經魯詩》六卷。《隋志》。

姚振宗《隋書經籍志考證・小學類》　《一字石經魯詩》六卷。《唐志》不著録。

今字石經毛詩

《舊唐書・經籍志・小學》　《今字石經毛詩》三卷。

《新唐書・藝文志・小學類》　《今字石經毛詩》三卷。

鄭樵《通志・藝文略・經》　《今字石經毛詩》三卷。

姚振宗《隋書經籍志考證・小學類》　梁有《毛詩》二卷。亡。《唐書・經籍》、《藝文志》：《今字石經毛詩》三卷。

一字石經儀禮

《隋書・經籍志・小學》《一字石經儀禮》九卷。

《舊唐書・經籍志・小學》《今字石經儀禮》四卷。

《新唐書・藝文志・小學類》《今字石經儀禮》四卷。

鄭樵《通志・藝文略・禮》《一字石經儀禮》九卷。《隋志》。《今字石經儀禮》四卷。

姚振宗《隋書經籍志考證・小學類》《一字石經儀禮》九卷。唐《志》云：《今字石經儀禮》四卷。

一字石經春秋

《隋書・經籍志・小學》《一字石經春秋》一卷。梁有一卷。

《通志・藝文略・春秋》《一字石經春秋》一卷。

姚振宗《隋書經籍志考證・小學類》《一字石經春秋》一卷。梁有一卷。《唐志》云：《今字石經左傳經》十卷。此「梁有『一』卷」，似「十」卷之誤。

今字石經左傳經

《舊唐書・經籍志・小學》《今字石經左傳經》十卷。

《新唐書・藝文志・小學類》《今字石經左傳經》十卷。

鄭樵《通志・藝文略・經》《今字石經左傳經》十卷。

一字石經公羊傳

《隋書・經籍志・小學》《一字石經公羊傳》九卷。

《舊唐書・經籍志・小學》《今字石經公羊傳》九卷。

《新唐書・藝文志・小學類》《今字石經公羊傳》九卷。

《通志・藝文略・春秋》《一字石經公羊傳》九卷。

姚振宗《隋書經籍志考證・小學類》《一字石經公羊傳》九卷。惠棟《九經古義》曰：《春秋公羊》有嚴、顔二家，蔡邕《石經》所定，嚴氏《春秋》也。兩唐《志》同。

一字石經論語

《隋書・經籍志・小學》《一字石經論語》一卷。梁有二卷。

《舊唐書・經籍志・小學》《今字石經論語》二卷。蔡邕注。

《新唐書・藝文志・小學類》《今字石經論語》二卷。蔡邕《今字石經論語》二卷。

鄭樵《通志・藝文略・論語》蔡邕《今文石經論語》二卷。

姚振宗《隋書經籍志考證・小學類》《一字石經論語》一卷。梁有二卷。《唐・經籍志》云：蔡邕注。《藝文志》雜出兩部。

漢篆石經

錢謙益等《絳雲樓書目・經總類》《漢篆石經》四册。

漢石經

張之洞《書目答問·列朝經注經説經本考證》 《漢石經》。殘字六百七十五字。熹平四年。翁方綱重摹。南昌府學石本，紹興府學再摹石本，録此以見漢刻體勢。若遺文則《隸釋》、《隸續》爲詳。

漢石經殘字考

張之洞《書目答問·列朝經注經説經本考證》 《漢石經殘字考》。翁方綱。《復初齋集》。

黄初一字石經

姚振宗《三國藝文志·五經總義類》 《黄初一字石經》二部。《隋書·經籍志》：梁有《今字石經鄭氏尚書》八卷，《毛詩》二卷，亡。

一字石經典論

《隋書·經籍志·小學》 《一字石經典論》一卷。

姚振宗《隋書經籍志考證·小學類》 《一字石經典論》一卷。

三字石經尚書

《隋書·經籍志·小學》 《三字石經尚書》五卷。

《舊唐書·經籍志·小學》 《三字石經尚書古篆》三卷。

《新唐書·藝文志·小學類》 《三字石經尚書古篆》三卷。

鄭樵《通志·藝文略·書》 《三字石經尚書》九卷。

姚振宗《隋書經籍志考證·小學類》 《三字石經尚書》五卷。兩唐《志》：《三字石經尚書古篆》三卷。

三字石經春秋

《隋書·經籍志·小學》 《三字石經春秋》三卷。梁有十二卷。

鄭樵《通志·藝文略·春秋》 《三字石經春秋》三卷。

姚振宗《隋書經籍志考證·小學類》 《三字石經春秋》三卷。梁有十二卷。兩唐《志》：《三字石經左傳古篆書》十三卷。

三字石經左傳　古篆書

《舊唐書·經籍志·小學》 《三字石經左傳古篆書》十三卷。

《新唐書·藝文志·小學類》 《三字石經左傳古篆書》十二卷。

鄭樵《通志·藝文略·春秋》 《三字石經左傳古篆書》十二卷。

正始三字石經

姚振宗《三國藝文志·五經總義類》 《正始三字石經》。二部。

魏三體石經殘字考

張之洞《書目答問·列朝經注經説經本考證》 《魏三體石經殘字考》

二卷。孫星衍。平津館本。

馬國翰《玉函山房藏書簿録・小學類》 《魏三體石經遺字考》一卷。平津館本。魏正始中立石。《隋志》有《三字石經尚書》九卷，梁有十三卷。又《三字石經尚書》五卷，《三字石經春秋》三卷，梁有十二卷。宋皇祐時蘇望得搨本摹刻於洛陽，古文三百七，篆文二百十七，隸書二百九十五，凡八百一十九字，爲《尚書・大誥》、《呂刑》、《文侯之命》，《春秋》桓、莊、宣、襄四公經文，亦有《傳》，洪适《隸續》載之，但蘇氏又以《尚書》、《春秋左傳》錯雜成文，命爲《左傳》不加分別。嘉慶中，山東督糧道陽湖孫星衍淵如就而董之，證以經典、字書，爲之音釋。嚴可均、洪頤煊、顧廣圻校刊。

晉石經

桂馥《歷代石經略》 《晉石經》。《晉書・裴頠傳》：奏修國學，刻石寫經。傳暢曰：裴頠爲國子祭酒，奏立國子太學，起講堂，築門闕，刻石寫五經。

秦榮光《補晉書藝文志・小學類》 《國學石經》。裴頠奏刻，據本書《傳》。

北魏補治漢石經

桂馥《歷代石經略》卷上 《北魏補治漢石經》。

唐孝宗書孝經

錢謙益等《絳雲樓書目・孝經類》 《唐孝宗書孝經》二冊。八分書勒石。《京兆石臺孝經》，宋乾道中鎮江守臣摹刻於丹徒學宮。

唐石經

張之洞《書目答問・石經》 《唐石經》。開成二年西安府學石本。乾符修改，後梁補刻，明王堯惠補缺。十三經無《孟子》，明人補刻。

陝西石刻十三經

錢謙益等《絳雲樓書目・經總類》 《陝西石刻十三經》。

唐國子學石經周易

馬國翰《玉函山房藏書簿録・小學類》 《唐國子學石經周易》九卷。一萬四千四百三十七字。

石經尚書

馬國翰《玉函山房藏書簿録・小學類》 《石經尚書》十三卷。二萬七千一百三十四字。

石經毛詩

馬國翰《玉函山房藏書簿録・小學類》 《石經毛詩》二十卷。四萬八百四十八字。

石經周禮

馬國翰《玉函山房藏書簿録·小學類》　《石經周禮》十卷。四萬九千五百一十六字。

石經儀禮

馬國翰《玉函山房藏書簿録·小學類》　《石經儀禮》十七卷。五萬七千一百一十一字。

石經禮記

馬國翰《玉函山房藏書簿録·小學類》　《石經禮記》二十卷。以《月令》爲首，用開元中李林甫改定本也。凡九萬八千九百九十四字。

石經春秋左傳

馬國翰《玉函山房藏書簿録·小學類》　《石經春秋左傳》三十卷。一十九萬八千九百四十五字。

石經春秋公羊傳

馬國翰《玉函山房藏書簿録·小學類》　《石經春秋公羊傳》十卷。四萬四千七百四十八字。

石經春秋穀梁傳

馬國翰《玉函山房藏書簿録·小學類》　《石經春秋穀梁傳》十卷。四萬二千八十九字。

石經論語

馬國翰《玉函山房藏書簿録·小學類》　《石經論語》十卷。一萬六千五百九字。

石經孝經

馬國翰《玉函山房藏書簿録·小學類》　《石經孝經》一卷。二千□百□十三字。

石經孟子

馬國翰《玉函山房藏書簿録·小學類》　《石經孟子》七卷。西安府儒學石本。唐《開元石九經》並《孝經》、《論語》、《爾雅》共十二經，無《孟子》。國朝陝西巡撫賈漢復補刻《孟子》七卷，與《唐會要》石經一百九十九卷之數符合云。

桂馥《歷代石經略》　國朝賈氏漢復補刻《孟子》七卷。王士禛《池北偶談》曰：唐三石作《石經記》，恨獨無《孟子》，謂自開成至今七百年，無好事及此者，近賈中丞漢復始爲補刻，以成完書。

石經爾雅

馬國翰《玉函山房藏書簿録・小學類》　《石經爾雅》二卷。並西安府儒學石刻本。一萬七百九十一字。以上石經並唐文宗七年詔刻，宰臣判國子監祭酒鄭覃與周墀、崔珢、張次宗、孔溫業等正其文，太和七年勅唐玄度覆定字體，於國子監講論堂兩廊創立，開成二年告成。舊在務本坊，韓建築新城棄之於野，朱梁時劉鄩用、尹玉羽之請遷故唐尚書之西隅。宋元祐中，汲郡呂公始遷今學，明嘉靖乙卯地震，石經倒損，西安府學生員王堯惠等按舊文集其闕字，別刻小字立於碑旁，以便摹補。王履貞太學創置《石經賦》極稱之，中有「堅貞爲庶士之規，考禮作百王之式」等語，周必大亦謂「視漢熹平蓋無愧焉」，乃《舊唐書》譏其字體乖師法，謂名儒皆不窺之，以爲蕪累。顧炎武指出經中繆戾數百處，考爲朱梁所補刻，然則劉昫所見已非初本矣。《唐會要》稱：石《九經》並《孝經》、《論語》、《爾雅》共一百五十九卷、《字樣》四十卷。《舊唐書》云：鄭覃進石壁九經一百六十卷或併序目言之、今石經實一百九十二卷、《五經文字》、《九經字樣》共四卷，則缺佚復不少也。

九經字樣

桂馥《歷代石經略》　《九經字樣》。《新唐書・藝文志》：唐玄度《九經字樣》一卷。《中興書目》：《字樣》一卷，開成丁巳歲，唐玄度撰。

馬國翰《玉函山房藏書簿録・小學類》　《九經字樣》三卷。並西安府儒學石本。　唐唐玄度撰。【略】附刊石經後。

五經文字

錢謙益等《絳雲樓書目・經總類》　張傪《五經文字》四冊。三卷。

桂馥《歷代石經略》　唐《五經文字》。《新唐書・藝文志》：張參《五經文字》三卷。張參自序曰：後漢許叔重收集籀篆古文諸家之學，就隸爲訓注，謂之《說文》，時蔡伯喈亦以滅學之後，經義分散，儒者師門各滯所習，傳記交亂訛僞相蒙，乃請刊定五經備體，刻石立於太學之門外，謂之石經，學者得以取法焉。遭離變難，僅有存者。後有呂忱，又集《說文》之所漏略，著《字林》五篇以補之。今制：國子監置書學博士，立《說文》、《石經》、《字林》之學，舉其文義，歲登下之，亦古之小學也。

馬國翰《玉函山房藏書簿録》　《五經文字》一卷。唐張參撰。【略】附刊石經後。

唐石經考異

顧廣圻《思適齋書跋・經部》　《唐石經考異》不分卷。鈔本。嘉慶辛酉，元和顧廣圻借録一部訖。時寓西湖孤山之蘇公祠中。

唐石經校文

張之洞《書目答問・列朝經注經說經本考證》　《唐石經校文》十卷。嚴可均。《四録堂類集》本。王朝璩《唐石經考正》一卷，附《十三經拾遺》。後錢大昕《唐石經考異》一卷，未刊。

成都石刻九經論語孟子爾雅

尤袤《遂初堂書目・經總類》 《成都石刻九經論語孟子爾雅》。

石經周易

鄭樵《通志・藝文略・經類》 《石經周易》十卷。

晁公武《郡齋讀書志・易類》 《石經周易》十卷。《周易指略例》一卷。右僞蜀廣政辛亥孫逢吉書。廣政，孟昶年號也。《説卦》「乾，健也」以下有韓康伯注，《略例》有唐四門助教邢璹注。此與國子監本不同者也。以蜀中印本校邢璹注《略例》，不同者，又百餘字。詳其意義，似石經誤，而無他本訂正，姑兩存焉。

趙希弁《讀書附志・經類》 《石經周易》。右《周易》十卷。經注六萬六千八百四十四字。將仕郎守國子助教臣楊鈞、朝議郎守國子《毛詩》博士柱國臣孫逢吉書。

馬端臨《文獻通考・經籍考・經》 《石經周易》、《周易指略例》共十一卷。

石經尚書

晁公武《郡齋讀書志・書類》 《石經尚書》十三卷。右僞蜀周德貞書。經文有「祥」字皆闕其畫，而亦闕「民」字之類，蓋孟氏未叛唐時所刊也。以監本校之，《禹貢》「雲土夢作乂」，倒「土」「夢」字，《盤庚》「若網在綱」，皆作「綱」字。按沈括《筆談》云「雲土夢作乂」，太宗時得古本，因改正，以「綱」爲「網」，未知孰是。

趙希弁《讀書附志・經類》 《石經尚書》。右《尚書》十三卷。經注幷序八萬一千九百四十四字。將仕郎試祕書省校書郎臣周德貞書，鐫玉冊官陳德超鐫。

馬端臨《文獻通考・經籍考・經》 《石經尚書》十三卷。

石經毛詩

晁公武《郡齋讀書志・詩類》 《石經毛詩》二十卷。右僞蜀張紹文書。與《禮記》同時刻石。

趙希弁《讀書附志・經類》 《石經毛詩》。右《毛詩》二十卷。經注一十四萬六千七百四十字。將仕郎試祕書省校書郎張紹文書。

馬端臨《文獻通考・經籍考・經》 《石經毛詩》二十卷。

石經周禮

晁公武《郡齋讀書志・禮類》 《石經周禮》十二卷。右僞蜀孫朋吉書。以監本是正其注，或羨或脱或不同至千數。

趙希弁《讀書附志・經類》 《石經周禮》。右《周禮》十二卷。經注一十六萬三千一百單三字。將仕郎試祕書省校書郎孫朋吉書。

馬端臨《文獻通考・經籍考・經部》 《石經周禮》十二卷。

石經儀禮

趙希弁《讀書附志・經類》 《石經儀禮》。右《儀禮》十七卷。經注一十六萬五百七十三字。將仕郎試祕書省校書郎張紹文書。

石經禮記

晁公武《郡齋讀書志・禮類》　《石經禮記》二十卷。右僞蜀張紹文所書。不載年月，經文不闕唐諱，當是孟知祥僭位之後也。首之以《月令》，題曰「御刪定」，蓋明皇也；「林甫等注」，蓋李林甫也。其餘篇第仍舊。議者謂：《經禮》三百，《曲禮》三千，毋不敬，一言足以蔽之，故先儒以爲首，孝明肆情變亂，甚無謂也，其罪大矣。

趙希弁《讀書附志・經類》　《石經禮記》。右《禮記》二十卷。經注十九萬六千七百五十一字。卷首題曰「御刪定《禮記・月令》第一。集賢院學士、尙書左僕射兼右相吏部尙書修國史上柱國晉國公臣林甫奉敕註」。《曲禮》爲第二。蓋唐明皇刪定之本也。將仕郎試祕書省校書郎張紹文書。

馬端臨《文獻通考・經籍考・經》　《石經禮記》二十卷。

石經春秋

趙希弁《讀書附志・經類》　《石經春秋》。右《春秋經傳集解》三十卷。經注并序三十四萬五千八百四十四字。不題所書人姓氏。

石經左氏傳

晁公武《郡齋讀書志・春秋類》　《石經左氏傳》三十卷。右不題所書人姓氏，亦無年月。按文不闕唐諱及國朝諱，而闕「祥」字，當是孟知祥僭位後刊石也。

馬端臨《文獻通考・經籍考・經》　《石經左氏傳》三十卷。

徐𤊹《紅雨樓題跋》　《石經左氏傳》。愚按鄭氏《藝文略》，石經之學始於蔡邕，秦火之後，經籍初出，諸家所藏傳寫或異，邕校書東觀，奏求正定六經文字，靈帝許之，乃自爲書刻石於太學門外，當漢末祚，所傳未廣，而兵火無存。今之所謂石經者，但刻諸石耳，非蔡氏之經也。又按馬氏《經籍考》，僞蜀孟昶刻六經於石，《春秋》、《左傳》三十卷，不題所書姓氏，亦無年月，經文不闕唐諱，獨闕「祥」字，乃知孟知祥僭位後所刻也。又有石經《尙書》「祥」字皆闕，亦闕「民」字，乃孟氏未叛唐時所刻也。經文中俱闕「民」字、「虎」字類，似與馬氏不闕唐諱之說未合。𤊹載考他書，蔡邕刻經之後，惟僞蜀有之，《易經》、《尙書》乃孫逢吉、周德貞所書，此出孫、周之手無疑，況字畫秀整蒼勁，大類虞、歐筆格。先兄惟和嚮曾購之，蔣子才藏諸齋頭者，十餘禩後，伯兄不祿，仍歸子才。子才復持以贈在杭謝君。予乃爲之考核始末，以俟博雅者鑒定。萬曆丁未初春徐惟起書。

石經公羊傳

晁公武《郡齋讀書志・春秋類》　《石經公羊傳》十二卷。右皇朝田況皇祐初知成都日刊石。《國史藝文志》云：僞蜀刻《五經》，備注傳，爲世所稱。以此言觀之，不應無《公》、《穀》，豈初有之，後散毀耶？

趙希弁《讀書附志・經類》　《石經公羊》。右《公羊》十二卷。經注一十三萬一千五百一十四字。不題所書人姓氏。

馬端臨《文獻通考・經籍考・經》　《石經公羊傳》十二卷。

石經穀梁傳

晁公武《郡齋讀書志・春秋類》　《石經穀梁傳》十二卷。右其後不載年月及所書人姓氏。案文不闕唐及僞蜀諱，可諱「恆」字，以故知刊石當在眞宗以後意者亦是田況也。

趙希弁《讀書附志・經類》　《石經穀梁》。右《穀梁》十二卷。經注八萬一千六百二十字。不題所書人姓氏。

馬端臨《文獻通考・經籍考・經》　《石經穀梁傳》十二卷。

石經論語

晁公武《郡齋讀書志・論語類》 《石經論語》十卷。右僞蜀張德釗書。闕唐諱，立石當在孟知祥未叛之前。其文脱兩字，誤一字，又《述而》第七「舉一隅」下有「而示之」三字，「三人行必有我師焉」上又有「我」字，《衛靈公》第十五「敬其事而後其食」，作「後食其祿」，與李鶚本不同者此也。

趙希弁《讀書附志・經類》 《石經論語》。右《論語》十卷。經注幷序三萬五千三百六十八字。將仕郎前守簡州平泉縣令兼殿中侍御史賜緋魚袋張德釗書，潁川郡陳德謙鐫字。

馬端臨《文獻通考・經籍考・經》 《石經論語》十卷。

石經孝經

趙希弁《讀書附志・經類》 《石經孝經》。右《孝經》一卷。經注幷序四千九百八十五字。不題所書人姓氏，但題潁川郡陳德謙鐫字。

石經爾雅

趙希弁《讀書附志・經類》 《石經爾雅》。右《爾雅》三卷。將仕郎前守簡州平泉縣令賜緋魚袋張德釗書，武令昇鐫。不題經注字數若干。以上石室十三經，蓋孟昶時所鐫，故《周易》後書：「廣政十四年歲次辛亥五月二十日。」唯三《傳》至皇祐初方畢，故《公羊傳》後書：「大宋皇祐元年歲次己丑九月辛卯朔十五日乙巳工畢。」又書：「將仕郎試國子四門助敎州學講說何維翰、將仕郎試祕書省校書郎州學說書黄柬、儒林郎試祕書省校書郎守華陽縣尉州學勾當王侚喆、朝奉郎祕書省著作佐郎簽署節度判官廳公事武騎尉管勾州學華參、奉直郎尙書屯田員外郎通判軍州兼管內橋道勸農事及提舉渠堰騎都尉借緋提舉州學解程、朝奉郎尙書屯田員外郎通判軍州兼管內勸農事及提舉渠堰輕車都尉借緋提舉州學聶世卿、提點益州路諸州軍刑獄兼本路勸農提舉渠堰公事朝奉郎尙書比部員外郎護軍借紫孫長卿、益州路諸州水陸計度轉運使兼本路勸農使朝奉郎尙書刑部員外郎直史館上騎都尉賜緋魚袋借紫曹穎叔、樞密直學士朝散大夫右諫議大夫知益州軍州事兼管內橋道勸農使充益利路屯駐駐泊本城兵馬鈐轄提舉益利路諸州軍兵甲巡檢賊盜公事上騎都尉京兆郡開國侯食邑一千戶賜紫金魚袋田況。」

石經孟子

晁公武《郡齋讀書志・儒家類》 《石經孟子》十四卷。

趙希弁《讀書附志・經類》 《石經孟子》。右《孟子》十四卷。不題經注字數若干，亦不題所書人姓氏。

馬端臨《文獻通考・經籍考・孟子》 《石經孟子》十四卷。

宋席氏益補刻孟子

桂馥《歷代石經略》 《宋席氏益補刻孟子》。晁公武曰：《孟子》十四卷，皇朝席益宣和中知成都，刊石置於學宮。云僞蜀時刻六經於石，而獨無《孟子》，經爲未備。夫經大成於孔子，豈有闕邪？其論既謬，又多誤字，如以「頻」、「顚」爲「類」，不可勝計。曾宏父曰：宣和五年癸卯，益帥席益始奏鐫《孟子》，運判彭慥繼其成。

蜀石經殘字

張之洞《書目答問・列朝經注經說經本考證》 《蜀石經殘字》一卷。王昶。摹刻版本。學海堂收《經義叢鈔》內。

石經

《宋史·藝文志·小學類》 楊南仲《石經》七十五卷。

三體孝經

《宋史·藝文志·小學類》 楊南仲《三體孝經》一卷。

桂馥《歷代石經略》 宋楊氏南仲《三體孝經》。《宋志》一卷。

重刻漢石經殘字

桂馥《歷代石經略》 宋洪氏适《重刻漢石經殘字》。

重刻魏石經殘字

桂馥《歷代石經略》 宋蘇氏望《重刻魏石經殘字》。婁機曰：《魏三體石經》正始中刻，今在雒陽者。皇祐癸巳，蘇望於故相王文康家得《左氏傳》搨本，取其完者刻之，凡八百一十九，題曰《石經遺字》。

重刻魏石經殘字

桂馥《曆代石經略》 宋胡氏元質《重刻魏石經殘字》。宇文紹奕曰：內翰胡公得蔡中郎《石經》四千二百七十字，又得古人《篆隸三體石經》遺字八百一十九，並鑱諸石，永貽不朽。

《宋史·藝文志·小學類》 句中正《三體孝經》一卷。

桂馥《歷代石經略》 宋句式中正《三體孝經》。《宋史新編》：句中正嘗以大小篆、八分、三體書《孝經》摹石，咸平三年表上之。眞宗召見便殿，賜坐，問「所書幾許時？」曰：「臣寫此書十五年方成。」上嘉歎，賜金紫，命藏於祕閣。虞淳熙曰：「中正受詔，以三體書《孝經》摹石。」

宋石刻草書孝經

桂馥《歷代石經略》 《宋石刻草書孝經》。江少虞曰：淳化三年十月，遣中使李懷節以《御草書千字文》一卷付祕閣。李至，請於御製祕閣贊碑陰勒石。帝謂近臣曰：《千字文》蓋梁武帝得鍾繇書破碑千餘字，俾周興嗣以韻次之，詞理固無可取，非垂世立敎之文，《孝經》乃百行之本，朕嘗親書，勒之碑陰可也。因賜李至。《玉海》：《太宗御草孝經》一卷，刻石祕閣。

宋嘉祐二字石經

桂馥《歷代石經略》 《宋嘉祐二字石經》。江休復曰：宋子京判國。子監進《禮記》石經本。王應麟曰：仁宗命國子監取《易》、《詩》、《書》、《周禮》、《禮記》、《春秋》、《孝經》爲篆隸二體刻石兩楹。

石經注文考異

《宋史·藝文志·小學類》 張㚟《石經注文考異》四十卷。

北宋汴學篆隸二體石經記

張之洞《書目答問·列朝經注經説經本考證》　《北宋汴學篆隸二體石經記》一卷。丁晏。六藝堂自刻本。

宋高宗御書石經

錢謙益等《絳雲樓書目·經總類》　《宋高宗石經》八册。

宋高宗真草孝經

桂馥《歷代石經略》　《宋建康府學御書孝經》。引張鉉《金陵新志》曰：高宗御書《孝經》賜秦檜，眞草相間，守臣晁謙之刻石郡學，檜及謙之跋於下。今存，經火不全。

又　《宋湖州學御書孝經》。徐獻忠《吳興掌故》曰：《高宗御書孝經》，紹興十四年太守張宇［立］。石在州學。

又　《宋常州學御書孝經》。《毘陵志》：《宋高宗御書孝經》石刻，淳熙中守臣林祖洽立，在州學御書閣。

宋田氏況補刻公羊穀梁二傳

桂馥《歷代石經略》　《宋田氏況補刻公羊穀梁二傳》。呂陶曰：五代之亂，疆宇割裂，孟氏有劍南，百度草創，猶能取《易》、《書》、《詩》、《春秋》、《禮記》、《周禮》刻於石，以資學者。國朝皇祐中，樞密直學士京兆田公，加意文治，附以《儀禮》、《公羊》、《穀梁傳》，所謂九經者備焉。案：田氏但補二《傳》，《儀禮》原刻所有，非補刻也。

宋李氏師德刻孝經

桂馥《歷代石經略》　《宋李氏師德刻孝經》。元祐元年，朝奉大夫充集賢校理劉定書。師德序曰：聖人之言，布在方策，爛若日月。至於立身治家，事君事親，其章句較然而易曉者，無如《孝經》之爲最。竊願摹之堅石，一植之於先壠，一置之於縣庠，以示其後。復愧於聲迹曖昧，不足以聳動人之耳目，取重來世，是用購求甚貴而有名於時者，人題一章，益之以叙，得一十九人，復且名之，庶有託焉。

宋昌州古文孝經

桂馥《歷代石經略》　《宋昌州古文孝經》。王象之曰：碑在昌州北山，元二十二章，與今文十八章小異。按：今文先出於漢初，而古文與《尚書》同出於孔子壞宅。今文已盛而古文獨不得列之學官，惟孔安國、馬融爲之傳。及明皇注今文十八章，《孝經》爲古文者益微矣。司馬光、范祖禹皆嘗繳進。光謂始藏之時，去古未遠，其書最眞。祖禹又爲之説，亦云古文庶得其正。盛熙明曰：《古文孝經》，內一篇，大謬，後人妄欲作古，以古文字集成者。

金太學石經

桂馥《歷代石經略》　《金太學石經》。王惲《修理大都南京石經事狀》曰：竊見大都、南京廟學所有九經石刻，刊琢極精，近年以來舊制既廢，舉皆散亂於荒烟草棘中，日就摧圮，甚可惋惜。且經之遺制，自漢唐至今，歷代聖王無不尊崇修理，蓋重夫經世大法故也。今海宇混一，方息馬論道之時，據上項石經，理合修立，以彰國容。《明一統志》：金國子學碑二，在舊燕城南。于奕正曰：金石經碑在舊燕城南，金國子學碑刻《春秋》、《禮記》，今磨滅不完。

元汴梁學修復石經

桂馥《歷代石經略》 《元汴梁學修復石經》。李師聖記曰：惟汴梁舊有六經、《論語》、《孝經》石本，乃近代辟雝之所樹者，陵谷變遷，修而復毀，其殘缺漫剝者，蓋不啻十之五六。前政巨寮之賢而有文者，亦不遑卹，將七十餘年於玆矣。今參政公也先帖木兒一見而病之，慨然以完復爲己任，義聲所激，附和者衆，不數月而復還舊觀，奈何《孟子》七篇猶闕遺焉。公習讀《四書》而明於大義者也，亟欲增置而期會拘迫，有司請爲後圖，公默然，蓋有待於後舉也。

明國子監石刻孝經

桂馥《歷代石經略》 《明國子監石刻孝經》。朱彝尊曰：萬曆間，蔡毅中進《孝經注》於朝，毅中復刊石嵌於國子監西廂左壁，今尚存。

石經大學

黃虞稷《千頃堂書目・禮類》 豐坊《石經大學》一卷。坊所僞託。

清石經

張之洞《書目答問・列朝經注經説經本考證》 《國朝石經》。乾隆五十八年敕刊。嘉慶八年敕改定。國子監石本，十三經皆備。文字多依古本，與通行本多異，極精核。

石經考

張之洞《書目答問・列朝經注經説經本考證》 《石經考》一卷。顧炎武。《亭林遺書》本，借月山房本，《指海》本。漢唐蜀石經，亦詳《金石萃編》中。

石經考

張之洞《書目答問・列朝經注經説經本考證》 《石經考》一卷。萬斯同。省吾堂本。

考定石經大學經傳解

《四庫提要・四書類存目》 《考定石經大學經傳解》一卷。戶部尚書王際華家藏本。國朝丘嘉穗撰。嘉穗字實亭，上杭人。康熙壬午舉人，官歸善縣知縣。是編大旨謂《大學》格致一傳，本未闕佚，不過錯簡。非惟朱子所補爲誤，即諸儒所定亦皆未安。因參取舊説，以「物有本末」一節，「子曰聽訟」一節，「詩云邦畿千里」一節，「知止而后有定」一節，終以「此謂知之至也」句，合爲格物致知之傳，而詮解以明之。其意以豐坊僞石經爲眞，而又未見坊之原本，但據鍾惺《四書聚考》所載。又見朱彝尊、毛奇齡等素號博洽者，皆引據舊文，掊擊甚力，遂依違瑟縮，不敢訟言。然其割取「詩云邦畿千里」十字，實用僞石經本也。

石經考異

張之洞《書目答問·列朝經注經説經本考證》《石經考異》二卷。杭世駿。《杭氏七種》本。

石經考文提要

張之洞《書目答問·列朝經注經説經本考證》《石經考文提要》十三卷。彭元瑞。刻本。

石經儀禮校勘記

張之洞《書目答問·列朝經注經説經本考證》《儀禮石經校勘記》四卷。阮元。粤雅堂本。

石經補考

張之洞《書目答問·列朝經注經説經本考證》《石經補考》十二卷。馮登府。自刻本。《學海堂經解續刻》本六卷。國朝、漢、魏、唐、蜀、北宋、南宋。

讖緯部

論述

《隋書·經籍志·讖緯類序》 《易》曰：「河出圖，洛出書。」然則聖人之受命也，必因積德累業，豐功厚利，誠著天地，澤被生人，萬物之所歸往，神明之所福饗，則有天命之應。蓋龜龍銜負，出於河、洛，以紀易代之徵，其理幽昧，究極神道。先王恐其惑人，祕而不傳。說者又云，孔子既叙六經，以明天人之道，知後世不能稽同其意，故別立緯及讖，以遺來世。其書出於前漢，有《河圖》九篇，《洛書》六篇，云自黄帝至周文王所受本文。又別有三十篇，云自初起至于孔子，九聖之所增演，以廣其意。又有《七經緯》三十六篇，並云孔子所作，并前合爲八十一篇。而又有《尚書中候》、《洛罪級》、《五行傳》、《詩推度災》、《氾曆樞》、《含神務》、《孝經勾命決》、《援神契》、《雜讖》等書。漢代有郗氏、袁氏說。漢末，郎中郗萌，集圖緯讖雜占爲五十篇，謂之《春秋災異》。宋均、鄭玄，並爲讖律之注。然其文辭淺俗，顛倒舛謬，不類聖人之旨。相傳疑世人造爲之後，或者又加點竄，非其實録。起王莽好符命，光武以圖讖興，遂盛行於世。漢時，又詔東平王蒼，正五經章句，皆命從讖。俗儒趨時，益爲其學，篇卷第目，轉加增廣。言五經者，皆憑讖爲說。唯孔安國、毛公、王璜、賈逵之徒獨非之，相承以爲妖妄，亂中庸之典。故因漢魯恭王、河間獻王所得古文，參而考之，以成其義，謂之「古學」。當世之儒，又非毁之，竟不得行。魏代王肅，推引古學，以難其義。王弼、杜預，從而明之，自是古學稍立。至宋大明中，始禁圖讖，梁天監已後，又重其制。及高祖受禪，禁之踰切。煬帝即位，乃發使四出，搜天下書籍與讖緯相涉者，皆焚之，爲吏所糾者至死。自是無復其學，祕府之內，亦多散亡。今録其見存，列于六經之下，以備異說。

鄭樵《通志·藝文略·讖緯類序》 讖緯之學，起於前漢。及王莽好符命，光武以圖讖興，遂盛行於世。漢時又詔東平王蒼正五經章句，皆命從讖。俗儒趨時，益爲其學，惟孔安國、毛公、王璜、賈逵獨非之。至宋大明中，始禁圖讖。梁天監已後，又重其制。隋煬帝發使四方，搜天下書籍，與讖緯相涉者皆焚之，爲吏所糾者至死，自是無復其學。至唐，惟餘《書》、《易》、《禮》、《樂》、《春秋》、《論語》、《孝經》七緯，《詩》二緯，共九緯書而已。

陳振孫《直齋書録解題·讖緯類序》 按：《後漢書》「緯候之學」，註言「緯，七緯也；候，《尚書中候》也」。所謂河、洛《七緯》者：《易緯稽覽圖》、《乾鑿度》、《坤靈圖》、《通卦驗》、《是類謀》、《辨終備》也，《書緯璇璣鈐》、《考靈曜》、《帝命驗》、《運期授》也，《詩緯推度災》、《氾曆樞》、《含神霧》也，《禮緯含文嘉》、《稽命徵》、《斗威儀》也，《樂緯動聲儀》、《稽耀嘉》、《葉圖徵》也，《孝經緯援神契》、《鉤命決》也，《春秋緯演孔圖》、《元命包》、《文耀鉤》、《運斗樞》、《感精符》、《合誠圖》、《考異郵》、《保乾圖》、《漢含孳》、《佐助期》、《握誠圖》、《潛潭巴》、《說題辭》也。讖緯之說，起於哀、平、王莽之際，莽以此濟其篡逆，公孫述效之，而光武紹復舊物，乃亦以「赤伏」自累，篤好而推崇之，甘心與莽、述同智，於是佞臣陋士，從風而靡。賈逵以此論左氏學，曹褒以此定漢禮，作《大予樂》。大儒如鄭玄，專以讖言經，何休又不足言矣。二百年間，惟桓譚、張衡力非之，而不回也。魏、晉以革命受終，莫不傅會符命，其源實出於此。隋、唐以來，其學寖微矣！考《唐志》，猶存九部，八十四卷，今其書皆亡，惟《易緯》僅存者如此。及孔氏《正義》，或時援引，先儒蓋嘗欲删去之，以絶僞妄矣，使所謂《七緯》者皆存，猶學者所不道，况其殘闕不完，於僞之中又有僞者乎！姑存之以備凡目云爾。《唐志》數內有《論語緯》十卷，《七緯》無之。《太平御覽》有《論語摘輔象》、《撰考讖》者，意其是也，《御覽》又有《書帝驗期》、《禮稽命曜》、《春秋命曆序》、《孝經左右契》、《威嬉拒》等，皆《七緯》所無，要皆不足深考。

馬端臨《文獻通考·經籍考·讖緯》 致堂胡氏曰：讖書原於《易》之推往以知來，周家卜世得三十，卜年得八百，此知來之的也。《易》道既隱，卜筮者溺於考測，必欲奇中，故分流別派，其說寖廣，要之各有以也。《易》道所明，時有所用，知道者以義處命，理行則行，理止則止，術數之學，蓋不取也。光武早歲，從師長安，受《尚書》大義，夷考其行事，蓋儒流之英傑也，何乃蔽於讖文，牢不可破邪？

又曰：緯書原本於五經而失之者也，而尤紊於鬼神之理，幽明之故。夫鬼神之理，幽明之故，非知道者不能識。自孟子而後，知道者鮮矣，所以易惑而難解也。斷國論者，誠能一決於聖人之經，經所不載，雖有緯書讖記，屏而不用，則庶乎其不謬於理也。

王禕《青巖叢録》　緯書，漢儒以爲孔子所演七經之緯，凡三十六篇，《易緯稽覽圖》、《乾鑿度》、《坤靈圖》、《通卦驗》、《是類謀》、《辨終備》，《書緯璇璣鈐》、《考靈曜》、《刑德放》、《帝命驗》、《運期授》，《詩緯推度災》、《紀曆樞》、《含神霧》，《禮緯含文嘉》、《稽命徵》、《斗威儀》，《樂緯動聲儀》、《稽耀嘉》、《叶圖徵》，《孝經緯援神契》、《鉤命決》，《春秋緯演孔圖》、《元命包》、《文耀鉤》、《運斗樞》、《感精符》、《合誠圖》、《考異郵》、《保乾圖》、《漢含孳》、《佑助期》、《握誠圖》、《潛潭巴》、《説題辭》。此三十五篇。又《太平御覽》有《論語緯摘輔象》、《撰考讖》，《書緯帝驗期》，《禮緯稽命耀》，《春秋緯命曆序》，《孝經緯左方契》、《威嬉拒》。及《河圖》九篇，《洛書》六篇，又別有三十篇，與七緯各八十一篇，而《尚書中候》、《論語讖》又不與焉。大抵緯書之説，以謂孔子既叙六經以明天人之道，知後世不能稽同其意，故別立緯讖，以遺來世。其書出於漢哀、平之世，蓋夏賀良之徒爲之，以爲有經則有緯，故曰緯書。其言誕謾詭譎，不可致詰。是時王莽好符命，將以此濟其篡逆，而公孫述效之。至光武亦以《赤伏》自累，篤好而推崇焉。當世儒者，習爲内學。賈逵以此論《左氏》學，曹褒以此定漢禮樂，大儒如鄭玄輩，專以讖言經，而何休之徒，又不足言矣。然惟桓譚、張衡力非之，而不能回也。先是，孔安國、毛公以來，皆相承以爲妖妄，亂中庸之典。因魯恭王、河間獻王所得古文參而考之，以成其義，謂之古學。而世儒惑於讖緯，反非毁之。至魏王肅推引古學，王弼、杜預從而明之，自是古學稍立，而讖緯之學寖微。逮宋大明中，始禁讖緯之書。及隋末，遣使搜天下書籍，與讖緯相涉者悉焚之。唐以來，其學遂熄矣。然考之《唐志》，猶存九部四十八卷，而孔穎達作《九經正義》，往往援引緯書之説。宋歐陽公嘗欲刪而去之，以絶僞妄，使學者不爲其所亂惑，然後經義純一，其言不果行。迨鶴山魏氏作《九經要義》始加黜削，而其言絕焉。今《易緯乾鑿度》猶存。

雜録

《隋書・經籍志・讖緯》　右十三部，合九十二卷。通計亡書，合三十二部，共二百三十二卷。

《舊唐書・經籍志・經緯》　右三十六部，經緯九家，七經雜解二十七家，凡四百七十四卷。

《新唐書・藝文志・讖緯類》　右讖緯類二家，九部，八十四卷。

綜述

河圖

《隋書・經籍志・讖緯》　《河圖》二十卷。

姚振宗《漢書藝文志拾補・讖緯》　《河圖》九篇。【略】《隋書・經籍志》曰：河洛紀易代之徵，其理幽昧，究極神道。先王恐其惑人，祕而不傳。説者又云，孔子既叙六經，以明天人之道，知後世不能稽同其意，故別立緯及讖，以遺來世。其書出於前漢，有《河圖》九篇，《洛書》六篇，云自黃帝至周文王所受本文。　《春秋命曆序》曰：《河圖》帝王之階圖，載江河山川州界之分野。　《經義考・毖緯》篇曰：蔡邕曰《洛書》皆言存亡之事，覽之以驗禍福也。

河圖注

姚振宗《三國藝文志・讖緯類》　宋均《河圖注》。均始末見《孝經》類。

《隋書・經籍志》曰：宋均、鄭玄並爲讖律之注。汪師韓《文選理學權輿》曰：《選》注所引羣書有宋均《河圖注》。　《經義考・毖緯》篇曰：《河圖握矩起》宋均有注。侯《志》曰：《初學記》、《御覽》數引宋均《河圖注》，其可考見篇名者，惟《河圖矩起注》一條。《古微書》引宋注《河圖握矩記》即《河圖矩起》，以《御覽》考之，則亦但稱《河圖注》耳。

河圖龍文

《隋書・經籍志・讖緯》　《河圖龍文》一卷。

姚振宗《隋書經籍志考證・異説類》　《河圖龍文》一卷。《水經・河水注》：《春秋命曆序》曰：《河圖》，帝王之階圖，載江河、山川、州界之分野。後堯壇於河，受《龍圖》，作《握河紀》。逮虞舜、夏、商亦咸受焉。李尤《孟津銘》：洋洋河水，朝宗於海，徑自中州，《龍圖》所在。按所云云，則《河圖龍文》亦名《握河紀》，然《尙書中候》中亦有《握河紀》篇名，不知是一是二。　唐張彦遠《歷代名畫記》曰：古之祕畫珍圖，則有《龍魚河圖》。　《唐日本國見在書目》：《河圖龍文》一卷。　《經義考・毖緯》類：《河圖龍文》，《隋志》：一卷。王應麟曰：《文選》注引之。　錢塘汪師韓《文選理學權輿》曰：《選》注所引羣書有《河圖龍文》。　按：此一卷似即梁有《河圖洛書》二十四卷之佚存者。

河圖記命符

朱彝尊《經義考・毖緯》　《河圖記命符》。佚。右見《抱朴子・微旨》篇。

河圖括地象　附括地圖

朱彝尊《經義考・毖緯》　《河圖括地象》。佚。《尙書刑德倣》曰：禹長於地理、水泉、九州，得《括象圖》，故堯以爲司空。　《尙書中候》曰：伯禹觀於河，有長人魚身出曰：「吾河精也。」授禹《河圖》，躍入淵。鄭玄注曰：即《括地象》也。　羅泌曰：始禹治水七年矣，傷功未就，悠然沈思，於是上觀河，河精受圖。　孫瑴曰：昔禹治水，得《括地象》，此其傳之最古也。　按：《河圖括地象》其言雖夸，然大抵本鄒衍大九州之說。今節録之文云：《易》有太極，是生兩儀，兩儀未分，其氣混沌，清濁既形，伏者爲天，偃者爲地。天不足西北，地不足東南，西北爲天門，東南爲地戶，天門無上，地戶無下。天有五行，地有五嶽；天有七星，地有七表；天有四維，地有四瀆；天有八氣，地有八風；天有九道，地有九州。東南神州曰晨土，正南卬州曰深土，西南戎州曰滔土，正西弇州曰开土，正中冀州曰白土，西北柱州曰肥土，北方玄州曰成土，東北咸州曰隱土，正東揚州曰信土。八極之廣，東西二億三萬三千里，南北二億三萬一千五百里。夏禹所治，四海內地東西二萬八千里，南北二萬六千里。崑崙者，地之中也，有柱焉，其高入天，即所謂天柱也。高萬一千里，圍三千里，有五城十二樓，出五色雲，五色流水，其泉南流入中國，名曰河也。東南地方五千里，名神州，中有五山，帝王居之，地下有八柱，柱廣十萬里，有三千六百軸互相牽制，名山大川，孔穴相通，崑崙之山爲地首，岐山爲地乳，桐柏爲地穴，熊耳地之門也，鳥鼠同穴地之幹也，汶山井絡也，太行天下之脊也。

又按：禹受《地統書》，考《禮正義》「天子祭天地山川」文，疏曰：案《地統書》、《括地象》云：「崑崙者，地之中央，東南地方五千里名曰神州。」此即《括地象》之文，然則《括地象》又名《地統書》也。

河圖括地象圖

朱彝尊《經義考・毖緯》　《河圖括地象圖》。十一卷。佚。右見張彦遠《名畫記》。

河圖録運法

朱彝尊《經義考・毖緯》　《河圖録運法》。佚。羅苹曰：黄帝坐玄扈閣，與大司馬容光、左右輔將周昌二十二人臨觀《鳳圖》。此出《河圖録運法》，而《春秋合誠圖》則云百二十二人也。

河圖赤伏符

朱彝尊《經義考・毖緯》　《河圖赤伏符》。佚。按建武封禪刻石，援《河圖赤伏符》、《會昌符》、《提劉》、《合古篇》文。

河圖挺佐輔

朱彝尊《經義考・毖緯》　《河圖挺佐輔》。佚。孫轂曰：《挺佐輔》，其符命之祖乎？　按：《挺佐輔》文：百世之後，地高天下，山陵消去，不風不雨，不寒不暑，民復食土，皆知其母，不知其父。如此千載之後，天可倚杵，洶洶隆隆，曾莫知其始終。亦用韻語，頗與《易是類謀》相似。

河圖帝覽嬉

朱彝尊《經義考・毖緯》　《河圖帝覽嬉》。佚。孫轂曰：《帝覽嬉》者，猶云覽德輝而喜悦爾。　按：鄭康成注《尙書考靈曜》引《河圖帝覽嬉》文云：黄道一，青道二，出黄道東；赤道二，出黄道南；白道二，出黄道西；黑道二，出黄道北。日，春東從青道，夏南從赤道，秋西從白道，冬北從黑道。

河圖握矩起

朱彝尊《經義考・毖緯》　《河圖握矩起》。佚。孫轂曰：五運三正，安有常期？謂之握矩者，明乎皇帝王之迭興，各有禎符，若春規、夏準、秋矩、冬權可象，鑑而不謬也。　按：《易通卦驗》有云「遂皇始出《握機矩》」，或作「握拒」，傳寫誤爾。宋均有注。

河圖稽曜鉤

朱彝尊《經義考・毖緯》　《河圖稽曜鉤》。佚。孫轂曰：稽曜曰鉤，以言乎玄象之窈裔無不睹也。　按：《稽曜鉤》其説妖占，其文曰：五星散爲五色之彗，歲星之精流爲國皇，太白散爲天狗，辰星散爲枉矢，熒惑散爲蚩尤旗，鎮星散爲獄漢，又爲五殘，又爲旬始。考《晉書・天文志》：彗有五色，各依五行本精所主；蚩尤旗，類彗而後曲，象旗；國皇，大而赤，類南極老人星；五殘一名五鋒，狀類辰星，出角；獄漢一名咸漢，大而赤；旬始，出北斗旁，如雄雞，其怒，有青黑，象伏鼈；枉矢類流星，色蒼黑，蛇行；天狗，狀如犬奔，色黃，有聲。其名義學者所宜知，故節録之。

河圖説徵示

朱彝尊《經義考・毖緯》 《河圖説徵示》。佚。

河圖帝視萌

朱彝尊《經義考・毖緯》 《河圖帝視萌》。佚。皇甫謐曰：黄帝出遊洛水之上，見大魚，殺五能牲以醮之，天乃甚雨，七日七夜，魚流於海，始得圖書，今《河圖帝視萌》之篇是也。

河圖期運授

朱彝尊《經義考・毖緯》 《河圖期運授》。佚。《太平御覽》引之。

河圖皇參持

朱彝尊《經義考・毖緯》 《河圖皇參持》。佚。 按：《皇參持》文云：「皇辟出，承乾訖。道無爲，治□率。被遂矩，戲作術。開皇邑，握神日。投輔提，象不絶。立皇後，翼不格。道終始，德優劣。帝任政，河曲出。叶輔嬉，爛可述。」王劭以爲隋受命之符，以有「開皇」字也。

河圖考曜文

朱彝尊《經義考・毖緯》 《河圖考曜文》。佚。

河圖内玄經

朱彝尊《經義考・毖緯》 《河圖内玄經》。佚。右見陶弘景《眞誥・稽神樞》篇。

河圖八文

朱彝尊《經義考・毖緯》 《河圖八文》。佚。《乾鑿度》曰：有《制靈圖》而後有《河圖八文》。

龍魚河圖

朱彝尊《經義考・毖緯》 《龍魚河圖》。一卷。佚。顧野王曰：龍魚負圖從河中出，付黄帝，從洛水出，詣舜。 孫瑴曰：《河圖》篇目已繁矣，類書所録有以龍魚命者，豈非以其玉石雜糅、椒艾紛汩，而衍其牘歟？ 按：《龍魚河圖》，賈思勰《齊民要術》屢引之，有云：瓜有兩鼻者，殺人；羊有一角，食之殺人；玄雞白頭，食之病人。此服食家言爾。又云：各以臘月鼠斷尾，正月旦，日未出時，家長斬鼠，著屋中，祝云：付勑屋吏，制斷鼠蟲，三時言功，鼠不敢行。又云：埋蠶沙於宅，亥地大富，得蠶絲，吉利。以一斛二斗，甲子日鎮宅，大吉，財致千萬。又云：歲暮夕四更中，取二七豆子、二七麻子、家人頭髮少許，合麻豆著井中，呪勑井，使其家竟年不遭傷寒，辟五方疫鬼。又《太平御覽》引其文云：婦人無以夫衣合浣之，使不利。又云：以賣馬錢娶婦，令多惡病，夫妻離別。又云：懸艾虎鼻門上，宜官，子孫帶印綬。懸虎鼻門中，周一年，取燒作屑，與婦飲之，二月中便有娠，生貴子。勿令人知之，泄則不驗也，亦勿令婦見之。又云：七月七日取小赤豆，男呑一七，女呑二七，令人畢歲無病。是日取烏雞血和三月三日桃花末，塗面及身，三日後肌白如玉。觀其大略，無異道家厭勝之術，與經義何裨？至謂蚩尤兄弟八十一人，皆銅頭鐵額，食砂石子，尤屬不倫。諸瑟緯中邪説誣民，蓋未有甚於此書者已。

河圖緯象

朱彝尊《經義考・毖緯》　《河圖緯象》。或作「絳象」。佚。按：是編敘河流九曲特明晰，其言曰：「河導崑崙山，一曲也；東流千里，至規其山，二曲也；北流千里，至積石山，三曲也；千里，入隴首，抵龍門，四曲也；南流千里，至隴首，至卷重山，五曲也；東流貫砥柱，觸閼流山，六曲也；東至洛會，七曲也；東流至大伾山，八曲也；東至絳水，千里至大陸，九曲也。」足爲洽聞之資。

河圖玉版

朱彝尊《經義考・毖緯》　《河圖玉版》。佚。孫瑴曰：緯之説兆於《河圖》，故僭《河圖》者益衆，緯録未聞有《玉版》，而類書援引及之。按：酈道元《水經注》引此，又裴松之注《魏志》云：左中郎將李伏表魏王曰：「昔先王初建魏國，武都李庶、姜合羈旅漢中，謂臣曰：定天下者，魏公子桓。」臣以合辭語鎮南將軍張魯，魯問合知書所出。合曰：「孔子《玉版》也。天子曆數，雖百世可知。」合長於內學，關右知名。所云孔子《玉版》者，當即是書也。

河圖叶光圖

朱彝尊《經義考・毖緯》　《河圖叶光圖》。佚。

河圖合古篇

朱彝尊《經義考・毖緯》　《河圖合古篇》。佚。王應麟曰：光武封禪文載《河圖合古篇》，《蔡邕傳》注引《河圖祕微篇》。按：《太平御覽》引《祕微篇》云：帝淫佚，政不平，則奎有角。君急恚怒，無雲而雨。又引《合古篇》云：地淪月散，必有立主。

河圖要玄篇

朱彝尊《經義考・毖緯》　《河圖要玄篇》。佚。楊慎曰：《茅山志》引《河圖要玄篇》云：「句金之壇，其間有陵，兵病不起，洪波不登，乃有地脈，土良水清。句曲之山，金壇之陵，可以度世，上昇曲城。」蓋《漢世讖》書，後漢書志註不載其目，僅見此焉。胡應麟曰：《要玄篇》，《譚苑醍醐》所記，以用修語，余未敢深信。按：《要玄篇》亦見陶隱居《眞誥》，云是第四十四卷中語，非用修臆撰。

河圖提劉子

錢大昭《補續漢書藝文志・毖緯類》　《河圖提劉子》。

河圖矩起

錢大昭《補續漢書藝文志・毖緯類》　《河圖矩起》。

河圖握矩

錢大昭《補續漢書藝文志・毖緯類》 《河圖握矩》。

雒　書

姚振宗《漢書藝文志拾補・讖緯》 《洛書》六篇。

洛書注

姚振宗《後漢藝文志・讖緯類》 鄭玄《洛書注》。玄始末見《易》類。

《隋書・經籍志》：說者又云，孔子既叙六經，以明天人之道，知後世不能稽同其意，故別立緯及讖，以遺來世。其書出于前漢，有《河圖》九篇，《洛書》六篇，云自黄帝至周文王所受本文。又別有三十篇，云自初起至于孔子，九聖之所增演，以廣其意。又曰宋均、鄭玄並爲讖緯之注。錢塘汪師韓《文選理學權輿》曰：《選》注所引羣書，有鄭康成《洛書注》。汪氏此目皆徵實之文，故采用之。《經義考》曰：《洛書靈準聽》，鄭玄注。《鄭學録》曰：某書引《洛書靈準聽》文及鄭玄注。又羅苹《路史注》亦引《靈準聽》鄭玄注數語，知康成注有此緯。按此乃讖非緯也。按：《隋志》言鄭爲讖律之注，《大藏音義》引《倉頡篇》云：讖，祕密書也，出《河》、《洛》記文。又曰：讖書，《河》、《洛》也。蓋讖兼《河圖》、《洛書》，而言鄭既注《洛書》，亦必注《河圖》，今無可徵驗，姑從闕如。

雒書靈準聽

朱彝尊《經義考・毖緯》 《雒書靈準聽》。鄭玄注。佚。孫瑴曰：所述多太古溟涬以上，故其言幽靈惚恍，不可爲象，而但溢於聽。按：《雒書靈準聽》，《乾鑿度》引其文，則《鑿度》之先已有其書。

洛書注

姚振宗《三國藝文志・讖緯類》 宋均《洛書注》。侯《志》曰：《古微書》有宋均《洛書摘六辟注》。

洛書甄曜度

朱彝尊《經義考・毖緯》 《洛書甄曜度》。佚。孫瑴曰：緯書以「曜」稱者凡四，曰《靈曜》、曰《文曜》、曰《曜鉤》、曰《曜嘉》，未有博極軌度者。惟《洛書甄曜度》，周天罔不具悉。蓋星曆之學，聖門所首務焉。後世不第棄置之，而且曰「知星宿，衣不覆」。率用爲戒矣。夫士子出戶，舉目見天，顧不解列宿爲何物，亦足羞也。按：光武封禪刻石，援《洛書甄曜度》文。又《蜀志》：劉豹、向舉等上先主言符瑞勸進，引《洛書甄曜度》、《寶號命》、《録運期》文。又按：周天三百六十五度四分度之一，一度爲千九百三十二里，則天地相去六十七萬八千五百里，此《甄曜度》之文，九峯蔡氏注《堯典》采之。又按：李淳風《乙巳占述》、《洛書》，以《禹貢》山川分配二十八宿：岍爲角、岐爲亢、荆山爲氐、壺口爲房、雷首爲心、太岳爲尾、砥柱爲箕、析城爲斗、王屋爲牛、太行爲須女、恆山爲虛、碣石爲危、西傾爲室、朱圉爲壁、鳥鼠爲奎、太華爲婁、熊耳爲胃、外方爲昴、桐柏爲畢、陪尾爲觜、嶓冢爲參、荆山爲東井、內方爲鬼、大別爲柳、岷山爲星、衡山爲張、九江爲翼，敷淺原爲軫。此亦異聞，諸地志皆未之援引也。

洛書録運期

朱彝尊《經義考・毖緯》《洛書録運期》。「期」或作「法」。佚。孫瑴曰：此其書亦必有關運位，蓋隱讖存焉。按：沈約《宋書・符瑞志》引之。

洛書稽命曜

朱彝尊《經義考・毖緯》《洛書稽命曜》。佚。

雒書摘亡辭

汪師韓《文選注引羣書目録上・緯候圖讖》《雒書摘亡辭》。

雒書天淮聽

汪師韓《文選注引羣書目録上・緯候圖讖》《雒書天淮聽》。

河圖洛書

《隋書・經籍志・讖緯》梁《河圖洛書》二十四卷，目録一卷，亡。

姚振宗《漢書藝文志拾補・讖緯》《河圖洛書》三十篇。《隋書・經籍志》曰：又別有三十篇，云自初起至於孔子，九聖之所增演，以廣其意。又曰：梁有《河圖洛書》二十四卷，目録一卷，亡。按：《經義考・毖緯》篇輯《河圖》篇目之散見諸書者，有《括地象》等凡三十二，《洛書》篇目有《甄曜度》等六。明孫瑴《古微書》輯、《河圖》十篇、《洛書》五篇。

河洛内記

朱彝尊《經義考・毖緯》《河洛内記》。七卷。佚。右見《抱朴子・遐覽》篇。

河洛讖

姚振宗《漢書藝文志拾補・讖緯》《河洛讖》十篇。《後漢書・光武本紀》：王莽地皇三年，宛人李通等以圖讖說光武。注：圖，《河圖》也。讖，符命之書。讖，驗也。言爲王者受命之徵驗也。《後漢書・張衡傳》：「衡上疏曰：圖讖成於哀、平之際。且《河洛》、《六藝》，篇録已定，後人皮傅，無所容篡。」注：「《衡集》上事云：《河洛》五九，《六藝》四九，謂八十一篇也。」惠棟補注：《郊祀志》曰「上使梁松等案《河》、《洛》讖文，以章句細微相況八十一卷，明者爲驗，又其十卷，皆不昭晳。是當日《河》、《洛》讖文八十一卷皆有章句，故張衡云篇録已定，其餘皆不昭晰，故云無所容篡也」。按：惠氏引《郊祀志》，疑《祭祀志》之誤。然《續漢志》所載，與惠氏引文又不同，未詳所據。

河洛交集

姚振宗《後漢藝文志・讖緯類》景鸞《河洛交集》。鸞始末見《易》

類。范書《儒林傳》：少隨師學經，兼受《河》、《洛》圖緯，作《易說》及《詩解》，文句兼取《河》、《洛》，以類相從，名爲《交集》。《冊府元龜·學校部·譔集門》：景鸞，廣漢梓潼人也。取《河》、《洛》圖緯，以類相從，名爲《災集》。按：范書及《華陽國志》並作《交集》，《冊府元龜》作《災集》，《經義考》引《益部耆舊傳》又作《奧集》。

河洛解

姚振宗《後漢藝文志·讖緯類》 朱倉《河洛解》。《廣漢人士贊》：朱倉字雲卿，什邡人也。受學于蜀郡張寧，著《河洛解》。爲郡功曹。每察孝廉，不就。州辟治中從事，以諷詠自終。

河圖洛書解

徐𤊹《徐氏家藏書目·易類》 《河圖洛書解》一卷。袁黃。

易緯鄭玄注

《隋書·經籍志·讖緯》 《易緯》八卷。鄭玄注。梁有九卷。

陳振孫《直齋書録解題·讖緯類》 《易緯》七卷。漢鄭康成注。其名曰《稽覽圖》、《辨終備》、《是類謀》、《乾元序制記》、《坤靈圖》。其間推陰陽卦，直至唐元和中，蓋後世術士所附益也。按七緯之名，無《乾元序制》。

《宋史·藝文志·易類》 《易緯》七卷。鄭玄注。

張之洞《書目答問·列朝經注經説經本考證》 《易緯》十二卷。八種。武英殿聚珍版本，杭州、福州重刻本，《古經解彙函》本。目列後。凡言聚珍版本者，福州皆有重刻本，杭州亦重刻弟一單三十九種，小字本。《乾坤鑿度》二卷。僞。《乾鑿度》二卷。《藝海珠塵》亦刻。《稽覽圖》二卷。《珠塵》亦刻。《辨終備》一卷。《通卦驗》二卷。《乾元序制記》一卷。僞。《是類謀》一卷。《珠塵》亦刻。《坤靈圖》一卷。緯與讖異，皆古經説，純駁不一，宜分別觀之。

姚振宗《後漢藝文志·讖緯類》 鄭玄《易緯注》九卷。《隋書·經籍志》、《易緯》八卷，鄭玄注。梁有九卷。《唐日本國人書目》、《易緯》十卷，鄭玄注。《宋志》、《易》類《易乾鑿度》三卷，《易緯》七卷，《易緯稽覽圖》一卷，《易通卦驗》二卷，並鄭玄注。馮椅《厚齋易學》曰：《崇文總目》云《周易緯》九卷，漢鄭康成注。《玉海·藝文》曰：《易緯》鄭玄注，梁九卷，今篇次具存。《李淑書目》云：凡《乾鑿度》、《稽覽圖》、《通卦驗》各二，《辨終備》、《是類謀》、《坤靈圖》各一。今三館所藏，止有鄭氏注七卷。按：鄭注《易緯》，今輯本別有《乾元序制記》一種，蓋後人于《易緯》中分析成編，非古緯所有。又范書《郎顗傳》顗條上便宜七事，引《易內傳》、《易中孚傳》，章懷注又引《中孚傳》鄭玄注。又《經義考》載漢《易中孚》義，謂何休《公羊傳》注所引似皆《易緯》中篇目也。

易緯宋衷注

姚振宗《後漢藝文志·讖緯類》 宋衷《易緯注》衷始末見《易》類。《經義考》曰：馮椅《厚齋易學》曰：《崇文總目》：《周易緯》九卷，漢鄭康成注。《隋志》有宋衷注。《唐四庫書目》有宋均注。按：《隋志》無宋衷《易緯注》，馮氏此説似誤。汪師韓《文選理學權輿》曰：《選》注所引羣書有宋衷《易緯注》。

易緯宋均注

《舊唐書·經籍志·經緯》 《易緯》九卷。宋均注。

錢東垣等輯《崇文總目·易類》 《易緯》九卷。[原釋] 宋均注。見天一閣鈔。

《新唐書·藝文志·讖緯類》 宋均注《易緯》九卷。

尤袤《遂初堂書目・周易類》 《易緯》。

姚振宗《三國藝文志・讖緯類》 宋均《易緯注》九卷。《唐書・經籍志》：《易緯》九卷，宋均注。《藝文志》：宋均注《易緯》九卷。侯《志》曰：《玉海》云《易緯》宋注不傳。康案宋注今可考見者，祇有《初學記》、《御覽》引《通卦驗》、《古微書》引《坤靈圖》。

周易乾鑿度

錢東垣等輯《崇文總目・易類》 《周易乾鑿度》二卷。［原釋］中述陰陽、日辰、數讖。見《經義考・易類》。

鄭樵《通志・藝文略・易》 《乾鑿度》二卷。鄭玄注。

晁公武《郡齋讀書志・易類》 《易乾鑿度》二卷。右舊題蒼頡修，古籀文，鄭氏注。按唐《四庫書目》有鄭玄注《書》、《詩緯》及有宋均注《易緯》，而無此書。其中多有不可曉者，獨九宮之法頗明。昔通儒謂緯書僞起哀、平，光武既以讖立，故篤信之。陋儒阿世，學者甚衆。鄭玄、何休以之通經，曹褒以之定禮。歷代革命之際，莫不引讖爲符瑞，故桓譚、張衡之徒皆深嫉之。自苻堅之後，其學殆絶。使其尚存，猶不足保，況此又非眞也。

尤袤《遂初堂書目・周易類》 《乾鑿度》。

陳振孫《直齋書録解題・讖緯類》 《易乾鑿度》二卷。亦鄭氏注。

馬端臨《文獻通考・經籍考・讖緯》 《易乾鑿度》二卷。

《宋史・藝文志・易類》 《易乾鑿度》三卷。鄭玄注。

楊士奇等《文淵閣書目・易》 《易乾鑿度》。一部，一冊。闕。

高儒《百川書志・易》 《乾鑿度》一卷。《周易乾鑿度》二卷。鄭氏註。

錢謙益等《絳雲樓書目・易類》 《周易乾鑿度》。二卷。緯書也。程大昌云：此書本出漢世，多言《河圖》。漢魏以降，言《易》、《老》者多宗之。

錢曾《讀書敏求記・經》 《周易乾鑿度》二卷。《乾鑿度》，鄭氏注。大輅爲椎輪之始。其殆邵子《皇極經世》之先資歟？

《四庫提要・易類六》 《周易乾鑿度》二卷。《永樂大典》本。案《周易乾鑿度》鄭康成注，與《乾坤鑿度》本二書，晁公武並指爲倉頡修古籀文，誤併爲一，《永樂大典》遂合加標目。今考《宋志》有鄭康成注《易乾鑿度》三卷，而不及《乾坤鑿度》，則知宋時固自單行也。説者稱其書出於先秦，自《後漢書》、南北朝諸史及唐人撰《五經正義》，李鼎祚作《周易集解》，徵引最多，皆於《易》旨有所發明，較他緯獨爲醇正。至於「太乙、九宮，四正、四維，皆本於十五」之説，乃宋儒「戴九履一之圖」所由出，朱子取之列於《本義》圖説，故程大昌謂：漢、魏以降言《易》學者，皆宗而用之，非後世所託爲。誠稽古者所不可廢矣。原本文字斷闕，多有譌舛。謹依經史所引各文，及旁采明錢叔寶舊本，互相校正，增損若干字。其定爲上、下二卷，則從鄭樵《通志》之目也。

張之洞《書目答問・列朝經注經説經本考證》 《乾鑿度鄭注》二卷。丁杰輯補。雅雨堂本。

乾鑿度

朱彝尊《經義考・毖緯》 《乾鑿度》。宋均注。《通志》：二卷。存。《太古文目》曰：《乾鑿度》，聖人順乾道浩大，以天門爲名也。乾者，天也，乾訓健壯，健不息，日行一度；鑿者，開也，聖人開作；度者，度路，聖人鑿開天路，顯彰化原也。《坤鑿度》曰：庖犧氏著《乾鑿度》上下文。 黄庭堅曰：《易緯乾鑿度》等書，其中多有不可曉者，獨九宮之法頗明。 《崇文總目》曰：中述陰陽、日辰、數讖。 《紹興續書目》曰：蒼頡注《乾鑿度》二卷。 晁公武曰：右舊題蒼頡修古籀文，鄭氏注。按唐《四庫書目》有鄭玄注《詩》、《書緯》及宋均注《易緯》，而無此書。其中多有不可曉者，獨九宮之法頗明。 程大昌曰：《乾鑿度》出於漢世，其書多言《河圖》，曰太乙取之以行九宮四正四維，皆十五也。夫太乙非所論，其謂四正四維環拱一五無往而不爲十五，即陳摶所傳之圖矣。然則昔之作爲《乾鑿度》者，實嘗親見是圖。其書言七八之象、九六之變，皆以十五爲宿，蓋於圖乎得之也。《乾鑿度》者，世儒多引之以明《易》旨矣，而鄭康成之論大衍以十日、十二辰、二十八宿爲五十，亦自《乾鑿度》出也。晉張湛傳《列子》至七變爲九，曰此章全是《周易乾鑿度》，則漢魏以降，凡言《易》、《老》者，皆已宗而用之，非後世託爲也。程龍曰：乾坤二《鑿度》，序稱庖犧氏作，注稱其書謂序乾坤之元體，與《易》大行者也。考其閒有所謂太乙、九宮、卦宮、卦氣、月卦、爻位之法，與夫軌筴占算之術、律曆相生之數，古今術家多用之，又似陰陽卜筮者流託爲庖犧氏書以自神其說也。 姚小彭曰：今所傳戴九履一之圖，乃《易乾鑿度》九宮法。

胡一桂曰：題庖犧氏先文，公孫軒轅氏演古籀文，蒼頡修，爲上下二篇。漢去古未遠，秦燼之餘，猶或尚有祖述，如羲之用蓍，九宮之於《洛書》皆有裨於《易》教者。

易緯通卦驗

晁公武《郡齋讀書志·易類》 《易通卦驗》二卷。右漢鄭玄注。

尤袤《遂初堂書目·周易類》 《周易通卦驗》。

陳振孫《直齋書録解題·讖緯類》 《易通卦驗》二卷。鄭康成注。

馬端臨《文獻通考·經籍考·讖緯》 《通卦驗》二卷。

《宋史·藝文志·易類》 《易通卦驗》二卷。鄭玄注。

《四庫提要·易類六》 《易緯通卦驗》二卷。《永樂大典》本。案《易緯通卦驗》，馬端臨《經籍考》及《宋史·藝文志》俱載其名，黄震《日抄》謂其書大率爲卦氣發，朱彝尊《經義考》則以爲久佚。今載於《說郛》者，皆從類書中湊合而成，不逮什之二三，蓋是書之失傳久矣。《經籍考》、《藝文志》舊分二卷，此本卷帙不分。核其文義，似於「人主動而得天地之道，則萬物之藴盡矣」以上爲上卷，「曰：凡《易》八卦之氣，驗應各如其法度」以下爲下卷，上明稽應之理，下言卦氣之徵驗也。至其中譌脱頗多，注與正文往往相混。其字句與諸經注疏、《續漢書》劉昭補注、歐陽詢《藝文類聚》、徐堅《初學記》、宋白《太平御覽》、孫瑴《古微書》等書所徵引，亦互有異同。第此書久已失傳，當世並無善本可校，類書所載亦輾轉譌舛，不盡可據。謹於各條下擬列案語，其文與注相混者悉爲釐正，脱漏異同者則詳加參校，與本文兩存之。蓋通其所可知，闕其所不可知，亦闕疑，仍舊之義也。

馬國翰《玉函山房藏書簿録·經緯類》 《易緯通卦驗》一卷。鄭玄注。其書大都占候之辭。孫瑴云：「蓋以晷影候病厄通於内經五運六氣矣。」按：《顏氏家訓》、陸氏《釋文》引其文，俱作《易通卦驗玄圖》，「通」又作「統」。

易緯稽覽圖

鄭樵《通志·藝文略·易》 《易緯稽覽圖》七卷。鄭玄注。

晁公武《郡齋讀書志·易類》 《周易緯稽覽圖》二卷。右漢鄭玄注。按《隋志》有鄭氏注《易緯》八卷，《唐志》有宋均注《易緯》九卷。李氏本注與《隋志》同，卷數與《唐志》同。家本蓋出李氏，獨不載《乾鑿度》二卷，而有《乾元叙制》一卷。按《後漢》注《七緯》，名亦無《乾元叙制》。

陳振孫《直齋書録解題·讖緯類》 《易稽覽圖》三卷。與上《易緯》前三卷相出入，而詳略不同。

馬端臨《文獻通考·經籍考·讖緯》 《周易緯稽覽圖》二卷。

《宋史·藝文志·易類》 《易緯稽覽圖》一卷。鄭玄注。

《四庫提要·易類六》 《易緯稽覽圖》二卷。《永樂大典》本。案《後漢書·樊英傳》注，舉七緯之名，以《稽覽圖》冠《易緯》之首。《隋志》鄭康成注《易緯》八卷，《唐志》宋均注《易緯》九卷，皆不詳其篇目。《宋志》有鄭康成注《稽覽圖》一卷，《通志》七卷，而馬氏《經籍考》載《易緯》七種，亦首列鄭注《稽覽圖》二卷。獨陳振孫《書録解題》別出《稽覽圖》三卷，稱「與上《易緯》相出入，而詳略不同」，似後人掇拾緯文，依託爲之者，非即康成原注之本。自宋以後，其書亦久佚弗傳。今《永樂大典》載有《稽覽圖》一卷，謹以《後漢書·郎顗楊賜傳》、《隋書·王劭傳》所見緯文及注參校，無不符合，其爲鄭注原書無疑。惟陸德明《釋文》引「無以教之曰蒙」，《太平御覽》引「五緯各在其方」之文，此本皆闕如，則意者書亡僅存，已不免於脱佚矣。其書首言卦氣起《中孚》，而以《坎》、《離》、《震》、《兑》爲四正卦，六十卦卦主六日七分。又以自《復》至《坤》十二卦爲消息，餘雜卦主公卿侯大夫候風雨寒溫以爲徵應，蓋即孟喜、京房之學所自出。漢世大儒言《易》者，悉本於此，最爲近古。至所稱軌筳之數，以及世應、遊歸，乃兼通於日家推步之法。考唐一行推大衍之策，以算術本於《易》，故其《本議》言代軌德運，及《六卦議》言一月之策九六七八，《發斂術》言中節候卦，皆與《稽覽圖》相同。獨所云天元甲寅以來至周宣帝宣政元年，則似甄鸞所推甲寅元曆之術，而又有云太初癸巳，則古無以此爲元者。其他雜引宋永初、元嘉，魏始光，唐上元、先天、貞元、元和年號，紛錯不倫，蓋皆六朝迄唐術士先後所附益，非《稽覽圖》本文。今審覈詞義，退文附書以爲區別，並援經注史文，是正譌舛，依馬氏舊録，析爲上、下二卷，庶言《易》學者或有所考見焉。

馬國翰《玉函山房藏書簿録·經緯類》 《易緯稽覽圖》二卷。鄭玄注。其書首《中孚》，次《復》，取《震》、《離》、《兑》、《坎》直二十四氣，而以六十卦三百六十爻各直一日。其謂「六日八十分之七」，注云：「一卦七分。」京房卦法也。孫瑴云：「此主節候徵應，倚卦立言。」

易緯辨終備

晁公武《郡齋讀書志·易類》 《周易緯辨終備》一卷。右漢鄭玄注。

馬端臨《文獻通考·經籍考·讖緯》 《周易辨終備》一卷。

《四庫提要·易類六》 《易緯辨終備》一卷。《永樂大典》本。案「辨終備」一作「辨中備」。《後漢書·樊英傳》注《易緯》凡六，爲《稽覽圖》、《乾鑿度》、《坤靈圖》、《通卦驗》、《是類謀》，而終以此篇。馬氏《經籍考》皆稱爲鄭康成注，而《辨終備》著録一卷。今《永樂大典》所載，僅寥寥數十言，已非完本。且其文頗近《是類謀》，而《史記正義》所引《辨中備》孔子與子貢言世應之説，與此反不類。或其書先佚，而後人雜取他緯以成之者，亦未可定也。然別無可證，姑乃舊題云。

馬國翰《玉函山房藏書簿録·經緯類》 《易緯辨終備》一卷。鄭玄注。朱氏《經義考》云「終」或作「中」。取《史記正義》引《中備》文云：孔子正月爲商瞿筮云云。按《隋志》五行家有《易三備》，《周禮疏》引《星備》，當是《三備》上篇；《史記正義》引《中備》，是《三備》中篇；此云《終備》，或是下篇。中、終義迥殊，不得混而一之。按：《路史》亦引《中備經》語，此書皆不載，爲兩書無疑。

易緯乾元序制記

晁公武《郡齋讀書志·易類》 《周易緯乾元叙制記》一卷。右漢鄭玄注。

陳振孫《直齋書録解題·讖緯類》 《易緯》七卷。漢鄭康成注。其名曰《稽覽圖》、《辨終備》、《是類謀》、《乾元序制記》、《坤靈圖》。

馬端臨《文獻通考·經籍考·讖緯》 《乾元序制記》一卷。

《四庫提要·易類六》 《易緯乾元序制記》一卷。《永樂大典》本。案《乾元序制記》，《後漢書》注《七緯》名並無其目。馬氏《經籍考》始見一卷，陳振孫疑爲後世術士附益之書。今考此篇首簡「文王比隆興始霸」云云，孔穎達《詩疏》引之，作《是類謀》。疏又引《坤靈圖》「法地之瑞」云云，今《坤靈圖》亦無其文，而與此篇文義相合。又《隋書·王劭傳》引《坤靈圖》「泰姓商名宫」之文，亦在此篇。至其所言風雨寒溫消息之術，乃與《稽覽圖》相近。疑本古緯所無，而後人於各緯中分析以成此書者，晁公武謂其本出於李淑，當亦唐、宋間人所妄題耳。

馬國翰《玉函山房藏書簿録·經緯類》 《易緯乾元序制記》一卷。鄭玄注。陳氏《書録解題》云：其間推陰陽卦，直至唐元和中，蓋後世術士所附益也。按：《漢書》注引七緯之名，無此篇。

易緯是類謀

晁公武《郡齋讀書志·易類》 《周易緯是類謀》一卷。右漢鄭玄注。

馬端臨《文獻通考・經籍考・讖緯》 《周易緯是類謀》一卷。

《四庫提要・易類六》 《易緯是類謀》一卷。《永樂大典》本。案「是類謀」一作「筮類謀」。馬氏《經籍考》：一卷，鄭康成注。其書通以韻語綴輯成文，古質錯綜，別爲一體。《藝文類聚》、《太平御覽》諸書引其文頗多，與此本參校並合，蓋視諸緯略稱完備。其間多言禨祥推驗，並及於姓輔名號，與《乾鑿度》所引《易曆》者義相發明。而《隋書・律曆志》載周太史上士馬顯所上表亦有玉羊、金雞之語，則此書固隋以前言術數者所必及也。

易緯坤靈圖

晁公武《郡齋讀書志・易類》 《周易緯坤靈圖》一卷。右漢鄭玄注。

馬端臨《文獻通考・經籍考・讖緯》 《坤靈圖》一卷。

《四庫提要・易類六》 《易緯坤靈圖》一卷。《永樂大典》本。案《坤靈圖》，孫瑴謂配《乾鑿度》名篇，馬氏《經籍考》著録一卷，今僅存論《乾》、《無妄》、《大畜》卦辭及史注所引「日月連璧」數語，則其闕佚者蓋已夥矣。考《後漢書》注，《易緯坤靈圖》第三，在《辨終備》、《是類謀》之上。而王應麟《玉海》謂三館所藏有鄭注《易緯》七卷，《稽覽圖》一，《辨終備》四，《是類謀》五，《乾元序制記》六，《坤靈圖》七，二卷、三卷無標目。《永樂大典》篇次亦然。今略依原第編審，蓋從宋時館閣本也。案：儒者多稱讖緯，其實讖自讖，緯自緯，非一類也。讖者，詭爲隱語，預決吉凶，《史記・秦本紀》稱盧生奏録圖書之語，是其始也。緯者，經之支流，衍及旁義，《史記・自序》引《易》「失之毫釐，差以千里」，《漢書・蓋寬饒傳》引《易》「五帝官天下，三王家天下」，注者均以爲《易緯》之文是也。蓋秦、漢以來，去聖日遠，儒者推闡論說，各自成書，與經原不相比附。如伏生《尚書大傳》、董仲舒《春秋陰陽》，核其文體，即是緯書。特以顯有主名，故不能託諸孔子。其他私相撰述，漸雜以術數之言，既不如作者爲誰，因附會以神其說。迨彌傳彌失，又益以妖妄之詞，遂與讖合而爲一。然班固稱聖人作經，賢者緯之。楊侃稱緯書之類謂之祕經，圖讖之類謂之内學，河洛之書謂之靈篇。胡應麟亦謂讖、緯二書，雖相表裏，而實不同。則緯與讖別，前人固已分析之。後人連類而譏，非其實也。右《乾鑿度》等七書，皆《易緯》之文，與圖讖之熒惑民志、悖理傷教者不同。以其無可附麗，故著録於《易》類之末焉。

周易乾坤鑿度

徐𤊹《徐氏家藏書目・易類》 《乾坤鑿度》二卷。漢鄭玄著。

易稽命圖

朱彝尊《經義考・毖緯》 《易稽命圖》。佚。《乾鑿度注》曰：算文。

易八墳文

朱彝尊《經義考・毖緯》 《易八墳文》。佚。鄭康成曰：公孫氏名軒轅，依大庖之制，作《易八墳文》，釋八卦之理。

易元命包

尤袤《遂初堂書目・周易類》 《易元包》。

朱彝尊《經義考・毖緯》 《易元命包》。佚。《乾鑿度》曰：有《稽命圖》而後有《墳文》，而後有《八文》，而後有《元命包》。

垂皇策

朱彝尊《經義考・毖緯》 《垂皇策》。佚。《乾鑿度》曰：先元皇介而後有《垂皇策》。又曰：《垂皇策》、《乾文緯》、乾坤二《鑿度》，此三文説《易》者也。 鄭舫曰：伏羲得神蓍而垂皇策。

萬形經

朱彝尊《經義考・毖緯》 《萬形經》。佚。《乾鑿度》曰：有《垂皇策》而後有《萬形經》。 按《坤鑿度注》引《萬形經》文云：風者，天地之大信。又云：坎，北方，無海。又云：天地者，體也；《易》者，體中情性。又云：天地失序，必有沮泄，媧皇用陰陽鉤之。

乾文緯

朱彝尊《經義考・毖緯》 《乾文緯》。佚。《乾鑿度》曰：有《萬形經》而後有《乾文緯》。

易考靈緯

朱彝尊《經義考・毖緯》 《易考靈緯》。佚。《乾鑿度》曰：有《乾鑿度》而後有《考靈經》。《乾鑿度注》曰：考者，成也。諸靈術行，化本於代。 《坤鑿度》曰：炎帝、黄帝有《易靈緯》。 鄭康成曰：神農法古《易》爲《考靈緯》。

易制靈圖

朱彝尊《經義考・毖緯》 《易制靈圖》。佚。《乾鑿度》曰：有《考靈經》而後有《制靈圖》。注：龜書是也。

易含文嘉

朱彝尊《經義考・毖緯》 《易含文嘉》。佚。《乾鑿度》曰：有《希夷名》而後有《含文嘉》。注：亦名《瑞文》。

易含靈孕

朱彝尊《經義考・毖緯》 《易含靈孕》。佚。按：《坤鑿度注》引之。

易九厄讖

朱彝尊《經義考・毖緯》 《易九厄讖》。佚。王應麟曰：《三統曆》引《易九厄》。按：陽九百六之義本於《九厄讖》，其文云：三統是爲元歲，元歲之閏陰陽災。初入元百六陽九，次三百七十四陰九，次四百八十陽九，次七百二十陰七，次七百二十陽七，次六百陰五，次六百陽五，次四百八十陰三，次四百八十陽三。凡四千六百一十七歲，與一元終，經歲四千五百六十，災歲五十七。

易通統圖

朱彝尊《經義考・毖緯》　《易通統圖》。佚。按：《太平御覽》引其文云：日，春行東方青道，曰東陸；夏行南方赤道，曰南陸；秋行西方白道，曰西陸；冬行北方黑道，曰北陸。

易卦氣圖

朱彝尊《經義考・毖緯》　《易卦氣圖》。佚。張行成曰：揚子雲《太玄》，其法本於《易緯卦氣圖》，《卦氣圖》之用出於孟喜《章句》。

易　曆

朱彝尊《經義考・毖緯》　《易曆》。佚。按：《乾坤鑿度》引《易曆》文云：陽紀天心。鄭康成注曰：孔子以曆說《易》，名曰象，今《易象》四篇，是紀古說。又《易曆》文云：別序聖人，題録興亡，州土名號，姓輔友符。鄭注曰：言孔子將此應之，而作讖三十六卷。

易運期

朱彝尊《經義考・毖緯》　《易運期》。佚。按《魏志》云：鬼在山，禾女連，王太下。又云：言居東，西有午，兩日並光，主友爲輔。

易内戒

朱彝尊《經義考・毖緯》　《易内戒》。佚。右見《抱朴子・微旨》篇。

易狀圖

朱彝尊《經義考・毖緯》　《易狀圖》。一卷。佚。右見張彥遠《名畫記》，當亦緯書也。

易傳太初篇

朱彝尊《經義考・毖緯》　《易傳太初篇》。佚。按：《易傳太初篇》，蔡邕《明堂論》引之文曰：太子旦入東學，晝入南學，暮入西學，在中央曰太學，天子之所自學也。當亦是緯書。

易通系卦

汪師韓《文選注引羣書目録上・緯候圖讖》　《易通系卦》。

流演通卦驗

《宋史・藝文志・易類》　《流演通卦驗》一卷。不知作者。

周易元包

錢東垣等輯《崇文總目·易類》　《元包》十卷。［原釋］衛元嵩撰。元嵩，唐人。武功蘇源明傳，趙郡李江注。《元包》以《坤》爲首，因八純之宫以生變，極于六十四，自繫其辭，言外卦體不列爻位，以謂《易》首《乾》尚文，《包》首《坤》尚質。夏《連山》，商《歸藏》，周《易》，唐《包》，其實一也，雖欲馳騁而放言趨理，近止《易》家之區比云。見《文獻通考》。《元包》十卷，太陰、太陽、少陰、少陽、仲陰、仲陽、孟陰、孟陽、運蓍、説原。原注一本無説原第十卷。見《玉海·藝文類》。

馬端臨《文獻通考·經籍考·易》　衛元嵩《元包》十卷。　張氏曰：衛元嵩作《元包》，義取於《歸藏》。《元包》粗贊卦名之大指，未極人事之精義，辭略數隱，世多不傳。乃作《元包數義》二卷，以明衛元嵩之《易》。詳見《七易序》。

楊士奇等《文淵閣書目·易》　衛元嵩《元包》。一部，一册。闕。　衛元嵩《元包》。一部，二册。闕。

范邦甸等《天一閣書目·易類》　《元包經傳》十卷。刊本缺下五卷。後周衛元嵩迷，唐秘書監武功蘇源明傳，唐國子監四門助敎趙郡李江註并序。紹興張洸有跋，政和楊楫有序。

徐𤊹《徐氏家藏書目·易類》　《元包京傳》五卷。後周衛元嵩述，唐蘇元明傳，李江注。

錢謙益等《絳雲樓書目·易類》　衛元嵩《元包數》一册。十卷。蘇元明傳，李江注。元嵩亦唐人。

錢曾《讀書敏求記·經》　衛元嵩《元包經傳》四卷。《元包》卦首于《坤》，義主《歸藏》，中多奇字，非釋音不可讀。唐蘇源明爲之傳，李江爲之注。紹興年間南陽張洸跋，其父景初所藏本，鏤板傳諸世。

元包數總義

范邦甸等《天一閣書目·易類》　《元包數總義》刊本。宋紹興張行成序。

徐𤊹《徐氏家藏書目·易類》　《元包數義》二卷。宋張行成述。

錢謙益等《絳雲樓書目·易類》　張行成《元包數總義》一册。二卷。

錢曾《讀書敏求記·經》　張行成《元包數總義》二卷。行成謂天下之象生于數，而數生于理。蘇源明、李江遂傳注，徒言其理而未達其數，乃偏採古之言《易》者，旁通《元包》之旨，以示同好云。

乾坤鑿度

鄭樵《通志·藝文略·易》　《乾坤鑿度》二卷。伏戲文，黄帝演，倉頡修注。

晁公武《郡齋讀書志·易類》　《坤鑿度》二卷。右題曰包羲氏先文軒轅氏演，古籀文，蒼頡修。按：隋、唐《志》及《崇文總目》皆無之，至元祐《田氏書目》始載焉，當是國朝人依託爲之。

尤袤《遂初堂書目·周易類》　《坤鑿度》。

陳振孫《直齋書録解題·讖緯類》　《乾坤鑿度》二卷。一作《巛鑿度》，題包羲氏先文，軒轅氏演籀，蒼頡修。晁氏《讀書志》云《崇文總目》無之，至元祐《田氏書目》始載，當是國朝人依託爲之。

馬端臨《文獻通考·經籍考·讖緯》　《坤鑿度》二卷。　《乾坤鑿》三卷。

高儒《百川書志·易》　《坤鑿度》一卷。庖羲氏先文，公孫軒轅氏演古籀文，倉頡修爲上、下二篇。

范邦甸等《天一閣書目·易類》　《乾坤鑿度》二卷。明司馬公校刊。

錢曾《讀書敏求記·經》　《乾坤鑿度》二卷。制詞古奥，非後人所能措手。此等書唯宋本行次恰當爲妙。嘗以四明范欽訂刊者對之，不獨字句譌謬，中間紊亂失序，脱卻原意。因歎古書未易付剞劂，非淺人可解耳。

《四庫提要·易類六》 《乾坤鑿度》二卷。《永樂大典》本。案《乾坤鑿度》，隋、唐《志》、《崇文總目》皆未著録，至宋元祐間始出。《紹興續書目》有倉頡注《鑿度》二卷，後以鄭氏所注《乾鑿度》有別本單行，故亦稱此本爲《巛鑿度》。程龍謂「隋焚讖緯，無復全書，今行於世惟乾、坤二《鑿度》」者是也。其書分上、下二篇，上篇論四門四正，取象取物，以至卦爻蓍策之數。下篇謂坤有十性，而推及於蕩配、陵配。又雜引《萬形經》、《地形經》、《制靈經》、《蓍成經》、《含靈孕》諸緯文，詞多聱牙不易曉。故晁公武疑爲宋人依託，胡應麟亦以爲《元包》、《洞極》之流，而胡一桂則謂漢去古未遠，尚有祖述，有裨《易》教。評騭紛然，眞僞莫辨。伏讀《御製題乾坤鑿度》詩，定作者爲後於莊子，而舉《應帝王篇》所云「儵忽混沌」，分配乾坤太始，以推求「鑿」字所以命名之義，援據審核，折衷至當。臣等因考《列子》、《白虎通》、《博雅》諸書，皆以太易、太初、太始、太素爲氣、形、質之始，與《鑿度》所言相合。獨《莊子》於外篇《天地》略及「泰初有無」之語，而其他名目概未之見，則「儵忽混沌」實即南華氏之變文，作「鑿度」者復本其義而緣飾之耳。仰蒙聖明剖示，精確不刊，洵永爲是書定論矣。案七經緯皆佚於唐，存者獨《易》，逮宋末而盡失其傳。今《永樂大典》所載《易緯》具存，多宋以後諸儒所未見，而此書實爲其一。謹校定譌闕，釐勘審正，冠諸《易緯》之首，而恭疏其大旨於簡端。

元包經傳

晁瑮《晁氏寶文堂書目·易》 薛氏《元包經傳》。

易緯稽覽考正

張之洞《書目答問·列朝經注經説經本考證》 錢塘《易緯稽覽考正》一卷，未刊。

易緯略義

張之洞《書目答問·列朝經注經説經本考證》 《易緯略義》三卷。張惠言。《茗柯全集》本。

尚書緯

《隋書·經籍志·讖緯》 《尚書緯》三卷。鄭玄注。梁六卷。

《舊唐書·經籍志·經緯》 《書緯》三卷。鄭玄注。

《新唐書·藝文志·讖緯類》 鄭玄注《書緯》三卷。

鄭樵《通志·藝文略·書》 《尚書緯》三卷。鄭玄注。

姚振宗《後漢藝文志·讖緯類》 鄭玄《尚書緯注》六卷。《隋書·經籍志》：《尚書緯》三卷，鄭玄注，梁六卷。《唐·經籍志》：《書緯》三卷，鄭玄注。《藝文志》：鄭玄注《書緯》三卷。 范書《方術·樊英傳》注：《書緯璇璣鈐》、《考靈耀》、《刑德放》、《帝命驗》、《運期受》也。 《鄭學録》曰：經疏諸書唯引《考靈耀》最夥。朱彝尊曰：「《考靈耀》之文大都推步之説，其言無悖于理。隋燔緯書，若此與《括地象》雖置不燔可也。」《禮記》、《爾雅》疏引鄭注言天體特詳。 侯《志》曰：趙在翰纂《七緯》，無《運期授注》。今考其所引《詩·文王》序正義一條，亦出鄭注無疑。

書緯注

姚振宗《三國藝文志·讖緯類》 宋均《書緯注》。汪師韓《文選理學權輿》曰：《選》注所引羣書有宋均《書緯注》。 《經義考》曰：《尚書帝命驗》有宋均注。 侯《志》曰：案《書緯》五篇，今宋注可考者四，

《璇璣鈐》、《考靈耀》、《帝命驗》、《運期授》，備載趙在翰《七緯》中，而《刑德放注》佚矣。

尚書中候

姚振宗《漢書藝文志拾補・讖緯》 《尚書中候》十八篇。《書緯璇璣鈐》曰：孔子求書，得黄帝玄孫帝魁之書，迄於秦穆公，凡三千二百四十篇，斷遠取近，定可以爲世法者百二十篇，以百二篇爲《尚書》，十八篇爲《中候》。王應麟《漢志考證》曰：張霸僞造百二篇，而爲緯者傳以此説。《後漢書・方術傳序》曰：緯候之部。注：緯，七經緯也。候，《尚書中候》也。

《隋書・經籍志》曰：前漢有《河圖》九篇，《洛書》六篇。又别有三十篇。又有《七經緯》三十六篇，并前后爲八十一篇。而又有《尚書中候》。又曰：《尚書中候》五卷，鄭玄注，梁有八卷，今殘缺。　《經義考》曰：按《中候》專言符命，當是新莽時所出之書。　曲阜孔廣林輯本序曰：《中候》者，緯之流也，凡十八篇，今亡，賴《詩》、《禮》正義猶得備識十八篇名，而《中候》文及鄭君注散見羣籍，亦尚可闚其大略。唯是篇次先後不可復考，每篇之中文亦不能次第，聊取殘文賸句，薈萃録之，以《宋書・符瑞志》參校，略爲比次其文。蓋《宋志》説堯、舜、禹、湯、文、武符命皆取諸《中候》也，其篇第則以時代序焉，曰《敕省圖》，曰《握河紀》，曰《運衡》，曰《考河命》，曰《題期》，曰《立象》，曰《義明》，曰《苗興》，曰《契握》，曰《洛予命》，曰《稷起》，曰《我應》，曰《雒師謀》，曰《合符后》，曰《摘雒戒》，曰《霸免》，曰《準纖哲》，曰《覬期》。孫氏《古微書》輯存五篇，馬氏玉函山房輯存十八篇，王氏《漢魏遺書鈔》輯一卷。

尚書中候注

《隋書・經籍志・讖緯》 《尚書中候》五卷。鄭玄注。梁有八卷，今殘缺。

鄭樵《通志・藝文略・書》 《尚書中候》五卷。鄭玄注。

姚振宗《後漢藝文志・讖緯類》 鄭玄《尚書中候注》八卷。【略】

《隋書・經籍志》曰：《七經緯》三十六篇，並云孔子所作。而又有《尚書中候》。又曰：《尚書中候》五卷，鄭玄注。梁有八卷，今殘闕。　孔廣林輯本序録曰：鄭注《中候》久亡，殘文賸句散見羣籍，今録爲五卷。其篇次先後不可復考，以《宋書・符瑞志》參校，略爲比次。其文蓋《宋志》説堯、舜、禹、湯、文、武符命皆取諸《中候》云。　《鄭學録》曰：劉昭注《續漢志》云：康成自注《中候》，纔及注《禮》。時鄭氏著書先後，必有明文。」今已昭言推之，康成注諸緯候在注羣經之先，蓋其時俗尚内學，非精圖緯，不名通儒。康成又志在囊括百家，故早歲不免疲神于此。

張之洞《書目答問・列朝經注經説經本考證》 《尚書中候》鄭注五卷。《學津》輯本。

尚書中候注

姚振宗《三國藝文志・讖緯類》 宋均《尚書中候注》。汪師韓《文選理學權輿》曰：《選》注所引羣書有宋均《尚書中候注》。　《經義考》曰：《尚書中候》宋均注，曰堯得圖書，舜禪後演以爲《考河命》、《題期》、《立象》三篇。　侯《志》曰：宋注《中候》，《文選・長楊賦》注引之。

尚書璇璣鈐注

朱彝尊《經義考・毖緯》 《尚書璇璣鈐》。鄭玄注。佚。孫瑴曰：《璇璣鈐》當是載曆象之祕奧，而術已無傳矣。

尚書考靈曜注

朱彝尊《經義考・毖緯》 《尚書考靈曜》。鄭玄注。佚。李善曰：

《書緯》有《考靈曜》，靈曜謂天也。

孫穀曰：談天莫詳於緯書，《考靈曜》所由各也。漢儒窮緯，故談天爲至精。

其言曰：天從上臨下八萬里，天以圓覆，地以方載，天如彈丸，圍圜三百六十五度四分度之一，度二千九百三十二里千四百六十一分里之三百四十八。天有九野，九千九百九十九隅，去地五億萬里。何謂九野？中央鈞天，其星角亢；東方皞天，其星房心；東北變天，其星斗箕；北方玄天，其星須女；西北幽天，其星奎婁；西方成天，其星胃昴；西南朱天，其星參狼；南方赤天，其星輿鬼柳；東南陽天，其星張翼軫。二十八宿之外，各有萬五千里，是爲四游之極，謂之四表。春則星辰西游，夏則星辰北游，秋則星辰東游，冬則星辰南游。地有四游，冬至地游北而西三萬里，夏至地游南而東三萬里，春秋二分其中矣。地恆動不止，譬如人在巨舟中，閉牖而坐，舟行而人不覺也。七戎、六蠻、九夷、八狄，據形而言之，謂之四海，言皆近海，海之言昏晦無所睹也。日道出於列宿之外萬有餘里，正月假上八萬里，假下一十萬四千里。日有九光，光照四極，臨四十萬六千里，日萬世不失九道謀。仲春、仲秋，日出於卯，入於酉，仲夏，日出於寅，入於戌；仲冬，日出於辰，入於申。日旁白者爲虹，日旁青赤者爲霓，在璿璣玉衡，以齊七政，玉儀之制，昏明主時。璿璣未中而星中，是急，急則日過其度，不及其宿；璿璣中而星未中，是舒，舒則日不及其度，夜月過其宿；璿璣中而星中，是周，周則風雨時，草木蕃盛，而百穀熟，萬事康也。主春者，鳥星，昏中，可以種稷；主夏者，心星，昏中，可以種黍；主秋者，虛星，昏中，可以種麥；主冬者，昴星，昏中，則入山，可以具器械。王者南面而坐，視四星之中，而知民之緩急，急則不賦力役，敬授民時。鳥星爲春候，火星爲夏期，陽氣相助；虛星爲秋候，昴星爲冬期，陰氣相佐，德乃弗邪。子助母收，母合子符。心火星，天王也；其前星，太子；後星，庶子也。歲星，木精；熒惑，火精；鎮星，土精；太白，金精；辰星，水精也。歲星得度，五穀孳；熒惑順行，甘雨時；鎮星得度，地無災；太白出入當，五穀成熟，人民昌。春政不失，五穀孳；初夏不失，甘雨時；季夏不失，地無菑；秋政不失，人民昌；冬政不失，少疾喪；五政不失，百穀稚熟。注：晚熟曰稚。《詩》曰：稙稚菽麥。春夏民欲早作，故令民先日出而作，是謂寅賓出日；秋冬民欲早息，故令民候日入而息，是謂寅餞納曰。春迎其來，秋送其去，無不順矣。考其言，無悖於理，隋燔緯書，若此與《括地象》雖置不燔可也。　又孔氏《禮記疏》、邢氏《爾雅疏》俱引鄭注《考靈曜》云：天者純陽，清明無形，聖人則之，制璿璣玉衡以度其象。又云：地蓋厚三萬里，春分之時，地正當中，自此地漸漸而下。至夏至之時，地下游萬五千里，地之上畔與天中平。夏至之後，地漸漸向下，至秋分，地正當天之中央，自此地漸漸而上，至冬至上游萬五千里，地之下畔與天中平。自冬至後，地漸漸而下。又云：天旁行四表之中，冬南夏北、春西、秋東，皆薄四表而止。地亦升降於天之中，冬至而下，夏至而上。地與星辰俱有四游升降，四游者，自立春，地與星辰西游，春分，西游之極，地雖西極，升降正中，從此漸漸而東，至春季復正。自立夏之後北游，夏至，北游之極。地則升降極下，至夏季復正。立秋之後東游，秋分，東游之極，地則升降正中，至秋季復正。立冬之後南游，冬至，南游之極，地則升降極上，至冬季復正。又云：夏，日道上與四表平，下去東井十二度，爲三萬里。又云：日，春東從青道，夏南從赤道，秋西從白道，冬北從黑道。立春星辰西游，日則東游；立夏星辰北游，日則南游。春分，星辰西游之極，日東游之極，日與星辰相去三萬里；夏至，則星辰北游之極，日南游之極，日與星辰相去三萬里。又云：夏至，日與表平，冬至時日下至於地八萬里，上至於天十一萬三千五百里。其言天體特詳。

尚書帝命驗

朱彝尊《經義考・毖緯》　《尚書帝命驗》。或作「命令驗」。鄭玄、宋均注。佚。按：「天有五號，尊而君之則曰皇天，元氣廣大則稱昊天，仁覆閔下則稱旻天，自上監下則稱上天，據遠視之蒼蒼然則稱蒼天。天宗，日、月、北辰；地宗，岱、河、海也。日月爲陰陽宗，北辰爲星宗，河爲水宗，海爲澤宗，岱爲山宗。秦失金鏡，魚目入珠；桀失玉鏡，用其噬虎。」此皆《帝命驗》之文也。

尚書刑德倣　附補遺

朱彝尊《經義考・毖緯》　《尙書刑德倣》。佚。按：書名《刑德倣》者，其辭有云：涿鹿者，竿人頭也；黔者，馬黔竿人面也；臏者，脫去人之臏也；宮者，女子淫亂，執置宮中，不得出也；割者，丈夫淫，割其勢也。劓象七政，臏象七精，墨象斗華。蓋法家爲之。

尚書運期授　附補遺

朱彝尊《經義考・毖緯》　《尙書運期授》。佚。詹景鳳曰：《運期授》謂文王以受命之年爲元年，注云：周文王以戊午蔀二十九年季秋爲受命之月，至明年乃改元。如此則何可以爲文王？彼蓋因《書序》「惟十有三年，武王伐殷」之語而附會之也。

尚書鉤命決

朱彝尊《經義考・毖緯》　《尙書鉤命決》。佚。

尚書洛罪級

朱彝尊《經義考・毖緯》　《尙書洛罪級》。佚。

尚書雒書

汪師韓《文選注引羣書目録上・緯候圖讖》　《尙書雒書》。

中候敕省圖

朱彝尊《經義考・毖緯》　《中候敕省圖》。佚。按：孔氏《禮疏》引鄭康成注《中候敕省圖》文，以伏羲、女媧、神農爲三皇。

中候考河命

朱彝尊《經義考・毖緯》　《中候考河命》。佚。宋均曰：堯得圖書，舜禪後，演以爲《考河命》、《題期》、《立象》三篇。按：《御覽》引其文云：若稽古帝舜曰重華，欽翼皇象。舜曰：「朕惟不艾，蓂莢孚著。」

中候題期

朱彝尊《經義考・毖緯》　《中候題期》。佚。

中候立象

朱彝尊《經義考・毖緯》　《中候立象》。佚。

尚書中候義明

錢大昭《補續漢書藝文志・讖緯類》 《尚書中候義明》。

中候契握

朱彝尊《經義考・毖緯》 《中候契握》。佚。按：孔氏《禮疏》引《中候契握》文云：玄鳥翔水遺卵，娀簡狄吞之生契。

中候洛予命

朱彝尊《經義考・毖緯》 《中候洛予命》。佚。按：《洛予命》文：湯東觀於洛，沈璧，而黑龜與之書，黃魚雙躍，云：「寡人愼機。」孔氏《禮疏》引之。

中候稷起

朱彝尊《經義考・毖緯》 《中候稷起》。佚。按：《稷起》文云：「蒼耀稷生感跡。」當亦美新之書。

中候我應篇

朱彝尊《經義考・毖緯》 《中候我應篇》。佚。按：《禮・檀弓》疏引之。

中候摘洛戒

朱彝尊《經義考・毖緯》 《中候摘洛戒》。佚。按：《摘洛戒》文見於載紀者，有云：「若稽古周公旦，欽惟皇天，順踐阼，即攝七年，鸞鳳見，蓂莢生，龍銜甲。」又云：「周公踐阼理政，與天合志，萬序咸得。」疑是王莽居攝時所獻書。

尚書中候霸免

錢大昭《補續漢書藝文志・讖緯類》 《尚書中候霸免》。

中候準纖哲

朱彝尊《經義考・毖緯》 《中候準纖哲》。佚。按：孔氏《禮疏》引其文云：仲父年艾，誰將逮政？

尚書中候覬期

錢大昭《補續漢書藝文志・讖緯類》 《尚書中候覬期》。

中候儀明篇

朱彝尊《經義考・毖緯》 《中候儀明篇》。佚。按：蕭氏《南齊書・符瑞志》引之。

尚書中候我應瑞

錢大昭《補續漢書藝文志·讖緯類》 《尚書中候我應瑞》。

詩緯鄭玄注

《舊唐書·經籍志·經緯》 《詩緯》三卷。（鄭玄注。）

《新唐書·藝文志·讖緯類》 鄭玄注《詩緯》三卷。

姚振宗《後漢藝文志·讖緯類》 鄭玄《詩緯注》三卷。《唐書·經籍志》：《詩緯》三卷，鄭玄注。《藝文志》：鄭玄注《詩緯》三卷。范書《方術·樊英傳》注：《詩緯含神霧》、《汜曆樞》、《推度災》也。侯《志》曰：趙在翰纂《七緯》，但有鄭氏《汎曆樞注》。按：《隋志》《七緯》之外，有此三種別本，不知鄭氏所注爲何本。

詩緯宋均注

《隋書·經籍志·讖緯》 《詩緯》十八卷。（魏博士宋均注。梁十卷。）

《舊唐書·經籍志·經緯》 《詩緯》十卷。（宋均注。）

《新唐書·藝文志·讖緯類》 宋均注《詩緯》十卷。

鄭樵《通志·藝文略·詩》 《詩緯》十八卷。（魏博士宋均注。）

姚振宗《三國藝文志·讖緯類》 宋均《詩緯注》十卷。《隋書·經籍志》：《詩緯》十八卷，魏博士宋均注，梁十卷。《日本國見在書目》：《詩緯》十卷，魏博士宋均注。《唐·經籍志》：《詩緯》十卷，宋均注。《藝文志》：宋均注《詩緯》十卷。侯《志》曰：趙在翰《七緯》中有宋注《詩緯推度災》、《汎曆樞》、《含神霧》三種。

詩含神霧　附補遺

朱彝尊《經義考·毖緯》 《詩含神霧》。佚。按：《含神霧》之辭曰：「齊地處孟春之位，海岱之間，土地汙泥，流之所歸，利之所聚，律中太簇，音中宮角。陳地處季春之位，土地平夷，無有山谷，律中姑洗，音中宮徵。曹地處季夏之位，土地勁急，音中徵，其聲清以激。秦地處仲秋之位，男懦女弱，高瞭白色秀身，音中商，其言舌舉而仰，聲清而揚。唐地處孟冬之位，得常山大岳之風，音中羽，其地磽确而收，其民儉而好畜。魏地處季冬之位，土地平夷，邶、鄘、衛、王、鄭此五國者，千里之城，處州之中，名曰地軸。」以四序分配列國，時闕仲春、孟夏、仲夏、孟秋、季秋、仲冬，國亡豳、檜，亦一隅之論也。

詩推度災　附補遺

朱彝尊《經義考·毖緯》 《詩推度災》。佚。按：《乙巳占》引《推度災》云：「邶，結蝓之宿；（宋均注：謂營室星。）鄘，天漢之宿；（注：天津也。）衛，天宿斗衡；王，天宿箕斗；鄭，天宿斗衡；魏，天宿牽牛；唐，天宿奎婁；秦，天宿白虎，氣生玄武；陳，天宿大角；檜國，天宿招搖；曹，天宿張弧。」其所載國次星野，與《淮南子》諸書不同。

詩汜曆樞　附補遺

朱彝尊《經義考·毖緯》 《詩汜曆樞》。佚。孫瑴曰：凡曆生於律，律生於聲，聲生於《詩》，則《詩》之爲曆根樞固矣。作曆者三統四分，皆知取諸《易》、取諸《春秋》，而了不及《詩》，豈知《詩》之有四始五際，亦如《易》之有九問，《春秋》之有十端。而泰否升沈、皇王籙運，動必關焉，則其謂之《氾曆樞》非爽也。按：翼奉之言曰：臣學《齊詩》，聞五際之要，其說本於《汎曆樞》。

詩緯圖

朱彝尊《經義考・毖緯》　《詩緯圖》。一卷。佚。

禮緯鄭玄注

《隋書・經籍志・讖緯》　《禮緯》三卷。鄭玄注，亡。

鄭樵《通志・藝文略・禮》　《禮緯》三卷。鄭玄注。

姚振宗《後漢藝文志・讖緯類》　鄭玄《禮緯注》三卷。《隋書・經籍志》：《禮緯》三卷，鄭玄注，亡。《唐日本書目》：《禮緯》三卷，鄭玄注。范書《方術・樊英傳》注：《禮緯含文嘉》、《稽命徵》、《斗威儀》也。侯《志》曰：趙在翰纂《七緯》，祇載《含文嘉》、《斗威儀》二注。然所采《詩・烈祖》序正義一條，以正義下文考之，即鄭注《稽命徵》也。

禮緯宋均注

《舊唐書・經籍志・經緯》　《禮緯》三卷。宋均注。

《新唐書・藝文志・讖緯類》　宋均注《禮緯》三卷。

姚振宗《三國藝文志・讖緯類》　宋均《禮緯注》三卷。《唐日本國人見在書目》：《禮緯》三卷，宋均注。《唐書・經籍志》同。《藝文志》：宋均注《禮緯》三卷。侯《志》曰：趙在翰《七緯》中有宋注《禮緯含文嘉》、《稽命徵》、《斗威儀》三種。

禮記默房

《隋書・經籍志・讖緯》　《禮記默房》梁有三卷。鄭玄注，亡。

姚振宗《後漢藝文志・讖緯類》　鄭玄《禮記默房注》三卷。《隋書・經籍志》：《禮記默房》二卷，梁有三卷，鄭玄注，亡。按：范書《樊英傳》注言《七緯》篇目，止于三十五，尚闕其一，似即此《禮記默房》。蓋《七緯》中《禮緯》實四種，故鄭君並有注。《隋志》云《七經緯》三十六篇，井此一種而三十六篇之目始具。

禮記默房

《隋書・經籍志・讖緯》　《禮記默房》二卷。宋均注。

鄭樵《通志・藝文略・禮》　《禮記默房》二卷。宋均注。

姚振宗《三國藝文志・讖緯類》　宋均《禮記默房注》二卷。《隋書・經籍志》：《禮記默房》二卷，宋均注。案：此疑在《七經緯・禮記》中，詳見《後漢藝文志》。

禮斗威儀

朱彝尊《經義考・毖緯》　《禮斗威儀》。宋均注。佚。孫瑴曰：禮本於天，殽於太一，斗中者，孝弟之精也。故威儀繫以斗，神明其說而達之天。按：《禮斗威儀》文見於羣書者，彙括附於後：宮主君，商主臣，角主父，徵主子，羽主夫，少宮主婦，少商主政，是法北斗而爲七政，審候五色也。人君乘土而王，其政平，則日五色無主，月黃而多輝，鎮黃而多暈，甘露降，祥風至，嘉穀並生，蒙水出於山，江海不揚洪波，龜被文而見，鳳集於林苑。君乘木而王，其政平，則日黃中而青暈，海注：不揚波。山車垂句，山車者，自然之車也，草木豐茂，松長生，下有人蓂，上有紫氣，福草生廟中，東海輸以蒼鳥。君乘火而王，其政平，則日黄中而赤暈，祥風至，地生朱草，梧桐、楸梓長生，南海輸以文狐駮馬。君乘金而王，其政平，則日黄中而白暈，月圓而多耀，太白揚光，軒轅之精散爲甘露，鎮星黄時則祥風至，嘉雨時蘭桂長生，黄銀見，紫玉韞於深山，麒麟在郊。君乘火而王，其政平，則日黄中而黑暈，辰揚光，景雲見，醴泉出，河溓，注：不災溢。紫脱長生，北海輸白鹿。帝者得其英華，王者得其根荄，霸者得其附枝。故帝道不行不能王，王道不行不能霸，霸道不行不能守其身。

禮稽命曜

李昉《太平御覽經史圖書綱目》　《禮稽命曜》。

禮稽命徵圖

李昉《太平御覽經史圖書綱目》　《禮稽命徵圖》。

禮稽命徵　附補遺

朱彝尊《經義考・毖緯》　《禮稽命徵》。佚。孫瑴曰：運有興衰，教有因革，皆稽之乎禮。禮也者，命之元也，故惟禮文質可以徵命。按：《春秋》襄公十有六年，盟於溴梁。《公羊傳》曰：「君若贅旒然。」何氏注引《玉藻》云：「天子旒十有二旒，諸侯九，卿大夫七，士五。」徐氏疏云：「今《禮記・玉藻》無此文，惟禮説《稽命徵》及《含文嘉》皆云：『天子旒九仞十二旒，曳地；諸侯七仞九旒，齊軫；卿大夫五仞七旒，齊較；士三仞五旒，齊首。』而言《玉藻》，誤也。」按：《公羊傳疏》引《春秋緯》云：「含，天子以珠，諸侯以玉，大夫以碧，士以貝。」而《後漢志》劉氏注所引稍異，云：「天子飯以珠，含以玉；諸侯飯以珠，含以珠；卿大夫、士飯以珠，含以貝。」稱是《禮稽命徵》文。又按：《禮記疏》引《稽命徵》文云：「天命以黑，故夏有玄圭；天命以赤，故周有赤雀銜書；天命以白，故殷有白狼銜鉤。」又云：「唐、虞五廟，親廟四，始祖廟一；夏四廟，至子孫五；殷五廟，至子孫六。」

禮元命包

朱彝尊《經義考・毖緯》　《禮元命包》。佚。按：杜氏《通典》引之文曰：天子五廟，二昭二穆，以始祖而五。

禮瑞命記

朱彝尊《經義考・毖緯》　《禮瑞命記》。佚。右見王充《論衡》、蔡邕《明堂論》，其詮「鳳」云：雄曰鳳，雌曰凰；雄鳴曰即即，雌鳴曰足足。

五禮緯書

《宋史・藝文志・禮類》　韋彤《五禮緯書》二十卷。

禮緯含文嘉　附補遺

馬端臨《文獻通考・經籍考・讖緯》　《禮含文嘉》。《宋兩朝藝文志》舊有《讖緯七經雜解》，今緯書存者獨《易》，而《含文嘉》乃後人著爲占候兵家之説，與諸書所引《禮緯》乖異不合，故以《易緯》附經，移《含文嘉》於五行。

錢謙益等《絳雲樓書目・緯書題》　《禮緯含文嘉》。

《四庫提要・術數類》　《禮緯含文嘉》三卷。浙江吳玉墀家藏本。不著撰人名氏。目録後有題詞曰，巳上天鏡、地鏡、人鏡，皆萬物變異，但有所疑，無不具載。此乃三才之書，共六十篇，易名《禮緯含文嘉》三卷。紹興辛巳十一月二十九日，東南第三正將觀察使張師禹授。」考《宋兩朝藝文志》曰「今緯書存者獨《易》，而《含文嘉》乃後人著爲占候兵家之說，與諸家所引《禮緯》乖異不合，故以《易緯》附經，以《含文嘉》入五行」云云，則其書實出南宋初。然張師禹記特稱易名《禮緯含文嘉》，則此名實師禹所改，原未稱即其本書。《兩朝藝文志》疑其乖異不合，蓋偶未詳核也。朱彝尊《經義考》既歷引諸書所引《含文嘉》，證其不合。又云所見凡二本，一本晝雲氣星輝之象，而附以占詞，一本分天鏡、地鏡、人鏡，皆非原書。而於《含文嘉》標目之下仍註「存」字，則舛誤甚矣。

樂緯鄭玄注

姚振宗《後漢藝文志・讖緯類》　鄭玄《樂緯注》。范書《方術・樊英傳》注：《樂緯動聲儀》、《稽耀嘉》、《叶圖徵》也。侯《志》曰：趙氏《七緯》祇載《動聲儀注》，然所采《檀弓正義》、《稽耀嘉注》亦鄭注也。正義引鄭氏諸經傳注往往不名，餘人則名，今唯《叶圖徵注》無考。

樂緯宋衷注

姚振宗《後漢藝文志・讖緯類》　宋衷《樂緯注》。汪師韓《文選理學權輿》曰：《選》注所引羣書有宋衷《樂緯注》。

樂緯宋均注

《隋書・經籍志・讖緯》　《樂緯》三卷。宋均注。

《舊唐書・經籍志・經緯》　《樂緯》三卷。宋均注。

《新唐書・藝文志・讖緯類》　宋均注《樂緯》三卷。

鄭樵《通志・藝文略・樂》　《樂緯》三卷。宋均注。

姚振宗《三國藝文志・讖緯類》　宋均《樂緯注》三卷。《隋書・經籍志》：《樂緯》三卷，宋均注。《日本國見在書目》同。《唐・經籍志》同。《藝文志》：宋均《樂緯注》三卷。侯《志》曰：趙在翰《七緯》中有宋均注《樂緯動聲儀》、《稽耀嘉》、《叶圖徵》三種。

樂動聲儀

朱彝尊《經義考・毖緯》　《樂動聲儀》。宋衷注。佚。按：《動聲儀》文有云：「風雨動魚龍，仁義動君子。其名書之義乎？」《樂記疏》引其文云：「宮爲君，君者當寬大容衆，故聲宏以舒，其和情以柔，動脾也。商爲臣，臣者當以發明君之號令，其聲散以明，其和溫以斷，動肺也。角爲民，民者當約儉不奢僭差，故其聲防以約，其和清以靜，動肝也。徵爲事，事者君子之功，既當急就之，其事當久流亡，故其聲貶以疾，其和平以切，動心也。羽爲物，物者不有委聚，故其聲散以虛，其和斷以散，動腎也。若宮唱而商和，是謂善太平之樂；角從宮，是謂哀衰國之樂；羽從宮，往而不反，是謂悲亡國之樂。」音相生者和，其言聲儀之動亦詳矣。

樂五鳥圖

《隋書・經籍志・讖緯》　梁有《樂五鳥圖》一卷，亡。

姚振宗《隋書經籍志考證・異説類》 梁有《樂五鳥圖》一卷。亡。《經義考・毖緯》篇曰：《續漢・五行志》引《叶圖徵》文曰：「五鳳皆五色，爲瑞者一，爲孽者四。一曰鷫鸘，至則旱疫之感也。二曰發明，至則喪之感也。三曰焦明，至則水之感也。四曰幽昌，至則旱之感也。」考《樂緯》別有《五鳥圖》，此一條疑即《五鳥圖》文。按：汪氏師韓《文選注引書目》云：《選》注所引有《樂録圖》，似即《樂緯五鳥圖》之類。

樂稽耀嘉　附補遺

朱彝尊《經義考・毖緯》 《樂稽耀嘉》。佚。孫瑴曰：是書不耑述樂事，但於天地人物，各挹其光大而美淑者，以爲禮立標，故其稱如是。按：「耀」，《白虎通德論》作「熠」。又按：孔氏疏《禮記》引《稽耀嘉》文云：夏以十三月爲正息，卦受《泰》；殷以十二月爲正息，卦受《臨》；周以十一月爲正息，卦受《復》。又《藝文類聚》引其文云：武王承命，興師誅於商，萬國咸喜。軍渡孟津，前歌後舞，克殷之後，民乃大安，家給人足，酌酒鬱搖。喜貌。又云：殷之德，陽德也，故以子爲姓。周之德，陰德也，故以姬爲姓。又云：社，土地之主，地闊不可以盡祭，故封土爲社以報功。稷，五穀之長，穀衆不可以偏祭，故祀稷爲神以主之也。

樂叶圖徵　附補遺

朱彝尊《經義考・毖緯》 《樂叶圖徵》。佚。孫瑴曰：樂不叶則不可以徵，不可以徵則不可以圖也，此論其諧而傳者以成篇。按：《續漢書・律曆志》劉氏注引《樂叶圖徵》文曰：「天元以甲子朔旦冬至，日月起於牽牛之初，右行二十八宿，以考王者終始。或盡一，其曆數或不能盡一，以四千五百六十爲紀，甲寅窮。」宋均曰：「紀即元也。四千五百六十者，五行相代，一，終之大數也。王者即位，或遇其統，或不盡其數，故一元以四千五百六十爲甲寅之終也。」又《禮儀志》引《樂叶圖徵》文云：「夫聖人之作樂，不可以自娱也，所以觀得失之效者也。故聖人不取備於一人，必從八能之士，故撞鐘者當知鐘，擊鼓者當知鼓，吹管者當知管，吹竽者當知竽，擊磬者當知磬，鼓琴者當知琴。故八士曰或調陰陽，或調律曆，或調五音。故撞鐘者以知法度，鼓琴者以知四海，擊磬者以知民事。鐘音調則君道得，君道得，則黄鍾蕤賓之律應；君道不得，則鐘音不調，鐘音不調，則黄鍾蕤賓之律不應。鼓音調則臣道得，臣道得，則太簇之律應。管音調則律曆正，律曆正，則夷則之律應。磬音調則民道得，民道得，則林鍾之律應。竽音調則法度得，法度得，則無射之律應。琴音調則四海合歲氣，百川一合德，鬼神之道行，祭祀之道得，如此，則姑洗之律應。五樂皆得，則應鍾之律應。天地以和氣至，則和氣應；和氣不至，則天地和氣不應。鐘音調，臣下以法賀主；鼓音調，主以法賀臣；磬音調，主以德施於百姓；琴音調，主以德及四海。八能之士常以日冬至成天文，日夏至成地理，作陰樂以成天文，作陽樂以成地理。」

樂録圖

汪師韓《文選注引羣書目録上・緯候圖讖》 《樂録圖》。

春秋災異

《隋書・經籍志・讖緯》 《春秋災異》十五卷。郗萌撰。

鄭樵《通志・藝文略・春秋》 《春秋災異》十五卷。郄萌撰。

姚振宗《後漢藝文志・讖緯類》 郗萌《春秋災異》十五卷。《隋書・經籍志》：《春秋災異》十五卷，郗萌撰。又曰：漢末，郎中郗萌集圖緯讖雜占爲五十篇，謂之《春秋災異》。儀徵阮元《疇人傳》曰：郄萌，祕書郎也。記先師相傳宣夜之説，謂七曜不綴附天體。夫既不附天體，則七曜各自有其高下可知。今西人言日月五星，各居一天，俱在恆星天之下，即不綴附天體之謂，意其説或出于宣夜歟？劉昭注補《續漢書・天文志》，引郄萌占甚多。萌蓋天文家也。按：《隋書·天文志》稱漢祕書郎郄萌記先師宣夜之説，此稱漢末郎中。又子部五行家稱後漢中郎。考班孟堅《典引·序》云「永平十七年，臣與賈逵、傅毅、杜矩、展隆、郄萌等，召詣雲龍門」，是萌在明帝時與賈景伯諸人同官，非漢末也。《開元占經》引郄萌占尤多，與《續漢志》注所引皆是書《雜占》篇中語。《隋志》稱五十篇，疑十五篇誤倒其文。

春秋緯鄭玄注

姚振宗《後漢藝文志·讖緯類》 鄭玄《春秋緯注》。范書《方術·樊英傳》注：《春秋緯演孔圖》、《元命包》、《文耀鉤》、《運斗樞》、《感精符》、《合誠圖》、《考異郵》、《保乾圖》、《漢含孳》、《佑助期》、《握誠圖》、《潛潭巴》、《説題辭》也。 侯《志》曰：《文選·褚淵碑文》注引鄭玄《春秋緯注》不言緯書之名，其他諸書所引《春秋緯注》多出宋均，宋衷或無。注人名其明標鄭氏者，惟范書《李雲傳》注引《運斗樞》一條。

春秋緯宋衷注

姚振宗《後漢藝文志·讖緯類》 宋衷《春秋緯注》。汪師韓《文選理學權輿》曰：《選》注所引羣書有宋衷《春秋緯注》。 侯《志》曰：趙氏《七緯》中有宋衷《春秋緯元命苞》、《保乾圖》、《説題辭注》。

春秋緯宋均注

《隋書·經籍志·讖緯》 梁有《春秋緯》三十卷，宋均注，亡。

《舊唐書·經籍志·經緯》 《春秋緯》三十八卷。宋均注。

《新唐書·藝文志·讖緯類》 宋均注《春秋緯》三十八卷。

鄭樵《通志·藝文略·春秋》 《春秋緯》三十卷。宋均注。

姚振宗《三國藝文志·讖緯類》 宋均《春秋緯注》三十八卷。《隋書·經籍志》：梁有《春秋緯》三十卷，宋均注，亡。《日本國見在書目》：四十卷。《唐·經籍志》：《春秋緯》三十八卷，宋均注。《藝文志》：宋均注《春秋緯》三十八卷。 侯《志》曰：趙在翰《七緯》中有宋注《春秋緯演孔圖》、《元命苞》、《文耀鉤》、《運斗樞》、《感精符》、《合誠圖》、《考異郵》、《保乾圖》、《漢含孳》、《佐助期》、《潛潭巴》、《説題辭》。 侯《志》又曰：康案《後漢書·樊英傳》注載《春秋緯》十三篇，有《握誠圖》而無《命曆序》。宋注可考見者亦適十三篇，有《命曆序》而無《握誠圖》。朱彝尊疑《握誠圖》即《合誠圖》，然則正宜以《命曆序》補其缺。趙氏《七緯》無《命曆序》。今案蕭吉《五行大義·論諸神》篇、《後漢書·楊厚傳》注、《初學記》卷九、《御覽》七十八並引宋均《命曆序注》，確有明文。 案：孫瑴《古微書》謂宋均有《春秋内事注》，則又在十三篇之外者。然亦疑《春秋内事》是讖書，在《雜讖》二十九卷中，非《七經緯》所有也。

春秋運斗樞　附補遺

朱彝尊《經義考·毖緯》 《春秋運斗樞》。佚。孫瑴曰：此耑述璿璣，不及衆星，故以「斗」名篇。按：《春秋》昭公二十有五年經書「有鸜《公羊》作「鸛」。鵒來巢」，三《傳》皆同，獨《運斗樞》文曰：有鸛鵒來巢于榆。見《公羊傳疏》。 又按：《運斗樞》主言北斗測驗而作，故其文曰：北斗七星，第一天樞，第二璇，第三機，第四權，第五玉衡，第六開陽，第七瑤光。第一至第四爲魁，第五至第七爲杓，合而爲斗，居陰布陽，故稱北斗。樞星散而爲麏、爲虎、爲象，又爲雲母。璇星散而爲橘、爲薑，機星散而爲鷚、爲雉、爲鶉、爲菝葜。權星散而爲蘼蕪。玉衡散而爲雞、爲鵖、爲兔、爲鼠、爲李、爲桃、爲椒、爲荆、爲榆，又爲菖蒲。瑤光散而爲人蔆、爲象、爲鹿、爲麋、爲烏、爲雀、爲燕、爲鵲、爲鷹、爲龜。天樞得，則景星見，甘露零，鸞鳥集、朱草生；失，則虎銜魚。璇星得，則嘉禾液；失，則蕫生翼。機星得，則狐九尾；失，則鶉生鷚，無頭。權星得，則日月光，烏三足。玉衡得，則麒麟生，百獸率舞，靈龜躍，椒桂連，萬人壽；不明，則莒蒲冠環，李生爪，雄雞五足。瑤光得，則醴泉，陵出黑芝，烏反哺；不明，則人蔓不生，服翼九足，彘生鹿。攜則服翼兩頭並翔，失則兔出月。

春秋運斗樞注

侯康《補後漢書藝文志・讖緯類》 鄭康成《春秋運斗樞注》。范書《李雲傳》注引《春秋運斗樞》曰：五帝修名立功，修德成化，統調陰陽，招類使神，故稱帝。帝之言諦也。鄭玄注云：審諦於物色也。康案：《樊英傳》注載《春秋緯》十三，而諸書所引《春秋緯注》多出宋均、宋衷，或無注人名，其明標鄭氏者，獨此一條耳。又《文選・褚淵碑文》注引鄭玄《春秋緯注》曰：遞，去也。不言緯書之名，未知即出《運斗樞注》，抑別出他篇，不可考矣。

春秋保乾圖

朱彝尊《經義考・毖緯》 《春秋保乾圖》。「保」或作「寶」。宋衷注。佚。《書正義》引之云：移河爲界，在齊、呂填遏八流以自廣。又李善注《吳都賦》引《保乾圖》文曰：日以圓照，月以虧全。宋均注曰：全十五日時也。又注《魏都賦》引《保乾圖》文曰：五運七變，各以類驚。宋衷注曰：五運，五行，用事之運也。又《晉書・刑法志》引《保乾圖》文云：王者三百年一蠲法。

春秋內事

《隋書・經籍志・讖緯》 《春秋內事》四卷，亡。

鄭樵《通志・藝文略・春秋》 《春秋內事》四卷。

朱彝尊《經義考・毖緯》 《春秋內事》《七録》：四卷。《通志》：四卷。佚。孫瑴曰：《春秋》、《孝經》各有《內事》，俱有宋均注。按：枚乘《七發》「歸神日母」，李善注引《內事》文云：「日者，陽德之母。」又：「天有十二次，日月之所躔也。地有十二分，王侯之所居也。」亦《內事》文。

春秋包命

《隋書・經籍志・讖緯》 《春秋包命》二卷，亡。

鄭樵《通志・藝文略・春秋》 《春秋包命》二卷。

朱彝尊《經義考・毖緯》 《春秋包命》。《七録》：二卷。佚。按：《隋志》注有《春秋包命》二卷，疑即《元命包》。

春秋祕事

《隋書・經籍志・讖緯》 《春秋祕事》十一卷，亡。

鄭樵《通志・藝文略・春秋》 《春秋祕事》十一卷。

春秋災異應録

鄭樵《通志・藝文略・春秋》 《春秋災異應錄》五卷。

春秋演孔圖　附補遺

朱彝尊《經義考・毖緯》

《春秋演孔圖》。佚。何休曰：得麟之後，天下血書魯端門曰：趨作法，孔聖沒，周姬亡，彗東出，秦政起，胡破術，書記散，孔不絕。子夏明日往視之，血書飛爲赤烏，化爲白書，署曰《演孔圖》，中有作圖制法之狀。孫穀曰：此耑爲血書鳥圖而述，故以「演孔」立名。按：其書雖曰「演孔」，并及孟子生時有五色雲之瑞云。

春秋説題辭　附補遺

朱彝尊《經義考・毖緯》

《春秋説題辭》。佚。孫穀曰：撰書者統諸緯之義而繹其文。按：《説題辭》文多係汎論，其言雨雪曰：「盛陽之氣溫暖爲雨，陰氣薄而脅之，則合而爲雹。盛陰之氣凝滯爲雪，陽氣薄而脅之，則散而爲霰。一歲三十六雨，天地之氣宣；十日小雨，應天文也；十五日大雨，以斗運也；大節二十四，小節十二，功德分也，故一歲三十六雨。」其言嘉禾曰：「天文以七，列精以五，故嘉禾之滋，莖長五尺，五七三十五神盛，故連莖三十五穗，以成盛德，禾之極也。」餘不具録。

春秋元命包　附補遺

朱彝尊《經義考・毖緯》

《春秋元命包》。佚。張衡曰：《春秋元命包》中有公輸班與墨翟，事見戰國，非春秋時也。孫穀曰：元，大也。命者，理之隱深也。包言乎其羅絡也，萬象千名靡不括也。按：是書雖佚，而其文存於今者較他緯爲多。其言三才略備，如曰：「天不足西北，陽極於九，故周天九九八十一萬里。天如雞子，天大地小，表裏有水。日左行，周天二十三萬里。日圓，望之廣尺以應千里。日尊，故滿明，故精在外，常盛無虧也。陽數起於一，成於三，故日中有三足烏。太陰水精爲月，兩設以蟾蜍、兔者，陰陽相居，明陽之制陰，陰之倚陽也。陰陽聚而爲雲，和而爲雨，揚而爲雪，合而爲雷，激而爲雹，交而爲虹霓，散而爲露，凝而爲霜，怒而爲風，亂而爲霧。霧，陰陽之氣也，霜以殺木，露以潤草。歲之爲言遂也，三年一閏，以起紀也，冬至百八十日，春夏成，夏至百八十日，秋冬成，合三百六十日。歲數舉陽氣，數極於三，故時三月，陽數極於九，故三月一時，九十日。正朔三而改，文質再而復，天人同度，正法相受，日月出內道，璇璣得常。五星皆大，其事亦大；皆小，其事亦小。早出爲盈，盈者爲客；晚出爲縮，縮者爲主。同舍爲合，相陵爲鬬。」此言乎天也。其曰：「地承氣而立，載水而浮，自東極至於西極，五億十萬九千八百八步。地所以右轉者，氣濁精少，含陰而起遲，故右轉迎天，佐其道也。地出雲起雨以合從天下，勤勞出於地，功歸於天。」此言乎地也。其曰：「昴、畢間爲天街，散爲冀州，分爲趙國；牽牛流爲揚州，分爲越國；軫散爲荆州，分爲楚國；虚、危之精流爲青州，分爲齊國；天氐流爲徐州，別爲魯國；五星流爲兗州，分爲鄭國，鉤、鈐別爲豫州；井、鬼散爲雍州，分爲秦國；觜、參流爲益州；箕星散爲幽州，分爲燕國；營室流爲并州，分爲衛國之鎮。」此兼言乎星土也。其曰：「五氣之精交聚相加，陰陽之性以一起，人副天道，故生一子頭上圓，象天氣之府也。歲必十二，故人頭長一尺二寸。顔之言氣畔也，陽立於五，故顔博五寸。天有攝提，人有兩眉，爲人表候；陽立於二，故眉長二寸；舌之爲言達也，陽立於三，故舌在口中者長三寸，象斗玉衡；陰合有四，故舌淪入嗌內者長四寸。唇者，齒之垣也。肝者，木之精。目者，肝之使也。肺者，金之精。鼻者，肺之使也。心者，火之精。耳者，心之候也。火成於五，故人心長五寸。腎者，水之精，陰者，腎之寫也。脾者，土之精。口者，脾之門戶也。脾爲胃之主，胃者，穀之委也。膀胱者，肺之府也。髮精散，爲鬚髯。腦之爲言在也，人精在腦。膏者，神之液也。掌圓法天以運動，指五者法五行。陽立於三，故人脊三寸而結；陰極於八，故人旁八，幹長八寸。臍者，下流流並會，合爲臍腹。腰上者爲天陽之狀也，腰而下者爲地陰之象也。數合於四，故腰周四尺。髀之爲言跂也，陰二，故人兩髀。」此言乎人也。其曰：「元者，氣之始也。春者，四時之始也。王者，受命之始也。正月者，政教之始也。公即位者，一國之始也。」此則其書冠以《春秋》之名之義也。

春秋文曜鉤　附補遺

朱彝尊《經義考・毖緯》　《春秋文曜鉤》。佚。孫瑴曰：大率闡星曜而幽曲言之，故曰鉤。按：鄭康成注《周禮》云：「五帝，五色之帝。蒼曰靈威仰，太昊食焉。赤曰赤熛怒，炎帝食焉。黄曰含樞紐，黄帝食焉。白曰白招拒，少昊食焉。黑曰汁光紀，顓頊食焉。」其説本於《文曜鉤》。又《星土占》云：「斗者，天之喉舌。布度定紀，分州繫象。華、岐以北，龍門積石至三危之野，雍州屬魁。太行以東至碣石、王屋砥柱，冀州屬樞。三河、雷澤東至海、岱以北，兗州、青州屬機。蒙山以東至江南會稽、震澤，徐、揚之州屬權。大别以東至雷澤、九江，荆州屬衡。荆山西南至岷山，北距鳥鼠，梁州屬開陽。外方、熊耳以至泗水陪尾，豫州屬瑤光。此九州屬北斗，星有七，州有九，但兗、青、徐、揚幷屬二州，故七星主九州也。」其文亦本《文曜鉤》。

春秋感精符　附補遺

朱彝尊《經義考・毖緯》　《春秋感精符》。佚。孫瑴曰：此言一切災祥，皆精神之感召，而天物來符，故多述人事。按：徐氏《公羊傳疏》引《感精符》文云：「蒼帝之始，二十八世。滅蒼者翼也，滅翼者斗，滅斗者參，滅參者虚，滅虚者房。」幷録其注云：堯，翼之星，精在南方，其色赤。舜，斗之星，精在中央，其色黄。禹，參之星，精在西方，其色白。湯，虚之星，精在北方，其色黑。文王，房之星，精在東方，其色青。」其説亦不經甚矣。又按：《春秋》僖公二年書：「冬，十月，不雨。三年，春，王正月，不雨。夏，四月，不雨。六月，雨。」何氏《公羊注》引《感精符》文云：「僖公得立，欣喜，不恤庶衆，比致三旱。即能退辟正殿，飾過求己，循省百官，放佞臣郭都等，理冤獄四百餘人，精誠感天下，不雩而得澍雨。」此事《左氏内外傳》俱不載。又按：李善注《文選》引《春秋感精記》云：「西秦東闞，謀襲鄭伯。晉成同心，遮之殽谷。反呼老人百里子哭語之，不知泣血何益。」疑即《感精符》之文，非别一書也。

春秋合誠圖　附補遺

朱彝尊《經義考・毖緯》　《春秋合誠圖》。佚。孫瑴曰：此主赤龍一圖立名。按：「天文地理各有所主，北斗有七星，天子有七政也。」又：「明堂位在辰巳者，木火之際。辰，木也；巳，火也。木生數三，火成數七，政在三里之外，七里之内。」此二則《合誠圖》之文。

春秋考異郵　附補遺

朱彝尊《經義考・毖緯》　《春秋考異郵》。佚。孫瑴曰：此耑談物應，郵尤通。按：賈氏《齊民要術》引《考異郵》文云：陽物大惡水，故蠶食而不飲。陽立於三春，故蠶三變而後消。死於三七二十一日，故二十一而繭。

春秋漢含孳　附補遺

朱彝尊《經義考・毖緯》　《春秋漢含孳》。佚。按：李善注《西都賦》引《漢含孳》文云：強榦弱流，天之道。宋均注曰：流，猶枝也。又按：《漢含孳》文有足采者，曰：三公在天爲三台，九卿爲北斗，三公象五岳，九卿法河海，二十七大夫法山陵，八十一元士法谷阜，合爲帝佐，以匡綱紀。又：穴藏之蟻先知雨，陰曀未集，魚已噞喁。巢居之鳥先知風，樹木未搖，禽已刷羽。

春秋佐助期　附補遺

朱彝尊《經義考・毖緯》

《春秋佐助期》。佚。孫瑴曰：此主爲炎漢佐命，豫識其籙，故蕭何之狀見於圖文。按：李淳風《乙巳占》列占候諸家，有《春秋佐助期占》。又按：「列宿所居，角爲天門，亢爲廟庭，房爲四表，心爲明堂，尾、箕后宮之場，昂、畢爲天街，觜觿天廟，天女主布帛，虛主禮堂，營室主軍糧，奎主武庫，婁主苑牧，胃主倉廩，昴主獄事，東井主水，衡鬼主神明，柳主教令。」皆見《佐助期》文。「外箕爲天口。」見《詩推度災》。「翼爲天倡。」見《合誠圖》。

春秋潛潭巴　附補遺

朱彝尊《經義考・毖緯》

《春秋潛潭巴》。佚。孫瑴曰：潛潭者，水之沈深也。巴，又水之屈曲也。蜀江學巴字而流，蓋其遠也。撰名如此，弔詭之甚矣。按：日蝕自甲子至癸亥，天文異略各有其占，劉昭注《續漢書志》引《潛潭巴》文云：「甲子蝕，有兵敵強臣。乙丑蝕。闕。丙寅蝕，久旱。丁卯蝕，有旱有兵。戊辰蝕。闕。己巳蝕。闕。庚午蝕，後火燒官兵。辛未蝕，大水。壬申蝕，水滅陽潰陰欲翔。癸酉蝕，連陰不解，淫雨毀山，有兵。甲戌蝕，草木不滋，王命不行。乙亥蝕，東國發兵。丙子蝕。闕。丁丑蝕。闕。戊寅蝕。闕。己卯蝕。闕。庚辰蝕，彗星東至，有寇兵。辛巳蝕。闕。壬午蝕，久雨，旬望。癸未蝕，行義不明。甲申蝕。闕。乙酉蝕，仁義不明，賢人消。丙戌蝕。闕。丁亥蝕，匿謀滿玉堂。戊子蝕，宮室內淫，雌必成雄。己丑蝕，天下倡亂。庚寅蝕，將相誅，大水，多死傷。辛卯蝕，臣伐其主。壬辰蝕，河海決，久霧連陰。癸巳蝕。闕。甲午蝕。闕。乙未蝕，天下多邪氣，鬱鬱蒼蒼。丙申蝕，諸侯相攻。丁酉蝕。闕。戊戌蝕，有土殃，主后死，天下諒陰。己亥蝕，小人用事，君子縶。庚子蝕。闕。辛丑蝕，主疑臣。壬寅蝕，天下苦兵，大臣驕橫。癸卯蝕。闕。甲辰蝕，四騎脅，大水。乙巳蝕。闕。丙午蝕。闕。丁未蝕，王者崩。戊申蝕，地動搖，侵兵強。己酉蝕。闕。庚戌蝕。闕。辛亥蝕，子爲雄。壬子蝕，妃后專恣，女謀主。癸丑蝕。闕。甲寅蝕，雷雹擊殺，骨肉相攻。乙卯蝕，雷不行，雪殺草不長，姦人入宮。丙辰蝕。闕。丁巳蝕，下有敗兵。戊午蝕，久旱，穀不傷。己未蝕。闕。庚申蝕。闕。辛酉蝕，女謀主。壬戌蝕。闕。癸亥蝕，天子崩。」其占辭不同，惜乎成闕文矣。又按：前闕占辭者二十有四日，孫氏《古微書》有之曰：「乙丑蝕，大旱。戊長蝕，地震，陰盛。己巳蝕，火災。丙子蝕，夏霜爲災。丁丑蝕，三公有罪。戊寅蝕，天下大風。己卯蝕，多盜。辛巳蝕，后妃有謀。甲申蝕，四月雨霜。丙戌蝕，多寃訟。癸巳蝕，權不一。甲午蝕，蟲螟爲害。丁酉蝕，侯王侵。庚子蝕，君有疑。癸卯蝕，外國伐王。乙巳蝕，東國起兵。丙午蝕，民多流亡。己酉蝕，有相疑者。庚戌蝕，臣下相侵。癸丑蝕，水潦爲敗。丙辰蝕，山水大出。己未蝕，王失其土。庚申蝕，外國相侵。壬戌蝕，羣小用事，君子縶。」不知其從何處捃拾也。

春秋考曜文

朱彝尊《經義考・毖緯》

《春秋考曜文》。佚。按：《考曜文》有云：「王者，往也。神所輸向，人所樂歸。」《藝文類聚》有之。

春秋命曆序

朱彝尊《經義考・毖緯》

《春秋命曆序》。佚。《續漢書・律曆志》曰：《元命包》、《乾鑿度》皆以爲開闢至獲麟二百七十六萬歲；及《命曆序》積獲麟至漢，起庚子蔀之二十三歲，竟己酉、戊子及丁卯蔀六十九歲，合爲二百七十五歲。漢元帝歲在乙未，上至獲麟則歲在庚申。推此以上，上極開闢，則不在庚申。讖雖無文，其數見存。而馮光、陳晃以爲開闢至獲麟二百七十五萬九千八百八十六歲，獲麟至漢百六十一歲，轉差少一百一十四歲云。孔穎達云：緯候之書及《春秋命曆序》言五帝傳世之事，爲毛說者皆所不言。王應麟曰：《漢志》：「魯僖公五年正月辛亥朔旦冬至，殷曆以爲壬子。」《春秋緯命曆序》云：「僖公五年正月壬子朔旦冬至。」然則緯與殷曆同。故劉洪云：「甲寅曆於孔子時效，即《命曆序》所謂孔子修《春秋》用殷曆也。」按：《命曆序》文皆荒唐謬悠之説，不足録。

春秋玉版讖

朱彝尊《經義考・毖緯》 《春秋玉版讖》。佚。按：沈約《宋書・符瑞志》引之云：代赤者魏公子。

春秋句命決

朱彝尊《經義考・毖緯》 《春秋句命決》。佚。右見羅苹《路史注》。

春秋含文嘉

朱彝尊《經義考・毖緯》 《春秋含文嘉》。佚。按：《白虎通德論》引《春秋含文嘉》文云：「天子墳高三仞，樹以松；諸侯半之，樹以柏；大夫八尺，樹以欒；士四尺，樹以槐；庶人無墳，樹以楊柳。」又別引《含文嘉》文云：「殷爵三等，周爵五等。又云：天子射熊，諸侯射麋，大夫射虎豹，士射鹿豕。」雖不言《春秋》，度即其書中語也。

春秋括地象

朱彝尊《經義考・毖緯》 《春秋括地象》。佚。按：緯書止有《河圖括地象》，若《春秋括地象》，言毖緯者不及。惟隋著作佐郎杜公瞻纂《編珠》引其文云：「河有九曲，發崐崘，爲地首，至積石爲地門，出龍門爲天橋，至卷重山爲地咽，貫砥柱，觸閼流山爲地喉，至洛、汭爲地腰，至大伾山爲地齒，至大陸爲地腹，東至碣石入於海，爲天臍。」此可補《禹貢》注疏之闕。

春秋文義

朱彝尊《經義考・毖緯》 《春秋文義》。佚。按：《白虎通德論》引其文云：天子社廣五丈，諸侯半之。其色東方青，南方赤，西方白，北方黑，上冒以黃土。

春秋録圖

朱彝尊《經義考・毖緯》 《春秋録圖》。佚。按：《録圖》文有曰：「蒼精萌姬，稷之後昌。」見李善《文選注》。

春秋少陽篇

朱彝尊《經義考・毖緯》 《春秋少陽篇》。佚。王應麟曰：《論語疏》按《春秋少陽篇》，伯夷姓墨，名允，字公信。伯，長也，夷，謚。叔齊名智，字公達，伯夷之弟，齊亦謚也。眞宗問陳彭年：「墨允、墨智何人？」彭年曰：「伯夷、叔齊也。」上問見何書，曰：「《春秋少陽篇》。」按：徐氏《公羊傳疏》引《撰命篇》文云：孔子年七十歲知圖書，作《春秋》。

春秋撰命篇

朱彝尊《經義考・毖緯》 《春秋撰命篇》。佚。

春秋元命包

李慈銘《越縵堂讀書記・春秋類》 《春秋元命包》，明孫瑴撰。

《春秋元命包》說「刑」字曰：「荆，刀守井也。飲水之人，入井爭水，陷於泉，刀守之，割其情也。」段氏謂其說不經。《說文》「荆」在《井部》。《易說》：「井者，法也。」以視《元命包》說，如摧枯拉朽。慈銘案，緯說自有所本。晉、隋《天文志》皆云：「東井八星，法令所取平也，王者用法平，則井星明。鉞一星，附井之前，主伺淫奢而斬之，故不欲其明，明與井齊，則用鉞於大臣。」此即《元命包》說荆之意也。蓋陷入於泉，非專指水言，凡溺於名位貨利皆是也。井所以養人，無刀以守之則爭，便利而不知止，遂陷於荆，此制字之本誼也。光緒辛巳八月三十日。

論語讖

《隋書・經籍志・讖緯》 《論語讖》八卷，宋均注，亡。

鄭樵《通志・藝文略・論語》 《論語讖》八卷。

姚振宗《三國藝文志・讖緯類》 宋均《論語讖注》八卷。**【略】**

《唐・經籍志》：《論語緯》十卷，宋均注。　《藝文志》：宋均注《論語緯》十卷。　汪師韓《文選理學權輿》曰：《選》注所引羣書有《論語比考讖》、《論語撰考讖》、《論語陰嬉讖》、《論語糺滑讖》、《論語摘輔像讖》、《論語素王受命讖》、《論語崇爵讖》、《論語摘衰聖承進讖》，凡八種。　侯《志》曰：宋注《論語讖》有《摘輔象》、《摘衰聖》、《比考讖》、《陰嬉讖》、《撰考讖》五種，《古微書》並載之。

論語緯　附雜録

《舊唐書・經籍志・經緯》 《論語緯》十卷。宋均注。

《新唐書・藝文志・讖緯類》 宋均注《論語緯》十卷。

論語摘輔象

朱彝尊《經義考・毖緯》 《論語摘輔象》。宋均注。佚。孫瑴曰：陶淵明《聖賢羣輔録》本之。　按：《摘輔象》文多說聖門儀表，如：孔子胸應矩，顏淵山庭日角，曾子珠衡犀角，樊遲山額，有若月衡，子貢山庭斗繞口，南容井口，澹臺滅明岐掌。又稱：宰我、子游、公冶長、子夏、公伯周手握之異。以仲尼爲素王，左丘明爲素臣。皆本此書。又以顏淵爲素王之司徒，子貢爲素王之司空，悉無稽之說。而又溯於上古燧人四佐，明由、必育、成博、隕藟。伏羲六佐，金提、烏明、視默、紀通、仲起、陽侯。黃帝七輔，風后、天老、五聖、知命、窺紀、地典、力墨。蓋好事者爲之。

論語比考讖

朱彝尊《經義考・毖緯》 《論語比考讖》。宋均注。佚。孫瑴曰：命曰比考，蓋以上比之三王，下自考也。

論語摘衰聖

朱彝尊《經義考·毖緯》 《論語摘衰聖》。佚。按：《摘衰聖》文有曰：帝不先義任道德，王不先力尙仁義，霸不先正尙武力。

論語素王受命讖

朱彝尊《經義考·毖緯》 《論語素王受命讖》。佚。按：李善注《文選》引其文云：王者受命，布政易俗，以御八極，莫不喁喁引頸歸德。

論語紀滑讖

朱彝尊《經義考·毖緯》 《論語紀滑讖》。佚。按：李善注《文選》引其文云：漸漬以道，廢消乃行。又云：陳滅齊，六卿分晉。

論語崇爵讖

朱彝尊《經義考·毖緯》 《論語崇爵讖》。佚。按讖文云：子夏六十四人共撰仲尼微言，以當素王。亦見李氏《文選注》。

論語撰考讖

朱彝尊《經義考·毖緯》 《論語撰考讖》。佚。孫瑴曰：《比考》之外，别有《撰考》，不言讖，實讖文也。按：《論語讖》雖有《比考》、《撰考》之目，諸書所引，往往互見。如曰：「軒知地理，九牧倡教，正朔所加也，莫不歸義，遠都殊域，莫不嚮風，穿胸儋耳，莫不來貢。堯步，舜驟，禹馳，湯騖。」又云：「古者七十二家爲里。」又曰：「水名盜泉，仲尼不漱；里名勝母，曾子斂襟；邑號朝歌，顔淵不舍；七十弟子掩目，宰予獨顧，由蹶墮車。」又曰：「殷惑妲己，玉馬走。」爲《比》爲《撰》，不能盡别也。

論語摘衰聖承進讖

汪師韓《文選注引羣書目錄上·緯候圖讖》 《論語摘衰聖承進讖》。

孝經緯鄭玄注

姚振宗《後漢藝文志·讖緯類》 鄭玄《孝經緯注》。范書《方術·樊英傳》注：《孝經緯援神契》、《鉤命决》也。汪師韓《文選理學權輿》曰：《選》注所引羣書有鄭康成《孝經緯注》。侯《志》曰：趙氏《七緯》有鄭康成《孝經鉤命決注》。按：《隋志》、《七緯》之外，又有此兩緯别本，不知鄭氏所注爲何本。

孝經緯宋衷注

姚振宗《後漢藝文志·讖緯類》 宋衷《孝經緯注》。汪師韓《文選理學權輿》曰：《選》注所引羣書有宋衷《孝經緯注》。侯《志》曰：趙氏《七緯》中有宋衷《孝經緯援神契》、《鉤命決注》。按：宋仲子或注《七緯》全書，其《書》、《詩》、《禮》三緯無文證驗，今但就其可考見者録之。

孝經緯宋均注

《舊唐書・經籍志・經緯》 《孝經緯》五卷。宋均注。

《新唐書・藝文志・讖緯類》 宋均注《孝經緯》五卷。

鄭樵《通志・藝文略・孝經》 《孝經緯》五卷。宋均注。

姚振宗《三國藝文志・讖緯類》 宋均《孝經緯注》十卷。《隋書・經籍志》：梁有《孝經雜緯》十卷，宋均注，亡。

孝經鉤命決注

侯康《補後漢書藝文志・讖緯類》 鄭康成《孝經鉤命決注》。

孝經鉤命決注

鄭樵《通志・藝文略・孝經》 《孝經鉤命決》六卷。宋均注。

朱彝尊《經義考・毖緯》 《孝經鉤命決》。《隋志》：宋均注六卷。佚。　羅苹曰：《孝經鉤命決》云：「任己感神生帝魁。」故鄭康成云：「任己，帝魁之母。」而《春秋鉤命決》作任姒，傳者誤也。夫任乃太昊之後，黃帝所封，爲己姓，姒氏夏始有之。　王應麟曰：何休《公羊傳序》、鄭康成《中庸注》俱引孔子云：「吾志在《春秋》，行在《孝經》。」此《孝經鉤命決》之言也。　孫瑴曰：參其奥以示人，故名決。　按：《尚書》、《春秋》、《孝經》俱有《鉤命決》，《白虎通德論》所引有云：「三皇步，五帝趨，三王馳，五霸鶩。」《續漢書・天文志》劉昭引宋均《鉤命決注》云：「彗，五彗也，蒼則王侯破，天子苦兵；赤則賊起，強國恣；黃則女害色，權奪於后妃；白則將軍逆，二年兵大作，黑則水精賊，江河決，賊處處起也。」此是《孝經說》。其云：「欲觀我褒貶諸侯之志在《春秋》，崇人倫之行在《孝經》。」何休約其辭，明皇述之，世遂以爲何休文，非矣。

姚振宗《三國藝文志・讖緯類》 宋均《孝經鉤命決注》六卷。【略】《隋書・經籍志》：《孝經鉤命決》六卷，宋均注。　《日本國見在書目》同。

孝經援神契注

《隋書・經籍志・讖緯》 《孝經援神契》七卷。宋均注。

鄭樵《通志・藝文略・孝經》 《孝經援神契》七卷。宋均注。

朱彝尊《經義考・毖緯》 《孝經援神契》。《隋志》：宋均注七卷。佚。　徐彥曰：《援神契》自是《孝經緯說》橫說，非是正解。　王應麟曰：《周官・九嬪》注引孔子云：「日者，天之明；月者，地之理。」《孝經援神契》之言也。　孫瑴曰：此言孝道之至，行乎陰陽，通乎鬼神，上下古今，若合符契也。　按：《禮・文王世子》，鄭注引《孝經說》云：「諸侯歸，各帥於其國，大夫勤於朝，州里驩於邑。」孔氏疏謂是《援神契》文。　又按：《大戴禮注》引其文云：「日月屬於天，則陰類消於淵。」又賈氏《齊民要術》引其文云：「黃白土宜禾，黑墳宜黍麥，汙泉宜稻，赤土宜菽也。」

姚振宗《三國藝文志・讖緯類》 宋均《孝經援神契注》七卷。

援神鉤命解詁

姚振宗《後漢藝文志・讖緯類》 翟酺《援神鉤命解詁》十二篇。范書本傳：酺字子超，廣漢雒人也。四世傳《詩》。酺好《老子》，尤善圖緯、天文、曆算。仕郡，徵拜議郎，遷侍中。拜尚書。延光三年，出爲酒泉太守。遷京兆尹。順帝即位，拜光祿大夫，遷將作大匠。權貴共誣酺交通屬託，坐，減死，歸家，卒。著《援神鉤命解詁》十二篇。章懷太子曰：《援神契》、《鉤命決》皆《孝經緯》篇名也。　《廣漢人士贊》：酺少事段翳，明天官。著《援神契經説》。《經義考》曰：按《益部耆舊傳》，謂是酺弟子緜竹杜眞孟宗所著。按：《廣漢人士贊》，杜眞字孟宗，兄事翟酺。按：《七經緯・孝經》有此二篇，而《隋志》言《七緯》之外，又有此二篇，似漢時《孝經緯》有兩本，一在《七緯》中，一別本單行，其文或不同翟氏所解詁者，或別本也。

孝經雌雄圖

《隋書・經籍志・讖緯》 《孝經雌雄圖》三卷。亡。

鄭樵《通志・藝文略・孝經》 《孝經雌雄圖》三卷。

朱彝尊《經義考・毖緯》 《孝經雌雄圖》。《七録》三卷。佚。《五代會要》：周顯德六年八月，高麗遣使進《孝經雌雄圖》三卷、《皇靈孝經》一卷。《雌圖》者，止説月之環暈、星之彗孛災異之應，乃讖緯之書也。龐元英曰：《雌圖》亦非奇書。宋永亨曰：《孝經雌雄圖》本京房《易傳》，日星占相之書也。《高麗史》：光宗光德十年秋，遣使如周，進《皇靈孝經》一卷、《孝經雌雄圖》三卷。

孝經内事

《隋書・經籍志・讖緯》 《孝經内事》一卷。

鄭樵《通志・藝文略・孝經》 《孝經内事》一卷。

孝經内事注

姚振宗《三國藝文志・讖緯類》 宋均《孝經内事注》一卷。《隋書・經籍志》：《孝經内事》一卷。此下敚「宋均注」三字。孫瑴《古微書》曰：《春秋》、《孝經》各有《内事》，俱有宋均注。侯《志》曰：《御覽》八百七十二引宋均《孝經内事注》。

孝經内事圖

《隋書・經籍志・讖緯》 《孝經内事圖》二卷。亡。

姚振宗《隋書經籍志考證・異説類》 梁有《孝經内事圖》二卷。亡。孫瑴《古微書》曰：緯書之有圖，惟《易》，次則《春秋》，蓋皆有儀物可記列耳。《孝經》無儀物，安得有圖？蓋天象玄隱，非圖莫著，而終以其言隱也，名之《内事》云。又曰：緯之亡佚多矣，惟《左契》、《右契》、《内事圖》一二見焉。馬氏玉函山房輯本曰：《孝經内事圖》，魏宋均注。今從《太平御覽》、《開元占經》輯録八十餘節，或稱《内記》，或稱《内記圖》。

孝經威嬉拒

朱彝尊《經義考・毖緯》 《孝經威嬉拒》。佚。按：《威嬉拒》之説，欲去惡鬼，須具五刑，令五人皆持大斧，著鐵兜鍪斬之。此眞邪説，於《孝經》何與焉？

孝經雜緯

《隋書・經籍志・讖緯》 梁有《孝經雜緯》十卷，宋均注，亡。

鄭樵《通志・藝文略・孝經》 《孝經雜緯》十卷。宋均注。

朱彝尊《經義考・毖緯》 《孝經雜緯》。《七録》：宋均注，十卷。《新唐志》：五卷。佚。毛奇齡曰：《禮記正義》引《孝經緯》文云：「后稷爲天地之主，文王爲五帝之宗。后稷配天地於南北郊，文王配五帝於明堂。」羣儒爭南北郊，并爭祭地北郊祭昊天上帝與五帝於明堂。聚訟不已，皆本此文。按：應劭《風俗通》引《孝經》云：「聖不獨立，智不獨治。」《王制正義》引《孝經》云：「德不倍者，不異其爵；功不倍者，不異其土。」今《孝經》無此文，當亦緯書中語也。又《風俗通》引《孝經說》云：「社者，土地之主，土地廣博，不可偏敬，故封土以爲社而祀之。稷者，五穀之長，五穀衆多，不可偏祭，故立稷而祭之，報功也。」又《禮記正義》引《孝經說》云：「封於泰山，考績燔燎；禪於梁父，刻石紀號。」又《廣弘明集》引《孝經說》云：「奇者，陽節；偶者，陰基。得陽而成，合陰而居；數相配偶，乃爲道也。」又按：《公羊春秋》「作僖公主」，《傳》何氏注：「主狀正方，穿中央，達四方。天子長尺二寸，諸侯長一尺。」又「闔弑吳子餘祭」，《傳》何氏注引孔子曰：「三皇設言，民不違；五帝畫象，世順機；三王肉刑，揆漸加應，世黠巧姦僞多。」徐彥疏云：「《孝經說》文。」

孝經皇羲

朱彝尊《經義考·毖緯》 《孝經皇羲》。一卷。佚。《冊府元龜》：宋均爲河內太守，撰《孝經皇羲》一卷。

孝經元命包

《隋書·經籍志·讖緯》 《孝經元命包》一卷，亡。

鄭樵《通志·藝文略·孝經》 《孝經元命包》一卷。

姚振宗《隋書經籍志考證·異説類》 梁有《孝經元命包》一卷。亡。《經義考·毖緯》篇：《孝經元命包》，《七録》：一卷，佚。按：本志子部五行家有《孝經元辰》二卷，似與此書略同。蓋元辰，祿命之言也；《禮緯》、《春秋緯》亦各有《元命包》。

孝經古祕援神

《隋書·經籍志·讖緯》 《孝經古祕援神》二卷，亡。

鄭樵《通志·藝文略·孝經》 《孝經古祕援神》二卷。

姚振宗《隋書經籍志考證·異説類》 梁有《孝經古祕援神》二卷，亡。張彥遠《歷代名畫記》曰：古之祕畫珍圖，則有《孝經祕圖》。《經義考·毖緯》篇：《孝經古祕援神》，《七録》：二卷，佚。《孝經祕圖》，《七録》：一卷，佚。馬國翰輯本序曰：《隋志》注有《古祕援神》二卷，《孝經古祕圖》一卷。今從《開元占經》所引輯録十一節，附《孝經河圖》一節、《孝經讖》三節，合爲一卷。考《後漢書》傳注稱《孝經緯》只《援神契》、《鉤命訣》二種，此題《古祕援神》，或亦緯之類，而其目不見稱述者，當時蓋別行也。

孝經古祕圖

《隋書·經籍志·讖緯》 《孝經古祕圖》一卷，亡。

孝經左右握

《隋書·經籍志·讖緯》 《孝經左右握》二卷，亡。

鄭樵《通志·藝文略·孝經》 《孝經左右握》二卷。

孝經左右契圖

《隋書·經籍志·讖緯》 《孝經左右契圖》一卷，亡。

鄭樵《通志・藝文略・孝經》　《孝經左右契圖》二卷。

朱彝尊《經義考・毖緯》　《孝經左右契圖》。《七録》：一卷。佚。

按：《孝經緯》有《左右契》，亦有《中契》。其曰：元氣混沌，孝在其中。天序日月星辰以自光，人序孝悌忠敬以自彰，務一德也。此《左契》之文也。其曰：內深藏不足爲神，外博觀不足爲明，惟孝者爲能法天之神，麗日之明。此《右契》之文也。其曰：《孝經》文成，玄雲涌北極，紫宮開北門。此《中契》之文也。

孝經異本雌雄圖

《隋書・經籍志・讖緯》　《孝經異本雌雄圖》二卷，亡。

孝經分野圖

《隋書・經籍志・讖緯》　《孝經分野圖》一卷，亡。

鄭樵《通志・藝文略・孝經》　《孝經分野圖》一卷。

孝經内事星宿講堂七十二弟子圖　孝經口授圖

《隋書・經籍志・讖緯》　《孝經内事星宿講堂七十二弟子圖》一卷，又《口授圖》一卷，亡。

鄭樵《通志・藝文略・孝經》　《孝經内事星宿講堂七十二弟子圖》一卷，《口授圖》一卷。

姚振宗《隋書經籍志考證・異説類》　梁有《孝經内事星宿講堂七十二弟子圖》一卷，又《口授圖》一卷，亡。　馬國翰曰：《開元占經》引《孝經章句》三十餘節，其書大指言五星及列宿占驗事，亦讖緯之屬也。案隋、唐《志》均無《孝經章句》之目，惟云：梁有《孝經内事星宿講堂七十二弟子圖》一卷，又《口授圖》一卷，亡。意者即此二書之佚文歟？　按：廣漢楊統善圖讖學，作《家法章句》及《内讖二卷解説》，見范書《楊厚傳》。又惠棟《後漢書・張衡傳補注》云：《郊祀志》曰：上使梁松等案《河洛讖》文，以章句細微相況八十一卷，明者爲驗，又其十卷，皆不昭晢。是當日《河》、《洛》讖文八十一卷皆有章句云云。《占經》所引《孝經章句》蓋本諸此，楊統所作《内讖二卷解説》今不可考，意即《春秋内事》、《孝經内事》之類。　又按：《孝經援神契》云：孔子作《春秋》，制《孝經》，既成，使七十二弟子向北辰磬折而立，使曾子抱《河洛》事北向。孔子齋戒，簪縹筆，衣絳單衣，向北辰而拜，告備於天曰：《孝經》四卷，《河洛》凡八十一卷，謹已備云云。此所圖殆，即此事歟？　又按：《歷代名畫記》有《孝經讖圖》十二卷。今按《七録》所載有《古祕圖》一卷，《左右契圖》一卷，《雌雄圖》三卷，《異本雌雄圖》二卷，《分野圖》一卷，《内事圖》二卷，《内事星宿講堂七十二弟子圖》一卷，《口授圖》一卷，亦正一十二卷，如其數，似即張氏所載者是也。　又按：《經義考・毖緯》篇所載篇目，又有《孝經威嬉拒》、《孝經中契》、《孝經皇靈》、《孝經應瑞圖》、《孝經河圖》、《孝經内記星圖》、似即《孝經内事圖》。《孝經元辰》、《孝經中黄讖》，凡八目。《開元占經・霧占》篇又引《孝經洞寶丹》。

孝經應瑞圖

《舊唐書・經籍志・孝經》　《孝經應瑞圖》一卷。

《新唐書・藝文志・孝經類》　《孝經應瑞圖》一卷。

鄭樵《通志・藝文略・孝經》　《孝經應瑞圖》一卷。

鄭樵《通志・圖譜略・孝經》　《孝經應瑞圖》。

孝經内記

李昉《太平御覽經史圖書綱目》　《孝經内記》。

孝經讖圖

朱彝尊《經義考・毖緯》 《孝經讖圖》。十二卷。佚。右見張彥遠《名畫記》。

皇靈孝經

朱彝尊《經義考・毖緯》 《皇靈孝經》。一卷。佚。龐元英曰：《皇靈》者，止說延年避災之事及志符文，乃道書也。

孝經河圖

朱彝尊《經義考・毖緯》 《孝經河圖》。佚。按：賈氏《齊民要術》載《孝經河圖》文云：「少室之山有爨器，竹堪爲釜甑。安思縣多苦竹，竹之醜有四，有青苦者、白苦者、紫苦者、黃苦者。」其目不見於他書。

孝經中黃讖

朱彝尊《經義考・毖緯》 《孝經中黃讖》。佚。按：沈約《宋書・符瑞志》、裴松之《魏志注》引之云：日載東，絕火光，不横一，聖明聰，四百之外，易姓而王，天下歸功，致於太平。

孝經說

沈家本《續漢書志注所引書目・經部》 《孝經說》。《祭祀上》。《困學紀聞》八：鄭康成注二《禮》，引《易說》、《書說》、《樂說》、《春秋說》、《禮家說》、《孝經說》，皆緯候也。

孝經錯緯

朱彝尊《經義考・毖緯》 《孝經錯緯》。佚。繆泳曰：晉燉煌郭瑀元瑜撰。

文廷式《補晉書藝文志・孝經類》 郭瑀《孝經錯緯》。

書易詩孝經春秋河洛緯祕要

《隋書・經籍志・讖緯》 《書易　詩孝經春秋河洛緯祕要》一卷，亡。

姚振宗《隋書經籍志考證・異說類》 梁有《書易詩孝經春秋河洛緯祕要》一卷，亡。按：此不知何人雜録讖緯家言爲一書，前《論語》家有《五經祕表要》三卷，似與此相類。

五帝鉤命決圖

《隋書・經籍志・讖緯》 《五帝鉤命決圖》一卷，亡。

姚振宗《隋書經籍志考證・異說類》 梁有《五帝鉤命決圖》一卷，亡。張彥遠《歷代名畫記》曰：古之祕畫珍圖，則有《五帝鉤命決圖》一卷。《經義考・毖緯》類：張彥遠《名畫記》有《鉤命決圖》一卷，不知何經之緯。

孔老讖

《隋書・經籍志・讖緯》 《孔老讖》十二卷，亡。

姚振宗《隋書經籍志考證・異説類》 梁有《孔老讖》十二卷，亡。嘉興沈濤《銅熨斗齋隨筆》曰：《隋書・經籍志》：梁有《孔老讖》十二卷。濤案《孔老讖》當作《孔子讖》，下文另有《老子河洛讖》一卷，不應并爲一談也。《南齊書・祥瑞志》引《孔氏世録》，《魏書・高祖紀》稱《孔子閉房記》，蓋即其類。又曰：《孔老讖》蓋即桓譚所謂矯稱孔某爲讖記。又曰：濤案「閉房記」當作「祕記」，李匡乂《資暇録》引《孔氏祕記》，《史記・留侯世家》索隱作《孔安國祕記》，一本作《孔父祕記》。蓋古「祕」字作「閟」，後乃誤爲「閉」字，又妄增「房」字耳，「閉房」二字見《毛詩・巷伯》傳「男子不六十不閉房」，非此之用。又曰：今本《毛詩》「閉房」作「閑居」，誤。宗按《閉房記》亦有引作《閑房記》者，《孔安國祕記》、《抱樸子內篇》亦引之，蓋讖記家既托孔子，又托孔安國，不可究詰也。

按：《宋書・符瑞志》引《孔子有雒讖》，言晉當禪宋，其文則七言歌訣四句，《南史・齊高帝紀》末數引《孔子河雒讖》，知「有雒」乃「河雒」之誤，其皆出於是書，與《孔子閉房記》、《孔氏世録》、《孔安國祕記》、《孔父祕記》，皆是書之篇目歟？

老子河洛讖

《隋書・經籍志・讖緯》 《老子河洛讖》一卷，亡。

朱彝尊《經義考・毖緯》 《老子河洛讖》。佚。按：《老子河洛讖》，蕭子顯《南齊書・符瑞志》引之，有云：「年曆七七水滅緒，風雲俱起龍鱗舉。」又云：「壇堨河梁塞龍淵，消除水災泄山川。」又云：「上參南斗第一星，下土草屋爲紫庭。神龍之岡梧桐生，鳳鳥舒翼翔且鳴。」類皆韻語。

尹公讖

《隋書・經籍志・讖緯》 《尹公讖》四卷，亡。

姚振宗《隋書經籍志考證・異説類》 梁有《尹公讖》四卷。亡。尹公不詳何人。按：此次於《老子讖》之後，大抵托之關令尹喜。又宋張君房《雲笈七籤》云「太和眞人尹軌，字公度，太原人也，乃文始先生之從弟。少學天文，兼通讖緯，來事先生」云云。文始先生者，關令尹喜也，此又似其從弟尹軌所作。又尹敏爲光武校圖讖，見范書。

劉向讖

《隋書・經籍志・讖緯》 《劉向讖》一卷，亡。

姚振宗《漢書藝文志拾補・讖緯》 《劉向讖》二卷。向始末具《禮》類。《隋書・經籍志》：梁有《劉向讖》，二卷，亡。按：劉中壘有《洪範五行傳記》十一卷，見《漢志》《尙書》家。《隋志》言讖緯諸書有《五行傳》，疑即中壘書，讖緯家趨時，又改題爲《劉向讖》歟。

雜讖書

《隋書・經籍志・讖緯》 《雜讖書》二十九卷，亡。

姚振宗《隋書經籍志考證・異説類》 梁有《雜讖書》二十九卷，亡。本志篇叙曰：河洛《七經緯》合爲八十一篇。又有《尙書中候》、《洛罪級》、《五行傳》、《詩推度災》、《氾曆樞》、《含神務》、《孝經鉤命決》、《援神契》、《雜讖》等書。漢代有郗氏、袁氏說。宋均、鄭玄並爲讖律之注。按：「讖律」似「讖緯」之譌，郗氏似即郗萌之先世，袁氏無可考。汪師韓《文選理學權輿》曰：《選》注所引羣書，有宋均《雜讖注》。按：圖讖盛於漢哀、平之際，此雜讖書大抵裒録諸家讖記之文。考范書《張純傳》：純議建辟雍，案七經讖，具奏其事。又《儒林・尹敏傳》：光武令校圖讖，使蠲去崔發爲王莽著録者比次其文。又《續漢書・祭祀志》載光武東封刻石記言，別有《河洛讖》文不昭晰者十卷。又《華陽國志・楊統贊傳》言建武時求通内讖二卷者不得。凡此皆在《河洛》四十五篇之外，本志《七録》皆不載，其殆薈萃於此書歟？ 又按：《文選》注引宋均《雜讖注》，蓋即此書。宋氏注讖緯甚多，大抵兩漢相傳者無不有注，《唐志》有《易緯注》九卷。諸書所引有《河圖注》、《洛書注》、《春秋》、《孝經内事注》、《孝經中契》、《左右契注》及此雜讖書注，本志《七録》皆不載。

堯戒舜禹

《隋書・經籍志・讖緯》 《堯戒舜禹》一卷，亡。

孔子王明鏡

《隋書・經籍志・讖緯》 《孔子王明鏡》一卷，亡。

韓書外傳

李昉《太平御覽經史圖書綱目》 《韓書外傳》。

禹時鉤命訣

李昉《太平御覽經史圖書綱目》 《禹時鉤命訣》。

七經讖

姚振宗《漢書藝文志拾補・讖緯》 《七經讖》。《後漢書・張純傳》：純以聖王之建辟雍，所以崇尊禮義，既富而教者也。乃案《七經讖》、《明堂圖》，欲具奏之。章懷太子曰：「《七經讖》謂《詩》、《書》、《禮》、《樂》、《易》、《春秋》及《論語》也。」 桓譚《新論》曰：讖出《河圖》、《洛書》，但有兆朕，而不可知。後人妄復增加依託，稱是孔丘，誤之甚也。 《論衡・實知篇》：孔子將死，遺讖書，曰：「不知何一男子，自謂秦始皇，上我之堂，踞我之牀，顛倒我衣裳，至沙丘而亡。」又曰：「董仲舒，亂我書。」又書曰：「亡秦者，胡也。」又曰：「孔子生不知其父，若母匿之，吹律自知殷宋大夫子氏之世也。」曰：「此皆虚也。」案神怪之言，皆在讖記，讖記所表皆效《圖》、《書》。「亡秦者胡」，《河圖》之文也。 按：張純，哀、平間爲侍中，王莽時至列卿，其所案《七經讖》爲前漢時所有可知。章懷所舉有《論語》無《孝經》，與《七經緯》不同。然考《白虎通》、《開元占經》，並引《孝經讖》，《魏志・文紀》注引《孝經中黄讖》，光武泰山刻石文引圖讖，有《孝經鉤命決》，《光武本紀》李通引圖讖，章懷以爲《易坤靈圖》文。然則《七經讖》亦有《孝經》，而讖書中篇目亦有與緯書相同者。范書《儒林・尹敏傳》：帝令敏校圖讖，使蠲去崔發所爲王莽著録次比。疑發爲莽著録者即在《河洛讖》、《七經讖》之内。《隋志》於七緯之外，別有《尚書洛罪級》、《五行傳》、《詩推度災》、《氾曆樞》、《含神霧》、《孝經鉤命決》、《援神契》、《雜讖》等書，又有《論語讖》八卷，魏宋均注，疑皆是《河洛七經讖》篇目之散佚者。而《經義考》及諸家所輯緯書篇目亦或有讖書在其間也，《古微書》輯存《論語讖》五篇，馬氏玉函山房亦輯存八篇。

七經緯

張之洞《書目答問・列朝經注經說經本考證》 《七緯》三十八卷。趙在翰輯。福州小積石山房刻本。

姚振宗《漢書藝文志拾補・讖緯》 《七經緯》三十六篇。《隋書・經籍志》曰：又有《七經緯》三十六篇，並云孔子所作，并前合爲八十一篇。《後漢書・樊英傳》注曰：《七經緯》者，《易稽覽圖》、《乾鑿度》、《坤靈圖》、《通卦驗》、《是類謀》、《辨終備》也；《書緯璇璣鈐》、《考靈曜》、《刑德倣》、《帝命驗》、《運期授》也；《詩緯推度災》、《氾曆樞》、《含神霧》也；《禮緯含文嘉》、《稽命徵》、《斗威儀》也；《樂緯動聲儀》、《稽耀嘉》、《叶圖徵》也；《孝經緯援神契》、《鉤命決》也；《春秋緯演孔圖》、《元命包》、《文耀鉤》、《運斗樞》、《感精符》、《合誠圖》、《考異郵》、《保乾圖》、《漢含孳》、《佑助期》、《握誠圖》、《潛潭巴》、《說題辭》。按：《七經緯》三十六篇，章懷太子所舉止於三十五，尚闕其一。又范書《黨錮・魏朗傳》注云孔子作《春秋緯》十二篇，此乃十三篇，亦彼此不相合，蓋殘闕之餘，約略紀載，皆非漢時之舊矣。《經義考》所載篇目凡《易緯》二十八種，《書緯》九種，《詩緯》五種，《禮緯》八種，《樂緯》五種，《春秋緯》二十九種，《孝經緯》二十七種，並出章懷所舉之外，或是三十六篇中篇目，或後人輾轉附託，無以詳知。明孫瑴《古微書》輯《七緯》四十五篇。國朝趙在翰輯三十七篇。馬氏玉函山房輯《書》、《詩》、《禮》、《樂》、《春秋》、《孝經》六緯三十八篇。四庫館輯《易緯》八篇。

天官曆

姚振宗《漢書藝文志拾補・讖緯》 甘忠可《天官曆》。《漢書・李尋傳》：初，成帝時，齊人甘忠可詐造《天官曆》、《包元太平經》十二卷，以言漢家逢天地之大終，當更受命於天，天帝使眞人赤精子，下教我此道。忠可以教重平夏賀良、容丘丁廣世、東郡郭昌等，中壘校尉劉向奏忠可假鬼神罔上惑衆，下獄治服，未斷病死。賀良等坐挾學忠可書以不敬論，後賀良等復私以相教。哀帝初立，司隸校尉解光亦以明經通災異得幸，白賀良等所挾忠可書。事下奉車都尉劉歆，歆以爲不合五經，不可施行。而李尋亦好之。光曰：「前歆父向奏忠可下獄，歆安肯通此道？時郭昌爲長安令，勸尋宜助賀良等。尋遂白賀良等皆待詔黄門，數召見，陳說：漢曆中衰，當更受命。成帝不應天命，故絶嗣。今陛下久疾，變異屢數，天所以譴告人也。宜急改元易號，乃得延年益壽，皇子生，災異息矣。」哀帝久寢疾，幾其有益，遂從賀良等議，大赦天下，以建平二年爲太初元將元年，號曰陳聖劉太平皇帝，漏刻以百二十爲度。後月餘，上疾自若。賀良等復欲妄變政事，大臣爭以爲不可許。賀良等奏言大臣皆不知天命，宜退丞相御史，以解光、李尋輔政。上以其言亡驗，遂下賀良等吏。光祿勳平當、光祿大夫毛莫如與御史中丞、廷尉雜治，當賀良等執左道，亂朝政，傾覆國家，誣罔主上，不道。賀良等皆伏誅。尋及解光減死一等，徙敦煌郡。《漢書・王莽傳》：居攝三年十一月甲子，莽上奏太后曰：「前孝哀皇帝建平二年六月甲子下詔書，更爲太初元將元年，案其本事，甘忠可、夏賀良讖書藏蘭臺。臣莽以爲元將元年者，大將居攝改元之文也，於今信矣。」按：《天官曆》、《包元太平經》亦稱讖書，莽言曾藏之蘭臺，則莽時又重其書。

包元太平經

姚振宗《漢書藝文志拾補・讖緯》 甘忠可《包元太平經》。

符命

姚振宗《漢書藝文志拾補・讖緯》 王莽《符命》四十二篇。《漢書・王莽傳》：始建國元年秋，遣五威將王奇等十二人班《符命》於天下。德祥五事，符命二十五，福應十二，凡四十二篇。其德祥言文、宣之世黄龍見於成紀、新都，高祖考王伯墓門梓柱生枝葉之屬。符命言井石、金匱之屬。福應言雌雞化爲雄之屬。其文爾雅依託，皆爲作說，大歸言莽當代漢有天下云。總而說之曰帝王受命，必有德祥之符瑞，協成五命，申以福應，然後能立巍巍之功，傳於子孫，永享無窮之祚云云。五威將各置左右前後中帥，凡五帥。二年二月，五威將帥七十二人還奏事，漢諸侯王爲公者，悉上璽綬爲民，無違命者，封將爲子，帥爲男。是時，爭爲符命封侯，其不爲者相戲曰：「獨無天帝除書乎？」司命陳崇白莽曰：「此開姦臣作福之路而亂天命，宜絶其原。」莽亦厭之，遂使尚書大夫驗治，非五威將率所班，皆下獄。《漢書・諸侯王表》曰：王莽分遣五威之吏，馳傳天下，班行符命。漢諸侯王厥角稽首，奉上璽韍，唯恐在後，或迺稱美頌德，以求容媚，豈不哀哉！《後漢書・隗囂傳》：囂移檄告郡國曰：「故新都侯王莽，慢侮天地，悖道逆理。鴆殺孝平皇帝，篡奪其位。矯託天命，僞作符書，欺惑衆庶。」注：莽遣五威將軍王奇等班《符命》四十二篇於天下，言當代漢之意。

讖書

姚振宗《漢書藝文志拾補・讖緯》 王況《讖書》十餘萬言。《漢書・王莽傳》：地皇二年，魏成大尹李焉與卜者王況謀，況謂焉曰：「新室即位以來，民田奴婢不得賣買，數改錢貨，徵發煩數，軍旅騷動，四夷並侵，百姓怨恨，盜賊並起，漢家當復興。君姓李，李者徵，徵，火也，當爲漢輔。」因爲焉作讖書言：文帝發忿，居地下趣軍，北告匈奴，南告越人。江中劉信，執敵報怨，復續古先，四年當發軍。江湖有盜，自稱樊王，姓爲劉氏，萬人成行，不受赦令，欲動秦、雒陽。十一年當相攻，太白揚光，歲星入東井，其號當行。又言莽大臣吉凶，各有日期。會合十餘萬言。焉令吏寫其書，吏亡告之。莽遣使者即捕焉，獄治皆死。又曰：「莽以王況讖言荆楚當興，李氏爲輔，欲厭之。迺拜侍中掌牧大夫李棽爲大將軍、揚州牧，賜名聖，使將兵奮擊。」 按范書《光武本紀》宛人李通等以圖讖說光武，云「劉氏復起，李氏爲輔」，時在地皇三年，即王況作讖書之後一年，其引讖與況所云「荆楚當興，李氏爲輔」之言相合，豈即況書歟？抑解釋讖文，故彼此皆有是言，而大同小異也。

句命決圖

朱彝尊《經義考・毖緯》 《句命決圖》。一卷。佚。見張彥遠《名畫記》，未詳何經之緯。

靈命本圖

朱彝尊《經義考・毖緯》 《靈命本圖》。一卷。佚。見張彥遠《名畫記》，未詳何經之緯。

辨靈命圖

朱彝尊《經義考・毖緯》 《辨靈命圖》。二卷。佚。見張彥遠《名畫記》，未詳何經之緯。

詔定五經章句讖記説

姚振宗《後漢藝文志・五經總義類》 《詔定五經章句讖記説》。范書《樊儵傳》：永平元年，拜長水校尉，與公卿雜定郊祀禮儀，以讖記正五經異說。 袁宏《紀》曰：永平初，儵與公卿雜定郊祀禮儀及五經異義。 《隋書・經籍志》曰：起王莽好符命，光武以圖讖興，遂盛行于世。漢時，又詔東平王蒼正五經章句，皆命從讖。俗儒趨時，益爲其學。言五經者，皆憑讖爲說。按：上三條蓋明帝永平初，樊儵與公卿等承詔以讖記正五經，而東平王典領其事也。 范書《鄭范陳賈傳》：論曰：桓譚以不善讖流亡，鄭興以遜辭僅免，賈逵能附會文致，最差貴顯。世主以此論學，悲矣哉。

劉勰《文心雕龍・正緯》篇曰：至于光武之世，篤信斯術。風化所靡，學者比肩。沛獻集緯以通經，曹褒撰讖以定禮，乖道謬典，亦已甚矣。是以桓譚疾其虚僞，尹敏戲其深瑕，張衡發其僻謬，荀悦明其詭誕：四賢博練，論之精矣。

詔令校定圖讖

姚振宗《後漢藝文志・讖緯類》 《詔令校定圖讖》。范書《儒林・尹敏傳》：敏字幼季，南陽堵陽人也。少爲諸生。建武二年，上疏陳《洪範》消災之術。時，世祖方草創天下，未遑其事，命敏待詔公車，拜郎中，辟大司空府。帝以敏博通經記，令校圖讖，使蠲去崔發所爲王莽著録次比。使除去崔發爲王莽著録之文而次比之。敏對曰：「讖書非聖人所作，其中多近鄙別字，頗類世俗之辭，恐疑誤後生。」帝不納。敏因其闕文增之曰：「君無口，爲漢輔。」帝見而怪之，召敏問其故。敏對曰：臣見前人增損圖書，敢不自量，竊幸萬一。帝深非之，雖竟不罪，而亦以此沈滯。

又《儒林・薛漢傳》：漢尤善説災異讖緯。建武初，爲博士，受詔校定圖讖。又《光武本紀》：中元元年，是歲宣布圖讖于天下。

摘讖

姚振宗《後漢藝文志・讖緯類》 賈逵《摘讖》。逵始末見《書》類。范書《張衡傳》：衡上疏言圖緯虚妄云：往者侍中賈逵摘讖互異三十餘事，諸言讖者皆不能説。　《隋志・讖緯》篇曰：光武以圖讖興，遂盛行于世。唯孔安國、毛公、王璜、賈逵之徒獨非之，相承以爲妖妄，亂中庸之典。　惠棟《後漢書・賈逵傳》補注：閻若璩曰「《隋志》云『賈逵之徒獨非之』，與范書『逵能附會文致，最差貴顯』者不合，蓋《隋志》不詳考此奏，此奏者，逵奏言《左氏》與圖讖合，見本傳也。而誤讀張衡疏内之文，以爲逵首非讖，不知逵第摘其互異處，初無所非也」。棟按：《方術傳》論曰「光武信讖言，鄭興、賈逵以附同稱顯」。興傳無附會讖之事，而逵傳有之，閻説不誤也。

辨讖

姚振宗《後漢藝文志・讖緯類》 荀爽《辨讖》。爽始末見《易》類。范書本傳：又作《公羊問》及《辯讖》。　荀悦《申鑒・俗嫌》篇曰：世稱緯書，仲尼之作也，臣悦叔父故司空爽辨之，蓋發其僞也。有起於中興之前，終張之徒之作乎？　《四庫提要》曰：劉向《七略》，不著緯書。然民間私相傳習，則自秦以來有之。荀爽謂起自哀、平，據其盛行之日言之耳。

祕記家法章句

姚振宗《後漢藝文志・讖緯類》 楊統《祕記家法章句》。范書《楊厚傳》：厚，廣漢新都人也。祖父春卿，善圖讖學，爲公孫述將。漢兵平蜀，春卿自殺，臨命戒子統曰：「吾綈袠中有先祖所傳祕記，爲漢家用，爾其修之。」統感父遺言，服闋，辭家從犍爲周循學習先法，又就同郡鄭伯山受《河》、《洛》、《書》及天文推步之術。建初中爲彭城令。作《家法章句》。安帝時，爲侍中，位至光祿大夫，爲國三老，年九十卒。按：《家法章句》者，猶言別自名家也。

内讖二卷解説

姚振宗《後漢藝文志・讖緯類》 楊統《内讖二卷解説》。范書《楊厚附傳》：作《家法章句》及《内讖二卷解説》。　《廣漢人士贊》：楊統，字仲通。事華里先生炎高。高戒統曰：「漢九世王出圖書，與卿適應之。」

建武初，天下求通《內讖二卷》者，不得。永平中，舉方正。司徒魯恭辟掾。與恭共定音律，上《家法章句》及《二卷解說》。《經義考・益部耆舊傳》曰：統代以《夏侯尚書》相傳，作《內讖二卷解說》。惠棟《後漢書補注》：案《巴漢志》內讖者孔子內讖，桓譚書所云矯稱孔丘爲讖記是也。

郄氏說

姚振宗《後漢藝文志・讖緯類》 《郄氏說》。《隋書・經籍志》曰：前漢有《河圖》九篇，《洛書》六篇。又別有三十篇。又有《七經緯》三十六篇，并前合爲八十一篇。而又有《尚書中候》、《洛罪級》、《五行傳》、《詩推度災》、《氾曆樞》、《含神務》、《孝經勾命決》、《援神契》、《雜讖》等書。漢代有郄氏、袁氏說。按：東漢有郎中郗萌與班、賈同時，著《春秋災異》，見前。又樊英弟子郄巡，字仲信，陳郡陽夏人，官至侍中，皆深于圖緯者，或即此郄氏歟？袁氏不詳何人。 侯《志》曰：今不詳郄、袁所說何篇，無從著録。

袁氏說

姚振宗《後漢藝文志・讖緯類》 《袁氏說》。

雜讖注

姚振宗《三國藝文志・讖緯類》 宋均《雜讖注》。 汪師韓《文選理學權輿》曰：《選》注所引羣書有宋均《雜讖注》。 案宋注《雜讖》，見《選》注所引《隋志》，有曰《何洛七經緯》之外，又有《尚書中候》、《孝經句命決》、《援神契》、《雜讖》等書。又曰梁有《雜讖書》二十九卷，宋所注其即此書。

金雄記

《隋書・經籍志・讖緯》 郭文《金雄記》一卷，亡。

姚振宗《隋書經籍志考證・異說類》 梁有郭文《金雄記》一卷，亡。《晉書・隱逸傳》：郭文字文舉，河內軹人也。少愛山水，尙嘉遯。辭家游名山，歷華陰之崖，以觀石室之石函。洛陽陷，乃步擔入吳興餘杭大滌山中。餘杭令顧颺與葛洪共造之。王導聞其名，遣人迎置西園中，七年未嘗出入。一旦求還山，結廬舍於臨安山中，以病終。臨安令萬寵葬之於所居之處而祭哭之。葛洪、庾闡並爲作傳，贊頌其美云。《太平廣記・神仙類》：郭文後歸隱鰲亭山，得道而去。後人於其卧牀席下得蒻葉書《金雄詩》、《金雌記》，其言皆當時讖詞。 按：《宋書・符瑞志》太史令駱達奏陳符讖，兩引《金雌詩》，皆七言歌訣，言宋武滅桓玄膺天命之意。《南齊書・祥瑞志》引《金雄記》，亦七言歌訣，言齊世事。《南史・齊高帝紀》末亦引郭文舉《金雄記》。

王子年歌

《隋書・經籍志・讖緯》 《王子年歌》一卷，亡。

姚振宗《隋書經籍志考證・異說類》 梁有《王子年歌》一卷，亡。《晉書・藝術傳》：王嘉字子年，隴西安陽人也。清虛服氣，不與世人交游，隱於東陽谷。弟子受業者數百人。苻堅累徵不起，公侯已下咸躬往參詣。言未來之事，辭如讖記，當時尠能曉之。後爲姚興所殺，苻登聞嘉死，設壇哭之，謚太師，謚曰文。其所造《牽三歌讖》，事過皆驗，累世猶傳之。 按：《南齊書・祥瑞志》引《王子年歌》三條，皆七言韻語。《南史・齊高帝紀》末引《王子年歌》二條。

嵩高道士歌

《隋書・經籍志・讖緯》 《嵩高道士歌》一卷，亡。

姚振宗《隋書經籍志考證・異説類》 梁有《嵩高道士歌》一卷，亡。按：嵩高道士，不知是否即魏嵩山道士寇謙之也。謙之事迹，詳見《魏書・釋老志》。本志、《道經録》亦載之。又《金樓子・志怪》篇稱前嵩高道士多遊名山云云，殆即其人。

古微書

黄虞稷《千頃堂書目・經解類》 孫瑴《古微書》三十六卷。集六經讖緯。

《四庫提要・五經總義類》 《古微書》三十六卷。江蘇巡撫採進本。明孫瑴編。瑴字子雙，華容人。考劉向《七略》，不著緯書，然民間私相傳習，則自秦以來有之，非惟盧生所上見《史記・秦本紀》，即呂不韋《十二月紀》稱某令失則某災至，伏生《洪範五行傳》稱某事失則某徵見，皆讖緯之説也。《漢書・儒林傳》稱孟喜得《易》家候陰陽災變書，尤其明證。荀爽謂起自哀、平，據其盛行之日言之耳。《隋志》著録八十一篇，燔燒之後，湮滅者多。至今僅有傳本者，朱彝尊《經義考》稱《易乾鑿度》、《乾坤鑿度》、《禮含文嘉》猶存，顧炎武《日知録》又稱見《孝經援神契》。然《含文嘉》乃宋張師禹所撰，非其舊文。《援神契》則自宋以來不著於録，殆炎武一時筆誤，實無此書。則傳於世者，僅《乾鑿度》、《乾坤鑿度》二書耳。 皇上光崇文治，四庫宏開，二酉祕藏，罔弗津逮。又於《永樂大典》之中搜得《易緯稽覽圖》、《通卦驗》、《坤靈圖》、《是類謀》、《辨終備》、《乾元序制記》六書，爲數百年通儒所未見，其餘則仍不可稽，蓋遺編殘圖，十不存其一矣。瑴嘗雜採舊文，分爲四部，總謂之《微書》。一曰《焚微》，輯秦以前逸書。一曰《綫微》，輯漢、晉間箋疏。一曰《闕微》，徵皇古七十二代之文。一曰《删微》，即此書。今三書皆不傳，惟此編在，遂獨被《微書》之名，實其中之一種也。所採凡《尚書》十一種、《春秋》十六種、《易》八種、《禮》三種、《樂》三種、《詩》三種、《論語》四種、《孝經》九種、《河圖》十種、《洛書》五種。以今所得完本校之，瑴不過粗存梗概。又唐瞿曇悉達《開元占經》，去隋未遠，所引諸緯，如《河圖聖洽符》、《孝經雌雄圖》之類，多者百餘條，少者數十條。瑴亦未睹其書，故多所遺漏。又摘伏勝《尚書大傳》中《洪範五行傳》一篇，指爲神禹所作，尤屬杜撰。然其採摭編綴，使學者生於千百年後，猶見東京以上之遺文，以資考證，其功亦不可沒。《經義考・毖緯》一門所引據，出瑴書者十之八九，則用力亦可謂勤矣。緯與經，名雖相輔，實各自爲書。卦氣之説，孟喜始據以詁《易》，何休、鄭玄援引尤多。宋歐陽修《乞校正五經劄子》，欲於註疏中全削其文，而説不果用。魏了翁作《九經正義》，始盡削除。此實説經家謹嚴之旨，與孫復説《春秋》而廢傳，鄭樵説《詩》而廢序，深文巧詆，務排漢學者不同。然義理則當尊正軌，考證則不廢旁稽。如鄭玄註《禮》，五天帝具有姓名，此與道家符籙何異？宋儒闢之是也。至於蔡沈《書集傳》所稱「周天三百六十五度四分度之一」，實《洛書甄耀度》、《尚書考靈耀》之文。「黑道二去黄道北，赤道二去黄道南，白道二去黄道西，青道二去黄道東」，實《河圖帝覽嬉》之文。朱子註《楚詞》，「崑崙者地之中也，地下有八柱，互相牽制，名山大川，孔穴相通」，實《河圖括地象》之文。「三足烏，陽精也」，實《春秋元命包》之文。案：此四條皆朱彝尊《經義考》之説。以至「七日來復」，自王弼以來承用。「六日七分」之説，朱子作《易本義》亦弗能易，實《易稽覽圖》之文。《洛書》四十五點，邵子以來傳爲祕鑰，其法出於太乙九宫，實《易乾鑿度》之文。是宋儒亦未能盡廢之。然則瑴輯此編，於經義亦不無所裨，未可盡斥爲好異，故今仍附著「五經總義」之末焉。

張之洞《書目答問・列朝經注經説經本考證》 《古微書》三十六卷。明孫瑴。章刻本，陳刻本，活字版本，《守山閣》本，《金壺》本。孫書本有《焚微》、《綫微》、《闕微》、《删微》四種，總名《微書》。此其《删微》一種。

雜抄諸緯

錢謙益等《絳雲樓書目·緯書類》

《雜抄諸緯》一冊。

《中華大典》辦公室

主任：于永湛

副主任：伍傑
　　　　姜學中

工作人員：

編審：趙含坤
　　　崔望雲

秘書：宋陽

封面裝幀設計：章耀達

《中華大典·文獻目録典》出版工作委員會

主任：何林夏

委員：（按姓氏音序排列）

黃珊虎　姜革文　雷回興（項目主持）　劉隆進

魯朝陽　羅凱之　馬豔超　丘立軍　沈明

湯文輝　唐曉娥　王曉静　肖愛景　徐良妍

楊春陽　曾玲　張佳　周静

圖書在版編目（CIP）數據

中華大典. 文獻目録典. 古籍目録分典. 經總部：全 3 册 /《中華大典》工作委員會,《中華大典》編纂委員會編纂. —桂林：廣西師範大學出版社，2015. 4
ISBN 978-7-5495-6420-0

Ⅰ. ①中… Ⅱ. ①中…②中… Ⅲ. ①百科全書－中國②經學－古籍－目錄學－中國 Ⅳ. ①Z227②G257

中國版本圖書館 CIP 數據核字（2015）第 041090 號

中華大典·文獻目録典·古籍目録分典·經總部

編纂：《中華大典》工作委員會
《中華大典》編纂委員會
出版：廣西師範大學出版社
（廣西桂林市中華路 22 號　郵政編碼　541001）
發行：廣西師範大學出版社
（廣西桂林市中華路 22 號　郵政編碼　541001）
排版：江蘇鳳凰製版有限公司
印刷：桂林廣大印務有限責任公司
（桂林市臨桂新區西城大道中段廣西師範大學出版社集團有限公司創意産業園　郵政編碼　541100）
開本：787×1 092 毫米　1/16
印張：122.75　　字數：4 007 000
2015 年 4 月第 1 版　2015 年 4 月第 1 次印刷
書號：ISBN 978-7-5495-6420-0
定價（全三册）：1200.00 圓